LAS PUERTAS DE LA FELICIDAD
Una guía práctica hacia la felicidad y la paz del espíritu
extraída del amplio espectro de la literatura de la Torah.

Otros libros publicados por Editorial Yehuda del mismo autor

* **Ama a tu prójimo** ·
  Tú y tu semejante a la luz de la Torah

* **Mi Padre, Mi Rey**

RABINO ZELIG PLISKIN

LAS PUERTAS
DE LA FELICIDAD

Una guía práctica hacia la felicidad y la paz del espíritu
extraída del amplio espectro de la literatura
de la Torah

נר זכרון
בריינדיל בת ר' משה ז"ל
נפ' ט"ו מנחם אב ה'תשנ"ז

En memoria de
Berta Reinmann de Weiser Z"L
Fallecida el 18 de Agosto de 1997

INDICE

causa de tu ira. 3. Reconoce tu ira. 4. Tu manera de reaccionar durante el efecto de la ira, demostrará quién eres. 5. Toma conciencia que tienes la facultad de controlar tu temperamento. 6. Las causas de la ira. 7. Toma conciencia de aquello que debes decirte a tí mismo cuando te enfurezcas. 8. Muchos de los casos de ira se nutren de falsas apreciaciones. 9. Cuando estés enojado trata de hablar en voz baja o permanece callado. 10. El amor y la comprensión eliminan la ira. 11. Técnicas para aplacar la ira. 12. Posibles errores. 13. Debes tener cuidado de no hacerles observaciones a otras personas de una manera airada. 14. Calmar a una persona enojada constituye una buena acción.

1. El sentimiento de culpa puede ser productivo o contraproducente. 2. Los excesivos sentimientos de culpa pueden causarte daño. 3. Acepta el hecho de que eres un ser humano falible. 4. Plantéate expectativas realistas con respecto a tí mismo. 5. Reaccionar con sentimientos de culpa es a veces un indicio de indolencia. 6. No te entristezcas cuando estés esforzándote para superarte. 7. En lugar de sentirte culpable trabaja para superarte. 8. Extrae enseñanzas de tus errores. 9. Como tratar los vagos sentimientos de culpa. 10. Toma conciencia de los efectos positivos de saber que has cometido transgresiones. 11. El arrepentimiento debe llegar con alegría. 12. A pesar del mal que una persona haya podido hacer, siempre tendrá la posibilidad de arrepentirse. 13. El *Yom Kippur* trae consigo una sensación de alivio. 14. A veces es conveniente que te concentres en tus buenas acciones. 15. Juzgate favorablemente. 16. Contémplate a tí mismo como si fueras una nueva persona.

1. La importancia de aprender a enfrentar el sufrimiento. 2. Es difícil aceptar el sufrimiento, pero podremos en cambio mejorar nuestras actitudes frente al mismo. 3. No temiéndole al sufrimiento, se hace más fácil tolerarlo. 4. Prepárate mentalmente para aceptar el sufrimiento. 5. Gran parte de los sufrimientos son causados por uno

mismo. 6. Muchos sufrimientos pueden ser eliminados mediante el cambio de actitudes. 7. La perspectiva de la *Torah*, es la de que todo ha de ser para el bien en última instancia. 8. Contempla el sufrimiento como el planteamiento de pruebas y desafíos que son potenciales factores de elevación espiritual. 9. Manteniendo tu atención en la elevación espiritual podrás reducir al mínimo el sufrimiento por asuntos terrenales. 10. El sufrimiento te enseña a apreciar la falta de sufrimiento. 11. El sufrimiento te enseña a ser modesto. 12. El sufrimiento podrá conducir a una persona a su elevación espiritual. 13. El sufrimiento sirve de redención. 14. Aceptando la voluntad del Todopoderoso. 15. La alegría ayuda a vencer el sufrimiento. 16. El sufrimiento no debe desviarte del cumplimiento de tus propósitos. 17. Ora cuado estés aburrido. 18. El sufrimiento de los demás.

1. Sé conciente de las consecuencias de tu conducta. 2. Toma precauciones para evitarte problemas. 3. Piensa cuidadosamente antes de adoptar las principales decisiones de tu vida. 4. Evita la situación en la que por hablar, te veas en problemas. 5. Apártate de las tentaciones. 6. Ten la disposición de consulta a otras personas. 7 Cuida tu salud.

1. Las honras y el consenso de los demás no traerán la felicidad. 2. La búsqueda de la aprobación de los demás es una de las principales causas de la falta de felicidad .3. El buscador de consenso jamás recibirá todos los honores y reconocimientos que exige. La búsqueda del consenso provoca un comportamiento contraproducente. 5. El buscador de consenso no tendrá motivaciones genuinas. 6. El buscador de consenso no tratará de corregir a los demás. 7. El buscador de consenso se transforma en dependiente de los demás en lo que concierne a su propia felicidad. 8. El placer que proporcionan los honores está basado en una ilusión. 9. Ten en cuenta el carácter temporario de los honores y del consenso. 10. Ten en cuenta el rol que

APENDICE:

PREFACIO

La felicidad es como una destreza que puede adquirirse. El factor esencial que habrá de gravitar en que puedas o no vivir una vida feliz, no estará basado tanto en la concurrencia de factores externos tales como la riqueza, el éxito, o la fama sino en tus actitudes hacia la vida, hacia tí mismo, hacia otras personas y frente a diversos hechos y situaciones. Sin tomar en consideración la forma en que has encarado estos tópicos en el pasado, puedes cambiar tus actitudes en el presente y controlar el atributo de la felicidad.

La sociedad occidental ha sido influenciada por una serie de mitos nocivos en lo que concierne a la felicidad y a las emociones. Todo aquel que se exponga al efecto de esas ideas, muy probablemente habrá de sufrir innecesariamente. Una de las más perniciosas ideas que prevalecen en la actualidad, es la de que la felicidad depende de hechos y situaciones externas, y de que una persona tiene un control limitado sobre su estado emocional en general. El punto de vista de la Torah sobre el particular, es que la felicidad es posible para cada uno y es al mismo tiempo una obligación, tal como lo elaboraremos en el primer capítulo. El pensamiento de una persona juega un rol principal sobre sus emociones (ver capítulo tres). Tenemos un gran potencial para pensar de una manera que conduzca a la felicidad. En tanto que muchas escuelas del pensamiento apoyan este punto de vista (por ejemplo: las terapias cognoscitivas), muchas adolecen de una falta de sentido de sus filosofías, y les falta el concepto de la felicidad como una obligación. Su énfasis recae sobre el hedonismo, mientras que el énfasis de la Torah se centra sobre la *Simjah Shel Mitzvah* (la alegría causada por las buenas acciones), y el desarrollo de la gratitud por todo lo que tenemos.

El Rabainu Yonah escribió que estamos obligados a esforzarnos para brindar sanos y adecuados consejos a los demás. El añadió que este es uno de los aspectos esenciales a considarse al efectuar los *Jesed* (actos de bondad) (*Shaarey Tshuvah* 3:54). Mi objetivo en este libro es ofrecer consejos prácticos que puedan ayudar personalmente a algunos lectores, y proveer de herramientas útiles a aquellos que se desempeñan en "profesiones de apoyo", tales como: Rabinos, maestros, consejeros, terapeutas, padres y todo aquel que sienta compasión por sus semejantes.

Casi todos se sienten alguna vez innecesariamente tristes, enojados o preocupados. Toda persona normal tiene la habilidad de minimizar tanto la frecuencia como la intensidad de sus emociones negativas, y a ser flexible en sus actitudes. El consejo sugerido en este libro ha demostrado ser útil para aliviar sufrimientos innecesarios, y en promover una perspectiva positiva de la vida. El tema principal de este libro es la conquista de la felicidad. En tanto que los distintos capítulos tratan diversos temas, todas estas áreas son importantes para quien desea dominar la felicidad y sortear las posibles dificultades que se presenten. Una persona que con frecuencia se siente infeliz y desdichada, no ha asimilado los conceptos de la Torah que lo conducirían a la felicidad y tiene una filosofía irracional aunque no la exprese, que le causa un innecesario dolor. Este libro combina ideas propias del punto de vista de la Torah, con ideas basadas en el sentido común, que permitirá a quienes se identifiquen con las mismas vivir una vida más feliz. Las ideas sobre la salud emocional y sobre formas correctas de vida están diseminadas a través de la literatura de la Torah, la mayor parte de ellas expresadas en idioma Hebreo. Este libro trae una selección de estas ideas presentadas de una manera ordenada.

El capítulo tres es el más importante para el dominio de la felicidad y para entender la obra entera. El beneficio de los otros capítulos está supeditado en mayor grado al hecho de asimilar debidamente los principios básicos de este capítulo. Aconsejo al lector a prestar especial atención a este capítulo y a repasarlo con frecuencia.

Se proporcionan en el texto las fuentes de los textos citados para destacar lo que merece ser destacado, y permitir al lector serio efectuar ulteriores investigaciones en las obras originales en idioma Hebreo. Siguiendo algunas de las citas de textos, he trabajado sobre los temas expresados por esos eruditos. En la mayoría de los casos los conceptos enunciados están implícitos en los pensamientos de los eruditos, pero las palabras de explicación son mías. Aquellos pensamientos para los que no se menciona la fuente de que proceden, son ideas que he encontrado y considerado útiles en sesiones de asesoramiento espiritual. Algunas son originales en tanto que otras fueron adaptadas y recopiladas de diversas fuentes. A lo largo de los años he tratado temas de asesoramiento con muchos consejeros profesionales que abarcan una amplia gama de conocimientos sobre la materia. Les quedo muy agradecido a todos ellos por compartir conmigo sus experiencias y técnicas. Me refiero a mi enfoque personal en lo que respecta al asesoramiento, como la *terapia cognoscitiva basada en la Torah.*

El propósito de este libro es servir de guía práctica para capacitar a las personas a disminuir sus padecimientos emocionales y a incrementar la felicidad. Este trabajo no está pensado para que se lo considere un estudio exhaustivo. Por este motivo, el criterio para la selección del material empleado se funda en su aplicación práctica. Se han evitado las discusiones teóricas y las interpretaciones académicas.

Este libro no está destinado a ser considerado como lectura superficial, a la que se le puede echar solo un vistazo. Se procura por el contrario, que se lo categorice como un manual de trabajo para el lector serio que desee acrecentar su nivel de felicidad. Este propósito requiere concentración y sostenido esfuerzo. Dado que este libro tiene por objeto servir como una herramienta para el crecimiento, las ideas que se sustentan están presentadas en un formato de esquema, para hacerle más fácil al lector pensar en los conceptos que le son particularmente importantes.

Cada persona es única y diferente, y un libro de este tipo no está confeccionado a la medida para que le siente a un determinado lector, pero aquel que se limite a las ideas que se refieran a su personalidad inidvidual y comportamiento se beneficiará con su lectura. Si no pudieras aceptar todas las ideas contenidas en una determinada sección, o si algunas de ellas parecen estar más allá de tu habilidad actual de integrarte a las mismas, podrás no obstante aprovechar para ampliar aquelas ideas que sean relevantes a tu personalidad. Concéntrate en aquellas ideas que encuentres beneficiosas.

Una de las principales personalidades de las enseñanzas *mussar* dijo que los conceptos de la Torah son similares a los remedios de una farmacia. Hay muchas drogas y medicamentos en la farmacia que resultan beneficiosos, pero es importante saber lo que se necesita en un momento determinado. La medicina correcta debe ser administrada en dosis adecuadas. Un remedio que cura una enfermedad puede ser perjudicial en otras situaciones. En forma similar los conceptos de la Torah se refieren al mejoramiento del ser, y son un elixir de la vida que puede ser curativo. Toda persona debe aprender a discernir qué conceptos le son necesarios para aplicarlos en un momento determinado. Esto resulta particularmente cierto para muchas de las ideas aquí expuestas. El beneficio obtenido depende de la persona que las aplique. Así por ejemplo, una persona con complejo de inferioridad necesitará esforzarse en consolidar la confianza en sí mismo y la conciencia del valor de su persona. Una persona arrogante deberá, de todas maneras trabajar para el logro de su sentimiento de humildad.

Los temas tratados aquí requieren una vida de estudio y de esfuerzo para implementarlos y son necesarias la debida paciencia y perseverancia para llegar a dominarlos. Estoy poniendo este libro a la consideración del lector, no como alguien que ha dominado por completo los conceptos analizados, sino como alguien que los encuentra útiles y experimenta una fuerte necesidad de continuar repasándolos.

No existen dos personas que alguna vez hayan leído de una manera exactamente igual el mismo libro. Por otra parte, aún una misma persona jamás leerá dos veces de una manera exactamente igual el mismo libro. Cuando leemos u oímos algo, automáticamente reaccionamos de acuerdo a nuestras experiencias exclusivas que atañen a vivencias anteriores, conocimientos, rasgos de nuestra personalidad, conductas y prejuicios. En otras áreas aún aquellas personas que son parecidas en los aspectos mencionados, presentan dfrencias entre sí. La segunda vez que leemos el mismo libro, hemos cambiado ligeramente o en forma significativa con respecto a como éramos la primera vez que lo leímos. El mismo pensamiento nos afecta de distinta manera. Le solicito por lo tanto al lector que lea este libro muy cuidadosamente. Las ideas aquí citadas pueden modificar la perspectiva que una persona tenga de la realidad de los hechos, y pueden tener un poderoso efecto sobre sus acciones. No existen dos personas que reaccionen de una manera exactamente igual, pero la gran mayoría puede valerse de las ideas para superarse. Por otra parte, el mismo lector reaccionará de distinta manera cada vez que repase estas ideas.

A lo largo del libro encontrarás sugerencias para emplear lo leído en aplicaciones prácticas y ejercicios. En tanto que las mismas pueden modificarse para adaptarlas a las necesidades de cada uno, podrás obtener el máximo provecho de lo expresado en este libro poniendo en práctica aquellas ideas adecuadas a tu situación personal.

Este no es un libro que describa la forma en que piensan o reaccionan la mayoría de las personas. En lugar de ello, su objetivo es trazar un bosquejo de la forma ideal de pensamiento que se requiere para acceder a una vida plena de felicidad. Algunas personas podrán no tomar en cuenta las ideas de sentido común aquí expresadas, diciendo: "Yo eso ya lo sabía desde hace mucho", pero el conocimiento de las ideas no significa que se las aplique. Una persona que piense sostenidamente de una manera racional y eficiente, prácticamente no existe. Una persona con tal línea de pensamiento, jamás estaría injustificadamente triste, enojada, resentida, alterada ni preocupada. Casi todo aquel que se observe con sinceridad, pronto se dará cuenta que con mucha frecuencia él mismo se ocasiona muchos malestares innecesarios. Opuestamente, habrá gente que reaccione diciendo: "Este libro describe un ideal imposible, que es irrealizable". Sin embargo, como lo he citado en "Ama a tu prójimo", un maestro mío solía decir: "Cuando apuntes hacia las estrellas podrás no alcanzar ninguna, pero al menos no tendrás tus manos hundidas en el lodo". Si tratas de vivir de acuerdo a las ideas aquí expresadas podrás no alcanzar la perfección, pero lograrás superarte.

Los seres humanos son entes complejos y existen numerosos factores de condicionamiento previo, que incidiendo sobre la historia personal de cada individuo habrán de evocar en él sentimientos y reacciones negativas. Nuestro estado fisiológico (equilibrio de componentes bioquímicos, salud general, fatiga, etc.) influye sobre nuestro estado de ánimo. Resulta pues fantasioso suponer que solamente leyendo este libro y asimilando las ideas expresadas en el mismo, puedas llegar a controlar *totalmente* tus emociones. Sería yo mismo el primero en admitir que me encuentro lejos de ese nivel. En tanto resulta improbable que nadie tenga el control absoluto de sus emociones, cada uno puede llegar a ejercer un considerable grado de control sobre las mismas. Acepta las fallas en que puedas incurrir como normales (no estés triste por sentirte triste), y continúa esforzándote por mejorar.

Con frecuencia deben establecerse sutiles diferencias entre los tópicos desarrollados en este libro, existiendo una fuerte tendencia a interpretar incorrectamente lo que se deseó significar o dejar implícito. Es por ello que pido al lector que lea cuidadosamente lo que aquí está escrito, y que trate de tener conciencia del contexto total en el cual está inserto antes de emitir un juicio acerca de la exactitud y viabilidad de cada idea. He descubierto que muchas personas se precipitan a sacar conclusiones y a abordar ideas antes de interpretar plenamente el verdadero sentido expresado por el hablante o el autor. El hablante puede en el curso de un diálogo explicar con toda amplitud su punto de vista y citar el necesario material de apoyo. De esta manera, podrá explayarse sobre las limitaciones y bondades de sus ideas, a las que estará dispuesto a admitir como parte integrante de los conceptos manifestados originalmente. Los lectores debieran tener a bien de tener en cuenta lo expresado, y abstenerse de dejar de lado algunas ideas que podrían resultarles muy valiosas.

Si tu primera reacción ante alguna idea aquí expresada es considerarla impracticable o contraproducente, debieras preguntarte lo siguiente: "¿Cuál creo yo que haya sido su verdadero significado? ¿Dentro de qué contexto fue escrita esta expresión?" La forma de vida de acuerdo a la Torah es provechosa y práctica. Si algo de lo aquí expresado no entra en esta

categoría se deberá ya sea a un error personal por mi parte, o a
una mala interpretación por parte del lector. Todas las ideas
expresadas en este libro deben ser interpretadas en el contexto
de la perspectiva integral indicada por la Torah. Sacar fuera de
ese contexto cualquier sección o párrafo del libro conducirá a
conclusiones erróneas que jamás esstuvieron en la intención del
autor.

Existen dos tipos de lectores. Unos que analizan las ideas y
tratan de encontrar situaciones y lugares en que no puedan ser
aplicadas. Por supuesto que con frecuencia tendrán razón, ya
que ninguna idea puede aplicarse en todas las circunstancias.
El se perderá no obstante todo lo que podría haber ganado si se
hubiera concentrado en la búsqueda de las ideas que sí son
aplicables. El otro tipo de lector se pregunta constantemente a
sí mismo: "¿Cuándo puedo utilizar este concepto?" o esta otra:
"¿Cómo puedo aplicarlo a mi propia vida para ayudar a los
demás?". A esta clase de lectores he dirigido mi libro. ¿Qué
clase de lector eres tú?

La lectura de este libro no te hará una persona feliz. La
única cosa que puede hacerte feliz es tu propia mente. Para
dominar la felicidad deberás asimilar las ideas que aquí se
exponen, y esto depende de tí mismo. Si las perspectivas y conceptos aquí expuestos resultaran extraños a tu manera de pensar, te tocará decidir entre lo siguiente: "¿Tengo la voluntad de
cambiar mi comportamiento o deseo por el contrario seguir
siendo como soy?" Si deseas cambiar tu conducta, tendrías que
revisar estas ideas muchas veces antes de que las mismas
lleguen a ser parte de tu forma automática de pensar. Hay tres
preguntas que deberás formularte, que determinarán la diferencia entre la simple lectura de este libro y el verdadero cambio de tu conducta:

1) ¿Estoy realmente de acuerdo con esto?

2) ¿Cuáles son las consecuencias de aceptarlo?

3) ¿Qué es lo que haré al respecto?

Muchas de las ideas aquí desarrolladas son obvias y bien
conocidas. Hay mucha gente que sin embargo tiene momentos
en que descuida aquello que resulta obvio, y se infligen a sí
mismos sufrimientos y aún torturas. Muchas ideas simples

están mencionadas de modo que el lector las pueda repasar, especialmente en momentos de angustia cuando le puedan ser útiles.

El Jofetz Jahim dijo: "Existe un dicho popular que reza que todo tonto es sabio en lo que respecta a sí mismo. Mi experiencia me ha ensñado que muchos hombres sabios actúan como tontos en lo que respecta a ellos mismos." (*Mijtavai Jofetz Jahim*, Pág. 51).

Muchos conceptos importantes para la vida suenan en apariencia bastante simples y obvios enunciados en un salón de clase, pero son pasados por alto aún por personas sumamente inteligentes. Esto les ocasiona innumerables e innecesarias dificultades. Este libro tiene por objeto servir de recordatorio de muchas ideas que ya conoces, pero que con demasiada frecuencia compruebas que se te van de la memoria. (Ver introducción a *Mesilas Yeshorim*). Tú podrías fácilmente hacer comentarios con respecto a muchos de los pensamientos aquí expuestos diciendo: "Yo sé eso y generalmente lo aplico". Eso puede ser cierto pero este libro podría ayudarte a recordar esas ideas cuando no las hayas aplicado, y encesites en consecuencia repasarlas constantemente. Revisar un capítulo por día puede realzar considerablemente la vida de una persona.

Algunas ideas han sido repetidas aquí varias veces, dado que diversos autores las han expresado con ligeras diferencias entre sí. El valor de repetirlas indica que un número de eruditos comparte los mismos puntos de vista. Además algunos lectores pueden considerar que para ellos unas citas resultan más convincentes que otras sobre el mismo tema.

Mi sugerencia al lector es que recorra el libro rápidamente en toda su extensión. Muchas preguntas que la gente formula sobre las premisas básicas aquí expuestas, han sido contestadas en el mismo texto. Antes de lanzarse a conclusiones, lean cuidadosamente para hallar las respuestas a vuestras preguntas. En una segunda etapa, dediquen más tiempo a aquellas secicones que resulten más pertinentes a sus casos particulares. Cada lector es diferente, y las necesidades de uno difieren de las necesidades del otro. Resultará más beneficioso que escribas tu propia lista detallando las diez ideas que te resultan más provechosas. Puedes también grabar tu propia cinta con las ideas que deseas asimilar. Escúchala una y otra vez hasta que esos conceptos formen parte de tu forma automática de pensar. Para algunos oir las ideas les produce un mayor impacto que leerlas.

Las ideas aquí expresadas pueden ser utilizadas por educadores y consejeros para ayudar a los demás. Es necesario, sin embargo una advertencia. No deben ser vertidas como una austera conferencia ni como una crítica cáustica, transmítalas en cambio, con empatía, amor y comprensión. A veces resulta más importante saber lo que no se debe decir que lo que se dirá.

Un libro sobre el tema de la felicidad tiene sus limitaciones. La gente triste tiende a pensar de una manera irracional, y con el objeto de cambiar sus pensamientos hacia una dirección más positiva, ellos necesitan tomar conciencia de su forma de pensar actual y de cómo cambiarla. En un diálogo personal, este objetivo se alcanza frecuentemente de una manera más efectiva que a través de un libro.

Yo sugeriría firmemente que las personas muy afectadas, que presenten un cuadro de gran tristeza, muy nerviosas o de temperamento muy violento, consulten a un consejero competente. (En ocasiones, los problemas de orígen médico son la raíz de los sentimientos negativos de una persona. Es peligroso para la salud de una persona, suponer que todo sufrimiento emocional es de carácter sicológico. Si tienes la sospecha de que pudieras estar enfermo, no dejes de ver al médico).

Le quedo profundamente agradecido a todos los numerosos eruditos del estudio de la Torah, cuyas conferencias y charlas personales hicieron posible esta obra. Estoy especialmente agradecido a los extintos Rosh Hayeshivos: El Rabino Jahim Mordejai Katz (z"l), Rosh Hayeshiva de Telshe, y al Rabino Iosef Dov Soloveitchik (z"l), Rosh Hayeshiva de Brisk en Jerusalem. He asistido a gran cantidad de conferencias a cargo del Rabino Jahim Shmuelevitz (z"l) Rosh Hayeshiva de Mir. Su énfasis sobre la forma en que una persona crea su propio mundo emocional ha constituido la piedra angular de esta obra.

Deseo agradecer a mi maestro, el Rabino Mordejai Gifter, Rosh Hayeshiva de Telshe, por su concisa pero concluyente crítica que ha enriquecido considerablemente esta obra. Agradezco al Rabino Jahim Dov Altusky, Rosh Hayeshiva de Torah Ohr, por la lectura crítica que hizo del manuscrito original.

He pronunciado conferencias sobre los tópicos tratados en este libro en la Yeshiva Ohr Somayaj. Les quedo agradecidos a aquellos que asistieron a las conferencias por sus comentarios y aporte constructivo. Le estoy especialmente agradecido a Elliot Katz por su labor de editor.

LAS PUERTAS
DE LA FELICIDAD

Capítulo Uno
LA FELICIDAD ES UNA OBLIGACION

1. Es una mitzvah ser feliz

A) La Tora (*Dvorim* 26:11) nos ordena ser felices. "Os regocijareis con todo el bien que el Todopoderoso os ha dado." Esta es una *mitzvah*. Estamos obligados a sentir alegría con lo que nos fue dado por el Todopoderoso.

¿Por qué necesitamos una directiva para regocijarnos, dado que automáticamente debiéramos ser felices cuando tenemos cosas buenas? La naturaleza del hombre es querer más de lo que posee en el presente. "El que tiene cien quiere doscientos" (*Koheles Rabbah* 1:34). Nuestros momentos de felicidad están mezclados con la tristeza por aquello que nos falta. La *Torah*, por lo tanto, nos ordena regocijarnos con lo que tenemos. Debemos esforzarnos por sentir una alegría que sea plena. La falta de alegría con lo que tenemos es destructiva tanto física como espiritualmente (Rabino Mordejai Gifter; *Pirke Torah*, vol. 2, pág. 107).

B) El Rambam se pronuncia por la felicidad en forma moderada: "No seas ni frívolo ni triste. Se coherente en tu estado de ánimo feliz con una expresión facial placentera." (*Hiljos Daios* 1:4 y 2:7).

C) "Es una gran *mitzvah* estar constantemente en un estado de felicidad." (*Likutai Aitzos, simjah*, Nº 30; ver también del Rabino Yejezkail Sarna: *Iyunim* en *Orjos Jahim* del *Rosh* Nº 74).

D) El Rabino Jahim Vitaal enumera el sentirse constantemente feliz con lo que se tiene, como una de las cuatro virtudes básicas del carácter que es esencial adquirir. (Las otras tres son: humildad, silencio adecuado y control de los deseos.) (*Shaarey Kdushah* 1:2).

E) Una persona debe procurarse tantos placeres terrenales como le sean necesarios para vivir una vida de vitalidad y felicidad al servicio del Todopoderoso. Todo lo que sea necesario para alcanzar este estado es considerado como una necesidad para vivir una vida según la *Torah*. (Del Rabino Yosef Leib Bloj: *Shirai Daas*, Vol. 2, págs. 112-6).

2. La realidad y el ideal

A) El Rabino Yerujem Levovitz observó lo siguiente: La gente se acostumbra tanto a ser desdichada que no tiene conciencia de la aflicción innecesaria que ellos mismos se ocasionan. Se encierran en sí mismos llenando sus mentes con pensamientos de resentimiento, odio, envidia y deseos. Es asombroso admitir que puedan tolerar esa clase de vida. La única razón por la que pueden llegar a tolerarla, es que como se acostumbraron a convivir con esos pensamientos creen que conforman la imagen normal de la vida. Ellos piensan equivocadamente que es imposible que la vida pueda ser diferente. (*Daas Jojmah Umussar*, vol. 2, pág. 139).

Tienes la capacidad de sentirte más feliz de lo que eres en el presente. Una persona que piensa equivocadamente que nada puede hacer para mejorar su felicidad, fracasará en el intento de emplear el esfuerzo necesario para superarse.

B) La creación es para que el hombre viva una buena vida y las directivas de la *Torah* son las instrucciones que indican como vivir una vida de alegría.

• La creación es para que el hombre viva una vida de gozo y satisfacción, en lugar de una vida de penosas labores y frustraciones tal como tanta gente parece estar viviendo. (*Jojmah Umussar*, vol. 2, pág. 355).

• La *Torah* le indica a la persona un camino recto que lo conducirá al final con éxito y a una vida de alegría y felicidad. No solamente en la vida después de la muerte logrará la persona disfrutar de esa alegría, sino que aún en este mundo le aguarda un tremendo éxito a todo aquel que siga el sendero de la *Torah*. Algunas personas creen equivocadamente que para seguir el sendero de la *Torah*, se debe rechazar todo aquello que sea de carácter terrenal. Ellos están bajo el error de concepto de que se debe vivir una vida de sufrimientos y privaciones, y estar sometido a la voluntad de otros. Este no es el camino de la *Torah*, al que se lo designa como "un árbol de la vida" (*Mishle* 3:18). El verso (Idem, 3:17) dice explícitamente: "Sus caminos son caminos placenteros". "El camino de la *Torah*, es un camino de alegría, tal como se expresa (Idem, 15:15): "La persona de buen corazón (Ideales de la *Torah*) disfruta de una fiesta contínua (*Jojmah, Umussar*, Vol. 2, pág. 190).

3. Características de la felicidad (*)

(*) Es imposible definir adecuadamente qué es la felicidad, dado que la felicidad es un estado emocional, el cual es una experiencia y no un concepto. Las emociones están constituídas por estados fisiológicos y percepciones, y sólo una persona que las ha experimentado puede saber como son. Las características sólo procuran calificar el concepto que se está tratando. Al pasar, esta es la definición que da el "Nuevo Diccionario Colegiado Webster": "Un estado de bienestar y satisfacción".

A) La felicidad por la cuál se lucha es un sentimiento interior de regocijo que te acompañará a lo largo de tu vida. Es un sentimiento de felicidad que abarca a tus semejantes en el mundo y en todo lo que respecta a tu servicio espiritual (*Alai Shur*, pág. 175).

B) La verdadera alegría que es un preciado tesoro, debe distinguirse de la alegre indiferencia resultante de tomar generalmente la vida de una manera ligera y desprovista de seriedad. La alegría que se considera preciosa no está arraigada en la frivolidad sino en una serenidad interior dirigida hacia el Todopoderoso. Esta es una actitud positiva, de alegría de vivir, pero al mismo tiempo conciente de su seriedad y de los difíciles desafíos asignados por el Todopoderoso. (*De la Sabiduría del Mishlé*, pág. 221).

C) Un converso al Judaísmo escribió: "Ser judío me ha

dado felicidad, no de la clase efímera, momentánea, que proviene del dinero y de coches deportivos, que pasan raudamente dejando una sensación de vacío. La felicidad que proviene de la vida judía tiene que ver con la serenidad del espíritu, la integridad y satisfacción al más profundo nivel." (S. bat-Abraham, "*El punto de vista de la mujer judía*", Vol. 2, Nº 1).

4. *La felicidad es una obligación hacia uno mismo, hacia tus semejantes, y hacia el Creador.*

(I) La felicidad es una obligación hacia uno mismo.

A) No existe comparación alguna entre hacer algo con entusiasmo y alegría, y de hacerlo sin entusiasmo ni alegría. Si hiciéramos todo con entusiasmo, no existirían límites para expresar los elevados niveles que podríamos alcanzar. El entusiasmo genera poder. Una persona con entusiasmo puede vencer la pereza y pocurar la sabiduría y alcanzar niveles espirituales más elevados. (*Jojmah Umussar*, vol. 2, pág. 172).

B) La felicidad curará a la persona de su enfermedad. (Rabainu Yohah a *Mishle* 17:22)

Una alegre disposición es un inestimable tesoro, preserva la salud, alienta la convalescencia y ayuda a enfrentar a la adversidad. (*De la Sabiduría de Mishle*, pág. 220).

C) La *Torah* nos prohibe poner en peligro nuestra salud. Debemos ser más estrictos en estas cuestiones que con respecto a otras prohibiciones (Ver *Mishnah Brurah* 472:11).

La falta de felicidad es muy peligrosa para la propia salud. Una amplia gama de enfermedades sicosomáticas son causadas por emociones indeseadas, tales como la tristeza, la preocupación, la envidia, la ira, y la excesiva ansiedad.

(II) La felicidad es una obligación, debido a nuestra relación con los demás.

A) El ideal de la *Torah* consiste en que se salude a todas y a cada una de las personas con una placentera expresión del rostro. (*Tomar Dvorah*, cap. 2).

Un hombre joven acudió al Rabino Noson Tzvi Finkel para anunciarle su compromiso matrimonial. Al notar que el joven tenía una expresión muy solemne en su rostro, el Rabino Noson Tzvi lo sermoneó llamándole la atención sobre la importancia de mostrar un semblante alegre. El Rabino Finkel enfatizó que en tanto que lo expresado constituye una obligación en todo momento, resulta particularmente necesario cumplirlo cuando se encuentre uno en presencia de su prometida. (*Hameoros Hagdolim*, pág. 234).

B) La gente quiere que otros les sonrían y demuestren rasgos de felicidad cuando se dirijan a ellos. Tú tienes la capacidad de lucir como un "sol radiante" ante cada uno con quien entras en contacto. Aún un niño pequeño puede diferenciar entre un rostro que está radiante y otro que expresa depresión y resentimiento. Si le sonríes a un niño, él te devolverá la sonrisa. ¿Quién puede decir qué es más saludable y conveniente para el crecimiento de un chiquillo: la comida que lo alimenta o la expresión de amor que le muestras? El niño al que le faltan sonrisas amistosas es como una planta que carece de la luz del sol. (*Alai Shur*, pág. 190).

C) El tiempo que media entre *Rosh Hashanah* y *Yom Kippur* está dedicado a la introspección. Uno se retrotrae al año que pasó y trata de recordar sus faltas y defectos, y toma la resolución de corregirse. Es fácil sentirse triste en estas circunstancias. Por esta razón el Rabino Israel Salanter puso de relieve que durante este período tenemos una obligación especial que consiste en saludar a la gente con una sonrisa y hablarles empleando un tono de voz amistoso (*Ohr Israel*, pág. 118).

Durante la segunda guerra mundial cuando el Rabino Israel Jacob Lubchanski fue encarcelado en el guetto, su rostro irradiaba alegría constantemente. A cualquier lugar que él concurría esparcía palabras de aliento y de esperanza. El Rabino Efraim Oshry le preguntó como podía estar tan feliz cuando la situación era tan seria. El Rabino Lubchanski le respondió: "Por naturaleza yo me asusto fácilmente. ¿Por qué tienen otros que sufrir mis temores? Yo me esfuerzo por hacer desaparecer toda señal de miedo, de manera de no asustar a los demás." (*Hameoros Hagdolim*, pág. 401).

D) Cuando eres feliz, puedes alegrar a otras personas lo cual constituye un gran acto de bondad. Una persona feliz esparce sus sentimientos positivos. (*Likutai Aitzos, simjah*, Nº 38).

En tanto que la familia aguardaba ansiosamente el momento de viajar a la boda del hijo menor del Rabino Jahim Shmuelevitz, éste llamó a uno de sus estudiantes mayores para que fuera a su casa. El estudiante tenía dificultad en encontrar esposa, y el Rabino Jahim lo aconsejó y le proporcionó finalmente sanos consejos y sentimiento de aliento.

"En el día de hoy estoy casando a mi hijo menor", le dijo el Rosh Hayeshiva de Mir a su estudiante. "Mi dicha es muy grande. Pensé para mis adentros ¿a quién puedo ayudar en este día tan especial? Pensé en tí..." (*Sefer Hazikoron*, pág. 103).

E) Cuando una persona es desdichada, tiende a estar de mal humor y a enojarse con otras personas (*Pele Yoatz: atzvus*).

(III) La felicidad es una obligación hacia nuestro Creador.

A) El Baal Shem Tov dijo: "El Todopoderoso te ha enviado a este mundo para cumplir una misión que te ha encomendado. Es Su voluntad que lleves a cabo tu misión en un estado de alegría. La tristeza implica mala disposición de tu parte para cumplir la voluntad del Todopoderoso."

B) Cuando una persona que sigue la *Torah* es feliz con todo el bien que el Todopoderoso le ha ofrendado, estará cumpliendo *la mitzvah del Kidush Hashem* (santificación del nombre del Todopoderoso). La gente comprobará cuán afortunados son los que observan la *Torah*. Un seguidor de la *Torah* que está deprimido y habla acerca de lo que le falta y de lo que anda mal en su vida, influirá a otras personas para que desprecien y dejen de observar la *Torah*. Esto es un *Jilul Hashem*, un agravio de máxima seriedad. Esta falta de felicidad es la raíz del condigno castigo enumerado en la *Torah* (*Dvorim* 28:47), ya que está escrito que el castigo llega por la falta cometida al no servir al Todopoderoso con alegría y buen corazón. (Rabino Yehuda Leib Jasman; *Ohr Yohail*, vol. 3, pág. 85).

C) El hombre virtuoso disfrutará aún de una pequeña cantidad de alimento al extremo de llegar a tener la apariencia de un glotón. Semejante persona disfruta de todo lo que posee, no como expresión del hedónico amor por el placer, sino a partir de un cabal conocimiento de las bondades que el Todopoderoso le ha conferido. El extrae placer en acercarse al Todopoderoso y esto lo beneficia tanto física como espiritualmente. (*Jojmah Umussar* vol. 2, pág. 74).

D) El Rabino Jahim de Voloshin escribió: Cuando sientas alegría podrás tener mayor provecho de una hora de estudio de la *Torah* en ese estado de ánimo, que de muchas horas de estudio cuando estés triste. (*Ruaj Jahim*, *Avos* 6:6).

5. *La fórmula de la felicidad.*

El "Orjos Tzadikim" (capítulo 9) indica la siguiente fórmula para la felicidad: "Si una persona obtiene todo lo que desea y no le sucede nada que le cause tristeza, será permanentemente feliz. Su rostro resplandecerá y demorará en mostrar signos de vejez."

A primera vista este pasaje parece describir un inalcanzable estado utópico, pero si observamos más atentamente tendremos la comprensión de como llegar a la felicidad. En primer lugar, abstente de desear aquello que esté más allá de tu alcance. Cuanto más simples sean tus deseos, mayor será la posibilidad de satisfacerlos. Todo lo que obtengas en forma adicional fuera de estas aspiraciones te poporcionará mayor felicidad, no tienes entonces nada que perder y mucho que ganar al bajar la magnitud de tus demandas y expectativas. Esto no rige para los esfuerzos por alcanzar objetivos realistas, es solo para que dejes de lado aspirar a cosas que no podrás obtener.

En segundo lugar, no permitas que los hechos te causen tristeza. Trata al menos en los acontecimientos cotidianos de manejar una perspectiva de la vida que te permita aceptar lo que suceda sin entristecerte. Este concepto se desarrolla en el capítulo 3.

6. La forma de tener una garantía de felicidad

A) Una persona verdaderamente feliz no permite que su felicidad dependa de factores externos que él no pueda controlar. (*Jojmah Umussar* vol. 2, pág. 331-2).

Todo aquel que hace que su felicidad dependa de riqueza, fama, éxito o de otros factores externos no podrá manejar la felicidad. Los factores externos lo dominarán. Solo manejando una actitud positiva de la vida las diversas situaciones tendrán una garantía de felicidad.

B) Busca la felicidad en una forma que solo dependa de tí mismo. Vemos este concepto en la *Mishnah* (*Pirke Avos* 4:1), en la cual se expresa que el hombre sabio es aquel que aprende de todos (independientemente de cualquier deficiencia intelectual que pudira tener él mismo); el hombre honorable es aquel que honra a los demás (independientemente del hecho si los demás lo honran o no); la persona adinerada es aquella que está satisfecha con lo que tiene (independientemente de lo mucho o poco que posea). Esta *Mishnah* nos enseña claramente a no buscar o demandar la felicidad a través de factores dependientes de algo externo a nosotros. (*Daas Jojmah Umusar*, vol. 3, pág. 250).

Basa tu felicidad en tu propia conducta y así podrás llegar a dominarla. Si te dices a tí mismo que solamente puedes ser feliz si otros hacen o dicen lo que deseas, tu felicidad estará controlada por esas personas. Jamás podrás tener una garantía en lo que respecta al comportamiento de otras personas. Aún si se comportan realmente como lo deseas, probablemente te sentirás inquieto acerca de como se puedan comportar en el futuro.

El Rabino Yerujem Levovitz le escribió en una carta a su hijo lo siguiente: "Trato de pensar constantemente en el sentido de la conducta expresada en la *Mishnah*. No me hago dependiente de ninguna persona ni de lugar alguno, por consiguiente me siento constantemente feliz. La mayoría de las personas no observan esta conducta". (Idem)

C) Existen definitivamente situaciones externas que conducen a la felicidad: la buena salud, un buen matrimonio, un gran número de amigos íntimos y familiares, riqueza, fama y honor, pero ninguno de estos factores puede garantizar la felicidad. Algunas personas saludables y ricas están no obstante deprimidas. Por el contrario otras personas pobres y enfermizas logran mantenerse habitualmente alegres. Una vez que aceptes la responsabilidad de convertirte en una persona feliz, independientemente de tu buena o mala suerte, tomarás la firme determinación de trabajar sobre tus esquemas de pensamiento en lugar de perseguir ilusiones.

D) Al inaugurar una escuela en Jerusalem, el Rabino Shlomo Wolbe relató que una madre le dijo una vez que ella deseaba que su hijo fuera una persona feliz. El Rabino Wolbe planteó la cuestión: "Pero ¿si él fuera feliz siendo un criminal?" Explicó cómo tener una clara imagen de la persona ideal: "Un compuesto que abarque una persona bien versada en la *Torah*, temerosa de D--s, caritativa, compasiva, y que tenga elevadas cualidades de carácter".

Esa persona tendrá un buen dominio de la felicidad, la cual no será su principal objetivo en la vida, pero constituirá un resultado directo del estilo de vida que lleva. Si una persona deseara "solamente la felicidad" podría tratar de alcanzarla al inaceptable precio de causar dolor y sufrimiento a los demás. Toda virtud del carácter requiere conocimiento y comprensión de acuerdo con los dictados de la *Torah*.

7. *El dominio de la felicidad conlleva un esfuerzo*

A) El mantener un armonioso estado de felicidad demanda un arduo trabajo para su logro. Cada persona tiene pensamientos que la entristecen. Debes esforzarte en pensar de una manera que te permita ser feliz. (*Meir B'ahavah*, pág. 7).

La felicidad es un derivado resultante de pensar y obrar de una manera positiva. Toda persona desgraciada que tiene un impreciso objetivo de obtener la felicidad, y que no está preparada para cambiar sus hábitos y conductas estará condenada al fracaso. Aquel que se concentre exclusivamente en la idea: "Quiero la felicidad, ¿dónde puedo hallarla?", generalmente quedará decepcionado. Deberá preguntarse en cambio: "¿Qué pensamientos debo tener en mi mente que me permitan ser feliz?" y además: "¿Cuáles son las conductas específicas que deberé adoptar para incrementar mi felicidad?"

B) Algunas personas aparentan ser felices, pero les falta la felicidad interior. Yo le he hablado a mucha gente que pretende que son felices, pero que eventualmente terminan admitiendo que les falta efectivamente la felicidad. Lo que ellos quisieron decir es que la vida no es demasiado mala, y que en ocasiones se sienten felices. Algunos individuos son felices por naturaleza, pero la mayoría de la gente debe realizar un esfuerzo conciente para dominar la felicidad.

Un discípulo del Rabino Yosef Y. Hurwitz, fundador de la Yeshiva de Nevardok, relató que una vez mientras caminaba con su maestro, vio caminando al lado de ellos a una joven pareja. Ellos se reían y parecían estar divirtiéndose. El Rabino Hurwitz, que era extremadamente observador, se volvió hacia su alumno y le dijo: "¿Tú crees que esa gente es realmente feliz?" Ellos padecen numerosos problemas. Yo no los conozco personalmente, pero uno puede darse cuenta que su ostentoso comportamiento feliz es una mera fachada Ellos quieren engañar a los demás y aún a sí mismos. Cuando seas mayor entenderás lo que quiero decir", y agregó en voz baja: "En toda mi vida solo conocí una persona que había alcanzado la perfección en materia de felicidad. Ese fue el Rabino Israel Salanter..." (*Tnuas Hamussar*, vol. 4, pág. 349).

C) Algunas personas difieren en sus tendencias naturales en cuanto a la forma de sentirse felices. Una persona naturalmente feliz encuentra relativamente fácil superar innecesarios estados de ánimo depresivos. Aquel que tienda a ser pesimista y triste, deberá esforzarse por cambiar sus pensamientos, expresiones y conductas. Invierte el tiempo y esfuerzo necesarios y seguramente tendrás éxito en tus intentos. No te pongas un rótulo de "Persona Desdichada" ("Es mi naturaleza estar triste"), porque si así lo haces no realizarás el esfuerzo necesario y el rótulo se convertirá en una profecía cumplida anticipadamente. Ten confianza en que si lo intentas habrás de mejorar.

8. La conquista de la felicidad

A) El Ibn Ezra en *Tehilim* (33:4) expresa lo siguiente: "El virtuoso se sentirá siempre alegre y nunca triste acerca de lo que el Todopoderoso le ha deparado, porque comprende que todo lo que El dispone es para el mejor fin último de las personas".

B) La persona que viva con el constante conocimiento de la presencia del Todopoderoso, tendrá una vida de constante felicidad. (Jazon Ish: *Emunah Ubitojon*, cap. 1).

C) El Jazon Ish describe el nivel al que una persona está capacitada para alcanzar si se plantea un objetivo a largo plazo para el mejoramiento de si misma: Si una persona se esfuerza constantemente para mejorar las cualidades de su carácter, es posible que eventualmente llegue a alcanzar un nivel espiritual en el cual no volverá a enojarse, no sentirá odio ni rencor, no tomará venganza ni albergará sentimientos de inquina, no tendrá ambiciones de aspirar a honores, y no deseará placeres mundanos (*Idem* 1:15).

D) Toda persona que se imponga la obligación de ser feliz y se esfuerce constantemente en dominar este atributo, podrá llegar a tener un apreciable grado de control del mismo. Muchos estudiosos de la *Torah* han dominado la felicidad en tal magnitud, que sus rostros resplandecían a pesar de las dificultades y problemas personales que los aquejaban. Ellos eran capaces de prolongar sus sentimientos de alegría aún durante las pocas horas de su vida en que experimentaron grandes malestares físicos.

9. Posibles errores

A) Con demasiada frecuencia juzgamos la felicidad según las apariencias externas y nos acostumbramos a nosotros mismos y a nuestros hijos a sobreestimar el valor de las adquisiciones materiales. La felicidad no está de modo alguno determinada por esta clase de riqueza. En efecto, tales adquisiciones pierden su valor cuando se convierten en una necesidad diaria. Por otra parte, si algún día deben ser abandonadas, nuestros sentidos que llegaron a acostumbrarse a estas superficialidades se sentirán lastimados por su pérdida. Ningún hombre debe ser valuado de acuerdo a la cantidad de sus adquisiciones materiales ni por su status en la sociedad. (*De la Sabiduría del Mishlé*, pág. 144).

B) La plena felicidad no llegará al propio espíritu a través de la gratificación de los deseos físicos. La única forma de adquirir la felicidad perfecta es encontrar la realización espiritual, que conduce hacia el sentimiento de estar satisfecho con la situación material de cada uno. (*Mussar Hatorah*, pág. 63).

C) Algunas personas están bajo la impresión de que en nuestra era moderna necesitamos nuevos conceptos para obtener la felicidad, pero las personas no cambian. Hay constantes cambios en las condiciones externas y en el ambiente, pero la esencia de la persona, aquello que la hace feliz o la entristece, sus deseos y ambiciones, permanece básicamente igual. Las nuevas técnicas pueden desarrollarse, pero los eruditos a través de los años en sus obras mussar nos han proporcionado el conocimiento necesario para hacernos felices. (*Toras Hanefesh*, pág. 11).

D) La felicidad como una obligación no implica que debas sentirte culpable si no eres feliz. La primera vez que escuches este concepto, no podrás exigirte a tí mismo la felicidad cuando estés triste. No es factible para la mayoría de la gente estar constantemente feliz sin alguna vez sentirse triste, ni tampoco es apropiado sentirse siempre feliz.

La felicidad como una obligación significa que el ser o no feliz en la vida depende mayormente de tí mismo. Tu tienes la habilidad de manejar el comportamiento que te producirá felicidad. No solo tienes efectivamente esta habilidad, sino que constituye una obligación de la *Torah*. Para dominar la felicidad debes desafiar tus formas de pensamientos contradictorios y efectuar un esfuerzo conciente para elaborar pensamientos que conduzcan a la felicidad. Este concepto puede traer esperanza y aliento al que se sienta actualmente desdichado.

E) En tanto que es posible cambiar conceptos propios o formas de pensar en un tiempo breve, para la mayoría de las personas representa realizar un esfuerzo organizado en un prolongado período de tiempo antes de que las nuevas formas de pensamiento se tornen automáticas. Aún para un experto en pensar en forma positiva, será inevitable sentirse alguna vez desdichado. Resulta contraproducente e ilógico esperar la perfección. Si exiges ser feliz en todo momento, te sentirás innecesariamente ansioso y culpable cuando estés realmente sintiéndote desdichado. El completo dominio de los pensamientos de una persona constituye un objetivo irreal, pero cada uno puede superarse y por ello debemos luchar. Acepta todos los errores como normales y continúa calmadamente elaborando pensamientos que generen felicidad. Continúa preguntándote: "¿Cómo puedo cambiar los pensamientos negativos que me llevaron a la desdicha, por otros más positivos?" Cuando adquieras el hábito de pensar de manera positiva, tu temperamento general habrá de mejorar. Este tema, con ejemplos prácticos es desarrollado a lo largo del libro.

10. La felicidad egoísta y la frivolidad son defectos.

A) El tipo de alegría que es una *mitzvah*, es la alegría que tú compartes con los menos afortunados tales como los huérfanos, las viudas, aquellos que no tienen familia y la gente pobre. Pero sin embargo si alguien cierra sus puertas y solamente utiliza lo que tiene para sí y para su familia inmediata, sin ayudar a los pobres y desafortunados, su alegría no es la alegría de una *mitzvah*, sino la alegría de satisfacer el estómago. Tal alegría es un exponente de vergüenza. (Rambam: *Hiljos Yom Tov*, 6:18)

B) Ten cuidado de que la alegría no se transforme en frivolidad, lo que conduce a la transgresión. (Rabino Jahim of Volozhin: *Ruaj Jahim* 3:13).

11. Influenciando a otros a ser felices

La felicidad considerada como una obligación no es un concepto para ser utilizado como un ladrillo para arrojarlo a otras personas. Si te diriges a una persona insensiblemente frente a su estado de tristeza y le dices: "Deberías alegrarte" o

"Tienes que ser feliz", no es probable que tus palabras lo ayuden. Es mucho más probable que la persona se sienta herida y se enfurezca contigo. Si ves que alguien se muestra desdichado, lo primero que tienes que hacer es solidarizarte con su sufrimiento. (Para el tratamiento de este principio ver "Ama a tu prójimo", págs. 39-40, 128-32 y 306). Trata de entender qué es lo que lo aqueja. Hay veces en que esto sea bastante difícil de determinar, dado que él mismo puede no estar totalmente al tanto de qué es lo que le aqueja, o puede resultarle embarazoso decírtelo. Sutilmente y con tacto trata de influenciarlo para que tenga un enfoque más optimista de la vida. Si se obtiene éxito, esto constituirá un gran acto de bondad.

Capítulo Dos
APRECIANDO LO QUE TIENES

1. El hombre fue creado para el regocijo

A) "El hombre fue creado para el regocijo que emana del Todopoderoso (*Mesilas Yeshorim*, cap. 1). El Rabino Noson Tzvi Finkel, Rosh Hayeshiva de Slobodka, dijo que este regocijo no se refiere únicamente al que se experimenta en la vida después de la muerte, sino que también al que se siente durante la existencia terrenal. El universo con todas sus particularidades es en sí una fuente de regocijo. Las experiencias de una persona en el campo físico y en el espiritual le ofrecen posibilidades de una permanente felicidad. Lo que destruye esta posibilidad de ser felices, lo constituye el hecho de que al acostumbrarnos a lo que ya tenemos lo consideramos como un hecho natural. No capitalizamos el regocijo y el infinito placer que nos podría deparar el mundo de la naturaleza. Para que valoremos emocionalmente la bondad del Todopoderoso, los Sabios prescribieron las bendiciones diarias (*Ohr Hatzafun,* Vol. 3, pág. 84).

B) El pensamiento racional dictamina que debiéramos esforzarnos por llegar a disponer de la virtud de disfrutar de todo aquello que ya tenemos. Independientemente de la cuantía de lo que poseas, el sentimiento de placer duradero que puedas experimentar por ello, solo dependerá de tí mismo y no de ningún otro. Una vez que adquieras este atributo, tendrás la seguridad de conservarlo en el futuro. Podrás mantener este sentimiento de regocijo a lo largo de toda tu vida (*Jojmah Umussar,* Vol. 2, pág. 63).

2. *Aprende a apreciar el mundo*

A) Estamos obligados a amar al Todopoderoso. El Rambam (*Yesodai Hatorah* 2:2) escribió que la forma de llegar a sentir amor por el Todopoderoso consiste en centrarse en sus acciones y ser concientes de Su infinita sabiduría. Cuanto más llegues a valorar la complejidad y belleza del universo, tanto mayor será tu aprecio por el Todopoderoso.

Resulta una obligación familiarizarse con la creación del Todopoderoso. Cuando se lo estudia con propiedad, el conocimiento de la sorprendente complejidad del cuerpo humano y de la infinita sabiduría del mundo físico en el que vivimos, nos conducirá a amar y a reverenciar al Creador. Sólo un pequeño ejemplo de lo expuesto, es nuestro sentido del gusto y del olfato. Estos sentidos constituyen de por sí un sorprendente laboratorio químico. En una fracción de segundo, ellos pueden identificar la estructura química de compuestos, que le llevarían mucho tiempo a un químico siguiendo los métodos standard de laboratorio. Los sentidos le son necesarios a nuestra salud, ya que nos previenen de las toxinas peligrosas que pueden causarnos daño. Esos sentidos nos estimulan también el proceso digestivo. El olfato de buenos alimentos afecta de inmediato al proceso de metabolismo, dando comienzo a la secreción de la saliva y de los jugos gástricos con antelación al momento de comenzar a comer. El conocimiento de todo lo que sucede dentro de tí y a tu alrededor te ayudará a apreciar todo aquello por lo que tienes que estar agradecido.

B) Emplea tu mente de una manera inteligente y jamás serás considerado pobre, ya que estás en posesión de todo el univeso de la naturaleza. Aprecia la posibilidad que tienes de beneficiarte con lo que te brinda el universo. Saber apreciar la belleza y sabiduría contenidas en cada brizna de pasto, crea el conocimiento de la presencia del Creador. (Rabino Moshe Rosenstein, citado en *Darkai Mussar*, pág. 27).

C) Toda la felicidad está radicada en la mente. Siempre se regocijará quien posea la comprensión de la bondad del universo. La vida está llena de intensos deleites que están al alcance de las personas, pero que muchas no alcanzan a apreciar debidamente a causa de sus erróneas concepciones mentales. El principio fundamental de la bondad universal está proclamado en el comienzo de la *Torah*. "El Todopoderoso vio todo lo que El había hecho y contemplado, era muy bueno", (*Breishis* 1:31). El Creador declara El Mismo que todo era no solamente bueno, sino muy bueno. Los fenómenos del universo se deben todos a la labor artesanal del Todopoderoso, y son por lo tanto infinitamente buenos. El aire que respiramos constituye un gran beneficio y su provisión es abundante. El agua es beneficiosa para el cuerpo y es un verdadero deleite, tratándose de un cuantioso fluido precioso. La luz del sol, el viento, la lluvia, los árboles y los jardines, las montañas y los mares, la luna y las estrellas, el fuego, el calor y el frío, la nieve y el rocío, la movilidad de nuestros miembros, la capacidad para ver, oir, gustar y palpar, la facultad del habla, la facultad del pensamiento y de la memoria, la variedad de alimentos de todos los gustos y colores, la maravilla de las secreciones corporales y de toda su magnífica función bioquímica, los materiales que componen nuestra vestimenta, los materiales que proveen los hogares y utensilios, los cereales, las legumbres y las frutas, la carne, el pollo y el pescado, la madera, el carbón y el petróleo y todos los recursos de la tierra, la electricidad, la luz, los impulsos electrónicos de todo tipo, y así sucesivamente, conforman una extensa lista de objetos y procesos útiles y placenteros que dan plenitud a nuestras vidas en todo momento para disfrutar de ellos. No obstante, para muchas personas es como si no existieran, al ignorar los beneficios universales que todos los hombres poseen. Si la felicidad de la vida pasa inadvertida, también pasará sin ser disfrutada. Cuando alguien no ve la felicidad en sus congéneres, no tendrá verdaderamente razón alguna para estarle agradecido a su Creador. Ocurre que solo en el momento en que se está por dejar este mundo las personas miran hacia atrás arrepentidas, pero ya demasiado tarde, para comprender todo aquello que estaba a su disposición pero que no llegó a disfrutar. (*Canta, Tú el virtuoso*, págs. 17-18).

3. *Aprende a concentrarte en la bondad del Todopoderoso hacia tí*

A) Cada vez que tengas la mente libre, haz un esfuerzo conciente para concentrarte en la consideración de la bondad que el Todopoderoso te ha concedido. (*Jovos Halvovos*, 10:7).

B) Utiliza cada ocasión que tengas para tomar conciencia de la bondad del Todopoderoso. Este conocimiento te motivará para emular al Todopoderoso y convertir el atributo de la bondad en parte integrante de tu personalidad (Rabino Mordejai Gifter: *Pirke Torah*, vol. 2, pág. 12).

C) El punto de vista de la *Torah*, es que el Todopoderoso está creando constantemente el universo entero y todo lo que se encuentra en él para cada persona. Este concepto involucra la posibilidad de poporcionar un inmenso placer a las personas. Piensa en ello por un instante. El Todopoderoso, Creador y Sostenedor del Universo, está constantemente creando para tí el sol, la luna y todos los demás fenómenos universales. El te está confiriendo constantemente la vida, y en cada uno de los segundos que transcurren El provee a tus necesidades. (Rabino Noson Tzvi Finkel en *Tnuas Hamussar*, Vol. 3, pág. 202).

D) Cada vez que disfrutes de un placer, aún de uno no muy significativo tal como sería el de obtener una pequeña ganancia, deberás sentirte agradecido al Todopoderoso. Cada día se nos presentan numerosas situaciones como la mencionada, pero que con facilidad las dejamos pasar. Deben ser consideradas como lecciones que enseñan el conocimiento de la Divina Providencia del Todopoderoso. (*Hashlomas Hamidos*, cap. 9).

El Rabino Moshe Schwab tenía en las paredes de su hogar muchas fotografías de sus hijos y nietos. Cuando se le preguntaba acerca de ello, él decía lo siguiente: "Deseo recordar constantemente la gran generosidad que el Todopoderoso ha tenido conmigo." (*Maarjai Laiv*, pág. 47).

4. *Concéntrate en aquello que tienes y no en lo que te falta*

A) Todo aquel que disfruta de lo que tiene, sin tener en

cuenta lo mucho o poco que pueda poseer, se sentirá constantemente como si estuviera de fiesta. Siempre estará de buen humor. Por el contrario, toda persona que se está ocupando de lo que tienen los demás y de lo que a él le está faltando, padecerá constantemente por ese motivo. (*Mishle* 15:15: *Metzudas David*).

B) La gente que se concentra en lo que no tiene, perderá de vista lo que ya posee. En tanto que debieran y pudieran sentirse extremadamente felices por los elementos positivos de sus vidas, continúan en cambio pensando en lo que les falta. (*Jovos Halvovos*, Sección 2, Introducción del Rabino Iosef Leib Bloj en *Shiurai Daas*, vol. 2, pág. 150).

Siempre habrán de faltarte cosas que te agradaría tener. Esto resulta inevitable. Si persistes en pensar en aquello que te falta, estarás dejando de apreciar lo que ya tienes.

C) Siente alegría por todo lo que el Todopoderoso te ha concedido, y no dirijas tus pensamientos hacia aquello que El no te ha proporcionado. Imagínate por un instante como habrías de sentirte si le hicieras un obsequio a alguien con el cual no tuvieras ninguna obligación de hacerlo, y que esa persona se quejara en forma inmediata de que no le hayas dado el doble de lo que le diste. Te arrepentirás seguramente de haberle hecho el presente. La falta de aprecio por lo que el Todopoderoso te concede, significaría que te has comportado de manera similar a la descripta. (Dubner Magid: *Sefer Hamidos*: *shaar hasinah*, cap. 2).

Escribe un listado de aquellas cosas que consideras no haber apreciado en el pasado. Decídete a comenzar a sentirte agradecido por esas cosas.

D) Toda persona que se sienta sinceramente humilde, será feliz constantemente por ese motivo. Entenderá que nada se le debe y se sentirá consecuentemente feliz con lo que posea. No elevará sus miras para recibir lo que se encuentra en un nivel superior a su persona. Disfrutará de una permanente paz espiritual y experimentará la alegría de vivir (Rabino Jahim Meier Hagar, citado en *Le'anovim Yitain Jain*, pág. 201).

E) Cuando te retrotraigas a tu pasado, concéntrate en las cosas por las cuales tienes que estar agradecido. (Rabino Eliezer Zef Luft, Vol. 5, pág. 302).

Con demasiada frecuencia la gente evoca su pasado haciéndolo en términos de pesares y problemas vividos. El hecho de estar vivos en el día de hoy, significa que hasta el momento has podido satisfacer tus necesidades básicas de subsistencia, por lo cual debes estar agradecido.

5. Aprende a concentrarte en las cualidades positivas de cada situación

A) Uno de los mayores dones concedidos a una persona es el de tener hijos varones y mujeres. Los hijos constituyen la mayor fuente de felicidad y satisfacción del mundo entero. Los hijos le dan a una persona la fuerza y energía necesarias para tolerar las vicisitudes de la vida. Los hijos capacitan a las personas a trabajar duramente toda la vida sin claudicar. Hay personas que pudieron haber cometido suicidio a causa de todos sus sufrimientos e infortunios, pero que se abstuvieron de hacerlo, porque hallaron sentido a sus vidas ayudando a sus hijos. (*Ahavas Maishoraim*, pág. 99).

Algunos padres consideran a la crianza de los hijos como una carga y una constante fuente de frustración. Como lo manifestara un profesional en el campo de la modificación de la conducta, diciendo lo siguiente: "Antes de tener yo mis propios hijos, me preguntaba el motivo por el cual existían tantos casos de maltrato de niños en los Estados Unidos. Ahora que tengo mis propios hijos, me sorprendo de que no sea aún mayor el número de casos existentes". El problema radica en que algunos padres persisten en centrar su atención sobre las dificultades y privaciones, que les ocasiona el hecho de cuidar a sus hijos. Serían mucho más atinados en sus juicios si encararan los aspectos positivos resultantes de la crianza de sus hijos. Los padres que disfruten de sus hijos tendrán una mayor facilidad para criarlos.

B) Cuando llueve tenemos la obligación de ponderar los beneficios múltiples que obtendremos de la lluvia, y esto nos permite estarle agradecidos al Creador por Su bondad. Esto no es meramente un acto virtuoso, sino que constituye una verdadera obligación (Ver *Brojos* 59b). Cada gota de lluvia es un beneficio y por ello deberíamos incrementar nuestros sentimientos de gratitud. (*Daas Jojmah Umussar*, vol. 3, pág. 26).

Resulta fácil pensar en las molestias que ocasiona la lluvia. Prepárate en cambio para considerar sus beneficios.

C) Tenemos las siguientes facultades de: "Deleitarnos con la primavera, divertirnos en el soleado verano, amar la vitalidad del otoño y saborear el riguroso invierno, y estarle eternamente agradecidos a Aquel que cambia los tiempos y ordena la secuencia de las estaciones." (*Despierta, Mi Gloria*, pág. 369).

Cada estación tiene sus cualidades positivas y sus particulares dificultades. Fórjate el hábito de concentrarte en lo que es positivo.

6. Aprecia la vida

A) La mayoría de las personas no estiman que debieran sentirse afortunadas y felices por el solo hecho de estar vivas. (*Ahavas Maishorim*, pág. 81).

Nos sentimos influenciados por nuestro entorno. De manera que si los demás no aprecian la vida por sí misma, nos predisponemos igualmente a considerarla como algo natural. Haz un esfuerzo para apreciar la vida, y con tu ejemplo influenciarás a los demás para que hagan lo mismo.

B) Mientras vivamos debiéramos pensar para nuestros adentros lo siguiente "Qué feliz sería si pudiera obtener una cuantiosa suma de dinero. No hay sin embargo suma alguna de dinero que pueda compararse con el mayor valor que ofrece la vida en sí misma" (*Pele Yoatz: simjah*).

Siéntate a pensar por unos pocos minutos y trata de imaginar tu reacción al hallar una cuantiosa riqueza. Figúrate el placer que sentirías por ello y trata realmente de experimentar esa sensación. Intenta ahora transferir la intensidad de ese placer al júbilo de vivir.

C) Trata al menos una vez por día de sentir la alegría de estar vivo. Aprecia el don de la vida. Todos los que ya han fallecido no podrán continuar superándose, tú en cambio sigues vivo y podrás proseguir creciendo espiritualmente. (*Jinuj V'edun Hahergeshim,* pág. 330).

Imagínate en una situación en la que estuvieras próximo a morir. Siéntelo como si ocurriera en realidad. Luego figúrate que se te brinda otra oportunidad. Cuando más intensamente puedas imaginarte esta situación, mayor será tu grado de alegría por sentir la alegría de la vida por sus valores intrínsecos.

7. *Aprecia tu salud*

A) Cuando una persona está enferma deseará fervientemente poder recuperarse. Sin embargo al tiempo de curarse de su dolencia, habrá de tomar su buena salud actual como un hecho natural. (*Jojmah Umussar,* vol. 2, pág. 59).

B) Cuando una camisa cae desde lo alto, hay algunas personas que dicen: "Estoy agradecido por no haber estado dentro de esa camisa" A primera vista este parecería un muy extraño comentario, pero luego de pensarlo un poco le encontraremos sentido. Los seres humanos son susceptibles de exponerse a toda clase de enfermedades y accidentes. Hasta una persona que esté caminando sobre un piso recto y firme puede tropezar y quebrarse un miembro al caer. Cuando alguien esté comiendo puede atragantarse con los alimentos que ingiere. Utilizando tu imaginación podrás figurarte que ocurran hechos remotamente posibles. Una persona sensata tendrá permanentemente una sensación de impotencia para poder protegerse a sí misma, y tiene cabal conciencia de que puede resultar dañada muy fácilmente. Al observar que algo se está cayendo, se da cuenta de inmediato que él mismo podría estar cayéndose con la misma facilidad. Este pensamiento le sirve de recordatorio de que debería estarle agradecido al Todopoderoso por cuidarlo y mantenerlo con vida. El principal deseo de todas y cada una de las personas, es el de vivir una vida de felicidad. Esta es una motivación subyacente detrás de todas las diversiones, tales como los juegos y la música. ¿Por qué tendrá que ser menos importante el arte de sentir alegría frente al hecho de que no te haya ocurrido ningún daño, en comparación con el arte de disfrutar de la música? La persona que puede sentir alegría por no estar ni enfermo ni herido vivirá una vida feliz. (*Jojmah Umussar*, vol. 2, pág. 73).

C) El Rabino Yerujem Leivovitz relató que un famoso hombre de gran fuerza física llamado Breitbart, se debilitó tanto a causa de una enfermedad que no podía ni sostener una lapicera con sus manos. En esos momentos un escritor observó que: "Las mismas manos que una vez pudieron quebrar barras de metal, tiemblan ahora ante el leve peso de una lapicera". El Rabino Yerujem comentó sobre el particular: "La gente tiende a pensar que sostener una lapicera es algo tan simple y natural que no se requiere fuerza alguna para esa tarea. Ellos creen que solo constituye un don divino poseer una fuerza extraordinaria y especial. De hecho, la fuerza para sostener una lapicera es también un don divino, sin el cual ninguna persona podría sostener ninguna cosa". (*Daas Jojmah Umussar*, vol. 1, págs. 56-57).

La próxima vez que tengas que hacer algo que te resulte tedioso (lavar platos, escribir una carta de rutina, reparar algo), concéntrate en sentir agradecimiento por poder sostener cosas con tus manos. Si lo encuentras difícil, sería conveniente que visites a alguien que no pueda hacer uso de sus manos.

D) El Rabino Yerujem Levovitz también relató lo si-guiente: "Alguien me preguntó en alguna oportunidad cuantas veces me daba vueltas de un lado a otro en la cama por las noches, hasta poder finalmente conciliar el sueño. Me sorprendí al principio ante esta extraña pegunta. Entonces esta persona me dijo que había visitado recientemente a una persona muy enferma, y fue testigo de como la misma no podía desplazarse de un lado a otro por sí misma. Medité un poco sobre este asunto y comprendí en lo que no había reparado anteriormente, y es que toda persona sana se da vuelta muchas veces en su cama, hasta que puede conciliar el sueño. Cuando se siente incómoda cambia automáticamente de posición sin pensar en ello. (*Daas Jojmah Umussar*, vol. 3, pág. 30).

Aprecia concientemente la capacidad que tienes de moverte sin la ayuda de otras personas.

8. Aprende a apreciar las cosas a las que habitualmente consideras como naturales

A) Cuando tenemos algo durante un largo tiempo lo consideramos habitualmente como algo natural. Desde el día en que nacimos hemos estado respirando el aire, y hemos estado viendo la luz del sol y apreciando la belleza de la naturaleza. Hemos estado disfrutando de los sentidos de la vista, el gusto, el olfato, y el tacto, durante tan largo tiempo, que hemos perdido nuestra facultad de apreciarlos. Tomamos nuestros diarios placeres y logros intelectuales como hechos naturales. (Rabino Noson Tzvi Finkel: *Tnuas Hamussar*, vol. 3, págs. 202-203).

Convierte en práctica diaria el contemplar el mundo como si hubiera sido creado en el día en que estás viviendo. Imagínate a tí mismo como si entraras al mundo por primera vez, y observándolo todo como una novedad. Este ejercicio puede transformar lo mundano en una excitante experiencia. (Rabino Noson Tzvi Finkel: *Ohr Hatzafun*, vol. 3, pág. 84).

No debe creerse que la simple lectura de lo expresado ha de constituir una ayuda por sí misma. Dedícale un poco de tiempo al menos una vez para ponerlo en práctica.

B) Existe un enorme placer en el hecho de apreciar el valor implícito en el calor y en el brillo del sol. Mucha gente solo valora la luz del día y el brillo del sol cuando se siente satisfecha por haber obtenido algún beneficio financiero, o si se vieran favorecidas por haber recibido honras u otros placeres. Cuando están llenos de preocupaciones o desventuras provocadas por algo que han perdido o por envidia, no reparan en la luz que está brillando sobre el universo. (*Torah Abraham*, Pág. 443).

C) El Rabino Moshe Rosenstein relató que el Rabino Israel Salanter expresaba con frecuencia sus sentimientos de la gran alegría que experimentaba por el bien que le causaba el brillo del sol, el cual ayuda de diversas maneras a la humanidad. Ante este hecho el Rabino Rosenstein se preguntaría: "¿Por qué otras personas no sienten la misma alegría del Rabino Salanter?". La principal razón consiste en que la gente se siente más feliz cuando tiene algo que les falta a los demás.

Cuando las demás personas en el mundo tienen la misma cosa, consideran que no poseen nada especial. El Rabino Salanter sentía una gran amor por sus semejantes, de tal modo que el saber que los demás también se beneficiaban incrementaba su placer por ello. De la misma manera que una persona se regocija cuando sus hijos tiene placer por algo, todo aquel que ame sinceramente a sus semejantes sentirá un gusto acrecentado cuando los demás también se vean beneficiados. (*Darkai Mussar*, págs. 26-27).

Podemos regocijarnos con todo aquello que nos beneficia: los árboles que vemos, las veredas sobre las que caminamos, las carreteras por las que viajamos, las luces de las calles por las noches. El hecho de que los demás disfruten también de estos beneficios debería incrementar nuestro regocijo en lugar de disminuirlo.

D) Resulta fácil considerar como hechos naturales nuestras aptitudes mentales. No lo hagas. Trata en cambio de experimentar regocijo por tu facultad de hablar y de pensar. Aprecia que puedas estudiar para adquirir sabiduría. Aún el más grande de los eruditos debería apreciar su capacidad para pronunciar palabras, leer oraciones y estudiar los conocimientos básicos. Toda persona que esté en posesión de este sentimiento de aprecio habrá de vivir una vida de alegría. (*Ohr Hatzafun*, vol. 3, págs. 85-86).

E) Cuando te estés vistiendo, dedícale un pensamiento al beneficio que te brindan tus ropas. (*Daas Jojmah*, Vol. 3, pág. 67).

El Rabino Yerujem Levovitz relató que él pidió una vez prestados un par de guantes de lana en un gélido día de invierno. Hasta ese momento el consideraba con frecuencia a los guantes como algo natural, pero en esa ocasión llegó a valorarlos mucho. Los guantes no tenían un gran valor en dinero, pero le resultó de suma utilidad el poder usarlos. A partir de ese momento llegó a sentir un gran aprecio por la lana cada vez que la veía. (*Idem*).

F) Practica la ponderación del beneficio que te brinda el medio ambiente que te rodea. Sin el concurso de otras personas estarías completamente solo. ¿Como llegarías a ser si te tocara crecer completamente solitario en medio de una selva? Probablemente no serías muy diferente a un animal.

Agradece que la gente en tu ambiente te haya transmitido muchos conocimientos y mucha comprensión. (*Idem*, pág. 68).

El Talmud relata que un Sabio al ver una gran multitud de personas congregadas frente al Templo dijo lo siguiente: "Bendito sea El que ha creado toda esta gente para que pueda servirme." Tuvo conciencia de lo mucho que se había beneficiado con la acción de otras personas, y se sentía agradecido por ello. El se dió cuenta que a través de los esfuerzos de otras personas, que habían arado y sembrado y que realizaron otros tipos de trabajo, pudo él dar satisfacción a sus necesidades. (*Brojos* 58a y *Rashi*).

El Talmud dice que el Sabio se extendió sobre el tema y expresó lo siguiente: "Adán el primer hombre, tuvo que trabajar arduamente hasta que pudo disponer del pan para alimentarlo. Le fué preciso arar, sembrar, cosechar, recoger la cosecha, trillar, separar el grano bueno del **malo**, **moler**, tamizar la harina, amasar y hornear, y solo entonces pudo estar en condiciones de comer. Yo, sin embargo, me despierto por las mañanas y encuentro el producto terminado listo para mi uso." El prosiguió de esta manera: "¡Cuánto trabajo tuvo que realizar este primer hombre, Adán, hasta que pudo producir una prenda de vestir! A este fin tuvo que esquilar a los animales él mismo, luego blanquear la lana, peinarla, hilarla y finalmente tejer la prenda.

Yo, sin embargo, ya encuentro las prendas listas para vestir sin ninguna dificultad."

Este tipo de pensamiento es particularmente importante para aquél que se incomoda fácilmente con otras personas. Sin el concurso de los demás, la vida sería increíblemente difícil. Las molestias que te pueden ocasionar son el precio que pagas por los beneficios que obtienes. Confecciona una extensa lista en la que indiques las personas de las que obtienes un beneficio, incluyendo a los trabajadores de la industria de la alimentación, a los de la construcción, publicaciones, transportes, salud pública, y empresas de servicios.

Un amigo mío, el Rabino Leibel Benjaminson, me

describió las actividades de un grupo de *mussar* en el que participaba. A los miembros de dicho grupo se les asignaba una tarea destinada a desarrollar su sentido de gratitud. A tal efecto, el dirigente del grupo les sugería que tomaran en consideración algo que cada uno hacía en forma habitual, y que pensaran durante diez minutos acerca de todas sus derivaciones. Mi amigo acostumbraba a beber una taza de café todas las mañanas, y eligió precisamente esa taza de café como el tema a desarrollar. Pensó que resultaría más fácil realizar la tarea, si volcaba sus pensamientos sobre una hoja de papel. Para su sorpresa los diez minutos propuestos se extendieron a treinta y cinco.

Escribió entonces sobre como los granos de café se cultivaban en el Brasil, donde algunos se dedicaban a efectuar las plantaciones y las cuidaban hasta que los granos llegaban a su madurez. Entonces los trabajadores recogían los granos de las plantas, los cuáles eran tostados, molidos y envasados para su expedición. Describió entonces el trabajo de las empresas transportadoras que hacían posible que el café llegara a los Estados Unidos de América. Solamente esta actividad requería el trabajo de centenares de personas. Finalmente el café arribaba al puerto de Haifa, desde donde era llevado a su almacén de comestibles en Jerusalém. Escribió además acerca de la red domiciliaria que suministró el gas que utilizó para hervir el agua, y del fósforo que utilizó a ese efecto. Comentó asimismo de cuánto más facil resulta utilizar un fósforo en lugar de frotar entre sí dos trozos de madera para encender el fuego. También detalló de como el gas llegó a su casa y de que fué necesario fabricar su cocina. Describió asimismo como el recipiente emitió un silbido para indicarle que el agua ya había hervido. La leche que agregó al café había requerido un proceso de elaboración con intervención de muchas personas, desde el momento en que salió de la vaca hasta llegar a su taza de café. Al cabo de los treinta y cinco minutos empleados, comprobó que aún no había comenzado a escribir acerca de la taza, del platillo que había utilizado, ni de la cucharita, ni de la mesa sobre la cual las colocó, ni de la silla sobre la que estaba sentado. Por primera vez, tomaba conciencia de las miles de personas cuyo trabajo era indispensable para que el pudiera beber su café. Este conocimiento lo condujo a la más intensa experiencia espiritual. Sus plegarias de las próximas semanas estuvieron impregnadas de un profundo de gratitud hacia el Todopoderoso.

¿Te agradaría tener una experiencia similar? Utiliza como tema algo de cuyos beneficios disfrutes pero ya consideras como algo habitual y natural, y escribe tanto como puedas sobre todo lo que haya que apreciar del mismo.

G) Toda persona viviente disfruta en la actualidad de muchos beneficios y comodidades que en el pasado no estaban a su disposición. Todos los últimos inventos y descubrimientos de la tecnología están a nuestro servicio de una manera admirable. Por todo esto deberíamos estar llenos de aprecio y gratitud (*Najlas Iosef, Torah*, pág. 115).

Confecciona un listado de elementos disponibles para tu uso en la actualidad y que no existían hace unos cien años. Observa como estas cosas te ayudan a hacer tu vida más fácil y comfortable. Algunos ejemplos de ello son: la electricidad, los teléfonos, heladeras, automóviles, aeroplanos, lamparitas eléctricas, máquinas lavadoras, sistemas de calefacción del hogar, ascensores, alimentos envasados y el agua corriente en tu casa (esto último se toma como algo normal hasta que se presenta algún problema en las cañerías). Algunas personas se concentran en la forma en que estos elementos puedan ser mejorados, y en el hecho de que con frecuencia no funcionan como debieran hacerlo.

Este enfoque solo será constructivo si has planeado hacer algo para lograr mejorarlo, de lo contrario resultaría contraproducente si no puedes o no intentas hacerlo.

H) Cada vez que necesites comprar algo y tengas el dinero necesario, debes sentir placer y gratitud por contar con los medios suficientes. (*Iesod Veshoresh Hoavodah: tzavaah*, Nº 32).

Cuando estés esperando en una fila formada ante un almacén de alimentos, en lugar de pensar en lo lento que avanza la fila, observa lo afortunado que eres de poder comprarte los alimentos que necesitas. Los precios podrán ser elevados, pero dispones al menos de suficiente dinero para atender tus necesidades básicas.

I) Cada vez que necesites utilizar un utensilio o un instrumento y dispongas del mismo, disfruta el placer que el mismo te produce y siéntete agradecido por disponer de ese objeto. Es muy probable que puedas repetir la experiencia muchas veces al día. (*Idem*). Algunos ejemplos más comunes de lo expresado son: las lapiceras, cucharas y tenedores, tazas, llaves, relojes, sillas y mesas.

J) Toma nota de cualquier acontecimiento favorable que te suceda, y dale las gracias al Todopoderoso por ello. Sirvan como ejemplo los siguientes hechos: si tus anteojos se caen al suelo y no se rompen, o si encuentras algo que habías perdido. (*Idem*).

K) Resulta atinado concentrarte en las virtudes de la persona con quien te has casado. (*Bayis Neaman*, pág. 78).

Esta simple máxima podría facilmente ahorrarles angustias y conflictos a muchas personas en su matrimonio. Cuando veas lo bueno en una persona, te resultará más fácil tolerar aquellos rasgos de su personalidad que veas como negativos.

L) Cuando recibas la carta de un familiar cercano y te enteres de que tus parientes se encuentran bien, siéntete agradecido por las buenas nuevas (*Bais Abraham*, pág. 50).

9. Las bendiciones te ayudan a apreciar

A) El *Kuzari* escribió lo siguiente: "El placer de una persona se verá realzado por la obligación de verter bendiciones sobre todo lo que disfruta y le sucede." El Rabino Avigdor Miller se explayó sobre este tema expresando lo siguiente: Si una persona aprende a estarle agradecido al Creador por permitirle despertarse por la mañanas, cada día se iniciará entonces con un sentimiento de gratitud por cada día más de vida. Cuando le da las gracias por las prendas de vestir adquiere de esta forma el conocimiento de los beneficios que le brinda la vestimenta. Cuando le agradece al Todopoderoso por "abrirle los ojos a los ciegos" está capitalizando la dicha de poder ver. Cuando le agradece al Creador por guiar los pasos del hombre está valorando la capacidad de poder caminar. Cuando le expresa su gratitud por el calzado, por su cinturón, o por su sombrero, cada uno de estos elementos se destacarán en su mente como la representación de un placer determinado. Cuando aprenda a dar las gracias por la luz, el viento, la noche, la lluvia, el proceso de eliminación de residuos, la capacidad de oir, oler y gustar, por el don del habla, por una vivienda, un lecho, por unas sillas y una mesa, por el agua, por toda clase de alimentos, por la familia y por la paz, serán estos e innumerables elementos adicionales los que contribuirán a cimentar su sentimiento integral de la felicidad. (*Despierta, Mi Gloria*, pág. 261).

B) El placer que experimentamos por lo que poseemos no proviene unicamente de la consideración de las cosas por sí solas, sino también por el hecho de saber de quien las hemos recibido. Esta constituye la lección que emana de las bendiciones que hemos vertido, que son las que nos ayudan a apreciar que el Todopoderoso es quien nos ha otorgado los placeres de este mundo —este conocimiento realza considerablemente el valor de estos placeres. (Rabin Noson Tzvi Finkel: *Ohr Hatzafun*, Vol. 3, pág. 86).

C) Cuando te dispongas a bendecir al Todopoderoso y centres tu atención sobre los beneficios resultantes de las bendiciones que estás vertiendo, estas bendiciones te depararán una gran alegría. Dado que una persona ebria no habrá de experimentar el mismo placer sutil que sentirá una persona sobria, así tampoco podrá una persona que no aprecie debidamente las bendiciones, conocer la considerable magnitud de la alegría y placer que ellas proporcionan constantemente a quien las valore adecuadamente. (*Jojmah Umussar*, Vol. 3, pág. 74).

D) Después de concluir una comida, concentra tu atención por un momento en el agradecimiento que sientes por tener los alimentos que acabas de ingerir, y luego recitar el *Birjas Hamazon* (las bendiciones después de la comida) (*Jinuj V'edun Hahergeshim*, pag. 333).

10. Técnicas para incrementar el aprecio

A) El *Midrash* (*Braishis Rabbah* 14:11) dice que por cada

hálito que repiramos deberíamos expresarle nuestra gratitud al Todopoderoso. Como ejercicio propuesto, resérvate un lapso de cinco minutos para agradecer por cada hálito que respiramos.

B) Si lograras dominar la capacidad de imaginación para figurarte tu vida desprovista de todo lo que posees actualmente, llegarás a apreciar lo que posees a tal grado que por ello vivirás una existencia plena de una constante alegría. Si te extraviaras en un medio salvaje y carecieras de comida y de agua, y luego lograras encontrar un poco de pan, disfrutarías de ese pan de una manera más intensa que la que habitualmente te produciría un alimento más sofisticado. El Rabino Simja Zissel escribió que vivió personalmente una experiencia similar, y que para él se asemejó a morar en el paraíso. Siempre podrás experimentar esa alegría si te ejercitas en prepararte para utilizar tu mente en forma inteligente. (*Jojmah Umussar*, Vol. 2, pág. 74).

Dedica un par de minutos a imaginar como sería las cosas para tí si carecieras absolutamente de todo: sin familia, ni amigos, sin posesiones, ni nada de dinero, sin conocimientos, ni ojos, ni oídos, ni manos, ni pies, —absolutamente nada. Continúa concentrándote en este orden de ideas hasta que lo sientas realmente. Luego imagínate que vas obteniendo lo que tienes en la actualidad, en forma gradual, un elemento por vez. (Basado en *Pirke Emunah*, pág. 20).

C) Cada uno de los días experimentamos muchos centenares de pequeños placeres tanto en el aspecto material como en el espirtual de nuestra vida. Podemos aprender a centrarnos en estos hechos comunes y reconocer en ellos la bondad latente del Todopoderoso. (El Steipler, *Birjas Peretz: Aikev*).

Como ejercicio de apreciación, trata durante el lapso de una hora de sentirte agradecido por cada una de las cosas simples que te encuentres haciendo. Cuando estés hojeando este libro, agradece porque puedes mover tus manos. Cuando camines, muéstrate agradecido porque puedes mover tus pies. Cuando converses, agradece porque tienes la capacidad de comunicarte con los demás. Durante una hora completa no consideres como un hecho natural ni siquiera a la acción de menor importancia. Ten conciencia de cada detalle de lo que puedes hacer. Todo aquel que llegue a practicar esta técnica, aunque solo lo haga por un corto tiempo, en forma diaria, adquirirá un mayor aprecio por todo lo que hace.

D) El apreciar lo que posees desarrollará tu habilidad de generar imágenes mentales. Los Sabios dicen que estamos obligados a considerarnos como personas que habiendo sido esclavos una vez, hemos recuperado ahora nuestra libertad. Cuánto mayor sea tu capacidad de imaginarte cómo sería tu vida siendo esclavo, y lo alborozado que te sentirías por ser libre en el presente. (D*aas Jojmah Umussar*, Vol.1, págs. 130-145).

11. El silencio puede ayudarte a apreciar

A veces el silencio es necesario para evaluar una experiencia. Una persona que siente permanentemente la necesidad de decir algo y de evaluar todo con palabras, se apartará de las experiencias dinámicas y emitirá en cambio comentarios innecesarios. (*Alai Shur*, pág. 178.)

12. Compartir con los demás te ayudará a apreciar lo que tienes

El autor de Kuntros Hasfaikos citó el pensamiento que dice que aún si una persona ve las visiones más fascinantes y fantásticas del universo, y comprende los secretos espirituales del mundo, no habrá de experimentar un pleno deleite, hasta que haya podido relatarle a sus amigos lo que él ha visto. Agregó además el autor de Kuntros Hasfaikos que, por un camino similar, todo hombre sabio tiene el deseo de compartir sus ideas y pensamientos con otras personas.

El Rabino Jahim Shmuelevitz comentó que esto no constituye una falta sino mas bien una virtud. Nadie sentirá plena satisfacción si hace las cosas por y para sí mismo. Tu propio placer se verá realzado cuando compartas tu alegría con los demás.

Capítulo Tres

LA FELICIDAD ESTA SUPEDITADA A NUESTROS PENSAMIENTOS

1. Introducción: Tú creas tu mundo emocional

A) "El Todopoderoso ha creado al hombre de una manera sencilla y directa, pero ellos (los hombres) inventaron muchas complicaciones (*Koheles* 7:29). "Las numerosas complicaciones", dijo el Rabino Sansón Rafael Hirsch, "son las enemigas de la felicidad." (*De la Sabiduría del Mishle*, pág.160). Tal como lo expresa el Rabino Simja Wasserman: "La vida es simple, las personas son complicadas." La vida encierra en sí misma un potencial para la felicidad, pero cada persona escoge el contenido de sus pensamientos y la forma en que encarará las cosas.

B) La felicidad es como una destreza que puede aprenderse. Para adquirirla es preciso dominar lo siguiente:

• La habilidad de concentrarte en los pensamientos generadores de la felicidad en lugar de aquellos que causan desdicha.

• La capacidad de evaluar como positivos los hechos y las situaciones que se produzcan en lugar de hacerlo negativamente, o por lo menos aminorar su grado de negatividad (en vez de considerar como tragedias a las pequeñas molestias, evalúalas como de menor importancia).

C) La vida de una persona que tiene una actitud positiva frente a todo lo que ocurre, es equiparada en el *Mishle* (15:15), a la de una existencia festiva. Su vida entera estará llena de felicidad y alegría. Esa persona no necesitará que acontezcan situaciones especiales que lo provean de felicidad. Todo lo que haga y en dondequiera que se encuentre, ha de encontrar cosas que lo hagan feliz. El crecerá constantemente a partir de cada experiencia y de cada persona, con la que entrará en contacto. El dominio de esta actitud requiere tiempo y esfuerzo, pero habrá de resultar una valiosa inversión.

D) Creamos en una proporción el mundo en que vivimos. En tanto que numerosos hechos escapan a nuestro control y no estamos capacitados para ejercer una influencia directa sobre los mismos, tenemos aún la capacidad de controlar en gran medida nuestras actitudes frente a una determinada situación. De allí podemos concluir que las consecuencias emocionales resultantes de los hechos, dependen mayormente de nosotros mismos. Resulta irreal esperar la posesión de un perfecto control, pero todo aquel que se concentre tranquila y persistentemente sobre sus pensamientos podrá superarse.

E) Una fórmula concisa para la felicidad puede expresarse simplemente de la siguiente manera: Has un esfuerzo coherente para elaborar pensamientos que te conduzcan a la felicidad y así serás feliz. Tu mente está constantemente en acción ocupándose de diversas imágenes y percepciones que pasan delante de su foco. Si realizas un esfuerzo para repetirte expresiones que te conduzcan a la felicidad, habrás de vivir una existencia feliz dependiendo ello de tu decisión. Muchas personas no tienen cabal conciencia de todas las expresiones que de continuo se repiten a sí mismas, y si lograran concientizarse al respecto accederían a un mayor control sobre sus actitudes.

F) Muchas personas no dejan libradas al azar ningún aspecto de sus vidas, en la forma en que lo hacen con sus pensamientos. Manejan sus pensamientos de una manera tan confusa y desordenada, que prácticamente han perdido el control de su mente. El Rabino Simja Zissel de Kelm, ha comparado estas mentes con el contenido de un cubo de desperdicios: mucha basura y desechos y solamente una pequeña cantidad de material comestible. Cualquier tontería que por casualidad se cruzara por sus mentes, ocuparía el lugar destinado a pensamientos serios y elevados. La primera obligación de toda persona es la de esforzarse para tener una mente ordenada, y decidir cuáles serán los pensamientos que habrá de elaborar. La capacidad para decidir qué pensamientos habrán de ocupar tu mente, deberá adquirirse y demandará mucha práctica lograr dominarla. No podrá alcanzarse este objetivo en solo un día, requiriéndose para ello un prolongado período de tiempo. Es importante que no te sientas muy exigido, porque ello determinaría que los resultados fuesen opuestos a los deseados. Encara esta meta con calma y siendo flexible al mismo tiempo. Comienza a ejercitarte con tu poder de pensamiento durante un par de minutos, para luego ir incrementando ese tiempo. Una forma de realizarlo es empezar pensando en un tema específico durante cinco minutos, sin permitir que otro pensamiento ajeno ingrese a tu mente (*Tnuas Hamussar*, Vol.2, págs.149-150).

2. *Tú eliges constantemente si te centrarás en lo positivo o en lo negativo*

A) La felicidad puede aprenderse. Aunque probablemente jamás lleguemos a tener un completo control sobre nuestras emociones, lograremos un dominio mucho mayor que el que mucha gente supone. Nuestros pensamientos controlan nuestras emociones, y disponemos de la capacidad de controlar nuestros pensamientos en su gran mayoría. Sin tener en cuenta la forma en que una persona haya podido pensar en el pasado, si está dispuesta a ser flexible, podrá llegar a aprender a pensar de las maneras que le deparen felicidad.

B) Somos nosotros mismos los que elegimos concentrarnos en aquellas ideas que impulsarán nuestra felicidad, o en las que nos harán desdichados. Tú mismo escoges tus pensamientos. Si permites que tu mente se vea ocupada por cualquier clase de ideas que pudieran irrumpir de golpe, esta sería también tu opción. El escoger ser pasivo y permitir que tu felicidad se base en reacciones reflejas en lugar de tomar activamente la iniciativa, incidirá en creer que esos pensamientos sean los más provechosos para tí. Es inmensa la gama de tópicos que puedes seleccionar para fijar tu atención en ellos. Algunos te resultarán dolorosos, sin que puedas hacer nada constructivo para cambiar los hechos (por ejemplo, todos los infortunios que te sucedieron en el pasado). Otros pensamientos en cambio te proporcionarán placer y felicidad. Para vivir una existencia más feliz, necesitarás minimizar la magnitud del tiempo empleado en las ideas negativas y elevar al máximo el utilizado en los pensamientos que conducen a la felicidad.

C) Muchas personas se encuentran en una situación similar a la de alguien que está constantemente preocupado por no tener nada para comer. Si se le aproximara un hombre y le preguntara: "¿Por qué estás tan preocupado? Ven conmigo y te enseñaré un gran tesoro que tu padre te ha legado." Imagínate la insensatez de quien se rehusara a acompañar a ese hombre, y prefiriera en cambio continuar preocupándose (*Jojmah Umussar*, Vol.2, pág.247).

Tan insensata resultará la persona que malgasta su poder de raciocinio enfocando los aspectos negativos de la vida, que se rehusará sistemáticamente a considerar los aspectos positivos. Podría en cambio descubrir grandes tesoros si realizara el esfuerzo mental necesario. ¡Cuán insensato resulta emplear tu mente para provocar tu propia desdicha, cuando se te brinda la posibilidad de utilizarla para centrarla en tópicos positivos!

D) Estamos constantemente repitiéndonos mensajes que recepciona nuestra mente. Si los mismos tienen un sentido negativo como: "Soy un fracaso", "El mundo es un lugar horrible", "No hay nada que nunca ande bien", nuestra vida será desgraciada. Podemos esforzarnos para lograr concientemente transmitir a nuestra mente mensajes positivos tales como: "Tengo la capacidad de seguir mejorando", "El mundo contiene muchas magníficas oportunidades", "Todo lo que me suceda contiene elementos que me harán crecer". El Rabino Israel Salanter enfatizó la importancia de memorizar textos de aforismos y pasajes inspiradores y repetirlos constantemente, y poco a poco los mismos tendrán un efecto positivo sobre tu personalidad y tus emociones (*Ver Tnuas Hamussar*, Vol.1, págs.252- 253).

E) Posees la capacidad de controlar tus pensamientos, aún si llegaran a alejarse de tu mente, podrías hacerlos volver y concentrarte en aquello que sea de tu preferencia (*Likutai Aitzos, mashlokes,* Nº 16).

F) No podemos albergar dos pensamientos al mismo tiempo, en consecuencia, cuando se presenten pensamientos negativos no necesitas combatirlos. Haz un esfuerzo para elaborar pensamientos positivos, y los negativos habrán de desaparecer por sí solos (*Likutai Mitzvos: mashovos* Nº 11).

Si mantienes tu mente ocupada pensando acerca de la sabiduría o en tópicos neutros, podrás vencer los pensamientos que generan ansiedad. Si por ejemplo tuvieras que hablar en público, y durante horas en forma anticipada te repitieras constantemente lo pavoroso que resulta hacerlo, te pondrías nervioso por ese motivo. Sin embargo, si mantienes tu mente ocupada en estudiar algo nuevo o en pensar algo interesante, reducirás al mínimo tus pensamientos de ansiedad. Este método puede aplicarse a todas las situaciones generadoras de ansiedad, tales como los temores frente a una difícil confrontación interpersonal que pueda acontecer, el postularse para un empleo, o la espera en el consultorio del dentista. Cuando tu mente logra desenfocarse de una situación generadora de ansiedad, ese malestar no crecerá y podrás quedar tan absorto en otros pensamientos, que llegarás a olvidarte de la causa de tu ansiedad. No obstante ser preferible el enfrentamiento de las evaluaciones negativas que producen ansiedad, si ello te resultara difícil de lograr, has de encontrar en la distracción una herramienta útil.

G) Ninguna persona tiene el control absoluto sobre todos sus pensamientos. Muchas ideas que preferirías no tener en cuenta, ingresarán automáticamente a tu mente, haciéndolo casi por sí solas. Sin embargo, una vez que esos pensamientos ingresaron a tu mente, podrás alejarlos efectuando un esfuerzo conciente para pensar en algo diferente. Tus intereses y conductas generales habrán de tener un considerable efecto sobre los mecanismos reflejos de tu mente. Si desarrollas una firme motivación y consolidas el entusiasmo para alcanzar la sabiduría, muchos de tus pensamientos se orientarán hacia ese campo, liberándote de este modo de una gran cantidad de pensamientos indeseados (*Mamirai Shlomo*, Vol.1, pág.61; ver también *Jeshbon Hanefesh*, Nº 108).

H) Independientemente de dónde una persona se encuentre físicamente, ha de estar realmente en el lugar en que se encuentren sus pensamientos. Toda persona tiene constantemente la opción de generar pensamientos elevados de superación, o ideas negativas de autodestrucción. La edad que sientas tener, dependerá principalmente de tu actitud personal al respecto. La gente de edad avanzada puede incrementar su vitalidad y vigor considerándose jóvenes de espíritu (*Toras Yitzjok*, pág.53).

Constantemente estamos hablándonos. Al respecto, podemos elegir entre llegar a ser nuestros mejores amigos transmitiéndonos pensamientos positivos, o nuestros peores enemigos repitiéndonos ideas de contenido negativo.

Se cuenta la historia de un obrero que siempre traía de su casa emparedados de jalea para el almuerzo. Un compañero de trabajo le oyó murmurar: "¡Oh no, es un emparedado de jalea otra vez, como odio la jalea!" El compañero le preguntó entonces: ¿Por qué no le pides a tu esposa que te prepare otra clase de emparedados?" "Mi esposa no me hace los emparedados, me los hago yo mismo" fue su respuesta.

Una persona que logra su propia desdicha al reiterarse pensamientos negativos, actuará tan tontamente como lo hacía ese obrero con sus emparedados de jalea, labrándose su propia infelicidad.

La persona que fije su principal objetivo en enfocar todo lo que marche mal ya sea con su propia vida, con el ambiente que lo rodea, o con lo que no funcionará bien en el futuro, no está evidentemente pensando en los hechos positivos de su existencia, y será en consecuencia desgraciada. Para vencer esta tendencia debes realizar un esfuerzo sincero para concentrar toda tu atención en todos los aspectos positivos de la vida, y lograr de este modo tu crecimiento espiritual. El pleno dominio de lo expuesto te beneficiará doblemente: estos pensamientos te transportarán a un estado de felicidad y evitarán que pienses en ideas de contenido negativo.

I) Con tranquilidad impártete la orden: "No sigas", cada vez que te concentres innecesariamente en pensamientos que generen tristeza. Aplica este método asiduamente cada vez que te surjan esas ideas. Las mismas persistirán cuando estés tenso, fatigado o físicamente enfermo, pero aún así deberás ordenarte no continuar con esos pensamientos. Tan pronto lo logres deberás pensar en algo con contenido positivo. Si compruebas que estás dedicándole demasiado tiempo a generar pensamientos que conducen a la tristeza, registra exactamente cuánto tiempo has desperdiciado en tales ideas negativas, y así habrás de incentivar con frecuencia tu deseo de autosuperación.

3. *Tu actitud es un factor clave para influir sobre tus reacciones*

A) Aquello que te estés diciendo a tí mismo con respecto a una determinada situación, será la forma en que la misma llegue a afectarte. Tu actitud frente a cualquier acontecimiento o situación, no se basará en la realidad objetiva de esos hechos o acontecimientos, sino en tu propia evaluación subjetiva de cada uno de ellos.

Muchas personas creen que los hechos y situaciones ocurren en realidad de la manera en que se los visualiza físicamente. Sin embargo, esos sucesos y situaciones analizados desde un punto de vista meramente objetivo, simplemente ocurren tal como los vemos. Es el observador quien los evalúa, ya sea en forma positiva, negativa o neutra. Una vez que adquieras una firme conciencia y la asimilación de este concepto, tendrás la capacidad de cambiar tus conductas negativas por otras más positivas.

Supongamos por ejemplo, que entres caminando a tu casa y que encuentres la mitad de las paredes derrumbadas. Los escombros y el polvo estarán esparcidos por toda la casa y los muebles se encontrarán fuera de su sitio. ¿Cuál sería tu actitud frente a esta situación? Todo dependerá de tu percepción subjetiva de los hechos.

Si los vándalos han irrumpido en tu casa y arbitrariamente destruyeron esas paredes, es muy probable que te digas a tí mismo lo horrible que ello te resulta y estarás en consecuencia alterado, furioso o abatido. Si no obstante, habías soñado con remodelar tu hogar durante años y ahora finalmente puedes llevar a cabo tu proyecto, probablemente te sentirás feliz. Pero si un miembro de tu familia no desea que se la remodele, podría sentirse desdichado por el derrumbe de las paredes. Aún en el caso de que quisieras que la casa sea remodelada, podrías estar irritado por el desarreglo que implicaría llevar a cabo este proyecto. Por otra parte podrías sentir alivio al descubrir de que puedes aceptar lo ocurrido mejor de lo que podías imaginarlo, y de que esto sirva de lección para demostrar tu capacidad de enfrentar dificultades en el futuro.

¿Cuál es la realidad? La simple imagen que tienes ante tus ojos. Tu reacción emocional estará sin embargo basada enteramente en la forma en que percibirás personalmente las situaciones.

B) Los hechos son neutros en sí mismos y no te provocarán ninguna reacción emocional, las cuales estarán siempre basadas en la evaluación subjetiva que hagas de cada situación:

• Cuando evalúes algo como negativo, terrible, trágico o como una desgracia, te sentirás en consecuencia triste, alterado, desdichado, enojado o lleno de ansiedad.

• Cuando pienses que algo no te afecta de manera alguna, y seas apático con respecto a ello, te sentirás neutral frente al mismo hecho.

• Cuando evalúes algo como bueno para tí, habrás de reaccionar con felicidad o alegría.

C) Para ilustrar la forma en que las reacciones emocionales siguen a nuestra evaluación, le pregunto a una persona con quien estoy hablando como reaccionaría frente a los insultos. La mayoría de las personas se sienten alteradas y enojadas cuando son insultadas. A modo de experimento pídele a un amigo que te diga lo siguiente: "Eres la peor persona que jamás haya existido", ¿cómo te sentirías al oír esas palabras, de labios de una persona que te dijera de una manera amistosa y con una sonrisa en su rostro? Nadie se sentiría afectado por ello. Sin embargo, si te contactaras con un posible empleador para conseguir un puesto que desearas vivamente, y que esa persona te dijera que eres un estúpido idiota, ¿cómo habrías de reaccionar? la inmensa mayoría de la personas se sentirían alteradas, furiosas o abatidas, no obstante si alguien te ofreciera un millón de dólares con la condición de que seas insultado dentro de las próximas veinticuatro horas, ¿cómo te sentirías si alguien te profiriera un insulto en esas condiciones?

Tu reacción emocional en este caso sería de una intensa alegría, lo que alguien te diga no habrá de afectarte sino en la medida de como lo percibas y lo evalúes. Siempre existen tres posibilidades básicas: percibir un hecho siendo neutral frente al mismo y reaccionando de igual manera, o de hacerlo en forma negativa, experimentando sentimientos en el mismo sentido, o bien de manera positiva con sentimientos acordes. Una vez que asimiles plenamente que los hechos habrán de afectarte conforme a tu propia evaluación, te sentirás motivado para evaluarlos de una forma más positiva y ejercer un mayor control sobre tus emociones. Tenemos la capacidad de transformar nuestra perspectiva frente a los hechos, orientándola hacia nosotros mismos y hacia los demás. En tanto que puedes reaccionar automáticamente de determinada manera, podrás igualmente desafiar mentalmente tu percepción inicial de la situación, y ponderarla de una manera más positiva. Podrías haber conceptuado algunas situaciones frustrantes como deplorables, y reaccionar consecuentemente con ira o abatimiento. Podrás sin embargo visualizar situaciones frustrantes, como desafíos a tu capacidad de percibir las cosas de una manera positiva. Todo aquello que anteriormente te haya podido causar molestias, puede resultar ahora una experiencia rica en contenido de crecimiento espiritual. Cuando hayas dominado esta nueva forma de ver las cosas, tus emociones serán coherente con este enfoque.

Las conclusiones de este concepto se evidencian, en que poseemos un poderoso grado de control sobre nuestras emociones a través del manejo de nuestros pensamientos. La persona que ejerza una mayor control sobre sus pensamientos tendrá un mayor dominio sobre sus emociones. Los titanes del ideario de la *Torah* a través de los tiempos tuvieron un gran dominio sobre sus emociones porque pudieron controlar sus pensamientos. Aquél que sostenga que nadie tiene un gran dominio sobre sus emociones, estará diciendo que simplemente el mismo no tiene mucho control sobre lo que piensa ni de como percibe los hechos.

D) Aprende a diferenciar entre los hechos, las deducciones, y los juicios de valor. Los hechos por si solos no te harán feliz, ni te causarán tristeza, solamente tus juicios de valor serán capaces de lograrlo. La gente resentida o desdichada tiende a hacer suposiciones, sin contar con suficientes evidencias para saber si son ciertas o no. Ellos suponen prematura o incorrectamente que las cosas son malas o nocivas. Aún si una deducción resultara acertada no habrás de sufrir si evitas un juicio de valor negativo. Por ejemplo, si alguien te mirara fijamente mientras estás comiendo, podrías pensar que te estaría juzgando negativamente, y te pondrías nervioso por ese motivo. Es posible sin embargo que ni siquiera te haya juzgado, y tu deducción tendría una evidencia insuficiente. Aún en el caso de que te estuviera juzgando tienes la capacidad para no evaluar dicho juicio como negativo. Podrías al respecto decirte a tí mismo: "Que importa si él me evalúa negativamente. Podría tolerarlo si lo hiciera".

E) Si alguien tratara de obligarte a hacer algo que ordinariamente te resultara grato, probablemente habrías de rechazar la presión y el disgusto causado por algo que otra persona está tratando de forzarte a hacer. Todos podemos pensar en ejemplos extraídos de nuestras vidas, aún un niño que disfrute jugando con un determinado juguete, desearía dejar de hacerlo, si alguien le hablara rudamente exigiéndole que lo siga haciendo durante un determinado período de tiempo. En lugar de decirse a sí mismo: "esto es agradable" la autoafirmación se cambiará por la siguiente "No quiero verme forzado a hacer estas cosas" (este principio es importante en la formación del niño, y cuando se lo aplica adecuadamente habrá de evitar muchos conflictos innecesarios). Contrariamente, y a pesar que te disguste realizar un trabajo específico, podrías llegar a disfrutarlo si descubres que puedes beneficiarte de algún modo con el mismo, aún en el caso en que no hayas analizado inicialmente la tarea bajo este enfoque.

F) Algunas personas preguntan por qué motivo sufren los virtuosos en este mundo, y en gran medida esta pregunta está basada en un error conceptual. Con frecuencia las personas razonadoras acostumbran a juzgar si otras personas están llevando o no una buena existencia, de acuerdo a su standard de vida financiero. Si a alguien le falta la riqueza material, se considerará automáticamente que su vida será desgraciada. Resulta sin embargo, un gran error pensar de esta manera. Una persona verdaderamente virtuosa, llevará por definición una vida feliz. Esta clase de persona ha asimilado el conocimiento que todos los acontecimientos de su vida son para el bien y tendrá satisfacción de su existencia, la cual tendrá sentido y un verdadero propósito, y su ser estará íntegramente dedicado a su elevación espiritual. Esa persona sentirá profundamente que su buena vida está destinada a cumplir la voluntad del Todopoderoso, y experimentará por lo tanto el gran placer que le proporcionan las buenas acciones que lleva a cabo. Aún si careciera de bienes materiales, sentirá no obstante que su vida es absolutamente provechosa y sus emociones serán coherentes con su visión positiva de la vida (*Darkai Mussar*, pág.57).

G) Las expectativas irreales están en el centro de muchos de nuestros dolores emocionales. Nos sentimos alterados y decepcionados cuando no alcanzamos nuestras expectativas. No sufriríamos tanto, si no tuviéramos expectativas irreales. ¿Será realista pensar que todo nos saldrá exactamente como lo deseamos?

Por supuesto que no es así. Si dejaras de lado tus exigencias fuera de la realidad de como debieran ser las cosas, te ahorrarías muchas innecesarias decepciones.

He aquí un ejemplo ilustrativo: Si llegas a una terminal de ómnibus quince minutos antes de su arribo, no te sentirás alterado si el mismo no llegara en ese lapso, dado que nunca pensarías que eso llegara a suceder. Sin embargo, si el ómnibus arribara con quince minutos de retraso con relación a la hora programada, podrías sentirte irritado. Pero por qué debes esperar que todo salga tal como lo deseamos? Te agradaría por supuesto que así fuera; por lo tanto sería prudente que te dedicaras al desarrollo de planes prácticos para mejorar las cosas, pero dejando de lado las exigencias de que la vida deba ser exactamente como lo desees.

Las principales áreas de expectativas son las siguiente: a) El mundo debe ser exactamente como yo anhelo que lo sea. b) Las personas deben actuar y ser como yo lo quiero. c) Debería tener la capacidad de hacer o lograr todo aquello a lo que aspiro.Enumeradas de esta manera, cualquiera puede darse cuenta que se trata de exigencias imposibles de lograr. Renuncia a ellas y te ahorrarás muchas frustraciones. Numerosos matrimonios serían más felices, si la gente abandonara las expectativas y exigencias irreales. Planifica sabiamente, pero no seas exigente.

Combate las exigencias irreales formulándote esta pregunta: ¿Quién me dio la seguridad que los hechos serán siempre de la manera que a mí me gustarían que lo fueran? ¿Sobre qué fundamentos estoy basando mis expectativas? ¿En qué ley universal las estoy fundamentando?

H) Sin considerar el peligro real o la falta de peligro que involucra cada situación en particular, tú habrás de reaccionar de acuerdo a la evaluación subjetiva que hagas en cada instancia. Si por ejemplo alguien te dijera que un paquete contiene una bomba, lo más probable será que te sientas asustado por ello. Podría en realidad tratarse de un paquete inofensivo; contrariamente si estás bajo la impresión que el paquete es inofensivo, estarás tranquilo al respecto, a pesar que pudiera contener una bomba programada para que explote en unos pocos segundos. Concientizándonos que en las situaciones cotidianas es nuestra propia perspectiva la causante de ansiedades, podremos aprender a diferencia cuando éstas son justificadas o no lo son. En los casos de las ansiedades injustificadas podemos intentar de asimilar la certeza que al no existir peligro real alguno, no deberíamos ponernos demasiado nerviosos al respecto. Deberías preguntarte continuamente: "¿Qué es lo que hace que esto sea tan terrible?"

I) Las personas manifiestan con frecuencia: "El me deprimió" o "Esto me alteró". Esto implicaría que los factores externos son las causales de sus emociones, y que los afectados nada pueden hacer al respecto. La realidad es que los factores externos no pueden entristecerte ni alterarte. Tú mismo eres quien generas esos estados de ánimo, mentalizándote acerca de la incidencia de dichos factores externos. Contrae el hábito de repetirte lo siguiente: "Yo me deprimo a causa de lo que me repito a mí mismo con relación a sus hechos o palabras" o "Me altero en función de la forma en que me mentalizo con respecto a lo sucedido". Cuando hables en esos términos, estarás aceptando la responsabilidad por tus reacciones. Esto te servirá de incentivo para cambiar tus pensamientos y actitudes con respecto a aquellos con quienes eres desdichado, a los cuales podrás contar entre aquellos que te hacen feliz.

4. Tú tienes la aptitud de enfocar un hecho o una situación de diversas maneras

A) El Rabino Yerujem Levovitz De Mir, formuló una observación que debe leerse muy cuidadosamente. La cuestión que él sostiene para el dominio de la felicidad, es tan importante que debiera repasarse muchas veces: Cuando una persona nace encuentra al mundo ya organizado de cierta manera. A medida que va creciendo, tratará de ajustarse a las premisas que son aceptadas en el mundo. El percibirá cada hecho que ocurra conforme a las mismas perspectivas que comparte con las demás personas de su generación. Estas perspectivas se originaron en el pasado y fueron transmitidas de padres a hijos. Tales presunciones son tomadas como hechos naturales, a tal extremo, que la mayoría de las personas reaccionan frente a la perspectiva aceptada del mundo, como si se tratara de leyes universales inmutables. Las mismas son aceptadas como una realidad y no son discutidas. Sólo una pequeña minoría de personas accede a la necesaria sabiduría, para observar el mundo con completa objetividad. Ellos tienen un enfoque crítico sobre todas y cada una de las cosas, y tratan de entender todo como es en realidad en lugar de aceptar un enfoque general prevaleciente. Aquellos que traten de investigar el origen de cada perspectiva, percibirán todas las cosas bajo una luz diferente a la generalmente aceptada (*Daas Jojmah Umussar*, Vol.L, págs.75-76).

B) He comprobado con frecuencia que los pesimistas dicen lo siguiente de los optimistas: "Tú no eres realista", pero esta manifestación constituye un error conceptual que acarrea serias consecuencias. Si un vaso es lo suficientemente grande como para contener aproximadamente un litro de agua, y ahora sólo contiene la mitad, ¿Cuál sería la realidad? La realidad es que contiene sólo la mitad de su capacidad. No obstante algunas personas dirán que está medio lleno y otras que está medio vacío. En lo que concierne a la realidad ambos enfoques son correctos. Sin embargo, observamos que algunos eligen estar agradecidos por el agua que tienen, en tanto que los otros escogen sentirse molestos por lo que les falta. Este ejemplo familiar encierra la verdad de todos los aspectos de la vida. Estamos constantemente escogiendo aquello en que concentraremos nuestra atención, y la manera en que habremos de enfocarlo. Resulta perjudicial considerar rígidamente a la realidad en una forma contraproducente, cuando podrías elegir formas positivas de encarar las cosas.

Hacia fines de la Segunda Guerra Mundial, Simón Wiesenthal, el renombrado cazador de criminales nazis, estaba en un campo de concentración; un recién llegado al lugar introdujo de contrabando un *Siddur* (libros de oraciones), y Wiesenthal admiró su coraje, porque al arriesgarse al ser descubierto podría llegar a perder la vida. Sus sentimientos pronto cambiaron, cuando descubrió que el "valeroso" contrabandista estaba permutando quince minutos de alquiler del *Siddur* a cambio de la cuarta parte de la magra ración diaria. Los reclusos estaban desnutridos, pero voluntariamente aceptaron el intercambio. Al tiempo el propietario del *Siddur* murió, antes que ningún otro, debido a que las enormes cantidades de sopa que ingirió resultaron excesivas para su deteriorado organismo.

Después de la guerra, el Rabino Eliezer Silver visitó los campos de Personas Desplazadas en nombre de la organización Vaad Hatzalah. Organizó plegarias y dirigió palabras de aliento a los sobrevivientes. Luego de notar que Wiesenthal no había concurrido a la sinagoga, el Rabino Silver decidió visitarlo. Según lo relata el propio señor Wiesenthal, ocurrió lo siguiente: "Aquella noche el Rabino Silver vino a verme. Era un hombre de baja estatura que vestía un uniforme americano sin insignia militar. Tenía una pequeña barba blanca y sus ojos brillantes irradiaban una gran bondad; debía tener por lo menos setenta y cinco años de edad, pero su mente era aguda y su voz juvenil.

"El puso su mano sobre mi hombro. 'Me dijeron que estás enfadado con el Todopoderoso', me habló en Idisch y me sonrió.

"No con El, sino con uno de Sus servidores", y le contó lo que había pasado.

"El continuó sonriendo "¿Y esto es todo lo que tienes que decirme?"

"¿No es esto suficiente, Rabino?" le pregunté.

"Du Dummer (tú, hombre tonto)" dijo él. '¿De modo que solamente buscas al hombre que tomó algo?' ¿Por qué no buscas en cambio a los hombres que dieron algo?" Me tocó con la palma de su mano extendida y se marchó.

"Concurrí a los servicios religiosos del día siguiente. Desde entonces he tratado de recordar que existen dos aspectos para cada problema." (*Los asesinos están entre nosotros*, págs. 249-250, y *Ama a tu prójimo*, pág. 346).

C) Trata de pensar de manera creativa, y tendrás la posibilidad de enfocar situaciones y acontecimientos familiares bajo una nueva perspectiva. Esto te permitirá tener nuevas y más positivas respuestas emocionales para aquellas situaciones y acontecimientos, que anteriormente te ocasionaron incomodidad, tristeza y enojo.

Por ejemplo, la crianza de los niños, puede considerarse como una difícil tarea dolorosa a largo término. Puede sin embargo considerarse también como un maravilloso y excitante desafío: Moldear y educar a un ser humano para aprovechar todo su potencial. Un padre que sostenga el primer punto de vista hallará su vida insoportable, mientras que otro progenitor con el segundo enfoque hallará constantemente la plena realización de sus propósitos en esta tarea.

Durante la Segunda Guerra Mundial el Rabino Moshe Schwab se encontraba en Londres durante un bombardeo a la ciudad. En una ocasión la casa de sus padres fue blanco de las bombas poco después que la familia bajara a su refugio. El Rabino Schwab le relató este incidente al Rabino Elyahu Lopian y le describió el intenso pánico que experimentaron durante el bombardeo, el Rabino Lopian comentó: "Rav Mosche, cuán afortunado eres de haber experimentado el miedo a la muerte" (*Maarjai Laiv*, pág.25).

D) Cuando trates de llevar a cabo una buena acción que resulte difícil, no te concentres en las dificultades que ella te acarree. Limítate a enfocar el hecho que tu mérito por realizar la buena acción será mayor, cuando más difícil sea la misma. La perseverancia en hacer frente a las dificultades, tiene un elevado efecto. Las dificultades no deben hacerte sentir peor, sino que en cambio podrán hacerte sentir mejor.

Cuando el Rabino Mosche de Kobrin tenía siete años de edad, una tremenda hambruna asoló a Lituania, y la gente pobre erraba de una aldea a la otra en busca de alimentos. Muchos de ellos se congregaron en la casa de la madre de Rav Mosche, la cual rápidamente cocinó y horneó para ellos. Una vez un gran número de pobres vinieron a su casa, y ella tuvo que cocinar para ellos en varios turnos. Cuando algunos individuos se impacientaron por la tardanza y la insultaron, ella rompió a llorar, debido a que sabía que estaba haciendo lo máximo por ellos. Su joven hijo, el futuro Rabino de Kobrin le dijo: "¿Por qué deben molestarte sus insultos? ¿No te ayudan acaso, sus improperios a realizar la *mitzvah* con toda sinceridad? Si ellos te hubieran alabado, tu mérito sería menor, porque pudiste haber hecho el bien para conseguir reconocimiento, en lugar de cumplir con el mandato Del Todopoderoso" (*Ohr Yeshorim*, pág. 50, Nota al pie; *Ama a tu prójimo*, pág.125).

E) Esfuérzate constantemente por encontrar algo positivo en cada situación negativa. Por ejemplo, la pobreza puede ocasionar numerosas penurias. Muchas personas resuelven el problema de su condición, sintiéndose molestos por constituir una carga para quienes les prestan ayuda. Sin embargo las personas deberían concentrarse en el hecho que al permitirle a otros efectuar actos de bondad hacia ellos mismos, están de esta manera ayudando a que sus benefactores puedan alcanzar la eternidad.

F) Podemos enfocar de diversas manera la forma en que la gente nos dispensa su trato. ¿Por qué elegir el enfoque negativo, cuando podríamos escoger uno positivo? Por ejemplo si tus padres te trataran de una manera que consideras adecuada para alguien más joven que tú, podrías decirte a tí mismo lo horrible que resulta que te traten como a un bebé. No obstante podrás considerarlo también como una manifestación de amor y desvelos de tus padres hacia a tí.

Una tarea exactamente igual podrá ser considerada como cansadora y emocionalmente angustiante, o bien como una agradable manera de emplear el tiempo. Esta evaluación dependerá de las perspectivas de cada individuo. Si por ejemplo limpias tu casa porque estás obligado a hacerlo podrás hallar desagradable esta tarea. Si en cambio lo haces para preparar el Sabbat, o para honrar a tus padres, y aprecias esa *mitzvah*, podrás disfrutar del placer de hacerlo.

Aún un acto tal como el de lavar los platos, puede tener distintas connotaciones para diferentes personas. Para algunos representará una labor tediosa pero necesaria, en tanto que para otros podría significar un descanso de tareas físicas más pesadas. Para algunos puede representar una oportunidad para concentrar el pensamiento en temas trascendentes sin ser molestados, o para escuchar cintas grabadas con temas inspiradores, mientras que las manos efectúan los movimientos mecánicos. Otros la encontrarán como una tarea degradante, que les fue impuesta por las circunstancias, en tanto que algunos verán en ella un acto de bondad hacia su familia o sus amigos. ¿Cuál sería entonces la realidad? Es simplemente la de alguien que está lavando los platos, pero la forma en que este hecho ha de afectar emocionalmente a cada uno, dependerá de su propia interpretación subjetiva. Todo individuo tiene la capacidad de evaluar sus tareas de distinta manera de un día a otro. Felices de aquellas personas que pueden dominar coherentemente su poder de raciocinio, de tal manera que promueva su felicidad y elevación espiritual.

H) Resulta fácil sentirse frustrado y desdichado cuando se cometen errores, se podrá no obstante aprender de esos errores y falencias y si los utilizas como experiencias de aprendizaje podrás darles un enfoque positivo. A pesar que hubieras preferido no cometerlos, ellos serán ahora como peldaños que te conducirán a tu crecimiento.

Toda vez que el Rabino Rafael de Bershid cometía un error en público se sentía feliz por ello, dado que él lo conceptuaba como una oportunidad para evitarle ser arrogante.

Durante sus plegarias en la sinagoga, una vez leyó el pasaje equivocado, mientras la mayoría de las personas se hubiesen sentido muy incómodas por ese sentido, él lo consideró como un hecho afortunado. (*Midrash Pinjos*, Parte 2, N° 20).

I) Cuando las cosas no resulten como te hubiese agradado y veas que todavía puedes enfrentarlas, utiliza esta experiencia como una lección para no sentirte excesivamente atribulado ante la posibilidad que surjan situaciones similares en el futuro.

J) Cuando despiertes en el medio de la noche o tengas una larga espera en el consultorio del médico, aprecia esos momentos como espacios de tiempo para pensar. Una persona sensata hará uso de esas oportunidades para aprender más acerca de sí mismo, y para pensar en las formas en que puede superarse (*Alai Shur*, pág.167).

5. *Tú tienes la aptitud de transformar tus evaluaciones negativas en positivas*

A) Todos nosotros tenemos respuestas para la pregunta de cómo enfocar la vida en general. Aún aquellas personas que no hayan formulado concientemente su punto de vista al respecto lo manifestarán en forma implícita. Algunos ven la vida como una aventura, plena de excitación y de oportunidades de alcanzar logros, mientras que para otros la vida se avisora como una experiencia dolorosa que debe soportarse. Independientemente de la forma como hayas encarado tu vida en el pasado, puedes comenzar a adoptar una actitud más positiva, si realizas un esfuerzo coherente para generar pensamientos de línea positiva. El solo tomar conciencia que esto constituye tu elección, te proporcionará un considerable grado de control sobre tus ideas y contribuirá a tu superación personal.

B) Si tratas de eliminar por la fuerza pensamientos negativos concernientes a algún problema, descubrirás con frecuencia que cuanto más trates de deshacerte de dichos pensamientos, éstos se radicarán con mayor fuerza en tu mente (Rabino Israel Salanter: *Tnuas Hamussar*, Vol.1, pág.284).

No trates de imponer coercitivamente un pensamiento positivo, en forma suave y gradual procura buscar formas más positivas de encarar las cosas. Podría resultarte útil que te preguntaras: "¿Qué forma positiva podría recomendarle a otra persona para el tratamiento de este asunto?"

C) Toda vez que reacciones frente a un determinado suceso o acontecimiento con un estado de ánimo negativo (tal como la tristeza, la ira, o la ansiedad), divide la situación en tres partes o etapas:

Etapa 1: La situación en sí misma (sin ninguna evaluación)

Etapa 2: Tu actitud frente a la situación

Etapa 3: Tu reacción emocional

La situación en sí misma (Etapa 1) no provocará tu reacción emocional (Etapa 3). Será siempre tu actitud frente a la situación (Etapa 2), la que cause tu reacción emocional. Transforma tu actitud (Etapa 2) de negativa en positiva, y tu reacción emocional cambiará en el mismo sentido. Recuerda que la actitud positiva debe ser factible y aceptable por tí en forma personal.

Para ilustrar lo expresado con un ejemplo, imagínate que no hayas recibido correspondencia durante toda una semana (Etapa 1) y te sientas triste y enojado por este motivo (Etapa 3). El hecho en sí de no haber recibido correspondencia no te entristecerá ni te provocará enojo, tu actitud frente a la situación (Etapa 2) será el factor decisivo. Si te dices a tí mismo que ya no le importas a nadie y esto "demuestra" que eres "insignificante" (Etapa 2) habrás de sentirte deprimido (Etapa 3). Tendrás no obstante, una gran variedad de opciones para la Etapa 2. Podrás mentalizarte que tienes tu propio valor, aún si a nadie le importaras, por otra parte podrías suponer que existen personas a quien sí le importas, aunque sean demasiado perezosas para expresártelo por escrito. En este orden de ideas procura juzgar favorablemente a tu familia y amigos, suponiendo que tienen una excusa que los justifique por no escribir. Tomarás conciencia que el hecho de la falta de recepción de correspondencia es sólo un problema menor, comparado con los principales padecimientos que existen en el mundo. Si eliges adoptar una actitud positiva o neutral para la etapa 2 tus consecuencias emocionales serán por lo tanto positivas o neutras, y de este modo te librarás del sufrimiento emocional.

Resumiendo: toda vez que reacciones negativamente (Etapa 3) imagínate cual sería tu automanifestación en la etapa 2, y trata de cambiarla por un enfoque más positivo o por otro menos negativo.

D) Por momentos tu situación puede ser dolorosa, pero cabrá la posibilidad de que pudo haber sido aún mucho peor. Quizás te sientas resentido cuando alguien te diga: "Esto podría ser peor". Sin embargo, si tú mismo te das cuenta que las cosas están realmente mejor de lo que pudieron haber sido, estarás en condiciones de poder tolerar la situación. Cada vez que los hechos sucedan de manera distinta a tus deseos no dejes de preguntarte: "¿podrían haber sido peores?"

Analiza por ejemplo que si te han robado, al menos no te han herido. Si te hirieron, al menos no te quitaron la vida. Si estás aburrido, al menos no te encuentras en peligro. Si no tienes una abultada cuenta bancaria, al menos no tienes deudas, y si las tuvieras por lo menos no estás físicamente dañado por no pagarlas en término. Si la lluvia hubiese desbaratado tus planes anteriores, no sufrirás al menos por la falta de agua, lo cual resultaría mucho peor que cancelar tus planes a causa de la lluvia. Si no puedes afrontar la compra de un par de zapatos nuevos, por lo menos tienes tus pies. Si el precio de los alimentos es elevado, al menos hay suficiente provisión de los mismos y puedes adquirir algunos.

Ciertas personas podrán considerar esta forma de razonamiento como un modo peculiar de observar las cosas. ¿Pero entonces preferirías sentirte peor de lo que corresponde? ¿Quieres elegir la opción de sentirte feliz? La raíz de la lamentaciones consiste en pensar que la situación pudo ser mejor, en cambio el fundamento de la satisfacción reside en el convencimiento de que la situación pudo haber sido peor. En casi todos los casos las cosas pudieron ser tanto peores como mejores. Para dominar la felicidad las personas necesitan mentalizarse constantemente que todo aconteció mejor de lo que pudo haber sido.

E) En sus últimos años, el Rabino Yejezkel Levenstein

escribió que aquellas situaciones que comenzaron ocasionándole sufrimiento, fueron finalmente causales de buena suerte (*Ohr Yejezkel: Mijtavim*, pág.326).

Jamás podremos realmente tener la absoluta certeza que ningún acontecimiento sea verdaderamente perjudicial para nosotros. ¿Por qué adjudicarle a un hecho la condición definitiva de negativo, cuando puede transformarse de una manera tal que veas claramente que te resulte beneficioso?

F) Aún aquellas personas con mucha experiencia en la vida y con un gran control sobre sus pensamientos, descubrirán que en situaciones anormales su reacción inicial será con frecuencia negativa. Podrán de inmediato utilizar su capacidad para ponderar objetivamente la situación, desafiar la forma negativa que tuvieron al encarar el tema. Esta capacidad proveerá a las personas de un apreciable grado de control sobre sus reacciones (*Rabino Josef Leib Bloj: Shiurai Daas*, Vol.3, pág.67).

Cuando reacciones inmediatamente generando pensamientos que conducen a la tristeza, al enojo, al resentimiento o a la envidia, no creas que debes mantener esos estados de ánimos hasta que se extingan por si mismos. Por el contrario, tan pronto te des cuenta que has reaccionado de una manera contradictoria, deberás plantearte el desafío de poner en tela de juicio tu reacción inicial. Pregúntate a tí mismo la razón por la cual has evaluado originalmente en forma tan negativa un acontecimiento que en realidad no lo era. Formúlate las razones por las cuales ya no necesitas continuar pensando en pautas que conducen al resentimiento y a la ira. Los motivos deben resultarte reales, y el proceso pertinente requerirá una acción sostenida. Algunas personas desesperanzadas intentan hacerlo durante unos pocos segundos, pero luego desisten quejándose de que no son capaces de lograrlo y rindiéndose demasiado pronto. No estamos proclamando que esto sea fácil para todos, o que se lo pueda asimilar en unos pocos segundos, pero constituye una destreza que puede aprenderse como cualquier otra habilidad, requiere bastante práctica llegar a ser un experto en la misma. Resultará útil registrar por escrito un detalle de tus pensamientos negativos, y luego anotar las formas positivas de encarar un determinado acontecimiento o situación.

G) Una persona carente de flexibilidad en su forma de visualizar los hechos, está propensa a tener dificultades con el propósito de cambio de su propia perspectiva. Está tan acostumbrada a mirar las cosas desde un único punto de vista (y esa única forma le ocasiona con frecuencia innecesarias desdichas), que habrá de proclamar que le resulta imposible cambiar nada. La actitud de muchas personas se limita a sostener que su forma de encarar las cosas es la "realidad" y que ninguna otra lo es; tal opinión carece por supuesto de fundamento. No estamos instando a que se considere de manera positiva todos aquellos hechos negativos que admiten cambios, porque esto sería pura evasión de la realidad adoptando una posición pasiva. Tampoco sostenemos que una persona deba actuar de una manera peculiar o en una forma que le cause daño. Lo que defendemos es la toma de una posición positiva, que ha de preservar a las personas de innecesarias tristezas y desdichas. Cada uno tiene experiencias que han de afectarlo de una manera tal, que inadvertidamente le harán cambiar sus perspectivas y actitudes. Ten conciencia del momento en que vivencies tales experiencias, y lograrás desarrollar una mayor confianza en tu capacidad de cambiar la forma de encarar los hechos. En el caso que no te sientas capaz de hallar una forma positiva para considerar una situación, pide a alguien que te ayude. Con frecuencia resulta más fácil para un extraño valorar desde afuera el lado positivo de las cosas, dado que él no se encuentra influenciado, ni emocionalmente comprometido como lo estás tú.

H) Hay momentos en que tanto el corazón como la mente de la persona se encuentran bloqueados, no permitiendo que penetren nuevas ideas; en tales casos la persona debería no desechar esas ideas, y cuando su mente se torne receptiva dejar que entren y pasen a formar parte de sus actitudes reflejas con relación a la vida y a los hechos (*Pajad Itzjok, Igros Uksovim*, pág.205).

6. Contempla la vida desde la perspectiva de la muerte

La mejor forma de aprovechar una adecuada perspectiva

de la vida se logra visitando un cementerio (*Jaiai Hamussar*, Vol.2, pág.176).

Podrás tener muchos problemas, pero ellos son parte integrante de tu condición de estar vivo. ¿Qué grado de seriedad pueden tener tus dificultades comparándolas con aquellos que están sepultados en el cementerio? Aprende a tener un sentido de proporción con relación a los acontecimientos: si no lo logras podrías llegar a reaccionar con un idéntico nivel de aflicción tanto frente al hecho de que alguien derrame la sopa sobre tus ropas, como por la noticia del comienzo de una guerra nuclear a nivel mundial. Cuando un acontecimiento te incomode pregúntate lo siguiente: "¿En una escala de uno a cien, con el valor cien aplicada a la guerra nuclear, qué magnitud le aplicarías dentro de esa escala a la presente situación?" Muchas montañas potenciales se reducirían al tamaño de moléculas bajo esta perspectiva.

El Rabino Najum de Huradna, solía decir: "Si yo ya estuviese muerto y el Todopoderoso me dijera que puedo volver a la vida nuevamente, imagínense lo feliz que sería. Ahora que sigo con vida, debería experimentar esa misma alegría" (*Jaiai Hamussar*, Vol.2, pág.200).

7. *La perspectiva de la Torah frente a los hechos*

A) El *Shuljan Aruj* reza lo siguiente: "Toda persona debe adquirir el hábito de repetir constantemente [Manifestación Talmúdica del Rabí Akiva]: "Todas las cosas que el Todopoderoso haga han de ser para bien" (*Oraj Jaim* 230:5).

Imagínate un día en que todo te haya salido bien; cada conversación y transacción efectuada con otras personas se desarrollaron exactamente como tú lo deseabas. Todas las cientos de tareas y rutinas diarias en las que estás comprometido, se resolvieron a tu entera satisfacción. ¿Cómo te sentirás? Extremadamente feliz por supuesto (a menos que lo eches todo a perder, preocupándote porque quizás en el futuro las cosas puedan salir mal); estarás muy probablemente en tan buen estado de ánimo, que al final del día esas triviales irritaciones no te incomodarán de modo alguno.

Vivir con la perspectiva de la *Torah*, significa que cada acontecimiento que nos suceda en el transcurso del día tendrá la finalidad de perseguir nuestro bienestar. Si asimiláramos este concepto disfrutaríamos de un patrón de felicidad en forma estable a excepción de los momentos en que el duelo resulte apropiado. Los dos hermanos Rabinos Shmelke y Pinjos le preguntaron al Maguid de Mezeritch: ¿Cómo es posible cumplir con la obligación Talmúdica (*Brojos* 54a) de bendecir al Todopoderoso por las desgracias con la misma alegría que cuando uno lo bendice a El por la buena suerte que nos depara?" El Maguid les aconsejó que se plantearan esa pregunta al Rabí Zushe, que era extremadamente pobre y con frecuencia carecía de lo indispensable para cubrir sus necesidades básicas, pero que a pesar de tener muchas dificultades en su vida era feliz. Fueron entonces al salón del estudio donde encontraron al Rabí Zushe, y le comentaron que el Maguid les aseguró que él podría explicarles como era posible bendecir al Todopoderoso con alegría aún por las desgracias que les ocurrieran.

"Estoy muy sorprendido que nuestro Rabí los haya enviado a verme por este motivo", respondió el Rabí Zushe: "Ustedes deberían en cambio preguntarle a alguien que haya sufrido algunas desgracias en su vida. Jamás he experimentado nada malo en mi vida, solamente me ocurrieron cosas buenas" (*Midor Dor*, pág. 216).

B) Cuando escuches acerca de una nueva forma de encarar las cosas, por lo general no incorporarás en forma inmediata dicha manera para formar parte de tus perspectivas. Cuantas más veces repitas estas ideas ellas se integrarán a tí en un mayor grado. Medita sobre la óptica de la *Torah* frente a la vida, una y otra vez, hasta que constituyan tu forma refleja habitual de ver las cosas (Ver *Daas Jojman Umussar*, Vol.1, pág.22).

C) El Rabino Yerujem Levovitz enfatizó la importancia de tener en cuenta que no existen dos situaciones exactamente iguales. No sólo se observan marcadas diferencias entre todas y cada una de las situaciones que acontecen, sino que además cada uno de los segundos que transcurren son distintos entre sí, y este principio mantiene su validez independientemente de la duración de la vida de una persona. Ten cuidado acerca de las actitudes que adoptes frente a cada situación y con relación a cada uno de los aspectos de las mismas. El trato adecuado que se dispensa a cada hecho, requiere el conocimiento de las necesidades acordes con ese momento específico. No existe por lo tanto, una simple fórmula que libere a una persona de la necesidad de razonar para orientar su pensamiento hacia la forma que la *Torah* le indica, para el manejo de una determinada situación (*Daas Jojman*, Vol.1, págs.156-157).

D) Cada aspecto de nuestra vida involucra un desafío y ponernos a prueba (*Mesilas Yeshorim*, Cap.I). Con esta perspectiva la vida jamás será ni tediosa ni mundana. Cada situación y acontecimiento en particular es diferente con respecto a cada uno de los demás hechos, y constituyen de por sí una oportunidad que se puede aprovechar para acceder a la elevación y al crecimiento.

Cuando tengas conciencia que un hecho o suceso constituyen una prueba para tí, descubrirás que es mucho más fácil manejarlos. Para ilustrar este concepto, imagínate que concurres a una entrevista de trabajo y que tu probable empleador te insultara a viva voz, en cuyo caso lo más probable es que te sientas alterado o enojado por esta causa. Sin embargo, si alguien te previniera que este empleador les grita a todos los postulantes a un empleo, para poner a prueba su reacción frente el estrés, resultará fácil permanecer tranquilo, al darte cuenta que se trata de un simple test, y que tienes el mayor interés de aprobarlo. De esta manera podemos enfocar cada suceso y cada situación bajo una óptica que requiere poner a prueba nuestra entereza espiritual y nuestro coraje, y con la expectativa que habremos de sortearla con éxito.

8. *La Torah nos requiere luchar con el objeto de dominar nuestras emociones*

A) La *Torah* nos obliga a utilizar nuestro intelecto. Teóricamente ninguna persona debiera emprender acción alguna, sin que su intelecto decida si es o no correcta. Tenemos la obligación de esforzarnos para dominar los estados de ánimo negativos, tales como la ira, la envidia, la lujuria y la búsqueda del consenso de los demás. Toda persona que esté dominada por sus emociones negativas, no podrá pensar con rectitud. Debemos hacer lo posible para alcanzar el nivel, en el que nuestras emociones no obstaculicen nuestra facultad de pensar. Quien haya logrado el dominio de esta condición tendrá el control absoluto de todo (Rabino Itzjok Blauser: *Kojvai Ohr*, pág.59).

B) El lograr que el intelecto rija tu naturaleza, constituirá una de tus obligaciones esenciales, tus concepciones intelectuales deberán ser lo suficientemente firmes como para permitirte vencer tus tendencias y hábitos naturales, y si dejas que éstas te dominen estarás expuesto a cometer numerosos serios errores en tu vida (Rabino Yosef Leib Bloj: *Shiurai Daas*, Vol.3, pág.40).

Alcanzar este nivel constituye una tarea extremadamente difícil que requerirá un trabajo arduo por parte de las personas para elaborar sus ideas. Todo individuo está permanentemente expuesto al peligro, que ante la menor dificultad se deje llevar por sus impulsos naturales en lugar de utilizar su intelecto (*Idem*).

Ten en cuenta que lo que aquí se describe representa un ideal, y que por lo tanto sería irreal exigir la perfección de uno mismo, y cuyo objetivo debe ser la propia superación. La persona que trabaje su poder de pensamiento durante muchos años habrá de alcanzar un alto nivel de eficiencia. No te exijas a tí mismo la perfección instantánea, porque ello te ocasionará innecesarios complejos de culpa y de ansiedad.

C) El Jazón Ish (*Hiljos Shabbos* 56:4) escribió que la actitud indicada por la *Torah* para tratar las emociones, dictamina que las mismas deben ser guiadas por nuestro intelecto. Debemos ejercitarnos, nosotros mismos y nuestros hijos también, para lograr el control de nuestras emociones y no permitir que ellas nos dominen (*Toras Hanefesh*, pág.68). He oído a muchas personas sostener que no tienen el control sobre sus estados emocionales, pero no obstante, si efectuaran una observación objetiva de si mismos se darían cuenta hasta que extremo les sería posible lograr el dominio que realmente ansían.

Por ejemplo, si perdieran su control frente a un familiar, pueden llegar a proferir gritos y a emitir chillidos, aduciendo que no pueden evitar de hacerlo. No obstante si en medio de su explosión temperamental, alguien a quien ellos desean impresionar llamara a su puerta, en forma instantánea volverían a hablar en un tono de voz calmo y armonioso.

9. Se requiere un arduo trabajo

A) Demandará un gran esfuerzo y una firme fuerza de voluntad llegar a controlar los pensamientos de una persona, para apartarlos de la envidia, del resentimiento, o de los sucesos tristes (*Orjos Tzadikim*, Cap.15).

Cada persona tiene una tendencia natural hacia la irracionalidad, la cual es producto de su propia naturaleza física y es imposible erradicarla completamente (*Mesilas Yeshorim*, Cap.17; ver *Iyunim* por el Rabino Yejezkel Sarna).

Debido a nuestra natural tendencia de pensar de manera negativa, demandará esfuerzo alcanzar la superación. Todo aquel que aspire a dominar el atributo de la felicidad, tendrá que estar dispuesto a efectuar ese esfuerzo.

B) Cambiar de parecer le resulta difícil a una persona, y por momentos puede resultarle doloroso (*Jojmah Umussar*, Vol.2, pág.335).

Cuando estamos propugnando el cambio de actitudes y trasladar nuestro enfoque de lo negativo a lo positivo, no pretendemos que sea fácil lograrlo, pero si una persona está dispuesta a realizar el esfuerzo necesario ello será posible. Todo aquel que tenga por objetivo vencer la tristeza y vivir una existencia consecuentemente feliz, debe emplear sus energías para lograrlo. Cuando alguien considere imposible el cambio de conducta, no podrá concretarlo debido a su propia concepción errónea. Por el contrario, si una persona admite la posibilidad del cambio, estará definitivamente capacitado para continuar superándose. Si te sorprendes a tí mismo diciendo: "No puedo cambiar", corrige tu expresión por la siguiente: "Me resulta difícil cambiar".

C) Si visitaras al mejor médico del mundo por un problema de tu salud y consiguiera curarte, te volverías a enfermar si no respetaras sus instrucciones. ¿Podría alguien culpar por ello al médico? La culpa sería sólo tuya por no seguir las indicaciones del facultativo. Por extensión aplicándolo a la sabiduría, las ideas solamente servirán para serte útiles, si las pones constantemente en práctica (*Jojmah Umussar*, Vol.1, pág.305).

Nuestro enfoque original de los hechos habrá de repetirse con frecuencia una y otra vez. Debemos pues estar alertas, para desafiar aquellas formas de pensamiento que innecesariamente ocasionen estados emocionales negativos. Cuando en tu mente surjan ideas de animosidad y de envidia, asegúrate de reaccionar rápidamente no permitiendo que las mismas se arraiguen. Debes intentar con todas tus fuerzas combatir esos pensamientos (*Idem*, Vol.2, pág.224).

Por esta razón debemos emplear nuestro sostenido esfuerzo para desarrollar formas de pensamiento positivas. Ensayar estas técnicas durante unos pocos días aunque fuera con el propósito de mantener esa forma de pensamiento, no resultará muy efectivo. En tanto que resultaría beneficioso lograr aunque más no sea una pequeña porción de superación, y que sería preferible hacerlo durante un día o dos que no hacerlo nunca, si alguien desea conquistar el atributo de la felicidad, deberá emplear sus esfuerzos concentrados para lograrlo.

D) Una persona se convierte fácilmente en esclava de sus costumbres. Los hábitos más difíciles de quebrar son los referentes a determinada forma de pensar. Podrás lograr un considerable control sobre tí mismo, empleando tus energías para adquirir hábitos de contenido positivo. Aún para los hábitos del pensamiento, tenemos la capacidad de utilizar el poder de generar la costumbre de crear pensamientos de índole racional y productiva, a tal grado que elaboren ideas que impulsen el cambio de todo nuestro sistema psíquico a un mejor nivel (Rabino Isaac Sher: Introducción a *Jeshbon Hanefesh*).

E) Si deseas que un concepto llegue a ser parte de tu modo de pensar, repítetelo una y otra vez hasta lograrlo. Aunque no llegues a capitalizar una comprensión más profunda del tópico en cuestión, la constante repetición del mismo te permitirá asimilarlo hasta que se integre a tu esquema de pensamiento (*Daas Jojmah Umussar*, Vol.1, pág.114).

El Talmud relata que el Rabí Praida tenía un discípulo que necesitaba escuchar una lección cuatrocientas veces hasta que lograba asimilarla. El Rabino Moshe Rosenstein solía decir que cuando se trata de lograr la elevación de nuestros espíritus, estamos todos en la misma situación de ese estudiante. Si deseamos fervientemente que una nueva conducta se incorpore a nuestra forma de pensar, necesitamos repetirla una y otra vez. Aún tratándose de una persona muy inteligente, no logrará hacer suyos los conceptos en cuestión a menos que los repase cientos de veces (*Darkai Mussar*, pág.60).

10. Posibles errores

A) Constituye un mito de los más conocidos, la creencia que para poder cambiar tu punto de vista en lo concerniente a tu persona, hacia los demás y frente a los acontecimientos externos, es preciso conocer la forma originaria de tu pensamiento sobre esos temas. Podría resultar interesante descubrirlo, y habrá algunas personas que no estén dispuestas a escuchar las diferentes corrientes de opinión, a menos que conocieran los motivos por los cuales llegaron a pensar de la manera en que lo hicieron. Pero de todos modos no resulta un requisito previo para poder cambiar, el conocer la forma como hemos pensado originariamente con relación a determinado asunto. El tema crucial consiste en determinar específicamente aquello que te estés repitiendo a tí mismo en el momento actual, y cambiarlo por expresiones más positivas.

B) Sólo porque otras personas responden ante determinada situación con una reacción específica, no significa que tú debas también hacerlo de idéntica manera. Algunos podrán mostrarse extremadamente nerviosos o alterados en determinados casos, pero tú en cambio puedes aún encarar las circunstancias que se presenten de una manera tranquila y sensata. Cuando veas a otros reaccionar con irritación, enojo o depresión, pregúntate qué otras alternativas se te pueden brindar. ¿Qué se están diciendo a sí mismas esas personas, y de qué manera pueden cuestionarse sus autoafirmaciones? Busca gente que disfrute de la paz espiritual y de la felicidad, y trata de aprender de ellos.

C) En ciertos momentos una persona podría decirse a sí misma: "Soy conciente intelectualmente que no debo sentirme triste ni estar alterado, pero emocionalmente existen cosas que me siguen incomodando." La verdad es que en cierto nivel, la persona continuará considerando que la situación se presenta de manera muy negativa, pero tendrá conciencia de que otras personas no comparten su mismo enfoque de los hechos, y que le gustaría poder cambiar su propia perspectiva. Si una persona realmente se concientiza que no existe desde el punto de vista intelectual motivo alguno para preocuparse, no se sentirá afectado por la situación. De manera análoga, algunas personas dicen: "Sé que debiera ser feliz, pero no me siento de esa manera." La razón de lo manifestado se debe a que la persona no ha asimilado debidamente los conceptos que manifiesta haber aceptado; está de acuerdo en principio con ellos pero no ha llegado a incorporarlos a su estructura interna de pensamiento. Toda persona podrá eventualmente vencer sus estados emocionales negativos, repitiéndose tranquilamente una y otra vez los conceptos generadores de felicidad.

D) Algunas personas te preguntan: "¿Proclamas como actitud válida a la semejante a la que adopta el avestruz, cerrando tus ojos a las realidades de la vida?" Por supuesto que no es así. El no querer ver los hechos de la vida, no trae por lo general felicidad duradera a las personas. Si evitas tratar tus propios problemas, estos llegarán a abrumarte y te provocarán desdicha. Sin embargo, todo aquel que pueda pensar rectamente y con sensatez, podrá aprender a elaborar ideas que contribuyan a acrecentar su felicidad. Se requiere a tal efecto poder discernir entre las formas de pensar y conductas productivas de las que no lo son. Piensa sólo en tópicos de contenido negativo, cuando existiera alguna razón constructiva para hacerlo.

E) Resultaría irreal y con frecuencia contradictorio para la mayoría de las personas, creer que ellas deberían dominar a la perfección el método para desechar de sus mentes los pensamientos y las conductas improductivas. El exigirte a tí mismo la perfección en tus actitudes, solamente conseguirás alterar excesivamente tu sistema nervioso, y estarás propenso a que te afecten sentimientos de enojo y culpa. Una actitud realista de tu parte para ser conciente de tus limitaciones en esta área y tu esfuerzo coherente de superación, te traerán aparejados definitivamente cambios positivos.

F) No trates repentinamente de obligarte a tí mismo a concentrarte en aquello que desees, y apartar de tu mente por la fuerza todos los demás pensamientos. Producir un abrupto cambio drástico, posiblemente habrá de causarte daño. Ten paciencia en cambio, además de la buena disposición de ir creciendo poco a poco. Un erudito que se convirtió en un experto en concentrarse en un pensamiento único durante prolongados períodos de tiempo, fue consultado acerca de la forma en que había aprendido esa técnica. Al respecto, respondió que había practicado mantener su mente enfocada en un solo pensamiento emanado de la *Torah*, haciéndolo de manera tranquila y suave y reforzando constantemente la cantidad de tiempo en que podía concentrarse en ese único pensamiento. Logró eventualmente llegar a prolongar su concentración por un período superior a una hora de tiempo (*Jeshbon Hanefesh*, Nº 16).

11. Influenciando a los demás

A) No vayas de un lugar a otro, indicándole a la gente como deben sentirse. A menos que tuvieras el tacto necesario para inducirlos a que cambien su manera de pensar, ellos se mostrarán resentidos cuando trates de controlar sus sentimientos, y harán caso omiso de lo que les digas.

B) Si tratas de influenciar a alguien, que se sienta alterado o enojado por causa de algún acontecimiento que le haya ocurrido, para que cambie de forma de pensar ten en cuenta que en la mayoría de los casos el sermonearlo o citarle algún texto de manera agradable, no dará buenos resultados. La herramienta adecuada que se requiere para este fin, consiste en la formulación de hábiles preguntas y de una generosa dosis de comprensión. Con una voz calma y amistosa (el tono de la voz es fundamental), harás que la persona conteste a tus preguntas, de tal manera que llegue a darse cuenta por sí misma, de que existe otra perspectiva para encarar la situación que lo afecta.

C) Aprendemos de otros las actitudes negativas que nos transmiten. Este hecho implica una gran responsabilidad por parte de los adultos, y en especial los padres, con respecto a las actitudes que ponen de manifiesto. Con relación a este tema, una persona me refirió que cuando era todavía un niño, numerosos adultos le expresaron lo afortunado que él era por encontrarse en esa etapa de su vida sin tener los problemas que ellos tenían. Por cuyo motivo, esta persona creció bajo la impresión de lo doloroso que resultaba ser un adulto, y tuvo que pasar por experiencias extremadamente rigurosas tratando de vencer ese concepto adverso. Cualesquiera que fuese tu actitud hacia la vida y a los acontecimientos que te sucedan, servirás como modelo para otras personas. Adoptando actitudes que te conduzcan a la felicidad, influenciarás a los demás para que sean felices.

Capítulo Cuatro
LA PAZ ESPIRITUAL

1. Los beneficios e importancia de la paz espiritual

A) La paz espiritual es uno de los mayores placeres que puede experimentar una persona. Por el contrario, la falta de ese atributo puede convertir la vida de es persona en una constante tortura. (Rabino Simja Zissel de Kelm; *Jojmah Umussar*, Vol. 1, Pág. 255).

B) La persona que haya alcanzado la paz del espíritu lo habrá conseguido todo. Para obtener ese don necesitas estar en paz con la gente que te rodea y contigo mismo; tanto en lo que respecta a tus emociones como a tus deseos; necesitas además, estar en paz con tu Creador (*Alai Shur*, Pág. 195).

Todas las posesiones y placeres del mundo serán solamente valiosas si van acompañadas de paz espiritual; aquella persona que disponga de cuantiosas riquezas y pueda gratificar todos sus deseos, ha de sufrir no obstante, si carece de la paz del espíritu. Por regla general, los sedientos de poder y los buscadores de status adolecen de la obvia falta de ese conocimiento. ¿Por qué entonces esforzarte en obtener poder y status cuando tienes la capacidad de emplear tus energías para alcanzar algo mucho más preciado? Una pacífica actitud mental y la serenidad del alma son los factores más importantes para alcanzar la felicidad. Se relata que cuando un antiguo emperador estaba por zarpar para Italia, un consejero le preguntó cuáles eran sus principales planes: "Conquistar Roma", fue la respuesta del emperador y el diálogo prosiguió así: "¿Qué vendrá después?" preguntó el consejero, "Conquistar Cartago, Macedonia y Grecia", respondió el emperador, "Luego que hayas efectuado todas esas conquistas ¿cuáles habrán de ser tus planes? volvió a inquirir el consejero, a lo que el emperador replicó: "En ese momento podría pasar mi vida en paz y disfrutando de comodidades". El consejero hizo entonces su pregunta final: ¿Pero qué es lo que te impide disfrutar ya mismo de la paz y la comodidad que ansías?"

C) Es mejor tener un mendrugo de pan seco acompañado de tranquilidad, que una casa llena de festejos en un medio conflictivo. (*Mishle* 17:1).

La prosperidad y el éxito de los perversos auque sean espectaculares, son solamente una ilusión; resulta muy superior la buena suerte del hombre virtuoso, aún si tuviera solamente una corteza de pan pero disfrutando de la paz de su hogar, mientras que el malvado vive en un estado de discordia, con su propia familia o con las demás personas.

La serenidad interior es la esencia del verdadero éxito en la vida, y ésto puede alcanzarse aunque solo se disponga de un pedazo de pan seco (*Malbim, Sobre el Mishle*, Pág. 178).

D) La paz espiritual resulta esencial para obtener muchas virtudes. La falta de ella conduce a toda clase de carencias. Cuando poseas la paz del espíritu podrás utilizar tu mente en forma constructiva, la ausencia de este atributo producirá enojo y resentimiento, la cualidad de las plegarias y bendiciones que una persona pronuncie, dependerá del dominio que esa persona tenga sobre sus propios sentimientos. Por sobre todas las cosas, la habilidad que cada uno sustente para estudiar la *Torah* adecuadamente está basada en disfrutar de la paz espiritual. (Rabino Yerujem Levovitz: *Daas Jojmah Umussar*, Vol. 3, Pág. 169).

E) Solamente cuando una persona tenga la paz espiritual podrá sentir un verdadero amor por la humanidad, y la falta de ella conducirá hacia la animosidad contra otras personas. La paz del espíritu conduce al amor (*Daas Jojmah Umusar*, Vol. 2, Pág. 203).

Unicamente si alguien posee la paz espiritual podrá sortear con éxito la prueba que implica el trato correcto con otras personas, podrá en consecuencia ser bueno y afectuoso con todos. Su paz espiritual le posibilitará ser tolerante con otras personas y tenerles paciencia. (*Mussar Atorah*, Pág. 10).

F) Cuando una persona tenga la paz del espíritu tendrá

éxito. Además cuando sea exitosa, esa persona llegará a tener una mayor paz espiritual. Por todo lo expuesto resultará inapropiado pensar en cosas que te priven de tu paz espiritual. (*Ohr Yejezkel: Mijtavim*, Pág. 32).

G) Aún en las circunstancias más humildes y en medio de las agitaciones que son tan propias del mundo actual (Año 1882!), una vida plena de buenos emprendimientos habrá de asegurar paz interior y serenidad a quien la vivencie, la paz del espíritu de los virtuosos constituye un estado de dicha muy poco entendido por el resto del mundo. (Rabino Sanson Rafael Hirsh: *Los Salmos* 37:11).

H) Todo aquel que no sepa como manejar su mente en forma productiva huirá de la soledad, pero cuando haya logrado poner en orden sus pensamientos, apreciará en grado sumo los momentos en que se encuentre solo, los cuales podrá entonces utilizarlos adecuadamente para su crecimiento intelectual y espiritual. Los momentos de soledad sirven en efecto como pruebas para que una persona pueda clarificar el grado de orientación que en realidad tienen sus pensamientos. (*Alai Shur*, Pág. 178).

2. *La tecnología moderna no es la solución para alcanzar la paz espiritual*

A) La tecnología moderna ha producido como consecuencia la fabricación de numerosas nuevas máquinas y artefactos, las cuales a pesar de que ahorran efectivamente mucho tiempo y energía, no han podido de modo alguno servir para mejorar la paz del espíritu. (*Jayai Olam*, Vol. 1, Cap. 2).

B) Algunas personas tienen la ilusión de que a su tiempo los nuevos inventos habrán de fortalecer la paz del espíritu; ellos creen al respecto que aunque carecemos hoy en día de toda la necesaria tecnología, en algún momento en el futuro habremos de disponer de la suficiente cantidad de inventos que aseguren la paz espiritual. Podemos no obstante aprender una lección de lo que ya ha ocurrido con las falsas expectativas en el pasado. En uno de los principales periódicos americanos, un experto describía en 1889 los efectos que él avizoraba con relación al destino que el automóvil tendría eventualmente para los habitantes de las ciudades: "Difícilmente pueda sobrestimarse el mejoramiento que habrá de producir en las condiciones de vida de la ciudad la adopción unánime del automóvil, las calles limpias, sin polvo ni olores, con vehículos livianos provistos de neumáticos de goma deslizándose rápida y silenciosamente sobre sus suaves superficies que eliminarán gran parte de los nervios y tensiones de la moderna vida metropolitana". Así como ni los nuevos inventos habrán de proporcionar la paz espiritual, tampoco lo harán la riqueza ni la acumulación de destrezas, títulos ni posesiones, ni como la adquisición de fama, poder o prestigio. La única forma de alcanzar la paz espiritual radica en desarrollar actitudes que la fortifiquen y esto se alcanza mediante un proceso interno y no por uno externo.

3. Requiere un esfuerzo conciente poder alcanzar la paz espiritual

A) Las personas discrepan sustancialmente sobre las dificultades o facilidades para que los hechos y acontecimientos puedan influir sobre su paz espiritual, algunos se excitan intensamente y pierden su serenidad cuando en su vida ocurre algún hecho especial, ya sea éste factor de buena o mala suerte. Hay gente que reacciona en forma aún más extrema y se tornan confusos o atacados por el pánico ante cualquier cambio en su diaria rutina; cuanto más propensa esté una persona a perder su paz espiritual, tanto mayor habrá de ser su necesidad de realizar un esfuerzo conciente para lograr tranquilizarse.

B) No resulta sencillo alcanzar un estado de constante paz interior, sólo podrán lograr este nivel aquellas personas que le dediquen sus energías. Los perversos no podrán acceder a esa paz. (*Isaías* 57:20-22).

Si la plena voluntad de una persona lo impulsa hacia cosas ajenas a él, jamás habrá de alcanzar la paz del espíritu, este estado requiere un trabajo introspectivo de la propia personalidad. (*Alai Shur*, Pág. 194).

4. Aceptando todo lo que suceda podrás obtener la paz espiritual

A) La forma lógica y racional de pensamiento nos indica que debido a que resulta imposible que una persona logre eludir las dificultades e infortunios de la vida, sería sensato aceptarlas adoptando una actitud positiva frente a las mismas, la cual habrá de asegurarle una vida feliz a esa persona. Teniendo en cuenta que el pensamiento racional dictamina que la paciencia y la tolerancia son necesarias para vivir una buena existencia, todos deberían intentar el dominio de lo expresado basados en las dos razones prácticas mencionadas y por tratarse de una actitud prevista por la *Torah* (*Jojmah Umussar* Vol. 2, Pág. 153).

B) El Rabí Mordejai de Lekhivitz, solía decir lo siguiente: "Si las cosas no salen del modo que tú lo deseas, deberías en cambio aspirar a que sean de la forma como en realidad lo son". (*Maigdolai Hatorah Vajasidus*, Vol. 20, Pág. 107)". Les aconsejaría muchísimo que repitan este pensamiento muchas veces, hasta que llegue a integrarse a vuestra forma de pensar. El dominio de esta actitud puede transformar la vida de una persona.

C) Todo aquel que acepte tranquilamente, cualquier cosa que esté fuera de su control, será una persona verdaderamente rica (*Mivjar Hapeninim* Pág. 24). Todo ser humano debe manejar esta habilidad y aceptar las cosas tal como son cuando no pueden ser cambiadas y planear tranquilamente su cambio cuando esto sea posible para poder acceder a la paz del espíritu. ¿Cuándo las cosas no resultan de la manera que te hubiese agradado, por qué entonces aumentar tu desazón apesadumbrándote por esta causa? Será tuya la opción: podrás repetirte a tí mismo: "¡Qué terrible!" y así aumentar tu sufrimiento, o por otra parte podrías tratar de hallar algún aspecto positivo en tu situación actual, o bien concentrarte en algo diferente. Resulta sin sentido e irracional elegir la forma de pensar que te cause desdicha, cuando podrías escoger la forma del pensamiento que te conduzca a la paz del espíritu.

D) Con el objeto de lograr acceder a la paz del espíritu deberás prepararte anticipadamente para aceptar con serenidad todo lo que pueda ocurrirte. La gente que espera que todo salga en la vida de la forma que ellos lo desean son sorprendidos por su falta de equilibrio frente a las difíciles situaciones de su existencia. Debes tener al conocimiento que las dificultades pueden presentarse continuamente. Estar preparado para aceptar anticipadamente todo lo que suceda, facilitará enfrentarse con las viscicitudes de la vida (*Ohr Yejezkel Mijtavim*, Pág. 286).

Cuando sientas ansiedad acerca de un hecho futuro piensa lo peor y acéptalo, lo cual habrá de tener un efecto tranquilizador sobre tu mente. Si por ejemplo, tienes temor que puedas perder un ómnibus y sientes ansiedad por ello, imagínate que ya lo has perdido y acepta las consecuencias. Si tienes temor de ser despedido de tu trabajo, piensa que ya has sido despedido y hazte cargo de ello.

E) No será duradera tu paz espiritual, si depende de que todo se desarrolle exactamente como tú lo quieres y tengas todo lo que deseas. Tan pronto como la situación cambie y estés lamentándote por lo que te falte, tu vida estará llena de padecimientos y preocupaciones por ese motivo. Para disfrutar constantemente de la paz espiritual deberás dominar tu habilidad de no necesitar ni desear nada que esté fuera de tu alcance. (*Madraigas Haadam*; *Nekudas, haemes*, Cap. 3). Para conseguir la paz espiritual debes liberarte de exigir que las cosas sean tal como lo deseas. Carecerás de esta cualidad si exiges que tus artefactos siempre funcionen, que tengas mucho dinero, que conserves un determinado trabajo o que la gente siempre te respete. Tus exigencias generarán permanentemente sentimientos de ansiedad. Podrás continuar prefiriendo aún que las cosas sean de una manera determinada, pero mientras no te molestes cuando así no ocurriera, te será siempre posible acceder a la paz del espíritu.

F) En una carta dirigida a una persona que carecía de paz espiritual, el Rabino Yejezkel Levenstein le escribió lo siguiente: "Con frecuencia pensamientos e ilusiones equivocadas ingresan a la mente de una persona y perturban su paz espiritual". Cuando carezcas de esta cualidad no podrás ni estudiar la *Torah* ni orar adecuadamente; el mejor consejo que te doy en tal sentido consiste en desarrollar la actitud expresada por el Rosh (*Orjos Jayim*, Nº 69): "Desea aquello que tú Creador desee para tí. Extrae el placer de todo cuanto poseas, ya fuere esto comparativamente escaso o abundante, y este será el camino correcto a seguir. Tendrás capacidad para alcanzar el éxito, en cualquier situación en que te encuentres. Tus desafíos con la vida dependen de las circunstancias individuales que se presenten. Mi consejo a tí, es que trates con todas tus energías de estar satisfecho con la situación que acontezca. Una vez que hayas adoptado esta actitud podrás encontrar la paz del espíritu, y ello tendrá un efecto terapéutico positivo tanto para tu cuerpo como para tu alma". (*Ohr Yejezkel Mijtavim* Nº 106).

Un hombre le dijo cierta vez al Jofetz Jayim lo siguiente: "Rabí, acabo de comprarme un billete de lotería, mediante el cual el ganador recibirá una cuantiosa suma de dinero. ¿Podría yo recibir su bendición para que gane?, porque el dinero que obtenga de esta manera me dará la posibilidad de estudiar la *Torah* en paz espiritual". El Jofetz Jayim lo bendijo suavemente con la siguientes palabras: "Que el Todopoderoso te ayude para estudiar la *Torah* en paz espiritual". El hombre quedó decepcionado debido a que el Jofetz Jayim no lo bendijo deseándole que ganara, y se le ocurrió que quizás él no escuchó exactamente lo que le había solicitado, por lo cual reiteró nuevamente que le agradaría recibir una bendición para que pudiera ganar la lotería, haciéndole esta vez su pedido en un tono de voz más elevado. Muy tranquilamente el Jofetz Jayim, volvió a repetir la misma bendición, palabra por palabra, tal como lo había hecho antes. (*Hajofetz Jayim* Vol. 3, Pág. 114).

G) Ninguna persona podrá a la larga saber qué es lo bueno para ella. (*Ohr Yejezkel: Mijtavim*, Págs. 170 y 267-268).

Nos falta la paz espiritual debido a que nos sentimos ansiosos y preocupados, por lo que ya nos ha ocurrido en el pasado o por lo que pudiera sucedernos en el futuro y en consecuencia suponemos que esos hechos nos son perjudiciales. La realidad en cambio, es que jamás podremos conocer anticipadamente cuáles serán las consecuencias de los hechos; ser despedido de un empleo, verte obligado a mudarte de tu casa, o la pérdida de dinero, podrán todos estos hechos conducirte a otros acontecimientos que te serán provechosos. Fuiste despedido de un trabajo, pero podrías encontrar una mayor satisfacción en tu próximo empleo. Tuviste que mudarte de tu casa, pero una semana más tarde un rayo cayó sobre ella, causando un incendio que la quemó totalmente en medio de la noche, provocando la muerte de todos sus ocupantes. La pérdida de dinero que sufriste te impidió llevar a cabo el viaje en avión que estabas proyectando, lo cual incidió a que permanecieras en tu casa junto a tu familia creando de tal modo una mayor intimidad con los tuyos. Dado que no nos es posible conocer lo que en realidad resultaría mejor para nosotros, deberíamos al menos observar cada acontecimiento bajo una óptica neutral (si no estamos capacitados para conceptuarlos positivamente), en lugar de mostrarnos irritados y alterados.

H) Trata de desarrollar una actitud tolerante hacia los hábitos e idiosincracias de los demás. Si permites que estos aspectos te incomoden, te hallarás constantemente abrumado por otras personas. En tal sentido, trata de transformar esta molestia potencial en un sentimiento más positivo. Si por ejemplo, estuvieras asistiendo a una clase en la que alguien interrumpiera frecuentemente con preguntas irrelevantes, no te sientas molesto por ello; enfoca cada pregunta como una oportunidad para desarrollar tus "músculos de tolerancia".

5. *Tu perspectiva de los hechos es un factor importante para alcanzar la paz espiritual*

A) Ten conciencia de cuáles son tus principales objetivos en la vida. Cuando surja una situación que pudiere alterar tu paz espiritual, formúlate la siguiente pregunta: "¿Qué efecto tendrá (si existe alguno) este incidente sobre esos objetivos?" Cuando te des cuenta que la presente situación no tiene un efecto esencial sobre lo que es realmente importante, el problema se reducirá en su magnitud y una vez más podrás tener la capacidad de disfrutar de la paz espiritual.

B) Para alguien que no esté habituado a involucrarse en asuntos de mayor importancia, aún los tópicos menores adquirirán gran relevancia ante sus ojos, pero si lo estuviera estos últimos nada significarán para él y considerará ridículo si otras personas reaccionan exageradamente ante estas banalidades. Como ejemplo de lo expresado, podemos citar el acto de realizar compras; para una persona pobre cada pequeño artículo que él adquiere constituirá un hecho trascendente y será cuidadoso de la forma en que invierta cada centavo, pero para el presidente de una corporación comercial, solamente serán importantes los negocios que involucren la inversión de grandes sumas de dinero. (*Jojmah Umussar*, Vol. 1, Pág. 317).

Si concentras tu atención en las gigantescas dimensiones del universo, muchos sucesos insignificantes que pueden importunar a otras personas, resultarán demasiado pequeños ante tus ojos para que te ocupes de ellos. ("¿Cómo ha de afectar este incidente al universo en su totalidad?"). Análogamente, si una persona enfocara la dimensión de la eternidad, los inconvenientes temporarios disminuirán su importancia.

6. *Tú perturbas tu propia paz espiritual*

A) Sin tener en cuenta la cuantía de la riqueza y las posesiones de que dispones, no podrás tener paz espiritual a menos que logres vencer tus sentimientos de envidia, combatir tus deseos y superar tus demandas del consenso de los demás. Si careces de control en estas áreas, sólo lograrás destruir tu vida. (ver *Pirke Avos* 4:21)

B) Algunas personas se deprimen cuando tienen que enfrentar algo apremiante; se agitan muy fácilmente e increpan a los demás por motivos triviales. Una persona en tal situación necesita practicar para lograr organizarse y poner sus energías para lograr ser más paciente con los demás (*Jeshbon Hanefesh*, Nº 71). Es necesario que tomen conciencia que tener en cuenta los sentimientos de otras personas, es por lo menos tan importante como el asunto en cuestión que necesita ser atendido por ellos.

C) Muchos de los pensamientos que perturban la paz espiritual de una persona, son de carácter imaginario. Cuando se introduce un nuevo estilo o invento, la gente se apasiona por ellos. Las cosas nuevas reciben mucha publicidad y despiertan excitación. Todos aquellos que se apasionan por lo novedoso, no aciertan a darse cuenta de que están viviendo en un mundo de fantasía. (*Alai Shur*, Pág. 185).

D) Algunas personas carecen de la paz espiritual debido a su propia curiosidad. Cualquier noticia que ellos crean que se han perdido los hará sentir inquietos y frustrados, hasta que descubran exactamente lo que sucedió. Otros están tan compenetrados de esta idea que cuando ven a dos personas conocidas conversando sienten una fuerte tentación por conocer el contenido de lo que han dicho. En muchos casos, la información obtenida es insignificante e intrascendente; debido a que esta curiosidad conducirá a obtener información de oídas y murmuraciones, que sería preferible no prestar atención a las mismas, y resultaría importante vencer este rasgo perjudicial de la personalidad. (*Pele Yoatz: Shmiah*).

Cuando te sientas alterado por no conocer alguna información, estás en realidad preguntándote lo siguiente: "¿Qué terrible resultaría que yo no esté informado de tal cosa?". Desafía esta actitud, diciéndote: "¿Sería realmente tan terrible, si no estuviera jamás a descubrir de qué se trata, acerca de lo que ésta o aquella persona haya dicho o hecho?". ¿Cuál sería el efecto que dicho conocimiento tendría en mi vida? ¿Para mañana o la semana próxima estaría todavía interesado en saber acerca de ello? "Trata de sentir placer en vencer la urgencia en descubrir informaciones inútiles.

Algunas personas se alteran mucho si no han tenido la oportunidad de leer el periódico del día. A este respecto podrían cuestionarse lo siguiente: "¿Qué es aquello que me pierdo en realidad si no he leído el diario de la fecha?". Un distinguido Rosh Hayeshiva cierta vez le preguntó a alguien, que empleaba cientos de horas durante el año para la lectura de diarios, lo siguiente: "Por favor dígame todo lo que usted haya asimilado durante este año de haber leído los periódicos". La persona habló de ello durante cinco minutos; cuando se lo instó a que diera más información, el individuo pudo aportar información adicional durante un lapso de otros diez minutos. El Rosh

Hayeshiva le dijo entonces que esto debería servirle de lección para cuantificar el resultado de cómo empleaba su tiempo.

E) Si algún incidente te perturba, sólo conseguirás aumentar tu inquietud cuando más lo consideres. A pesar de tu presente inquietud, si lo dejas de lado el asunto se irá de tu mente en muchos casos. Hay momentos en que resulta provechoso hablar con un amigo acerca de hechos perturbadores; muchos asuntos triviales seguirán siendo intrascendentes e irrelevantes, si los miras bajo esa perspectiva. Para dominar la paz del espíritu las personas deben sustraerse de los hechos desgraciados, a menos que exista algún beneficio práctico que se obtenga hablando acerca de ello. A veces te hará sentir mejor el beneficio práctico que obtengas comunicándole a otras personas acerca de tus dificultades. Resulta sin embargo valioso prepararse para hacer frente a asuntos particularmente inquietantes. No te desveles insistiendo sobre hechos adversos; una dosis suficiente de sueño es con frecuencia el mejor remedio para una tensión nerviosa. Cuando sientas la necesidad de comentar algún problema con alguien elige a una persona que posea discernimiento para observar las cosas en forma objetiva y que te pueda brindar soluciones y consejos constructivos. Una persona con tales cualidades sabrá diferenciar entre los problemas artificiales y los reales. Dialoga sobre estos asuntos con alguien que pueda mitigar tus sentimientos negativos brindándote sugerencias constructivas o indicándote otra perspectiva de la situación que te permita manejarla en forma más eficiente. Evita plantear tus problemas a alguien que les magnifique y que continúe incrementando innecesariamente tu perturbación.

7. *La búsqueda de la sabiduría procura la paz espiritual, la de la riqueza no lo logra*

A) Un hombre sabio solía decir: "La plata y el oro causan dolor y arduo trabajo, mientras que la sabiduría conduce a la serenidad y a la calma". (*Jayai Hamussar*, Vol. 2, Pág. 175).

Si deseas alcanzar la paz espiritual tu principal objetivo

en la vida debe ser incrementar tu sabiduría en lugar de obtener más posesiones materiales.

B) Muchas persona creen erróneamente que la paz del espíritu depende de bienes externos. El Rabino Simja Zissel cita la siguiente historia: Cierto hombre sabio vivía en la extrema pobreza. Para ahorrarle sufrimientos, un rey le dio una considerable cantidad de oro y plata y para su sorpresa el hombre sabio fue a verlo a la mañana siguiente y le devolvió los presentes. "Aquí están su oro y plata", le dijo el sabio al rey. "Por favor recíbalos, porque no los quiero". "¿Por qué deseas devolverme mi regalo?', preguntó asombrado el rey.

"Mi Señor", respondió el hombre sabio, "desde el día que nací hasta el día de hoy he tenido siempre paz y tranquilidad, nunca perseguí el dinero y siempre satisfice mis necesidades básicas de la vida, a las que siempre pude acceder. Debido a mis modestas exigencias siempre he poseído más de lo que he necesitado y de esta manera mi mente estaba abierta para ocuparme de mis estudios. Sin embargo en el día de ayer cuanto tomé la plata, mi mente comenzó a preocuparse acerca de la forma en que emplearía el dinero: Quizás debería adquirir mercaderías para obtener mayor riqueza, o tal vez debiera adquirir propiedades. Mi mente estaba en tal torbellino que me fue imposible conciliar el sueño. Me encontré tan preocupado con el dinero que ningún otro pensamiento pudo penetrar en mi mente, por lo tanto he venido a devolverle el dinero" (*Jojmah Umussar*, Vol. 1, Pág. 5).

C) La persona se adueña de la riqueza y luego la riqueza se adueña de la persona (*Keser Jojmah* 16:8).

8. El bitojen (confianza en el Todopoderoso) conduce a la paz espiritual

A) Una persona que tenga *bitojen* disfrutará constantemente de la paz espiritual debido a que tiene conciencia que todo aquello que el Todopoderoso realice será fundamentalmente para su bien. Todo aquel que carezca de *bitojen* tendrá por el contrario una tendencia a padecer constantemente aún cuando las cosas le resulten bien, manteniéndose nervioso y lleno de incertidumbre frente a su futuro. Acerca de una persona en tales condiciones, se expresa en el *Mishlé* que todos los días del pobre —en sabiduría— serán días desdichados. (*Jovos Haljovos*, 4:5).

El concepto del *bitojen* consiste en la comprensión de que todos los aspectos de la vida de una persona son guiados por el Todopoderoso. Esto incluye la vida en sí misma y la muerte, sus alimentos, vestimenta, su lugar de residencia, su salud y enfermedades. El *bitojen* requiere que una persona acepte la voluntad del Todopoderoso en estas áreas, porque toma conciencia que El ha elegido para el ser humano aquello que será definitivamente para su bien. (*Idem* 4:4).

B) Si el Todopoderoso no avanzara para proteger el empeño del hombre, entonces toda su labor habría sido en vano ya se trate del apoyo y cuidados prodigados a un solo ser humano o para la protección y seguridad de una ciudad entera. Los hombres no pueden hacer más que aquello que les corresponde, limitándose a preparar el terreno para llegar al objetivo propuesto, pero a pesar de que en su intento insuman todas sus energías, no podrán asegurarse la certeza de lograr su propio éxito. Una persona común toda vez que tome conciencia de la ineficacia de los esfuerzos humanos, se lamentará constantemente, viéndose impulsado a redoblar sus energías. Perderá el sueño y el descanso y no podrá disfrutar siquiera del pan que lo alimenta. Sin embargo, es a través del conocimiento de la insuficiencia del esfuerzo humano, que el hombre percibirá el tierno amor del Todopoderoso, de Su amistad, y de esta manera habrá de adquirir la serenidad necesaria que le permita conciliar el sueño en paz. Todo cuanto esté más allá del límite del vigor y el discernimiento del ser humano, habrá de encomendárselo a "Su amigo" el Todopoderoso. (Rabí S. R. Hirsch: *Los Salmos* 127:1,2).

C) El hecho de tener *bitojen*, el cual le proporcionará a la persona la paz del espíritu, no tendría que confundirse con una actitud fatalista frente a la vida, lo que significa que no debemos adoptar una conducta pasiva y abstenernos de emprender las acciones tendientes a nuestro bienestar, lo cual debe no obstante interpretarse que cuando emprendamos esas acciones, habrá que tener en cuenta que el resultado definitivo de las mismas dependerá del Todopoderoso, debiendo por lo tanto aceptarse Su voluntad. Tendrás pues paz espiritual independientemente del resultado que obtengas, y además mientras estés en acción no habrás de sentir pánico. Haz lo necesario según lo requieran las circunstancias, pero no reacciones con desesperación (*Daas Jojmah Umussar*, Vol. 1, pág. 10).

D) Una persona que tenga *bitojen* estará liberada de pensamientos molestos. No se preocupará acerca de lo que ha de suceder mañana, si dispone de lo necesario para el día en que vive, ni tampoco habrá de ocasionarse a sí misma innecesarios dolores ni molestias preocupándose por lo que quizás le llegara a faltar en el futuro. No sentirá necesidad de adular a nadie, ni se desviará de sus principios ante la expectativa de obtener un lucro financiero. Tampoco se cuestionará sobre la forma en que habrá de ganarse la vida, debido a que sabe con claridad que le será imposible poseer ni más ni menos de lo que el Todopoderoso le ha asignado. Aún cuando se produjera una crisis mundial, no se preocupará por su situación personal pues tiene la confianza que no ha de ser afectado por ningún infortunio que no le haya sido adjudicado previamente. Transitará por este mundo absolutamente libre de preocupaciones y tristezas. Extraerá placer de todo lo que posea, y no sufrirá por aquello que le falta y estará completamente libre de preocupaciones en lo que respecta a su futuro. Está firmemente convencida que al tener *bitojen* lo tiene todo. (*Madraigas Haadam: darkai bitojen*, Cap. 1).

E) Si posees *bitojen* serás realmente una persona rica. Si no obstante, te encontraras en la situación en que la gente supusiera erróneamente que posees *bitojen*, esto tendría el mismo efecto si equivocadamente consideraran que eres una persona adinerada. (Rabino Iosef Y. Hurwitz: *Tnuas Hamussar*, Vol. 4, pág. 304).

F) Constituye un error creer que toda vez que exista una duda acerca de cómo habrán de desarrollarse los hechos en el futuro, deban las personas pensar que todo saldrá necesariamente bien. Por otra parte, la falta de *bitojen* haría pensar que los hechos no se presentan como se lo hubiera deseado. Esto es también erróneo, debido a que no conocemos anticipadamente los planes del Todopoderoso. ¿Qué es el *bitojen*? Es la creencia de que no existen accidentes en el mundo, y que todo sucede por mandato del Todopoderoso. (Jazon Ish; *Emunah Ubitojen* 2:1). El hecho es que si todo marcha bien y alguien manifiesta por esa razón que tiene *bitojen*, no constituirá una evidencia que esa persona haya realmente asimilado dicho atributo. La verdadera prueba se planteará cuando surjan las situaciones difíciles. (*Idem* 2:2).

Cuando uno posea realmente *bitojen*, no estimará necesario afirmar constantemente que posee esa virtud, puesto que en su fuero íntimo tendrá la sensación que aún le falta *bitojen*. No obstante, cuando se trata de poner en práctica esta cualidad, la pondrá en evidencia a través de su firme confianza en el Todopoderoso. (Idem 2:5).

9. *La demanda de seguridad y certeza impide tener paz espiritual*

A) Existe un dicho popular: "No dejaremos nada librado al azar" y en esta manifestación está implícita una expresión de arrogancia y de falta de conocimiento de la presencia del Todopoderoso. (*Mijtav MaiEliyahu*, Vol. 1, pág. 188).

Si tu paz espiritual depende de tu certidumbre de que posees un control completo sobre toda la situación al igual que sobre todas las posibles derivaciones de la misma que pudieran surgir, estarás expuesto a sufrir una decepción. Sería arrogante de tu parte pensar que posees la capacidad de prever hasta el último detalle de lo que pudiera salir mal. Esto constituye una imposibilidad, y exigir lo imposible importa una segura frustración. Ningún ser humano está dotado de la facultad superior que le permita preverlo todo, y en tal sentido deberás tener conciencia de que es posible que suceda lo imprevisible. Planifica en la medida que lo creas adecuado, pero ten en cuenta que independientemente del alcance de tus planes, siempre existirán dificultades que pudiste no haber imaginado previamente. Esperando que siempre puedan presentarse acontecimientos inesperados y aceptándolos, poseerás una paz espiritual muy superior a la que esté basada en la expectativa irreal de poseer un control absoluto sobre los hechos.

B) Una persona podría estar cometiendo un gran error si pensara que la forma de acceder a la paz espiritual, consiste en contar con una completa seguridad que lo ponga a cubierto de todos los riesgos. Esta forma de vida se asemejaría ciertamente en mayor grado, a una prisión que a la serena existencia a la que se aspira. Recientemente se conoció el caso de un multimillonario que trató de protegerse de todos los posibles peligros, por cuyo motivo se mantuvo aislado de todos los extraños, de todos los gérmenes y de todas las contingencias. La única forma de poder lograr este objetivo, consistió en no confiar en nadie, y de recluirse en reducido espacio, no arriesgándose a salir. Su vida era por lo tanto tan desgraciada, que nadie que estuviera en su sano juicio podría envidiarle sus enormes riquezas. A pesar de haber logrado un poco más de seguridad que la que hubiera podido tener en condiciones normales, careció absolutamente de paz espiritual.

C) En numerosas áreas de nuestra existencia resulta inevitable sentir incertidumbre. Habrás de causarte a tí mismo muchos padecimientos si exiges seguridad, cuando no resulte factible contar con ella. Si abandonas las demandas irreales concernientes a una absoluta seguridad, podrías disfrutar de la misma paz espiritual que si hubieras logrado tu propósito. Aún en áreas fundamentales de nuestras vidas estamos expuestos a la incertidumbre.

Sin desconocer el innegable valor de contar con la mayor seguridad posible, en la medida que admitas la posibilidad de que exista la incertidumbre no agravarás tu situación.

10. *La exigencia del éxito actúa en detrimento de la paz espiritual*

Cuando estés dedicado a ayudar a los demás, especialmente cuando experimentes un sentido de responsabilidad hacia la comunidad, podrás con frecuencia sentir la falta de paz espiritual. Recuerda la palabra de los Sabios (*Pirke Avos* 2:21):

"No dependerá de tí poder completar la obra, y por otra parte, no estarás exento de intentarlo" (Rabí Eliyahu Meir Bloj: *Shiurai Daas*, pág. 113).

Si sientes la necesidad de completar personalmente tu trabajo, habrás de sentirlo como una pesada carga y muy posiblemente te cause una agobiante ansiedad. La actitud que te permitirá tener paz interior mientras continúes abriéndote paso por la vida, es la de generar un sentido de responsabilidad para hacer todo lo posible, sabiendo al mismo tiempo que existen numerosos factores que podrán impedirte que triunfes de manera absoluta. No estés obsesionado con el "éxito". Trata de concentrar tu atención en tratar de llevar a cabo tus proyectos empleando tu mejor habilidad para ello.

11. Los estudios de la Torah y la paz espiritual

A) Si continúas preocupándote de cómo habrá de ser tu futuro, perturbarás tu paz espiritual y no podrás concentrarte en el correcto estudio de la *Torah*. (*Kovetz Igros Jazón Ish*, Vol. 1, Nº 152).

B) Todo aquél que estudie deberá apartar los pensamientos extraños que perturben su concentración. Algunas personas descubren que tan pronto como abren un libro para un estudio serio, numerosos pensamientos de distinta índole lo asaltan de pronto: memorias del pasado, preocupaciones acerca del futuro, recientes reyertas y discusiones. La dificultad en concentrarse no se origina en una falla de la facultad del pensamiento, sino más bien por la influencia que el poder de la imaginación ejerce sobre la mente. Apartando con tranquilidad esos pensamientos extraños, podrás concentrarte en el tema que estés estudiando en el momento presente. (*Alai Shur*, pág. 24).

12. El Sabbat y la paz del espíritu

A) El *Sabbat* no fue concedido simplemente para la realización de una *mitzvah*. La esencia del *Sabbat* constituye un cambio, un presente que le fue otorgado al pueblo Judío (*Shabbos* 10b). El *Sabbat* es un presente para la paz espiritual. (*Alai Shur*, pág. 195).

La esencia del *Sabbat* es la paz del espíritu. Nuestra conducta en el *Sabbat* debe considerarse como si todos los trabajos que debemos realizar estuvieran ya concluídos (*Mejilta-Yisro*). En el caso en que necesites viajar o realizar alguna clase de tareas, en *Sabbat* deberás sentirte como si ya hubieras llegado a destino, y que cada uno de los trabajos que tienes a tu cargo hayan sido terminados. Todas las leyes del *Sabbat* tienen el efecto de una receta para alcanzar la paz espiritual. No solamente debemos abstenernos de realizar ninguna clase de trabajo, sino que también nos está prohibido discutir siquiera de nada que se relacione con el trabajo. (*Daas Jojmah Umussar*, Vol. 2, Pág. 204).

La hija del Rabino Simja Zissel, estaba enferma y fue a ver al médico, el cual le manifestó que la parte esencial de su curación consistía en permanecer tranquila y no llegar a enojarse ni excitarse. Debido a que su padre, el Alter de Kelm, constantemente enfatizaba la importancia de la paz espiritual, ella le comentó que los médicos curaban dolencias físicas prescribiendo el mismo método que él propugnaba. Su padre le respondió: "Debieras haberle dicho al médico: 'Se necesita por supuesto la paz del espíritu, pero dígame por favor cómo se la logra' ". El Rav Yerujem comentó que casi todos los médicos aconsejan a sus pacientes a mantenerse calmos y a no alterarse, pero, ¿dan acaso los médicos una receta para obtener la paz del espíritu? Toda persona que observe el *Sabbat* con la actitud apropiada podrá disfrutar de una verdadera paz espiritual. (*Idem*).

B) El descanso que disfrutamos durante el *Sabbat* no es simplemente el que corresponde a las tareas de ese día, sino que tiene el poder de proporcionarnos paz espiritual para todos los días de la semana. (Rabí Eliyahu Meir Bloj: *Shiurai Daas*, pág. 109).

C) La situación de la vida de cada persona en este mundo, es la de no descansar. Las molestias y dificultades surgen continuamente y no hay manera de evitarlas. La gente es lanzada de un inconveniente a otro, de una carencia a la otra, de un deseo al otro. Si una persona espera que llegue el momento en que sus inconvenientes terminen completamente, nunca habrá de alcanzar esa etapa de su vida, pero poseemos un medio que nos ayudará a ganar la paz espiritual, aún cuando tengamos permanentes inconvenientes. La observancia del *Sabbat* tiene ese poder y durante su transcurso se requiere que consideremos todas las labores como concluídas. Una vez que las personas lleguen a dominar esta conducta, se acostumbrarán a sentirse tranquilas y relajadas, aún cuando tuvieran asuntos pendientes que necesitan de su atención. La *mitzvah* de la observancia del *Sabbat* constituye un campo de experimentación semanal, en el cuál se aprende la habilidad de tener paz espiritual. (*Maimrai Shlomo*, vol. 1, pág. 13).

13. Las plegarias y la paz del espíritu

A) La plegaria es un excelente campo de experimentación para practicar el control sobre los pensamientos de cada uno. (*Jojmah Umussar*, Vol. 1, pág. 283).

B) Cuando acudan a tu mente pensamientos externos durante tus plegarias, no los tomes en cuenta. No trates de combatirlos, porque cuánto más lo intentes mayor será la molestia que te ocasionen. (*Likutai Aitzos Hashalaim*).

C) Algunas personas abandonan la esperanza de lograr concentrarse durante sus oraciones porque sienten que hay mucho que decir, y encuentran difícil fijar su atención durante tanto tiempo. Al respecto, el Rabí Najman de Breslov ofreció el siguiente consejo: Decídete a concentrarte solo en unas pocas páginas, lo cual no resulta difícil de por sí. Luego de recitadas esas páginas decídete nuevamente a orar con concentración un par de páginas más. Utilizando esta técnica podrás permanecer concentrado durante todo el servicio. (*Hishtapjus Hanefesh* Nº 14).

D) Concentra tu pensamiento en el significado de las palabras que pronuncias cuando estas orando, escuchando esas palabras que salen de tu boca. No trates de expulsar por la fuerza los pensamientos que surjan y te molesten, cuando estás concentrado en tus plegarias. Lograrás en cambio vencer esos pensamientos interpretando el significado de lo que estás diciendo. Para cada sentimiento, para cada dolor, alegría o tristeza, podrás encontrar una expresión adecuada en el Libro de Oraciones. Ora con todo tu fervor y lograrás elevarte, derramando el contenido de tu corazón que será recibido por el Todopoderoso. (Rabí Yosef Leib Bloj: *Shiurai Daas*, Vol. 3, pág. 105).

E) La gente se queja con frecuencia de que cuando están orando le acometen pensamientos que perturban su concentración. La forma de tratarlos se logrará conociendo la naturaleza de los mismos. La razón por la cual nos interrumpen, se debe a que no estamos preparados para anularlos ante el Todopoderoso, y nos resultan importantes según nuestro modo de verlos. Si nos sometemos completamente a la voluntad del Todopoderoso, no deberíamos ser importunados por pensamientos externos. (*Alai Shur*, Pág. 181).

F) La intención contenida en la plegaria consiste en tener interiormente un diálogo privado con el Creador. Háblale a El en la misma forma en que una persona le habla a su amigo, y ese amigo le presta atención y lo escucha. A tu alrededor: ruidos, tránsito, aviones, radios. En tu interior: preocupación por una multitud de inconvenientes, tratos comerciales, reyertas, competencias, deseos, pasatiempos. De pronto, sin embargo: la quietud. El silencio interior crea la impresión de que existe silencio y calma a tu alrededor. Se detiene el flujo del ruido y la charla: ¡Estoy en medio de la oración! (Rabí S. Wolbe: *Shalhevesya*, Pág. 34).

Un hombre llegó una vez de Polonia a la ciudad de Frankfurt llevando consigo una gran suma de dinero en una bolsa. Sin prestar mucha atención guardó la bolsa de dinero y se olvidó de ella. Luego de un largo rato se dio cuenta que le faltaba el dinero y se sintió atacado por el pánico al considerar que se trataba de una considerable suma de dinero y no sabía dónde la había puesto. El Rabí Abraham Abish observó desde una ventana lo desesperada que estaba esa persona, y se encaminó entrando al lugar donde se hallaba. El joven excitado le refirió a Rav Abraham cuál era su problema, a lo cual el Rabí le dijo con calma, lo siguiente: "No te preocupes, estoy seguro de que habrás de recuperar el dinero, pero antes recita el comienzo de la oración matinal". Después de recitar las bendiciones de la mañana, la persona recordó dónde había colocado la bolsa de dinero, y se retiró discretamente para recuperarla. Cuando volvió a la casa Rav Abraham Abish comenzó a contarle que había recuperado el dinero perdido.

"Por supuesto", replicó el Rabí. "Te dije que oraras para tener la paz espiritual necesaria para ayudarte a recordar dónde habías puesto el dinero". (*Ohel Avraham*, Pág. 14).

14. La organización es una ayuda para lograr la paz espiritual

Para tener paz espiritual es importante que el lugar donde vives y trabajes deba estar ordenado y limpio. Podrá no estar al alcance de todos disponer de una casa lujosa, pero ésto no ha de constituir un requisito previo para disfrutar de la paz espiritual. Lo que necesitas es ser prolijo y ordenado. (*Imrai Binah*, Pág. 102). Análogamente, será una ayuda para lograr la paz espiritual confeccionar una lista ordenada de las numerosas tareas que tienes a tu cargo.

15. Técnicas para adquirir la paz del espíritu y para aliviar tensiones

A) Los pensamientos de una persona no están directamente controlados por ella misma, en idéntico nivel al que lo está su comportamiento. La mente de una persona está constantemente en actividad y no permanece fija, enfocada en un solo tópico. La primera técnica que necesitas dominar para poder controlar tus pensamientos, es la de eliminar las distracciones y la confusión y la de concentrarte en un solo tema. Esto resulta difícil y para nuestras mentes implica soportar una pesada carga. Sin tener en cuenta si una idea es de mayor o menor importancia, una vez que penetre en tu mente permanecerá en ella y puede llegar a distraerte. Si una persona tuviera un carga física tan pesada que lo doblegara, no le sería nada fácil tratar de sacársela de encima. Los pensamientos sobre un determinado tema desplazarán a otros de distinta índole. (*Toras Avraham*, Pág. 432).

Para lograr la paz espiritual debes aprender a manejar la técnica de aquietar el constante bullicio que se produce en tu mente. Trata *tranquilamente* de mantener tu mente enfocada en un solo pensamiento, mientras trates suavemente de impedir la entrada de otras ideas. Practica lo expresado durante breves períodos para luego ir incrementándolos en su duración.

B) El Rabí Simja Zissel de Kelm, quien constantemente enfatizaba la importancia de esforzarse por acceder a la paz del espíritu, sugirió realizar ciertos ejercicios que pueden ayudar a fortalecer esta habilidad. Algunos de ellos son los siguientes: Cuando quieras darle una noticia a alguien, espera para hacerlo, dejando pasar por lo menos quince minutos. Cuando una persona te solicite un consejo, no le des una respuesta inmediata, medítala antes de responder por lo menos durante cinco minutos. Antes de hablar con alguien, piensa previamente cuáles serán tus objetivos en esa conversación. Piensa en la forma que dirás algo antes de decirlo. (*Tnuas Hamussar*, Vol. 2, Págs. 152-153).

C) Cada acontecimiento y cada situación que sucedan en nuestras vidas pueden ser utilizados para nuestra elevación y crecimiento espiritual. Cuando el principal enfoque de una persona está centrado en su crecimiento, podrá tener paz espiritual sin considerar la naturaleza de la situación particular en que se encuentre. (*Darkai Mussar*, pág. 186).

Existen muchos pensamientos que pasan muy rápidamente por la mente de una persona y le producen confusión. La forma de hallar la paz espiritual, se funda en la firme resolución de obrar de una manera recta y justa a pesar de todo lo que pueda suceder. En consecuencia tu principal objetivo no será el de obtener éxito, constituyendo tu única preocupación la de que todo se haga de manera veraz y apropiada. La confusión se produce, cuando una persona se preocupa de si habrá o no de tener éxito. Si tu intención es la de ser honesto y recto en tus actitudes, no deberías preocuparte anticipadamente por lo que hagas en situaciones futuras, debido a que la única forma de conocer cuál ha de ser la forma adecuada en que has de actuar consiste en aguardar hasta que la situación pertinente esté sucediendo. Si mantienes siempre tu objetivo de hacer lo que es recto y justo, estarás a salvo de numerosas confusiones, y de esta manera te asegurarás una constante paz espiritual. (*Ahavas Maishorim*, pág. 175-176).

D) Continúa repitiéndote algún slogan que te dé ánimo continuamente. Uno de ellos podría ser: "Tengo la habilidad de derrotar interrupciones triviales ya sean éstas, buenas o malas." (*Jeshbon Hanefesh*, Cap. 1).

E) Trata de tener preparados tópicos en los cuáles puedas pensar. Toma una determinación conciente de la siguiente manera: "Ahora pensaré en esto y además haré aquello" (Rabí Reuven Dov Dessler: *Tnuas Hamussar*, Vol. 5, pág. 179).

F) Cuando una cantidad de pensamientos acerca de diversos temas ingresan a tu mente, trata de ordenarlos, decidiendo en qué tema pensarás primero. Solamente cuando hayas concluído con el primer tópico, prosigue con el segundo, y cuando termines de pensar en el mismo, proseguirás con el tercero. Este método te entrenará para pensar de una manera ordenada y así evitar confusiones. (*Idem*).

G) Sin tener en cuenta la forma en que hayas considerado los hechos en el pasado, tienes ahora la capacidad de aprender a ver las cosas adoptando una actitud tranquila y pacífica al respecto. En lugar de enfocar los acontecimientos de una manera abrumadora, puedes considerarlos bajo tu óptica actual como experiencias interesantes y que implican un desafío. Deja de lado tus exigencias sobre la forma en que te hubiera agradado que fueran las cosas, y trátalas como son realmente.

H) El estado de ánimo opuesto a la paz espiritual es la ansiedad, que constituye un sentimiento muy molesto y que en los tiempos modernos, una cantidad cada vez mayor de personas tratan de ahogar utilizando tranquilizantes y otros medicamentos. Mientras que en algunas situaciones estos resultan justificados, son innecesarios y potencialmente perjudiciales cuando se los convierte en rutina diaria.

Nuestra reacción corporal frente a la ansiedad nos resulta beneficiosa, sirviéndonos como advertencia frente a un peligro amenazante, y como una señal para que evitemos el daño. La ansiedad resulta contraproducente, cuando no existe una amenaza real para nuestro bienestar. Lo primero que debemos hacer frente a una innecesaria ansiedad, es aceptarla, porque habrás de sentirte peor cuánto más trates de combatirla mentalmente. En este caso deberás repetirte: "Sentir ansiedad no es agradable, pero es tolerable si mi decisión es tolerarla". Cuando aceptas tu ansiedad, la misma tenderá a atenuarse.

El próximo paso consiste en determinar qué pensamientos preocupantes son los que le estás transmitiendo a tu mente. Comprobarás que generalmente te estás diciendo a tí mismo, que resultan muy negativas determinadas situaciones o las consecuencias de ciertas acciones. Si realmente fuera de esta manera, trata de hacer algo para evitar su efecto. Si el hecho no fuera tan terrible en realidad (y por lo general no lo es), o no puedes hacer nada para cambiar la situación, deberás entonces aceptarla. Cuando puedas aceptar mentalmente las consecuencias de una situación, te sentirás mucho más tranquilo.

I) Te sientes relajado cuando te tomas unas vacaciones, porque tu mente está en reposo. El cambio del entorno externo te facilitará dejar de lado los aspectos estresantes de tu vida diaria. Aunque no tengas siempre la posibilidad de irte a las montañas o de viajar a Suiza, toda vez que te sientas tenso y bajo el efecto del estrés, podrás tener la posibilidad de emprender un viaje mental por lugares pacíficos y serenos. Sentado en tu silla con los ojos cerrados, puedes imaginarte que te encuentras en un lugar del mundo donde puedes sentirte tranquilo. No desees estar allí, pero siéntete como si realmente te encontraras en ese lugar. Comprueba lo tranquilo que comienzas a sentirte, al figurarte mentalmente que te encuentras en una placentera pradera o bosque. Imagínate desprovisto de preocupaciones y de ansiedades. Mientras que una persona no utilice esta técnica para evadirse de tratar sus problemas, diez o quince minutos de la misma serán tan reparadores como si se tratara de una breve siesta y tiene la propiedad de aliviar tensiones.

Capítulo Cinco
LA ALEGRIA DE LOS MITZVOS

1. *Introducción: Los mitzvos están destinados a nuestro placer*

A) Los *mitzvos* nos fueron concedidos para contribuir a nuestra ulterior felicidad y regocijo. El objetivo de las leyes de la *Torah* es el de proporcionar a las personas una forma de vida, que habrá de realzar considerablemente el contenido de sus existencias. (Rabí Noson Tzvi Finkel: *Tnuas Hamussar*, Vol. 3, Pág. 202).

B) Los mandamientos nos fueron impartidos para nuestro provecho y placer, por lo cual toda persona debería experimentar una intensa dicha cada vez que realiza una *mitzvah*. (*Mussray Rabainu Yehonoson*, Pág. 229).

C) El Jofetz Jayim escribe que nos involucramos de tal manera en los asuntos terrenales, que hasta llegamos a perder nuestra sensibilidad frente al enorme caudal de felicidad y alegría que podríamos experimentar cuando realizamos una *mitzvah*. Al respecto, presenta la analogía del hombre al que le fue concedida una audiencia con un importante y poderoso emperador. Si el soberano acogiera con beneplácito las laudatorias apreciaciones del hombre al que recibió en audiencia y en consecuencia diera instrucciones para que las mismas fueran compaginadas en su diario personal, traten de imaginarse la inmensa dicha que experimentaría ese leal súbdito. Al regresar a su hogar, volvería a referir a todos sus amigos y vecinos su feliz experiencia, y al hacerlo, su rostro resplandecería animado por una creciente excitación y alborozo al reiterar su relato acerca del placer que sus palabras le causaron al emperador. Esta sensación de regocijo sería evidente para todos y perduraría por algún tiempo. Aunque hubiese estado preocupado por algunos problemas personales anteriores, éstos serían olvidados en medio del éxtasis que experimentaría.

A lo largo de los años venideros ya sea encontrándose en una fiesta o en una reunión, el relato de su audiencia con el emperador, habría de ser invariablemente su tópico preferido de conversación.

Si tal fuera el regocijo que alguien pudiera hallar en un ser mortal, que eventualmente habrá de perecer y cuya gloria es efímera, tanto mayor —enfatizó el Jofetz Jayim— debiera ser el placer que sentiría toda persona que lleve a cabo alguna acción que habrá de merecer el favor del Eterno Creador del Universo.

Aquel que asimile este conocimiento habrá de sentir una enorme alegría y placer, cada vez que lleve a cabo una *mitzvah*. Aún después de realizarla, al recordar las buenas acciones que ha efectuado, sentirá un destello de placer. El Jofetz Jayim concluye este punto formulando la siguiente pregunta: "¿Hermano mío, dime si un pensamiento de esta naturaleza entra en tu mente una vez a la semana, una vez al mes, o al menos una vez por año, para hacerte sentir tanta alegría y placer al cumplir una *mitzvah* que se equipare a la del hombre que tenía una audiencia con el emperador?"

La *Torah* (*Dvorim* 28:47) destaca que debiéramos sentir mayor felicidad y placer sirviendo al Todopoderoso, que si experimentáramos todos los placeres que existen. (*Shaim Olam*, parte 2, cap. 11).

2. *La alegría por cumplir una mitzvah es una mitzvah*

A) El regocijo que sentimos cuando realizamos una buena acción, constituye de por sí el cumplimiento de una *mitzvah*. Nuestra reacción emocional es de regocijo cuando hacemos algo que nos complace en sumo grado, por lo tanto si realmente apreciamos el valor de llevar a cabo una *mitzvah*, habremos de reaccionar con alegría. Es por ello, que la *Torah* condena severamente la falta de felicidad cuando se está sirviendo al Todopoderoso. (Rabainu Bajia, *Noso y KiSovo*).

B) El Rabí Yehuda Halevi escribe en un pasaje que se cita con frecuencia: Una regla importante indica que la *Torah* menciona tres caminos para servir al Todopoderoso y éstos consisten en: Sentir temor frente a El, alentar amor por El, y experimentar alegría.

Tienes la posibilidad de acercarte al Todopoderoso a través de cada una de estas tres formas. Tu sometimiento a las normas que rigen para los días de ayuno no te han de acercar más al Todopoderoso que la alegría que experimentes durante el Sabbat y en los días festivos, cuando tu regocijo emane de tus sanas intenciones y de todo tu corazón. En la misma medida que las oraciones requieren concentración mental y sanas intenciones, así también el cumplimiento de *mitzvos* y el estudio de la *Torah* necesitarán igualmente de esas mismas condiciones. Regocíjate con cada *mitzvah* que realices, con el amor de Aquel que las instituyó, a través del conocimiento de la forma en que El te ha beneficiado con ellas. Deberías considerar cada situación en la que tomes parte, como si se tratara de una invitación que te hayan hecho para concurrir al palacio del rey y ser un comensal ante su mesa, por cuyo motivo deberías estar agradecido tanto en tus pensamientos como por medio de tus acciones. Si la alegría que sientes te impulsara a cantar y a bailar, ésta se consideraría como una manera auténtica de servir al Todopoderoso, y ha de constituir una forma de abrirte un camino que te conduzca a El. (*Kuzari* 2:50).

C) El Rabí Moshe Jayim Luzzato destacó la importancia de sentir alegría cuando se realicen *mitzvos*: el regocijo constituye un principio fundamental en el Servicio Divino, tal como el Rey David nos exhortó: "Sirve al Todopoderoso con alegría, preséntate ante El con canciones (*Tehilim* 100:2) y "los virtuosos se regocijarán y se presentarán exultantes ante el Todopoderoso y serán colmados de felicidad", (*Idem* 68:4) y nuestros Sabios de bendita memoria han expresado lo siguiente: "La Divina Presencia se posará sobre cada persona solamente a través de su regocijo por el cumplimiento de una *mitzvah*". (*Shabbos*, 30b). Con relación al precitado verso: "Sirve al Todopoderoso con alegría", está escrito (*Midrash Sojor Tov*) según dice el Rabí Ibu: "Cuando te encuentres frente a El por medio de la oración, deja que tu corazón se regocije por estar dirigiendo tus oraciones a Aquel, que no tiene paralelo".

Esta es una verdadera alegría –regocijarse de que una persona haya sido privilegiada para poder servir al Maestro Bendito que no tiene igual, y que por ocuparse de su *Torah* y de sus *mitzvos* encarna la verdadera perfección y es una expresión de la eterna valoración sublime. El Rey Salomón en su clara sabiduría expresó la idea de esta manera: "Acercáos a mí, correremos a tu encuentro. El Rey me ha traído a sus aposentos, nos regocijaremos y seremos felices en Tí". (*Shir Hashirim* 1:4).

Cuanto mayor sea el grado en que una persona pueda acceder a los aposentos del conocimiento de la grandeza del Bendito, mayor será su felicidad y su corazón se regocijará íntimamente. Nuevamente expresó: "Israel será feliz con su Hacedor. Los hijos de Sión se regocijarán con su Rey" (*Tehilim* 149:2).

David, que ya había alcanzado un alto nivel en el cultivo de sus virtudes, manifestó lo siguiente: "Sean mis palabras placenteras para El. Me regocijaré con el Todopoderoso". (*Idem*, 104:34). "Vendré al altar del Señor, al Todopoderoso que es la dicha de mi regocijo, y Te exaltaré con el arpa" (*Idem*, 43:4).

Descubrimos que Aquel Sagrado Bendito fue quien se encolerizó contra los judíos, porque omitieron este elemento en su Servicio Divino tal como está expresado: "Porque no serviste al Señor con felicidad y la buena disposición del corazón". (*Dvorim* 28:47), (*Mesilas Yeshorim*, Cap. 19; *El camino del Justo*, Págs. 251-255).

D) Se nos requiere servir al Todopoderoso con alegría (*Tehilim* 100:2). El júbilo incrementará nuestro amor por el Todopoderoso y nos motivará para encaminarnos hacia El. Si una persona está triste cuando cumple con sus mandamientos se lo equiparará al sirviente que sirve a su patrón con una expresión triste en su rostro. Trata de sentir alegría cuando cumplas una *mitzvah*. El *Talmud* relata que Abaye se mostraba muy feliz, y cuando alguien le preguntaba el motivo de su felicidad, respondió que desde que se había puesto los *tefilin* experimentó una gran alegría. (Rabí Jayim Vitaal: *Shaarey Kdushah* 2:4).

E) El Gaon de Vilno escribió: Solo a través del regocijo puede un hombre alcanzar la perfección en la realización de una *mitzvah*. "*La Shejinah*", dicen los rabinos "se posará sobre quien encuentre placer en los hechos meritorios". (*Avnei Eliyahu*).

F) Siente alegría cuando sirvas al Todopoderoso, y luego experimenta el júbilo que te producirá el regocijo de servir al Todopoderoso. (*Kdushas Levi*, citado en *Derej Jasidim*, pág. 371).

G) Cuanto más difícil resulte realizar una buena acción, mayor será el mérito de la misma. Este principio también se aplica a la *mitzvah* de sentir alegría al cumplir con los mandamientos. Si una persona estuviera triste a causa de algún hecho que le hubiera ocurrido, y que no obstante ello al estudiar la *Torah*, decir sus oraciones y realizar *mitzvos*, pone todo su empeño para desterrar de su mente los pensamientos lúgubres y experimenta júbilo al cumplir una *mitzvah*, su mérito habrá de ser mayor que el de otra que haya gozado de un buen estado de ánimo desde el primer momento. (*Pele Yoatz: simja*).

H) La raíz de todas las transgresiones radica en el hecho que la persona no logra tomar conciencia y tener la convicción de que en los mandamientos de la *Torah* está contenida la mayor felicidad. Todo lo que una persona haga sin entusiasmo ni alegría, no puede realmente considerarse como un hecho. Cuando alguien no experimente alegría por lo que hace, le será difícil realizarlo y no lo hará de una manera correcta. (*Masaas Moshé*, Pág. 104).

I) Cuando cumplas la *mitzvah* de usar *tzitzis* (sirven como recordatorio de los 613 mandamientos) podrás sentir una gran alegría. De este modo te estarás ligando con un vínculo permanente a la totalidad de la *Torah* (Jazon Ish; *Kovetz Igros*, Vol. 1, Nº 10).

3. *Los beneficios de sentir alegría al cumplir los mitzvos*

A) Toda *mitzvah* debe ser realizada con alegría. Un aspecto de ese júbilo es que nacerá de una buena acción, que haya sido llevada a cabo con tu máxima energía y lo mejor de tu capacidad. No tratarás simplemente de salvar a alguien de un daño, sino que para tener éxito en tu propósito pondrás en juego todos tus mejores esfuerzos. No te limitarás a ofrecerle apenas un bocado de comida al necesitado, sino que deberás en cambio servirle una abundante comida (*Vayikra Rabbah* 34:9).

B) Cuando te concentres en los eternos beneficios que te brindará la realización de *mitzvos*, no deberás tomar en cuenta las dificultades y penurias involucradas en los mismos. (Dubner Magid, *Sefer Hamidos*, Pág. 126).

C) Una persona que sienta alegría cuando efectúa una *mitzvah*, olvidará todos los padecimientos y desdichas que haya sufrido. Comparadas con el hecho de cumplir la voluntad del Todopoderoso y acercarse más a El, ¿qué importan entonces las trivialidades y pequeñeces en que se incurra? ¿Por qué debe una persona consumir sus esfuerzos tratando de encontrar la felicidad en áreas donde la base de sustentación resulta tan efímera y definitivamente insignificante, cuando dispone de otra alternativa? La persona que experimenta alegría en realizar buenas acciones, ha de sentir un mayor regocijo por ello que si hallara cuantiosas sumas de dinero (*Mussray Rabainu Yehonoson*, Pág. 139).

D) Toda persona que se concentre en los beneficios resultantes del estudio de la *Torah* y en el cumplimiento de los mandamientos, habrá de experimentar una gran alegría cuando esté dedicado a esas actividades. No tendrá ninguna dificultad ni penuria alguna mientras las realice, dado que su mente estará concentrada en el objetivo prefijado, lo que habrá de facilitar toda su tarea (*Jojmah Umussar*, Vol. 2, Pág. 180).

Todo aquel que esté debidamente orientado hacia su objetivo tendrá la capacidad para vencer las dificultades que otros no pueden enfrentar. Cuanto mayor sea la motivación que sienta alguien para alcanzar una meta determinada, más fácil ha de resultarle tolerar y hasta hacer caso omiso de los obstáculos que se le pudieran presentar. Por lo tanto, la persona que esté firmemente orientada para realizar buenas acciones, podrá fácilmente minimizar la magnitud de las dificultades que experimente durante la ejecución de esas buenas obras.

Un discípulo de Jozeh de Lublin estaba caminando por la

carretera que conducía a esa ciudad para visitar a su Rabí. De pronto comenzó a caer una densa lluvia y el discípulo empezó a cantar y a bailar, explicando su júbilo de la siguiente manera: "Cuando la gente podía ir caminando al Templo Sagrado de Jerusalem, ningún inconveniente que surgiera a lo largo del camino podía desanimarlos, debido a la jubilosa anticipación que experimentaban imaginando su llegada a Jerusalem. De manera análoga estoy celebrando anticipadamente mi posibilidad de estar junto a nuestro gran maestro, y cualquier dificultad no hace sino incrementar mi regocijo" (*Niflaos Harebbi*, Pág. 67).

E) El Rabí Yejezkel Levenstein escribió que una persona solamente renunciaría a los placeres de este mundo por asuntos de contenido espiritual, si extrae placer de sus estudios de la *Torah*. (*Ohr Yejezkel: mijtavim*, pág. 195).

F) Cuando alguien experimente alegría por cumplir una *mitzvah*, ésta le brindará no sólo fuerza espiritual sino además verdadero vigor físico. Cuando uno de los Rebbes de Ger estaba enfermo, su médico le prescribió que recuperara energías dedicándole más tiempo al sueño, a lo cual le replicó el Rabí: "Debería usted saber que el estudio de la *Torah* y la oración, pero no el sueño, es lo que les da vigor a los judíos". En forma similar, después que el Rabí Jayim Shmuelevitz, el extinto Rosh Hayeshiva de Mir, sufriera un fulminante ataque su médico le dijo: "Normalmente aconsejo a un paciente mío a que observe reposo y a evitar tensiones, pero la mejor terapia para Usted será que continúe pronunciando sus conferencias acerca de la *Torah*".

4. La alegría por cumplir los mitzvos tiene un mayor potencial que el regocijo por los placeres físicos

A) Debemos amar al Todopoderoso de una manera tal que se asemeje al placer que siente alguien cuando gratifica los deseos de la persona amada, de la misma forma deberemos sentir placer cuando cumplamos Su voluntad. Es entonces el propósito definitivo sentir un júbilo tan intenso por lo expresado, que ningún otro placer en el mundo se le pueda comparar. (*Mussray Rabainu Yehonoson*, pág. 17).

B) La única clase de alegría que puede realmente considerarse completa, es la que proviene del cumplimiento de una *mitzvah*. El júbilo que producen los asuntos materiales es necesariamente de carácter limitado, debido a la naturaleza temporaria de los mismos. Sin embargo, el valor de una *mitzvah* es eterno, dado que es ilimitada la alegría que genera el cumplimiento de la misma. (*Jojmah Umussar*, vol. 1, pág. 5).

Existe una mayor fuente de regocijo en los temas espirituales, que en los placeres materiales y físicos. La persona que persigue placeres espirituales es la que realmente se ama a sí misma, y no como piensa mucha gente, la que busca los placeres terrenales. (*Idem*, pág. 52).

Los placeres físicos tienen una existencia extremadamente breve, ya que inmediatamente después de haberse gratificado con ellos el placer desaparece. No obstante, cuando se disfruta por acrecentar el caudal de sabiduría el placer será de larga duración y su fuente estará constantemente disponible. (*Idem*, pág. 60).

C) El Jazon Ish escribió en una carta lo siguiente: "Los placeres físicos pueden proporcionarle a una persona satisfacción y felicidad en algún grado, pero su magnitud no podrá competir con el elevado deleite que se puede alcanzar cuando se trata de obtener conocimientos." (*Kovetz Igros*, vol. I, Nº 9).

5. *La alegría por el estudio de la Torah*

A) En su obra clásica de carácter Halágico, el Jofetz Jayim expresa que deberías sentir júbilo cuando estudies la *Torah*, y cuando eleves tus oraciones. (*Mishnah Brurah*, I:10).

B) El hombre sabio vive una vida de regocijo. (*Jojmah Umussar*, vol. 1, pág. 75).

Si los buscadores de placer sólo se dieran cuenta de la gran fuente de deleite contenido en el estudio para adquirir sabiduría, abandonarían la búsqueda de los placeres físicos y se concentrarían en obtener sabiduría. (*Jojmah Umussar*, vol. 1, pág. 298).

C) Cuando una persona estudia la *Torah* y extrae placer

de sus estudios, su ser entero se volcará hacia la *Torah*. Esto constituye el aspecto fundamental del estudio de la *Torah*: Sentir gran regocijo y placer cuando realices esta actividad intelectual, porque entonces lo que aprendas se incorporará a tu personalidad. (Rav Abraham de Sojotjov; Introducción a: *Iglai Tai*).

En el cierre de una festividad, los alumnos de la Yehsiva de Lakewood estaban dedicados a su acostumbrada *Simja Yom Tov* (celebración de la festividad), para lo cual estaban reunidos en el salon comedor. El Rosh Hayeshiva, Rabí Aaron Kotler, había disertado sobre un tema relevante y estaba en un elevado estado de ánimo. Al finalizar su charla, sus discípulos generalmente entonaban una canción con las palabras de los Salmos: "Si no hubiera sido porque Tu *Torah* constituyó mi deleite, habría sucumbido a mi pobreza". Rav Aarón interrumpió el canto, con la siguiente observación: "¡Imagínense!, el rey David era inmensamente rico, pero sin embargo sentía que se ahogaba en un mar de pobreza si no hubiera sido por la *Torah*, su única posesión duradera y trascendente".

Un discípulo suyo escribe que la visión del Rav Aarón pronunciando estas palabras contribuyó a la felicidad final contenida en la *Torah*, en un grado muy superior al de cualquier conferencia que se pueda imaginar sobre el tema. El estudiante concluyó que se podía percibir claramente que lo afirmado por el Rav Aarón era que teniendo la posesión de la *Torah* no se carecía de nada. (Rabí Saúl Kagan: *"El observador judío"*, Mayo de 1973).

Cuando al Rabí Aarón Kotler, Rosh Hayeshiva de Lakewood, se le decía que alguien estaba deprimido, su reacción inicial era la de repetirle a esa persona la esencia de sus Conferencias Talmúdicas. Debido a su amor por la *Torah*, sentía un intenso deleite cuando su mente se hallaba inmersa en los intrincados senderos del *Talmud*. Sabía que cualquier persona que pudiera sentir siquiera parte del placer que él experimentaba cuando se ocupaba de la *Torah*, estaba capacitado para vencer sus sentimientos de tristeza (escuchado al Rabí Moshe Carlebach).

D) Cuando sientas júbilo por aprender algo nuevo, habrás

de recordarlo durante un mayor período de tiempo. Cuánto más alegría experimentes al aprender conceptos de la *Torah*, mayor será tu aptitud de retener lo que has estudiado. (El Steipler en *Birjas Peretz*, pág. 11).

E) En la plegaria que pronunciamos diariamente para cumplir la *mitzvah* del estudio de la *Torah (Vehaarev nah)* pedimos a través de la oración poder sentir la dulzura que emana del estudio de la *Torah*).

Por placer tenemos la tendencia a ceder a nuestros deseos, para vencer los cuáles necesitamos experimentar el deleite que nos produce el estudio de la *Torah* a manera de equilibrio con los mismos. Cuando una persona encuentra difícil combatir sus deseos, ésto se deberá a que le falta el sentimiento de placer que corresponda a los asuntos espirituales (*Lev Eliyahu*, vol. 1, pág. 177).

F) Si una persona carece del placer derivado de sus estudios de la *Torah*, se lamentará de no tener éxito en sus actividades.

Esta actitud lo inducirá a pensar que sólo habrá de hallar satisfacción y placer en las áreas físicas y materiales, no dándose cuenta que el origen del problema está en sí mismo. (Rabí Mordejai Gifter, *Pirke Emunah*, vol. 2, pág. 22).

G) Cuando alguien que estudie la *Torah* no logre experimentar placer por ello, sería un error que se sintiera culpable y alterado por ese motivo. Tales sentimientos no harán sino dificultarle aún más el disfrutar del estudio. Una persona que no sienta placer por lo expuesto, debiera en cambio aceptarse tal como es. Su objetivo debería centrarse en adquirir un mayor grado de conocimientos. Ten cuidado de no compararte con otros, porque la envidia suele ser una causa originaria de la falta de placer en los estudios de una persona. Para muchos este será un lento proceso, por lo que deberás ser paciente. La persistencia y diligencia en tus intentos finalmente dará buenos resultados.

H) Muchas personas fracasan en disfrutar de su estudio de la *Torah*, por su firme deseo de abarcar mucho en un período demasiado breve. Acerca de esas personas, el Rabí Jayim de Volozhin analizó el siguiente pasaje: "Debemos ser felices con nuestra porción (*Pirke Avos* 6:6). Esto significa que debemos sentirnos felices con el conocimiento de la *Torah* que obtenemos gradualmente, en tanto tratemos de dominar lo que hayamos aprendido. Si alguien estudia demasiado en una sola vez habrá de olvidarse lo que aprende". (*Ruaj Jayim* 6:6).

Un factor que destruye el placer del estudio de la *Torah* para muchos, lo constituye el ansia de terminar lo antes posible. Aunque resulta importante querer alcanzar el mayor grado de conocimientos y comprensión, algunas personas lo acompañan con sentimientos de ansiedad que resultan contraproducentes con el proceso intelectual. Esto resulta particularmente cierto para aquellos cuyo principal objetivo es el de concluir el estudio, en lugar de centrarse en comprender plenamente o de disfrutar del proceso del estudio. Dejando de lado su exigencia por "terminar" cubrirán una mayor área de conocimientos y recordarán lo estudiado por un tiempo más prolongado.

I) Toda persona sin tener en cuenta su nivel de comprensión, tiene la capacidad de extraer placer de sus estudios de la *Torah*. El Rabí Akiva y el Gaon de Vilno desde su nivel disfrutaron de sus estudios y por su parte, aún un niño de corta edad podrá apreciar lo que estudie de acuerdo a su capacidad. (Rabí Yerujem Levovitz; *Daas Jojmah Umussar*, vol. 2, pág. 67).

J) En una carta dirigida a alguien a quien le resultaba difícil estudiar la *Torah*, el Jazón Ish le escribió lo siguiente: "A algunas personas les resulta difícil ser eficientes en sus estudios de la *Torah*, pero esa dificultad solamente persistirá por un breve lapso, si la persona resuelve sinceramente concentrarse en sus estudios. Muy rápidamente desaparecerá la sensación de dificultad y comprobará que no existe placer en el mundo que pueda compararse con el derivado del estudio diligente de la *Torah*. (*Kovetz Igros*, vol. 1, N° 8).

K) Cuando te afanes en tus estudios de la *Torah* debes sentir regocijo por ello, aún cuando no hayas sido creativo en tu labor. Sería un error sentirte desalentado y considerarte como un fracasado. Si has puesto sinceramente tu empeño en tus estudios, el esfuerzo será exitoso de por sí, si te es posible sentir satisfacción y regocijo por lo que has realizado. (Rabí Noson Wachtfogel, *mashgiaj* de la Yeshiva de Lakewood, *Sijos Mussar*, pág. 71).

L) El hecho de que sientas alegría cuando los demás estudien la *Torah*, será una demostración que cuando tú lo haces, ello te representa una apreciación sincera de la *Torah* y no como una mera fuente de provecho personal (Rabí Jayim de Volozhin, citado en *Hajofetz Jayim*, vol. 3, pág. 819).

Todo aquel que ame la *Torah* estará pletórico de felicidad y regocijo cuando observe a un estudioso en ciernes, que puede equipararse con un hermoso árbol que pronto producirá dulces frutos. (Pajad Yitzjok, *Igros Uksovim*, pág. 239).

M) Un seguidor del Rabí Yehuda Arieh Leib, el Rebbe de Ger y autor de *Sfas Emes*, era el rabino de una comunidad en un pueblo donde no había otros *jasidim*. Se lamentó ante el Rebbe de Ger acerca de su soledad y le consultó si no sería prudente trasladarse a otro pueblo donde hubiese otros *jasidim*. La respuesta del Rebbe fue la siguiente: "Si dispones de una *Gemara* en la cuál puedas estudiar, no tendrás motivo para sentirte solo" . (*Hombres de Distinción*, vol. 1, pág. 133).

6. El deleite de la plegaria

A) Si una persona aprende a orar correctamente, comprendiendo todo lo que dice y haciéndolo con entusiasmo, habrá de extraer un inmenso placer de sus plegarias. (Rabí Eliyahu Lopin, vol. 1, pág. 32).

B) El Talmud (*Brojos* 31 a) dice que cuando estamos orando debemos tener cuidado de no sentir tristeza, y que por el contrario debemos experimentar regocijo por estar cumpliendo una *mitzvah*. No existe ninguna contradicción entre la seriedad —que constituye también una obligación durante la oración— y la alegría que experimentamos en consecuencia. Estos dos estados de ánimo deben en cambio marchar juntos cuando una persona comparece ante el Todopoderoso, a través de la plegaria. (*Alai Shur*, pág. 206). Cuando estamos orando, debemos percibir la seriedad que implica estar hablándole directamente al Todopoderoso. El concepto de seriedad no debe ser confundido con tristeza, dado que experimentar este sentimiento significaría incurrir en una transgresión —la seriedad deberá originarse en la auténtica alegría que produce el cumplimiento de la *mitzvah*, proveniente del gozo de tener el mérito de orarle al Todopoderoso. (*Maarjai Laiv*, pág. 65).

C) La plegaria posee el enorme potencial de procurar elevación espiritual y es fuente de intenso placer.

¡Qué trágico resulta que una oportunidad tan ponderable sea considerada con frecuencia como una tarea tediosa! Por un lado se encuentran las personas que creen que el objeto de la oración consiste únicamente en decir de corrido las palabras de las plegarias. Por otra parte están aquellos que se esfuerzan tanto en orar correctamente, que por eso se ponen muy tensos y nerviosos.

Recuerdo al respecto, la sorpresa que experimentó un adolescente cuando le expliqué que la *kavanah* en la oración, significa concentrar el pensamiento en el significado de las palabras que se están pronunciando durante la misma. Este joven solía gesticular y agitarse mucho cuando oraba pero estaba descuidando el ingrediente esencial: pensar acerca del significado de las palabras que se dicen.

La forma de lograr una experiencia edificante cuando se está orando, consiste en recitar en calma las palabras, teniendo en cuenta que estás dirigiéndote al Omnipotente Creador del Universo. Cuando algún pensamiento externo ingrese a tu mente durante este estado místico, vuelve al foco de tu atención suavemente hacia lo que estabas diciendo en tus plegarias. No necesitas combatir esos pensamientos, sólo no los tomes en cuenta y concéntrate una vez más en las palabras contenidas en las oraciones que estás recitando. Si esas ideas que se presentan a tu mente involucran un problema que debe ser atendido, destina un momento posterior del día en que puedas dedicarte a este asunto.

Imagínate cómo sería poder hablar con el Ser más sabio y poderoso, y toma conciencia que estás entrando en relación con El y mientras le estás hablando, nadie existe en el mundo más que El y tú. Hazlo con la misma tranquilidad, como si le estuvieras hablando a tu propio padre, sin necesidad de tensionarte pero observando al mismo tiempo la reverencia y el respeto, que un súbdito leal le dispensaría a su Rey.

Cuando una persona aprenda a orar correctamente, podrá interpretar lo que el Jazon Ish (*Emunah Ubitojen* 1:9) tenía en mente cuando escribió lo siguiente: "Cuando una persona tiene el mérito de ser conciente de la realidad de la existencia del Todopoderoso, habrá de experimentar un deleite sin límites. Todos los placeres de la carne desaparecerán de inmediato y su alma estará envuelta de santidad y será como si hubiese abandonado el cuerpo para flotar en los altos Cielos. Cuando alguien trascienda a este nivel, se le abrirá un mundo enteramente nuevo. Esto hará posible que una persona se transforme temporariamente en un ser celestial que more en este mundo y ningún placer del mismo podrá compararse con el intenso regocijo que sienta aquél que se esté abriendo camino hacia su Creador".

D) El *Zohar* (*Vayakhail*) enfatiza la importancia de recitar el *Birjas Hamazon* (Bendición después de las comidas) con especial alegría. Debemos expresar nuestra gratitud al Todopoderoso por los alimentos que nos ha proporcionado, con un profundo sentimiento de alegría por Su bondad.

El Rabí Jayim Vitaal (*Shaarey Kdushah* 1.6) escribe que cuando reces el *Birjas Hamazon*, tu actitud debe ser la de dar las gracias por un presente que has recibido.

7. *El regocijo por las buenas acciones*

A) Toda vez que ayudes a otra persona de cualquier manera, deberás sentir placer y experimentar regocijo porque estarás cumpliendo con el mandamiento: "Ama a tu prójimo". Existen un sinnúmero de conductas que están involucrados en este principio. (*Yesod Veshoresh Haovodah*; *tzavaah*, N° 45).

B) Resulta particularmente importante expresar tus sentimientos de júbilo cuando estés haciéndole un acto de caridad a una persona necesitada. Demuéstrale que estás complacido de poder prestarle toda la ayuda posible. Evidenciar disgusto cuando se le está brindando una caridad desluce el mérito de dar. (*Yorah Daiah* 249:3).

C) Cuando le estés sirviendo algo a tus padres, deberás hacerlo con una expresión feliz en tu rostro. Si alguien frunce el ceño mientras los está sirviendo, se desvirtuará su acción aún cuando les presente el manjar más exquisito. (*Yorah Daiah* 240:4)

D) Aunque casi todos realizan buenas acciones, existen personas que sólo ayudan a los demás cuando se ven forzados a hacerlo. Prestan su ayuda a alguien únicamente cuando el necesitado se dirige a ellos varias veces y ya les resulta difícil continuar rehusándose. No realizan el *jesed* voluntariamente y con una actitud positiva. Lo que se nos requiere es demostrar que desarrollamos un verdadero sentimiento de amor por ayudar a los demás. Existe una sensible diferencia entre hacer algo sólo porque nos vemos obligados o llevarlo a cabo por disfrutarlo. Sólo cuando ames hacer el bien, lo harás correctamente. (Jofetz Jayim en: *Ahavas Jesed*, parte 2, cap. 1).

Cuando desarrolles tu afición por hacer obras de bien, te sentirás feliz toda vez que tengas la oportunidad de hacerle un *Jesed* a los demás. (*Idem*, cap. 2).

E) Algunas personas no pueden apreciar el valor de cumplir la *mitzvah* que produce prestarle dinero a otros. Si encuentran a alguien que les solicite un préstamo, hallarán un centenar de excusas para evadirse de hacerlo aún cuando estén seguros de su reembolso.

Si ciertas personas los presionan y finalmente consienten en prestar algún dinero, se sentirán doloridos y sufrirán por ello. Piensa por unos instantes cómo te sentirías si una persona honesta se dirigiera a tí en los siguientes términos: "Corre a tu casa, trae dinero contigo y te diré cómo puedes invertirlo de tal manera que obtengas una apreciable ganancia". Cualquiera iría corriendo a su casa con la alegría de traer el dinero para una inversión. Análogamente, cuando alguien te pida que le prestes dinero, te estarás beneficiando considerablemente al cumplir con la *mitzvah* de prestar dinero. Deberás sentir una gran alegría de tener la oportunidad de realizar tan valiosa inversión. (Jofetz Jayim, *Idem*, cap. 9).

F) Cuando invites una persona a tu casa, debes experimentar la alegría de estar cumpliendo con una *mitzvah*. Mucha gente siente mayor placer cuando invitan para quedarse en su casa a una persona rica y prominente, que si su huésped fuese una persona pobre y desdichada, cuando debiera ocurrir lo contrario. Cuanto mayor sea la necesidad de tu ayuda, mayor dimensión tendrá tu buena acción. Cuanto mayor sea el grado de infortunio de tu invitado, mayor será tu felicidad por poder ayudarlo. (*Idem*, Parte 3, Cap. 1).

G) Cuando alguien sienta alegría por ayudar a los demás, no tendrá que esforzarse en saludar a esas personas con una sonrisa y por lo tanto lo hará en forma automática. La alegría que sentirá al realizar otras buenas acciones será tan notoria en sus actitudes, que le transmitirá placer y alegría a la persona a la que está tratando de ayudar. (*Jojmah Umussar*, vol. 2, pág. 191).

H) Toda persona que cumpla con el mandamiento de amar a su prójimo, experimentará regocijo cuando se entere que algo bueno les está sucediendo a otras personas. (*Yesod Veshoresh Hoavodah*, 1:7).

I) Cada vez que el marido haga algo en su hogar para ayudarle a su mujer estará realizando una buena acción y debería disfrutar por hacerlo. (Rabí Noson Tzvi Finkel: *Tnuas Hamussar*, vol. 3, pág. 250-251).

J) Dedica tiempo a pensar acerca de las virtudes de los demás. No lo hagas impulsado por un mero pensamiento pasatista, trata en cambio de experimentar placer al concentrar tu mente en sus virtudes. (Rabí Rubén Dov Dessler: *Tnuas Hamussar*, vol. 5, pág. 180).

K) Cuando una persona está dotada del atributo de *ahavas jesed* —el sincero amor para practicar buenas acciones—, sentirá regocijo por cada oportunidad que se le brinda para ayudar y asistir a los demás.

Aún si alguien le hiciera un pedido que pudiera parecer exorbitante a los ojos de los demás, no habrá de alterarse por ello debido a que su móvil está centrado en la búsqueda de oportunidades para practicar buenas acciones. (Rabí Yejezkel Levenstein; *Kovetz Inyanim, Sivan*, 5728, pág. 14).

8. *Tú puedes sentir alegría por una mitzvah, entre las diversas conductas que componen tu rutina diaria*

A) Muchos de los actos de rutina que realizamos a diario,

pueden enaltecernos mediante la concentración de nuestra mente en pensamientos más elevados. Cuando por ejemplo vas a hacer compras para tu familia, podrás enfocar tus pensamientos en el hecho que lo que estás haciendo constituye una buena acción.

Cuando le das los buenos días a alguien, enfoca tu acción en que en realidad le estás dando una bendición. Cuando le entregues algo a alguien, mentalízate que estás realizando una buena acción. Lo expresado resulta particularmente cierto en el caso de los padres. Al respecto, debe tenerse en cuenta que la crianza de los niños conlleva mucha posibilidad de frustraciones, no obstante lo cual todo podrá transformarse en *mitzvos*, mediante la concentración en pensamientos más espirituales, y tener así la oportunidad de experimentar alegría por esta tarea.

B) Todo lo que una persona lleve a cabo "en nombre del cielo" (*I'shaim shomayim*) es considerado como una *mitzvah*. Por lo tanto, aún cuando comas, bebas, o duermas, si tu motivación es la de ser fuerte y saludable para realizar buenas acciones, lo cotidiano y terrenal se transformará en una *mitzvah*. Teniendo pensamientos elevados sobre esos temas, podrás experimentar la alegría de una *mitzvah*, por aquello que de otra manera hubiera sido la satisfacción de tus necesidades fi-siológicas. (*Pele Yoatz: simja*).

C) Un tendero o un artesano podrá darle un sentido elevado a su quehacer diario, concentrando sus pensamientos en la forma de ayudar a otras personas y además podrá esforzarse en ser honesto y confiable en cada transacción que realice. (Rabí Israel Salanter; citado en: *Mijtvah MaiEliyahu*, vol. 1, págs. 34-35).

Cuando estés dedicado a cualquier trabajo u ocupación, concéntrate en la manera de ayudar a los demás y concientízate que estás cumpliendo con el mandamiento de amor hacia tus semejantes. (*Jojmah Umussar*, vol. 2, pág. 95).

El Rabí Yerujem Levovitz observó que muchos cometen el error de pensar que una persona que vende productos u ofrece algunos servicios, está simplemente haciendo dinero y no realiza ninguna buena acción. La verdad en cambio, es que cada vez que le vendas a alguien un producto útil o le brindes algún servicio a los demás, estarás realizando un acto de *jesed*. La gente necesita comida y vestimenta y el tendero los está suministrando a aquellos que los necesitan. Por cierto que si recibe dinero a efectos de comprar para sí alimentos y ropa, pero no obstante ello está dedicado todo el día a la realización de buenas acciones. (*Daas Jojmah Umussar*, vol. 1, pág. 174).

D) Hay una bien conocida historia acerca de la ausencia del Rabí Israel Salanter a la sinagoga durante el servicio de *Kol Nidre* en *Yom Kippur*. El había escuchado el llanto de un niño, cuya madre lo había dejado solo para concurrir a la sinagoga a orar. El Rabí Salanter enseñó que las obligaciones de cada persona dependen de su propia situación. La mayor *mitzvah* de una madre es la de prodigar un buen cuidado a sus hijos, y en tal sentido no solo no debería ella sentirse mal por no poder concurrir a la sinagoga, sino que por el contrario, tendría que experimentar la alegría de realizar una *mitzvah* cuando lleva a cabo tareas que pudieran parecerle cotidianas a los demás. (*Alai Shur*, pág. 270).

Un principio importante a tener en cuenta radica en el hecho que tu obligación concerniente a una determinada *mitzvah*, dependerá de tu situación y circunstancias particulares. No existen dos personas que actúen de manera exactamente igual ante la misma situación. Tomemos por ejemplo, el caso de una madre que tenga hijos jóvenes. Ella pudo haber efectuado estudios para graduarse en una profesión durante una cantidad de años, a la cual no puede dedicarse en la actualidad para poder consagrarse al cuidado de sus hijos y su hogar. En esta circunstancia, será factible que la persona en cuestión se sienta frustrada, repitiéndose lo terrible que le resulta, no poder emplear su capacidad de la manera que ella lo imaginó. No obstante, si ella analiza su situación desde la perspectiva totalizadora que le brinda la *Torah*, podría vencer su frustración.

Toda buena acción dirigida a sus hijos constituye un acto de *jesed*. Cada cucharada de alimento que le suministra, cada ropa con que los viste, cada pañal que les cambia, cada disputa que soluciona, cada palabra que suaviza asperezas, constituirán una buena acción. Aún si ella no dispusiera de tiempo para realizar actividades externas, estará constantemente efectuando *mitzvos*. Además, debido a que los hijos rara vez aprecian lo que las madres hacen por ellos, constituye un *jesed shel emes* —una verdadera bondad— que se realiza sin esperar nada en cambio.

Por lo tanto, será un acto de bondad más elevado, que aquél que se aprecia en forma categórica.

Cuando estés dedicado a tareas que los demás consideran cansadoras y tediosas, es muy probable que te veas influenciado por esas personas y las consideres de la misma manera que ellos lo hacen, pero puedes vencer esa tendencia. Cada paso que da una madre puede considerarse como el cumplimiento de una *mitzvah* del nivel más elevado: consolidar la naturaleza del pueblo judío, enseñar a sus hijos, o hacer *mitzvos* y de esta manera estará totalmente inmersa en *jesed*.

Todo lo expresado podrá demandar un cierto esfuerzo a tener en cuenta, pero es mucho más placentero realizar ese esfuerzo que seguir pensando que lo que está haciendo carece de valor. Por otra parte, ella podría pensar en algunas formas que le permitan realzar los aspectos espirituales de su existencia. En tal sentido, podrá escuchar cintas grabadas con textos de la *Torah* mientras trabaja, podrá también invitar a alguien para que converse con ella mientras atiende su casa. La persona invitada podría ser una viuda, un huérfano, alguien que se haya convertido al judaísmo o todo aquel que necesite que se lo escuche con atención.

Una vez que se concentre en las formas de acrecentar su nivel espiritual, ella estará pensando en nuevas maneras de alcanzar mayores logros, en lugar de hundirse en la autocompasión por no estar haciendo aquello que hubiera deseado.

E) No consideres las situaciones de la vida como si las mismas te hubieran sido impuestas. Algunas personas analizan el matrimonio desde la siguiente óptica: "No puede seguir soportando la soledad, y por lo tanto debería contraer matrimonio". Tratan también de obtener un empleo solamente acuciados por presiones financieras. La vida de una persona carecerá de vitalidad si toma los hechos de una manera pasiva. El punto de vista de la *Torah* al respecto, es el que todos los hechos constituyen oportunidades para el crecimiento, por lo tanto todas las experiencias de la vida pueden tener un elevado contenido. Cada aspecto de nuestra existencia puede ser utilizado de una manera creativa y de superación. (*Alai Shur*, pág. 249).

9. Cuánto más difícil resulte realizar una buena acción, mayor será la alegría que nos proporcione

A) Cuantas más dificultades tenga un hombre sabio en cumplir una *mitzvah*, mayor será la alegría que experimente, debido a que este sentimiento evidenciará que posee un mayor grado de elevación espiritual. (*Jojmah Umussar*, vol. 2, pág. 1).

B) El éxito de una persona dependerá de aquellas buenas acciones que le resulten de difícil realización.

Una buena acción de menor importancia que se realice venciendo una tendencia natural adversa, tendrá un valor mucho mayor que aquellas que le resulten fáciles de realizar por ser coincidentes con su idiosincrasia. (*Daas Jojmah Umussar*, vol. 3, pág. 118).

Al realizar una buena acción que te resulte difícil, en lugar de lamentarte al respecto, deberás apreciar que precisamente es esa dificultad la que te hará crecer. (*Idem*, vol. 2, pág. 124).

C) Una persona que cumple una *mitzvah* por la cual no recibe reconocimiento, debería sentir una alegría adicional por ese motivo. Con mayor razón tendría que sentirse feliz cuando la gente trata de humillarlo o insultarlo por realizar una *mitzvah*.

Cuantos menos honores recibas de la gente, mayor será la expresión de tu amor por la *mitzvah* en sí misma. El mérito de tales buenas acciones será mayor que cuando recibas el reconocimiento por las mismas. (Rabí Yejezkel Levenstein: *Kovetz Inyanim*, Sivan, 5728, pág. 22).

Cuanto menor sea la gratitud que recibas por realizar una obra de bien, mayor habrá de ser el valor de la misma. La verdadera bondad tiene lugar cuando no recibimos nada a cambio de lo que damos. (*Breishis* 47:29 y Rashi). En lugar de sentir resentimiento hacia la persona que es ingrata, deberás sentir placer en realizar una *mitzvah* de contenido más elevado. Lo expresado tiene aplicación especialmente para las buenas acciones que tienen como destinatarios nuestra esposa, hijos, discípulos y amigos. En lugar de sentirte herido por la ingratitud de alguien, concentra tus pensamientos en la forma en que tu bondad hacia esa persona tenga un contenido más altruista. No te digas a tí mismo: "Cuánto me pesa que las buenas acciones que le estoy brindando a esta persona no encuentren una retribución favorable de su parte". En lugar de ello, deberías decirte: "Esta es una gran oportunidad para realizar una verdadera obra de bien".

10. *El regocijo de sentir amor por el Todopoderoso*

A) El mandamiento que establece sentir amor por el Todopoderoso requiere que dediquemos mucha atención a sus palabras y hechos, para lograr un conocimiento que se refiera a El y que extraigamos el máximo placer de esa apreciación. Tal es la naturaleza del amor al que estamos obligados a sentir. (Ramban: *Sefer Hamitzvos*, Pos. Com. Nº 4).

B) Debes sentir alegría con cada porción de conocimientos que adquieras del Todopoderoso. (Rabainu Abraham Ben Harambam: *Hamaspik L'Ovdai Hashem,* pág. 66; Jofetz Jayim: *Jomas Hadas*, Cap. 17 f.n.).

C) Cuando una persona cumple con la *mitzvah* de amar al Todopoderoso, sentirá una gran alegría cada vez que haga Su voluntad. (*Mesilas Yeshorim*, Introducción).

D) Cuando estés recitando los pasajes de las oraciones que se refieren al sentimiento de alegría por nuestra relación con el Todopoderoso, trata de experimentar un auténtico sentimiento de júbilo por ese motivo. (*Yesod Veshoresh Hoavodah,* Introducción).

E) El Rabí Leibush de Apelia comentó el verso que dice lo siguiente: "Que se regocijen los corazones de aquellos que buscan al Todopoderoso" (*Diovrai Hayamim,* 1:16:10), en los siguientes términos: Cuando alguien busca un determinado objeto no sentirá alegría sino cuando logre hallarlo, pero cuando buscamos al Todopoderoso, el sólo hecho que lo estemos buscando a El nos causará regocijo". (*Siaj Sarfai Kodesh*, vol. 5, pág. 48).

F) Deberás sentir un intenso júbilo cada vez que puedas influenciar a los demás para que cumplan la voluntad del Todopoderoso. (Jofetz Jayim: *Jomas Hadas*, ensayo Nº 1).

11. La alegría del Yom Tov (festividades)

A) Existe una *mitzvah* en mantenerse alegre durante las festividades establecidas en la *Torah*. La naturaleza de la persona requiere alegrías de vez en cuando, en la misma medida en que necesita alimento, descanso y sueño. El Todopoderoso nos ha proporcionado este júbilo en la forma de una *mitzvah* que establece la obligación de superarnos a través de todas nuestras conductas. (*Jinuj* 488).

B) A pesar de que la actitud correcta que establece la *Torah* consiste en gozar de un estado de felicidad durante el año entero, esfuérzate por alcanzar un nivel aún mayor de este sentimiento durante las festividades instituídas por la *Torah*. (*Ohr Yejezkel: mijtavim*, pág. 34).

C) El regocijo que uno siente durante las fiestas le permitirá incrementar sus sentimientos de alegría durante el año entero. (*Masaas Moshe*, pág. 70).

D) Una persona está obligada a incrementar su caudal de alegría durante la festividad de Purim, comiendo y bebiendo, no obstante lo cuál no debemos hacer nada que disminuya nuestro nivel espiritual. No se nos exige tener alegría de una manera frívola e insensata. El regocijo que experimentemos será de tal naturaleza, que nos conducirá a amar al Todopoderoso y a sentir gratitud por los milagros que El ha obrado para nosotros. (*Sefer Hamidos Lehamieri*, pág. 50).

E) No te sorprendas por los sentimientos de tristeza que puedan invadirte durante la celebración del *Sabbat* y en las festividades. Debido a la *mitzvah* de mantenernos alegres particularmente en esas ocasiones, algunas veces nuestra reacción inmediata suele ser la opuesta. (*Alai Shur*, pág. 210).

12. Pensamientos generales acerca de la alegría que producen los mitzvos

A) El Arizal dijo que toda su sabiduría se debía al mérito de sentir una gran alegría cuando se realiza una *mitzvah*. (*Sefer Jaraidim*).

B) El Baal Shem Tov solía decir: " Aún si una persona no recibiera otra retribución además de la alegría y el placer que experimenta al realizar una *mitzvah*, esta ya resultaría suficiente. La mayor fuente de regocijo es el deleite que podemos experimentar cuando realizamos una *mitzvah*". (*Keser Shem Tov*, pág. 15).

C) El Rabí Simja Zissel de Kelm acostumbraba a decir que cuando una persona viaja a una fiesta a la que se dispone a asistir, se sentirá feliz y con buena disposición de ánimo durante todo el trayecto a modo de anticipo de lo bien que habrá de pasarlo en esa fiesta. En forma análoga, cuando alguien vive una existencia plena de buenas acciones, podrá sentirse constantemente feliz por estar viajando a lo largo de la ruta que lo conducirá al placer imperecedero. (*Ahavas Maishorim*, pág. 82).

D) En lo que concierne a asuntos de carácter físico, los deseos de una persona son siempre mayores que su real capacidad para experimentar placer. Sin embargo a lo que atañe a tópicos espirituales tales como: estudiar la *Torah* y realizar buenas acciones, el placer que siente una persona por estas motivaciones se limitará a la magnitud de sus deseos para alcanzar estos objetivos. Cuanto mayor sea su deseo para lograrlos, mayor ha de ser el placer que experimente. (*Bais Halevi: Breishis*).

E) Cuando la gente hace cosas incorrectas, frecuentemente los anima un gran entusiasmo. Deberíamos en cambio tratar de aplicar ese entusiasmo como nuestro modelo cuando realicemos buenas acciones. (ver *Nitzutzai Ohr hameir*, págs. 154-155).

13. Técnicas para adquirir alegría por la realización de mitzvos

A) Si una persona descubre que le falta impulso interior y fervor, una técnica que podría emplear para generarle ese sentimiento, consiste en comportarse exteriormente de una manera tal como si ya tuviera entusiasmo. Nuestras acciones externas tienen un efecto inmediato sobre nuestros sentimientos interiores. Tenemos un mayor control sobre nuestras acciones que sobre nuestras emociones, y si utilizamos lo que está dentro de nuestras posibilidades podremos eventualmente alcanzar aquello que aún no hemos dominado totalmente. Cuando esto suceda podrás tener una alegría interior y una firme voluntad deseo para lograr el crecimiento espiritual, que surgirá de tu entusiasmo externo. (*Mesilas Yeshorim*, cap. 7).

Si tratas meramente de impresionar a los demás, haciéndoles ver que eres feliz cuando realmente no es así, probablemente te sientas peor por estar fingiendo lo que realmente no sientes. Si en cambio utilizas tu comportamiento externo como una herramienta para alcanzar tu autosuperación, posiblemente tendrás éxito en tus intentos.

B) Debes sentir una gran alegría en cada momento que estés dedicado a cumplir una *mitzvah*. Las bendiciones que recitamos durante la *mitzvah* servirán para expresar nuestra gratitud por el privilegio y la oportunidad de superarnos. (*Yesod Veshoresh Hoavodah*, Introducción).

Las bendiciones que recitamos antes de cumplir una *mitzvah*, son similares a las que pronunciamos por extraer placer de las cosas del mundo que nos rodea. A través de la bendición una persona reconoce el provecho que obtiene de los *mitzvos*, tales como ponerse los *tefilin* y usar *tzitzis*. Además al pronunciar las bendiciones de los *mitzvos* adquirirás el conocimiento de la santidad adicional que habrás de experimentar todas y cada una de las veces que realices una *mitzvah*. El Gran Comandante es Aquel que te está dirigiendo. Las bendiciones te permiten apreciar el crecimiento que experimentas a través de los *mitzvos*. (*Toras Abraham*, pág. 24).

C) Para sentir alegría cuando lleves a cabo una *mitzvah*, concéntrate pensando en la magnitud del júbilo que sentirías si encontraras una cuantiosa suma de dinero. A medida que continúes pensando en lo mucho que te beneficias al realizar buenas acciones, comenzarás a experimentar una creciente alegría cada vez que lleves a cabo una obra de bien. (*Pele Yoatz: simja*).

D) Refleja en tu mente el gran regocijo de alguien que se haya salvado de quemarse vivo. Sobre el último segundo ha logrado salvarse de la muerte, lo cual lo ha elevado a la posición de un rey. Pinta en tu imaginación cada detalle de tal situación, y experimenta el alivio que significa haber sido salvado. Siente el avasallador alborozo de una persona que se convierte en un poderoso y opulento monarca y tal es la alegría que puede sentir cuando realiza una buena acción si aprecia el valor de observar los mandamientos del Todopoderoso. (*Pele Yoatz: simja*).

E) Un converso al judaísmo al principio cumple los mandamientos con gran entusiasmo, pero después de un tiempo esa euforia puede disiparse. Cuando algo es nuevo, experimentamos un mayor entusiasmo que cuando ya no lo es. Por esta razón el Rabí Simja Zissel expresó que una persona debe siempre considerarse a sí misma como alguien que acaba de convertirse en ese día y debiera evaluar sus obligaciones como si fueran nuevas. (*Jojmah Umussar*, vol. 2, pág. 200).

F) Con frecuencia repite el verso: "Sirve al Señor con alegría (*Ivdu es hashem b'simja*), comparece ante El con canciones (*bou lefunov birnanah*)" (*Tehilim* 100:2). Este verso se recita diariamente en las oraciones de la mañana. No es suficiente decirlo simplemente de memoria, sino que debemos asimilar su mensaje. Resulta útil cantar este verso con la mayor frecuencia posible, mientras se piensa en su significado y en la forma de aplicarlo. Esto resulta particularmente importante para una persona con tendencia natural hacia la tristeza. Esa persona se repetirá mentalmente cientos de mensajes depresivos durante el día. La repetición de versos que contengan mensajes positivos y alegres tendrá la virtud de servirle de equilibrio.

14. El regocijo adquirido a través del crecimiento

A) No existe mayor alegría para un hombre sabio, que la que surge del mejoramiento de las virtudes de su carácter. Cuando alguien alcance este nivel habrá de sentir regocijo aún cuando se lo insulte y vea que está libre de animosidad y resentimiento. (Jazon Ish: *Emunah Ubitojen*, 4: 15).

Deberás sentir placer cada vez que no te enfurezcas, aún cuando tuvieras motivo para hacerlo. Siente placer cada vez que seas paciente con los demás y cuando puedas vencer tus deseos. Disfruta cuando reacciones de una manera positiva, en lugar de sentir envidia por los logros de otras personas.

B) Nuestra actitud aún frente al más pequeño grado de superación espiritual, debe ser similar a la felicidad y excitación que experimenta una persona al encontrar un tesoro escondido. (*Toras Abraham*, pág. 22).

15. *La alegría por no cometer transgresiones*

A) El Jofetz Jayim escribe que debieras hacer una revisión semanal acerca de todo lo que has dicho en ese lapso. Si descubres que fuiste cuidadoso en no hablar contra otras personas, regocíjate por ello y ofrece una plegaria de gratitud. (*Jovas Hashmirah*, pág. 20).

B) Un día después de *Sucot*, el Rabí Moshe Sofer, autor de *Jasam Sofer*, estaba sentado en su habitación escribiendo respuestas a las consultas que le hacían de todas partes del mundo, cuando escuchó un llamado en su puerta. Era el hombre más rico de la comunidad que parecía abatido. Esa persona le explicó como en apenas un corto tiempo todo su negocio se había derrumbado y se había quedado sin dinero. El Jasam Sofer le ofreció palabras de estímulo y le recordó que a pesar de haber perdido su dinero, todo el bien que ya había realizado constituía su eterna posesión y no debía juzgarse a sí mismo en función de la situación financiera de ese momento. El Jasam Sofer se extendió sobre ese tema y el hombre comenzó a recuperar la confianza en sí mismo. Ese hombre de negocios le dijo al Rabí Sofer que en esa época del año solía concurrir a la feria de Leipzig, pero que en ese momento no solo carecía del dinero para hacer compras, sino que ni siquiera disponía de fondos suficientes para sufragar el costo del viaje. El Rabí Sofer le prestó el dinero para llegar a Leipzig, y le aconsejó lo que debía hacer en la feria.

Siguiendo los consejos del Jasam Sofer el hombre logró

obtener una apreciable ganancia y pronto llegó a ser más rico .
de lo que había sido anteriormente. Su gratitud por el préstamo
y el consejo que le brindó el Jasam Sofer fue tan inmensa que le
compró un costoso regalo en señal de aprecio. Al regresar a
Pressburg el comerciante le obsequió al Jasam Sofer un hermoso anillo de diamantes.

Para gran asombro de los dos discípulos que estaban estudiando en ese tiempo con el Jasam Sofer, el rostro de este último se iluminó de alegría y ponderó generosamente la belleza
del diamante. "Nunca he visto una joya de tan refinada belleza", exclamó el Jasam Sofer.

Luego de unos minutos de admirar la joya, el Jasam Sofer
le dijo al comerciante: "No puedo aceptar este presente, porque
ello sería violar la prohibición de percibir intereses. Toma la
joya y entrégasela a tu esposa como un presente".

Cuando el hombre de negocios partió, el Rabí Sofer les explicó su conducta a sus discípulos: "La razón por la cual me sentí
tan dichoso al ver la joya, se debe a que esta era la primera oportunidad en mi vida que se me brindó para cumplir la *mitzvah* de
no recibir intereses". (*Jut Hameshulash*, págs. 132- 138).

16. *El regocijo cuando se trata infructuosamente de cumplir una mitzvah*

Normalmente cuando una persona busca algo y lo encuentra se sentirá feliz por ello, pero si no lo logra experimentará
tristeza. Una persona que procure realizar buenas acciones
deberá reaccionar de manera diferente sin considerar si lo
acompaña el éxito o no, pues debería sentir alegría solamente
por intentarlo, aún si por alguna razón que escape a su control
las cosas no resultaran tal como las había proyectado.
(*Jojmah Umussar*, vol. 2, pág. 14).

17. *Posibles problemas*

A) Estamos obligados a sentirnos especialmente alegres

durante las festividades, teniendo en cuenta que debemos evitar de convertirnos en seres frívolos y atolondrados. El tipo de alegría que se debe adoptar obligatoriamente es aquel que acompaña al servicio que se brinda al Todopoderoso, tal como está establecido en la *Torah* (*Dvorim* 28:47), correspondiendo el condigno castigo por no servirlo a El con regocijo. El servicio debe efectuarse con alegría, pero la frivolidad resulta diametralmente opuesta a esta obligación (Rambam; *Hijlos Yom Tov* 6:20).

B) El Rabí Naftali Tzvi Yehuda Berlin, Rosh Hayeshiva de Volozhin, solía enfatizar la importancia de concentrarse en los hechos positivos. El personalmente dominaba este atributo y estaba constantemente pletórico de alegría . Destacó que le es posible a las personas que están cumpliendo una *mitzvah*, concentrarse en la eventualidad de no estar haciendo todo de una manera correcta. A quienes les ocurre esta situación estarán siempre nerviosos cada vez que traten de realizar una buena acción. Sin restarle la primordial importancia que tiene la correcta realización de una *mitzvah*, resulta igualmente relevante sentir alegría sabiendo que se está llevando a cabo una buena acción. (*Marbitzai Torah Umussar*, Vol. 1, pág. 34).

C) Algunas personas alcanzan grandes logros en lo que respecta a temas espirituales, a pesar de lo cual no son felices pensando que hubieran podido obtener mejores resultados si se encontraran en "algún otro sitio". Su vida transcurre con la insatisfacción general de pensar que cualquier cosa a la que se dedican en ese momento resulta insignificante, con relación a lo que podrían haber logrado. Este sentimiento es un veneno que va destruyendo la alegría y la felicidad de la vida. Mientras estás dedicando tus esfuerzos para llegar al máximo de tus objetivos, sufres con frecuencia las consecuencias de la sensación de estas desperdiciando tus energías por no encontrarte "en algún otro sitio" ideal. (Rabí Iosef Leib Bloj: *Shiurai Daas*, vol. 2, pág. 150).

D) Cuando te sientas insatisfecho con tus logros espirituales, trata de efectuar un análisis objetivo de los mismos y verificar si tus quejas tienen fundamento, en cuyo caso deberías elaborar con calma un plan para superarte. Deberás sentir placer mientras estés elaborando tu plan.

E) El acostumbramiento a los asuntos de contenido espiritual que configura una falta de aprecio de los mismos, es el mayor enemigo de los sentimientos de santidad y de elevación. Somos capaces de contemplar nuestras realizaciones bajo una nueva óptica, y de esta manera apreciar debidamente la oportunidad de efectuar buenas acciones. (Rabí Jayim Shmuelevitz: *Sijos Mussar* 1971, ensayo Nº 16).

18. *La muerte: el mayor desafío*

A) La mayor manifestación de tu amor por el Todopoderoso puede expresarse en el día de tu muerte. Antes que ella ocurra, podrás estas pensando en que no has podido cumplir plenamente todos tus planes y deseos. En los momentos previos a tu muerte podrías formular quejas contra el Todopoderoso, o aceptar resignadamente la fatalidad de este infausto hecho diciendo lo siguiente: "¿Qué puede hacerse? Mi cuerpo está cediendo a las leyes de la naturaleza, los médicos ya han abandonado toda esperanza". Ambas actitudes descriptas anteriormente resultan erróneas. Tendrás que enfrentarte ahora con el mayor desafío de toda tu existencia, y eres capaz de someterte con amor a la voluntad del Todopoderoso. Alcanzar este nivel requiere preparación, porque si una persona no domina el control de sus pensamientos, probablemente habrá de desperdiciar sus últimos momentos pensando en resentimientos y en deseos de ínfimo valor. Con frecuencia los sentimientos de confusión y de temor a la muerte absorben cualquier otro pensamiento, a menos que se esté preparado para ese momento. (*Alai Shur*, pág. 300).

B) El Talmud (*Brojos* 31) refiere que durante la boda de Mar, el hijo de Ravina, los Sabios le pidieron a Rav Hammuna que cantara una canción, a lo que éste respondió: "¡Ay de nosotros los mortales! ¡Ay de nosotros los mortales! Debido a que tenemos la obligación de contribuir a la alegría de los novios en una boda, ¿resultaba acaso adecuado que Rav Hamnuna expresara algo que podía causarles tristeza? El Rabí Moshe Rosenstein lo explicó de esta manera: Ellos le pidieron que cantara para añadir alegría a la ocasión y él por su parte mencionó a la muerte, para explicar que si realmente deseas regocijarte no deberías olvidar el día en que este hecho ocurra. Por consiguiente, cuando puedas recordar la muerte y no obstante no dejes de alegrarte, esto constituirá un auténtico motivo de regocijo. Si por el contrario necesitaras olvidar la muerte para poder alegrarte, esto no sería una *simja shel mitzvah*, —tu alegría no es la que surgiría de tu sentimiento de superación—. Mientras recuerdas la muerte podrás sentir regocijo porque ya has servido al Todopoderoso, o porque estás ahora decidido a servirlo a El en el futuro. (*Darkai Mussar*, pág. 56).

C) Cuando el Rabí Simja Bunim de Parshisjo estaba en su lecho de muerte, su mujer sintiendo su inminente pérdida lloraba profusamente. Rav Simja Bunim la consoló diciéndole: "¿Por qué estás llorando? Durante toda mi vida me he estado preparando para este momento".

Si aceptas personalmente el hecho de tu muerte, podrás brindarle a tu familia una actitud que les facilitará el hecho hacer llevadera su desgracia. El Rabí de Kotzk solía decir: "La muerte implica meramente la mudanza de una casa a la otra. El hombre sabio empleará lo mejor de sus esfuerzos para embellecer en sumo grado su futura morada".

D) La persona que se encuentra en una situación en la que debe consagrar su vida para el *Kidush Hashem*, deberá encarar sus emprendimientos con un sentimiento de regocijo. (Ralbag; *Hadaios Vehamidos*, 51:32:7).

E) El mandamiento que imparte el amor al Todopoderoso, nos requiere que estemos dispuestos a ofrendar nuestras vidas por amor a El, si ello fuera necesario. Si una persona llega a asimilar el concepto de que en realidad es un alma y que su cuerpo constituye meramente un ropaje externo con el que se cubrirá temporariamente, habrá de resultarle relativamente sencillo cumplir el mandamiento que le requiere ofrendar su existencia si ello resultara necesario. No debería entonces sentir como si se estuviera sacrificando, ya que siempre podrá retener su alma. El cuerpo que está ofreciendo en sacrificio no constituye su propia persona, sino solamente un ropaje externo. Para esta persona, dar su vida no significa en definitiva sacrificio alguno, ya que su cuerpo no constituye una parte integrante de su identidad. (Rabí Yejezkel Levenstein: *Kovetz Inyanim, Sivan*, 5728, págs. 77-78).

Capítulo Seis
COMPRENSION DE LA AUTOESTIMA DE CADA UNO

1. Introducción

Una persona que tenga un pobre concepto de autoestima, se sentirá por lo general innecesariamente desdichado. Cuando alguien piensa que es inferior a los demás, es probable que se sienta desgraciado. Debido a que la humildad constituye una gran virtud y la arrogancia un enorme defecto, se descuida con frecuencia la importancia de los sentimientos de autoestima. Para ser feliz y obtener logros en la vida, necesitas tener sentimientos positivos acerca de tí mismo, evitando al mismo tiempo la vanidad.

2. Los beneficios de la autoestima y los problemas causados por la falta de ella

A) La persona que se da cuenta de la grandeza inherente a cada individuo y por consiguiente de la suya, ha de vigilar su propia conducta para no hacer nada que esté reñido con la dig-nidad de quien está superándose espiritualmente. (*Sanhedrin* 37 a. y Rashi: *Najalas Iosef, Torah* págs. 54-55)

B) Aquel que se considere inferior, no será cuidadoso con su conducta (Ramban a *Avos* 2:13).

Si te consideraras perverso, estarías dispuesto a cometer toda clase de actos negativos y no te esforzarías por adquirir cualidades positivas. Tu actitud negativa hacia tí mismo te mantendrá carente de virtudes (*Sefer Hamidos Lehameiri*, Pág. 20).

C) Alguien que desee elevarse espiritualmente deberá tomar conciencia de su propio valor y reconocer su propia estatura moral y la de sus ancestros. El conocimiento de la grandeza de los propios ancestros habrá de proporcionarles un incentivo para alcanzar su propio nivel de grandeza. Hacer algo incorrecto hará que una persona se sienta avergonzada frente a si misma y ante sus propios ancestros. En tan sentido se dirá lo siguiente: "Soy demasiado grande e importante para rebajarme a realizar este acto incorrecto". Si una persona desconoce su propio valor, le resultará natural comportarse de una manera vil (Rabaiunu Ionah: *Shaarey Avodah*).

D) Si alguien no se considera a sí mismo como una "persona importante", no se liberará de sus hábitos negativos (Rabi Aaron de Karlin; *Dor Daiah*, Vol.1, pág.167).

Lo que una persona crea acerca de sí mismo y de sus habilidades le servirá a modo de profecía de su autorrealización. El creer que se es inferior, desprovisto de talento, no importante e incapaz, habrá de influir sobre su capacidad real. El concepto sobre sí mismo determinará sustancialmente lo que realmente pueda realizar. Si te consideras incapaz de hacer cosas, serás incapaz de hacerlas. Por el contrario, si te conceptúas como talentoso, capaz e importante, tu propio concepto te activará poderes y talentos que permanecerían aletargados si hubieras pensado en tí mismo en términos descalificantes, ya que tenemos la capacidad de cambiar nuestro propio concepto. Por lo tanto el Rabí Aaron de Karlin le aconsejó a las personas a considerarse a sí mismas tan importantes, que les sea posible esforzarse por alcanzar mayores logros. La mayoría de las personas sólo utilizan un pequeño porcentaje de su potencial, y podrían lograr mucho más de lo que suponen. Elevando tu opinión acerca de lo que eres capaz de concretar podrás alcanzar mejores logros.

E) Los rasgos negativos de tu personalidad, provienen de tu desaliento. Una persona que tenga rasgos defectuosos en su personalidad no pensará acerca de sí mismo en términos elevados ni como si fuese una persona distinguida y pensará que no posee la fuerza interior ni la capacidad para alcanzar elevados niveles y virtudes. Solamente cuando una persona reconozca que posee esa capacidad podrá luchar para procurar su grandeza (*Hashlomas Hamidos*, pág.3).

F) El Jazón Ish le escribió una vez a un estudiante allegado que era muy humilde: "Hubiera sido preferible que tuvieras un poco de vanidad, la cual te ayudaría a combatir la fatiga y la holgazanería. Como eres tan humilde solamente utilizas tus buenas inclinaciones, cuando hubiera sido preferible que también utilizaras las malas" (*Toras Hanefesh*, pág.99).

G) El esfuerzo para lograr la propia superación no excluye el sentimiento de amor propio. La tendencia a buscar honores y placeres constituye una realidad positiva en la formación del hombre. Eliminar completamente estas tendencias no ayudará a consolidar la personalidad, sino que por el contrario habrá de destruir su real existencia. Las normas *Mussar* le indican a la persona: "Amate a tí mismo y procura honores, pero habrás de saber donde hallar la verdadera felicidad. Ten conciencia de lo que constituye el verdadero honor: El dominio de la *Torah*, adquirir la virtud de la humildad y rehuir los honores de los demás. La felicidad reside en liberarte de tus tendencias y deseos naturales" (Jazón Ish: *Emunah Ubitojen*, 4:14).

H) Una persona que tiende a sentirse desgraciada y desalentada, debiera tener cuidado en lo que respecta a tratar de consolidar su humildad. Esa persona necesita concentrarse en sus virtudes y energías. Fijar su atención sobre sus defectos y carencias, probablemente destruirá el pequeño caudal de dicha que pueda tener (Alai Shur, pág.65).

I) Una persona que es sumisa frente a los demás nunca se pondrá de pie para sostener los dictados de la justicia (*Jojmah Umussar*, Vol.2, pág.190). Para emprender una acción, cuando alguien percibe la injusticia, esa persona necesitará considerarse lo suficientemente inteligente como para tomar decisiones y tener el coraje de seguir adelante. Una persona sumisa permitirá que prevalezca la maldad. Debemos tener la autoestima necesaria para estar dispuestos a emprender las acciones que eviten los procederes incorrectos.

J) Solamente la persona que se sienta bien interiormente podrá cumplir con el mandamiento de: ama a tu prójimo (*Ahavas maishorim*, pág.109).

K) Una persona verdaderamente distinguida y honorable, honra a los demás, y no se preocupa en que por hacerlo esté perdiendo su propia posición en lo que a honores respecta. Por ejemplo si alguien llegara tarde a una reunión, la persona más distinguida se pondría de pie y le ofrecería su asiento al que llegó tarde. Una persona simple o rústica estaría temerosa de perder su posición si le brindara honores a los demás (Rabí Yosef Leib Bloj: *Shiurai Daas*, Vol.3, pág.19).

L) Existe un viejo dicho judío que reza lo siguiente: "Aquel que tiene confianza en sí mismo gana la confianza de los demás", éste constituye un muy importante concepto a tener en cuenta, cuando necesites influenciar a los demás. Confía en que puedas tener éxito.

M) Una persona que carezca de los sentimientos de auto-estima sentirá la necesidad de contar con las honras de los demás. Cuanto más grande sea la carencia de este atributo, mayor será la necesidad de la convalidación de los propios valores personales a través de la aprobación de los demás (*Mijtav Maieliyahu*, Vol.1, pág.99).

N) Algunos de los defectos que pueda tener una persona con un bajo grado de autoestima, pueden ser los siguientes:

• *Sensibilidad a la crítica*: Adopta una posición defensiva y se siente herido si alguien lo critica de alguna manera. Aquel que sea conciente de su propia autoestima, se sentirá lo suficientemente seguro como para escuchar críticas y estará dispuesto a superarse, y por el contrario si una persona se siente inferior se tornará irritable y alterada, cuando alguien trate de puntualizarle sus defectos. Por regla general cuanto más débil te sientas, te esforzarás en mayor grado para ocultar tus falencias en lugar de ocuparte de ellas.

•*Respuesta excesiva a la adulación*: Aquel que tiene un bajo grado de autoestima se conmociona excesivamente cuando los demás lo ponderan. Como él se considera a sí mismo como alguien de poco valor, le estará enormemente agradecido a quien lo alabe, lo cual podría causarle mucho daño, dado que un adulador falto de sinceridad podría aprovecharse de él.

•*Actitud hipercrítica*: Aquella persona que se considera a sí mismo como un ser inferior sentirá una fuerte necesidad de criticar a los demás. Tratará en consecuencia de elevarse a sí mismo mediante la descalificación de los demás. Cuanto más defectos encuentre en otras personas, mejor habrá de sentirse.

•*Tendencia a culpar a los demás*: Una persona que se siente inferior, trata de transferir a los demás la culpa por sus defectos y carencias. Teme asumir la responsabilidad por lo que hace, y culpa a todos, excepto a sí mismo.

•*Tendencia al aislamiento y a la timidez*: Toda persona que se considera inferior tiene temor a enfrentarse a otras personas y trata de evitarlas en lo posible.

3. *La perspectiva de la Torah, con respecto al valor del ser humano*

A) "Apreciado es el hombre, porque ha sido creado a imagen del Todopoderoso" (*Pirke Avos* 3:18). La perspectiva de la *Torah* acerca del valor del hombre nos ha sido revelada a través de la manifestación del Rabí Akiva. El valor inherente a cada persona sin tener en cuenta sus logros, riquezas o fama, está más allá de todo raciocinio. Una persona que internalice este concepto no está expuesta a la posibilidad de sufrir un complejo de inferioridad. Además ama y respeta a sus semejantes, dado que él también está dotado de este elemento de la divinidad.

B) La *Torah* ubica a las personas en una categoría especial destinada al ser humano. Sin esta perspectiva no existirían diferencias esenciales entre una persona y un asno (*Gesher Hajaim*, Vol.3, pág.52).

Alguien que contemple el mundo desde un punto de vista absolutamente secular, no tendrá fundamento para la valoración del hombre. Desde un plano emocional los sentimientos de una persona estarán basados en su propia evaluación subjetiva de sí mismo, la cual no necesita tener una base racional (esto se aplica tanto a las evaluaciones positivas, como a las negativas). A pesar de que una persona ha de ser lo suficientemente sensata, como para elegir una evaluación positiva de sí mismo, desde el plano filosófico el hombre no tendrá un mayor valor intrínseco que el correspondiente a cualquier otra porción de materia. Desde el punto de vista de la *Torah*, el hombre constituye el objetivo y el propósito de la creación entera.

C) Una persona está obligada a decir: "El mundo fue creado para mí" (*Sanhedrin* 37a) y "¿Cuándo alcanzarán mis actos a los de Abraham, Isaac y Jacob?" El enfoque de la *Torah* es el del que estamos obligados a tener conciencia de nuestra grandeza. Siéntete orgulloso de que hayas sido creado a imagen del Todopoderoso. El orgullo por ser conciente de la grandeza y la elevación de tu alma es no sólo correcta, sino que constituye de por sí una verdadera obligación. El reconocimiento de tus virtudes y vivir con esa convicción son un deber que te obliga (*Toras Abraham*, pág.49).

D) Algunas personas piensan que debido a que su propia imagen se basa mayormente en su temprana educación –la forma como ha sido tratado por sus padres, maestros y amigos, cuando era joven– poco podrán hacer ellos para cambiarla, lo cual constituye un error. Resulta cierto que nuestra propia imagen está enormemente basada en nuestro pasado, pero lo que cuenta es la forma en que nos juzgamos en el presente. Independientemente de como nos consideren los demás, tenemos la habilidad de cambiar nuestra actitud hacia nosotros mismos.

Imaginemos que el pequeño hijo de un monarca haya sido capturado por unos bandidos y criados por ellos, los cuales lo trataron como a un sirviente de baja condición, y de esa forma se veía a sí mismo. A la edad de veinticinco años fue devuelto a su padre, el rey, y a partir de ese momento su actitud hacia sí mismo se transformó casi inmediatamente. El príncipe se dio cuenta de que el concepto que tenía anteriormente sobre sí mismo, estaba basado en una falsa noción, y que de allí en adelante se consideraría como un miembro de la realeza. Tal es la evaluación que la *Torah* hace del hombre, ya que cada persona ha sido creada a imagen de su creador. Los seres humanos somos todos miembros de la nobleza espiritual y debiéramos considerarnos como tales. La pobre imagen que nos formamos de nosotros mismos está basada en nociones erróneas, y estamos capacita-dos para cambiarlas si así lo decidiéramos. Una vez que asimiles este concepto, puedes retrotraerte a tus experiencias pasadas e imaginarte la forma en que habrías tratado situaciones difíciles si hubieses adoptado una actitud positiva y confiada frente a las mismas. No mires hacia atrás con rencor. Trata en cambio de utilizar este recurso para reescribir tu historia pasada, tal como fuere, y esto tendrá un poderoso efecto sobre todo lo que hagas en el futuro.

Una vez cuando Hillel dejó a sus estudiantes, ellos le preguntaron adonde iba, a lo cual respondió: "Voy a realizar una *Mitzvah*" "¿Qué *Mitzvah*? le preguntaron". "A tomar un baño en una casa de baños" "¿Es eso una *Mitzvah*?" lo interrogaron. "Sí, le respondió Hillel" "las estatuas de los reyes son limpiadas y lustradas por una persona designada para cuidarlas. Se lo mantiene para este propósito y cobra importancia porque constituye su deber cotidiano. Yo, que he sido creado a imagen y semejanza del Creador, debo con mayor motivo mantener limpio mi cuerpo" (*Bayikra Rabbah* 34).

E) Cada persona está obligada a tener conocimiento de que posee un gran valor, esto no se refiere al propio valor ilusorio o al arrogante sentimiento de ser mejor que los demás, sino a una verdadera evaluación de sí mismo que abarca a la mente en su más amplia dimensión. "Todos y cada uno de los individuos están obligados a decirse a sí mismos: "El mundo ha sido creado para mí" (*Sanhedrin* 37a). Rashi comentó lo siguiente sobre esta afirmación del Talmud: "Yo tengo la importancia del mundo entero". Cada persona es al mismo tiempo un fenómeno y un acontecimiento que no ha ocurrido anteriormente y que jamás se repetirá. Tú constituyes una mezcla única de rasgos de carácter y personalidad, eres único en cuanto a tu particular constelación familiar, has nacido en un tiempo específico de la historia y estás rodeado de un determinado entorno. Este carácter original que es único para cada individuo te da una gran importancia, dado que solamente tú podrás llevar a cabo tus tareas, que son únicas para tu vida (*Alai Shur*, pág.168).

F) Todo aquel que dedique su tiempo a los estudios de la *Torah*, debe poner un fuerte empeño al respecto. Deberá respetarse a sí mismo por estudiar la *Torah*, y respetar también a todos aquellos que lo hagan. La falta de consideración hacia aquellos que estudian la *Torah,* evidencia una actitud incorrecta con respecto al conocimiento que emana de la *Torah* (*Maarjai Laiv*, pág.234).

Resulta factible que un estudioso de la *Torah* tenga un enfoque negativo de sí mismo por no lograr igualar los elevados modelos que él estudia. Además cuando alguien estudia la *Torah* encontrará muchas áreas de esos estudios en las que puede superarse tales como: Recordar lo que ha estudiado, repasarlo frecuentemente, y crear pensamientos originales al respecto. Deberá no obstante valorar debidamente el nivel que ha alcanzado y emitir sentimientos positivos acerca de sí mismo.

4. Vence tus sentimientos de inferioridad cambiando tu conducta

A) Desde el punto de vista secular no existe un verdadero valor intrínseco asignado a cada persona. El hombre es apenas una minúscula partícula de materia existente en un gigantesco universo que se extiende en el tiempo durante billones de años luz. Desde esta perspectiva el hombre carece de valor, es insignificante, solamente existe. Considerando este punto de vista, el hombre no debe sentirse inferior a nadie siendo una persona. Debemos poseer algún tipo de criterio para evaluar a la gente aun cuando cualquier método empleado para ello resulta completamente arbitrario. Aun cuando algunos filósofos hayan establecido ciertas reglas al respecto y todos los hombres de la tierra lo hayan aceptado, no deberás necesariamente evaluarte a tí mismo de acuerdo a estos parámetros. Nadie debe considerarse a sí mismo como un fracasado, debido a que este concepto absoluto no existe en realidad, sino que solamente deberás evaluarlo como un juicio subjetivo de valor que no estás obligado a aceptar. Desde una óptica temporal toda persona tiene la opción en cuanto a la forma en que habrá de juzgarse a sí misma. Podrá a este efecto elegir abstenerse de aceptar cualquier juicio de valor, y vivir sin analizarse a sí mismo.

Por otra parte podría también aceptar una evaluación arbitraria de sus valores establecida por otras personas que integran su sociedad. En algunas áreas del universo existen una gran cantidad de nuevas escalas de valores en lo que respecta a ciertas palabras y figuras impresas como una forma de medir el valor de una persona. En otras actividades del mundo, donde se destacan la caza o la pesca, el criterio que prevalece, es el de obtener éxito en la vida. En otras, la habilidad de representar a la gente sobre un escenario o en la pantalla es considerado como un parámetro de grandeza. Un grupo de personas puede elaborar un novedoso y único sistema para ponderar los valores humanos. Por ejemplo quien logre arrojar un cubo con mucha habilidad a través de un orificio practicado en una superficie, podría llegar a convertirse en un gran héroe. Esto no resulta más ridículo que el sentimiento de superioridad que experimenta una persona debido a que se destaca en juegos llamados: beisbol, fútbol o ajedrez. Resulta en consecuencia impropio tener una pobre imagen de uno mismo, cuando podrías fácilmente idear algún criterio mediante el cual te conviertas en un exitoso ¿Qué es aquello que le da mayor validez al criterio de los demás con respecto al tuyo propio?

Desde el punto de vista de la *Torah*, existe un valor inherente a cada persona. El hombre fue creado a imagen del Todopoderoso (Breshis 1:27 y 5:1), y constituye el pináculo de la creación. Aceptando y asimilando esta postura, toda persona considera que tiene un valor simplemente por que existe.

B) En una alocución dirigida a estudiantes avanzados y graduados de Yeshivos, el Rabí Jaim Dov Keller, Rosh Yeshiva de Telshe —Chicago— dijo lo siguiente: "En la Yeshiva de Telshe hacemos constantemente hincapié en el *gadlus* —grandeza de la *Torah*— esto es como debe ser, sin embargo este énfasis no deja de tener sus riesgos, porque podría conducir a alguien a la falsa presunción de que la grandeza es solamente aquello que se ajusta a un modelo prefijado, y que todo lo demás constituye un fracaso. Este patrón de pensamiento puede engendrar dos tipos de problemas. Algunos estudiantes pierden sus aspiraciones muy prematuramente en el desarrollo del conocimiento de la *Torah*, al convencerse de que jamás lograrán convertirse en "grandes" eruditos. Otros en cambio incentivados por las visiones, de la magnificencia de la *Torah*, creen que ese será su destino y no tienen en cuenta los desencantos que pueden esperarlos en el futuro. Están totalmente desprevenidos frente a las frustraciones y la depresión que el estudiante de la Yeshiva puede sufrir cuando el futuro no traiga aparejada la concreción de sus grandes expectativas, cuando despiertan de sus sueños juveniles para encontrarse con la dura realidad.

La respuesta no radica en dejar de alentar los sueños de grandeza, porque si no se lucha por ella, no existirá la grandeza. Los sueños deben sin embargo estar equilibrados por un toque de realismo. Debe prevalecer el convencimiento de que existe más de una definición para el éxito, y que cada uno debiera tener un "sueño de contingencia" frente a cualquier eventualidad. Este concepto se nutre de la comprensión de que el éxito de cada persona, deberá estar en relación con sus talentos particulares, con sus propias fuerzas y debilidades.

Una de las desdichas de nuestra generación, consiste en que confundimos la posesión de títulos con la grandeza. La verdadera grandeza no se mide ni por la posición que ocupan las personas ni por los títulos que se detentan. El sueño del estudiante de la Yeshiva debe traducirse en el pleno desarrollo de su capacidad — la cual, si se la procura con diligencia resultará realmente mucho más elevada y profunda que lo que él posiblemente haya soñado (*El observador Judío*, Mayo 1982).

C) Alguien a quien le falte claridad para determinar lo que es verdaderamente importante, se sentirá inferior si no dispone de toda clase de elementos insignificantes que realmente no tienen influencia alguna sobre su autoestima (Rabí Iosef Leib Bloj: *Shiurai Daas*, Vol.3, pág.49). Un ejemplo de lo expresado lo constituye Nabucodonosor, que fue un monarca con un tremendo poder, pero que no obstante, no pudo tener satisfacciones. El se sentía constantemente molesto porque era de baja estatura y obeso (*Midrah Tanjuma*). El tenía la opción de concentrarse en su poder y disfrutarlo, pero en cambio enfocaba su atención en sus defectos físicos, los cuales podría haber ignorado debido a que pragmáticamente no tenían importancia alguna. El convirtió su vida en un constante estado de desdicha por haber elegido repetirse constantemente lo penoso que le resultaba no tener un físico agraciado. Y eligió cerrar sus ojos ante todos los aspectos positivos de la vida (*Kol Tzofayj*, Vol.1, págs.15-16).

A modo de prueba formúlate la siguiente pregunta: "¿Cómo inciden este o aquel factor para probar que soy una persona inferior?" La falta de habilidades y talentos constituyen prácticamente una carga, pero de ninguna manera configuran una disminución de los valores de una persona.

D) Toda vez que te abstengas de realizar alguna acción errónea te elevarás espiritualmente. Trata de percibir ese sentimiento. Toma conocimiento de cada ocasión en la que te abstengas de decir algo que pudiera herir a una persona o de enfurecerte con alguien, pero tienes el cuidado necesario para no causarle dolor (*Alai Shur*, pág.95).

E) Le resultará natural a una persona que se considere menos inteligente que los demás tener sentimientos que reflejen un reducido nivel de su autoestima, lo cual resulta innecesario sin desconocer que existen numerosas ventajas por tener inteligencia, tanto para dedicarse a los estudios de la *Torah*, como por razones pragmáticas. La inteligencia en lo que respecta a los valores básicos de una persona, no constituye un factor clave. Podrás ser virtuoso independientemente de tu capacidad intelectual, y la inteligencia no habrá de constituir un factor que decidirá si habrás de ser feliz o no a lo largo de tu vida. Dado que puedes ser virtuoso y feliz al mismo tiempo no habrá de interesar el grado de tu nivel intelectual, y no habrá motivo para sentirte una persona inferior, si las demás personas a tu alrededor son mucho más hábiles que tú.

F) En la sociedad occidental el cuerpo ha sido divinizado. Muchas personas se juzgan a si mismas de acuerdo a su belleza y fuerzas físicas o por la falta de las mismas. La posición de la *Torah* al respecto, es que nuestros cuerpos son herramientas para nuestra elevación espiritual (*Alai Shur*, pág.60). El valor de una herramienta no se extrae de su apariencia, pero sí de su función. Una persona que contempla su cuerpo como un medio para alcanzar su crecimiento espiritual no desvalorizará el concepto sobre si mismo si posee algún impedimento físico. Dado que su cuerpo constituye una herramienta, se espera que lo utilice como tal en las condiciones naturales en que le fue dado.

G) El Rabí Samson Rafael Hirsch escribió lo siguiente: "La esposa es la forjadora del hogar, y ésta no es una tarea simple. La conducción de la vida doméstica confiada a sus manos comprende una profusión de relaciones aparentemente de menor importancia, pero el manejo sensato o insensato de las mismas, puede ser tan decisivo para la comodidad, prosperidad y felicidad del hogar, que la simple sabiduría no es suficiente para alcanzar dichos objetivos. En cambio una completa combinación de conocimientos, discernimiento, habilidades y destrezas, como así también las virtudes morales y excelencias espirituales, constituyen el arte de la esposa forjadora del hogar" (Extraído de conocimiento del Mishle, pág.246).

La forma en que percibimos nuestra situación en una ocupación depende mayormente de nosotros mismos. Muy frecuentemente las amas de casa que no tienen carreras profesionales, se ven a si mismas bajo un enfoque negativo. "Sólo soy una simple ama de casa" algunas de ellas tienen el hábito de decir. Esta noche entré a la casa de un vecino en la sección Mattersdorf de Jerusalem y vi fijado en la pared un poster intitulado: "El trabajo más creativo del mundo". El cartel tenía el siguiente texto: "Incluye: Buen gusto, modas, decoración, recreación, educación, transporte, psicología, cocina, diseño, literatura, medicina, artesanías, arte, horticultura, economía, gobierno, relaciones comunitarias, pediatría, geriatría, entretenimientos, mantenimiento, compras, correo directo, derecho, contabilidad, religión, energía y administración. Toda aquella persona que pueda manejar todas esas habilidades debe ser alguien especial, ella lo es: una ama de casa".

El ama de casa que se considera a sí misma bajo ese enfoque, no tendrá el problema de una reducida autoestima. Además el esposo que conceptúe a su mujer de esta manera, tendrá hacia ella un constante sentimiento de gratitud, que habrá de realzar enormemente su matrimonio.

H) Resulta natural para una persona divorciada, que él o ella se contemplen a sí mismos como personas fracasadas, y experimentar una falta de autoestima. ¿Pero como puede un divorcio probar que una persona haya fracasado? Todo lo que demuestra es que una relación no funcionó. Si tus fallas personales causaron parcialmente el divorcio, utiliza esta dolorosa experiencia para trabajar sobre esos defectos y corregirlos. Contempla tu situación como un desafío y una prueba, y empléala para ayudarte a crecer. Deja de repetir el pasado en tu mente. Si deseas rememorar el pasado, recuerda las experiencias positivas de tu vida, y utilízalas como recursos a partir de las cuales puedas construir. Vive en el presente con tus ojos puestos en el futuro.

5. *Comprender tu valor no es arrogancia*

A) El tipo de humildad que propugna la *Torah*, llega solamente después que una persona tome conciencia del grado de elevación espiritual que haya alcanzado. Recién entonces se puede evaluar la humildad. La falta de este conocimiento no constituye una virtud, sino por el contrario un enorme defecto (*Jovos Halvovos* 6:2). Al Rabí Eljonon Wasserman se le preguntó si su maestro el Jofetz Jaim, que era una persona extremadamente humilde,tenía conocimiento de su propia grandeza.

"Sí" respondió Rav Eljonon. "A pesar de que el Jofetz Jayim estaba imbuido de humildad, él decía no obstante con frecuencia que tenía personalmente a su cargo la responsabi-lidad por el bienestar espiritual de su generación entera" (*Ohr Eljonon*, Vol.1, pág.64).

B) El tipo de orgullo correcto se asemeja al de aquel Rey que envió a su hijo a un lugar muy distante para que aprendiera en forma directa el modo de vida de los campesinos, y se le pidió al príncipe que no revelase a nadie su verdadera identidad. Durante el tiempo que viviera entre esa gente sencilla, debería vestirse y comportarse de todas las formas en que ellos lo hacían. El Rey sin embargo, estaba temeroso que su hijo se olvidara de quien realmente era, y que cuando actuara y hablara de manera semejante a la de los campesinos podría perder su identidad real y asimilar, en cambio, muchos de sus defectos que pasarían a formar parte integrante de su personalidad. Por esta razón el Rey instruyó a su hijo para que dispusiera de una parte de cada día, para recordar que era el hijo del emperador.

Análogamente, el alma de cada persona contiene una chispa de divinidad.

El olvidarse de la elevada identidad de cada uno, puede conducir a adquirir los peores defectos y malos hábitos. Por lo tanto debes recordar en todo momento que eres el hijo del gran rey y no sería correcto que actúes de una manera baja y degradante (*Mussray Rabainu Yehonoson*, pág.182).

C) El conocimiento que tengas de tu propio valor no resulta una contradicción con tu obligación de ser humilde. La humildad no importa un desconocimiento de tus logros y habilidades. Sólo un tonto podrá dejar de tener conocimiento de su real valía, y esto no es humildad.

La humildad es en cambio el conocimiento debidamente asimilado por cada fibra de tu cuerpo, de que todo, sí absolutamente todo lo que posees no te pertenece, sino que es en cambio un presente que proviene del Todopoderoso, que te ha conferido Su bondad. Cuando una persona asuma verdaderamente que todo lo que posee es un presente mayor habrá de ser su humildad (*Ohr Yohail*, pág.93).

D) El orgullo tiene la posibilidad de presentar un carácter positivo o negativo. El aspecto positivo del orgullo, consiste en reconocer la grandeza con que cada persona está dotada a partir del momento en que nace.

El orgullo es negativo cuando una persona exige que los demás le dispensen honores (*Toras Hanefesh*, pág.64). La persona que conoce su verdadero valor, no necesita probárselo a los demás. Independientemente de que los otros puedan decir, tendrá un permanente conocimiento de sus propios valores. Esa persona no habrá de jactarse frente a los demás, porque no necesitará de su aprobación para convalidar sus valores.

E) La *Torah* exige que tengamos autoestima y está en contra del sometimiento de las personas a la voluntad de otros mortales. La *Torah* quiere que seamos modestos, pero que no alberguemos sentimientos de bajeza. El concepto de autoestima contenido en la *Torah* es mucho más grande que el del mundo secular, debido a que se basa en la divinidad que se halla presente en cada uno. La persona que carezca de autoestima demuestra una falta de aprecio por el Todopoderoso (*Mitzvos Halvovos*, pág.50).

6. *El ideal de la humildad según la Torah*

A) El ideal de la humildad según la *Torah* está diametralmente alejado de la idea de la falsa modestia, mediante la cual una persona respalda cualquier actitud que beneficie a los demás simulando una apariencia de total insignificancia y torpeza, no animándose a articular una palabra en voz alta, ni de dar un paso hacia adelante. Esta clase de modestia podría justificarse como una debilidad, pero no podrá ser considerada jamás como una virtud. El tipo de humildad que preconiza la *Torah*, va de la mano con el ejercicio de la más vigorosa energía. ¿No fue acaso Moisés el más grande Hombre de Acción y al mismo tiempo el mayor *Anav* —El hombre más modesto de la tierra?— en la más alta modestia reside el mayor poder. Finalmente el egoísmo ocasiona el descuido de no cumplir con los deberes.

Motivados por el egoísmo dejamos de hacer el bien y cometemos el mal. El egoísmo nos aparta del cumplimiento de nuestra tarea de vida. La persona humilde que es íntegra, no tiene rastros de egoísmo en su carácter que puedan obstruir su autosacrificio. Estará siempre dispuesto a emplear el último destello de su energía, y la última fibra de su cuerpo para hacer el bien. Piensa que la vida le ha sido concedida solamente para emplear su último aliento en el enérgico cumplimiento del bien. Su paso por la tierra, sin tener en cuenta su duración en el tiempo, constituye la verdadera vida. Cuando haya partido de este mundo, alguien podrá decir de él: Estaba vivo (extraído de *La Sabiduría del Mishle*, págs.200-201).

B) Los amaneramientos y conductas externas que exhiben arrogancia y engreimiento son señales de un sentimiento interior que denota debilidad de carácter. Una persona insegura trata de ocultar su inseguridad simulando fortaleza. Dificultades de orden menor pueden derrotar a una persona con tales sentimientos y destruirla (*Alai Shur*, pág.182).

C) Independientemente de aquello por lo que sienta orgullo una persona, aun si se tratara de su inteligencia, esto denotará un signo de inferioridad y de falta de conciencia. La persona arrogante debiera darse cuenta de que todo lo que posee, inclusive su sabiduría, constituye un presente que proviene del Todopoderoso. Se trata de un presente totalmente inmerecido, que surge de la fuente de toda la sabiduría y fue recibido por un ser originalmente desprovisto de todo tipo de inteligencia. ¿Existe alguna base de comparación para que una persona que haya recibido un mayor presente, se sienta engreída frente a alguien que recibió uno de menor cuantía? (*Toras Abraham*, pág.188).

7. *La humildad impropia es un defecto*

A) En tanto que la humildad es un atributo esencial, una persona que tampoco tenga debida conciencia de su propia grandeza puede llegar a violar los principios de la *Torah* con una humildad fuera de lugar (Rabí Yurujem Levovitz: *Daas Torah: Breishis*, pág.75).

B) Aun la humildad que es la heredera de todas las virtudes puede transformarse en un rasgo negativo. Si una persona es excesivamente sumisa, será influenciada por gente perversa para hacer el mal.

C) El Rabí Simja Bunim de Parshisjo solía decir: "Toda persona debería llevar dos papelitos en su bolsillo: en uno de ellos estaría escrito: "El mundo fue creado para mí" y en el otro "No soy más que polvo y cenizas". La persona debería tener la suficiente sabiduría para leer cada papelito en el momento adecuado (*Simjas Israel*, Vol.1, pág.54).

D) Mi maestro, el Rabí Jaim Mordejai Katz, el extinto Rosh Hayeshiva de Telshe, constantemente enfatizaba la distinción existente entre el atributo positivo de sentirse orgulloso por los propios valores, la herencia y el aspecto negativo de la arrogancia. Un joven estudiante pasó caminando frente a su casa con los hombros hundidos y encorvado. Llamó al estudiante y lo reprendió para que caminara erguido. El Rosh

Hayeshiva destacó que la postura de una persona revela el concepto que tiene de sí misma, y que alguien que estudia la *Torah* debería demostrar su aprecio por el gran valor de su emprendimiento.

E) Cuando el Todopoderoso hizo el mundo, El tomó en consideración hasta a la más pequeña de las criaturas, no le dio la vida a ningún ser para el cual no hubiera hecho la provisión necesaria en el mundo. El pensamiento de que no existe ninguna criatura insignificante para la amorosa dedicación del Todopoderoso, debería hacer reflexionar a todo ser pensante sobre el hecho que toda cosa viviente sobre la tierra merece respeto porque lleva el sello del Todopoderoso. En consecuencia nosotros también debemos respetarnos como criaturas del Todopoderoso (Rabí Samson Rafael Hirsh: *Comentario de los Salmos* 111:2).

8. *La riqueza no es un criterio válido para medir el propio valor*

A) La riqueza y el éxito logrado en el área de los esfuerzos materiales, no constituyen virtudes que llegarán a formar parte de la persona. No existe un valor intrínseco adicional a las personas adineradas que les falte a las personas pobres. La gente es básicamente la misma, sin tener en cuenta lo mucho o poco que posean. Según reza el dicho popular "Mi billetera puede verse afectada por su billetera, pero yo mismo no me siento afectado por él". En asuntos espirituales tales como estudiar la *Torah* y hacer buenas acciones cuanto más crecemos más habremos de elevarnos espiritualmente (Bais Halevi: *Vayaishev*).

B) El Rabí Simja Zissel manifestó que resulta igualmente erróneo que una persona adinerada se sienta superior y se dirija a los demás en forma condescendiente debido a su riqueza, como que una persona pobre se sienta inferior y hable sumisamente debido a su falta de dinero. Tanto la riqueza como la pobreza son circunstancias que configuran pruebas y no reflejan el valor de una persona (*Daas Jojmah Umussar*, Vol.1, pág.54).

C) El Jazon Ish manifestó que va contra el espíritu de la *Torah*, juzgar a una persona de acuerdo a la forma en que se gana la vida. Jamás podremos ponderar la verdadera grandeza de una persona por su apariencia frente a un observador casual. Ciertas personas que son propietarios de algunas pequeñas tiendas, son minuciosamente cuidadosos en cuanto al cumplimiento de las leyes monetarias contenidas en la *Torah*, y constantemente elaboran pensamientos con un elevado contenido espiritual. Esa persona podrá tener grandeza aunque los demás no se den cuenta de ello (*P' Air Hador*, Vol.4, pág.154).

D) Algunas personas miden su valor de acuerdo a lo que poseen, pero en realidad el concepto integral de la propiedad de bienes está basado en una ilusión. Cuando obtienes un objeto material, este no pasa a ser parte integrante de tu personalidad. La propiedad consiste meramente en tu derecho a usar determinados objetos toda vez que lo desees, y que nadie pueda quitártelos. ¡Qué desgraciada es aquella persona que aspira a algo que le es imposible alcanzar! Esas personas no podrán obtener lo que desean, lo cual los hará padecer. Será en cambio afortunada aquella persona cuya ambición sea la de adquirir crecimiento espiritual, el cual es independiente de factores externos, y tendrá en consecuencia una vida feliz y provechosa (*Mijtav Maieliyahu*, Vol.1, págs.42-43).

9. No permitas que la evaluación de otra persona afecte tus sentimientos de autoestima

A) No sientas una disminución en tu autoestima, ni te alteres porque otras personas te hablen o actúen frente a tí de manera condescendiente. La persona honorable es aquella que honra a los demás. El concepto contrario se aplica de la siguiente manera. ¿Quién es una persona degradante? (*Ahavas Maishorim*, pág.216). Ser una persona honorable depende de tu conducta hacia los demás, y no la de otras personas hacia tí. ¿Por qué sentir alguna falta de autoestima, solamente porque alguien actúe de manera irrespetuosa hacia tu persona? Concéntrate en lo que respecta a tu conducta hacia los demás: Cuando alguien no te trate en forma respetuosa ese será su problema y no el tuyo.

B) Independientemente de la forma en que te traten los demás, siempre tendrás la posibilidad de tener respeto por tí mismo. Todo aquel que se esfuerza sinceramente por ser una buena persona, posee virtudes que lo valorizan. Jamás te juzgues a tí mismo basándote en la opinión que los demás tienen de tí. Será en definitiva tu mente la que decidirá la forma en que te evalúes. Aun cuando confíes en el juicio de otra persona, esto constituirá tu propia opción.

C) Una pobre imagen propia se adquiere generalmente a una temprana edad, una persona puede haber tenido padres o maestros muy críticos, no haber logrado llevarse bien con otros niños, o haber recibido notas bajas en la escuela. A pesar de que esta actitud se desarrolló a una edad joven, por causas externas, la única razón por la cual persiste en el presente, es porque la persona continúa repitiéndose la misma motivación. Tiene la capacidad de decirse a sí mismo "Pudo haber sido cierto que en el pasado me haya juzgado como inferior, pero a partir de ahora pensaré por mi mismo y apreciaré mi verdadero valor".

En tanto que no constituye un requisito previo determinar exactamente de que maneras adquirió una persona una pobre imagen de sí misma, el conocimiento de su origen facilitará hacer frente a las presunciones sobre las que se basan las mismas. Es muy posible que la gente que te criticó, lo haya hecho fijándose en parámetros injustamente elevados. Podrá darse también la posibilidad que aunque hayas tenido ciertos defectos en el pasado, estés ahora aprendiendo a corregirlos. Tal vez la gente que te juzgó desfavorablemente, estuvo utilizando un patrón que no aceptarías en la actualidad. Por ejemplo, se juzga generalmente a los estudiantes por las notas que obtienen en los exámenes. Algunos estudiantes con calificaciones bajas trabajaron arduamente para lograr entender, y lo que es más importante aún pudieron haber asimilado los conceptos y haberlos practicado con mayor intensidad de la que lo hicieron las personas que obtuvieron calificaciones más altas. Fueron realmente mayores los logros que obtuvieron, en comparación con los estudiantes talentosos, quienes dejaron de aplicar lo que era esencial.

Siendo un niño, el estudiante aplicado pero con bajas calificaciones pudo haberse sentido inferior por ese motivo, pero al ser un adulto podrá apreciar la aplicación y buena disposición empleadas.

Una persona que estaba trabajando por su autosuperación, fue a ver al Baal Shem Tov y se lamentó en los siguientes términos: "Durante un tiempo prolongado he tratado de convertirme en una persona mejor de lo que soy, pero continúo siendo muy común y corriente". "El saber que eres común y corriente constituye un logro de por sí" le respondió el Baal Shem Tov. "Sácale provecho a ese logro" (*Midrash Rivah Tov*).

10. No te compares con otras personas

A) Pregúntale a un niño pequeño de tres o cuatro años si sabe dibujar, y su respuesta invariable será: "Si por supuesto, yo se dibujar". Repítele la misma pregunta a un adulto y a menos que sea competente en esta habilidad, responderá que no sabe hacerlo. ¿Por qué existen estas respuestas? Ello se debe a que el niño se juzga a sí mismo de acuerdo a sus propias pautas. En la medida en que pueda dibujar algo sobre un trozo de papel, y que esto represente para él alguna imagen, lo considerará un dibujo. El adulto por el contrario se rige generalmente por pautas más elevadas. Se compara a sí mismo con artistas profesionales y por lo tanto es probable que se catalogue como una persona que no sabe dibujar. En asuntos espirituales resultará provechoso en algún momento observar los logros obtenidos por otras personas para motivarte a alcanzar mejores resultados, pero en otras áreas te irá mejor si te abstienes de compararte con los demás.

B) La gente que siente la necesidad de ser la mejor, generalmente sufre mucha ansiedad por este motivo y se repite a si misma: "¿Qué ocurrirá si los demás son mejores que yo?" "¡Esto sería terrible!" Nuestro objetivo debería ser el de continuar superándonos en lugar de procurar ser los mejores. Si una persona piensa que debe ser el mejor debería plantearse este desafío "¿Por qué debo realmente ser mejor que los demás? ¿Qué tiene de terrible que alguien me supere en un área determinada?" Los que sienten la necesidad de ser los mejores, generalmente se dicen a sí mismos: "Si no soy el mejor, seré un fracasado, no seré nada". No existe fundamento alguno para hacer esta afirmación. En definitiva ningún ser humano podrá establecer con certeza quién es el mejor. Dado que resulta tan arbitrario compararte con los demás, realmente no tiene sentido que te causes desdicha con esta conducta.

11. No permitas que los errores te priven de tus setimientos de autoestima

A) Tus sentimientos de autoestima no dependen necesariamente de ninguna situación externa. Cada ser humano posee valores intrínsecos, independientes de su conducta. Si cometes errores y transgresiones no te sientas desalentado y por ese motivo pierdas el sentido de tu propia importancia. No existe mayor peligro que el que acontezca esa eventualidad. Cuando hayas cometido alguna transgresión procura por el contrario fortalecerte para elevarte por encima de esas falencias, y mantén tu mente concentrada en tu enorme potencial para lograr lo que te propones. Sin considerar la cuantía de tus errores en el pasado, tendrás siempre la posibilidad de superarte (Rabí Noson Tzvi Finkel: *Tnuas Hamussar*, Vol.3, pág.273).

Un estudiante del Rabí Nojum Zev Ziv una vez se equivocó en la pronunciación de una palabra cuando estaba públicamente repitiendo el *shmoneh esraih*. Alguien enunció la pronunciación correcta, y el estudiante repitió con exactitud la palabra en cuestión.

Sin embargo, el mismo se tornó confuso y nervioso y cometió muchos más errores. Después de las oraciones, el Rav Nojum Zev se le aproximó y le dijo: "¿Cómo es posible que seas tan arrogante? ¿Piensas que eres tan perfecto que no puedes cometer ningún error?" (*Imrai Daas*, pág.218). Una persona a quien le conté la historia que acabo de referir me preguntó: "¿No se sentiría el estudiante de peor talante y más alterado, al observarle su maestro que era arrogante?" "Ello depende de como le haya llegado el mensaje. Si el mismo fuera dirigido con comprensión y consideración, sería el siguiente: "Me preocupo por tí. ¿Por qué tienes que alterarte por un error de menor importancia? Eres falible por supuesto, y en consecuencia cometes errores. Considera posible que aunque los cometas e intentes corregirlos no deberás sentirte apabullado por ello.

B) Trata de enaltecerte en la medida que puedas hacerlo. Algunas personas temen llevar a cabo sus proyectos por miedo a equivocarse, cuando en realidad serían mucho más graves los errores resultantes de su inactividad. Este no constituye un razonamiento válido, dado que cada persona está obligada a desarrollarse empleando lo mejor de su capacidad. Aun el ser más insignificante está capacitado para alcanzar la grandeza, aplicando todos sus valores espirituales (Rabí Yosef Leib Bloj: *Shiurai Daas*, Vol.3, pág.130).

C) El temor al fracaso es la razón primordial por la cual algunas personas sienten ansiedad. Ellos piensan: "Si no tengo éxito seré un fracasado, un insignificante". Alguien que tema al fracaso, no estará dispuesto a correr los riesgos que son el ingrediente esencial de cada nuevo emprendimiento. Esto no le permitirá entrar en acción en numerosas situaciones, en las cuales podría obtener grandes logros. Si alguien acepta su valor intrínseco como persona, aun cuando no tuviera éxito en una determinada tarea, comprenderá que su valor como ser humano no está sujeto a un riesgo, y entonces tratará de lograr lo que se propone.

Un rey se levantó en medio de la noche y arregló la mecha de una lámpara para evitar que se quemara. Sus súbditos le preguntaron: "¿Por qué no nos pidió que lo hiciéramos nosotros?" "Yo era el Rey cuando me levanté y lo continuaba siendo cuando volví a dormirme", fue su respuesta (*Orjos Tzadikim*, Cap.2).

Una persona conciente de sus valores no se preocupa por la posibilidad de perderlos.

D) El Rabí Shlomo de Karlin solía decir: "El mayor defecto que una persona pueda tener es el de olvidarse de su grandeza intrínseca como ser humano" (*Dor Daiah*, Vol.1, pág.172).

E) Aquel que piense que siempre debe tener razón en una discusión, podría estar evidenciando una falta del sentimiento positivo de su autoestima. Esa persona podría estar diciéndose a sí mismo: "A menos que tenga siempre razón, seré un fracasado y un don nadie". El teme correr el riesgo de cometer un error, porque está temeroso que ello disminuya su valor como persona. Sin embargo, aquel que sea un buscador de la verdad y rápidamente admita sus errores tendrá el doble beneficio de ganarse el respeto de los demás y definitivamente habrá de tener más respeto por sí mismo. En lugar de considerar la admisión de tus propios errores como un signo de debilidad, contémplalo como una expresión de honestidad intelectual.

F) Algunos padres se preocupan acerca de su propia valoración de si sus hijos no se comportan correctamente. Si bien los padres tienen una gran responsabilidad en educar y capacitar a sus hijos para que se comporten correctamente, estos a veces no siguen las indicaciones de sus padres, los que deben tratar de elaborar planes para motivarlos y debieran consultar a otras personas si esto fuese necesario. A través de la historia han existido padres virtuosos, con hijos que no alcanzaron sus pautas, y mientras estos padres sufrieron por este motivo, ello no implicó la pérdida del respeto que se les debía por sus realizaciones.

12. *Una persona con elevados ideales, puede estar predispuesta a formular una apreciación negativa sobre sí misma*

Existe una fuerte tendencia a que una persona perversa se considere a sí misma como buena, en tanto que aquella que realmente lo es, no tenga un alto concepto de sí misma. Difiere sustancialmente el criterio que cada una de ellas sustenta para conceptuar a alguien como buena o mala persona. El perverso se considera bueno si no engaña a alguien ni lo despoja de todo su dinero, como realmente le hubiese gustado hacerlo. Una buena persona desea ayudar a los demás y cuando no le es posible hacer todo aquello que idealmente desearía, se considera a sí mismo como una mala persona (*Imrai Binaj*, pág.45).

De mi experiencia con gente con imágenes propias muy pobres de sí mismas, he observado que con frecuencia se trataba de muy buenas personas con pautas objetivas, pero que al tener elevadas aspiraciones se sienten consecuentemente frustradas y no pueden alcanzar sus nobles propósitos. Como no son perfectos, se consideran fracasados y esto los conduce a muchas conclusiones negativas. Resulta importante para tales personas tomar conciencia de que están pensando en términos alternativos extremos: o bien serán perfectos o por el contrario serán unos fracasados. En cada área del comportamiento y de la personalidad existen numerosos niveles en un proceso continuo. Si no eres perfecto, no debes rotularte como un fracasado. Concéntrate en la superación en lugar de perseguir la perfección absoluta. Resultaría útil para una persona con un bajo nivel de autoestima escribir una lista de las pautas básicas que corresponden a una buena persona. Una vez confeccionada esta lista, podrá entonces tener una visión más objetiva de si está o no cumpliendo con las mismas.

13. *Trabaja para superarte*

A) Esfuérzate por superarte en lugar de perder el tiempo lamentándote de no ser de la manera que hubieras deseado. Describe tu yo ideal: ¿Qué tipo de persona querrías ser realmente? Sé lo más explícito posible sobre el particular. Aquel que utilice términos tan vagos como: ser una buena persona, adquirir un gran caudal de conocimiento de la *Torah*, o tener éxito, no tendrá un claro criterio para determinar si ha alcanzado o no sus objetivos. Si por ejemplo deseas mejorar por medio de *Jesed*, clarifica el tipo de actos de bondad que planeas realizar y con qué frecuencia habrás de hacerlos. Para forjarte una imagen de tu yo ideal podrás proyectar las formas de avanzar por el sendero que te conducirá a ese objetivo.

B) Las personas con complejo de inferioridad persisten en

juzgarse negativamente y rebajar su nivel ("Soy realmente una persona despreciable". "Soy una nulidad"). Esas personas deberían dejar de evaluarse a sí mismas. Aun cuando no tengan una evaluación positiva de su propia persona pueden dejar de condenarse por ello. Resultaría mucho más productivo que se concentraran en la clase de conducta que deben evitar y en la que tendrían que adoptar.

14. Los padres y los educadores deben tratar de consolidar el sentimiento de confianza en sus hijos y en sus discípulos

El Rabí Israel Salanter aconsejó a los educadores que la forma de llegar a las personas, consiste en inculcarles elevados sentimientos acerca de sí mismos. Siguiendo este precepto el Rabí Noson Zvi Finkel, alentó a sus discípulos a obtener los máximos logros posibles, impartiéndoles un vigoroso conocimiento de su propio potencial. A algunos de los estudiantes les dijo que tenían la capacidad de llegar a ser eruditos como el Rabí Akiva Eiger, el autor de *Shagas Aryeh*; a otros les manifestó que si estudiaban con todo su ahínco, podrían llegar a ser los líderes de la *Torah* para su generación. El le confirió personalmente un gran honor a algunos de sus discípulos, ponderándolos profusamente ante otras personas y manifestando que eran brillantes o virtuosos (*Hameoros Hagdolim*, pág.256).

El Rabí Yejezkel Levenstein enfatizó lo expresado en una carta con los siguientes términos: "La forma de educar a los jovencitos consiste en elevarlos y señalando que podrán alcanzar la grandeza si utilizan todo su potencial" (*Ohr Yejezkel: Mijtavim*, pág.219).

Un maestro que tiende a desvalorizar el sentimiento de autoestima y confianza en sus discípulos debería cambiar esta tendencia o cambiar de profesión. Una de las más importantes lecciones que un educador puede transmitir a sus alumnos, es de que ellos poseen un valor propio y deben esforzarse por emplear su capacidad latente.

Para incrementar el sentimiento de autoestima y confianza en otra persona debes concientizarla con respecto a sus energías y recursos. Aun si alguien adolece de muchos defectos y debilidades, seguramente habrá de demostrar alguna vez una conducta positiva. Destacándole la forma en que tuvo éxito en algún intento en el pasado, de como logró aprender al menos una cosa, o de la manera en que demostró energía y coraje frente a una determinada situación, estás dándole un poderoso recurso de carácter constructivo. Una persona con un bajo nivel de autoestima, tiende a descuidar las cosas positivas que ha hecho y solamente concentra su pensamiento sobre sus fallas y errores. Haciéndolo conciente de sus energías, podrás dotarlo de una actitud optimista hacia su potencial latente. Tienes la habilidad de levantar la completa imagen propia que tenga una persona de sí misma y alentarla a lograr importantes objetivos. Este constituirá uno de los más grandes actos de bondad que alguien pueda realizar.

Capítulo Siete
LA AMISTAD

1. *Los amigos son valiosos para la felicidad*

A) Nunca dejes de incrementar la cantidad de amigos que tienes, por el contrario, un solo enemigo resultaría demasiado para tí (*Orjos Jayim de Rosh*, Nº 90).

B) Es imposible para una persona vivir sin un amigo íntimo con quien comentar todo lo que le pasa y quien le ofrecerá a su vez consejos constructivos. El Talmud (*Bava Basra* 16b) expresa lo siguiente: "Elige entre un amigo o la muerte". Un hombre sabio ha dicho: "Una persona sin un amigo es como la mano izquierda, sin la derecha" (*Sefer Hamidos Lejameiri*, pág.197).

C) Una persona que se encierra en sí misma tendrá dificultades para tener alegría (Jofetz Jayim: *Ahavas Jesed*, Part. 2, Cap.2).

D) Nada influye tanto sobre las facultades de la mente de una persona, como comunicarse con amigos que pugnan por alcanzar el mismo objetivo. Nuestra forma de pensar es forjada y corregida, sólo a través de un intercambio de ideas con otras personas. Un intelecto que se basa enteramente en uno mismo es proclive al estancamiento, a las fantasías o a las ideas erróneas (de: *La sabiduría del Mishle*, pág.183).

E) Los sabios dicen que tener un amigo es tan importante que debiéramos estar dispuestos a pagar por tenerlo (*Pirke Avos* 1:6). El tener un amigo íntimo puede ser provechoso para todos los aspectos de la vida; tan útil que si hubiera que pagar un precio por él valdría la pena hacerlo. El pago de un precio no se refiere necesariamente a las erogaciones financieras. Podríamos tener que emplear tiempo y esfuerzo para conservar un amigo. Podríamos tener que tolerar alguno de sus hábitos negativos y a veces podría disputar con nosotros. Sin embargo, cualquier precio que paguemos por un amigo íntimo constituirá una valiosa inversión.

F) Tan pronto como nos mudamos a un sitio nuevo, resulta importante realizar un esfuerzo conciente para acercarnos afectivamente a otras personas (Ralbag: p. 2 *Hadaios Vehamidos* 14:3).

2. *Tenemos necesidad de apoyarnos en otras personas pero es importante hacerlo con moderación*

A) Hillel expresó la actitud de la *Torah* con respecto a nuestra necesidad de contar con otras personas, diciendo lo siguiente: "Si yo no soy para mí, quién será para mí, pero si lo soy ¿Qué soy yo, entonces?" (*Pirke Avos* 1:14). No te hagas totalmente dependiente de otras personas. Si no te haces cargo de atender tus propias necesidades, ¿Cómo esperas que lo hagan los demás? Por otra parte, debes ser conciente de tus propias limitaciones. En cierta medida todos dependemos de los demás. Aún la persona más rica y más sabia necesita de la ayuda de los demás. Reaccionar consecuentemente de una manera extrema seguramente causará problemas, por lo cual Hillel nos aconseja tomar el camino intermedio. Trata de hacer por tí mismo todo lo que puedas, pero no seas demasiado orgulloso para no pedir a los demás que te ayuden, cuando sea necesario.

B) Si eres lo suficientemente afortunado de tener un amigo trata de no ser molesto con visitas demasiado reiteradas, aun cuando creas que eres bienvenido; una persona puede llegar a cansarse aún de la excesiva cantidad de una cosa buena (de: *La sabiduría de Mishle*, pág.187).

3. *La forma en que te comportes con otras personas afectará su comportamiento contigo*

A) Un tonto transforma a un amigo en enemigo y el hombre sabio convierte al enemigo en amigo (*Tnuas Hamussar*, Vol.4, pág.299).

B) "Como en el agua: Un rostro responde a otro rostro, así como el corazón del hombre al de otro hombre" (*Mishle* 27:19).

Este verso expone un principio que es un factor fundamental en nuestras relaciones con los demás. Todos deseamos que las otras personas sean amistosas y amables con nosotros. La conducta de los demás no está bajo nuestro control directo, pero sí lo está nuestro propio comportamiento. Jugamos un rol significativo en la creación del mundo en que vivimos, en especial en lo que respecta a la forma en que los demás se comportarán con nosotros. Si procedes de una manera positiva con los demás es probable que ellos actúen en forma recíproca.

Cuando actúes de una manera hostil y agresiva hacia otras personas, es posible que ellos se comporten contigo de una manera similar y cuando le grites a alguien éste probablemente te grite también. Por otra parte si eres solícito y alegre con relación a otras personas, éstas tendrán la aptitud de sentir amor por tí. Puramente por razones pragmáticas, deberíamos ser amables y amistosos en nuestro trato con los demás. Desde la perspectiva de la *Torah*, este no es meramente un sano consejo, sino una obligación fundamental. En el libro "Ama a tu prójimo" hemos tratado extensamente las obligaciones de la *Torah* destinadas a hacer *Jesed* (Actos de bondad) y de abstenernos de causar dolor, daño o perjuicios a los demás. Aquí tratamos el tema en forma concisa.

C) En lugar de lamentarnos acerca de la conducta de alguien hacia nosotros, resulta más constructivo trabajar sobre tu comportamiento hacia esa persona. Aun cuando tuvieras que esforzarte, actúa con amabilidad y amor hacia todos tus parientes y conocidos. Hazlo de manera persistente y observarás un sustancial mejoramiento en la conducta de otras personas hacia tí. Adoptar esta actitud puede ahorrarles a la parejas casadas muchas reyertas e innecesarios sufrimientos. No tomes en cuenta el enojo y el mal humor de tu esposa y háblale en forma alegre y comprensiva. Si esto te resultara difícil, simula que eres un actor sobre el escenario; este método no sólo evitará una disputa, sino que también influirá a que la otra persona se comporte mejor contigo. Será solamente el individuo raro y perturbado, quien no responderá favorablemente a tus sinceros esfuerzos de satisfacer sus necesidades. Recuerda que debes ser flexible. Las personas difieren apreciablemente cuando se trata de evaluar algo como positivo y a tal respecto resulta necesario interpretar los requerimientos particulares de la persona con la que estás tratando. Si un encuentro resulta infructuoso, trata de que haya otros encuentros, pero continúa intentándolo.

D) Darle algo a alguien en forma constante, aumentará tu amor por esa persona (*Mijtav Maielyahav*, Vol.1, pág.36).

Si haces un esfuerzo para ayudar a alguien que has conocido te sentirás cercano a todos. El extraño es aquel a quien todavía no has ayudado. Hacer actos de bondad para todos los que tu puedes ayudar, llenará tu mundo de amigos y seres amados (*Idem*, pág.37).

Confecciona una lista de las personas con quienes te agradaría tener una relación más cercana. Al lado de cada nombre escribe algunos actos de bondad que tu podrías hacer por ellos y que ellos apreciarían.

E) "Saluda a cada persona con una sonrisa amistosa" (*Pirke Avos* 1:15). El Tiferes Israel comentó: Brindar este acto de bondad a todas las personas, aumentará los sentimientos positivos que otras personas nos profesen. El receptor de tu sonrisa se beneficiará con ella y tú aumentarás el número de tus amigos. Cuando le sonrías a alguien, él podrá sonreírte y esto aumentará tus sentimientos positivos.

4. *Trata a los demás con honor y respeto*

A) Debemos honrar y respetar a toda persona que conocemos, sin tener en cuenta si son ricos o pobres. La única diferencia que existe entre una persona adinerada y de otra que no lo es, reside en la cantidad de dinero que poseen, pero ambas fueron creadas a imagen del Todopoderoso y cuando alguien honra a la gente está en definitiva honrando a su Creador.

B) Una persona con humildad se lleva bien con los demás, porque le resulta fácil adaptarse a ellos, y estar en su compañía resulta una placentera experiencia (*Jovos Havovos* 6:10; *Mesilas Yeshorim*, Cap.22).

El que es arrogante les exige a los demás que se comporten de la manera como él lo desea. Esto les causa resentimiento a otras personas, especialmente si perciben que sus exigencias son arbitrarias e injustas. Aquel que es humilde sin embargo, no intimidará a la gente sólo por el gusto de sentirse con poder y autoridad, será considerado para con los demás y en consecuencia se llevará bien con ellos.

C) Cada persona con la que te relaciones deseará ser tratada con respeto. Si escuchas con atención oirás su clamor "¡Por favor, considérame una persona importante!" "¡No me humilles, ni me insultes!" "¡Por favor escúchame cuando hablo!" (*Daas Jojmah Umussar*, Vol.3, pág.68).

Si aprendes a tratar con respeto a cada uno que conoces, tendrás muchos amigos a lo largo de tu vida. Al relacionarte con gente, pregúntate lo siguiente "¿Qué puedo decirle a esta persona para mostrarle respeto?"

D) Toda persona en el mundo espera señales del reconocimiento y afecto de los demás. Los estudiantes aguardan fervientemente muestras de amistad por parte de sus maestros, y la verdad es que el educador también espera ansiosamente señales de amistad de sus alumnos. Los hijos desean muestras de empatía de sus padres y éstos están igualmente necesitados del afecto de sus hijos. Los hijos tienen una enorme influencia sobre el estado emocional de sus padres. Un cliente desea que el vendedor comprenda debidamente su situación y sus necesidades y por su parte el vendedor tendrá necesidad de que su cliente no lo desprecie ni a él, ni a su mercadería (*Alai Shur*, pág.191).

E) Cuando entres en contacto con otra persona, haz un esfuerzo especial para ver todas sus virtudes. No busques solamente sus buenos aspectos, sino que también debes tratar de sentir placer, cuando descubras una nueva virtud en alguien. Aquel que domine el manejo de esta cualidad, vivirá en un mundo totalmente diferente al de aquél que carezca de esa virtud. Toda la gente con la que te relaciones tendrá elementos positivos en su forma de ser, que no escaparán a tu atención y consecuentemente habrás de respetarlos a todos (*Alai Shur*, pág.119).

F) La flexibilidad es el recurso más importante en las relaciones interpersonales. Si eres rígido en tus exigencias, para que la gente siempre cumpla tus deseos, podrás con frecuencia lograr tu cometido, pero no estrecharás vínculos con las personas.

Sé flexible y aprende a diferenciar lo importante de lo que no lo es. Aquel que piensa que siempre debe imponer su criterio, se dirá a sí mismo: "Si cedo ante los demás, significará que soy un pusilánime". La posición sustentada por la *Torah* expresa que el honrar a los demás, hace honorable a la persona.

5. Ten cuidado de no dañar a los demás

A) La *Torah* nos prohíbe dañar a los demás. Deberíamos tener cuidado de no causar sufrimientos a otras personas, por amor a la humanidad.

Dentro del contexto de la conquista de la felicidad deberíamos ser cuidadosos de no lastimar a otras personas, ya que en definitiva nos afectaría cuando causemos sufrimientos a los demás. Algunas de las principales áreas que debemos controlar son las siguientes:

• Abstenerse de insultar a otras personas.

• Evitar de hablar en forma negativa de los demás, a menos que resultara necesario hacerlo por un fin práctico y constructivo.

• Abstenerse de mentirle a otras personas.

• No engañar a otros en asuntos financieros.

• Abstenerse de causarle dolor o sensación desagradable a otras personas, a través de tus actos o tus palabras.

• No seas el causante del quebranto económico de otras personas. Los Sabios (*Pirke Avos* 2:12) manifiestan que el dinero de los demás debería ser tan valioso para nosotros como lo es nuestro propio dinero.

B) La persona que tenga *bitojen* será amada por las demás personas, las que saben que pueden confiar en que no habrá de dañarlas en modo alguno, ni codiciar sus pertenencias (*Jovos Haljovos* 4:5).

C) Ten cuidado de no enojarte fácilmente ni reaccionar abruptamente con otras personas, quien no sea correcto en estas cuestiones se ganará enemigos (*Orjos Jahim de Rosh Nº 107 e Iyunim*).

Háblale a todos en forma apacible y placentera. La persona que domine esa habilidad se llevará bien con todos aquellos con quienes se contacte. Aun para corregir a los demás emplea un tono suave para ello. (Pele Yoatz: *Mesikus*).

6. Ruega por otras personas

Ruega por el bienestar de otras personas aun si éstas desconocieran que estás orando por ellos (Jofetz Jayim: *Ahavas Jesed*, Parte 3, Cap. 8).

Cada persona que conocemos tiene necesidades por las que puede orar: El éxito en asuntos espirituales o en temas financieros, la buena salud, un buen matrimonio o la adecuada crianza de los hijos. El decir una sencilla oración por la gente con la que te encuentres, aun cuando te resulten perfectos extraños, te generará sentimientos mucho más positivos hacia las personas.

Tendrás en este caso el mismo provecho que el destinatario de tus plegarias. En algunos momentos el Rabí Noson Finkel de Slobodka se sentaba cerca de la ventana de su casa y tranquilamente prodigaba bendiciones y oraciones a todos aquellos que pasaban por allí.

Uno de los discípulos del Rabí Finkel recordó que cierta vez en que estaba caminando con su maestro, pasaron por la casa de un miembro de la Facultad de la Yeshiva. El Rabí Finkel se volvió hacia la casa y dijo "Buenos Días". El estudiante se quedó perplejo porque no había visto ninguna persona por allí. Notando la sorpresa de su discípulo el Rabí Finkel le explicó lo siguiente: "La mayoría de la gente pronuncia la bendición para que alguien tenga una buena mañana o un buen día, sólo cuando tiene la persona frente a él, cara a cara. Sin embargo deberíamos desarrollar el hábito de bendecirlos, aun cuando no los veamos" (*Hameoros Hagdolim*, pág.233).

7. *Entiende a los demás*

A) Realizar buenas acciones para los demás constituye una de las obligaciones esenciales del hombre (*Hoshaiah* 6:8).

La persona que desea hacer actos de bondad, debe conocer mucho acerca de las costumbres del mundo. Al respecto deberás conocer las diferencias existentes entre las personas y sus necesidades individuales (*Jojmah Umussar*, Vol.2, pág. 190).

B) Lo fundamental para poder llevarte bien con la gente, es tener la capacidad de poder observar las cosas desde su punto de vista, aun cuando discrepes con ellos. Cuando trates con alguien esfuérzate por ver de que manera esta persona percibe la situación. Como ejemplo de lo expresado, el Rabí Israel Salanter (citado en *Mijtav Maieliyahu*, Vol. 1, pág. 99) dijo que quitarle a un niño una caja rota sería equiparable a hundirle un bote a un adulto. Para el niño la caja será su bote y cuando trates con él será tu obligación ver las cosas desde su óptica. Resulta crucial adquirir esta habilidad, a pesar de las dificultades que implica llegar a dominarla. Ten en cuenta que no existen dos personas que visualicen algo de una manera exactamente igual. El conocimiento de la forma en la que otra persona enfoca un tema, disminuirá la posibilidad de conflicto con ella, aun cuando pudieras estar en desacuerdo.

C) Aquel que no se relacione con otras personas no sabrá como ayudarles y carecerá del conocimiento acerca del modo de pensar de la gente, de sus necesidades y deseos. Aun cuando quiera ayudarlos no sabrá lo que es bueno para ellos. Cuando quiera cumplir los deseos de los demás, los confundirá con sus propios deseos. Por desconocimiento de lo que concierne a otras personas, no podrá discernir acerca de lo que es correcto y aceptable, aunque intente determinarlo. Su obstáculo no lo constituye su amor por sus semejantes, sino la falta de conocimientos de la naturaleza de las personas (*Toras Abraham*, págs. 369-370).

D) Para tratar con otras personas, no es suficiente tener un conocimiento general del comportamiento y reacciones de la mayoría de la gente. Necesitarás para ello, contar con la información específica relativa al individuo, con el que estás conversando en este momento.

Las personas reaccionan de manera diferente frente a los hechos, dado que poseen personalidades y experiencias de diverso orden.

La obligación de amar a nuestros semejantes y de realizar buenas acciones, requiere que analicemos a determinada persona con la que estamos tratando. Procura entender que es lo que le complace a esa persona en particular. A fin de conocer cuales son sus necesidades, deberemos familiarizarnos con los rasgos de su personalidad. Este procedimiento requerirá un gran esfuerzo mental (*Toras Abraham*, pág.400).

8. *El sinceramiento genera el acercamiento a las personas*

A) Ten la buena disposición de sincerarte con otras personas y hazlos partícipes de asuntos personales que te atañen (Nota: obviamente esto debe hacerse con discreción. No refieras hechos que pueden ser usados en tu contra, de lo que podrías arrepentirte después).

Cuando le hables a alguien de asuntos que generalmente no se comentan con extraños, tu interlocutor sacará la conclusión de que tienes un buen concepto de él y probablemente sentirá a la recíproca lo mismo por tí (*Maaneh Raj*, Cap. 15).

B) Aquel que trate de mantener oculto todo lo que se refiere a su persona no tendrá amigos íntimos. Consolidar una relación íntima con otras personas requiere del propio sinceramiento (Pajad Itzak: *Igros Uksovim*, pág.236). Aun cuando no sería prudente revelar secretos personales a la mayoría de la gente, si quieres establecer una amistad íntima con otras personas deberás tratar con ellos temas que vayan más allá de lo superficial, como por ejemplo las referencias al tiempo y a la política y estar dispuesto a hacerles conocer más acerca de tu verdadera personalidad.

Capítulo 8
VIVIENDO EN EL PRESENTE

1. La importancia de vivir en el presente

La causa de mucha tristeza para la mayoría de la gente no reside en las experiencias del presente. En cambio, ellos se causan dolor a sí mismos, lamentándose y sintiendo remordimientos por el pasado, o preocupándose acerca del futuro. Viviendo en el presente te evitarás mucho dolor emocional innecesario. Es importante mantener la mente enfocada en el presente, porque resulta necesario concentrarse en los estudios de la *Torah* y en las oraciones. Tener conciencia de que con frecuencia no logras concentrar tu mente en el presente, te posibilitará desarrollar tu habilidad en ese sentido.

El Rabí Yerajmiel Dancyger le preguntó una vez a un discípulo: "¿Dónde has estado todo el día?" "En mi salón de estudio, aprendiendo la *Torah*", respondió el joven. "No me estaba refiriendo a tu cuerpo", persistió el Rabino, "sino a tu mente. ¿Dónde has estado todo el día?" (*Hombres de distinción*, Vol. 1, pág. 154).

2. Cada momento puede contemplarse como si fuera nuevo

A) El Todopoderoso crea de nuevo todo lo que existe. "Algo de la nada" —, en cada segundo. Cada segundo se asemeja al mismo comienzo de la creación. (*Bais Halevi: Breishis*).

Observar el mundo bajo esta óptica preservará su frescura ante tus ojos.

B) En el momento que una persona pobre, adquiere de pronto una cuantiosa riqueza, experimentará una enorme dicha y estará sinceramente agradecido al Todopoderoso. Luego de un breve lapso, generalmente olvida su alegría inicial y deja de experimentar placer por lo que ya tiene. Su máximo objetivo será muy factiblemente el de obtener más riquezas y sin tener en cuenta lo que ya posee, habrá de considerarlo insuficiente. Sin embargo si una persona adquiere la certeza de que en cada uno de los momentos de su vida, él mismo y toda su riqueza dependen enteramente de la voluntad del Creador, sentirá de nuevo la alegría original que una vez tuvo, porque cada segundo que transcurre no depende del segundo anterior (Rabí Jayim de Volozhin: *Ruaj Jayim* 4:1).

C) Para vencer tus hábitos negativos, considera cada día como si fuera el primero de tu vida. Ten una nueva visión de las cosas en cada uno de los días de tu existencia (Rabí Yerujem Levovitz: *Daas Jojmah Umussar*, Vol.3, pág.183).

Ayer pudiste haber tenido dificultades en el manejo de una situación, pero hoy es un nuevo día y quizás las cosas vayan mejor. Ayer pudiste haberte sentido desalentado, pero hoy la vida surge de nuevo y deberás intentarlo una vez más. Ayer no pudiste corregir algunos de tus defectos pero quizás hoy puedas lograrlo.

3. *Pasado, presente y futuro*

A) Existe un viejo dicho que reza lo siguiente: El pasado ya no existe, el futuro no llegó y el presente es tan fluctuante como el parpadear de los ojos (*Jojmah Umussar*, Vol.1, pág. 452).

El presente es la única realidad y es excesivamente breve, si tienes conciencia de esto, te será más fácil llevar una vida virtuosa. Necesitas hacer lo que es correcto, sólo durante un corto tiempo, es decir, durante los momentos actuales, los que pasan corriendo de una manera excesivamente rápida.

B) *El pasado es solo recuerdo;*
El futuro no es más que esperanzas ilusorias.
Concéntrate en el presente, porque es aquí donde
realmente está la vida,
y ésta se compone solamente de pruebas.
(*Mijtav Maieliyahu*, Vol.3, pág.306)

C) La única diferencia existente entre una persona pobre y otra rica, es el futuro de ambas. Todo lo que pudo haberles ocurrido en el pasado, ya no es relevante. Todos vivimos los momentos presentes, independientemente de nuestra posición en la vida. No importa lo que suceda en el momento actual, ya que en una fracción de segundo, el presente se convertirá en pasado. No preocuparse por el futuro te permitirá disfrutar de lo que ya tienes y de lo que estás haciendo en el presente (*Kojvai Ohr*, pág.31).

4. *Te causas a tí mismo un gran perjuicio por no vivir en el presente*

El Alter de Nevarkok manifestó que si una persona se concentra constantemente en el futuro, durante sus momentos presentes, éstos se perderán completamente. Cuando el futuro finalmente se torne en presente, esa persona seguirá enfocando su atención en el futuro de ese futuro. Por lo tanto jamás habrá vivido en el presente (*Jayai Hamussar*, Vol.1, pág.67-68).

El Rabí Mordejai de Lakhivitz relató lo siguiente: "Desde el día en que alcancé un nivel de raciocinio, no me he preocupado ni una sola vez acerca de lo que me sucederá en otro momento" (*Maijdolai Hajasidus*, Vol.20).

B) Una persona que siempre se preocupe acerca del futuro jamás será feliz. Por ejemplo si tiene un niño recién nacido, sólo será feliz si vive el presente y disfruta de su bebé. Si una persona mantuviera su atención fija en lo que sucederá en el futuro, consideraría el hecho de que eventualmente la criatura podría morir, y de ahí que la única forma sensata de actuar es vivir en el presente y disfrutar de nuestras experiencias actuales (Ver: *Breishis Rabbah* 27:7).

5. *No permitas que el pasado te agobie*

A) Toda persona tiene momentos de sufrimiento y sensaciones de desagrado en su vida. Si dominas la habilidad de vivir en el presente, podrás mantener dichas situaciones circunscriptas a las experiencias verdaderamente negativas. Tanto antes como después de una experiencia dolorosa, te concentrarás en lo que realmente esté ocurriendo en el momento, librándote de esta manera, de muchos dolores innecesarios en tu existencia. Los niños muy pequeños tienen este don natural —todos los tuvimos cuando fuimos jóvenes— y es por eso que disfrutan de la vida a menos que estén sufriendo un dolor en ese momento. A medida que crecemos, se incrementa la habilidad que tenemos para utilizar nuestra mente y pensar acerca del pasado y del futuro. Esta capacidad puede ser utilizada de maneras muy provechosas, pero también puede utilizársela de un modo perjudicial. Podemos transformar nuestras vidas en fuentes de sufrimiento y tortura, teniendo en cuenta todas nuestras experiencias desagradables del pasado. Olvidar estas vivencias, escribió el *Jovos Halvovos* constituye el aspecto positivo del olvido.

B) Cuando te retrotraigas a tus sufrimientos pasados, deberás sentir alegría. Estos ya te han beneficiado al hacerte reparar tus malas acciones, y en el presente ya no debes sentir más dolor por esas desdichas pasadas (*Derej Tzadikim*, pág.18).

C) Sólo los tontos desperdician los momentos de su vida presente, lamentándose por lo que ya aconteció y está concluido. Repetirán constantemente: "Si tan solo no me hubiese visto envuelto en ese riesgo, no hubiese sufrido". "Si sólo hubiese permanecido una hora más esto no habría ocurrido". No somos profetas y no existe la forma posible de saber anticipadamente que es lo que habrá de suceder exactamente. Trata de protegerte de los perjuicios que pudieran acontecerte, pero ten en cuenta que jamás podrás planificar la manera de ponerte a cubierto de toda contingencia (*Jeshbon Hanefesh* N° 77).

Cuando pierdas la oportunidad de obtener una ganancia, será factible que te sientas alterado. Si pudiste haber invertido y con ello ganar una fortuna, pero no lo hiciste es posible que te repitas constantemente: ¡Qué desafortunado he sido, por no haber aprovechado la oportunidad que se me presentaba!, pero este pensamiento habrá de causarte un dolor adicional innecesario. No sólo desaprovechaste completamente esa oportunidad, sino que también estás ahora produciendo tu propia desdicha, por lo que ya forma parte del pasado. Puedes utilizar estas experiencias como posibles lecciones para el futuro, pero no te hables a tí mismo de una manera que sólo intensificará el perjuicio que sufriste.

D) En tus relaciones con otras personas debes vivir el presente. Rememorar conductas erróneas y fallas de la gente con quienes te asocias, tendrá el efecto de echar más leña al fuego del resentimiento. Procura tratar a la gente de una manera que se adapte a su forma de ser en la actualidad.

Es cierto que algunos pudieron haberte ofendido en el pasado, pero ¿Qué ganarás pensando en ello ahora? Si te resultara difícil dejar de pensar en las ofensas que otras personas te infligieron en el pasado, escribe una lista del balance positivo que obtuviste concentrando tus pensamientos en ese pasado y otra lista con los hechos negativos que provienen del mismo origen. Cuando compruebes el daño que te estás causando a tí mismo, tendrás una mayor motivación para superarte.

Alguien sugirió una vez que realicemos un ejercicio mental que consiste en consignar fechas a continuación del nombre de cada persona. El Rubén (de 1985) no es el mismo Rubén (de 1980), lo que es más El Rubén (del lunes) no es exactamente la misma persona que el Rubén (del domingo). Considera a la gente bajo una nueva óptica cada vez que la veas. Pudiste haber tenido un problema con Rubén a hora temprana de ese día, pero más tarde en ese mismo día él pudo haber cambiado ligeramente lo mismo que tú. Esa pequeña diferencia puede facilitar la relación entre ambos, sobre una base amistosa. Si alguien te ocasionó perjuicios o disputó contigo en el pasado, basa tu trato con él en la forma en la que puedes relacionarte con él en el presente. ¿Puedes ahora efectuar actos de bondad para él? ¿Tienes la posibilidad de obtener actualmente algún provecho de sus conocimientos o de sus experiencias? ¿Puedes establecer una valiosa relación con él de manera inmediata? Si la respuesta a cualquiera de estas preguntas fuese afirmativa, desecha tus experiencias pasadas y trata con esa persona de acuerdo a las condiciones actuales.

E) Aun cuando hayas dedicado mucho tiempo y esfuerzo para el desarrollo de algún proyecto y posteriormente descubres que es mejor cancelarlo, no dejes de hacerlo. El hecho de que hayas invertido mucho esfuerzo carece de importancia. Plantéate solamente la pregunta: "¿Es esto lo correcto para hacer ahora?" (Ver *Yajai Hamussar*, Vol.2, pág.162).

Resulta ilógico continuar haciendo algo simplemente por el hecho de haberlo empezado, a menos que el asunto sea valioso por derecho propio. Lo que se invirtió en el pasado ya está perimido y no corresponde que te obligues a realizar actividades inútiles.

F) No te alteres a causa de lo que ya has perdido, limítate a observar lo que todavía tienes (*Keser Jojmah* 14:12).

6. Comprende que lo que pasó, está concluido

A) Cuando las cosas no se desarrollan como la gente las planea, es muy común que se originen y mantengan discusiones al respecto, las cuales causan con frecuencia innecesarios enojo e irritación. Al respecto formúlate la siguiente pregunta: "¿Estuve correcto al concurrir a tal o cual lugar?" "¿Tuve razón al hacer esto o aquello? Si la respuesta fuera afirmativa, pregúntate entonces a tí mismo: "¿Por qué debiera sentirme mal en lo que respecta a los resultados, cuando he cumplido mis obligaciones?" Si lo que hiciste fue incorrecto, aunque el resultado haya sido satisfactorio, no correspondió haberlo hecho y en consecuencia deberás abstenerte de emplear esa conducta en el futuro. Adopta el criterio que lo que ya pasó está concluido y no tiene sentido lamentarse por ello (Maarjai Laiv, pág.171).

B) Eventualmente habrás de olvidarte de las cosas negativas que te sucedieron, pero se plantea la pregunta al respecto para determinar cuanto tiempo te tomará olvidarlo. Cuando hayan transcurrido veinte años a partir de ahora, lo que actualmente te preocupa seguramente habrá sido olvidado hace mucho tiempo, pero lo cierto es que aunque solo hayan transcurrido unos pocos minutos después de algún suceso negativo, éste ya formará parte del pasado. Cuanto más asimiles el concepto de que algo que pertenece al pasado —aunque sólo hayan transcurridos unos pocos segundos— está definitivamente concluido, mayor será tu capacidad de superar hechos negativos. Cada vez que te sorprendas diciéndote a tí mismo "Si solo hubiera..." o "debería haber" estarás tratando de vivir en el pasado, lo cual resulta cronológicamente imposible. Ya que lo que está concluido no tiene retorno, concentra tu atención en el mejor posible curso de acción que corresponda al presente. Cambia tu frase de: "Si solamente..." por la de: "la próxima vez...".

C) Muchas de las quejas que algunas persona tienen contra otras personas, son acerca del pasado y no tienen importancia en el futuro. Caen dentro de esta categoría muchas preguntas que comienzan con: "¿Por qué no...tú?" Aprende a concentrar tu atención en aquello que es relevante para el futuro. Sea cual fuere lo ocurrido esto ya sucedió y por más grande que sea el sentimiento de culpa en nada cambiará el hecho en cuestión (*Maimrai Shlomo*, Vol.1, pág.104). Evita formular preguntas intrascendentes del pasado que puedan molestar a otras personas. Si alguien insiste en quejarse ante tí con respecto a su pasado, pregúntales lo siguiente: "¿Qué puedes hacer al respecto en el momento actual?" Si la respuesta fuera que nada puede hacerse, "¿No sería preferible concentrarte en otros tópicos?" Si la persona insiste en hablar acerca del pasado evalúa la situación, en algún momento podrías estar realizando un acto de bondad al escucharla. En otras circunstancias te irá mejor si haces caso omiso a las manifestaciones acerca del pasado y de esta manera le estás enseñando que no vale la pena discutir sobre algo que ya está definitivamente concluido.

D) La razón por la cual ayunamos en señal de duelo por la destrucción del templo, aunque se trate de un hecho pasado, se debe a que en la actualidad adolecemos de defectos similares a aquellos que causaron esa calamidad y que por lo tanto debemos esforzarnos para lograr nuestra superación (*Taamey Haminhagim*, pág.295).

7. *El futuro es siempre una entidad desconocida, por lo tanto aprende a concentrarte en el presente*

A) Dado que ignoramos cuanto tiempo habremos de vivir, resulta ilógico desperdiciar el tiempo preocupándonos acerca de la forma en que ganaremos nuestro sustento en el futuro. En la medida en que podamos cubrir nuestras necesidades en el presente, ¿por qué preocuparnos por un futuro que pudiera no existir? La persona que tenga esta convicción no forjará en su mente un cuadro exagerado del posible placer que experimente en el futuro y en consecuencia no se sentirá excesivamente frustrado si las cosas no resultaran tal como esperaba (*Jovos Halvovos* 4:5).

B) "No te jactes acerca del mañana, porque no conoces lo que te traerá el día" (*Mishle* 27:1). Las viscicitudes que trae el tiempo son notorias y dado que aún los acontecimientos de un mismo día se desconocen por la mañana, resulta disparatado expresarse en forma petulante acerca de lo que ocurrirá mañana (Halbim sobre Mishle, pág.272).

C) Resulta humanamente imposible para una persona prever su futuro exactamente de acuerdo a sus deseos. Ninguna persona puede estimar anticipadamente la infinidad de eventualidades que pueden acontecer en el futuro. No vale la pena asignar excesiva importancia a lo que ocurrirá en el futuro. ¿Quién puede tener la seguridad sobre la forma en que habrán de suceder los hechos? Lo que ahora parece ser bueno puede convertirse en una fuente de desdicha. Por el contrario lo que consideras perjudicial puede eventualmente convertirse en causal de felicidad. Cada persona puede verificar la veracidad de este acierto, observando los hechos cotidianos que son de su conocimiento (Rabí Iosef Leib Bloj: *Shiurai Daas*, Vol.3, pág.62).

Para ilustrar este punto, el rabí Bloj citó los hechos que le ocurrieron a dos de sus amigos íntimos, ambos tenían negocios similares en la ciudad de Telshe, y trataron de trasladar sus comercios a una ciudad más grande. La mayoría presumía que sería el ámbito adecuado para ampliar el radio de sus negocios, y que el traslado les significaría un incremento considerable de sus ganancias. Uno de ellos realizó la mudanza con facilidad y tuvo éxito desde el comienzo. El segundo no pudo realizar el traslado y se sintió decepcionado por su fracaso y además tuvo envidia de la buena fortuna del otro comerciante, considerando una tragedia el no haber podido hacer lo mismo que su amigo.

¿Cuál fue sin embargo la conclusión de esta historia? Unos meses más tarde estalló la Primera Guerra Mundial y los residentes judíos fueron sacados de la gran ciudad. El comerciante que se había mudado fue exiliado a Rusia donde sufrió mucho y su comercio se arruinó totalmente, su esposa e hijos fallecieron a raíz de las penurias sufridas y él se sintió perdido y desdichado. En cambio la persona que no había podido trasladarse tuvo un comercio próspero y comprendió lo afortunado que fue al no mudarse. Lo que él creía que era una tragedia fue exactamente lo que le trajo la felicidad. Rav Iosef Leib concluyó que, dado que observamos ejemplos similares todo el tiempo, deberíamos darnos cuenta que jamás podremos saber lo que el futuro nos depara y debiéramos concentrar nuestras mentes en el presente.

El Rabí Shneur Kotler relató que inmediatamente después de la Segunda Guerra Mundial su padre, el Rabí Aaron Kotler, Rosh Hayeshiva de Lakewood despachó a una persona a Europa en una misión para el *Vaad Hatzalah*. El avión en el cual estaba programado su regreso se estrelló durante el vuelo, no quedando ningún sobreviviente. Después que su familia recibió el telegrama comunicando que esa persona se hallaba a bordo en ese vuelo, la atribulada "viuda" se precipitó a la casa del Rabí Kotler y lo consultó si la familia podía comenzar a observar la *shiva* en señal de duelo. Para su gran sorpresa, el Rosh hayeshiva le aconsejó no observar la *shiva* todavía, porque existe un postulado rabínico que dice que los emisarios de *mitzvah* no son dañados. "Pero tengo un telegrama del Ejército" protestó la mujer. "Yo no sé" le contestó el Rosh Hayeshiva, "él es un emisario que debe realizar una buena acción...". La instruyó para que fuera a su casa y que no aceptara todavía el informe de su muerte. Tres días más tarde, el emisario llamó a su familia y les dijo que él había tomado ese vuelo, pero debido a que tenía un Iortzait —aniversario de fallecimiento— desembarcó en una de las paradas para encontrar un *minyan* para los servicios de la tarde y no hizo a tiempo para alcanzar ese avión (*El observador judío*, septiembre 1980).

D) Puedes llegar a destruir tu vida imaginándote todas las posibles experiencias desagradables que pudieran recaer sobre tí. Aun cuando en realidad tu vida estuviera libre de esa clase de experiencias, la llenarás de emociones dolorosas si constantemente te imaginaras un futuro adverso. Esos hechos negativos sólo ocurrirán en tu mente, pero no obstante habrás de sufrir por ello. Independientemente de lo que suceda en realidad, te verás afectado por el contenido de tus pensamientos.

8. *Aprende a concentrarte en lo que estás haciendo en el presente*

A) El Jofetz Jayim dijo lo siguiente: "La *Torah* emplea la palabra "hoy" cuando se refiere al cumplimiento de los mandamientos. Debiéramos imaginarnos que sólo disponemos del día de hoy para vivir. Por consiguiente cuando encuentres una oportunidad para realizar una buena acción, considérala como la última que puedes realizar y procede de inmediato a efectuarla" (*Mijtevai Jofetz Jayim*, pág.69). En un estilo similar el Jofetz Jayim expresó lo siguiente: "Nuestra actitud con respecto a lo que tenemos que hacer debería ser la de considerar que solamente existe un día y que está en ejecución solamente el tema que se tiene entre manos y que tú eres la única persona que lo puede llevar a cabo" (*Idem*, pág.110).

B) El Gaon de Vilna escribió que el hombre sabio trata de entender lo que tiene ante sí. Cuando un tonto comienza un estudio, su único objetivo es el de concluirlo. Cuando abre la primera página del Talmud, está impaciente por concluir la obra entera (*Mishle Im Hagra* 17:24). El hombre erudito se concentra en el proceso de adquirir sabiduría. Su mente se concentra en la interpretación del significado de las palabras que está leyendo en ese momento. Un insensato sólo se interesa en terminar. Su objetivo es el de jactarse de sus conocimientos, para lo cual necesita referir a los demás que ha concluido. Haz que tu objetivo sea la comprensión y no meramente la terminación.

C) Una técnica útil para concentrarse cuando uno está estudiando, consiste en imaginar que tienes solamente que estudiar una sola página y que para ello dispones de un solo día (*Jojmah Umussar*, Vol.1, pág.176).

D) Cuando estés orando fija la mente solamente en la palabra que tengas a mano. Trata de pronunciar cada palabra con una completa y exclusiva concentración en las mismas. El Rabí Mordejai de Lakhivitz solía decir: "Cuando estés recitando el *Hadon Olam*, no debes pensar en la palabra *Olam* cuando estés pronunciando la palabra *Hadon*" (*Maigdolai Hatorah Vehasidus*, Vol.2, pág.92).

El Rabí Jayim de Tzanz cierta vez visitó al Rav de Dzikov y se vio envuelto en una profunda discusión talmúdica con sus hijos. En forma inmediata al término de este cambio de ideas, Rav Jayim comenzó a rezar los servicios de la tarde con mucho entusiasmo. Después de las oraciones el Rav de Dzikov le preguntó: "¿Mientras estabas orando pensabas todavía en la discusión Talmúdica?" "Ni por un instante", respondió el Rav de Tzanz. "Cuando estoy orando, no existe nada más en el mundo para mí y cuando estoy dedicado al estudio, esa es mi única motivación. De esta manera puedo concentrarme plenamente en lo que estoy haciendo en ese momento".

Un hombre llegó al pueblo de Krasny en Rusia y anunció públicamente que haría equilibrio sobre una cuerda tendida a ambos lados de un río. El Rabí Jayim de Krasny, discípulo del Baal Shem Tov trajo algunos de sus discípulos para observar como el hombre realizaba la prueba. Los alumnos del Rabí Jayim notaron que su maestro se había concentrado profundamente en lo que hacía el hombre y le preguntaron el motivo que había atraído su interés.

"Estaba contemplando, como esta persona ponía su vida en peligro para caminar sobre la soga. Si hubiera pensado acerca de la cantidad de dinero que recibiría por ejecutar su acto, seguramente se hubiera resbalado y caído. La única forma en que puede mantener su equilibrio se logra liberando su mente de cualquier otro pensamiento y concentrándose completamente en cada paso que da.

Si su mente hubiera errado aunque solo fuese por un

corto tiempo, hubiese caído al río. Ese es el nivel de concentración que nosotros debemos también dominar" (*Tiferes Hayehudi*, pág.9).

9. *Trata siempre de utilizar tus vivencias actuales para crecer*

A) La persona que consiga enfrentar los hechos y mejor aún sentir alegría en los momentos que vive en el presente, no necesitará preocuparse acerca del futuro. Cuando llegue el futuro éste se transformará en presente y podrá manejarlo. Por otra parte si dominas tu capacidad de sentir alegría en el momento actual, nunca deberás inquietarte si has perdido algo, debido a que aquello a lo que estés dedicado puede transformarse en una experiencia enriquecedora.

B) Considera cada día como una página en el libro de tu autobiografía (*Rabí Yejezkel Abramsky*).

Tu tienes la capacidad de llenar cada página con historias de crecimiento espiritual y de buenas acciones. Las páginas del pasado ya están escritas, pero puedes repasar su significado, extrayendo enseñanzas de tus errores. En una visión panorámica de tu vida esos errores se convierten en peldaños para tu crecimiento. Las hojas del futuro no están todavía listas para ser escritas. Sólo las hojas del presente están ante tí y tienes la oportunidad de ser el autor de una obra maestra que describe la vida de una gran persona: Tú mismo.

C) Resulta fácil forjar en tu imaginación el caudal de placer y felicidad que extraerás de los futuros acontecimientos. La anticipación ansiosa de esos hechos futuros hará que pierdas los momentos del presente. Ocurre con frecuencia que esos acontecimientos futuros terminan decepcionándote, debido a que has exagerado su valor. (Confecciona una lista de tus experiencias personales, que hayan resultado de esa manera). La forma de extraer el máximo provecho de tu vida, consiste en vivir cada segundo tan plenamente como te sea posible. Sin considerar tu situación personal, tienes la oportunidad de utilizar cada momento de tu existencia para crecer. Para alguien que haya adoptado esta actitud resultará indistinto el conocimiento de los detalles de como se desarrolla su vida. No le afectará la forma en que se produczan los hechos, dado que tendrá todavía la oportunidad de convertir a cada uno de ellos en una experiencia productiva.

10. Podrás aliviar el dolor viviendo en el presente

A) Una vez que algo forma parte del pasado deja de existir, si no añades ningún dolor o desaire a lo que sucedió, su duración se limitará al tiempo real de su existencia, el cual es generalmente muy corto. No lo prolongues mediante la repetición posterior que te hagas a tí mismo: "¡Qué terrible que resultó!" Considerar que el sufrimiento es temporario te facilitará más tolerar los insultos y los desaires que se infligen a tu honor (*Erej Apayim*, pág. 98).

Hace unos instantes pudiste haber sido ofendido por tus padres, tu marido o esposa, por tu maestro o empleador, pero eso ya pasó. No lleves contigo esos insultos durante el resto del día. Cuando estés dedicado a otras actividades, deberás hacerlo con una absoluta concentración. No vivas en el pasado (aun cuando éste haya transcurrido hace apenas un momento) e innecesariamente provoques tu desdicha.

B) El dolor sólo representa un segundo en la dimensión del tiempo (*Haosher Shebemunah*) y este pensamiento te ayudará a facilitar enfrentamiento con el dolor. Vives solamente un segundo por vez y todos pueden tolerar la sensación de desagrado, solo durante un segundo.

C) El Rabí Yejezkel Levenstein escribió lo siguiente: Si el recuerdo de lo que has hecho en el pasado induce a que te sientas triste, será tu obligación apartar esos pensamientos de tu mente (*Ohr Yejezkel: mojtavim*, pág.32).

11. Aprende de los animales a vivir en el presente

A pesar de que los humanos tienen un enorme cúmulo de ventajas que lo sitúan por encima de los animales, debes aprender de ellos a vivir totalmente en el presente, destacó lo expresado el Rabí Itzjak Blauser (*Kojvai Ohr*, pág.31-32). Ellos no tienen ni preocupaciones ni ansiedades con respecto al futuro. Deberíamos aprender de las bestias irracionales a liberarnos de innecesarios pensamientos acerca del futuro. Si tienes la tendencia a continuar concentrando tu atención en el pasado o en el futuro y se te hace difícil recordar que tienes una orientación hacia tu presente, podrás utilizar como recordatorio la conducta de los animales y la de los insectos. Cuando veas un pájaro, un perro, un gato, una mosca o una abeja, repítete a tí mismo "Quiero aprender de esta criatura a vivir en el presente". ¿No resultaría un tanto humillante tener que aprender algo de un animal o de un insecto? ¿No sería en cambio, más humillante no poder aprender nada de ellos?

Capítulo Nueve
LA PREOCUPACION

1. La preocupación destruye la felicidad en tu vida

A) La preocupación destruirá tu propia vida (*Keser Jojmah* 12:16).

Una vida plagada de preocupaciones provocará una desgraciada existencia. Sin tener en cuenta la magnitud de la buena fortuna que hayas tenido en tu vida, ésta pasará al olvido. Si llenas tu mente con pensamientos preocupantes, odiarías a alguien que tratara de destruir tu vida, pero si persistes en preocuparte constantemente serás tú mismo quien estará destruyendo su propia vida. Tu primordial prioridad es la de cambiar tu forma de pensar, lo cual habrá de beneficiarte en muchos aspectos.

B) Es más saludable beber veneno que convertirse en una persona con tendencia a la preocupación (*Mivjar Peninim*, pág.24).

C) La verdadera libertad es la libertad de la mente. Sólo una persona cuya mente esté libre de preocupaciones, podrá considerarse auténticamente libre (*Jojmah Umussar*, Vol.2, pág.99). Se han sostenido muchas guerras para ganar la libertad. La gente se ha sometido voluntariamente a muchas penurias a fin de obtener la libertad. Tendrá sentido entonces que realices un esfuerzo para liberar tu mente de innecesarias preocupaciones.

D) Aquel que se preocupa acerca del futuro jamás hallará la plena satisfacción. Cuando el futuro se convierta en presente, se preocupará entonces de un futuro posterior (*Madraigas Haadam: darkai habitojen*).

E) La advertencia del condigno castigo de la *Torah* está

contenida en el siguiente versículo: "Tu vida penderá en la duda ante tí; y sentirás miedo día y noche y no tendrás seguridad para tu vida" (*Dvorim* 28:66). El Talmud (*Menajos* 103b) explica lo expresado, indicando que se refiere al sufrimiento ocasionado por preocuparse acerca del futuro. El texto que dice: "Tu vida penderá en la duda ante tí", se refiere a aquel que al no poseer su propia tierra debe comprar el suministro de granos para el año en curso y se está preocupando por el año venidero. El segundo nivel del verso dice: "Sentirás miedo día y noche", se refiere a alguien que compra granos una vez por semana y por consiguiente está en una peor situación porque tiene que procurarse nuevos granos cada semana. El más severo nivel está contenido en la afirmación: "No tendrás seguridad para tu vida", se refiere a aquella persona que debe comprar el pan todos los días y realmente hallará un motivo por el cual preocuparse. El Rabí Jayim Shmuelevitz frecuentemente citaba esta interpretación Talmúdica. El destacó que muchas personas no tienen gran cantidad de alimentos en sus hogares, a pesar de lo cual están bastante tranquilos. Es la propia preocupación de una persona, la que se convierte en una maldición para uno mismo.

F) Si una persona se inquieta constantemente no importa que sea rico o pobre, siempre hallará cosas por las cuales preocuparse (Ver *Jayai Olam*, Vol.1, Cap.6).

G) Existe un viejo dicho judío que reza lo siguiente: "El temor a la desgracia, es peor que la desgracia". El dolor y el sufrimiento ante muchas situaciones difíciles pueden minimizarse, si la persona no les teme. El dolor que causan las preocupaciones puede fácilmente ocasionar un mayor sufrimiento que el verdadero dolor producido por la situación en sí misma.

H) El Rabí Israel Salanter dijo: "Quedan prohibidas todas las preocupaciones, excepto cuando alguien se preocupe por sus preocupaciones" (*Tnuas Hamussar*, Vol.1, pág.303).

2. Preocuparse constituye una pérdida de tiempo y energía

A) El Talmud (*Sanhedrin* 100b) expresa lo siguiente: "No

te preocupes acerca de lo que posiblemente pudiera marchar mal en el día de mañana. Nadie puede saber jamás lo que habrá de ocurrirle. Quizás mañana ya no estés en este mundo y no tendrás que preocuparte por un mundo que no es el tuyo.

B) Cuando una persona se preocupa acerca de la satisfacción de sus futuras necesidades materiales, está suponiendo que todavía estará con vida en ese momento futuro. ¿Quién le ha extendido una garantía que le asegure que continuará con vida durante un período determinado de tiempo? De la misma manera como presumes que sobrevivirás, podrías igualmente suponer que te será posible satisfacer tus necesidades básicas. Suponte que vieras una persona con aspecto preocupado y le preguntaras: "Mi querido amigo, ¿por qué estás tan lleno de ansiedad?" ¿Cómo reaccionarías si él te respondiera: "Las cosas me van muy bien en este momento, pero estoy preocupándome porque dentro de diez años podría faltarme algo? Sin duda alguna, considerarías ridículo preocuparte por algo que sucederá en un futuro lejano. La verdad es que así como resulta inútil inquietarse por lo que ocurrirá dentro de diez años, tampoco será provechoso hacerlo por lo que sucederá en el término de tan solo un día a partir de ahora (como opuesto a lo planificado), sólo el momento presente está ante tí, tu tarea será utilizarlo correctamente (*Jayai Hamussar*, Vol.1, págs.68-69).

C) Aquel que se de cuenta de lo efímero que resulta su permanencia sobre la tierra, no perderá su precioso tiempo preocupándose (*Shaarey Kdushah* 2:1). Cuando te inquietes pregúntate lo siguiente, "¿Valdrá la pena emplear el corto tiempo de que dispongo sobre la tierra para pensar de una manera tan negativa?"

D) Por medio del análisis del motivo de tus preocupaciones, te darás cuenta de que son inútiles. Las preocupaciones pueden encuadrarse en dos categorías: las que se refieren al pasado y las concernientes al futuro. En lo que respecta al pasado, preocuparse no cambiará la situación. Estás generando tu sufrimiento o sentimiento de pérdida como resultado de tu actual preocupación, causándote un dolor adicional al añadir el desagradable contenido emocional de la preocupación. Si te inquietas por algo que podría ocurrir en futuro, haz todo lo posible para protegerte y prevenir un perjuicio. Si nada pudiera hacerse, toda tu inquietud no cambiará las cosas. ¿Por qué entonces estás desperdiciando tu tiempo presente conflictuándote (*Pele Yoatz: daagah*).

E) No se gana absolutamente nada preocupándose (*Tzail Hamaalos* Nº 34).

Si eres una persona que se preocupa, invierte treinta minutos para interesarte acerca de alguna de las cosas por las que generalmente te inquietas. Este método parece ridículo porque en realidad lo es. Cuando pierdas muchas horas empleándolas en preocupaciones estarás haciendo algo igualmente ridículo. Resulta mucho más fácil vencer esta tendencia cuando se tiene la certeza de su inutilidad.

Pregúntate a tí mismo: "¿Qué es lo que realmente he ganado con preocuparme tanto?" Por favor contesta a esta pregunta con honestidad. Si hubieses tenido calma y tranquilidad podías haber alcanzado el mismo logro sin tensiones nerviosas.

3. La preocupación impide pensar con claridad

A) Cuando una persona tiene un problema importante la preocupación le impide pensar en las formas prácticas para resolverlo. Cuanto mayor sea tu calma, podrás razonar de la mejor manera para escoger el curso de acción más sensato (*Iosef Ometz*).

B) En una carta personal, el Rabí Yejezkel Levenstein escribió lo siguiente: "No te preocupes por nada. Aquel que lo hace tendrá mayores posibilidades de éxito que el que se preocupa". Continúa diciendo que estar distendido y libre de preocupaciones le evitará a la persona reaccionar precipitadamente y exponerse a graves peligros (*Ohr Yejezkel: mijtavim*, pág.104).

C) Cuando estás preocupado, todos tus pensamientos están concentrados en las áreas que son motivo de tu preocupación y tu mente no está libre para dedicarla a conceptos fundamentales (*Divrai Yehoshua* 1:7).

D) La conciencia de lo inexorable de la muerte no debe causar tristeza, sino que por el contrario podemos utilizarla para desbaratar preocupaciones comunes sobre aspectos triviales de la vida. Muchas preocupaciones tienen por objeto tópicos que no tienen un valor permanente. Cuando logres vencer la preocupación, tu mente estará libre para pensar en los objetivos primordiales de tu existencia (*Gesher Hajayim*, Vol.3, pág.24).

E) En lugar de preocuparte de como podrás hacer bien una tarea, invierte tu tiempo en prepararla y practicarla adecuadamente. Concentra tu atención en la manera de superarte. Toma por ejemplo la enseñanza: la proporción del éxito y satisfacciones que experimentes al enseñar, dependerá de tu mayor grado de dedicación y de la preparación esmerada de cada clase que dictes. Si demuestras entusiasmo por la materia y deseas fervientemente transferir tu motivación a los educandos serás con toda seguridad un buen docente. Tu preocupación acerca de la forma en que cumples tu función, sólo te tornará ansioso e ineficaz. Trabajar sobre las habilidades específicas que te ayudarán a mejorarte, te liberará de inquietudes y así podrás lograr un mayor rendimiento, como un educador eficiente.

4. Preocuparse es un hábito que puedes superar

A) Muchas personas que habitualmente se inclinan por la preocupación, creen que la misma forma parte de su naturaleza y en consecuencia le es imposible librarse de ella, pero se trata solamente de un hábito. Algunas personas comenzaron a incorporar esta costumbre a una muy temprana edad, de tal modo que les parece que constituye su idiosincrasia. Sin embargo, tal persona puede llegar a aprender a llevar una vida libre de preocupaciones. Si la consideras como un mal hábito que has contraído y tratas de pensar con mayor sensatez al respecto, podrás vencer esta tendencia negativa.

B) La preocupación tiene cabida cuando escoges entre todos los posibles pensamientos que puedes albergar en tu mente (millones en su número), solamente unos pocos que se refieren a potenciales desdichas o problemas. Siempre tienes la opción de generar pensamientos positivos. Una vez que aceptes tus preocupaciones como aquellos pensamientos específicos que has elegido, podrás realizar un esfuerzo conciente para eludir aquellas ideas que te causen dolores innecesarios y elegir aquellos de contenido más constructivo.

5. Sé precavido y no estés preocupado

Ten un razonable temor por los posibles peligros que pudieras correr y protégete de los perjuicios que pudieras sufrir (Ralbag: *Hadaios Behamidos* 5:2).

Al tiempo que debes esforzarte por vencer innecesarias preocupaciones, debes tener una saludable inquietud en lo que se refiere a tu bienestar y cubrirte sensatamente contra posibles daños. Vencer las preocupaciones no significa exponerte a un peligro, sino adoptar una tranquila actitud al hacer frente a las dificultades y aceptar todo aquello que no puede cambiarse.

6. Aclara en qué consiste realmente tu problema

A) Con frecuencia la gente se precipita a la conclusión de que tienen un problema, cuando en realidad no existe nada porque preocuparse. Para vencer esta tendencia deberás convertir en práctica tu atenta observación de las realidades existentes. La investigación minuciosa de las situaciones que se presenten demuestran con frecuencia que tus preocupaciones iniciales carecían de fundamento (ver *Tnuas Hamussar*, Vol.1, pág.132).

B) Cuando estás preocupado procede de esta manera: a) determina exactamente el motivo de tu preocupación; b) trata entonces de pensar en las soluciones a tu verdadero problema. Si por ejemplo, estuvieras preocupado por la manera de cómo puedes ganarte la vida, tu ansiedad podría alcanzar un nivel comparable a la desesperación por estar muriéndote de hambre. ¿Este éste verdaderamente tu caso? Lo más probable es que estés dotado del talento necesario para realizar diversas tareas, tales como: entregar correspondencia, trabajar en una fábrica, limpiar pisos o trabajos similares. Podrías estar firmemente convencido de que tales ocupaciones no te permitirán desarrollar plenamente tus aptitudes, o que están por debajo de tu dignidad, o que te resultan tediosas y todo esto podría ser cierto. Luego tu problema real es el orgullo o tu sensación de tedio, pero no el riesgo de morirte de hambre. Tu nivel de preocupación descenderá si tienes conciencia de la naturaleza exacta de tu problema. Ahora que el interrogante se circunscribe a convertir un trabajo tedioso en uno más interesante, o como emplear tu potencial, podrás efectuar un inventario de tus habilidades, tus aficiones e intereses y planificar la mejor forma de utilizarlas para ganar tu sustento.

C) En algún momento una persona llega a usar sus preocupaciones a modo de excusa por no alcanzar sus logros. Justifica su inactividad sosteniendo que está ocasionada por su temor ante un posible peligro. De manera ostensible alegará que no está haciendo lo que debiera porque le resulta riesgoso hacerlo. La verdadera razón de su falta de accionar es sin embargo su inercia frente a los hechos. No es el temor el que lo induce a diferir su acción, sino en cambio es su tendencia a postergar la que le infunde ese temor (Ver *Mesilas Yeshorim*, Cap.9).

7. *Busca las soluciones prácticas a tus problemas*

A) El Rabí Yejezkel Levenstein escribió lo siguiente a alguien que estaba preocupado por su falta de dinero y era reacio a solicitarlo a los demás: "Me escribes que te resulta difícil recibir ayuda financiera de otras personas. Esta es realmente la actitud correcta que debes adoptar, pero tu preocupación y ansiedad al respecto constituyen un problema aún mayor. Resulta más conveniente escoger entre los dos problemas, el de menor magnitud" (*Ohr Yejezkel: mijtavim*, pág.146). Con frecuencia las personas se preocupan por asuntos que podrían resolver, si estuvieran dispuestos a hacer algo que les resulta desagradable. No consideres que un problema es insoluble, porque sea de difícil solución. Tu voluntad de hacer lo necesario, aunque te resulte doloroso, te evitará muchas preocupaciones.

B) Cuando una persona se altera por un perjuicio que ha sufrido, se lo hace saber frecuentemente a sus amigos y familiares, con lo cual les transmite a ellos su mismo estado de ánimo negativo. A menos que por una razón de orden práctico fuera necesario hacerlos partícipes de lo sucedido, no le provoquen ansiedad y estrés innecesarios a otras personas (*Idem*, pág.203). Comparte tus preocupaciones con alguien capaz de dispensarles una atención inteligente y de una manera que tienda a hallar soluciones. No agobies innecesariamente a nadie con tus inconvenientes, si esa persona no tiene capacidad para ayudarte, sólo se limitará a alterarse.

8. *Lo que te preocupa resulta ser con frecuencia mejor de lo que imaginabas*

A) Cuando un astrónomo predijo erróneamente que un cometa chocaría con la tierra y ocasionaría muchos daños, el Rabí de Tzortkov comentó lo siguiente: "El debería haberse dado cuenta de que una mente humana jamás puede predecir con certeza cual habrá de ser la voluntad del Todopoderoso en lo que respecta al universo".

B) Si no puedes obtener el dinero que necesitas de la manera que esperabas originalmente, el Todopoderoso tiene otras formas y medios por los cuales podrás adquirirlo (*Jovos Halvovos* 4:4). El Rabí Najman de Breslov relató lo siguiente: Había una vez un hombre que ganaba su sustento excavando arcilla. Un día mientras efectuaba su trabajo, sucedió que por casualidad encontró un diamante.

Sabiendo que el único lugar donde podía encontrar un mercado adecuado para vender esta piedra preciosa era la ciudad de Londres, decidió viajar allí. No contaba con dinero y sin embargo, al subir a bordo de un buque le mostró el diamante al capitán asegurándole que habría de recompensarlo generosamente cuando llegaran a su destino.

El capitán quedó impresionado por la actitud de esa persona y le asignó el mejor camarote de primera clase. El hombre tenía el hábito de colocar sobre la mesa la piedra preciosa mientras comía, debido a que con solo mirarla conservaba su buen humor. Un día luego de una comida particularmente sofisticada, el hombre se durmió dejando el diamante sobre la mesa. Luego el camarero al proceder a la limpieza, sacudió el mantel arrojando al mar todo lo que quedaba sobre el mismo - incluido el diamante.

Al despertarse, el hombre se dio cuenta inmediatamente de lo que había sucedido. Si se lo decía al capitán perdería instantáneamente su importante posición no pudiendo prever de qué manera reaccionaría, por cuyo motivo continuó comportándose como si nada hubiera sucedido, manteniendo un espíritu pleno de optimismo.

Mientras tanto, al capitán se le había presentado un problema: traía a bordo una carga de trigo que le pertenecía con destino a Inglaterra, pero se enteró que tendría serias dificultades legales si efectuaba la operación a su nombre. Teniéndole confianza al hombre, el capitán le pidió que firme un Conocimiento de Embarque como si él fuera el propietario de toda la partida de trigo, a lo cual este último dio su consentimiento.

El barco continuó su viaje y poco después de llegar a Inglaterra el capitán falleció repentinamente y el joven quedó de esta manera como el único dueño de todo el trigo que estaba consignado a su nombre, el cual tenía un valor muy superior al del diamante. Fue así que se había convertido en un hombre rico, como consecuencia de su optimismo.

El Rabí Najman concluyó esta historia diciendo: "El diamante no le pertenecía a ese hombre, la prueba está que no pudo conservarlo, pero en cambio el trigo estaba destinado a ser suyo, como lo prueba el hecho que finalmente pasó a ser de su propiedad. Tuvo buena suerte porque no se dejó abatir por el infortunio" (Rabí Arieh Kaplan, Introducción a: *"Devuélveme el alma"*).

C) Algunas personas están tan acostumbradas a tener una carrera o un negocio de su propiedad, que experimentan una tremenda ansiedad ante la posibilidad de llegar a perder su trabajo específico, o que el producto que venden se torne obsoleto. El Alter de Nevardok afirmaba que la preocupación de estas personas se parecía a las manifestaciones que hacía cierto herrero: "¡Qué afortunado he sido al escoger el oficio de herrero! Si hubiera sido joyero me hubiera muerto de hambre, ya que en los treinta años que llevo dedicándome a mi ocupación, ninguna persona se acercó a preguntarme nada relacionado con la joyería". El Todopoderoso puede siempre dotar a una persona de las habilidades por medio de las cuales podrá ganarse el sustento de diversas maneras, y aunque hayas escogido una de ellas en determinado momento, podrás no obstante tener éxito de muchas otras formas (*Tnuas Hamussar*, Vol.4, pág.306).

E) Muchas calamidades por las cuales se preocupa la gente, pueden no llegar a ocurrir. Si constantemente te preocupas acerca de los posibles desastres que pudieran ocurrir, aunque tu vida se desarrolle perfectamente en todos sus aspectos, tendrás una existencia llena de sufrimientos, los cuales estarán causados por tí mismo y serán totalmente innecesarios. Toda vez que te sorprendas preocupándote acerca de un posible acontecimiento adverso, deberás formularte la siguiente pregunta: "¿Cómo puedo yo saber con certeza que esto ocurrirá?"

F) Aun frente a la mayor carencia que se sufra en el ámbito de las necesidades materiales, existe siempre la posibilidad que en una fracción de segundo se pueda salir de la difícil situación (*Ahavas Maishorim*, pág.38).

G) No te preocupes por los posibles infortunios que puedan sucederte, ya que en definitiva todo lo que hace el Todopoderoso es para nuestro bien (*Jojman Umussar*, Vol.2, pág.24).

Nadie se preocupa ante los sucesos que le son favorables. Nuestras inquietudes se originan cuando ocurren hechos adversos.

Cuando asimilamos el concepto de que todo lo que hace el Todopoderoso es en definitiva para nuestro bien, no tendremos motivo alguno por el cual debamos preocuparnos (*Pele Yoatz: daagoh*).

H) Una vez me dirigí a una persona que había adquirido el hábito crónico de preocuparse, expresándole: "Si escuchas atentamente a lo que te digo, podré enseñarte a vencer tus dificultades". El problema básico de esa persona consistía en que generalizaba demasiado. Cada vez que algo le ocurría, exageraba la magnitud de los eventuales peligros que podría traer aparejada cada situación. Intenté señalarle una manera más precisa de evaluar los acontecimientos, pero esa persona me preguntó: "¡Quiere usted decir que no hay esperanzas para mí!" Este —le expliqué— era su problema: lanzarse a conclusiones precipitadas. Uno de los pasos a dar para vencer la preocupación consiste en clarificar los hechos, formulando las siguientes preguntas: ¿Qué es exactamente lo que sucedió? ¿Qué fue exactamente lo que se dijo? Un cuidadoso examen de estos elementos, indica con frecuencia que no existe motivo alguno para inquietarse.

9. Cuando puedes hacerle frente al presente, no deberás preocuparte por el futuro

Si una persona es capaz de tolerar todo cuanto le suceda, estará libre de preocupaciones (*Orjos Tzadikim*, Cap.9).

Nos inquietamos cuando creemos que no podremos soportar lo que nos sucederá. Cuando hayas dominado la habilidad de hacer frente a todo lo que pueda ocurrir, no deberás preocuparte por ninguna eventualidad.

Cada vez que un futuro acontecimiento te preocupe, formúlate estas preguntas: "¿Por qué no debo preocuparme por eso?" y "¿Cómo habré de proceder si las cosas no resultan tal como lo deseo?"

10. Preocupaciones por asuntos financieros

A) Las personas que se inquietan por la forma en que ganarán su sustento, están preocupándose por lo que habrá de suceder en el futuro.

Les agradaría saber con exactitud y anticipadamente como habrán de satisfacer sus futuras necesidades. La posición que adopta la *Torah* sobre este tema es la de agradecer cada día, por lo que tenemos a diario (ver *Dvorim* 18:73). (*Ohr Yejezkel: mijtavim*, págs.145-146).

B) En la mayoría de los casos, la persona que esté satisfecha por tener lo que realmente necesita, no tendrá dificultades en obtener esos bienes (*Hamaspik L'Ovdai Hashem*, pág.117).

C) En una carta dirigida al Rabí Yerujem Levovitz, su maestro Tzvi Broida le escribió que todo aquel que se avenga a comer para cubrir solamente sus necesidades básicas de subsistencia, a dormir sobre el piso y a no tomar en cuenta los agravios recibidos, se liberará de preocupaciones. Las inquietudes básicas fundamentales de la gente en su mayor parte, residen en dos motivos: Ya sea por temas financieros o por la necesidad del consenso de los demás. Una vez que aceptes restringirte en estas áreas, te liberarás de muchas preocupaciones (*Daas Jojmah Umussar*, Vol.1, Introducción, pág.17).

D) Cuando clarifiques cuales son tus necesidades de subsistencia, comprobarás que los requerimientos mínimos para alimentación y vivienda son relativamente económicas. Por consiguiente cuando te inquietes por problemas financieros, estarás por lo general preocupándote por todo aquello que puede definirse como objetos suntuarios (*Mijtav Mai-Eliyahu*, Vol.1, pág.30).

En tanto que te resultará fácil advertir que existen ventajas en disfrutar de algo más que las necesidades básicas, por cierto no valdrá la pena arruinar tu vida desvelándote por obtener estos beneficios. Visto desde esta perspectiva, podrás disminuir la magnitud de tus preocupaciones.

11. *La aceptación anticipada de las cosas te evitará preocupaciones*

A) Cuando no te interese lo que sucederá en un área determinada, no te preocuparás por ello. Si por lo tanto, aceptas todo lo que pueda ocurrir con una actitud positiva, no te inquietarás por el futuro (*Jojmah Umussar*, Vol.2, pág.153).

Si bien no podemos eliminar los problemas, podremos en cambio aprender a erradicar las ansiedades provocadas por los mismos. No harás sino incrementar las dificultades técnicas que ya te ocasionan tus problemas, al repetirte lo mucho que te afecta lo sucedido. Cuando aceptas cabalmente una situación aun cuando las cosas no hayan ocurrido como te hubiese agradado, el rigor de tu problema se reducirá apreciablemente.

Aprende a determinar claramente qué es lo peor que pudo haber sucedido y a aceptarlo. Esto te liberará de preocupaciones.

B) Cuando todo esté marchando bien mucha gente se inquietará por algo que pudiera no funcionar correctamente. El Rabí Akiva alcanzó el nivel que estaba aguardando toda su vida, para someterse a los sufrimientos y de este modo probar su capacidad de amar al Todopoderoso en toda situación posible, aun cuando se lo estuviera torturando hasta la muerte.

Una persona con este temple, jamás se preocupará por lo que la vida le depare (*Jayai Hamussar*, Vol.1, pág.72).

C) La raíz de muchas preocupaciones radica en el hecho de que la gente con la que te relacionas, pudiera no dispensarte el respeto y la aprobación que esperas de ellos. En tanto que la características de cada persona difieren en cuanto a su comportamiento hacia tí, el factor fundamental es el temor al rechazo por parte de ellos (pueden pensar que no seas inteligente, que carezcas de otras virtudes o habilidades).

El dolor que te hace padecer tu preocupación por esta situación, es mayor que el que genera el rechazo en sí mismo.

Trata de aceptar lo peor que pudiera ocurrir. Imagínate que cada persona que contactes tenga un pobre concepto de tu persona, y que deberás aceptar. Una vez que hayas asimilado emocionalmente esta realidad aunque no estuvieras de acuerdo con ella, no deberás conflictuarte por el rechazo que sufras.

12. *El interés acerca del crecimiento espiritual te liberará de las preocupaciones materiales*

A) Es correcto preocuparse cuando estés olvidando tus conocimientos de la *Torah*, porque esto te impulsará a repasar lo que ya has estudiado. Inquietarte por asuntos materiales constituye un error (*Brojos* 60a).

B) Un hombre sabio dijo: "Todopoderoso, mi preocupación por no lograr servirte a Tí adecuadamente, me releva de todas las otras preocupaciones posibles" (*Sefer Hamidos Lehameiri*, pág.120).

C) El Jofetz Jayim expresó lo siguiente: "La gente se preocupa por no contar con medios suficientes para vivir. Deberían en cambio inquietarse por no estar preparados para la muerte" (*Jayai Hamussar*, Vol.1, pág.117).

D) Toda persona hallará motivos por los cuales preocuparse. Será afortunado aquel que se interese por otras personas, porque de esta manera se liberará de la preocupaciones personales (Rabí Elyahu Meir Bloj: *Shiurai Daas*, pág.116).

Preocuparse de una manera altruista por el bienestar de los demás podrá causarte algún dolor, pero a diferencia de las preocupaciones personales no destruirá la cualidad esencial de tu existencia.

E) La persona que concentra su preferente atención en su crecimiento espiritual, no habrá de preocuparse por asuntos materiales. No obstante requerirá bienes materiales, dado que funcionan como herramientas para lograr la satisfacción de sus necesidades espirituales. Si careciera de algún elemento material, comprenderá que no sentirá una necesidad de orden espiritual por ese bien (*Mijtav MaiEliyahu*, Vol.1, pág.206).

F) El hecho más pavoroso en la vida de una persona, es su muerte. Tenemos sin embargo la capacidad de transformar nuestra muerte en el acto más grande que realizaremos en toda nuestra existencia. Podemos considerar nuestra muerte como la total sumisión a la voluntad del Todopoderoso, y encontramos en este acto un enorme contenido de elevación espiritual (*Alai Shur*, pág.299).

13. La preocupación implica una falta de emunah (fe) y bitojen (confianza en el Todopoderoso)

A) La preocupación sobreviene como resultado de una falta de *emunah* (Rabí Eliyahu Meir Bloj: *Shiurai Daas*, pág.114).

A una persona temerosa del cielo que había dormido sola en medio de la naturaleza salvaje, se le preguntó lo siguiente: "¿No tuviste temor de los animales salvajes? ¿Cómo pudiste dormir en ese medio?"

El respondió: "Me sentiría azorado si el Todopoderoso me viera atemorizado de algo que no fuera El mismo" (*Jovos Halvovos* 10:6).

B) La enfermedad que más prevalece en nuestra generación es la excesiva ansiedad. Este tema ha sido tratado extensamente por filósofos y psicólogos en los tiempos modernos. La ansiedad florece donde hay una falta de *emunah*. La *emunah* hace decrecer la ansiedad: "El Todopoderoso es mi fuente de salvación, confiaré y no tendré temor" (*Isaias* 12:2). (*Shalhevesya*, pág.55).

C) Si una persona asimila el conocimiento de que todo lo que hace, el Todopoderoso es para el bien, no habrá de preocuparse. Se cuenta la historia de un hombre pobre que dedicó toda su vida al estudio de la *Torah* y a pesar de que llevaba una existencia de privaciones, estaba siempre feliz. Una vez a la hora del mediodía comenzó a llorar, por temor a haber hecho una bendición en vano. Durante los servicios de la mañana había recitado la bendición al Todopoderoso por haber satisfecho todas sus necesidades, cuando en realidad en ese día no había probado bocado hasta ese momento, y no tenía nada de dinero para comprarse alimentos. Se dio cuenta entonces de que la pobreza en sí misma, era para él su necesidad específica. Ese era el desafío de su vida: procurar de vivir digna y correctamente en medio de todas sus dificultades (*Derej Slulah*, pág.10).

14. La confianza en el Todopoderoso genera serenidad

A) La persona que haya asimilado el concepto de la confianza en el Todopoderoso, quedará liberado en forma absoluta de las preocupaciones acerca de los asuntos materiales (*Jovos Halvovos*, Sección 4, Introducción: *Orjos Tzadikim*, cap.10).

B) Una persona que deposite completamente su fe en el Todopoderoso no sufrirá la influencia de ningún factor externo, dado que tiene el conocimiento de que nada tiene una existencia propia e independiente. El Todopoderoso en cambio procede a crear todas las cosas de nuevo durante cada segundo que transcurre. Por consiguiente, a quien solamente debe temerse es al Todopoderoso (*Bais Halevi: Breishis*).

C) Piensa cuánto ha de necesitar el que hace el mal para sentirse feliz, y la cantidad de apoyos que le serán necesarios para sostener esa felicidad. Cada apoyo es de naturaleza tan inestable, que jamás estará libre de preocupaciones.

Deberá estar alerta permanentemente en procura de los medios necesarios para preservar su felicidad.

Buscará constantemente nuevos pilares para apuntalar lo que ya esté comenzando a decaer. El hombre virtuoso sólo necesita de un único apoyo para sostenerse: el Mismo Todopoderoso (Rabí Hirsch: *Comentario a Los Salmos* 37:17).

D) El *bitojen* tranquiliza a una persona de los miedos y preocupaciones que surgen en las mentes de todas y de cada una de las personas. Aquel que vive con *bitojen* tiene el conocimiento de que no existen accidentes y sabe que todo lo que le suceda tiene un propósito.

Bitojen no significa que debamos aceptar que "todo estará muy bien". No tenemos manera de conocer exactamente en forma anticipada cómo habrán de suceder los hechos. *Bitojen* significa en cambio que todo lo que ocurra será en definitiva para bien, y que todos tenemos la habilidad de soportar cualquier prueba a la que seamos sometidos. Expresar sentimientos piadosos de *bitojen* no es suficiente. Una persona tiene que sentir verdaderamente *bitojen*, para que tenga efecto sobre sus emociones (*Alai Shur*, pág.258).

Había un hombre adinerado que no era feliz. Como no tenía familia se sentía muy solo, por lo cual solía preguntarse: "¿Qué tiene de bueno todo mi dinero? Tengo abundancia de comida, muebles y joyas, pero aún me falta la felicidad".

Sus vecinos se dieron cuenta lo desdichado que era, y le aconsejaron lo siguiente: "Comparte algo de tu riqueza con gente necesitada. Tu bondad será apreciada por aquellos a quienes beneficies, y esto podría levantar tu ánimo".

La persona adinerada dio su aprobación a la propuesta,

estipulando que deseaba realizar un acto de bondad que fuera muy valorado. Estaba dispuesto a entregar una cuantiosa suma de dinero a alguien que no tuviera a nadie en el mundo que pudiera ayudarlo. Resultó muy difícil encontrar a una persona en esas condiciones, ya que uno tenía un hijo que lo ayudaba un poco, otro tenía un tío y otro un vecino. Un día encontró al hombre más pobre que jamás se haya visto, estaba demacrado, sus ropas estaban hechas jirones, pero parecía estar muy feliz. Esa persona vivía en un campo entre unas rocas porque no tenía un hogar, tenía apenas algo para comer y no podía afrontar la compra de ropas nuevas. "¿Hay alguien que alguna vez te presta ayuda?", preguntó el hombre adinerado. "No", le respondió el menesteroso.

El hombre rico le entregó entonces una gran suma de dinero. "¿Pero por qué me da Ud. tanto?", le preguntó el hombre pobre. "Hay otras personas pobres que también podrían hacer uso de este dinero, yo no lo necesito para mí solo".

El hombre rico le explicó que estaba buscando a alguien que no tuviera quien lo ayudara, y que finalmente había encontrado en él a esa persona. Al oír esto el hombre pobre le devolvió todo el dinero, diciéndole: "Es cierto que ninguna persona jamás me ayuda, pero estoy seguro que el Todopoderoso me asistirá y atenderá mis necesidades". El hombre pobre logró eventualmente hacerse rico, y el rico se convirtió en pobre, ocurriendo que el que fuera originariamente un menesteroso ayudó al que anteriormente fue rico (*Koh Asu Jajamainu*, pág.15).

E) El Rabí Bunim de Parshisjo frecuentemente le refería a sus seguidores lo siguiente: "Cuando tu corazón esté acongojado y lleno de ansiedad podrás aliviarlo elevando una plegaria entusiasta al Todopoderoso" (*Maasiyos Noraim*, pág.27).

15. Fija tu posición con respecto al bitojen

A) El propósito del miedo es el de acercarnos al Todopoderoso. Aquellos que sacan provecho de lo sucedido para elevarse espiritualmente lograrán acercarse. Los que fracasen en su intento se alejarán de El. Si en tiempos de peligro continúas tranquilamente con tus quehaceres habituales, estarás contrariando el punto de vista sustentado por la *Torah*. Si no prestas atención, ni tomas con seriedad el contexto de la situación, estarás incurriendo en una falta de confianza en el Todopoderoso (*Kovetz Inyanim*, pág. 7).

B) Planifica cuidadosamente tu acción futura antes de emprender algún importante curso de acción. Aquel que tenga un verdadero *bitojen,* no deberá preocuparse.

Toma conciencia de tu verdadera posición con respecto a esta virtud. Resulta insensato comenzar una acción que no haya sido suficientemente planificada y que justifique tu conducta, alegando que tienes *bitojen* cuando posteriormente estés lleno de ansiedad y te lamentes por lo que has hecho (*Ohr Yejezkel: mijtavim*, pág.272).

16. *Métodos adicionales para aliviarte de tus preocupaciones*

A) Los Sabios (*Yoma* 75a) sugieren dos métodos para mitigar las preocupaciones. Uno de ellos consiste en aliviarte de tus pesadumbres concentrando tus pensamientos en otros pensamientos. El otro se basa en hacer partícipes a los demás de aquello que te preocupa, sincerándote de los problemas que oprimen tu corazón ante alguien que te escuche, lo cual te hará sentir mucho mejor en muchos casos. Como primer paso, trata de vencer tu preocupación, no concentrando tu atención en pensamientos problemáticos, y si esto te resultara demasiado difícil, comparte dichas ideas con otras personas. Un consejero competente podría brindarte soluciones efectivas, aun cuando no pudiera proporcionarte ninguna sugerencia práctica el solo hecho de estar dispuesto a escucharte, será una ayuda para aliviarte de tus sentimientos dolorosos. Una persona que tiende a conflictuarse, debe realizar todo el esfuerzo que le sea posible a fin de hallar alguien en quien confiar, capaz de ser receptor de su inquietud.

B) Manteniendo tu mente ocupada con pensamientos de la Torah, te liberará de ideas preocupantes (*Avos D'Reb Noson* 20:11).

C) Llena tu mente con pensamientos agradables y positivos y lograrás minimizar sustancialmente tus preocupaciones.

Escribe una lista de ideas positivas que puedas repasar con frecuencia. Que este listado sea tan extenso como te fuera posible y vuelve a leerlo una y otra vez.

D) Alguien que padezca de excesivas tribulaciones y ansiedades, debería someterse a una revisación médica integral. Si una persona estuviera enferma, desnutrida o fatigada, le será difícil deshacerse de pensamientos agobiantes.

E) En ciertas situaciones resulta bastante común que la gente se conflictúe. Podría ayudarte saber que otras personas, a pesar que pudieran no demostrarlo, estarán con frecuencia tan nerviosas como tú en una situación análoga a la tuya. Conversa acerca de tus problemas con alguien que haya pasado recientemente por una experiencia similar. Un ejemplo común de lo expresado es el de mucha gente joven que sienten ansiedad cuando están comprometidos para casarse. Es muy común cuestionar la compatibilidad con la persona con la que has decidido casarte. Consecuentemente, resulta normal preocuparse acerca de las nuevas responsabilidades emocionales y financieras que estás asumiendo. Muchos jóvenes creen erróneamente que la gran mayoría de las demás parejas comprometidas son extremadamente felices y carecen de aquellos problemas que generan dudas y preocupaciones. La verdad es que muchas personas en esta situación atraviesan este período, como una experiencia estresante. Comprender que se trata de situaciones muy comunes podrá ayudar a calmar a aquellos que pasan por esa instancia.

F) En algún momento podrás obsesionarte con ciertas ideas preocupantes. Podrías desear dedicarle el tiempo necesario para trabajar en la resolución de tus problemas, pero por otra parte no quieres agobiarte todo el día con esta tarea.

Una técnica usual consiste en asignar determinados períodos del día para meditar·sobre esos temas. Cuando surja una situación conflictiva durante el resto del día, debes decirte lo siguiente: "No es ahora el momento destinado para las preocupaciones. Esta noche a las nueve en punto pensaré acerca de ello, pero no ahora". Esta es una técnica muy efectiva para apartar suavemente las preocupaciones, consolidando la confianza en tu capacidad de controlar la situación.

El Rabí Leib Dimiles, un adinerado hombre de negocios de Lantzet, era también un virtuoso erudito de la Torah. Al recibir noticias de que había perdido todo su dinero, retornó tranquilamente a sus estudios de la Torah. Su azorada esposa le preguntó: "¿Cómo puedes permanecer tranquilo frente a tamaña calamidad?"

Reb Leib le respondió: "Afortunadamente dispongo de una mente muy rápida, lo que a otros les demandaría un año dedicarse a su preocupación, puedo hacerlo yo en unos pocos segundos" (*P'Air Vekovod*, pág.29b).

Capítulo Diez
LA TRISTEZA

1. Tener tristeza es una opción

A) Mientras realizaba el trabajo de investigación para preparar este libro, le pregunté a un prominente estudioso de la *Torah* que sentía un gran aprecio por la vida y por el saber, qué era lo que podía decirme acerca de la tristeza. Su respuesta inmediata fue la siguiente: "Siendo el mundo tan hermoso, ¿cómo es posible que alguien pueda estar triste?" Contrastando lo manifestado precedentemente, una persona con una marcada tendencia hacia la tristeza a quien le había hablado unos días antes, me preguntó a su vez: "¿Cómo puede alguien ser feliz, si el mundo está tan lleno de problemas y desdichas?"

Dos personas que habitan en una misma ciudad al mismo tiempo, pueden vivir sin embargo en mundos enteramente distintos, a pensar de tener ambos la capacidad de observar el universo bajo la misma óptica. El mundo de uno de ellos es hermoso y está lleno de oportunidades para el crecimiento, en tanto que el del otro no lo es. Ambas son personas sanas y tienen cubiertas sus necesidades básicas, pero sus perspectivas en lo que respecta a los sucesos diarios son completamente diferentes. En definitiva la decisión de si una persona será feliz o estará triste a lo largo de su existencia, dependerá de sus actitudes frente a la vida. Dado que tenemos la posibilidad de ejercer un considerable grado de control sobre nuestras conductas y pensamientos, tendremos la opción de elegir convertirnos en personas felices o tristes.

B) Mucha gente adinerada está tan enceguecida por su riqueza, que no atinan a darse cuenta de lo desgraciados que son en realidad (*Ahavas Maishorim*, pág.81).

En forma similar, mucha gente está tan comprometida en

tratar de hacer dinero o en la búsqueda para "encontrar placer", que no advierten que están innecesariamente tristes la mayor parte del tiempo. El primer paso para derrotar la tristeza, es tomar conciencia cuando estés triste. Algunas personas se sienten tristes con tanta frecuencia, que sólo son concientes de su habitual estado de tristeza aun cuando correspondería que estuvieran alegres.

2. La tristeza causa mucho daño

A) La tristeza es la raíz de muchos defectos del individuo. Este sentimiento conduce que una persona sea demasiado indolente para estudiar la *Torah* y para realizar *mitzvos*. La tristeza se origina como un sentimiento que se experimenta por carecer de posesiones materiales o por el sufrimiento que se está padeciendo. Cuando alguien está triste deja de disfrutar de aquello que ya tiene (Rabí Jayim Vitaal: *Shaarey Kdushah* 1:2).

La tristeza figura entre los más negativos y perjudiciales defectos que no le permiten a una persona abrirse camino hacia el Todopoderoso (*Idem* 1:5).

B) Mantenerse a distancia de la tristeza y la depresión constituye un principio fundamental para servir al Todopoderoso. El Zohar establece que la tristeza presenta un aspecto afín con la idolatría. Aléjate de la tristeza porque conduce a muchas transgresiones. La tristeza puede despertar obsesivos deseos de comer. Muchas personas deprimidas engullen grandes cantidades de comida. Este sentimiento puede también incitarle deseos sensuales a una persona (*Meor Hashemesh: Behaaloscho*).

C) La tristeza es uno de los rasgos característicos más negativos del ser humano. Cuando una persona está triste carecerá de las motivaciones para realizar buenas acciones y no logrará en consecuencia efectuarlas con la necesaria alegría y entusiasmo. Este estado de ánimo es causado con frecuencia por la pobreza y sus derivaciones, además de las diversas formas de sufrimiento. Si una persona acepta la voluntad del

Todopoderoso, no se sentirá triste debido a las difíciles situaciones de la vida (*Rosh Hagivah*, pág.15a).

Un comerciante en maderas, que era uno de los seguidores del Rabi Mordejai de Lekhivitz, embarcó una partido de madera destinada a Danzing, la cual se perdió en su totalidad. Cuando le expresó su aflicción a Rav Mordejai, el Rabí le dijo lo siguiente: "El Talmud establece que el Todopoderoso participa del pesar de cada uno. ¿Valdrá la pena que le causes una preocupación al Todopoderoso por la pérdida de un poco de madera? (*Maigdolai, Hatorah Vejasidus*, Vol.20, pág.111).

D) La tristeza está prohibida porque genera muchas consecuencias negativas. Un ejemplo de lo expresado se evidencia en que una persona triste ha de enojarse con facilidad (*Sefer Jaraidim*). También estará propenso a engendrar sentimientos de odio, animosidad y envidia (*Kitzur Klolay Hoavodah*, pág.7).

E) La tristeza y la depresión causan muchas enfermedades y mucho daño, por lo cual resulta de fundamental importancia elaborar pensamientos positivos para obtener la felicidad.

F) El Rabí Janoj de Alexander le escribió lo siguiente a uno de sus seguidores: "La tristeza en sí misma puede no ser una transgresión, pero ninguna de ellas endurece tanto el corazón como la tristeza" (*Siaj Sarfai Kodesh*, Vol.1, pág.115).

G) El Rabí Mordejai de Lekhivitz dijo que es preferible hablar con alguien que haya cometido serias transgresiones, que con una persona habitualmente triste" (*Ohr Ieshorim*, pág.10).

La tristeza es contagiosa. Una persona triste generalmente vuelca su negatividad sobre otros.

H) Escribe una lista con todo aquello que personalmente implique una pérdida ocasionada por tu tristeza. Este hábito podrá motivarte para que hagas un esfuerzo con el objeto de cambiar tus pensamientos y conductas negativas por otras que sean más positivas.

3. Estamos obligados a trabajar para vencer la tristeza

A) La tristeza constituye una violación de las leyes de la *Torah* y todos están obligados a evitarla (Rabí Yejezkel Sarna, *Iyunim sobre Mesilas Ieshorim*, Introducción).

El Rabí Mordejai de Lekhivitz relató que su padre vio que él estaba triste y lo reprendió severamente por este motivo. A lo cual le preguntó a su padre lo siguiente: "¿Por qué me censuras tan enérgicamente por estar triste, cuando tengo otros defectos mucho más serios?" El padre de Rav Mordejai le respondió: "Cuando haces otras cosas incorrectas tienes conciencia de haber cometido un error y eventualmente lo lamentas, pero no lamentarás estar innecesariamente triste. Es por eso que te censuro" (*Ohr Ieshorim*, pág.10).

El Rabí Rafael de Bershid advirtió a la gente que no estuvieran tristes. "Resulta difícil arrepentirse por estar triste", solía él decir. "Tan pronto como alguien quiere arrepentirse, es probable que se sienta triste, por estar triste. Para vencer los sentimientos de depresión deberás concentrarte en lo que estés haciendo en el presente y no dedicar tus pensamientos ni al pasado ni al futuro, hasta que te sientas mejor" (*Midrash Pinjos*, Parte 3, Nº 44).

B) "La tristeza es un agente que estimula las malas inclinaciones", le escribió el Jazón Ish a un joven que sufría la sensación de la soledad (*P'Air Hador*, Vol.4, pág.39).

C) Cuando una persona se sienta triste tendrá la obligación de hacer lo que está a su alcance para apartar esos sentimientos (*Pajad Yitzjok, Igros Uksovim*, pág.98).

D) Cuando estemos tristes por algo, es como si tuviéramos quejas contra el Todopoderoso por no complacer nuestros deseos (*Hishtapjus Hanefesh*).

E) La tristeza es muy negativa porque en sus raíces se encuentra el egoísmo. Los sentimientos de tristeza provienen de pensar demasiado en uno mismo: "Debería tener mucho más de lo que tengo. Me están faltando muchas cosas", es lo que suele decirse a sí misma una persona triste (Rabí Aarón de Karlin: *Dor Daiah*, Vol.1, pág.167).

Si una persona que piensa de esta manera llega a tomar conciencia de que no existe ninguna razón para que las cosas sean diferentes de lo que son (a pesar que a él le gustaría que lo fueran), le resultará más fácil aceptar la realidad. Si algo puede cambiarse, trata lo que sea para mejorarla. Si por el contrario las cosas no pueden cambiarse, exigir que sean distintas de lo que son, solamente logrará hacerte innecesariamente desgraciado.

F) Aun la humildad debe ir acompañada de alegría y no de tristeza (Rabí Dov Ber de Biala: *Eser Zjuyos*, pág.54).

G) Evitar la tristeza durante el *Sabbat* es particularmente importante. La *mitzvah* de *Oneg Shabbos* requiere que una persona sienta alegría y placer durante el *Sabbat* (*Taamey Haminhogim*, pág.151).

H) Los Sabios y los autores de obras de ética, quienes pusieron énfasis sobre la expresión "recordando la muerte", no lo hicieron para despertar sentimientos de tristeza y erradicar la felicidad y el placer del mundo del Todopoderoso. La tristeza es una ofensa extremadamente indeseada. El objetivo de recordar que eventualmente hemos de morir, es para que no olvidemos que somos mortales. Recordando que los días de nuestra vida están contados y que habrán de llegar a su fin, toda persona aprende a atesorar el tiempo que tiene disponible en este mundo y no desperdiciar sus oportunidades para crecer (*Gesher Hajayim*, Vol.3, pág.24).

4. A veces la tristeza es apropiada a las circunstancias

A) Aun cuando teóricamente resulta posible desarrollar una actitud que elimine totalmente la tristeza, el punto de vista de la *Torah* sobre este tema es que existen momentos en que tales sentimientos resultan apropiados. Tenemos la obligación de llorar por la muerte de otra persona. Debemos también tener el suficiente cuidado acerca del posible sufrimiento, que rezaremos para que no nos suceda.

¿Cuál sería la razón de esta actitud? El propósito de la misma es para que utilicemos esas situaciones como recordatorios para lograr nuestra superación (*Jojmah Umussar*, Vol.2, pág.203).

B) La tristeza tiene su propio valor en el hecho que cuando estemos tristes, nosotros mismos podemos aprender a apreciar el sufrimiento de los demás y esto nos motivará para que los ayudemos. Nuestra propia experiencia emocional nos dará un mayor impulso que si sólo tuviéramos un mero conocimiento intelectual de nuestra obligación de brindar ayuda (*Maamar Mordejai*, pág.36).

C) El duelo por la pérdida del *Bais Hamikdosh* está basado en el conocimiento del potencial de elevación espiritual que era posible con el *Bais Hamikdosh* (*Maimrai: Shlomo*, Vol.1, pág.213).

Este luto no deprime a la persona ni lo imposibilita a alcanzar sus logros. El luto está basado en cambio, en una apreciación del crecimiento espiritual y el tener conciencia de lo que aún se pueda alcanzar.

5. *La tristeza está mayormente basada en tus pensamientos y actitudes*

A) Te sientes triste cuando mantienes tu mente concentrada en cosas negativas. Tus pensamientos son la causa de tu falta de felicidad (*Sefer Hamidos: Atzvus*).

Tienes una amplia gama de opciones en cuanto al objeto de tus pensamientos. En lugar de causarte tristeza a tí mismo, concentra tu atención en pensamientos que generen felicidad (Ver Cap. 2 y 3). Imagínate que tuvieras un grabador de cinta magnética y tuvieras que elegir entre dos cintas: una te hará feliz y alegre y la otra que te causará innecesariamente desdicha y tristeza, sólo un tonto elegiría aquella que le causará innecesarios sufrimientos. Tu mente está constantemente pasando cintas para escuchar su contenido. Será siempre tu opción escoger entre estas expresiones propias y pensamientos las que te harán alegre y feliz o aquellas que te causarán desdicha, consecuentemente elegirás ideas positivas y de esta manera tendrás una vida feliz.

B) Los sucesos en sí mismos no pueden entristecerte, será tu actitud hacia esos hechos la que te causará esa sensación. Para vencer los sentimientos de tristeza, toma conocimiento acerca de lo que te dices a tí mismo, acerca de un hecho, o de una serie de hechos o de la vida en general. El próximo paso consiste en transformar esos pensamientos negativos en otros más positivos.

Tu temperamento en general experimenta una gran mejoría al cambiar el contenido de las expresiones que te repites a tí mismo. Este importante principio ha sido desarrollado en el Cap.3.

C) La raíz de la tristeza está basada en la expresión que te repites a tí mismo con respecto al carácter desagradable de algún suceso. Por lo tanto la forma para vencerla, se encaminará hacia las siguientes alternativas: a) Cambiar la situación, o bien: b) Concentrar tus pensamientos en algo más positivo, o: c) Tratar de encarar la situación con una perspectiva más positiva (En algunos casos puede resultar útil escribir estos pensamientos sobre el papel).

Imagínate que has perdido un ómnibus. Repetirte que, te resulta terrible tener que esperar una hora para el próximo ómnibus podría entristecerte, pero tienes algunas alternativas: a) dejar de pensar acerca del ómnibus que perdiste y comenzar a pensar en un tema más agradable, b) cambiar la situación tomándote un taxi, o c) piensa en algo provechoso que puedes haber obtenido al no haber podido viajar, tal como sostener una interesante conversación con la persona que estaba al aldo tuyo en la terminal de ómnibus.

Si te sientes triste por defectos o fallas personales, podrás hacer lo siguiente: a) cambiar la situación al superarte; b) dejar de pensar acerca de tus defectos (en el caso de un defecto que no puedas cambiar, tal como el de no ser lo inteligente que desearías ser); c) piensa en algo positivo que pudiera resultar de tu defecto. (Debido a que te lleva más tiempo entender algo, debes trabajar más intensamente que los demás, lo cual de por sí podrá ayudar a tu crecimiento). Se necesita sensatez para discernir lo que resulte más apropiado para una determinada situación.

D) Cuando te sientas triste por algún motivo, trata de pensar en el aspecto provechoso de ese asunto. Si logras dominar esta habilidad, podrás derrotar los pensamientos tristes (*Likutai Aitzos: Simja* Nº 31).

Cuando te sientas abatido por un suceso que ha ocurrido, pregúntate lo siguiente: "¿Qué es lo que estoy diciéndome acerca de este suceso que me causa tristeza?" "El próximo paso será preguntarte: "¿Cómo puedo observar la situación de una manera diferente que sea más positiva?" Cuando observes consecuentemente las cosas en forma positiva, podrás sentirte bien acerca de situaciones que innecesariamente alteran a otras personas. Al menos cada situación difícil puede considerarse mínimamente, como una experiencia de aprendizaje a través de la cual puedes enriquecerte con nuevos enfoques. Si algún pensamiento generador de tristeza sigue apareciendo en tu mente en forma obsesiva, encuentra un modo positivo de enfocar la situación y cada vez que este sentimiento aparezca reacciona en forma inmediata con una evaluación positiva que te resulte objetiva.

E) En una carta citada con frecuencia, el Rabí Janoj de Alexander escribió: "¿Cuál es la esencia de la tristeza?": Una persona está haciendo un reclamo: "Deberías haber adquirido tal y tal producto" o "me está faltando esto o aquello". Sin considerar si se trata de asuntos materiales o espirituales, todo se refiere siempre a mi persona (*Siaj Sarfair Kodesh*, Vol.2, pág.115).

En asuntos materiales cuando dices que deberías tener algo, pregúntate: "¿Por qué debe tenerlo?" Por supuesto te gustaría que pudieras hacerlo. Tu vida podría verse realzada si poseyeras un determinado objeto o talento, pero, ¿por qué debería yo tenerlo? Si te dijeras a tí mismo: "Yo debo tener esto", estarías causándote una innecesaria ansiedad. En cambio repítete: "Sería agradable poseer esto, pero aceptaré la situación aun cuando no me sea posible adquirir aquello que hubiese preferido".

En asuntos espirituales existen definitivamente los debería, pero aún en este caso lo que hemos de decirnos a nosotros mismos influirá en determinar si estamos motivados para obtener nuestros logros o si nos quedamos estancados ante una visión de una excesiva culpa o de la autocompasión. Alguien podría decirse a sí mismo "¡qué terrible resulta que no haya podido realizar esto o aquello, lo cual prueba que soy un fracasado y jamás llegaré a ninguna parte!". Alguien que piense de esta manera sólo estará provocando su desdicha y por lo general abandonará todo intento por superarse. Por otra parte, una persona podrá decirse a sí misma: "Puedo realmente alcanzar mejores logros, para lo cual debo trabajar con mayor ahínco. Haré planes para vencer los obstáculos o consultaré con otras personas sobre las formas de mejorar". Esta clase de esquema de pensamiento incita a las personas a superarse. Trata de olvidar lo que se refiere al Yo y concéntrate en lo que deba hacerse.

F) Si abandonas tus exigencias para obtener mayores posesiones y objetos materiales, te evitarás mucha tristeza innecesaria (*Maahe Raj*, Cap.5).

La tristeza no proviene de la carencia de posesiones, sino de la falta de aceptación del hecho de no tenerlas. Cuando no puedas adquirir algo deberás aceptar que no has de tenerlo y así no añadirás dolor emocional a tu problema práctico de no poseer ese objeto. No estamos propugnando que no deban poseerse los objetos que deseamos, sino que evitemos sentirnos tristes por no lograr nuestros deseos.

G) Algunas personas se entristecen por motivos triviales. Un observador objetivo advertirá con asombro como esa persona a pesar de tener la posibilidad de vivir su vida con sentimientos de felicidad, dado que posee lo que realmente necesita, se siente no obstante desdichado debido a la incidencia de objetos de menor cuantía y que carecen de importancia. Esas personas conceptúan aquello que han perdido como extremadamente importante, y que lo que ellos ya poseen empalidece en comparación con lo que no han logrado obtener. No obstante lo cual, piensan que su vida no vale la pena por carecer de esos objetos (Rabí Iosef Leib Bloj; *Shiurai Daas*, Vol.2, págs.145-146).

H) Debido a que tú eres el causante de tu propia desdicha por decirte a tí mismo que algo resulta terrible o que constituye una desgracia, debes asumir la responsabilidad (no necesariamente el sentimiento de culpa) por aquellos pensamientos que generan desdicha. Evita decirte: "él me hizo desgraciado", o "esto me causo desdicha", deberías en cambio decirte: "Yo mismo me causo desdicha, al decirme que...". Al manifestar en forma explícita que eres tú mismo el causante de tu infortunio por el contenido de lo que te dices a tí mismo, estarás más motivado para cambiar tus pensamientos y automanifestaciones.

6. *Ten cuidado de no aumentar innecesariamente tu tristeza*

A) Cuando te sientas triste a raíz de una situación difícil

debes tratar de diferenciar entre el problema práctico suscitado y sus aspectos emocionales. Imagínate por ejemplo que fuiste despedido de un empleo. Este hecho presenta importantes aspectos de carácter práctico: Estás actualmente sin una fuente de ingresos y tienes una familia para mantener. Continúa pensando en términos prácticos: "¿Qué puedo hacer para conseguir un nuevo trabajo o para ganar dinero, sin tener un empleo formal?" Mucha gente se agrega sufrimientos innecesarios al repetirse a sí mismo: a) El jefe fue injusto al despedirme; b) ¡Qué deprimente resulta estar sin trabajo!; c) Sus preocupaciones por no hallar el trabajo que le agrada. Cuando te adhieres a los aspectos negativos de la situación tu mente no estará libre para pensar acerca de las formas de mejorar las presentes circunstancias.

B) Con frecuencia cuando una persona está abrumada por un tema específico, sus sentimientos de tristeza se hacen evidentes en todo su ser. Esto generalmente no guarda proporción alguna con el tema que lo aflige. A consecuencia de ello no le siente gusto a la comida y drásticamente se alteran sus hábitos de sueño. Una persona debería esforzarse para adecuar las consecuencias emocionales a la proporción de su problema. Tal como lo escribió el *Jovos Halvovos* (*Shar Haprishus*, Cap.3): El deberá tener una expresión feliz en su rostro a pesar de que internamente tenga una tristeza (*Pajad Yitzjok, Igros Uksovim*, pág.98).

C) A la gente que habitualmente se siente desdichada les iría mejor si no dedicaran tanto tiempo a observar como se sienten. Podrían emplear su tiempo de un modo mucho más eficiente, si se concentran en pensamientos de índöle más positiva y se dedicaron a actividades productivas en lugar de rumiar constantemente lo mal que se sienten. No incrementes tu tristeza sintiéndote triste porque te sientes triste. No temas a las emociones negativas aunque sean desagradables, pero si no las consideras terribles han de resultar más fáciles de tolerar. Encara tu tristeza como un desafío. Todo pueden actuar de una manera positiva si están en un estado de regocijo. Comportarse de manera positiva aun cuando estés triste, constituirá una señal de coraje y vigor.

D) Algunos lectores podrán sentirse culpables cuando se

sienten apesadumbrados. Podrían decirse: "No debería sentirme triste. ¡Qué mal me siento por entristecerme, cuando no debería hacerlo!" Esto no hará sino incrementar su sentimiento de tristeza en lugar de disminuirlo. Es más sensato la aceptación de tu estado de abatimiento en lugar de combatirlo. Desafía aquellos pensamientos que generan tristeza, pero acéptalos como posibles.

7. *Algunas posibles causas de la tristeza*

A) El Rabí Pinjos de Koretz dijo que la depresión y la tristeza son los resultados de la arrogancia. Cuando una persona arrogante sufre alguna desgracia, se dice a sí mismo: "Estas cosas no deberían ocurrirle a una persona como yo". El hombre humilde acepta calmadamente todo aquello que él no pueda cambiar, por lo cual nunca está innecesariamente triste (*Dor Daiah*, pág.91).

Una persona arrogante estará siempre alterada cada vez que alguien deje de hacer por él, lo que él cree que debía haber hecho, o contrariamente cuando lo que hizo no debió haberse hecho según su manera de pensar. Para vencer la tristeza una persona debería dejar de exigirle cosas a los demás. Especialmente en lo que respecta a exigir la aprobación de los demás, toma conciencia que en definitiva no constituirá ninguna diferencia de orden práctico, si la gente nos honra o no, y no tendremos que sentirnos tristes por la falta de reconocimiento (*Pele Yoatz: atzvus*).

B) Una de las principales causas de la tristeza de la gente, es su imposibilidad de obtener cosas sin las cuales podrían vivir igualmente (Magid de Dubno; *Sefer Hamidos; Shaar Hasinah*, Cap.15).

Esto resulta irónico dado que una persona está exigiendo cosas para vivir una vida más feliz, pero esa misma actitud de exigencia le causa mucha desdicha. Abandona tus exigencias de aquello que no puedes obtener y habrás de vivir una existencia más feliz.

C) La persona que trata de imponerse un cambio de su conducta en plazo extremadamente breve estará propenso a deprimirse y a no tener éxito en su intento. Trabaja sobre tus

falencias en forma gradual. Si te formulas exigencias imposibles con relación a tu persona, te sentirás frustrado y desdichado (*Jeshbon Hanefesh* Nº 17).

D) La falta de objetivos con sentido coherente en la vida
conduce a la tristeza. Si no le hallas sentido a lo que estás
haciendo, es probable que no te sientas feliz, para solucionar
esta situación. Cuestiónate cuales han de ser los objetivos que
puedas fijarte y a los que les hallarás sentido. Los objetivos no
deben ser necesariamente los fundamentales, sino que aun
algunos temporarios y de menor importancia será preferible a
no tener ninguno. Confecciona un listado de objetivos los cuales
te esfuerces por alcanzar. Deberás ser lo más explícito posible a
este respecto, dado que las metas vagas no te habrán de motivar mucho. Detalla por escrito las principales áreas de tu vida
y los objetivos que te fijes para cada una de ellas: objetivos
espirituales, interpersonales, de autosuperación, etc.

E) La falta de amigos puede causar desdicha; aun cuando
dentro de esta área disponemos de un fuerte grado de control.
Podrás decirte al respecto: "¡Qué terrible me resulta no tener
amigos íntimos. Debo estar fallando en algo. No puedo soportar
el no tener amigos íntimos!" Repitiéndote este tipo de manifestaciones, no harás sino incrementar tu tristeza. Lo más sensato
que puedes hacer es realizar un esfuerzo coherente para procu-
rarte una relación amistosa con la gente. Tampoco exigirás que
tu amigo sea perfecto; si no puedes hallar todas las condiciones
que requiere la amistad, reunidas en una sola persona, podrá
resultarte provechoso tener numerosos amigos. Si no obstante no
logras hallar ningún amigo, podrás aún decirte lo siguiente:
"Sería mucho más placentero tener uno o un par de amigos pero
puedo sin embargo tolerar todavía estar solo". Es posible estar
solo sin sentirte solitario. Además tienes la capacidad de concentrarte en los beneficios de la soledad en lugar de contemplar
nada más que sus aspectos negativos.

F) El hombre sabio tiene la convicción de la limitación de
sus conocimientos, pero el tonto cree que lo sabe todo (*Jayai
Hamussar*, Vol.1, pág.178).

Mucha gente se siente disgustada cuando descubren que
han cometido un error, o se dan cuenta que no saben tanto como

creían saber. Esto se basa frecuentemente en que la persona se repite a sí misma (aunque sin un total convencimiento), que ya lo sabe todo. De ahí que no lo sabe todo y experimentará placer en la búsqueda de nuevos conocimientos.

G) La naturaleza de una persona tiene la particularidad de que cuando alguien habla de los infortunios y sufrimientos que experimentó en el pasado, volverá a padecer sufrimientos en el momento actual y esto podría hasta impulsarlo a llorar (*Shiurai Daas*, Vol.1, pág.123).

H) La fatiga es una posible causa de tristeza. Asegúrate pues de alimentarte adecuadamente y dedicarle suficiente tiempo al sueño. La persona que está cansada y hambrienta está propensa a irritarse. El excesivo estrés es causante de fatiga y de tristeza. Hay circunstancias en las que el estrés resulta inevitable, tal es el caso de la muerte de un familiar o de un amigo íntimo. El estrés ocasionado por problemas domésticos puede no obstante aliviarse, ya sea mejorando la situación que se vive, o bien cambiando la actitud frente al problema que se presenta. A una persona que halla su trabajo estresante podría irle mejor tomando su tarea de una manera menos seria. Muchos aspectos de una tarea pueden considerarse como si fuera un juego o como un certamen festivo.

I) Si alguien condiciona su felicidad a que otra persona se case con él, si las cosas no se desarrollan como las había planeado se sentirá innecesariamente desdichado. Resulta disparatado entristecerte sin necesidad.

Si te dices a tí mismo que no podrás ser feliz a menos que cierta persona acceda a casarse contigo, habrás de sentirte abatido si esa persona se rehúsa a hacerlo. Tu principal problema no reside en el rechazo de esa persona, sino la actitud que adoptas frente a la situación planteada. Debes decirte a tí mismo que una determinada persona pudo haber sido tu primera elección, jamás podrás tener la certeza que las cosas pudieran resultar en la forma en que lo imaginaste si te hubieras casado con esa persona (¡Inevitablemente no se hubieran cumplido tus deseos!). Puedes encontrar tu felicidad si concentras tus pensamientos en disfrutar de lo que estás haciendo en este preciso instante. Cuando contraigas matrimonio, ten cuidado de no estar repitiéndote que la vida podría haber sido mejor si te hubieras casado con la otra persona. Resultaría mucho más productivo hacer que tu matrimonio actual resulte de la mejor manera posible en lugar de compararlo con otra unión ideal.

8. Venciendo la tristeza

A) Realiza un esfuerzo conciente para llenar tu mente con pensamientos positivos. Vuelve a leer el Cap. 2 y ejercítate en mantener tu mente concentrada en los centenares de aspectos positivos de tu vida. Toma conciencia de tu capacidad para ver, hablar, caminar y otras acciones.

Los pensamientos siempre continuarán afluyendo rápidamente a tu mente, concéntrate en forma pausada, sobre todos los detalles positivos de tu vida. Ten en cuenta que tu eres quien escoge que pensamientos has de albergar en tu mente. Elige aquellas ideas que le darán un realce a tu vida.

B) No sientas anhelos por ninguna otra situación en el mundo además de la que estas viviendo en el presente (Rabino Abraham Ben Harambam: *Hamaspik L'ovdai Hashem*, pág.119).

La persona que maneje esta habilidad nunca se entristecerá por las situaciones de su vida. Acepta su situación actual como un desafío particular que le plantea la vida cuando él no puede cambiarla. Esta actitud generalmente no llega a dominarse con una simple lectura. Trabaja persistentemente para integrarla a tu forma de pensar. Cuanto más veces te repitas este pensamiento, ha de producirse en mayor grado la asimilación de la misma a tu mente.

C) Podrías sentirte abatido si te suceden acontecimientos infortunados. Según está escrito en el *Sefer Habris*, todo aquel que razona sensatamente comprenderá que no hay nada por lo cual entristecerse. Los motivos que conducen a la tristeza se dividen en dos categorías: Asuntos que admiten corrección y otros que no pueden ser corregidos. Si algo puede hacerse para modificar una situación, ¿por qué estar triste?, emprende una acción para corregirlo. Si por otra parte nada pudiera hacerse, ¿Qué se gana con entristecerse? La tristeza no mejorará las cosas, resultando más sensato aceptar aquello que no puede cambiarse (*Pele Yoatz: atzvus*).

D) Cuando te sientas triste detalla por escrito cuales son los pensamientos que te causan tristeza y luego consigna por escrito también los desafíos que le planteas a esos pensamientos negativos y las formas más positivas para enfocar dichos temas.

El ponerlo por escrito resulta generalmente un método mucho más efectivo que pensarlo únicamente.

E) Cuando sientas que los problemas te están agobiando confecciona un listado detallando diez de las razones por las cuales aún no puedes ser feliz. Cuando otra persona te quiera indicar cuales son esas razones podrás discutir con ella y rebatir sus argumentos. Si en cambio, radicas este asunto sólo en el fuero interno de tus pensamientos, siempre podrás hallar por lo menos diez razones que te sean valederas para tus propósitos.

F) Prepara una lista de las buenas acciones que puedes realizar obligándote a llevarlas a cabo cuando te sientas abatido. Esto podría resultarte difícil, pero debes tener en cuenta que son precisamente las dificultades, las que harán más meritorio el bien que puedas hacer, cuando te sientas deprimido. El pensar: "¡Qué bueno es que pueda yo hacer el bien, aunque me sienta mal!", te ayudará a sentirte mejor. Especialmente deberías dedicarle tiempo a realizar buenas obras destinadas a aquellas personas que puedan utilizar tu ayuda. Cuanto más pienses en los demás, tendrás menos tiempo para sentir autocompasión.

G) Utiliza la oración como un medio para vencer a la tristeza. Háblale al Todopoderoso en tu propio lenguaje. Dile a El lo mal que te sientes y pídele fuerzas para hacer frente a la situación y crece a partir de las dificultades que experimentes en el presente.

H) Toma conciencia de cuales son las situaciones y conductas que te complacen. Cuando te sientas excesivamente triste y no puedas cambiar tu actitud, realiza un esfuerzo conciente para emprender alguna acción que pueda aliviar tu depresión. Una persona que tiene tendencia a estar triste, debería preparar una larga lista indicando todo aquello que pueda ayudarlo a sentirse mejor. Podría tratarse de hablarle a una persona determinada que tenga entusiasmo, correr, tomar un paseo en un área tranquila, mirar fotografías de familia, comer determinados alimentos —el Rabí Avigdor Miller dijo que cuando era *Mashgiaj* en una de las *Yeshiva* más importantes, algunas veces, determinó que el mejor consejo que le podía dar a ciertos estudiantes era que se tomaran un descanso de sus estudios durante unos pocos minutos para comerse un trozo de torta—, o leer pensamientos inspiradores. Mientras que nuestra actitud es un factor fundamental en lo que respecta al sentimiento de tristeza, la falta de situaciones y acontecimientos de contenido positivo en nuestra existencia, juega un rol muy importante en la forma en que nos sentimos.

I) Rememora las cosas buenas que te hayan ocurrido en el pasado. Si puedes revivir mentalmente esas experiencias, estarás en un estado anímico mucho mejor y podrás manejar los hechos presentes de una manera más eficiente (*Hishtapjus Hanefesh*, Introducción). Haz un detalle de los hechos favorables que te han acontecido. Cuando te sientas triste, toma esa lista y léela varias veces. Piensa especialmente en aquellas cosas que te hicieron sentir alegría cuando las obtuviste por primera vez y que aún las tienes. Recordando el regocijo que sentiste originariamente te hallarás en un mejor estado de ánimo. Las persona tristes tienden a hablar acerca de sus infortunios y esto les produce innecesarias desdichas, cuando debieran consolidar el hábito de hablar de las experiencias positivas de la vida. Cuando hablas acerca de vivencias y pensamientos de contenido positivo, éstos tendrán un efecto análogo sobre tu estado emocional. Repitiendo lo expresado varias veces, podrás consolidar la confianza en tu habilidad de evocar emociones de contenido aleccionador.

J) El recurso de transmitir imágenes mentales en forma positiva es un método muy importante para controlar los sentimientos de una persona (ver *Daas Umussar*, Vol.1, pág.131).

Una persona con tendencia hacia un estado de ánimo depresivo está propensa a imaginar habitualmente escenas desagradables. Cuando estés observando escenas de contenido negativo, deberías realizar un esfuerzo conciente para cambiar el sentido de esas imágenes. Elabora un listado de escenas de contenido elevado, en las que puedas concentrar tu atención.

Tómate unos instantes para experimentar realmente los sentimientos constructivos resultantes de enfocar tu mente hacia esas imágenes.

K) El Jofetz Jayim escribió que una persona con marcada tendencia a la tristeza, podría revertir ese estado de ánimo tomando parte en conversaciones de tono agradable, pero deberá tenerse especial cuidado de no hablar contra otras personas (*Shmiras Haloshon: Shaar Hatvunah*, Cap.3).

L) En algunas circunstancias la situación de tu entorno podría ser la causa principal de un estado de tristeza crónica. Trata de modificar esa situación. Si no pudieras introducir los cambios necesarios en el lugar en que te encuentres, considera la posibilidad de abandonar ese entorno. Cuando el problema está radicado en tu mente, un cambio de entorno resulta por lo general insuficiente y será con frecuencia innecesario, si lograras modificar ciertos pensamientos y conductas. Si en cambio el problema lo constituye el entorno que te rodea, algunas veces valdría la pena afrontar los riesgos que involucre esa decisión. Al principio ese cambio podría ser traumatizante, pero eres conciente de los riesgos que ello acarrearía, y estás dispuesto a aceptarlos, y podrías descubrir que tu nuevo entorno resulta apto para conducirte a la felicidad. Debemos tener en cuenta una palabra de advertencia: desde cierta distancia un entorno distinto podría parecer mejor de lo que es en realidad. En ese contexto podrías encontrarte con otros problemas posiblemente más difíciles de enfrentar. Resultará valioso consultar con un consejero confiable antes de adoptar decisiones importantes en tu vida.

M) La tristeza que proviene de una oportunidad perdida, se debe a que has estado repitiéndote lo afortunado que hubieras sido de haber podido aprovecharla. Este estado de ánimo representa una pérdida absoluta. Enfoca tu atención hacia la forma de sacar el mayor partido posible de los momentos que vives en el presente. Trata además de tomar conciencia de los posibles aspectos negativos que pudiste haber soslayado. La gente con frecuencia sólo se concentra en los aspectos positivos de las oportunidades perdidas. Un análisis más completo permitirá que te sientas mejor por haberte evitado esos aspectos negativos.

N) El Rabí Tzadok Hacohen escribió que cuando una persona está triste, no podrá estudiar la *Torah* en forma adecuada, y por lo tanto resultará apropiado levantar su ánimo y el de los demás (*Maimayonos Hanetzaj: Pirke Avos*, pág.330).

O) Lo que con frecuencia parece un problema o una situación depresiva, se debe únicamente a una falta de aire puro. Deberás salir al aire libre e inhalar profundamente o por lo menos abrir la ventana y llenar tus pulmones de aire. Tus emociones se normalizarán cuando tu cuerpo se vigorice por el influjo de aire fresco, húmedo y circulante. Este produce a menudo efectos inmediatos. Bebe profundamente en la abundancia del Todopoderoso, e inhala con la plenitud de tus pulmones la champaña de la vida (*Canta, Tú el virtuoso*, pág.215).

P) La música puede ayudar a una persona a vencer la tristeza (*Likutai Aitzos, neginah*, Nº 8).

Q) Una técnica para vencer los sentimientos pasajeros de tristeza, es detener el curso de tus pensamientos durante unos pocos minutos y percibir solamente tus reacciones corporales. Ejercita la tensión en los músculos que rodean tu cabeza, hombros, brazos y vientre. La "tristeza" es meramente una palabra que describe tu reacción interna. Concentrar tu atención en las reacciones de tu cuerpo, hace que las mismas se atenúen. Esta técnica experimental resulta difícil describirla adecuadamente con palabras. Aunque pudiera no ser efectiva para todos, muchos podrán considerarla útil. Puede también ser efectiva para aliviar sentimientos de enojo y ansiedad, y usarla además para calmar jaquecas tensionantes.

9. *La fe y la confianza en el Todopoderoso te evitarán desdichas*

A) Debemos esforzarnos para hacer coherentemente felices. Pon tu mejor empeño para alcanzar el nivel que te preserve de innecesarias tristezas. Trata de tomar conciencia de que todos los hechos de tu vida provienen del Todopoderoso, que es la fuente de la verdadera bondad. Cuando hayas asimilado este concepto, te dirás a tí mismo: "¿Por qué debo estar triste?" El

Todopoderoso sabe cual es la definitiva bondad". Si ves que alguien está triste trata de consolarlo (*Mussray Rabainu Yehonoson*, pág.79).

B) El Rabí Iosef Leib Bloj solía preguntar lo siguiente: "¿Cómo puede una persona estar triste cuando sabe que tiene un Padre Celestial?" (*Shiurai Daas*, Vol.2, pág.156).

C) La vida de una persona con *emunah* será una existencia plena de alegría aun en situaciones en las que otras personas han de estar tristes (Rabí Eliezer Zev Luft; *Tnuas Hamussar*, Vol.5, pág.299).

10. *La búsqueda del crecimiento espiritual evita a las personas mucha tristeza*

A) Mucha desdicha está basada en el deseo de cosas de ínfimo valor. Alguien que busca que le dispensen honores en todas sus formas o posesiones materiales, sufrirá cuando carezca de ellas. Al luchar por su elevación espiritual, una persona colocará sus necesidades materiales en el nivel que le indica su perspectiva correcta, y esto lo aliviará automáticamente de muchos padecimientos (*Mijtav MaiEliyahu*, Vol.3, pág.245).

B) Si una persona mantiene constantemente su mente concentrada en hacer obras de bien, estará libre de pensamientos que lo conduzcan a la tristeza (Rabí Pinjos de Koretz; *nofes tzufim*, pág.5).

11. *Trata de ayudar a otros a vencer su tristeza*

A) Cuando veas que alguien está triste, será tu obligación la de tratar de consolarlo. Este es el cumplimiento de la *mitzvah* de confortar a las personas que están de duelo, que incluye además ayudar a todos a vencer sus sufrimientos emocionales (Jofetz Yajim, *Ahavas Jesed*, Parte 2, Cap.2).

Por esta razón aun cuando no te entristezcas con facilidad, trata de encontrar todavía ideas provechosas para vencer la tristeza. A pesar de que pudieras no necesitarlas, otras personas las precisan y tú estarás realizando una obra de bien para ayudarlas.

B) Aquello que le digas a una persona triste debe ser genuino. La empatía y la comprensión son fundamentales para ayudar a alguien a vencer su tristeza. Las palabras o ideas de un Rabí como Israel Salanter, un gigante de la terapia, eran bálsamos en sus manos, pero podían convertirse en púas venenosas en las manos de otras personas (ver *El Observador Judío*, diciembre de 1975, pág.4).

C) Sé flexible cuando trates de ayudar a alguien. Si la primera estrategia que intentes aplicar no pareciera dar resultado, trata de utilizar otro acercamiento al tema. Dado que cada persona es única, serán necesarias distintas formas de encarar un mismo tema para distintas personas. Cuando le hables a alguien, presta atención al retorno que recibes de él a través de los leves cambios que notes en su expresión facial. Pregúntale a esa persona cómo le han parecido las ideas que le estás exponiendo. Si no pudieras ayudar a una persona, sugiérele otra que pudiera hacerlo.

D) Cuando trates de ayudar a los demás a salir de su estado de ánimo de tristeza, no le exijas la perfección. No esperes siempre tener éxito en animar a todas las personas en cada momento que lo intentes. Exigir tal perfección te conducirá al desaliento cuando no lo logres. No es realista esperar la perfección, pero si tú personalmente dominas un enfoque optimista de la vida y tratas de animar a los demás, tendrás la oportunidad de tener éxito en tus intentos con frecuencia. Agradece por los éxitos obtenidos, aunque fueran parciales, y trata de aprender de los ejemplos extraídos de las circunstancias en que no lograste tus objetivos.

Capítulo Once
LA IRA

1. El punto de vista de la Torah con respecto a la ira

A) El Rambam escribió que el sendero correcto a seguir es el de la moderación en todos los rasgos del carácter de la persona. "En lo que respecta a la ira, dijo lo siguiente: "No seas de temperamento violento, fácilmente propenso a la ira, ni tampoco impasible como un cadáver sin sentimientos. Muestra enojo solamente en lo que se refiera a asuntos de importancia a fin de evitar que los demás se comporten incorrectamente en futuras ocasiones" (*Hijos Daios* 1:4).

Aun cuando tuvieras una razón práctica y constructiva para enojarte, sólo debes aparentar estarlo, pero internamente mantén tu calma (*Idem* 2:3).

El Rabí Israel Salanter una vez vino a Kovno y halló a un estudiante postrado en cama debido a una enfermedad. Rav Israel le preguntó a la gente que oraba en la sinagoga del joven: "¿Por qué no cuidan mejor de él?" "Nuestra comunidad no tiene nada de dinero", le contestaron. El Rabí Salanter les gritó: "¡Deberían haber vendido la lujosa cubierta del arca en la que se guardan los rollos de la *Torah* y emplear ese dinero para ayudar a esa persona!"

El Rabí Salanter parecía estar muy enojado, pero alguien alcanzó a oírle susurrarse lo siguiente: "Sólo ira externa, sólo ira externa" (*Jayai Hamussar*, Vol.2, pág.20).

B) El Zohar dice que cuando alguien está enojado es como si adorara la idolatría. La *Tanya* explica que si una persona tiene *emunah* que todo lo que le ocurra es por voluntad del Todopoderoso, no habrá de irritarse por ningún motivo. La ira de una persona es un indicio que en ese momento, no está viviendo con el conocimiento de la Divina providencia del Todopoderoso. Aquel que tenga conciencia de que todo lo que le está ocurriendo se debe a la voluntad del Todopoderoso, no debería encolerizarse.

El Joseh de Lublin quiso una vez levantarse temprano por la mañana para atender un asunto de importancia. Por ese motivo, el día anterior le pidió a su esposa que le preparara su cena, más temprano que de costumbre, pero resultó que la comida se preparó mucho más tarde que lo usual. Al respecto, comentó lo siguiente: "Sería natural que entonces me enojara por lo sucedido, pero la única razón por la cual yo quería comer más temprano era para cumplir la voluntad de mi Creador. Es también la voluntad de mi Creador que yo no me irrite por ese motivo" (*Niflaos Harebbe*, pág.52).

C) El Talmud (*Yoma* 236) expresa que cuando una persona vence sus sentimientos de ira hacia los otros y actúa de manera magnánima, se le perdonarán sus transgresiones. Resulta de un elevado valor espiritual por la dificultad que involucra, perdonar a otras personas cuando se está enojado.

D) "Para un hombre sabio constituye una muestra de sentido común no encolerizarse con facilidad y una gloria evitar las transgresiones" (*Mishle* 19:11). Es igualmente un acto de sentido común y provechoso para el propio interés abstenerse de reaccionar abruptamente para vengar un agravio. Denota un mayor nivel de sentimientos humanitarios el vencer completamente las ansias de venganza que alberga el corazón de una persona. Esto constituye la gloria del hombre moralmente sabio (*Malbim sobre el Mishle*, pág.198). Alguien necesitado de dinero le solicitó un préstamo al autor de Turai Zahav (*Taz*). Rav David no tenía dinero a mano, por cuyo motivo le dio al hombre un valioso elemento del hogar para que se lo presentara a un prestamista, el cual recibiría el objeto en prenda, le daría el dinero y posteriormente Rav David lo rescataría. Cuando el Taz se presentó ante el prestamista, descubrió que el hombre había obtenido una suma de dinero por el doble del importe convenido, sin embargo el Rav David permaneció calmo y dijo: "Fue una suerte que yo no hubiera tenido ningún dinero disponible cuando esa persona solicitó el préstamo. El necesitaba evidentemente más dinero que el que me pidió, pero se sentía probablemente demasiado avergonzado para solicitar un mayor préstamo. Al darle ese objeto le permití recibir el dinero que realmente necesitaba, sin tener que recurrir a otra persona para obtener un préstamo adicional" (*Ohr Yeshorim*, pág.217).

El más alto nivel en el que se logra retardar el sentimiento de ira se produce cuando el intelecto de una persona tiene control sobre sus emociones. De esa manera la persona consigue que sus emociones estén a su servicio conforme a los dictados de la *Torah*. Aquel que tenga naturalmente una personalidad fría no habrá alcanzado el nivel de esa persona, que aunque tiene una tendencia habitual a enfurecerse, posee sin embargo un control sobre su temperamento (*Hamaspik L'Oudai Hashem*, pág.43).

F) Algunas personas se conducen correctamente cuando están calmos y todo marcha bien, pero tan pronto se enfurecen actúan como si todas las leyes de la *Torah* no se aplicaran a ellos cuando están enojados. El fundamento que sustenta la *Torah* es el de que debes ejercer un control sobre tu conducta, aun cuando te encuentres en situaciones difíciles (*Daas Jojmah Umussar*, Vol.1, pág.337).

G) Debemos trabajar no sólo en lo que respecta a los signos externos de la ira, sino también procurar distanciarnos de todo rastro interno de resentimiento que conduzca a ese sentimiento negativo. Nuestro objetivo debe apuntar hacia el manejo de una actitud que nos permita alcanzar la calma interior y la paz del espíritu (*Idem*, Vol.3, pág.190). Cuando te enfurezcas con alguien, debes tener en cuenta que no es meramente la conducta de esa persona (Etapa 1) la que causó tu estado emocional (Etapa 3) de ira. En lugar de ello, considera que el motivo de tu ira se debe a tu actitud (Etapa 2) con relación al hecho producido por esa persona. Si tienes la capacidad de cuestionar tu actitud (Etapa 2) y adoptar alternativamente los siguientes temperamentos: a) buscar razones que justifiquen que lo que ha ocurrido, no es tan terrible o bien b) procurar hallar motivos que fundamenten que el proceder de esa persona no es condenable, te verás liberado de tu resentimiento. Este principio fue tratado en el Cap. 3, en el cual encontrarás la descripción de actitudes que te eviten experimentar el sentimiento de ira.

H) Un hombre sabio dijo que la ira es para la persona, lo que la sal es para la comida. Si se utiliza la proporción adecuada de sal, la comida tendrá buen gusto, demasiada cantidad la arruinará y la falta total la hará insulsa. En forma similar, hay momentos en que la ira resulta adecuada, por lo cual será necesario aprender a usarla sabiamente (*Imrai Haskail*, pág.64).

El Rabí Pinjos de Koretz solía decir: "He llegado a dominar el sentimiento de ira y me lo he guardado en el bolsillo. Cuando estimo que es necesario utilizarlo, lo saco otra vez para usarlo" (*Midor Dor*, pág.214). La ira puede ser positiva. Cuando estamos enojados, tenemos fuerzas y energías adicionales. Cuando la vida corre peligro, seremos más capaces de defendernos estando bajo un estado de ira, que otros que han permanecido calmos. No obstante, en situaciones cotidianas deberás emplear tacto y tus habilidades intelectuales. En estos casos la ira resulta inadecuada e innecesaria. Una persona que conoce como hacer frente en forma efectiva a las situaciones difíciles que se le pueden presentar no será afectado por la ira, debido a que confía en su habilidad para resolver las cosas de una manera tranquila.

El Rabí Yosef Eliyahu Henkin, un gran estudioso de la *Torah*, y director de Ezra Torah era una persona excepcionalmente agradable y de buen corazón y amado por jóvenes y ancianos. Sin embargo cuando la ocasión lo requería, el Rabí Henkin hacía valer su autoridad. Se enteró una vez de una disputa y recriminó a ambas partes con fuertes palabras. El Rabí Naftoli Tzvi Riff relató que simplemente ver al Rabí Henkin salirse de su rol habitual ponía fin inmediatamente al conflicto en cuestión (*El Observador Judío*, octubre 1973).

I) Cuando necesites demostrar tu enojo con determinada persona para el beneficio de la misma, ten cuidado de no excederte en la ira que debes mostrarle para hacer valer tu punto de vista. Es muy fácil demostrar una excesiva ira debido a que te has salido de tus cabales, no por que ello resulte necesario (*Mijtav Maieliyahu*, Vol.1, pág.21).

J) La manera de vencer el sentimiento de ira, es estudiar lo que los Sabios han dicho acerca de su carácter negativo y debe tenerse en cuenta que existe además un posible problema. Cuando nos sentimos involucrados en un incidente que nos produce irritación, erróneamente tratamos de justificar nuestro sentimiento de ira y argumentamos que nos asisten amplias razones para sentirnos de esa manera. Deberemos trabajar sobre nuestro fuero interno, para manejar la habilidad que nos induzca a adoptar el curso de acción correcto mientras permanecemos calmos (Rabí Jayim Shmuelevitz: *Sijos Mussar*, 1973, ensayo 23).

La gente dice con frecuencia: "Tengo derecho a enojarme porque él dijo..." o "Mi ira es justificada, porque he reiterado mi pedido tantas veces" o bien "El debería haberme ayudado, por eso se justifica mi ira". Sin tener en cuenta lo que alguien dijo o dejó de hacer no tendrás necesidad de indisponerte por ello para poder tratar inteligentemente esa situación. Debes optar justamente por lo contrario, cuanto más calmo estés, más fácil te resultará elaborar mentalmente un plan efectivo.

K) Lucha para alcanzar el nivel de humildad que tenía Hillel y que expresaba de esta manera: Aun una persona distinguida debería estar dispuesta a responder con calma a todas las preguntas que pudieran hacerle, aun cuando éstas resultaran demasiadas para formularlas en un solo día, que sería justamente aquel en el que estuvieras muy ocupado. Háblale a esa persona en un tono agradable de voz dispensándole afecto. A pesar de lo insolente que pueda llegar a ser el que te interroga, deberás ser amable con él (*Oraj Maishorim* 7:15).

2. *Toma conciencia del daño que te infieres a tí mismo a causa de tu ira*

A) Una persona de mal carácter destruye su propia vida (*Psojim* 113b). Su ira arruinará las relaciones que tenga con otras personas y deteriorará su felicidad y su salud. La cólera es una seria transgresión, que puede conducir a la violación de numerosos mandamientos de la *Torah*. El libro Erej Apayim tiene cincuenta y siete páginas dedicadas a describir los perniciosos efectos de la ira. Cuanto mayor sea el conocimiento del daño que te causas a tí mismo mediante ese negativo estado de ánimo, mayor ha de ser tu motivación para tratar de desarrollar actitudes que te liberen del mismo.

B) Cuando una persona se enoja, sólo conseguirá ser dominado por la ira (*Kidushin* 41a). Generalmente no resulta beneficioso encolerizarse con otras personas. Tu ira no te ayudará en absoluto a resolver el tema que la ocasionó, a través de lo que estés diciendo bajo ese estado emocional, y que provocará que se le dispense una menor atención que si te hubieras dirigido a esa persona con tacto y paciencia. Enojarte sólo le causará daño a tu salud y hará que te sientas desdichado (*Toras Abraham*, pág.440).

C) Existe un tipo de persona acerca de la cual los Sabios han dicho lo siguiente: Aquel que se irrita es como si adorara ídolos. Esto se refiere a alguien que pierde su compostura por cada hecho minúsculo que vaya contra sus deseos. Esa persona perderá su facultad de pensar racionalmente cuando se encoleriza. Bajo este estado anímico destruiría al mundo entero a causa de su ira, si tuviera la posibilidad de hacerlo. Habrá perdido por completo el control sobre su intelecto, y actuará como si fuera un animal salvaje. Cuando se encuentre en esa situación, es posible que cometa toda clase de transgresiones, ya que la ira será su único factor de motivación (*Mesilas Yeshorim*, Cap.11).

D) El Rabí Israel Salanter dijo que la mayor parte de las violaciones a las leyes que rigen las relaciones del hombre con sus semejantes, son la consecuencia directa de la ira (*Tnuas Hamussar*, Vol.1, pág.338).

La ira conducirá a una persona a tomar venganza, a golpear a los demás y con frecuencia ha desembocado en el crimen (*Meiri: Jibur Hatshuvah*).

Cuando una persona está irritada no puede pensar con claridad y estará propensa a violar todo tipo de prohibiciones. El más retorcido de los caminos le parecerá recto, y todo lo prohibido aparece como permitido: insultos, maldiciones, disputas, la deshonra y la humillación de otras personas en público. Algunos llegan a desgarrar sus vestiduras y a quebrar objetos que les pertenecen. Cuando una persona alcanza un estado en que nada la detiene frente a un ataque de rabia, su ira se parecerá a la idolatría (Jofetz Jayim: *Jovas Hashmirah*, pág.24).

E) Cuando sientas encono contra alguien, y le levantes la voz utilizando un lenguaje incorrecto para hablar mal de ella, jamás podrás apreciar el daño que puedas estar causándole. Quizás tu intención fue hacerla sufrir un poco, pero te resultará imposible conocer el grado del dolor que realmente le estás causando. Cuando difames a alguien podrías ocasionarle la pérdida de su medio de vida, y la que podría llegar a ser una buena esposa quizá no se case con él (*Bais Halevi: Vayishlaj*).

F) Darte cuenta de como la ira te impide pensar racionalmente y provoca tus reacciones para que actúes como si fueras un ebrio, habrá de motivarte para que venzas tus sentimientos de ira. Cuando no puedas pensar con rectitud, te comportarás como una bestia salvaje (*Hamaspik L'ovdai Hashem*, págs.43-44). Un distinguido Rosh Hayeshiva relató que una vez vio litigar a dos niños y uno le dijo al otro: "¡Te mataré! ¡Te destrozaré!. Se dirigió a ese niño y le dijo suavemente: "¿No sabes acaso que si mataras a ese chico, tendrías que ir a la cárcel?" El niño le respondió: "Sí, eso lo sé, estoy dispuesto a pasar el resto de mi vida en la cárcel, siempre y cuando este chico esté muerto" (*Darkai Mussar*, pág.144).

Este es un vívido ejemplo de cuan irracional puede llegar a ser una persona cuando está bajo el efecto de la ira. Sobre bases pragmáticas solamente, no vale la pena dañar una persona, si se considera que uno mismo podría también salir perjudicado. Habrá que tener en cuenta sin embargo, que cuando una persona está irritada no piensa racionalmente ni de una manera sensata.

G) En la cercanía de una persona irascible no existe tranquilidad. Sus raptos de ira lo privan de sus sentidos y de todo tipo de gentileza que pudiera tener. Hablará y actuará de una manera tal que evitaría cuando está en calma. Una vez que se haya disipado su irritación y retornado a la tranquilidad, ha de lamentar profundamente sus palabras y las recordará con vergüenza (Extraído de: *La sabiduría del Mishle*, pág.193).

H) El Rabí Yerujem Levovitz dijo lo siguiente: "La ira es un veneno mortal no sólo para el alma, sino aún para el cuerpo. Debemos huir de la ira como lo haríamos de la peor de las torturas" (*Daas Jojmah Umussar*, Vol.3, pág.252). Cuando eres presa de la ira tu respiración se profundiza, tu corazón late más rápidamente, tu presión arterial sube, la sangre de tu estómago se traslada a tu corazón y al sistema nervioso central, los proceso que tienen lugar en el canal alimentario se detienen, el azúcar es liberado de las reservas almacenadas en tu hígado, tu bazo se contrae y descarga su contenido de corpúsculos concentrados y la adrenalina es segregada desde la médula adrenal. Todos estos cambios te hacen más efectivo para atacar a tu enemigo, o te ayudan a eludir situaciones peligrosas. En circunstancias que son molestas pero no peligrosas estas reacciones podrán causarte mucho daño.

I) Si una persona hubiera perdido una flor sería insensato que sólo por hallarse alterado por esa pérdida rompiera un utensilio cuyo valor es mil veces superior al de la flor. En forma similar, cuando nos enfurecemos por algo, perderemos mucho más por la ira que sentimos en sí misma, que por la causa que motivó ese sentimiento (*Sefer Jaraidim: Erej Apayim*, pág.102).

J) Una de las principales formas en que una persona de mal carácter habrá de causarse daño a sí misma consiste en que las demás personas no le señalarán sus defectos por temor a que reaccione violentamente contra ellos (*Bais Abraham*, pág.21).

K) Rememora los casos en que reaccionaste bajo el efecto de la ira. Analiza el daño que te causaste a tí mismo y la magnitud del sufrimiento que ocasionaste a otras personas. Piensa en los errores que cometiste cuando estabas fuera de tí y las palabras que impensadamente salieron de tu boca y de las cuales desearías retractarte. Trata de recordar los desaciertos que les viste cometer a otras personas cuando estaban irritados (*Hamaspik L'Ovdai Hashem*, pág.44).

3. Reconoce tu ira

A) En la medida que la ira tenga algún efecto sobre la persona se considerará que ésta ha sido afectada por la misma (*Mesilas Yeshorim*, Cap.11).

Muchas personas niegan estar enfurecidas con los demás y consigo mismas. Con frecuencia cuando a alguien que denota obviamente su ira (tal como mostrar sus puños crispados, la expresión de su rostro o el tono de su voz) se le pregunta si está enojada habrá de contestar que no lo está. El primer paso para vencer la ira, es tener conocimiento de que uno está bajo ese estado emocional. Algunas expresiones que denotan que uno tiene ira son las siguiente: "Me siento alterado", "Esto es muy molesto", "es desagradable" o " No lo puedo soportar por más tiempo". Cuando te des cuenta que estás enojado, podrás calmarte de una manera mucho más efectiva que si lo negaras.

B) Resulta sencillo buscar un justificativo a tu ira y pretender que no se trata de un sentimiento personal. Algunas personas sostienen lo siguiente: "Sólo estoy motivado por el amor del Cielo" sin embargo, cada vez que te veas personalmente involucrado en un incidente, sospecha que tu ira se origina en el orgullo y la arrogancia (*Ohr Yejezkel: Mijtavim*, pág.272).

4. Tu manera de reaccionar durante el efecto de la ira, demostrará quien eres

A) Un signo de humildad puede observarse cuando una persona siente una ira muy intensa ante alguien que lo ha insultado con hechos o palabras y a pesar de haber estado predispuesto a tomar venganza, resuelve no obstante perdonarlo (*Jovos Halvovos* 6:7).

El Rabí Moshe Sofer, autor de *Jasam Sofer*, les había anunciado a sus discípulos que el tema de su disertación sería el comentario de cierto pasaje extraído de: *Taharos*. Uno de los estudiantes más antiguos que ya había escuchado esa misma charla unos pocos años atrás, la vertió en las mismas palabras y en la misma forma que él estimaba que el Rabí la iba a pronunciar. Al día siguiente el Rabí realizó su disertación que se ajustaba exactamente a la representación que había realizado el estudiante. Las risas que se oyeron despertaron la curiosidad del Rabí, el cual al conocer las causas de las mismas interrumpió de inmediato su exposición y abandonó el salón murmurando: "¡Qué desfachatez!" Al comenzar su conferencia del día siguiente le pidió al estudiante que había originado el incidente que pasara al frente y le dijo entonces: "En contra de mi mejor criterio, me enfurecí ayer con ustedes. Por ese motivo interrumpí mi conferencia, porque de acuerdo al pensamiento de nuestros Sabios, la *Shejinah* se aparta de aquel que está enfurecido y de un modo tal que no puede estudiar. ¡Debo ahora pedirles vuestro perdón, en presencia de los hombres que han oído mis duras palabras! El Jasan Sofer pronunció nuevamente la conferencia, y esta vez lo hizo de la más novedosa y fascinante manera (*Líderes judíos*, pág.121).

B) Los Sabios (*Erubin* 65b) dicen que hay una forma de juzgar a una persona, la cual consiste en observar como reacciona cuando está bajo el efecto de la ira. Muchas personas parecen amables y bondadosas cuando están en calma pero la manera de descubrir como son en realidad consiste en observar su comportamiento cuando están enfurecidas. El Rabí Yerujem Levovitz relató que los estudiantes aguardaban escuchar las palabras de sabiduría que pronunciaría el director de la *Yeshiva*, toda vez que se irritara con alguien o por algo. Como ejemplo opuesto a lo manifestado precedentemente, el Rav Yerujem relató que una vez pasó por un campo y presenció la siguiente escena. Alguien había contratado un campesino, que era un perfecto extraño para construir un cerco entre su campo y el de otro vecino. Cuando este último observó que el campesino estaba levantando ese cerco discutió con él, alegando que él mismo estaba dentro de su campo por unas pocas pulgadas y que por lo tanto debería cambiarlo de lugar. El campesino se enfureció y amenazó al vecino de matarlo con su hacha si no se iba de allí. El vecino se dio cuenta de que las amenazas del campesino no eran vanas y huyó para salvar su vida. Rav Yerujem comentó que ese incidente lo había conmocionado, ya que el campesino no era dueño del campo y era un extraño con relación a su verdadero dueño. No obstante debido a que estaba dedicado a construir el cerco, se enfureció tanto que estaba dispuesto a matar a cualquiera que lo molestara. Cuando una persona sabia se enoja, podrás oír de su boca palabras de sabiduría en cambio cuando se enfurece una persona agresiva, ésta se constituye en una amenaza para los demás (*Daas Jojmah Umussar*, Vol.1, pág.336).

Resulta muy ilustrativo observar tu propia conducta y tu lenguaje cuando te enfurezcas.

C) Un hombre sabio aconsejó lo siguiente: "Antes de establecer una amistad con alguien obsérvalo cuando está enfurecido" (*Orjos Tzadikim*, Cap.12).

La ira que se produce porque no salen bien las cosas que pertenecen a áreas físicas y materiales, se originan por una falta de *emunah* (Rabí Eliyahu Meir Bloj: *Shirai Daas*, pág.114).

El Jazón Ish escribió que hay gente que aunque por un lado están dispuestos en dedicar sus energías a ayudar a la comunidad en su totalidad y a los individuos que la componen pierden no obstante rápidamente el control sobre sus emociones. Tan pronto como alguien los desaire de alguna manera, no existen frenos para su ira y podrían llegar a dañar físicamente a quien se interpusiera en su camino. Resulta entonces imposible dispensarle honores y elogios a esas personas que no realizan el menor esfuerzo para corregir sus fallas de carácter. Lo más probable, es que realicen las tareas comunitarias en mayor grado porque disfrutan de su creatividad personal y por las muestras de respeto que reciben, que por amor a los demás (*Emunah Ubitojen* 1:3).

D) Muchas personas controlan su temperamento cuando se hallan entre extraños. Un criterio más exacto para evaluar la posición de una persona en lo que respecta a su posibilidad de encolerizarse, es observar como reacciona con relación a su familia más cercana.

Somos más exigentes con nuestra propia familia que con los extraños, por lo tanto estamos más propensos a irritarnos con ellos si no se satisfacen nuestros pedidos (*Lev Eliyahu*, Vol.1, Introducción, pág. 31).

5. *Toma conciencia que tienes la facultad de controlar tu temperamento*

A) La inclinación natural de toda persona es la de enfurecerse algunas veces. Si alguien se esfuerza para ejercer un control sobre su ira, aun cuando esté bajo ese sentimiento, no lo hará de una manera excesiva y aún de una forma atenuada que no habrá de prolongarse en el tiempo. La persona que lo logre es digna de elogio. Debe mencionarse que el más alto nivel al respecto lo alcanzó Hillel quien tenía tanto control sobre su propia persona que no se irritaba en absoluto por el comportamiento de los demás y no denotaba rastro alguno de ira por ello. (*Mesilas Yeshorim*, Cap.11).

Cuando el Jofetz Jayim alcanzó una avanzada edad contrajo matrimonio por segunda vez. En el primer año de su matrimonio emplazó su *Sukah* en el mismo lugar donde habitualmente lo hacía. Después de haber completado su trabajo su mujer salió de la casa para observarla y le comentó lo siguiente: "Creo que deberías haberla ubicado por allí".

A pesar de que su reacción había llegado un poco tarde el Jofetz Jayim no protestó por ello. Aunque consideraba a cada minuto de la vida tan precioso como una joya no discutió con ella para argumentarle que siempre había situado la *sukah* en ese lugar. Con su habitual pronta predisposición, el Jofetz Jayim rápidamente sacó la *Sukah* y la situó en el lugar elegido por su esposa.

Luego que la *Sukah* se levantó por segunda vez, la esposa del Jofetz Yajim salió y luego de mirar atentamente dijo: "Veo que tenías razón, cuando colocaste la *Sukah* en el otro sitio". Nuevamente el Jofetz Jayim no discutió ni se quejó. En calma volvió a sacar la Sukah y la instaló en el lugar original (*K'Tzais Hashemesh Bigvuroso*, págs.122-123).

B) El Rabí Noson Tzvi Finkel, frecuentemente narraba que en su juventud había presenciado una escena, que tendría un efecto duradero sobre su comprensión de lo fácil que resulta controlar las emociones personales. En el mercado del Vilno vio a una mujer que vendía frijoles ponerse furiosa con una de sus competidoras, maldiciendo en voz alta a la otra persona. Parecía que iba a necesitar mucho tiempo para poder calmarse finalmente, sin embargo, en el medio de su furia alguien se acercó a su puesto para comprarle su mercadería por el ínfimo valor de unos pocos peniques. Fue verdaderamente sorprendente observar como esta vendedora cambiaba totalmente su estado de ánimo, todo su rostro resplandeció y sonrió sinceramente, entregándole lo solicitado al cliente con extrema cortesía.

La lección aprendida por el Rabí Finkel demostró que unos pocos peniques tienen el poder de cambiar la reacción emocional de una persona de un extremo a otro. En medio de su ira ella se calmó en una fracción de segundo y colmó a su cliente de bendiciones cordiales (*Hameoros Hagdolim*, pág.253-255).

Para vencer la ira se requiere estar debidamente motivado y cuando esto suceda, aun una persona simple podrá borrar su irritación. Constituye un error pensar que para poder alcanzar ese logro, se deba estar en un elevado nivel espiritual. Trata de recordar circunstancias en las que no fuiste dominado por la ira, aun cuando otras personas podrían haberlo estado en una situación similar. Este pensamiento podrá darte la confianza de que tienes la capacidad para permanecer calmo en situaciones difíciles.

C) Tu no tienes un completo control sobre los demás, pero posees en cambio un poderoso grado de dominio sobre la manera en que tu mismo habrás de responder y reaccionar ante lo que los demás pueden hacer o decir. Cuando puedas evaluar con tranquilidad el mejor curso de acción que habrás de adoptar en una circunstancia determinada, mejorarás tu capacidad de pensar en lugar de reaccionar en forma emocional. Cuanto más confíes en poder controlar una situación utilizando tu sentido común, menor será la posibilidad de que pierdas tu compostura.

D) El Rabí Y. Shoshan jamás se enfureció en toda su vida.

Cuando se le preguntó como había podido adquirir ese atributo, respondió que no tenía tiempo para estar dominado por la ira ya que estaba siempre muy ocupado con asuntos de índole espiritual. Debe considerarse además de que no existe nada en el mundo material que sea digno de ser motivo de ira (*Yaavetz el Pirke Avos* 1:14).

6. Las causas de la ira

A) La ira y la arrogancia están asociadas. Los sentimientos interiores de vanidad conducen a una persona a tornarse iracunda. Contrariamente la humildad conduce al perdón (*Hamaspik L'Oudai Hashem*, pág.44).

La ira proviene de la arrogancia. La arrogancia de una persona hace que se enfurezca con otros porque no proceden como él lo desearía. Sin embargo si él fuera conciente de sus propios defectos y fuera humilde no se enfurecería en absoluto (*Shaarey Kdushah* 1:2; *Mesias Yeshorim*, Cap. 22).

Una persona con humildad no sentirá ira si es interrumpida en el medio de lo que esté haciendo. Siempre verá las virtudes de la persona que lo ha interrumpido y la considerará como alguien importante. Si un rey interrumpiera a un leñador mientras está cortando leña, este trabajador no se sentiría ofendido sabiendo lo distinguido que es el rey. En forma similar a lo expresado, la persona humilde siempre aprecia la grandeza que hay en cada uno y no se sentirá ofendido si lo interrumpen (Rabí Itzjok de Vorki, citado en *Siaj Kodesh*, Vol.2, pág.82).

B) La ira frecuentemente proviene de sentir que alguien no te ha tratado con el debido respeto. La gente tiende a sentirse irritada con alguien que no le ha dispensado el honor que ellos creen merecer. La solución consiste en contemplar la calidad de insignificante que caracteriza realmente al honor que recibimos (*Maaneh Raj*, Cap. 6).

Si estás irritado por obstáculos que están más allá de tu capacidad de controlarlos y que se presentan cuando trates de llevar a cabo algún obra comunitaria en este caso la causa de tu ira es tu deseo de obtener honores y la aprobación de los demás. Este sentimiento es de carácter negativo y no conduce ni a la creatividad ni a la ambición constructiva (Rabí Eliyahu Meir Bloj: *Shiurai Daas*, págs.113-114).

C) Cuando una persona no se siente satisfecha con su propia conducta y sus realizaciones, está propensa a vivir acompañada de sentimientos de frustración y de encolerizarse con facilidad (*Ohel Naftoli*, pág.56) .

Ten compasión de la gente que se enfurece con facilidad. Alguien podría tener pensamientos negativos acerca de sí mismo. Entendiendo la fuente de su ira, podrás tratarla de una manera más efectiva. En lo que se refiere a tu propia persona, si tienes un complejo crónico de culpa o de ineptitud, estarás expuesto a salirte de tus cabales con facilidad. Por esta razón muchos perfeccionistas tienen mal carácter, dado que se formulan a sí mismos exigencias casi imposibles de cumplir, se sentirán tensos y muy exigidos, lo cual con frecuencia los conduce a desembocar en un estado de ira. Aunque siempre has de tratar de superarte, acéptate tal como eres y esto te ayudará a tu posterior crecimiento.

D) Cuando estés sufriendo por algún motivo debes tener especial cuidado de no dejarte dominar por la ira. En esas circunstancias estarás predispuesto a adquirir una tendencia a irritarte con facilidad (Reishis Jojmah: *Shaar Haanavah*, Cap.5).

E) La ira frecuentemente proviene de soportar una carga demasiado pesada (*Sefer Hamidos: Kaas*, Nº 33). Cuando te sientas excesivamente presionado, te sentirás en consecuencia tenso e irritable. Si hallas tu situación actual demasiado difícil para convivir con ella, debes tratar de elaborar en tu mente formas prácticas para aminorar la dimensión de tus obligaciones y responsabilidades.

F) Un continuo estado de irritación puede provocar un estado de ira aún en la persona más paciente (Extraído de *La Sabiduría del Mishle*, pág.191).

Si la conducta de alguien te resulta hiriente y te limitas a permanecer silencioso, existe la posibilidad de que puedas irritar a esa persona. Por lo tanto podrías adoptar alguna de las siguientes alternativas: a) desarrollar una actitud positiva hacia lo que la persona esté haciendo (esta actitud puede conceptuarse como un desafío incitante), b) solicitarle amablemente que abandone la conducta que te está causando irritación, o finalmente, c) abandonar la habitación.

G) Evita cuidadosamente las discusiones innecesarias, porque éstas pueden fácilmente conducirte a un estado de ira (Jofetz Jayim: *Jovas Hashmirah*, pág.19).

Antes de involucrarse en una discusión o cuando te encuentres en medio de una que ya comenzó, formúlate esta pregunta: "¿Vale realmente la pena discutir sobre este asunto?"

H) Algunas personas se enfurecen cuando alguien les pide ayuda en momentos en que ellos están realizando su propio trabajo. Si apreciaran el beneficio que obtendrían brindando caridad y llevando a cabo obras de bien, no se enfurecerían sin tomar en cuenta el tipo de trabajo que estuvieran haciendo para sí. Si estuvieras trabajando en algo que te produjera una pequeña utilidad, ¿Cómo te sentirías si alguien te fuera a ver para ofrecerte una sugerencia acerca de las formas de obtener un mayor beneficio? Seguramente así como no te sentirías enojado con esa persona, tampoco deberías indisponerte con aquel que te brindara una oportunidad para realizar obras de bien (*Darkai Mussar*, pág.10).

I) Cuando ya sientas desagrado por una persona, te resultará fácil irritarte con él por cualquier cosa que pudiera hacer (El Magid de Dubno: *Sefer Hamidos*, pág.171).

Pregúntate al respecto: "¿Cómo conceptuaría este comportamiento, si lo hubiera efectuado alguien que me agrada?"

J) Cuanto más se arraigue en tí el hábito de recibir cosas de terceros, será mayor tu posibilidad de enfurecerte si esa gente no cumpliera con tus exigencias. Para evitar esta situación, será importante abstenerte en lo posible de recibir cosas de otras personas (Rabí Jayim Shmuelevitz: *Sijos Mussar*, 1971, ensayo 17).

K) Las amas de casa necesitan tener especial cuidado de no enfurecerse ni alzar la voz, si un miembro de su familia rompiera o ensuciara algo. El daño que pueden ocasionar la ira y las disputas resultantes será mucho mayor que cualquier perjuicio material que pudiera haberse producido (*Bais Neaman*, pág.37).

L) "No te asocies con un hombre de mal carácter, ni te aproximes a alguien que tenga ira, ni mucho menos asimiles sus maneras, las que sólo han de acarrear un peligro para tu alma" (*Mishle* 22:24-25).

La vehemencia cargada de ira resulta contagiosa. Al asociarte con una persona irascible, estarás expuesto a adoptar sus malos hábitos (Extraído de *La Sabiduría del Mishle*, pág.193).

M) Las causas de las extremadas oscilaciones en el comportamiento de una persona, su intensa irritación, sus frecuentes explosiones temperamentales y su exagerada agresividad, pueden ser de índole física. Las heridas y golpes recibidos en la zona de la cabeza, pueden acelerar cambios en la personalidad. Una descompensación en la composición química de su organismo, podrá influir a que una persona sea proclive a experimentar sentimientos de ira. Si los cambios de actitud no resultaran útiles para que una persona se sobreponga al sufrimiento ocasionado por la ira irracional, se aconseja que consulte a un facultativo para hacerse una revisación médica.

7. *Toma conciencia de aquello que debes decirte a tí mismo cuando te enfurezcas*

A) Todo aquel que culpe a los demás de ser los causantes de su ira, dejará de esforzarse por no caer en ese estado emocional. Toda persona debería en cambio asumir la plena responsabilidad de sí misma cuando se enfurezca (*Hegyonai Mussar*, Vol.3, pág.12).

La gente manifiesta con frecuencia: "¡El me enfureció!", esto resulta inexacto, dado que nadie podrá enfurecerte. Tú te irritas a causa de lo que te dices a tí mismo con relación a una determinada circunstancia. Cuando te manifiestes lo siguiente: "Yo mismo provoqué mi ira, debido a todo lo que me dije acerca del comportamiento de esta persona", estarás aceptando consecuentemente la responsabilidad sobre tus actos, lo cual constituye un primer paso hacia tu superación.

B) ¿En qué momento nos enojamos con otra persona? Ello ocurre cuando ésta hace algo que se contrapone con nuestros deseos. Por lo tanto, si dejaras de lado tus exigencias para que los demás deban comportarse contigo de una manera determinada, eliminarías de esta manera tus sentimientos de ira (Rabí Itzjok Waldstein, basado en un comentario efectuado por el Rabí Saadiah Gaon: *Jayai Hamussar*, Vol.1, pág.107).

¿Cuál es el motivo por el cual una persona debería hacer lo que tú deseas? Puede ser que te agradara que lo hiciera, pero únicamente si existiera una ley universal que lo obligara, debería entonces hacerlo. Por lo tanto, ¿En qué estás basando tus "deberías"? Cuando te enfurezcas trata de determinar cuál es la exigencia que le estás imponiendo a otras personas. Deja de lado esa imposición y así lograrás calmarte. Algunas de las exigencias usuales consisten en determinar que la gente sea: amable, considerada, comprensiva, puntual, paciente, cuidadosa, ecuánime y honesta. Aunque éstas sean admirables virtudes a las que nos obligamos, resultaría disparatado esperar que cada persona con las que nos contactamos haya sido bendecida con las mismas. Elabora planes para influenciar a otras personas para que se superen en estas áreas. En la medida en que no exijas que ya posean esas virtudes, deberás ser paciente con sus defectos. Finalmente obtendrás un mayor éxito en orientar a otras personas en estos aspectos si logras mantener la calma. Generalmente no habrá de surtir ningún efecto positivo, si le levantas la voz a esas personas instándolas a ser pacientes y comprensivas. No dejes de repetirte esta pregunta: "¿Resultará efectiva mi actual estrategia?" Si así no lo fuera deberías cambiar de método.

Un joven me refirió que se siente irritado porque sus padres no lo respetan. El es conciente de que lo tratan como a un niño y eso lo hace sentirse resentido. Le expliqué entonces que la forma en que sus padres lo traten no es lo que cuenta, sino su actitud hacia la manera en que ellos actúan frente a él.

Si él establece que su objetivo principal es el de honrar y respetar a sus padres, estará entonces más preocupado acerca de su propia conducta hacia ellos, en lugar de ocuparse de la reacción que pudieran tener con él. Por supuesto que él desearía que sus padres lo respetaran, pero en tanto que esto no constituya una exigencia, cuya falta de observancia lo haría irritarse, alcanzaría mayores logros, si tratara de pensar acerca de las formas prácticas de cómo ganar su respeto, en lugar de exigirles que sean diferentes a como son. No debería decirse a sí mismo: "¿Podría resultarme terrible si mis padres no me trataran de la manera en que yo lo deseo!" Debería en cambio, decirse lo siguiente: "Aun si mis padres no me trataran conforme a mis deseos, siempre habré de honrarlos y respetarlos.

Esto me hace sentir bien conmigo mismo, porque resulta más edificante honrar a alguien que no retribuya tu aprecio".

C) Decirte simplemente: "No debo sentir ira en este preciso momento", generalmente no logrará calmarte. Si además te enojas y te repites que no debes sentir irritación, estarás expuesto a sentirte excesivamente ansioso y culpable, lo cual aumentará tu ira. Trata en cambio, de tomar el debido conocimiento de aquello que te dices a tí mismo, y que provoca tu estado emocional de enojo. (Por ejemplo si te dijeras: "Es terrible que me esté hablando de esa manera").

Una vez que dejes de lado esas automanifestaciones que generan ira, te sentirás menos enfurecido. Deberías plantearte un desafío frente a ese tipo de expresiones a tí mismo que conducen a la ira ("¿Por qué me resulta tan tremendo que él me hable de esta manera? Podría no agradarme, pero tampoco debo tomármelo tan en serio").

Cuando percibas el comportamiento o las palabras de alguien bajo una óptica positiva o aun de carácter neutral, no te sentirás dominado por la ira. ("El me está hablando de esa manera porque se preocupa por mí y desea que yo me supere", o bien: "Me está hablando de esa manera porque está personalmente conmovido").

D) Una persona que se irrita con facilidad, podría tener dificultades para comprender que otros poseen la habilidad de mantenerse calmos frente a situaciones en las que él se pone furioso. En un sentido estricto, aquel que pueda mantenerse sereno no llegaría a entender el motivo por el cual alguien puede irritarse en circunstancias en las que él se mantiene calmo. Todo aquel que se enoje fácilmente debería extraer enseñanzas de alguien que logra conservar su tranquilidad (*Daas Jojmah Umussar*, Vol.1, pág.141). En este caso tendría que controlar el contenido de sus automanifestaciones y compararlas con las de una persona tranquila.

Siempre se podrán encontrar modelos aleccionadores consultando a las personas que sean capaces de manejar situaciones difíciles, acerca de la forma en que analizan un determinado hecho.

E) Cuando alguien nos cause dolor en forma accidental

deberíamos tratar de pensar en la manera de encarar la situación, a efectos de evitar de irritarnos con él.

En momentos en que el Rabí Noson Tzvi Finkel estaba seriamente enfermo en Jerusalem, uno de los discípulos encargados de cuidarlo cometió un error. En lugar de alcanzarle una copa de agua al Rabí Finkel, le dio cierto líquido limpiador que casualmente estaba a mano.

A consecuencia de ello, casi se produce la muerte de Rav Noson Tzvi, pero su médico pudo salvarlo. Por este motivo el estudiante se sintió sensiblemente afectado y tuvo temor de presentarse en la casa del Rabí Finkel. Rav Noson Tzvi se dio cuenta de su ausencia, y a pesar de que todavía estaba muy enfermo, se mostró preocupado por el sufrimiento del estudiante y le envió un mensajero para que fuera a verlo. Cuando al día siguiente concurrió a su domicilio, el Rabí Finkel lo saludó con una amplia sonrisa y le dijo: "Me has causado una gran alegría. Al principio me sentí muy agitado pero luego me recuperé. He experimentado sentimientos de gran alborozo y alivio, por lo cual te estoy agradecido" (*Tnuas Hamussar*, Vol.3, pág.246).

F) Un paciente no se enoja con su médico cuando éste le dice que está enfermo. Una vez que tiene conocimiento de su dolencia, se esforzará por curarse. En forma similar, no deberías indisponerte con alguien que te señale tus defectos, porque de esta manera podrás entonces corregirlos (*Jojmah Umussar*, Vol.2, pág.218).

Si te dices a tí mismo lo siguiente bajo la óptica de la crítica: "!Cuán afortunado soy de que esta persona me haya sugerido la forma de superarme!", no habrás de enojarte por sus indicaciones. La ira nace de manifestaciones que te haces a tí mismo tales como: "¡Tuvo el coraje de señalarme que tengo ese defecto. No debería habérmelo dicho!"

G) En algún momento podrías irritarte con alguien que rehuse aceptar tu ayuda. Esto resulta particularmente cierto si tuviste que dejar de lado tus ocupaciones para hacerlo. La manera de vencer este sentimiento de ira consiste en concentrar tu atención en el hecho de brindarle asistencia a los demás para exclusivo beneficio de éstos, en lugar de hacerlo para gratificar tu deseo personal de concretar un logro (ver *P'Air Hador*, Vol.4, pág.158).

Para poder asimilar debidamente esta actitud se requiere cambiar las expresiones dirigidas a tí mismo, tales como: "¡Qué terrible me resulta que esta persona esté rechazando mi oferta para ayudarlo!", por la siguiente: "Si necesita de mi apoyo, me encantaría ayudarlo en la medida que me fuera posible, pero si él no lo quiere o no necesita de mi asistencia, trataré de concretar realizaciones en otras áreas".

H) Cuando nos vemos imposibilitados de hacer algo que nos agradaría llevar a cabo, la frustración resultante que experimentamos podría fácilmente llevarnos a tener reacciones de ira (*Toras Hanefesh*, pág.73).

La frustración no es la causa directa de nuestra irritación, simplemente la provoca. Tenemos todavía la habilidad de formularnos manifestaciones a nosotros mismos que nos evitarán caer en la ira. Si te dices a tí mismo que no puedes soportar la frustración, habrás de alterarte por ese motivo. Si en cambio te manifiestas que sí puedes soportarla y que finalmente no es tan mala, evitarás de esta manera que te afecte la ira. Cuando hacemos referencia a que te formulas manifestaciones a tí mismo, esto no significa que simplemente te las repites, sino que con toda sinceridad no habrás de ver las cosas de esa manera tan superficial. Estamos refiriéndonos a tu correcta perspectiva de los hechos debidamente asimilados. (En el capítulo tres se trata este tema extensamente).

I) La reacción mental de una persona de mal carácter, es la de enfurecerse obligadamente si alguien actúa de una manera contraria a su voluntad o si de lo insultara. Esta es la reacción inmediata de una serie de imágenes mentales, y de tal modo se forjará en su mente la forma en que actuará para expresar su ira. Debemos trabajar para que nuestra reacción inmediata se base tanto en la ley de la *Torah*, como en aquello que sea sensato para ser aplicado a cada situación en particular. Cuando una persona se enfurece responderá de una manera autofrustrante. Cuando utilices tu intelecto para determinar cuál habrá de ser tu reacción adecuada, decidirás además la forma correcta de comportarte. Cuanto más pienses en términos de lo que es sensato, esto se convertirá en mayor grado como parte integrante de tus esquemas mentales y de esta manera constituirá tu reacción inmediata en futuras ocasiones (*Alai Shur*, pág.144).

Cuando temas una confrontación en la cual podrías ser dominado por la ira, elabora una imagen mental en la cual te encuentres manejando la situación con calma y fe en tí mismo. Debes persistir en repetir esta imagen en tu mente hasta que te sientas bastante seguro de poder permanecer en calma ante la situación en cuestión. Mientras estés caminando o esperando en una fila aprovecha la oportunidad para pensar en situaciones difíciles que pudieran presentarse y determinar diversas soluciones alternativas que se te ocurran para manejarlas con sensatez. Si logras representar con realismo esas instancias en tu mente, éstas podrán servir como recursos positivos a partir de los cuales podrás ganar confianza en tus propias habilidades.

J) Cuando percibas cada situación potencialmente frustrante como si fuera un maestro que te señale tus exigencias y expectativas contradictorias, en lugar de experimentar ira en esas circunstancias deberías ser capaz de utilizarlas como herramientas que te ayudarán a crecer.

8. *Muchos de los casos de ira se nutren de falsas apreciaciones*

A) Ten cuidado de no ponerte nervioso si te enteras de que alguien ha actuado contra tí, porque con frecuencia la historia real no coincide con lo que tú creíste en un principio (Jofetz Jayim: *Jovas Hashmirah*, pág.20).

Antes de su muerte, un hombre sabio aconsejó a su hijo que cuando se sintiera dominado por la ira, debería esperar hasta el día siguiente antes de emprender cualquier tipo de acción. Siguiendo este consejo posteriormente le evitó al hijo que diera muerte a su esposa y al niño en un rapto de rabia, que se debió a una apreciación completamente errónea de lo que había sucedido (ver *Sefer Jasidim*, Nº 655).

Hay momentos en que el significado de las cosas que

percibes es absolutamente diferente del que te indicó tu impresión inicial.

Mucha gente se enfurece cuando alguien le dice que otra persona hizo o dijo algo incorrecto. Aprende a controlar tus reacciones formulándote la siguiente pregunta: "¿Cómo puedo yo saber si lo que he escuchado, es realmente cierto o no?" He presenciado en repetidas ocasiones, situaciones en las cuales la gente se irritó por incidentes que supuestamente habían ocurrido y más tarde comprobaron personalmente que los detalles habían sido distorsionados u omitidos, y que lo sucedido en realidad era muy diferente de lo que se había informado. El contexto y el tono de voz empleados en una determinada manifestación pueden ser fácilmente mal interpretados. Ten conciencia de la posibilidad que existe, de que aquello que has escuchado podría no ser fidedigno.

Enumera en un listado aquellas ocasiones en que la gente te refirió hechos que resultaron ser inexactos. A medida que crezca tu lista deberías adoptar automáticamente una actitud de quedar a la expectativa frente a informes adversos acerca de otras personas.

B) Existen muchas cosas en la vida que originariamente parecieron sernos perjudiciales, pero volviendo eventualmente nuestra mirada hacia atrás comprobamos de que manera nos beneficiamos con lo sucedido. Un principio básico de la *Torah*, nos enseña que todo lo que ocurre, es finalmente para nuestro bien (*Brojos* 60b).

Considerando que no debes irritarte con aquel que te prestó ayuda, no deberías tampoco enojarte con los demás, dado que sería prematuro emitir un juicio anticipado con respecto a si esta persona con su proceder habrá de perjudicarte con el transcurso del tiempo (*Erej Apayim*, pág.93).

Si te enfureces con alguien por algo que éste haya hecho, pregúntate a tí mismo: "¿Cómo puedo saber si lo ocurrido no ha de ser para mi bien?" La respuesta es que nunca podrás saberlo con certeza y entonces, ¿por qué debes enfurecerte? Si crees que algo habrá de dañarte toma los recaudos necesarios para protegerte, pero jamás tendrás la seguridad acerca de como habrán finalmente de desarrollarse los acontecimientos.

Pon por escrito en un listado el detalle de las experiencias que originariamente consideraste que te serían adversas, pero que finalmente habrían de resultarte favorables.

C) Un razonamiento básico nos señala que nos irritamos por atribuirles una exagerada importancia a las cosas. Por lo tanto, no nos dejaremos dominar por la ira cuando comprobemos que algo es trivial e irrelevante. Si algún hecho provoca tu irritación, trata de determinar la importancia del asunto en cuestión tal como lo vería un observador objetivo e imparcial. Debe tenerse en cuenta que una gran mayoría de los acontecimientos que ocurren pertenecen a esa categoría. Considera que estamos de paso en este mundo durante un breve lapso, y que todo aquello que nos afecta es relativamente de menor importancia considerado dentro del conjunto integral del universo (*Erej Apayim*, pág.94).

El atribuirle un exagerado significado a asuntos triviales constituye el origen de muchas reyertas y problemas dentro del matrimonio. Un hecho reiterativo ocurre cuando el marido o la mujer se olvidan de hacer algo que les fue encomendado, o no cumplen exactamente lo que se les solicitó. Si lo sucedido se considera simplemente como una omisión y evaluado consecuentemente como un asunto de menor importancia, no existirá enojo ni habrá problema alguno. Si por el contrario la persona que hizo el pedido reconstruye el hecho de una manera irracional y manifiesta por ejemplo: "Esto prueba que no te preocupas por mí", lo dicho será la causa de muchos innecesarios pesares. La interpretación del significado de una omisión dependerá enteramente de tu criterio, no exagerar su importancia te salvará de los efectos de la ira.

Si la causa de tu enojo está motivada por las expresiones vertidas por alguien, éstas se deben con frecuencia a un "lapsus linguae" o a una expresión impulsiva que no se deseó emitir. Inmediatamente después de pronunciarla, la persona podría lamentar haberlo dicho y en este caso no tendrías ninguna necesidad de irritarte con ella. Piensa en todas las circunstancias en las que has tenido expresiones, de las cuales te arrepentiste en forma inmediata (*Alufainu Mesubalim*, págs. 105-106).

E) La *Torah* establece que existe una *mitzvah* (*Vayikra* 19:15) por juzgar favorablemente a las personas (este tema está tratado extensamente en: *"Ama a tu prójimo"*, págs.257-261). Si cumples correctamente lo que establece este mandamiento no te enfurecerás con los demás (*Erej Apayim*, pág.45).

Toda vez que te enojes con alguien, será porque lo estás culpando de hacer o dejar de hacer algo. Si te dieras cuenta de que no es culpable, no te irritarías con él. Por ejemplo, si alguien tomara tu paraguas podrías molestarte con esa persona, pero si descubres que se trataba de un ciego y que lo tomó por error pensando que era el suyo, no deberías enojarte por ese motivo. Si desarrollas el hábito de juzgar favorablemente a la gente, podrías inferir que tal vez la otra persona haya podido cometer un error y que sus intenciones eran distintas a las que tú sospechabas, o que tuvo una buena razón para no actuar de la manera que tú deseabas. Aunque debemos estar en guardia para protegernos de cualquier posible daño, cuando nada práctico pueda hacerse para resolver una situación, no deberíamos asumir ninguna culpa por lo sucedido. Pregúntate constantemente lo siguiente: "¿De qué manera podría juzgar a esta persona de una manera favorable?"

9. Cuando estés enojado trata de hablar en voz baja o permanece callado

A) Cuando estés enfadado, lo más sensato que puedes hacer será permanecer callado hasta que te hayas tranquilizado (*Orjos Tzadikim*, Cap.12).

Con mucha frecuencia la gente dice cosas bajo un estado de ira, de las que luego se lamenta. Toma conciencia de tu ira lo más pronto que te sea posible y trata de permanecer quieto hasta que hayas recuperado la calma.

B) Cuando una persona se encoleriza pierde la capacidad de razonar, olvidando fácilmente que una distinta manera de pensar le ayudaría a vencer su irritación. Por lo tanto, para poder trabajar sobre este estado de ánimo, es necesario tener control sobre tu conducta y guardar silencio cuando estés emocionalmente involucrado en un desacuerdo con otras personas (*Toras Abraham*, pág.395).

C) Con humildad podrás aliviar la intensidad de la ira que alguien sienta hacia tí, tal como está escrito: "Una respuesta amable aleja la ira" (*Mishle* 15:1). (*Orjos Tzadikim*, Cap.2).

Responde a los exabruptos de otras personas con humildad. Trata de estar de acuerdo con todas las verdades que veas en sus manifestaciones. Al mostrar tu conformidad con una parte de sus comentarios, es probable que consigas tranquilizar completamente a esa persona. ("Yo estuve desconsiderado en mis apreciaciones". "Concuerdo contigo en que puedo mejorar". "Fue realmente una estupidez lo que hice"). Cuando trates de defenderte, una persona enfurecida generalmente mantendrá su agresión, ya que discutir con ella es como agregar leña al fuego. Si en cambio estuvieras de acuerdo con él, comprobarás que entonces no tendría razón alguna de continuar discutiendo, porque ya existiría un acuerdo entre ambos. A algunas personas les resulta muy difícil lograrlo pero si se insiste en el intento varias veces, se comprobará que se ha obrado un milagro.

D) Acostúmbrate cuando estés hablando cualesquiera sea el tema de tu conversación, a emplear un tono de voz agradable para todas y cada una de las personas a quienes te dirijas en todo momento, y esto habrá de evitarte caer en un estado de ira (*Igeres Haramban*).

Al levantar el tono de tu voz, tenderás a continuar enfureciéndote. Además cuando le grites a alguien, es probable que él también te grite y de esta manera se crea un ciclo dentro del cual se va incrementando la ira para ambas partes. Hablando en voz baja lograrás calmarte y a su vez por su parte se tranquilizará la persona a quien te diriges.

E) Si alguien te pide una caridad o que le prestes dinero y tu no puedes hacerlo por alguna razón, deberás tener mucho cuidado de no levantarle la voz, ni mostrar desagrado porque esa persona pudo haberte importunado. Háblale en cambio en un tono suave de voz y explícale que aunque quisieras ayudarlo, no puedes hacerlo precisamente en este momento (Jofetz Jayim: *Ahaavas Jesed*, Parte 2, Cap.23).

10. El amor y la comprensión eliminan la ira

A) Si alguna persona te ha hecho algo que ha motivado tu ira, trata de concentrar tus pensamientos en alguna buena cualidad que distinga a esa persona. Pudo haber ayudado a otros o poseer virtudes que puedes apreciar. Los aspectos positivos de su carácter deben ser suficientes para borrar tus sentimientos de enojo hacia él. Debes decirte a tí mismo: "Es suficiente para mí, que él me haya ayudado en el pasado" o bien: "Es suficiente para mí que él posea esta o aquella virtud". Lo que es más, una persona debe concentrarse en las cosas positivas que su esposa ha hecho y esto evitará generarle sentimientos de ira (*Tomar Dvorah*, Cap.1).

B) El Rabí Naftoli Amsterdam una vez le pidió consejo a su maestro el Rabí Israel Salanter sobre como no sentir ni ira ni resentimiento hacia los demás. El Rabí Salanter le respondió: "De acuerdo a la *Torah* deberíamos pensar en otras personas sólo cuando deseamos ayudarlas de alguna manera" (*Jayai Hamussar*, Vol.1, pág.107).

Tenemos la capacidad de adquirir el hábito de cambiar el contenido de nuestros pensamientos, tan pronto como pensemos en forma negativa sobre otras personas, a menos que esto sea por un propósito de orden práctico y constructivo.

Al concentrar nuestra atención en otras personas, la pregunta a tener en cuenta es la siguiente: "¿De qué manera podré hacer alguna buena acción a favor de esta persona?" Si nos concentramos en ayudar a los demás, no nos irritaremos con ellos.

C) Aquél que trabaje constantemente por su superación y que haya logrado alcanzar un adecuado nivel de afecto por sus semejantes, no ha de sentirse herido ni afectado por lo que los demás pudieran decir de él, ya que el amor tiene la propiedad de borrar todas las malas acciones. A pesar de que él personalmente será extremadamente cuidadoso en demostrarle respeto a todos, tendrá conciencia de que la mayoría de la gente no ha logrado perfeccionar los rasgos positivos de su carácter y por lo tanto no tiene demasiadas expectativas a este respecto. Una persona de tan elevado nivel espiritual no tendrá que esforzarse para dejar de sentir ira ni el dolor de la angustia, porque se encuentra en un constante estado de felicidad (Jazon Ish: *Emunah Ubitojen* 1:11 y 15).

A pesar de que el nivel descripto por el Jazon Ish requiere mucho trabajo personal para lograr alcanzarlo, es humanamente posible acceder al mismo y deberíamos esforzarnos por luchar para seguir ese rumbo.

La hija del Rabí Itzjok Blauser se acercó al aparador y de pronto todos los vasos, copas y platos se cayeron al suelo y se quebraron. Rav Itzjok no sólo no se enojó por lo sucedido, ni siquiera le preguntó el motivo de lo acontecido omitiendo llamarle la atención por esa causa. Le preocupó en cambio que ella no llegara a alterarse ni a asustarse y le dijo entonces lo siguiente: "No te preocupes, porque no hay motivo para que te pongas nerviosa ni te alteres" (*Hosair Kaas Mailibejo*, pág.185).

D) Si estás enfadado con alguien porque te ha dañado, trata de corregirlo y esta actitud te ayudará a vencer tu ira (*Reishis Jojmah: Shaar Haanavah*, Cap.5).

Es muy fácil condenar a los demás, pero en cambio no resulta tan sencillo ayudarlos a mejorar, aunque esto último sería lo más beneficioso.

E) Cuando alguien cometa algún error deberías sentir pena por esa persona por ser ella misma quien se perjudica con su proceder erróneo. En este caso los sentimientos de compasión habrán de evitarte que sientas ira. En lugar de decirte a tí mismo: "¡Qué desagradable me resulta esta persona por lo que hizo!, deberías decirte: ¿De qué manera podré ayudarlo?"

Cuando alguien te alce la voz, piensa que está afectado por algo, por lo que en lugar de enojarte con él deberías tratar de comprenderlo. Pregúntate lo siguiente: "¿Por qué estará alterado? ¿Por qué se sentirá amenazado? ¿De qué manera encarará la situación?" Como un acto de buena voluntad hacia él, trata de pensar la manera en que podrías aliviar su sufrimiento.

El hijo de un Rabino fue a ver al Rabí Jayim Ozer Grodzenski de Vilno. El motivo de su visita fue el de tratar de persuadirlo a que influenciara a los componentes de cierta comunidad para que aceptaran a su padre como su rabino. Rav Jayim Ozer no consideraba que dicha persona fuera digna para ocupar una posición tan prominente, por lo cual se rehusó amablemente a hacerlo. El hijo comenzó a hablarle de una manera ruda e insolente, y continuó insistiendo en que Rav Jayim Ozer accediera a su pedido. El Rabí Grodzenski permaneció en silencio y no respondió a esa insolencia. Cuando las palabras de esa persona tomaron un cariz demasiado extremo, Rav Jayim Ozer y otro erudito que lo estaba visitando salieron de la habitación. El otro estudioso comentó entonces lo siguiente: "Rebbe, aun para la paciencia y la tolerancia existe un límite, ¿Por qué no le dijo Ud. nada a ese joven desvergonzado?"

Rav Jayim Ozer respondió tranquilamente: "El estaba tratando de ayudar a su padre. Aunque mi sentido de responsabilidad no me permitió acceder a su pedido, no me asiste aún ningún derecho para quejarme de esa persona ni de sus palabras. Estuvo motivado por el deseo de serle útil a su padre" (*Rabosainu*, pág.46).

F) Con frecuencia al enojarnos con alguien, no nos damos cuenta que esa persona ve la situación de un modo muy diferente a nuestro punto de vista sobre el particular. En consecuencia, mientras que nosotros consideramos que está actuando equívocamente, él cree que su conducta es correcta. Dado que actúa convencido de estar haciendo lo apropiado, no deberíamos condenarlo ni irritarnos por ese motivo (*Pele Yoatz: kaas*).

Formúlate la siguiente pregunta: "¿De qué manera percibe esta persona la situación?" Podría ocurrir que discreparas sustancialmente con su punto de vista, pero aun así tu comprensión del mismo te serviría de ayuda para aplacar tu ira. Tomar conciencia que cada persona percibe las cosas de distinta manera, ya sea intensamente o de una manera superficial, constituye un principio fundamental a tener en cuenta para un trato eficiente con la gente. Cuanto mayor sea tu capacidad de entender la manera en que otra persona capta la realidad, mayor será tu posibilidad de comunicarte efectivamente con ella. Este temperamento es descuidado con frecuencia, lo cual causa muchas consecuencias de carácter negativo. En especial, resulta importante que las parejas casadas tomen debida nota de lo expresado.

G) El Jazon Ish escribió lo siguiente: "Una persona con sabiduría no debería enfurecerse con alguien que no estando en sus cabales podría haberlo perjudicado. Esta debería ser nuestra actitud hacia alguien que nos ha dañado, por su falta de sensatez y por no tener un buen carácter. No existe en realidad diferencia alguna entre una persona a quien le falte equilibrio emocional y otra que se comporte incorrectamente" (Jazon Ish; *Shabbos* 56:4).

El Rabí Itzjok Meltzin nunca se enfadaba con otros. Si alguien lo insultaba, jamás lo tomaba en cuenta, y se decía lo siguiente: "Es erróneo insultar a alguien y aquel que lo hiciere no posee el necesario discernimiento. ¿Por qué debería entonces enfurecerme con alguien que es ignorante?" (*Tnuas Hamussar*, Vol.2, pág.392).

H) La paciencia que un maestro debe tener para con sus discípulos, estará basada en la actitud que éste decida adoptar frente a ellos.

El Rabí Yaakov Neiman, Rosh Hayeshiva de Ohr Israel, relató que cuando era estudiante en Lomzhe, entró a la casa de su maestro el Rabí Moshe Rosenstein y observó que estaba examinando a un niño de corta edad, sobre lo que había aprendido en el transcurso de esa semana. Cuando el Rabí Neiman le preguntó quién era ese niño, Rav Moshe le susurró: "Es un hijo del Todopoderoso". Notando la expresión de perplejidad en el rostro del Rabí Neiman, Rav Moshe le explicó lo siguiente: "Si te hubiese dicho que es el hijo de tal o cual persona ya sabrías de quien se trataba, pero en cambio la identidad que un educador debe siempre tener en cuenta, es la de que todos sus discípulos son hijos del Todopoderoso. Cuando un maestro adopte esta actitud, tendrá la paciencia de educar a cada alumno de acuerdo a las características particulares de cada uno (*Darkai Mussar*, pág.167).

11. *Técnicas para aplacar la ira*

A) Si una persona procede mal contra tí, no lo odies en silencio. Resultaría en cambio más apropiado actuar de frente y preguntarle: "¿Por qué motivo hiciste tal o cual cosa en mi contra?" Si te solicita tu perdón, perdónalo. (Rambam: *Hiljos Daios* 6:6).

Adoptando una serena actitud frente a esa persona y comentándole tu reacción a raíz de su comportamiento hacia tí, ayudará en muchos casos a que encuentres una solución adecuada. A quien le resulta fácil calumniar a una persona a sus espaldas, le será difícil enfrentar a la persona involucrada, a pesar de lo cual los resultados provechosos que podrían obtenerse mediante un constructivo cambio de ideas habría de sobrepasar el probable desagrado inicial. Ten en cuenta que deberás tener tu mente concentrada en el propósito de hallar un arreglo pacífico y hablar constantemente en un tono de voz amable. Si te resultara imposible enfrentarte a alguien personalmente, una técnica que con frecuencia da buenos resultados consiste en la representación mental de un diálogo con esa persona mediante la asignación de roles. Aplicando esta técnica imagina que el responsable de la situación se encontrara en la habitación y que tú le estás hablando acerca de los motivos que provocaron tu enojo. Asume luego el rol de esa otra persona y establece su defensa de la mejor manera que te resultara posible. En algún momento del desarrollo de esta técnica, podrás traer a la memoria algunas ideas que te permitirán considerar las conductas negativas de la persona en cuestión, de una manera tal que te facilitará aplacar tu resentimiento.

B) Cuando te enojes a raíz de un incidente que haya ocurrido, debes tener la capacidad de tranquilizarte formulándote preguntas tales como: "¿Qué fue en realidad lo importante dentro de lo sucedido? ¿Qué es lo que pudo haber sido peor? (Cuanto más extensa sea la lista de hechos más exacta será tu perspectiva de los mismos). ¿Cuál es la magnitud de mi verdadera pérdida? ¿Cuál será la enseñanza que puedo extraer de esta situación para evitar que me vuelvan a suceder situaciones similares?" Cuanto mayor sea la cantidad de interrogantes que te plantees, mayores serán las oportunidades de poder ayudarte a observar la situación de una manera tal que se alivie la magnitud de tu ira.

C) Si intuyes que alguien pueda hacer algo que provoque tu ira, represéntate mentalmente la situación en forma anticipada y acéptala. Cuando esperas que alguien te insulte, tendrás la posibilidad para prepararte para ello y de esta manera estarás dispuesto a ello y así podrás mantener la calma (*Reishis Jojmah: shaar anavah*, Cap.5).

Esta técnica de efectivos resultados te ayudará a evitar

muchas reyertas que tiendan a repetirse. Cuando estés esperando que alguien proceda incorrectamente tendrás mayor capacidad de manejar de una manera más eficiente esa situación, que cuanto te tome desprevenido. Ten conocimiento de las alternativas de que dispones para comportarte de una manera constructiva en esas circunstancias.

Resulta importante que te prepares anticipadamente, conociendo tus reacciones automáticas de ira frente al proceder de alguien que te hable con un cierto tono de voz o que se comporte de una determinada manera. Deberás utilizar el mismo indicio que sirve para evocar y despertar tus sentimientos de ira, como un indicador para reaccionar confiando en tu tranquilidad y pensando de una manera constructiva. Imagínate que estás respondiendo en forma adecuada ante la situación planteada y repite este pensamiento una y otra vez, hasta que te sientas seguro que tu verdadero comportamiento habrá de mejorar.

D) Antes de pedirle un favor a alguien, deberías pensar que existe la posibilidad que no te lo pueda conceder. Aunque utilices la estrategia de influenciarlo para que te brinde su ayuda, deberías aceptar igualmente que se rehusara a hacerlo. Aun antes de solicitarte que te haga ese favor, deberías pensar en la manera en que podrás juzgarlo en forma positiva aunque no lograras que te ayude (ver *Mivjar Hapeninim: shaar hatikvah*).

E) Si comienzas a sentir ira hacia una persona por algo que hizo o dejó de hacer, trata de concentrarte antes en tus propios defectos. Piensa en todo lo que tienes que hacer para mejorarte y en qué medida no estás utilizando todo tu potencial para ese efecto. Si vas a ocuparte en corregir tus propias fallas, los defectos de los demás te parecerán irrelevantes y carentes de valor (Rabí Israel Salanter: *Tnuas Hamussar*, Vol.1, pág. 339).

Cuando observes un defecto en otra persona, trata de determinar un área específica en tu personalidad en la que tuvieras alguna falencia que se contraponga al atributo positivo que evidencie esa persona. Al momento de incorporar esta práctica a tus hábitos cotidianos podrás liberarte de los sentimientos de ira que pudieran acometerte (*Derej Jasidim*, pág.266).

F) Había una vez un monarca justo, pero que adolecía de

uno de los peores defectos: se enfurecía con facilidad. Para vencer este pernicioso rasgo de su personalidad escribió tres renglones en un trozo de papel y le encomendó a uno de sus servidores que se lo mostrara, cada vez que comenzara a sulfurarse. La primera línea escrita decía lo siguiente: "Recuerda que eres un ser que ha sido creado y que tú no eres el Creador". La segunda línea expresaba: "Recuerda que eres un ser de carne y hueso y que eventualmente habrás de ser devorado por los gusanos". La tercera señalaba: "Recuerda que no habrá piedad para tí en el futuro, si no tienes piedad para con los demás" (*Sefer Hamidos Lehameiri*, pág.239).

G) Separa una suma de dinero que tendrás preparada para donarla si te sientes dominado por la ira. Asegúrate que se trate de un monto importante que te haga pensar dos veces antes de ceder al impulso de enfurecerte (*Reishis Jojmah: shaar baanavah*, Cap.3).

H) Si estás enojado con alguien, trata de no fijar tu mirada en él, mientras persista tu ira y de esta manera lograrás tranquilizarte más rápidamente (*Idem*, Cap.5).

I) Cuando comiences a sentir ira, deberás concentrar tu pensamientos en otro escenario. Una posibilidad de carácter extremo consistirá en imaginar que estás parado en el medio de un cementerio. Trata de representar en tu mente tantos detalles de este escenario, como te sean necesarios para brindarte una perspectiva distinta de la situación que estás viviendo, que sirva para ayudarte a recuperar tu calma (*Maaneh Raj*, Cap.12).

J) En presencia de extraños una persona podrá controlar su temperamento con mayor facilidad que si estuviera solamente acompañado por sus familiares. Cuando te sientas enfadado con algún miembro de tu familia, piensa de qué manera reaccionarías si estuviera presente un extraño (*Maaneh Raj*, Cap.5).

Algunas persona pretenden no poder controlar su ira, pero si en esas circunstancias estuviera presente una persona distinguida, seguramente podrían mostrar un cierto grado de dominio sobre su estado emocional. Esta habilidad podría ser empleada aun cuando no.se encontrara presente ninguna otra persona, pero para lograr el efecto propuesto deberías imaginarte de que modo reaccionarías si alguien más se hallara en ese lugar.

K) Si descubrieras que la discusión de cierto tema incide para que pierdas la calma con facilidad, deberías evitar de tratar dicho asunto durante un tiempo. Luego de transcurrido cierto lapso, intenta nuevamente comprobar si puedes permanecer en calma mientras se habla de ese tópico (*Erej Apayim*, pág.70).

L) Si estás irritado con alguien, convierte en práctica el temperamento de dejar para el día siguiente lo que pudieras decir o hacer en su contra. Demorando tu reacción lograrás generalmente tranquilizarte lo suficiente, como para no hacer algo de lo cual debas arrepentirte más adelante (*Maaneh Raj*, Cap.5).

M) Una bien conocida técnica para controlar tu mal carácter consiste en contar hasta cincuenta (o hasta más si fuera necesario) cada vez que te sientas enojado con alguien. Esta leve demora te ayudará a minimizar la intensidad de ciertos sentimientos fuertes desde su origen (*Erej Apayim*, pág.85).

Una persona que con frecuencia se encolerizaba con los miembros de su familia a raíz del comportamiento de los mismos, adoptó finalmente un método para dominar sus sentimientos de ira. El mismo consistía en lo siguiente: cada vez que se enojaba con un familiar antes de decirle algo, conservaba en su boca un sorbo de agua durante cinco minutos. Sólo después de transcurrido ese lapso podía criticar a alguien. Durante ese tiempo su ira se atenuaba y podía pensar con calma (*Erej Apayim*, pág.85).

N) El Rabí Abraham Tuvalski ofreció la descripción de la siguiente técnica práctica: pídele a alguien de tu familia que registre tus momentos de ira, sin que te des cuenta que un grabador a cinta está funcionando. Cuando estés tranquilo escucharás la cinta con la grabación. Oyendo como suena dicha grabación ha de contribuir a motivarte para tratar de permanecer tranquilo (*Hasair Kaas Mailibejo*, pág.146).

O) Formúlate constantemente la siguiente pregunta: "¿Cuál será mi objetivo en este preciso instante?" Cuando mantengas tu atención concentrada en una meta específica, estarás menos propenso a desviarte de ese objetivo, volcando tu ira en alguien. Cuando tengas que tratar con alguien, comprobarás que tu verdadero objetivo es totalmente incompatible con una conducta que se limite a encolerizarse y alzar la voz. Por ejemplo, si un empleador deseara que una persona a su cargo realice un buen trabajo, deberá tener conciencia que para alcanzar ese objetivo ha de resultar más efectivo alentarla que reprenderla a gritos.

Si los padres quieren que sus hijos asimilen valores positivos, deberán emplear una charla amistosa y cálida y obtendrán resultados más efectivos que si profirieran estallidos plenos de ira. Teniendo un pleno conocimiento de cuales son tus metas y objetivos iniciales, habrás de concentrarte en el cumplimiento de las mismas y de tal manera no te desviarás de ellas.

P) Una técnica experimental de resultados positivos para eliminar raptos de ira, es la de tratar de describirte mentalmente las reacciones internas de tu cuerpo, cuando estás bajo los efectos de ese estado emocional. Deja de pensar por un instante en el motivo de tu ira y trata de imaginar tus reacciones internas. Concéntrate en el funcionamiento de tus músculos, tu corazón, tu estómago, tu rostro y tus manos. Esta técnica de características simples hace que la ira desaparezca.

Q) Confecciona un listado que consigne un detalle de las veces en que te irritas. Describe cada una de las situaciones, las personas involucradas, los motivos de la ira (tales como: un servicio deficiente, insultos, reprimendas, faltas de consideración o injusticia. Toma nota de la hora del día, del lugar y de tu predisposición general frente al incidente en cuestión (cansado, apresurado, estresado). Imagina lo que te dirías ante esa situación y cuestiona el contenido de esas automanifestaciones. El hábito de registrar por escrito cada incidente con sus respectivos cuestionamientos con relación a las actitudes que generen ira, te permitirá ejercer un mayor control sobre los mismos.

Algunas personas pueden llegar a descubrir que se enfurecen cada vez que se pone en tela de juicio sus conocimientos o su inteligencia. Otras podrán comprobar que pierden su compostura cuando se cuestiona su poder o su autoridad. Están también aquellos que consideren que un menosprecio inferido a la capacidad que los hace competentes o a sus habilidades, habrá de provocarles sentimientos de ira. Habrá algunos que podrán alterarse cada vez que sufran un rechazo. Todas estas tendencias revelarán el punto vulnerable de cada persona, y son por lo tanto las áreas básicas sobre las cuales se debe trabajar para eliminar los sentimientos de ira.

R) Si en el seno de una familia existen tensiones que se traducen en situaciones de conflicto entre los miembros que la componen, será conveniente confeccionar un diagrama del grupo indicando el nombre de cada uno de sus componentes. Deberá representarse gráficamente en el referido diagrama cada una de las explosiones de ira de dichas personas. (A estos efectos deberán definirse previamente los distintos motivos que provocan ira tales como: gritar, golpear objetos, o proferir insultos). La competencia provocada por el desagrado de figurar en el diagrama, influirá para que todos permanezcan en la mayor calma. Podrá además incrementarse la motivación individual mediante la institución de premios para los ganadores (privilegios especiales o un presente).

12. Posibles errores

A) Algunas personas de mal carácter creen erróneamente que es muy natural que ellos tengan que enfurecerse con facilidad, y que nada podrán hacer al respecto. Si bien es cierto que algunas personas tienen una mayor predisposición que otras de salirse de sus cabales, tienen todas no obstante la capacidad de trabajar intensamente sobre este rasgo negativo para tratar de eliminarlo poniendo para ello su mayor empeño (*Erej Apayim*, págs. 16-18).

Dado que la ira al igual que cualquier otro estado emocional, se nutre de nuestros pensamientos y actitudes, debemos tener en cuenta que poseemos la capacidad de modificarlos y de esta manera llegar a controlar nuestros sentimientos de ira. Aunque lo expuesto puede resultarle difícil a algunas personas y que por lo tanto resultaría ajeno a la realidad esperar que alguien sea perfecto en este aspecto, todos tienen la capacidad de trabajar para su mejoramiento espiritual.

B) Hay gente que estudia la *Torah* y realiza buenas acciones, pero si alguien llegara a ofenderlos habrán de perder sus cabales por ese motivo, hablando mal de esa persona ante quien esté dispuesto a escucharlos y hasta podrían llegar a insultarla en público. Cuando alguien que proceda de esa manera sea censurado por su conducta, se justificará diciendo: "No es mi culpa, ¡qué puedo hacer si tengo la inclinación natural de encolerizarme rápidamente!". El Rambam escribió que debemos arrepentirnos por permitir que nos domine la ira. En lugar de justificar nuestra conducta, alegando que todo se debió a que nos enfurecemos, deberíamos arrepentirnos no sólo de nuestras acciones sino por el sentimiento de la ira en sí misma (*Maarjai Laiv*, pág.105).

C) En momentos en que una persona se esfuerza aplicando su mayor empeño para no irritarse, se pone tan tensa que podría salirse de sus cabales con mayor facilidad que antes de intentarlo.

Debería entonces tomar las cosas con calma y esforzarse para poder mejorar. No debes esperar la perfección en forma inmediata y en cambio conservar tu tranquilidad. Tu objetivo debería ser la superación en lugar de la perfección absoluta.

D) Por lo general no basta con que te repitas constantemente las siguientes manifestaciones: "No hay razón alguna para que me enfurezca", o bien: "Me resulta ilógico enojarme con esa persona", para poder vencer tu sentimiento de ira. Trata en cambio de determinar exactamente qué habrás de decirte a tí mismo acerca de alguna persona o de una situación determinada, cuestiónate el contenido de tus automanifestaciones.

E) Algunas personas temen que si controlan su ira, estarán simplemente reprimiendo sus sentimientos y esto les causaría daño. A través de lo expresado no pretende abogar por la represión de la ira, sino por su completa erradicación. Tenemos la capacidad de analizar una situación de diversas maneras y poseemos la habilidad de abarcar una perspectiva de los hechos que nos permita liberarnos de la ira (ver Capítulo 3). Todo aquel que no fuera capaz de transformar sus percepciones y automanifestaciones, se le aconseja que busque la manera de encontrar desahogos inofensivos para descargar su ira. Resulta incorrecto que por este motivo se golpee a alguien o se quiebren objetos, cuando sería en cambio más aceptable realizar ejercicios físicos tales como: correr alrededor de la manzana, hacer flexiones o aplicar alguna técnica para la relajación muscular. Cuán afortunada es en cambio la persona que ha llegado a dominar el enfoque expuesto en la *Torah* con respecto a la vida, porque él estará libre de la ira y vivirá una existencia plena de felicidad.

F) Hay quienes se preguntan: "Si no demuestro mi ira no conseguiré lo que deseo y la gente se aprovechará de mí. ¿No saldré perdiendo, por no enfurecerme?" Mi respuesta es una pregunta: "¿Estarás más motivado para satisfacer el pedido de alguien que te hable con respeto y consideración, que si lo hiciera vociferando o hablándote a los gritos?" Resulta un error pensar que es necesario que estés enfurecido para conseguir lo que te propones. La gran mayoría de la gente puede motivarse utilizando tacto y sentido común. Si pones en claro tus objetivos específicos y planificas el modo de cumplirlos, descubrirás que la ira es rara vez necesaria.

13. Debes tener cuidado de no hacerles observaciones a otras personas de una manera airada

A) Si deseas influenciar a otras personas para que se superen, es esencial que te mantengas calmo y les hables de una manera agradable. Haciéndolo de este modo tus palabras podrán ser aceptadas, aunque no ocurra en la primera oportunidad habrá de serlo en una posterior ocasión (Jofetz Jayim: *Jomas Hadas*, Cap.6).

Una persona que esté ocupando una posición de liderazgo tendrá la importante obligación de permanecer tranquilo y ser paciente, aun cuando esté tratando con gente difícil. El Jofetz Jayim solía citar el pensamiento del Rabí Israel Salanter acerca del liderazgo: "Con ira y a los gritos no podrás alcanzar ningún logro. Por otra parte, debes tener en cuenta que está prohibido adular a alguien que esté procediendo erróneamente. En consecuencia, deberás trabajar arduamente para elaborar métodos y formas de llegar a la gente sin recurrir a la ira ni a la adulación (*Hajofetz Jayim*, Vol.3, pág. 1180).

B) Si alguien increpa a los demás airadamente, estas personas se resentirán con él y estarán a la expectativa de poder hacer públicos sus defectos. Si en cambio, trataras de corregirlos expresándoles tus sentimientos de amor y amistad, ellos tendrán a su vez sentimientos recíprocos hacia tí y es posible que tomen en cuenta tus observaciones (*Sefer Hamidos Lehameiri*, págs. 193 y 239).

C) Cuando tengas que censurar o aplicar un castigo a alguien de la manera que con frecuencia lo hacen padres y maestros, deberías cumplir tu cometido sin dejarte llevar por la ira. Tu motivación deberá ser la de corregir a tu hijo o a tu discípulo, y no la de desahogar tu irritación. Si necesitaras demostrar enojo para lograr influenciarlos, deberías mostrarles signos de ira de carácter externo y no como la expresión de un sentimiento profundamente arraigado en tu fuero interno (*Mesilas Yeshorim*, Cap.11).

Los discípulos del Rabí Iosef Hurwitz relataron que cuando éste los reprendía, se detenía de tiempo en tiempo interrumpiendo su acción de censurarlos. El motivo de su actitud era que dedicaba unos pocos segundos a la introspección para asegurarse de que ningún sentimiento de ira aflorara mientras estaba hablando (*Tnuas Hamussar*, Vol.4, pág.326).

D) El Rabí Jayim de Volozhin escribió que aquel que compruebe que no le es posible emplear un tono agradable de voz cuando reprende a los demás, estará exento de la obligación de reprocharlos (*Keser Rosh* Nº 143).

E) Un maestro que se encolerice fácilmente ha de causar mucho daño, enojándose frecuentemente por errores cometidos o por asuntos intrascendentes, dado que reprende a sus alumnos de una manera airada. Sus educandos no aceptarán las críticas que les formule sobre asuntos de importancia por la manera en que los reprende y además habrán de asimilar en un mayor grado su forma incorrecta de proceder, que lo que intente transmitirles a través de lecciones y disertaciones. Los alumnos toman a sus maestros como modelos, y en este caso emularán sus rasgos de carácter negativo. Un maestro que presente estas características, considerándose a sí mismo como un ser casi perfecto, buscará las formas que justifiquen sus defectos y su conducta incorrecta. Siguiendo su ejemplo, sus discípulos también incurrirán en incorrecciones, que habrán de considerar como actos de elevado contenido. Un educador que esté en esas condiciones continuará generando hijos espirituales a su imagen y semejanza (Jazon Ish: *Emunah Ubitojen* 4:16).

F) Un cierto erudito de la *Torah* reprendía a los miembros de su familia, cuando en forma negligente rompían una copa.

Una vez alguien de la familia dejó caer una costosa pieza de frágil cristal. La persona se preparó anímicamente esperando recibir una fuerte reprimenda por lo sucedido, pero no se hizo ninguna mención con respecto al incidente por parte del erudito. Cuando se le preguntó acerca de este asunto el erudito respondió lo siguiente: "Tenemos la obligación de ser cuidadosos de no destruir objetos útiles (*baal tashjis*). Censuro a aquel que destruye una copa de poco valor porque podría no considerarlo como una pérdida trascendente y por lo tanto ser negligente en ese aspecto, pero en cambio todos son por lo general muy cuidadosos cuando manipulan costosos cristales. Por consiguiente, si se rompiera uno de estos como ha sucedido en este caso, será por accidente y no hay necesidad de censurarlo por ese motivo".

G) Si alguien te ha perjudicado y lo condenaras por ese motivo, esa persona generalmente actuará a la defensiva, y no sólo no lograrás obtener beneficio alguno sino que además te habrás ganado un nuevo enemigo. El autor de *Erej Apayim* (pág. 52) escribió que con frecuencia se abstenía de reaccionar airadamente cuando alguien lo perjudicaba, y por el contrario ponía especial empeño en ser amable y amistoso con esas personas. Correspondiendo a su trato cordial, ellos le retribuían de la misma manera y llegaban a establecer una íntima amistad con él y en algunos casos hasta rectificaban su proceder reparando el daño que le habían causado. "Si no hubiera reaccionado con paciencia, habría perdido seguramente la oportunidad de disfrutar de todas las buenas acciones que esta gente me brindó posteriormente" escribió dicho autor al respecto.

H) La manera más productiva de expresar tus sentimientos cuando estés enojado con alguien, es serle honesto al comentarle que te sientes irritado o herido a causa de sus palabras o de su comportamiento. No ataques a esa persona valiéndote de las palabras o del tono de voz agresivo. Trata de decirle de la manera más calma que te sea posible lo siguiente: "Me siento irritado porque has hecho o dejado de hacer esto". Cuando te enfrentes con él, deja de lado toda forma de hablarle de manera insultante, ni le endilgues ningún rótulo despectivo, como sería decirle que es haragán, desconsiderado, inmaduro, enfermizo o perverso. Sólo deberás destacar el acto específico que te afecta. No tendrás necesidad de gritarle ni de enfurecerte para imponer tu punto de vista. Si la persona no tomara en cuenta tus sugerencias, deberás continuar repitiendo tu mensaje de una manera calma y persistente, y finalmente tu paciencia dará sus frutos. Si te resultara difícil aplicar lo expresado, imagínate a tí mismo tratando de resolver de una manera efectiva esta situación. Continúa representándote esta imagen en tu mente hasta que puedas confiar en tu capacidad de manejar este asunto de una manera efectiva.

14. Calmar a una persona enojada constituye una buena acción

A) Calmar a una persona que se encuentra bajo los efectos de la ira en el momento presente, constituye una obra de bien. Esto debe considerarse como un verdadero arte y requiere mucha habilidad. Cuando alguien está enfadado, generalmente habrá de resultar ineficaz y contraproducente tratar de adoctrinarlo o citarle dichos de otras personas. Intenta comprender de que manera esta persona analiza la situación en cuestión. Aunque la ira puede considerarse como algo totalmente irracional, siempre existirá algún elemento subjetivo en su manera de ver las cosas (su enfoque particular de lo sucedido) que ha desencadenado su irritación. La forma más efectiva de calmar a una persona, se logra conociendo su perspectiva de los hechos y tratar con habilidad de cambiarla, o bien cambiar la situación en sí misma de modo tal que resulte suficiente para conseguir que finalmente se tranquilice.

Por ejemplo, si alguien se enojara con otra persona porque ésta toma prestados libros de su biblioteca sin su consentimiento, deberías demostrarle que puede extraer placer del hecho de que ella se beneficie con sus libros. Si se rehusara a aceptar este argumento, podrías demostrarle que el problema sólo se reduce a un asunto de carácter trivial, y que no es necesario exagerar su importancia. Si aún así rechazara lo expresado, tendrías que continuar buscando una forma de encarar la situación, de un modo total que él estaría personalmente dispuesto a aceptar. Al respecto cabría que te formules la siguiente pregunta: "¿Te sería posible pensar en cinco razones que justifiquen que lo ocurrido no es tan serio, o que la persona involucrada no tuvo la culpa de lo sucedido?" El planteo de esta pregunta podría motivarlo a pensar en una dirección que tendiera a reducir la intensidad de su ira. Si nada de lo que puedas decir lograra ayudarlo, trata entonces de variar la situación, induciendo al que tomó los libros a disculparse por haberlo hecho sin permiso.

B) Si al hablarle a una persona notaras que se irrita contigo, trata de averiguar qué fue lo que pudo haber provocado su ira. Las posibles causas podrían haber sido: tu manera condescendiente de dirigirte a él, el tema en sí mismo motivo de la conversación, el tono de tu voz, el hecho de haberle hablado de este asunto en reiteradas oportunidades, o como consecuencia de sus propios problemas personales. La *Torah* nos impone la obligación de ser cuidadosos para evitarles innecesarios dolores emocionales a otras personas (ver "*Ama a tu prójimo*", págs. 326-331), y que deberíamos por lo tanto tener cuidado de no provocarles sentimientos de ira. Si te das cuenta del efecto que tus palabras o acciones pudieran ocasionarles a los demás observando la expresión de sus rostros, tienes la posibilidad de introducir los cambios necesarios en tus enfoques o conductas para lograr tranquilizarlos cuando comiencen a enfurecerse.

Capítulo Doce
LA CULPA

1. El sentimiento de culpa puede ser productivo o contraproducente

A) Aunque estamos obligados a combatir la tristeza, deberíamos sin embargo sentir remordimientos cuando hayamos cometido acciones incorrectas. El criterio a aplicar para juzgar la calidad de los sentimientos que expresan arrepentimiento, dependerá de la manera como nos hemos comportado, y cuales fueron nuestras reacciones posteriores. El arrepentimiento de contenido constructivo conducirá a sentimientos de regocijo (*Hishtapjus Hanefesh*, Nº20-21).

B) El Maguid de Mezeritch dijo lo siguiente: "Los sentimientos de culpa inducirán a algunas personas a enmendar su forma de proceder. Otros se limitarán a concurrir a un bar y tratar de ahogar en alcohol sus remordimientos" (*Midrash Rivash Tov*, Vol.2, pág.46).

C) Los sentimientos obsesivos dominan los pensamientos de una persona. Esta se repetirá a sí misma el lamentable concepto que tiene de su propia persona. No vislumbrará esperanzas de mejorar y sus sentimientos de culpa le impedirán experimentar alegría por las cosas que realiza de una manera correcta. Esos complejos de culpa deberían ser eliminados por su carácter depresivo. Sin embargo existen sentimientos de remordimiento por haber realizado hechos incorrectos, que tienen un contenido constructivo. En estas circunstancias la persona poseerá el control de sus pensamientos, que se traducirán en un esfuerzo para posibilitarlo a sentir arrepentimiento por las transgresiones cometidas. El lamentarse de haber realizado actos incorrectos lo conducirá a su superación. Con respecto a tales sentimientos sucedió que un hombre sabio (citado en *Pele Yoatz: tzaav*), le expresó lo siguiente a alguien que estaba afligido: "Si estás preocupado por tus problemas terrenales el Todopoderoso debería relevarte de los mismos, pero si en cambio te ves afectado por asuntos espirituales el Todopoderoso debería incrementar tu preocupación".

Una persona que nunca se arrepiente de sus actos erróneos es probable que los vuelva a repetir, pero un excesivo sentido de culpa puede resultarle perjudicial. Un importante factor que se refiere al remordimiento consiste en determinar si una persona se siente mal por sentirse mal, o si por el contrario se siente bien por tener remordimientos. Si sus sentimientos de culpa son de carácter negativo, esa persona se sentirá mal a causa del malestar que le provoca su estado de ánimo depresivo. Si por el contrario ese sentimiento tuviera un contenido positivo, el afectado apreciará debidamente su sensación del pesar que experimenta por haber hecho algo incorrecto, ya que lo manifestado denota por su parte un sentido de los valores y de sus claros ideales. Pregúntate al respecto lo siguiente: "¿Ha de ayudarme en algo o en nada a superarme el hecho de que me culpe a mi mismo?" En la medida en que culparte a tí mismo te motive para un cambio de actitud que te ayude a mejorar, este sentimiento tendrá un contenido constructivo.

Cuando por el contrario te impida superarte, su efecto será contraproducente y debería ser eliminado. Si dejas de experimentar autocompasión por los errores que has cometido, tu mente quedará en libertad para trabajar por tu superación.

D) Cuando te sientas culpable deberías cuestionarte si esos sentimientos de culpa son por algo que realmente merece la pena. Con frecuencia la gente se siente culpable por una conducta que estaría ampliamente justificada.

El Rabí Jayim Soloveitchik de Brisk siempre aseguraba que aquellas personas enfermas para las cuales resultaba riesgoso practicar el ayuno deberían comer durante el *Yom Kippur*. Toda vez que una persona enferma debía comer en esa ocasión y se sentía mal por no poder ayunar, Rav Jayim de Brisk lo consolaba de esta manera: "Tu situación puede compararse a la de alguien que circuncida a su hijo durante el

Sabbat. ¿Has visto alguna vez que un padre o un *mohel* se alteren por hacer algo que normalmente constituye un sacrilegio al *Sabbat*?"

Todos entienden que en esta situación es una verdadera *mitzvah* hacer lo que corresponde. Esto también se aplica al caso en que una persona tenga que hacer algo por su salud que normalmente esté prohibido, por lo cual el hecho de tener que comer durante el *Yom Kippur* es una *mitzvah* (*Dmuyos Hod*, Vol.2, pág.73).

E) Una persona consultó al Jofetz Jayim manifestándole lo siguiente: "Mis perversas inclinaciones no me dan descanso. ¿Qué puedo hacer?"

"Eso es verdaderamente para tu bien", le respondió el Jofetz Jayim. "El propósito de nuestra presencia en este mundo es el de vencer nuestros impulsos prohibidos. Frecuentemente nos encontramos en un estado de conflicto. Mediante el control de nuestros deseos para hacer el mal, alcanzaremos nuestra elevación espiritual. Cuanto más difícil nos resulte lograrlo mayor ha de ser nuestro mérito" (*Mijtevai Jofetz Jayim*, pág.97)

2. *Los excesivos sentimientos de culpa pueden causarte daño*

A) Ten cuidado de no considerarte a tí mismo como a una persona perversa. Aquel que se considere a sí mismo como un ser maligno, no se esforzará por mejorar y probablemente empeore con el tiempo (*Hamaspik L'odvai Hashem*, pág.68).

B) La tristeza constituye un gran obstáculo para servir apropiadamente al Todopoderoso. Una persona que haya cometido una transgresión no debería estar excesivamente apesadumbrada, porque esto le impediría su ulterior crecimiento espiritual. Aquel que haya errado en sus procederes debería sentir un profundo arrepentimiento por ello, y luego proseguir regocijándose por su relación con el Todopoderoso, dado que siente un sincero pesar y está firmemente decidido a no volver a repetir dicha transgresión (Baal Shem Tov: *Derej Jasidim*, pág.320).

El Baal Shem Tov envió una carta a un distinguido seguidor suyo: "He recibido su carta y al comienzo de la misma me escribe que Ud. cree que debe ayunar. Me sentí conmocionado por esta expresión. Le exijo que suspenda tales prácticas riesgosas, las cuales le generarán tristeza y depresión. La presencia del Todopoderoso no se albergará donde exista la tristeza, sino que solamente se la encuentra donde se experimenta alegría por cumplir con todos Sus mandamientos (*Shabbos* 30b). Usted sabe que enfatizo constantemente la importancia de este punto y que siempre debería tenerlo en cuenta, por lo que debe abstenerse por el contrario de ayunar más de lo que está establecido como obligación. Le aseguro que si escucha este consejo, el Todopoderoso habrá de acompañarlo" (*Shivjai Habesht*, pág.30).

C) Una persona deprimida es vencida fácilmente en una lucha deportiva. De manera similar en el combate que se libra contra las malas inclinaciones, te será imposible salir victorioso si estás deprimido, dado que necesitarás del entusiasmo que proviene de la felicidad (*Tanya*, Cap.26).

D) Debes tener especial cuidado si percibes que se ha producido un deterioro en tu nivel espiritual. Estará en peligro aquel que sienta un decaimiento espiritual, dado que estará propenso a abandonarse completamente y por efecto del pánico podría cometer muchos actos incorrectos. Aun cuando te sientas decaído deberás fortalecerte donde quieras que te encuentres en ese momento. Si adoptas un enfoque optimista de tu situación y sientes confianza de poder superarte, estarás en condiciones de lograr tu elevación espiritual. (Escuchado al Rabí Jayim Shmuelevitz: ver *Sijos Mussar*, 1971, ensayo 13).

E) Hay momentos en que una inclinación perversa inducirá a una persona a pensar que ha cometido una gran transgresión, cuando en realidad no lo ha hecho. Si una persona está deprimida como consecuencia de su comportamiento negativo, el desaliento que experimente le impedirá realizar buenas acciones. (*Toras Hamaguid Memezeritch Vesijosov*, pág.121).

F) Si una persona se analiza cuidadosamente, habrá momentos en que llegue a considerarse el peor de los peores, que carece completamente de valores y que está lleno de transgresiones. Cuando una persona piense de esa manera estará propensa a sentirse profundamente deprimida. Al experimentar una culpa tan excesiva, debería darse cuenta que la misma proviene de una inclinación perversa y tendría que dejar de concentrarse en forma inmediata en todos los yerros que haya cometido. Su obligación del momento consiste en generar pensamientos que lo transportan a un estado de alegría (*Meor Veshemesh: Vayaishev*).

G) Si tuvieras deseos de hacer algo incorrecto, te sentirías tan molesto contigo mismo por no situarte en un nivel espiritual más elevado, que tratarías de reprimir esos impulsos e ignorarlos, lo cual constituiría un error, dado que en lugar de tratar el problema estarías ocultándolo. Resulta igualmente peligroso no tomar en cuenta tus íntimos pensamientos ni tus reacciones. Toma conciencia de aquello que deseas y mantén un diálogo contigo mismo para vencer esos pensamientos negativos (*Alai Shur*, pág.35).

Si tienes sentimientos de hostilidad hacia alguien, especialmente si se trata de un amigo o de un pariente, no deberías negarte a tí mismo la existencia de esos pensamientos. Podrías por ejemplo enojarte con tus padres por no comprarte algo que tú deseas, y aunque quisieras ignorar tu hostilidad subsistirá tu resentimiento hacia ello. En un diálogo sincero contigo mismo, trata de contemplar el punto de vista de tus padres al rehusarse a complacerte. Procura entonces hallar la explicación del hecho, que a pesar de discrepar personalmente con la decisión que adoptaron, podrías aceptar como válida para ellos su actitud hacia tí. Por lo tanto, podrías estar decepcionado pero no deberías sentir hostilidad hacia ellos.

H) El Rabí Yerujem Levovitz de Mir solía decir lo siguiente: "¿Desgraciada de aquella persona que no tiene conciencia de sus propios defectos, porque no sabrá que es lo que debe corregir. Pero sería doblemente infortunado aquel que no fuera conciente de sus virtudes porque de este modo carecería de las herramientas necesarias para corregirse!" (*Alai Shur*, págs.168-169).

I) El Rabí Eliezer de Kamarner dijo lo siguiente: "Cuando el corazón de un hombre recto se quiebra en mil pedazos y tiene el temor de deprimirse, debería entonces apelar a sus buenas cualidades y valorarse a sí mismo. En otros momentos cuando temiera envanecerse, debería tratar de ser conciente de sus propios errores y defectos" (*P'air Yitzjok*, pág.37).

3. Acepta el hecho de que eres un ser humano falible

A) El Rabí Iosef Leib Bloj solía decir que no obstante el elevado nivel que pudiera ocupar una persona, ésta tendrá siempre una tendencia innata a restarse méritos, lo cual forma parte de la verdadera naturaleza del hombre. En lugar de permitir que estas tendencias nos degraden deberíamos fortalecernos y tratar de continuar elevándonos espiritualmente con todas nuestras energías. Es por eso que la *Torah* se refiere a los defectos y transgresiones que cometieron aun los más grandes hombres. Lo expresado puede servirnos de consuelo y para enseñarnos además que es normal tener defectos (*Shiurai Daas*, Vol.2, pág.158).

B) No existe en el mundo una sola persona que no haya cometido algún error alguna vez. No es por lo tanto vergonzoso admitir que una persona haya incurrido en equivocaciones, pero sí lo será cuando trate obstinadamente de negarse a reconocerlo (*Pele Yoatz: taos*).

C) Algunas personas tienden a condenarse a sí mismas alegando que son unos absolutos fracasados por haber cometido errores, diciéndose a sí mismas que son unos "inservibles", por ese motivo. Su actitud podría definirse básicamente en los siguientes términos: "Si no soy perfecto seré entonces un absoluto fracaso". La verdad es que nadie no es ni perfecto ni un fracasado en forma absoluta. Nos encontramos todos ocupando distintas posiciones a manera de etapas dentro de un proceso contínuo. Resultaría mucho más productivo reconocer la verdadera situación en la que se encuentra cada uno —de la mejor manera que nos fuera posible— y trabajar arduamente para superarnos. Deberíamos entonces comenzar a decirnos algo similar a lo expresado en las siguientes líneas: "En el día de hoy he cometido siete errores. ¿Qué puedo hacer para evitar esas equivocaciones en el futuro?"

D) En algunos momentos podrías tener reacciones negativas cuando estés tratando de cumplir una *mitzvah*. Podrías rebelarte y dejar de realizar una buena acción. Esta situación no debería entristecerte ni ponerte nervioso. La esencia de la realización de una obra de bien radica en el esfuerzo que se requiere para ello, y no podemos esperar que siempre resulte sencillo hacer lo correcto. Entabla un diálogo contigo mismo a fin de preguntarte el motivo por el cual te resulta difícil llevar a cabo lo que te propones. ¿Qué es lo que realmente te molesta? La respuesta a este interrogante te proporcionará una visión introspectiva de tu persona, la cual te ayudará a crecer (*Alai Shur*, pág.203).

4. Plantéate expectativas realistas con respecto a tí mismo

A) El Rabí Israel Salanter dijo lo siguiente: "En el Día del Juicio Final no tendré temor cuando se me pregunte porqué no soy como Moshe Rabeinu. La pregunta que debo tener en cuenta es porqué no fui todo lo que Israel Salanter pudo haber sido" (*Toras Hanefesh*, pág.48. Esto se relata frecuentemente en el nombre de Reb Zushe).

B) En cada una de las etapas de su crecimiento espiritual, una persona tiene diferentes impulsos y deseos que la motivan. Cuanto más elevado sea el nivel que alcance una persona, mayor será la lucha que tendrá que librar contra sus fuertes impulsos negativos (*Sukah* 52a). Uno no debería pensar que ocupa un nivel espiritual inferior, por tener inclinaciones negativas de mayor intensidad que antes de comenzar a trabajar para su superación. Cada vez que alcances un más alto nivel espiritual deberías estar preparado para afrontar nuevas pruebas a las que serás sometido (*Likutai Autzos: hisjzkus* Nº 6).

C) La fijación de elevados patrones espirituales de carácter irreal pueden resultar perjudiciales. Cada uno debería tener un conocimiento objetivo y realista de lo que es factible para él en el presente, y cual será la meta por la que habrá de luchar en el futuro. Para alcanzar algunos niveles de realización espiritual se requerirán muchos años de esfuerzos. Resultaría ilógico esperar que se puedan alcanzar dichos niveles con unas pocas lecciones fáciles. Dado que existen diferencias sustanciales entre la gente en lo que respecta a su individualidad, el problema reside en distinguir entre aquello que es razonable y lo que no lo es para cada persona. A estos efectos resultará valioso consultar a un erudito de la *Torah*, para ayudarte a dilucidar esta cuestión.

D) El Rabí Yerujem Levovitz solía afirmar: "¿Quién es un hombre virtuoso y quién es un hombre perverso?" Mucha gente cree que un hombre virtuoso es aquel que no comete transgresiones, mientras que el perverso las está cometiendo constantemente. Sin embargo aquel que es muy virtuoso también comete actos incorrectos y aún el más perverso realiza algunas buenas acciones. La diferencia entre ambos reside en que mientras la persona virtuosa se esfuerza por vencer sus deseos para hacer el mal, el perverso no lo hace (*Alai Shur*, pág.186).

E) Algunas veces alguien podría sentirse culpable cuando toma conocimiento de su carencia de motivaciones de elevado contenido espiritual que lo impulsen a realizar obras de bien. Sin embargo los Sabios (*Psojim* 50b) manifiestan que deberíamos comprometernos en el estudio de la *Torah* y en la realización de buenas acciones aunque nos falten motivaciones puras, dado que en definitiva nuestro proceder habrá de conducirnos a que realicemos obras de bien con móviles espirituales de contenido más elevado.

Además el Rabí Jayim de Volozhin escribió lo siguiente: Es imposible que una persona pueda alcanzar un nivel que lo habilite a hacer el bien impulsado únicamente por intenciones puras, sin comenzar a actuar teniendo motivaciones de diversa índole. Lo expresado precedentemente se compara por analogía al caso de aquel rey que le ordenó a su sirviente que fuera al desván. El soberano no se habría de enojar con su servidor si éste no llegara de un solo salto desde el suelo a dicho desván, sabiendo que ello resultaría imposible si no ascendía por cada uno de los peldaños de la escalera. En el estudio de la *Torah* y en la realización de buenas acciones es necesario comenzar con motivaciones de variada índole para llegar a las de carácter más puro (*Ruaj Jayim* 3:1).

5. Reaccionar con sentimientos de culpa es a veces un indicio de indolencia

Sentir culpa constituye una forma indolente de reaccionar, si una persona se resigna a sus defectos y no emprende ninguna acción para superarse. No utilices tus sentimientos de culpa para justificar tu pereza y tu inclinación a postergar las cosas. Si una persona tiende a pensar en términos de culpa, cuando tenga conocimiento de alguna idea nueva se dirá a sí misma: "¡Qué terrible me resulta no poder aplicar esa idea!". Resulta más productivo concentrar tu atención sobre la forma de implementar la aplicación de ese concepto.

El Jofetz Jayim solía decir al respecto: "Tenemos la obligación de hacer *tshuvah* (arrepentirse). En primer lugar, una persona debe aclarar cuál es la esencia de la *tshuvah*, la cual se traduce en la forma de superarnos. Se espera que cada persona haga el mejor uso de sus habilidades para lograrlo de acuerdo a su situación particular (*Mijtevai Jofetz Jayim*, pág.40).

6. No te entristezcas cuando estés esforzándote para superarte

A) Prevalece el concepto erróneo de que el estudio de las disposiciones Mussar genera tristeza. Podría parecer que alguien que constantemente se encuentre defectos estará lejos de sentir alegría y de ser feliz. Sin embargo según lo expresaba en sus escritos una de las principales personalidades del pensamiento Mussar de nuestra generación, nadie que se haya acercado al Rabí Yerujem Levovitz de Mir habría cometido ese error conceptual. De su ejemplo resulta claro que el estudio de las disposiciones Mussar y una vida feliz están relacionadas entre sí. Rav Yerujem comentaba con frecuencia lo satisfecho y feliz que se sentía con sus semejantes en el mundo, y reprendía a sus discípulos si percibía que estaban tristes, aun si esto no resultara notorio para los demás (*Haadam Bikar*, pág.27).

B) El Rabí Yerujem Levovitz solía decir que estudiar apropiadamente las obras *Mussar* no les impedía ser felices a quienes lo hacían, y que por el contrario el correcto estudio de estas obras proporcionaba una comunicación directa con el alma de las personas. De esta manera comenzarán a identificarse con su alma y adquirirán una mayor conciencia de la existencia de su Creador. El esclarecimiento de las cuestiones fundamentales le deparará una genuina alegría. La tristeza proviene de la insatisfacción que experimentas con el nivel de tu conducta actual, pero a pesar de ello no deseas todavía emprender la tarea de superarte. Aquel que se esfuerce sinceramente por superarse, sentirá regocijo por ello (*Maarjai Laiv*, pág. 196).

C) Alguien que esté trabajando para lograr su autosuperación habrá de encontrarse defectos. Un honesto examen de nuestra personalidad nos demostrará seguramente que nuestro nivel espiritual no es tan elevado como pensábamos que lo era. No te alteres excesivamente por ello, porque se trata de una experiencia universal, la que no debería perturbar tu paz espiritual al extremo de impedir tu crecimiento ulterior (*Ohr Yejezkel: mijtavim*, págs. 31-32).

D) El Judío sincero seguidor de la *Torah* está dedicado a la perpetua búsqueda de su autosuperación. Cada día de su vida aspira a enriquecer sus estudios de la *Torah*, a refinar las cualidades de su carácter, a reforzar su aprecio por los valores inherentes a la *Torah*, a apartarse de los deseos prohibidos y alcanzar un mayor grado de conocimiento de los hechos positivos de la existencia. Todo lo expresado requiere adoptar una actitud de análisis autocrítico. Presta atención de no llevar esta actitud demasiado lejos, al grado de que pudiera provocarte una sensación de frustración. El individuo que se permita ser presa de la desesperación difícilmente pueda hacer frente a los innumerables inconvenientes que resultan como inevitables consecuencias de la ardua búsqueda de su autosuperación. Frente a estas circunstancias es imperativo mantener un adecuado equilibrio. Cuando la introspección dé lugar al abatimiento, esto será una clara señal de que las cosas no andan bien. El análisis autocrítico habrá de alcanzar los fines deseados, sólo cuando la introspección genere una actitud vibrante y optimista y que cuando el reproche que cada uno se formule, le sirva para decidirlo a adoptar una conducta ideal de contenido constructivo (*El Desafío del Sinaí,* págs.324-326).

E) Durante el *Sabbat* es particularmente importante estudiar solamente aquellas obras *Mussar* que le proporcionan a las personas sentimientos de elevado contenido espiritual. Deben evitarse durante el *Sabbat* aquellos textos que produzcan tristeza, aunque con posterioridad se llegue a sentir alegría cuando se logre superarse. (*Lev Eliyahu,* Vol.1, pág.131).

7. En lugar de sentirte culpable trabaja para superarte

A) En algún momento una persona podría sentirse tan molesta y desalentada a causa de los yerros que ha cometido, que estaría propensa a abandonar todo intento de superarse. Caer en la desesperación es un temperamento erróneo, siempre has de tener la capacidad para superarte y nunca deberás desalentarte por ello (*Bais Halevi: Breishis*).

B) El Jofetz Jayim escribió que si deseas arrepentirte del mal que has hecho, no deberás observar el ayuno ni hacer nada que te debilite físicamente. Incrementa en cambio tus estudios de la *Torah,* porque esto constituye la mayor forma de purificación. Dedica además algún tiempo cada semana para que en soledad y privadamente le hables al Todopoderoso, como un sirviente lo hará con su amo, o como un hijo lo haría con su padre (*Mishnah Brurah: Biur Halajá,* Nº 571).

C) El Jofetz Jayim les instaba frecuentemente a aquellos que hablan en público, a concentrarse en el gran valor y en la belleza que se obtendrá siguiendo la forma de vida que indica la *Torah.* La mayoría de la gente ya tienen de por sí, suficientes motivos de sufrimiento, por lo que sería impropio suscitarles sentimientos de culpa. Lo que debe ser destacado es la gran bendición, que la persona encontrará siguiendo los lineamientos de la *Torah* y el enriquecimiento que se logra al realizar buenas acciones y mejorar sus rasgos de carácter (*Hajofetz Jayim,* Vol.3, pág.1185).

D) El Rabí Samson Rafael Hirsch escribió que aunque alguien se encontrara bajo el más deprimente convencimiento de haber procedido mal, no debería por ello perder su buena disposición de carácter. Una vez que reconozcas tu incorrecto proceder, no te desmoralices ni permitas que lo sucedido te carcoma. Trata en cambio de analizar lo ocurrido sin tapujos y bajo una clara óptica deberás admitirlo para tí mismo y para el Todopoderoso, tratando de reparar el mal ocasionado de la mejor manera posible. Deberás prometer solemnemente ante el Todopoderoso que evitarás repetir tales actos culpables en el futuro, y a partir de esta decisión podrás recuperar la serenidad esencial indispensable para el cumplimiento de tu deber (Extraído de *"La sabiduría del Mishle"*, pág.222).

E) El Sfas Emes aconseja a la gente que esté excesivamente conmocionada a causa de sus errores, a orar o a estudiar apropiadamente y a no concentrarse exclusivamente en el pasado, sino que deberán continuar esforzándose por concretar sus logros en el presente (*Siaj Sarfai Kodesh*, Vol.2, pág.59).

F) Los sentimientos de excesiva culpa por errores del pasado, te impedirán continuar realizando buenas acciones en el presente. Deberías concentrar tu atención en llevar a cabo tantas obras de bien como te fuera posible. Al respecto, imagínate el caso de una persona que sólo dispusiera de un tiempo limitado para recoger diamantes, que estuvieran amontonados en una enorme pila. Todo lo que alcanzaría a guardar dentro de un saco le pertenecería, y en su premura podrían caérsele algunos en forma accidental. Sólo un insensato podría dejar de recoger más diamantes para lamentarse de su mala suerte. Por su parte una persona sensata mantendría su atención concentrada en los muchos diamantes que le restaría recoger aún, y trabajaría en forma diligente para juntar tantos como le fuera posible. Lo perdido sería muy lamentable, pero aún le quedaría a su disposición una inmensa cantidad de riqueza que podría ser suya, si recogiera la mayor cantidad posible de diamantes.

Una persona que no haya logrado realizar algunas buenas acciones se encontraría en una situación similar a la descripta. Si se limitara a catalogarse como un ser detestable, este pensamiento lo apartaría del camino de la realización de todas las obras de bien que tuviera la posibilidad de concretar en el presente. Deberías en consecuencia continuar en tus intentos de realizar la máxima cantidad de buenas acciones que puedas llevar a cabo en el momento actual. De una manera activa debes proseguir empeñándote en realizar el mayor bien posible en el momento en que vives. Cada obra de bien que efectuamos en el breve lapso de nuestra existencia es una valiosa joya, y de esta manera tendremos la sensatez de atesorar la mayor cantidad de riqueza espiritual que nos sea posible.

G) Hay momentos en que una persona desearía poder superarse, pero tan pronto intenta arrepentirse, es abatido por los sentimientos de culpa que le impiden mejorar. El Maguid de Koznitz presentó la siguiente analogía. Un soldado fue gravemente herido en una batalla, necesitaba desesperadamente de los primeros auxilios para que curaran sus heridas, pero un soldado enemigo lo estaba persiguiendo. Si se detenía para curarse el enemigo lo atraparía y le daría muerte. Por tal motivo debía primeramente huir el peligro que lo amenazaba, y sólo después que ya estuviera a salvo de ser herido nuevamente, podría reponerse del daño sufrido. De manera similar, cuando alguien haya realizado numerosos actos incorrectos, deberá huir de riesgos posteriores. Sólo cuando esté fuera de peligro podrá concentrarse en el análisis de sus errores y tratar de rectificarlos (*Eser Oros*, pág.81).

H) Si tu mente se desviara mientras estés orando, no deberías dejar de esforzarte para retomar tu concentración en la plegaria. Tan pronto como tengas conciencia de que lo has logrado, enfocarás tu atención sobre lo que estás diciendo en el mismo momento de comenzar a fijar tu mente en las palabras de la oración (Gaon de Vilno: citado en *Jayai Hamussar*, Vol.1, pág.151).

I) Utiliza como modelo a los grandes hombres del pasado. "Una persona está obligada a expresar lo siguiente: "¿Cuándo podrán mis acciones alcanzar el nivel que iguale a las que efectuaron Abraham, Isaac y Jacob?" (*Tana Dvai Eliyahu*, Cap.25). Trata de emular el comportamiento de las más grandes personalidades de nuestro pueblo. En lugar de enfocar tu atención sobre tus defectos, concéntrate en el bien que podrías hacer si

8. *Extrae enseñanzas de tus errores*

A) El Rabí Israel Salanter solía decir: "Las lecciones que aprendemos a partir de nuestros errores, constituyen una guía de gran valor" (*Tnuas Hamussar*, Vol.1, pág.307).

Cuando te sientas excesivamente alterado por un error que hayas cometido formúlate la siguiente pregunta: "¿Qué enseñanza he extraído a partir de este error? ¿Cómo puede este equívoco ayudarme para mejorar?"

B) El Maguid de Dubno ofreció la siguiente parábola: Un rey poseía un magnífico diamante que accidentalmente sufrió una rayadura profunda. Los cortadores de diamante al servicio del rey dijeron que por más que lo pulieran, no lograrían eliminar totalmente esta imperfección. No obstante ello, uno de los expertos se ofreció espontáneamente expresando lo siguiente: "Puedo corregir esa falla de una manera tal que transformaré al diamante en una piedra más valiosa que lo que era en su estado original". El rey le dijo al experto que llevara adelante su idea, y éste demostrando una gran pericia grabó los pétalos de una rosa sobre el diamante y la profunda rayadura sirvió de tallo para la flor.

En forma similar, dijo el Maguid de Dubno que la habilidad puede transformar rasgos negativos en virtudes. Una persona podrá valerse de sus errores y defectos de una manera positiva, de un modo tal que le será posible obtener un mayor provecho de los mismos, que si hubiera empleado otros medios (*Alle Mesholim del Maguid de Dubno*, Vol.1, pág.130).

9. *Como tratar los vagos sentimientos de culpa*

A) Algunas personas tienen un sentimiento de angustia generalizada. Prevalece en ellos la constante sensación de no estar cumpliendo sus obligaciones espirituales y con frecuencia no saben distinguir aquello que no es correcto, pero en cambio los domina un profundo sentido de culpa. Refiriéndose a esas personas el Rabí Yejezkel Levenstein (*Ohr Yejezkel: mijtavim*, pág.33) escribió que nuestro estado general de ánimo debería ser el que corresponde a la felicidad. Al respecto cita la expresión Talmúdica (*Avodah Zarah* 3a.) que dice que el Todopoderoso no tiene excesivas exigencias para con las personas.

Una manera de tratar los vagos sentimientos de culpa, consiste en confeccionar un listado detallando las áreas específicas en las que puedes superarte: El estudio de la *Torah*, la oración, la realización de *mitzvos*, las buenas acciones, los rasgos de carácter, la erradicación de los malos hábitos. En cada una de estas áreas presenta una descripción detallada de la manera objetiva en que puedes mejorar, para lo cual deberás ser lo más explícito posible. Esos vagos sentimientos de culpa son generalmente consecuencia de no pensar en los detalles. Disfruta de cada pequeña mejoría que puedas lograr.

B) Hay gente que experimenta una intensa culpa provocada por el vago sentimiento de no alcanzar suficientes logros en materias espirituales. Tienen la certeza de haber fracasado en sus propósitos, pero no les resulta claro determinar cuáles son las áreas en las cuales necesitan superarse. Una charla con un erudito de la *Torah* dotado de paciencia y con experiencia para aconsejar a los demás, podría obrar milagros en un breve lapso. Una persona me refirió la manera en que el Rabí Jayim Shmuelevitz, el extinto Rosh Hayeshiva de Mir, pudo ayudarla a vencer sus sentimientos de frustración que la acompañaron durante un tiempo, en ¡escasos cinco minutos! Un erudito de la *Torah* podría señalarte cuales son las áreas en las que puedes mejorar. Además ese estudioso de la *Torah*, por lo general habrá de demostrarle a la persona que posee muchas virtudes, y que es digna de ser apreciada por sus valores aunque tuviera defectos. Puede ser también motivo de alivio saber que otros adolecen de similares sentimientos de culpa.

Un familiar del Jofetz Jayim se lamentó cierta vez ante él, de no poder orar con la debida concentración, a lo cual le respondió lo siguiente: "Durante una estación del año con características climáticas normales, los comerciantes examinan cuidadosamente el grano que desean adquirir, pero durante una sequía estarán satisfechos de comprar todo lo que puedan sin revisar tan escrupulosamente el cereal. Análogamente durante las generaciones anteriores todos oraban y la calidad de las plegarias que se elevaban era cuidadosamente analizada, pero en la actualidad la presente generación las examina en forma más superficial" (*Mijtevai Jofetz Jayim*, pág.58).

10. *Toma conciencia de los efectos positivos de saber que has cometido transgresiones*

A) Existe un aspecto más positivo en el comportamiento de una persona que habiendo cometido una incorrección se arrepiente sinceramente de lo ocurrido, que en el de aquel que nunca hubiera cometido transgresión alguna. Una persona absolutamente virtuosa podría llegar a ser arrogante debido a su rectitud, en cambio aquel que hubiera incurrido en errores y que experimente pesar por ello, habrá de ser humilde. Un educador de conducta muy recta le dijo una vez a sus discípulos: "Si jamás hubieran cometido ninguna transgresión, yo estaría preocupado porque algo más grave pudiera haberles sucedido?" "¿Qué puede ser más grave que una transgresión?", le preguntaron sus alumnos. "La arrogancia" fue su respuesta (*Jovos Halvovos* 7:8).

B) Un hombre joven dijo lo siguiente: "Reconocer que lo que has hecho es incorrecto, es la mitad del camino que conduce al arrepentimiento" (*Sefer Hamidos Lehameiri*, pág.159).

C) Cuando una persona no se de cuenta que está enferma, se encontrará en un serio peligro, pudiendo llegar a rechazar la medicación que necesita con urgencia. En el momento en que tome conocimiento de su enfermedad, hará todo lo posible para agotar los medios necesarios para recuperarse, estando en mejor situación que aquel no tome conciencia del estado en que se encuentra. De manera similar, cuando alguien se mentalice que posee defectos, estará en una situación mucho mejor que aquel que no los admita, pudiendo dedicar todos sus esfuerzos para lograr su superación (*Jofetz Jayim: Zjor L'Miriam*, Cap.2).

Por esta razón ninguna persona debería tener un excesivo sentimiento de culpa cuando sea conciente de sus defectos. Podría en cambio estar agradecida por conocerlos y emplear todo su esfuerzo para poder superarse.

D) Si alguien no pudiera concretar logros significativos en asuntos espirituales por causas ajenas a su voluntad, y estuviera afectado por no poder obtener mejores resultados, el conocimiento de su situación en sí mismo habrá de apoyarlo espiritualmente y lo aliviará de sus pensamientos negativos (*Sfas Emes: Vayikra*).

E) Lamentarse por haber cometido una transgresión disminuirá en parte la gravedad de la ofensa inferida (*Lev Eliyahu*, Vol.1, pág.121).

11. *El arrepentimiento debe llegar con alegría*

A) Al arrepentirse una persona por sus yerros, el pesar que sentirá por lo que hizo no estará en pugna con su obligación de ser feliz, que es imperativa para todas las personas. Aunque alguien que haya causado serios agravios a los demás tiene la obligación de sentirse hondamente arrepentido por su pasado, debería al mismo tiempo experimentar alegría por arrepentirse en el presente. Su pesar debería mezclarse con sentimientos de regocijo por su actual conocimiento de la verdad. Desgraciadamente algunos creen erróneamente que un *baal tshuvah* (alguien que ha vuelto al cumplimiento de la *Torah*) debería estar en un permanente estado de tristeza a causa de sus anteriores transgresiones. Estar apesadumbrado resulta peligroso y puede realmente llegar a aniquilar a una persona. Alguien que haya cometido graves delitos está obligado a orar implorando el perdón y al mismo tiempo incrementar sus buenas acciones. Aunque sería imperativo que tomara conciencia de sus errores anteriores, tendría que estar constantemente feliz por haber alcanzado en el presente el mérito de reconocer la verdad (*Haderej Letshuvah*, pág.21).

B) Si alguien cometiera una transgresión y se arrepintiera de ello, se elevaría su relación con el Todopoderoso. Los Sabios se refieren a lo expresado cuando dicen: "En el sitio en que se ubica aquel que se ha arrepentido, no podrá tener cabida la gente absolutamente virtuosa" (*Brojos* 34b). (*Tomar Dvorah*, Cap.1).

C) La aceptación de la *tshuvah* es un milagro mayor que cualquiera de los otros milagros, ya que por cada uno de ellos cuando se producen una persona está obligada a entonar cantos de alabanza, tanto mayor será su obligación de hacerlo por este milagro en particular. Toda persona debe sentir alegría cada vez que se arrepienta. Este sentimiento debe reunir las siguientes características: por un lado deberá lamentar lo que hizo erróneamente en el pasado y además su resolución de mejorar en el futuro. En la medida que una persona tenga conciencia de sus errores y sienta pesar por lo que ha hecho, en la misma medida su arrepentimiento cobrará mayor valor. Lo esencial en este caso es experimentar una inmensa alegría por el milagro del arrepentimiento, y dar loas al Todopoderoso por esta eterna expresión de buena suerte (Rabí Moshe Chevroni: *Masaas Moshe*, pág.65).

D) El Rabí Mordejai de Lekhivitz dijo lo siguiente en el nombre de su padre: "El arrepentimiento debe ir acompañado de alegría, y si el mismo es sincero, la persona habrá de regocijarse aun cuando fuese humilde. Si por el contrario este sentimiento no fuera sincero la persona estaría deprimida e irritable y reaccionaría con ira hacia la gente que le hable (*Ohr Yeshorim*, pág.10).

E) El arrepentimiento por las transgresiones cometidas es una *mitzvah* como cualquier otra. Tal como debiéramos alegrarnos cuando cumplimos con otros mandamientos, así también tendríamos que regocijarnos al arrepentirnos, dado que de esta manera estaríamos satisfaciendo los requisitos de un mandamiento (*Maarjai Laiv*, pág.200).

12. A pesar del mal que una persona haya podido hacer, siempre tendrá la posibilidad de arrepentirse

A) Nunca te sientas demasiado desalentado para arrepentirte. Aún una persona de edad avanzada que haya vivido una existencia llena de transgresiones, todavía podrá arrepentirse antes de su muerte (*Sefer Hamidos Lehameiri*, pág.139).

B) A pesar que una persona haya descendido al más bajo

de los niveles morales y cometido toda clase posible de malas acciones, aún le cabe la posibilidad de arrepentirse. Este sentimiento es aceptado siempre que sea sincero. El principal ingrediente que lo compone está basado en que uno debe reconocer que ha sido incorrecto su proceder. Este conocimiento constituye la condición por la cual se puede lograr la propia elevación espiritual (*Ohr Yohail*, Vol.3, pág.79).

C) En un instante podrá una persona elevarse desde los más profundos abismos a las grandes alturas del espíritu. En este sentido uno podrá emular al Todopoderoso y obtener los atributos de la compasión y la misericordia. ¿Por qué medios podrá alguien "acceder a su verdadero mundo" en un breve lapso? Será con arrepentimiento, ya que este sentimiento hará cambiar a una persona de un extremo al otro. Mediante el sincero arrepentimiento podrá una persona elevarse a sí misma a los más altos niveles espirituales (*Toras Abraham*, pág. 326).

D) Si has herido los sentimientos de alguien y no puedes pedirle perdón, porque esa persona ya ha dejado de existir, resultaría apropiado que hagas una obra de caridad en su memoria (Rabí Eliyahu Lopian, citado en *Hizaharu B'Kovod Javraijem*, págs.383-384).

13. *El Yom Kippur trae consigo una sensación de alivio*

A) Después que una persona hace *tshuvah,* siente el alivio de ser absuelto de sus transgresiones. Esto ocurre así especialmente durante el *Yom Kippur*, el día de la expiación de los pecados (ver *Jayai Hamussar*, Vol.1, Nº 5).

B) Deberías sentir una enorme alegría en *Yom Kippur* al saber que el Todopoderoso nos perdonará por nuestras transgresiones. Cuanto mayor sea tu conocimiento de que has de recibir la redención, mayor será tu alegría por este motivo (*Ohr Yejezkel: mijtavim*, pág.29).

C) El Talmud pondera considerablemente a la gente que come durante el noveno día de *Tishri*, que es la víspera de *Yom Kippur*. ¿Por qué es esto así? Ello se debe a que cuando alguien reflexiona sobre sus defectos y falencias, es posible que llegara a perder el apetito. Sin embargo la persona que sabe que será perdonada, se sentirá aliviada y podrá recuperar su apetito. Por lo tanto, aquel que pueda comer el día anterior a *Yom Kippur*, reflejará su creencia y el conocimiento de que el Todopoderoso ha de perdonar los pecados de aquellos que lamenten haberlos cometido (Rabí Pinjos de Koretz: *Nofes Tzofim*, pág.28).

14. *A veces es conveniente que te concentres en tus buenas acciones*

A) Mi maestro el Rabí Jayim Mordejai Katz, el extinto Rosh Hayeshiva de Telshe, solía decir que aun en materia de asuntos espirituales, cada uno debería "disfrutar de la porción que le corresponde". Resulta sencillo concentrar tu mente en aspectos negativos tales como: tu falta de conocimientos de la *Torah*, tu carencia de buenas acciones, la falta de concentración durante tus oraciones, tus defectos y errores. Cuando alguien adopte esta actitud se entristecerá y carecerá de las energías y el entusiasmo necesario para alcanzar mayores logros. Por lo tanto, deberías recordar también la magnitud de lo que aprendiste (aun una pequeña porción de conocimientos es muy preciada), las buenas acciones que has realizado las veces que efectivamente te concentraste y los rasgos positivos de tu carácter. En la medida que te apartes de la arrogancia y de la vanidad obtendrás de esta forma el estímulo necesario para continuar superándote.

B) Si una persona se siente desalentada por tener muchos defectos y por los numerosos errores que ha cometido, debería tratar de concentrarse en algunas de las buenas acciones que haya realizado. Al revisar la naturaleza de esas buenas acciones, comprobará que las mismas no fueron efectuadas de una manera tan completa como deberían haber sido llevadas a cabo, pese a lo cual tendrá que analizarlas desde sus aspectos positivos. Procediendo de esta manera, podrá extraer de los hechos en cuestión las motivaciones necesarias para continuar por la senda de la superación (*Likutai Aitzos: hisjazkus* Nº 26).

C) El Rabí Meir Hagar de Viznitz, relató que uno de los

grandes rabinos Jasídicos estaba cierta vez orando con mucho entusiasmo. Su inclinación perversa se le presentó cuando estaba orando en el punto más alto de su fervor y devoción, susurrándole al oído lo siguiente: "¿Cómo puedes ser tan insolente para orar de esa manera? Ayer cometiste actos incorrectos y no eres digno de esas plegarias". El hombre virtuoso no fue abatido por la inclinación perversa y mentalmente le replicó: "Podría ser cierto que en el día de ayer haya cometido errores y por otra parte, es posible que mañana vuelva a errar nuevamente, pero precisamente en este momento estoy en la mitad de la oración, por lo tanto ¡debes alejarte de mí!" (*Bais Neaman*, pág.30).

15. *Júzgate favorablemente*

A) Nunca te sientas desanimado por haber cometido tantos errores, que pienses que ya no es posible que arrepentirte ni superarte más. Ten conciencia que los hechos erróneos que cometiste no fueron actos de rebelión intencional, sino en cambio expresiones de debilidad de tu parte. No pudiste reunir las fuerza necesarias para librar la batalla contra tus inclinaciones malignas. Si una persona persiste en el intento de tratar de superarse, logrará finalmente tener éxito en lo que se proponga (Rabí Mordejai Gifter: *Pirke Emunah*, Vol.1, pág.40).

B) Años de sentimientos de culpa pueden a veces ser vencidos en un lapso sorprendentemente breve, si una persona adopta una perspectiva diferente en el análisis del asunto. Con frecuencia hay gente que se culpa a sí misma innecesariamente. Si tuvieras sentimientos de culpa sin sentido, dirígete una charla a tí mismo acerca del motivo por el cual no deberías culparte. Toma un trozo de papel y detalle en él las distintas formas de juzgarte a tí mismo de manera favorable. Ten cuidado de no aplicar este procedimiento cuando se trate de asuntos que realmente deberías tratar de enmendar. Nos estamos refiriendo sólo a los sentimientos de culpa irracional y no a las situaciones en que una persona desea justificar su falla por no haber podido realizar cambios difíciles pero necesarios. Si te resultara dificultoso juzgarte a tí mismo de manera favorable, pregúntate lo siguiente: "¿Cómo podría yo juzgar a algún otro con relación a este asunto?" Las personas impulsadas por un sentimiento de culpa, están más dispuestas a justificar a otros que excusarse ellos mismos, y esta actitud podría incidir para aminorar la intensidad de sus propios sentimientos de culpa.

C) Algunas veces ciertas personas podrían tratar de manejarte haciéndote sentir culpable por no cumplir con sus deseos. ("¿Cómo puedes ser tan egoísta?", "¡Pensé que tenías buen carácter!", "¡Nada te importa de mí!"). Nadie podrá sin embargo hacerte sentir culpable, porque esta será exclusivamente tu opción. La pregunta que deberás tener en cuenta es la siguiente: "¿Estoy realmente de acuerdo con el punto de vista de esa persona?" Si estuvieras de acuerdo, no deberías sentirte culpable, ¡Haz exactamente lo que resulte apropiado! Si en cambio no estuvieras de acuerdo, ten en cuenta que no es necesario sentirse culpable por no consentir que alguien tenga la posibilidad de manipularte.

16. *Contémplate a tí mismo como si fueras una nueva persona*

A) Si alguien se arrepintiera por el mal que ha hecho en el pasado, debería considerarse a sí misma como un ser que ha sido recién creado y que por lo tanto los errores cometidos anteriormente, no habrán de identificarse con su nueva personalidad (*Bais Halevi: Breishis*).

B) Aunque constituye nuestra obligación sentirnos arrepentidos por el mal que hayamos ocasionado a los demás, algunos llegan a desesperarse demasiado al intentarlo. Para ellos resulta importante liberar sus mentes en forma absoluta e inmediata, de todo pensamiento acerca de los errores que cometieron. El Rabeinu Yonah (en "*Yesod Hatshuvah*") escribió lo siguiente: "Cuando una persona demuestra su arrepentimiento debería considerarse como si hubiera nacido en ese mismo día. Debe conceptuarse a sí mismo como que posee méritos y no cargos en su contra. Ante sus ojos este día debería tomarse como punto de partida para todos sus actos. Si alguien piensa de esta manera, podrá arrepentirse de una manera absoluta y sus pensamientos negativos no le impedirán hacerlo". El Rabí Yejezkel Levenstein cita esta manifestación y enfatiza vigorosamente que alguien con sentimientos de culpa debería olvidar completamente su pasado en lo que atañe a los hechos negativos y mantener sus pensamientos enfocados en el presente (*Ohr Yejezkel: mijtavim*, pág.32).

Al contemplar tu experiencia de vida como si toda tu existencia comenzara en el momento presente, te liberarás de una pesada carga que soporta tu espalda. He podido comprobar el alivio reflejado en los rostros de la gente que empleó esta técnica. Estas personas sintieron previamente que una pesada carga agobiaba sus hombros. En este momento están contemplando su vida como si todo comenzara desde su inicio, la carga ha desaparecido y se sienten alentados para trabajar para su superación.

Capítulo Trece
EL SUFRIMIENTO

1. La importancia de aprender a enfrentar el sufrimiento

A) Aun una pequeña dosis de sufrimiento puede anular la felicidad de una persona (*Mijtav MaiEliyahu*, Vol.1, pág.81).

Aunque tu mente estuviera enfocada en un insignificante accidente, éste podría destruir tu felicidad si lo permitieras. Para sentirte feliz tu mente debe estar libre de dolores y desventuras. Aprende a diferenciar entre la forma constructiva de encarar un problema para resolverlo, y las maneras inoperantes plagadas de infortunios, mediante las cuales no se gana nada positivo, pero en cambio se logra destruir la calidad de vida.

B) Aunque debieras protegerte contra cualquier posible daño, si realmente estás sufriendo la mejor conducta a adoptar es aceptar la situación tal como es. Mediante esta actitud podrás disminuir la magnitud de tu verdadero sufrimiento. La persona más desdichada del mundo es aquella que no ha aprendido a aceptar los reveses e infortunios que le ocurran. Ya sea en el día en que esté viviendo o en los sucesivos, habrá de beber de la copa del sufrimiento al igual que todo el mundo. Este padecimiento habrá de ser para él una prueba a la que será sometido, o una expiación por los males ocasionados. Si no logras aceptar tu sufrimiento, el dolor que experimentes será mucho más agudo e intenso que lo necesario (*Jeshbon Hanefesh*, Nos. 76-77).

2. Es difícil aceptar el sufrimiento, pero podremos en cambio mejorar nuestras actitudes frente al mismo

A) Todo lo que ocurra en el mundo habrá de ser en definitiva para bien. Con frecuencia, no podemos llegar a entender como todo lo que suceda deba ser para bien, ya que el sufrimiento es de por sí tan terrible. Se presenta una situación análoga, cuando una persona enferma no logra comprender de qué forma podrá hacerle bien la medicación que le prescribe el facultativo. Algunos medicamentos tienen un sabor amargo y pueden producir molestos efectos colaterales. Al principio el paciente podría quejarse de lo que parecería ser la falta de compasión del médico, pero una vez que logre curarse habrá de estarle eternamente agradecido a pesar de ese molesto sentimiento inicial. Esta debería ser la apreciación que hagamos del sufrimiento, que si bien podría resultar amargo no deja por ello de ser también provechoso (*Mussray Rabeinu Yehonoson*, pág.164).

B) La aceptación del sufrimiento manteniendo una actitud positiva, resulta una tarea muy difícil y que exige mucho tiempo y esfuerzo. El Rabí Simja Zissel era bien conocido por su capacidad de tomar todo lo que ocurriera con una gran serenidad. No obstante ello, escribió en una carta que había encontrado un *Midrash* (*Breishis Rabbah* 65:4), el cual describía los beneficios que produce el sufrimiento: constituye la redención por los males cometidos por una persona y es finalmente una bendición. El Rabí Simja Zissel hizo al respecto el siguiente comentario: "Fue para mí una gran alegría hallar este *Midrash*, casi tan grande a la que sentiría una persona que hubiera encontrado un gran tesoro. Desgraciadamente no soy tolerante, dado que en cierto nivel el sufrimiento me perturba impidiéndome estudiar y orar debidamente, aunque sospecho que en realidad el motivo por el cual me afecta el sufrimiento es porque carezco del suficiente grado de aceptación" (*Jojmah Umussar*, Vol.1, pág.347).

C) El Rabí Yerujem Levovitz dijo lo siguiente: "A pesar de que resulta muy difícil alcanzar el nivel en el que se sienta una genuina alegría cuando se está sufriendo (*Shabbos*, 88b), deberíamos por lo menos esforzarnos para aceptarlo, ya que sabemos que habrá de servir como expiación de nuestros errores" (*Daas Jojmah Umussar*, Vol.1, pág.365).

D) Antes de su muerte, el Rabí Nojum Zev Ziv sufría de intensos dolores y rogaba al Todopoderoso para que mitigara un poco sus padecimientos a fin de poder aceptarlos. Su hermana le pidió lo siguiente: "Solicítale al Todopoderoso que te quite completamente el dolor. ¿Por qué le pides que solamente te disminuya el sufrimiento, cuando podría hacerlo desaparecer totalmente?"

Rav Nojum Zev le respondió entonces: "Como no estoy en el nivel más alto que me permite recibir el máximo dolor, ni tampoco en el más bajo, y ya que el sufrimiento tiene sus beneficios, es por eso que deseo recibir tanto sufrimiento como pueda aceptar con una actitud digna".

El Rabí Yerujem Levovitz, su discípulo, comentó que aún este nivel le resultaría un tanto elevado para la mayoría de la gente. Cuando el Todopoderoso le envía el sufrimiento a las personas, muchas de ellas se tornan depresivas y llenas de ansiedad. Tu actitud de aceptación del sufrimiento constituirá una señal de que has asimilado la creencia de que existe una vida después de la muerte (*Ohr Yejezkel: mijtavim*, pág.184).

Una de las grandes personalidades mussar de la generación anterior, el Rabí Yejezkel Levenstein, escribió lo siguiente en una carta: "Siento envidia de aquel que adopta una tranquila actitud de aceptación de su sufrimiento, aunque aún no haya podido alcanzar el nivel más elevado de aceptarlo con amor. No rebelarse contra la voluntad del Todopoderoso ya constituye de por sí un hecho de elevado contenido espiritual" (*Idem*, pág.57).

E) Cuando estemos atravesando personalmente por una experiencia dolorosa, y se nos invitara a tomar parte de un acontecimiento regocijante para alguien, deberíamos realizar un esfuerzo especial para dejar de lado nuestro padecimiento y hacer todo lo posible para celebrar la buena suerte de los demás. Esto habrá de resultar muy difícil de lograr, y demandará muchas energías para poder llevarlo a cabo, siendo precisamente por esta razón que esta actitud posee un elevado contenido espiritual (*Ohr Hanefesh*, Vol.1, pág.8).

F) Las pruebas y desafíos que el Todopoderoso les envía a las personas están a veces tan encubiertas y son tan sutiles, que los que están en esa situación, por lo general no atinan a darse cuenta del significado de lo que está sucediendo. Si pudieran saber de lo que se trata, podrían soportar las dificultades y aceptar el desafío planteado, con lo cual en definitiva se desvirtuaría el sentido de la prueba. Por ese motivo esas pruebas se ocultan de tal manera, que las personas creen que son meros obstáculos e inconvenientes que han surgido. Aquel que pueda soportar esas pruebas poseerá un nivel realmente elevado (*Tehilas Yoel*, pág.190).

G) El Rabí Moshe de Kobrin solía decir: "Cuando alguien esté sufriendo no debería decir que las cosas le son adversas, sino que por lo contrario debería manifestar que está pasando por una amarga situación. Nada de lo que pudiera hacer el Todopoderoso será malo y tal como lo ocurrido con un medicamento que a pesar de su sabor amargo produce beneficios, así también ciertos acontecimientos habrán de resultar provechosos aunque parecían ser amargos" (*Ohr Yeshorim*, pág.57).

3. No temiéndole al sufrimiento, se hace más fácil tolerarlo

Tenemos una tendencia a acentuar lo terrible del sufrimiento. Esa ponderación reside mayormente en nuestra propia imaginación. En el momento en que el sufrimiento nos abandona, es como si nunca hubiera existido. La parte fundamental de la dificultad de tolerar el sufrimiento se debe a la pavorosa apariencia que el mismo presenta ante la vista de una persona, siendo el miedo que infunde su principal problema. Cuando se logre vencer este temor, le será más fácil aceptar el sufrimiento (*Ahavas Maishorim*, pág.134).

4. Prepárate mentalmente para aceptar el sufrimiento

A) Esfuérzate para desarrollar la habilidad de aceptar las situaciones difíciles de la vida, porque éste es el atributo de los hombres sabios (*Sefer Hamidos Lehameiri*, pág.88).

B) Resultaría mucho más fácil tolerar el sufrimiento, si previa a la experiencia te mentalizaras imaginándote en la situación negativa en cuestión y practicaras su aceptación (*Jojmah Umussar*, Vol.1, pág.71).

C) Una de las principales dificultades en la aceptación de

hechos infortunados se debe a que la persona no los espera y se sorprende cuando le suceden. La realidad del mundo nos indica sin embargo que las situaciones difíciles son muy comunes, y resultaría sensato esperar que ocurran. Cuando estés predispuesto anticipadamente para soportar lo que pudiera acontecer, tu grado de sufrimiento decrecerá sensiblemente (*Sefer Hayashar L'Rabeinu Tam: Daas Jojmah Umussar*, Vol.1, págs.334-335).

Una observación popular expresa lo siguiente: "Nada es tan fácil como parece. Todo requiere un mayor tiempo que el que crees necesario, y si algo saliera mal suele ocurrir en el peor momento posible". Cuando estés mentalmente preparado para recibir los acontecimientos (sin nervios ni ansiedades), te resultará mucho más fácil enfrentarlos. Si siempre esperas que las cosas se desarrollen de la manera que lo deseas, deberías preguntarte en qué argumentos estás fundando tus expectativas. Cuando descubras que tales fundamentos no existen, te resultará más sencillo abandonar esas expectativas.

D) A mucha gente le resulta fácil decir que "Todo el sufrimiento proviene del Cielo", cuando las cosas no le salen bien, citando constantemente el texto Talmúdico (*Julin* 7b) que dice que una persona no hace chasquear sus dedos, si no existiera una orden previa emanada del Cielo. Sin embargo, cuando ellos chasquean efectivamente sus dedos no tienen en cuenta para nada sus conocimientos acerca de los aspectos positivos del sufrimiento. Lo que manifiestan no concuerda con los conceptos que han asimilado y que pasaron a formar parte de su pensamiento cotidiano. Debemos esforzarnos en repetirnos constantemente una y otra vez los conceptos básicos de manera que podamos reaccionar conforme a los mismos (*Ohr Yohail*, Vol.3, pág.98).

E) Cuando una persona domine la capacidad de sentirse cómodo en todas las circunstancias nunca estará decepcionado con lo que la vida le depare (*Bayis Neaman*, pág.41).

Cuando estamos exigiendo que todas la situaciones de la vida sean diferentes a como lo son en el presente, estaremos formulando demandas por algo que no existe. Es a través de estas exigencias que estamos causándonos nuestro propio sufrimiento. Resulta ridículo y una absoluta pérdida de tiempo, exigir que sea de noche cuando en realidad es de día. Al hacer depender tu felicidad de factores externos que a su vez estarían ligados a tus deseos, estarás causándote a tí mismo mucho sufrimiento innecesario. Si estuvieras sinceramente interesado en asegurarte una vida feliz, deberías aprender a aceptar aquello que no admite cambios.

F) Una técnica que les ha ayudado a los Judíos para adquirir a través de los tiempos el coraje y la fortaleza necesarias para soportar el sufrimiento por sostener los ideales de la *Torah*, es la práctica de imaginarse el sacrificio de la propia vida para no abandonar el Judaísmo. Dentro de este contexto habrían de imaginarse los detalles de su muerte utilizando toda clase de instrumentos de tortura. El proceso de elaboración de imágenes de este tipo, es de por sí una fuente de elevación espiritual, de la cual se extraerán fuerzas y coraje para soportar sufrimientos de menor importancia (Ver *Yesod Veshoresh Hoavodah* 1:11).

5. *Gran parte de los sufrimientos son causados por uno mismo*

A) Una gran proporción de los sufrimientos de muchas personas está basado en ilusiones. La gente piensa que tiene problemas y dificultades, cuando en realidad el problema existe exclusivamente en sus mentes (*Mijtav MaiEliyahu*, Vol.3, pág.246).

Cuando tengas un problema deberás formularte la siguiente pregunta: "¿Cómo consideraría este asunto si otra persona se encontrara en esta situación? ¿Lo tomaría como un problema válido o no?" Este razonamiento podrá ayudarte a obtener una perspectiva más objetiva de la cuestión.

B) Cuando te suceda un hecho infortunado, no agraves la situación incrementando innecesariamente tus sufrimientos al repetirte lo terrible que te resulta lo ocurrido (*Jeshbon Hanefesh*, Cap.2).

Para minimizar el dolor provocado por el sufrimiento, deja que el desagrado y el dolor resultantes se ajusten a la verdadera situación que generó ese padecimiento. No prolongues tu dolor concentrando tus pensamientos en esas situaciones, a menos que esto resultara absolutamente necesario. Una dificultad o una experiencia dolorosa de cinco minutos sólo debe prolongarse por ese lapso. ¿Por qué entonces extenderla innecesariamente durante horas repitiéndote a tí mismo una y otra vez lo lamentable que resultaron las cosas? Si continuaras hablando de lo mismo innecesariamente con otras personas, o pensando obsesivamente en dicho asunto, ¿qué es lo que estaría causando tu sufrimiento? No sería la situación en sí, sino tú mismo. Si te fijas con claridad este concepto, te liberarás de muchísimas horas de un sufrimiento, que tú mismo te has ocasionado.

C) Cuando te hayas acostumbrado a poseer algo, experimentarás cierto dolor si esto te llegara a faltar. Ten mucho cuidado antes de convertir algo en hábito (*Hamaspik L'Ovdai Hashem*, pág.120).

D) El *Midrash* (*Breishis Rabbah* 91:13) señala que el Patriarca Jacob se expresaba siempre con precisión acerca de todo, excepto la vez en que dijo lo siguiente: "¿Por qué me hicieron mal?", dirigiéndose a sus hijos que le relataron como le habían referido al Egipcio —que ignorándolo ellos era en realidad Yosef— que tenían otro hermano. A pesar de que Jacob pensó que la situación era mala, resultó ser verdaderamente buena para toda la familia, ya que a partir de ese momento pudieron salvarse del hambre. Con frecuencia lo que una persona percibe como un infortunio, suele resultar lo mejor que pudo haberle sucedido. Cuando te sucedan hechos en tu vida, deja al menos que lo acontecido quede en tu mente bajo un interrogante: "¿Como puedo saber si esto ha de resultarme mal?" La respuesta es que jamás lograrás saberlo con absoluta certeza anticipadamente. Muchas de las cosas que en estos momentos percibes como sumamente negativas, deberías cuestionártelas en tu mente si realmente habrán de resultarte tan adversas. ¿Por qué habrás entonces de irritarte frente a una situación dudosa, dando por hecho que se trata de una circunstancia realmente negativa?

E) Muchos de los sufrimientos que experimentamos en

instancias difíciles de la vida, se deben a que comparamos a la circunstancia actual con otras que ocurrieron en tiempos pasados que fueron mejores. Si aprendemos a manejar los hechos tales como son, nos resultará más fácil llegar a tolerarlos. Por esta razón, la gente que nació bajo la influencia de esas circunstancias y nunca conoció nada que fuera mejor, les habrá de resultar bastante más fácil disfrutar de la vida tal como es (*Daas Jojmah Umussar*, Vol.2, pág.139).

Tus expectativas aunque no las formules de una manera explícita, son la causa subyacente de muchos de tus padecimientos. Cuanto mayores sean tus expectativas, más grandes serán tus posibilidades de sentirte frustrado y perturbado. La persona que sea capaz de desechar las aspiraciones de obtener aquello que esté fuera de su alcance, habrá de vivir una vida tranquila y serena.

F) La actitud de la *Torah* frente a la vida, es que debemos valernos de cada experiencia como si fuera una herramienta para lograr nuestra elevación espiritual. Aun cuando alguien actuara con aires del superioridad hacia nosotros, podremos analizar la situación desde un ángulo positivo, tal que posibilite nuestro crecimiento a partir de esa experiencia. Cuando una situación nos afecte emocionalmente estaremos creando actitudes negativas contra nosotros mismos, y por consiguiente el sufrimiento emocional resultante será de nuestra propia creación (*Madraigas Haadam: ubajarta b'jayim*, Cap.8).

Aceptar que tú mismo eres el causante de tus padecimientos emocionales, te dará la motivación para vencerlos mediante el cambio de tu actitud hacia la situación que los provocó. Por ejemplo, algunas personas habrán de resentirse cuando deban hacer algo por alguien que no se los retribuirá. Todo es sin embargo una cuestión de actitudes. Si tuvieras que ayudar a una criatura de seis meses, no te resentirías si ésta no te lo retribuyera. Tu no esperarías que lo hiciera y por eso no estarías decepcionado. En cambio, tu actitud será la que cause tu resentimiento cuando un adulto no actúe con reciprocidad contigo. Podrías tratar de influenciarlo para que te exprese su gratitud y que estuviera dispuesto a prestarte su máxima ayuda por razones pragmáticas. Aun así no tendrías ninguna necesidad de ocasionarte un pesar, debido a la omisión de esa persona en lo que respecta a su comportamiento hacia tí, de la manera que esperabas que lo hiciera.

6. *Muchos sufrimientos pueden ser eliminados mediante el cambio de actitudes*

A) Si adoptas una actitud positiva frente a los hechos de tu vida, aun cuando a los ojos de un observador externo tu existencia pudiera parecer llena de sufrimientos, vivirás no obstante de una manera feliz. Lo que para otros podrían parecer infortunios, para tí se verán como oportunidades para alcanzar tu crecimiento espiritual (*Ohr Hanefesh*, Vol.1, págs.157-158).

Durante el transcurso del día mantén en tu mente como pensamiento fundamental la siguiente pregunta: "¿Cómo puedo utilizar esta situación como un medio para superarme?" Cada situación frustrante puede ser utilizada como un ejercicio para eliminar el dolor innecesario y como una herramienta para crecer con *emunah*.

B) Una persona que recoge miel no podrá evitar de ser picado por las abejas, como así tampoco el que recoge rosas podrás eludir ser lastimado por las espinas (*Keser Jojmah* 18:4).

Las cosas positivas de la vida tienen sus aspectos negativos. Concentra tu atención sobre todas las hermosas rosas del mundo y las espinas han de parecer triviales e insignificantes. Muchas cosas positivas llevan una etiqueta con el precio que habrás de pagar por ellas, en términos de frustraciones y sufrimientos. Las carreras, el matrimonio y la crianza de los niños conllevan sus tensiones y dificultades. Todo aquel que analice el sufrimiento como el precio que paga por lo que posee o ha de recibir, le resultará más fácil hacer frente a las dificultades que se presenten.

C) La actitud que adoptes con respecto a tus limitaciones e incapacidades determinará hasta qué grado éstas pueden causarte sufrimientos. El Rabí Eljonon Hertzman escribió que cierta vez conoció una persona con parálisis parcial, pero que era particularmente inteligente y culta. A pesar de que sólo podía desplazarse en una silla de ruedas, era extremadamente tranquila y paciente y dirigía un importante negocio. El Rabí Hertzman estaba constantemente sorprendido por la manera en que se manejaba tan eficientemente, que alcanzaba tantos logros que constituirían algo asombroso aún para una persona que no tuviera discapacidades. Un día, el Rabí Hertzman oyó la historia de esa persona, que le fue narrada por un vecino de sus padres. El lisiado procedía de un hogar adinerado y sus padres podían proporcionarle toda la ayuda que necesitara, sin embargo planearon que el defecto físico de su hijo no constituyera un factor inhibitorio en su existencia. Lo obligaron a que hiciera todo por sí mismo: cocinar, limpiar y todo lo que necesitara sin contar con la ayuda de nadie. Al principio, el vecino pensó que los padres eran excesivamente crueles, pero luego se dio cuenta de que al inspirarle a su hijo una conducta de confianza en sí mismo para que lo hiciera todo por sus propios medios, sus progenitores le habían hecho el mayor presente posible (*Bayis Neaman*, págs.20-21).

D) Una persona que tenga humildad podrá aceptar los infortunios y sufrimientos que le pudiera deparar la vida. El arrogante por el contrario, no podrá tolerar ningún hecho ni acontecimiento desafortunado que pudiera ocurrirle (*Jovos Halvovos* 6:10).

E) El Rabí Yosef Hurwitz constantemente enfatizaba la forma en que gran parte de los dolores físicos y sufrimientos son causados por los pensamientos y conductas de una persona. El deseo de comida induce a las personas a alimentarse en exceso y a consumir comidas que son perjudiciales para la salud. La envidia, la ira y la búsqueda de honras conducirán a enfermedades del corazón, elevada presión sanguínea, tensión nerviosa y excesivo estrés. Además, cuando tu padecimiento es causado básicamente por síntomas físicos, tu actitud mental con relación al dolor podrá hacer que el verdadero caudal del sufrimiento que experimentes pueda incrementarse o disminuir substancialmente. El dolor que pueda sufrir y que provenga de enfermedades o lesiones, tiene con frecuencia un mayor origen psicológico que físico. Toda persona que aprenda a manejar una actitud serena y tranquila frente a la vida, se estará preparando para tolerar el dolor físico y logrará que disminuya considerablemente la intensidad del verdadero sufrimiento (*Tnuas Hamussar*, Vol.4, págs.253-254).

F) Con frecuencia cuando una persona está físicamente enferma o ha sufrido heridas se encierra en un forzoso aislamiento. A muchas personas la soledad les causaría mayores padecimientos que el verdadero dolor proveniente de su enfermedad o herida (*Alai Shur*, pág.252).

Si no obstante ello, esa persona utilizara su tiempo de un manera apropiada, podría sacar mucho provecho de la experiencia que le brinda su situación, siéndole posible emplearlo en estudios que nunca antes pudo concretar por carecer del tiempo necesario. Est podría llevarse a la práctica especialmente mediante la utilización de aparatos grabadores de cinta magnetofónica. Su discapacidad le brindaría la oportunidad de consolidar una relación de íntima amistad con un par de personas, a quienes no hubiera conocido de no ser por esa circunstancia. Podría además tratar de utilizar su teléfono para realizar obras de caridad. El factor crucial en esta situación lo constituirá la actitud de la persona afectada. Desesperarse por su soledad no hará sino incrementar su sufrimiento, por el contrario considerar el tiempo disponible como un precioso presente logrará disminuirlo.

G) Aun cuando encuentres demasiado difícil observar ciertos acontecimientos de una manera positiva, existirán variaciones en cuanto a la intensidad del aspecto negativo que les asignes. Si te repites a tí mismo: "¡Esto es horrible, no puedo soportarlo más!", mediante tu propia evaluación arbitraria, estarás provocándote un enorme sufrimiento. Si en cambio tienes la opción de decirte a tí mismo: "Encuentro esto muy desagradable, pero aún puedo enfrentar esos hechos. De serme posible los cambiaré. Si el cambio resultara imposible me esforzaré por aceptar los hechos aunque no me agraden".

Algunas personas creen erróneamente que no podrán hacer nada frente a la situación, pero en realidad esa gente está ubicada en distintas etapas de un proceso contínuo. Los hechos definitivos que no pueden enfrentarse son la muerte o el suicidio. En un menor grado existen evasiones tales como el alcoholismo y la ingestión de drogas. Alguien que esté tenso y nervioso, pero que no utiliza métodos dañinos de evasión, estará logrando hacer frente a los hechos en alguna medida y podrá disfrutar de su habilidad de hacerlo aunque tal vez no alcance el nivel que hubiera deseado.

H) Podremos tolerar situaciones desagradables cuando nos demos cuenta de que son solamente temporarias. Aunque el presente pudiera estar lleno de sufrimiento, nos será posible aceptarlo sabiendo que eventualmente esta situación ha de pasar. Una bien conocida historia acerca del Jofetz Jayim sirve para ilustrar lo expresado, y nos indica además de que manera podemos definir el término "temporario".

Alguien que estaba de paso por la ciudad de Radin, visitó al Jofetz Jayim y notó que contaba solamente con los elementos mínimos para cubrir las necesidades más elementales en su casa. "¿Dónde están tus muebles?", le preguntó el viajero.

En lugar de responderle, el Jofetz Jayim le preguntó a su vez: "¿Y dónde están tus muebles?"

El viajero se quedó sorprendido por esta pregunta y le dijo lo siguiente: "Yo solo estoy aquí temporariamente. Como estoy de paso, puedo manejarme sin necesidad de mis muebles, hasta que regrese a mi casa".

Con una sonrisa el Jofetz Jayim le explicó: "Yo también soy solamente alguien que está de paso en este mundo, y no me molesta no tener ningún mueble".

I) Existen muchas situaciones en las cuales una persona considera que el sufrimiento no debería ser conceptuado como un problema si se enfocara desde una perspectiva diferente. Algunas personas podrían sentirse frustradas si quien dirige el servicio religioso se tomara para ello mayor tiempo que el habitual, en tanto que las mismas quedarían muy agradecidas si no les molestara en el caso que fueran arrestadas y puestas a trabajar en un campo de trabajos forzados. Aunque el aburrimiento pudiera ser desagradable, existen mucha situaciones en las cuales una persona se sentiría alborozada si su único problema fuese el aburrimiento (*Jojmah Umussar*, Vol.2, pág.154).

Cuando te encuentres en medio de una situación frustrante deberías formularte la siguiente pregunta: "¿En qué tipo de situación tendría que encontrarme para poder considerarme afortunado de hallarme en la actual circunstancia?" Cada uno podría imaginar numerosas respuestas a este interrogante, y esta certeza contribuiría a aliviar una considerable proporción de estrés.

J) Alguien que se sentía acongojado y desmoralizado fue a ver cierta vez al Rabí Meir Parmishlan. "Yo tuve una tienda", le relató, "le dediqué los mejores años de mi vida, trabajé en ella por más de cincuenta años, y ahora hacia el fin de mi existencia, mi tienda fue destruida totalmente por un incendio. ¿De qué me valdrá vivir si no tengo mi tienda?"

"Voy a aclararte la situación", le respondió Rav Meir. "Amabas tu tienda más de lo que te amas a tí mismo, y por consiguiente deseabas que la misma perdurara por un tiempo que sobrepasara la duración de tu propia vida. En cambio el Todopoderoso te ama a tí más de lo que amaba a tu tienda, y El deseaba que tú vivieras por un tiempo más prolongado que el de la existencia de tu tienda" (*Yalduseinu*, Vol.6, pág.32).

Cuando una persona tenga la habilidad de enfocar situaciones de diversas maneras, siempre podrá aportar algunas formas efectivas de encarar la mayoría de los problemas que se le presenten. La realidad espiritual de cada situación está basada en tus puntos de vista subjetivos. Este constituye un argumento que hemos reiterado con frecuencia y que constituye el principio más importante que debe ser aplicado.

7. *La perspectiva de la Torah, es la de que todo ha de ser para el bien en última instancia*

A) Todo lo que nos suceda habrá de ser en definitiva para nuestro bien. El Talmud (*Nidah* 31a) relata la historia de dos personas que deseaban viajar en barco. Uno de ellos se quebró un pie y no pudo hacer el viaje, en tanto que su amigo pudo embarcarse. La persona que no pudo viajar maldijo su mala suerte, pero días más tarde tuvo noticias que el buque se había hundido y que todos sus pasajeros habían perecido ahogados. Ante el conocimiento de los hechos, comenzó a elevar sus alabanzas al Todopoderoso, por haberse dado cuenta que perder ese barco fue lo mejor que le pudo haber sucedido. Por esta razón toda persona debería aceptar cualquier sufrimiento que le pudiera acontecer, dado que no le es posible conocer lo bueno que pudiera resultar de todo aquello que de manera ostensible aparentara ser un hecho negativo (*Orjos Tzadikim*, Cap.9).

B) El nivel en que se sienta alegría cuando se sufre, debido a los beneficios que se pueden extraer de esta situación, no es solamente privativo para esas personas con un altísimo grado de elevación espiritual. Todos debieran bregar por adquirir ese nivel. El Talmud (*Brojos* 54a y 60b) expresa que todos están obligados a bendecir con alegría al Todopoderoso por los sufrimientos que les impone, de la misma manera en que lo bendecimos a El por la buena suerte que nos brinda. Existen dos aspectos en cuanto a la forma en que una persona puede bendecir al Todopoderoso con alegría por los sufrimientos. Uno de ellos es un conocimiento de orden práctico, en tanto que el otro es de carácter espiritual. Con respecto al sentido práctico, resulta importante tomar conciencia que ningún mortal podrá jamás conocer la diferencia entre lo que es realmente bueno y lo que es malo. Podrá solamente ver el presente pero no el futuro. Aunque muchos acontecimientos tengan en un principio la apariencia de grandes infortunios, con el desarrollo de los hechos se observará que los mismos han de conducir a una gran felicidad. Los acontecimientos infortunados en los que pudieras estar inmerso pueden tener la apariencia de negativos aunque podría tratarse en realidad de un error y que estos sucesos eventualmente podrían depararte la mayor buena suerte de toda tu vida. En un breve lapso, te sería posible apreciar lo maravilloso que en verdad resultaron ser las cosas. Por lo tanto, no existe razón alguna para que padezcas dolores o sufrimientos, dado que lo ocurrido habrá de conducirte hacia los hechos positivos de tu existencia. Ten en cuenta que las cosas han de ser finalmente para tu bien. La otra razón por la cual deberías aceptar los hechos adversos de una manera positiva, es de índole espiritual. "El Todopoderoso reprende a aquellos que él ama" (*Mishle* 3:12). El propósito del sufrimiento es el de incitar a las personas a que mejoren sus formas de actuar y esto habrá de constituir el mayor bien para ellos. Este amor del Todopoderoso que se manifiesta en el sufrimiento, no tiene meramente el propósito de preservar a la gente del castigo en la vida después de la muerte, sino también el de elevarlos espiritualmente y ayudarlos a adquirir más virtudes (*Toras Abraham*, págs.36-37).

C) El Talmud (*Taamis* 21a) nos brinda el modelo de un experto que consideraba todas las cosas como definitivamente buenas. Este hombre se llamaba Nojum, Ish Gam Zu, porque él decía constantemente: "*gam zu l'tovah* —esto también es para bien". Aun aquellas cosas que la gente en su mayoría considera adversas, en realidad no lo son, sino que por el contrario serán en definitiva para el bien. Las consecuencias de las situaciones que aparentaban ser malas, podrán eventualmente revertirse, llegando a ser favorables. El Rabí Eliyahu Dessler explicaba que esto sería similar al caso de alguien que hubiera pasado con éxito una operación necesaria para salvarse de una enfermedad posiblemente fatal. La operación en sí misma fue muy dolorosa, pero bajo las circunstancias en las que se realizó resultó necesaria para asegurar el bienestar de esa persona. Esta debería ser nuestra actitud frente a los hechos infortunados: La de considerarlos como si cada uno de ellos fuera una operación exitosa más (*Mijtav MaiEliyahu*, Vol.3, pág.12).

El concepto que expresa que todo aquello que ocurra habrá de ser para lo mejor, debe ser utilizado con cuidado ya que si se empleara mal podría llegar a causar daño. Debe tenerse en cuenta ante todo que el concepto expresado se aplique únicamente después que los hechos hayan ocurrido. Cuando tengas que emprender una acción para modificar una determinada situación, no vaciles en llevarla a cabo. Tampoco justifiques tu pereza diciendo que cualquier cosa que suceda ha de ser para lo mejor, ya que tienes la libertad de opción y la responsabilidad de los actos que emprendas. El Baal Shem Tov reprendía a aquel que aplicara erróneamente este concepto, diciéndole lo siguiente: "Es una suerte que no hayas vivido durante el período en el cual, Haman proclamó su decreto ordenando la destrucción del pueblo Judío. Ante este hecho con tu modo de pensar, hubieras dicho que eso era para bien". Hubo realmente un gran beneficio a pesar de los términos de este decreto, ya que el mismo produjo un notable mejoramiento en el nivel espiritual de esa generación. Debe no obstante tenerse en cuenta, que será necesaria mucha sabiduría para poder discernir el verdadero provecho que pueda obtenerse de cada situación. Ten cuidado de no permitir que ocurran hechos negativos a causa de tu negligencia, tus dilaciones o tu deseo de comodidad, como así tampoco tratar de justificar tu pasividad alegando que todo lo que ocurre es para bien. Sólo deberías aceptar este temperamento cuando no puedas hacer nada para cambiar las cosas.

En segundo término deberás aplicarte este concepto a tí mismo, antes de hacerlo con los demás. Tu actitud personal con respecto a todas las cosas de la vida, deberá ajustarse al principio de que finalmente éstas servirán para el bien. No deberás sin embargo parlotearle esta frase a alguien que esté sufriendo, porque lo más probable es que con ello le causes aún un sufrimiento de mayor intensidad, que no sería menor al que resultara de decirle alegremente luego de ver que las cosas salieron mal: "Fue para lo mejor". Al utilizar este concepto para aplicarlo con otras personas, trata de encontrarle algunas virtudes específicas a la situación, que le servirán de puntos de referencia a aquellos con los que estés hablando. Señálales los aspectos positivos de la cuestión que pudieron haberles pasado desapercibidos. Si todo esto te resultara demasiado difícil trata de ser comprensivo con ellos diciéndoles algo parecido a: "Puedo imaginarme el sufrimiento que estarán experimentando".

D) El Jofetz Jayim le preguntó a alguien cierta vez como era su situación financiera. La persona respondió lo siguiente: "No me molestaría que fuera un poco mejor".

"Sí molestaría" le dijo el Jofetz Jayim. "Lo que el Todopoderoso haga por tí ha de ser para tus mejores intereses" (*Jayai Hamussar*, Vol.1, pág.207).

8. Contempla al sufrimiento como el planteamiento de pruebas y desafíos, que son potenciales factores de elevación espiritual

A) Cuando una persona está sufriendo, podrá adoptar cierta cantidad de actitudes de distinta índole. Por un lado están aquellos que se lamentan por su situación y en el extremo opuesto está la gente que ha desarrollado una postura filosófica hacia el sufrimiento, al que ya prácticamente no lo sienten. La actitud apropiada que señala la *Torah*, es la de utilizar el sufrimiento como un recordatorio de la obligación de superarse (*Jojmah Umussar*, Vol.2, pág.62).

B) Cuando te encuentres en una situación difícil tu primer pensamiento deberías concentrarte en la idea de que esa circunstancia constituirá para tí una prueba y un desafío (*Idem*, pág.158).

C) El Rabí Samson Rafael Hirsch escribió lo siguiente: "Tanto el infortunio como el bienestar nos llegan como parte de los avatares que nos depara el trabajo de toda una existencia, que sólo podrá cumplirse a la perfección con los consabidos cambios de fortuna y alternando sentimientos de alegría y de tristeza" (*Comentarios sobre los Salmos* 37:18).

D) Se cuenta la historia de un nativo con características primitivas que le prestó un gran servicio a un opulento monarca. El rey ordenó que se le diera libre acceso a esa persona a la Tesorería Real, que estaba repleta de oro, plata y de costosas joyas, entregándosele algunos sacos vacíos para que los llenara con todo aquello que deseara y que luego podría llevarse a su casa. El hombre primitivo nunca había visto ni oído habla siquiera del oro y la plata, deplorando que ese decreto real le impusiera una tarea que el consideraba muy pesada. El no deseaba acarrear pesadas bolsas, por cuyo motivo sólo tomó un poco del precioso material para llevárselo consigo. Por la noche, luego de un día cargado de tensas emociones tomó un saco casi vacío y se fue a su casa. Sólo después de haber descubierto lo afortunado que pudo haber sido aprovechando debidamente la oportunidad que se le presentaba, se dio de cuenta que su situación debió haber sido enfocada desde una óptica distinta. Si hubiera tenido conocimiento de los beneficios que podría haber disfrutado de un trabajo arduo, no lo hubiera considerado como un sufrimiento, sino como una maravillosa oportunidad que no supo aprovechar. De manera similar comentaba el Rabí Eliyahu Dessler, si adoptáramos la actitud que señala la *Torah* frente al sufrimiento, veríamos cada situación difícil como una oportunidad para crecer, por lo cual deberemos sentir placer en lugar de experimentar dolor como consecuencia de esa situación. El no tener capacidad para sentir de esa manera habrá de causarte sufrimientos no deseados (*Mijtav MaiEliyahu*, Vol.1, pág.84).

E) Una persona que utilice el sufrimiento para elevarse en asuntos espirituales, ha de hallar consuelo para su dolor, y reconocerá que aun cuando el sufrimiento le resulte difícil de sobrellevar, habrá de ayudarlo no obstante en su camino a la eternidad. Cuando te veas crecer espiritualmente a partir de tus padecimientos, podrás aún experimentar alegría por lo que te ocurra. El Rabí Eliyahu Dessler citó una analogía que le había referido su maestro el Rabí Nojum Zev Ziv: Una persona a quien se le ordenara sacarle y ponerle los zapatos a otros se sentiría muy humillado y encontraría su tarea como de muy difícil realización. Sin embargo si esa persona fuese el dueño de una tienda de zapatería, se sentiría muy feliz si su negocio estuviera lleno de clientes. Cuanto mayor fuera la cantidad de los pies sobre los que tendría que medir y calzarle los zapatos, mayor sería su felicidad. "¿Por qué entonces no se sentiría humillado, ni la tarea le resultaría difícil de modo alguno?" La respuesta es que dado que estaría obteniendo una ganancia derivada de su actividad, evaluaría en consecuencia la situación como positiva, sintiéndose feliz por ello (*Mijtav MaiEliyahu*, Vol.1, pág.265).

El dueño de la tienda de zapatos no es necesariamente una persona virtuosa cuyo nivel no es tan elevado para tener la capacidad de vencer la humillación. Tampoco ha de ser necesariamente una persona que evolucionando sobre su estatura espiritual haya logrado ignorar las faltas de respeto hacia él, ni tampoco reprimir sus sentimientos de angustia o resentimiento. Dado que él gana dinero con la venta de zapatos, desde su perspectiva el acto de ponerlos en los pies de la gente resultará una positiva experiencia.

Con cada zapato que pasa por sus manos, el debe decirse a sí mismo algo así como: "¡Qué afortunado soy de poder calzarlos en los pies de esta persona, ya que obtengo una ganancia por ello!"

Por otra parte, si se tratara de un prisionero cautivo que estuviera obligado a ponerle las botas a los soldados que lo capturaron, se sentiría muy probablemente humillado y resentido por esa tarea. El se diría probablemente algo parecido a esta manifestación: "¡Qué terrible resulta que me traten como a un esclavo!" Si no obstante se le dijera que obtendría su libertad si les calzara una determinada cantidad de botas a la gente, es posible que llegara a apreciar esa oportunidad.

Un ejemplo similar es el de una madre poniéndole los zapatitos en los piececitos de su primer hijo, por primera vez, por lo cual lo más probable sería que experimente un gran placer. Unos pocos años más tarde la madre podría sentirse irritada si el niño no se pusiera el mismo sus zapatos y le pidiera a ella que hiciera algo que podría hacer él mismo. Si en cambio ocurriera que el hijo mayor se hubiera quebrado la mano, la madre gustosamente le ayudaría a ponerse los zapatos.

La reacción emocional que se experimenta al ponerle los zapatos en los pies de otra persona variará de acuerdo a la evaluación subjetiva que una persona haga de este acto considerándolo como positivo o negativo.

Tenemos la misma posibilidad para evaluar todos los sufrimientos, dependiendo de cada uno la decisión de catalogarlo como positivo o negativo. Dado que cada uno tiene numerosas experiencias de sufrimientos que le acontecen a lo largo de su existencia, la persona que ha llegado a dominar el arte de encontrarle los aspectos positivos al sufrimiento y que haya aprendido a concentrarse sobre ellos, ha de llevar una vida mucho más feliz.

9. Manteniendo tu atención en la elevación espiritual, podrás reducir al mínimo el sufrimiento por asuntos terrenales

A) Toda persona debería esforzarse para no experimentar

ningún sufrimiento ocasionado por la carencia de posesiones terrenales (*Hmaspik L'oudai Hashem*, pág.109).

B) Aquel que fije su máxima atención en la vida en obtener la sabiduría de la *Torah* y en la realización de buenas acciones, tomará conciencia de que las posesiones terrenales son solamente de carácter temporario, y que pueden ser destruidas de la noche a la mañana. Dado que su principal motivo de concentración en la vida está radicado en su elevación espiritual no habrá de sentirse triste, si llegara a perder su casa y todo lo que se encontrara dentro de ella (Maguid de Dubno: *Sefer Hamidos: Shaar ahavah*, Cap.6).

C) Una cantidad de personas perdieron una gran suma de dinero. Había alguien en el grupo que seguía siendo feliz a pesar de que los demás se sentían desdichados por su pérdida. Los otros le preguntaron como era posible que él se sintiera tan feliz cuando ellos estaban tan tristes. El les respondió lo siguiente: "Al respecto les daré una analogía. Una vez una persona entró en una habitación donde unos pocos estaban durmiendo. La gente que dormía estaba soñando pesadilla y proferían gritos en sus sueños, el que estaba despierto no se hizo partícipe de esos gritos, porque se dio cuenta de que se trataba simplemente de un sueño. De la misma manera me doy cuenta que este mundo se parece a un sueño. La gente que se altera por asuntos terrenales, es como si estuviera en el medio de una pesadilla. Yo estoy despierto y soy conciente de lo ilusorio que realmente resulta el sufrimiento terrenal" (*Pele Yoatz: Tzaar*).

D) El sufrimiento por causas materiales es similar al caso del niño que construyó una casa con ramas y pajas y se divirtió mucho con ella, hasta que alguien entró precipitadamente y la destruyó. El niño lloró y se quejó amargamente ante su padre, y quería que matara a esa persona por el delito cometido. Su padre sin embargo permaneció calmo porque sabía que su hijo estaba reaccionando exageradamente. Desde el punto de vista del niño lo sucedido tenía el carácter de una gran tragedia, pero el padre entendió que no existía una gran pérdida. Análogamente cuando las cosas materiales no salgan de la manera como tu lo deseas, no sobreestimes su importancia (*Pele Yoatz: Tzaar*).

E) En 1856, los rusos arrestaron al Rabí Abraham Jacob Friedman, el Rabino de Sagadura y lo retuvieron en una prisión.

"Me es permitido servir al Todopoderoso sin ser molestado", le decía Rabí Abraham Jacob a sus visitantes. "¿Cuál sería la diferencia que existe entre encontrarme aquí o en cualquier otro lugar?"

Su padre político el Rabí Aaron de Karlin, a quien se le permitió permanecer con él por unos momentos en su celda le preguntó: "¿Cómo te sientes en este horrible lugar?" El Rabí Abraham Jacob le respondió: "¿Qué importancia tiene el lugar donde uno se encuentra? La gloria del Todopoderoso llena toda la tierra. El está en todas partes aun aquí en este horrible lugar" (*Hombres de distinción*, C, Col.1, pág.15)

10. El sufrimiento te enseña a apreciar la falta de sufrimiento

Cada vez que experimentamos sufrimientos deberíamos tratar de hallar algo positivo en los mismos. Uno de los beneficios que obtenemos de este padecimiento es que después de haberlo sufrido, disfrutamos posteriormente mucho más de las cosas placenteras, que si no hubiésemos pasado por esa experiencia (*Jojmah Umussar*, Vol.1, pág.3).

Una persona que alguna vez haya estado enferma y logra recuperarse, podrá apreciar de mejor manera su salud que si nunca hubiese estado afectada por una dolencia. Aquel que alguna vez haya padecido la pobreza, habrá de apreciar en mayor grado poseer suficiente dinero en la actualidad, que el que nunca haya sido pobre.

11. El sufrimiento te enseña a ser modesto

A) El sufrimiento es un gran maestro. Te enseña acerca de las limitaciones de tu poder, te recuerda en cuanto a la fragilidad de tu salud, la inestabilidad de tus posesiones, y de lo inadecuado de tus medios, los cuales te fueron prestados y que deben ser devueltos tan pronto como el Propietario lo desee. El sufrimiento te visita y te enseña la insignificancia de tu falsa grandeza, te enseña a ser modesto (*Horeb*, Vol.1, pág.36).

B) Desde el mismo comienzo de la vida de una persona, se aprende que el propósito de la existencia no es el del placer ininterrumpido. Todo niño padecerá dolores y enfermedades, no deberíamos considerar como negativos ni el dolor ni la enfermedad. El sufrimiento nos enseña la humildad. Aprendemos además que no poseemos un completo control sobre nuestra persona (*Alai Shur*, pág.297).

C) A través de la aceptación del sufrimiento se puede obtener muchos beneficios. El padecimiento vence la arrogancia y la vanidad de una persona, lo conduce a la humildad y lo encamina a aceptar la autoridad del Todopoderoso (*Nesivos Hamussar*, pág.108).

D) El sufrimiento tiene la facultad de debilitar la intensidad de los deseos propios. Cuando alguien se encuentre en medio del sufrimiento, podrá apreciar que la vida es posible aunque no se gratifiquen los deseos ni se obtengan honras o la aprobación de los demás.

Gradualmente se irá liberando de esas cosas, a las que anteriormente estaba ligado. Su sufrimiento puede ayudarlo a abrir los ojos para percibir su verdadera personalidad y toda su riqueza interior (*Toras Abraham*, pág.50).

12. El sufrimiento podrá conducir a una persona a su elevación espiritual

A) Al padecer algún tipo de infortunio, la persona debería utilizarlo como una señal para poder lograr su superación (*Brojos* 5a; Jovos *Halvovos* 7:6).

El Talmud (*Idem*) establece que todo sufrimiento posee un propósito. Cuando lo padecemos, deberíamos considerarlo como una advertencia para controlar nuestro comportamiento en aquellas áreas, en las cuales podemos superarnos.

Aunque no elegiríamos el sufrimiento si se nos brindara

la opción de poder hacerlo, cuando estés sufriendo realmente deberías considerarlo como un aspecto necesario de la vida que te ayudará a elevarte espiritualmente. Conceptuar el sufrimiento como algo carente de sentido aumentará el dolor de las personas.

Cuando le encuentres un sentido y un propósito al sufrimiento te resultará mucho más fácil soportarlo. Cuanto mayor sea tu comprensión del mismo tanto más leve será la carga que debas soportar por ese motivo. El peor sufrimiento es aquel que carece de propósitos. Aplicando el punto de vista básico de la *Torah*, se asimila el concepto de que todo lo que le suceda a una persona ha de tener un fin y será finalmente para su bien.

B) Contempla el sufrimiento como si fuera un profeta que te indicara como mejorar tu manera de actuar (*Ohr Yahail*, Vol.3, pág.98).

El sufrimiento sería entonces un sustituto de las profecías y su propósito el de enseñarlos a mejorar. Es también un agente del Todopoderoso que ilumina el sendero por el que transitamos. Aquel que perciba sus padecimientos deberá revisar sus conductas (*Brojos* 5a) y a tal efecto debería encontrar aquellas acciones de contenido negativo, que anteriormente le pasaron como inadvertidas, como así también controlar las buenas acciones que realice para ver si están completas en cuanto a su calidad. La forma de efectuar este control debe hacerse "medida por medida" para hallar aquello que sea incorrecto y por lo cual nos merecemos este sufrimiento (*Toras Abraham*, pág.28).

C) El Todopoderoso trabaja sobre cada ser humano para hacerlo lo más perfecto posible. Todo aquello que El pueda enviarnos ya sea la alegría al igual que la tristeza, serán meramente medios para llegar a los fines que determine para cada uno (Rabí Samson Rafael Hirsch: *Los Salmos* 37:7).

Debemos considerar cada nueva situación que se nos presente, como un ejercicio que es parte del curso general de entrenamiento que el Todopoderoso nos ha preparado, porque solamente El conoce los medios más expeditivos para cada individuo de acuerdo a los rasgos particulares de su carácter para provocar su definitivo nacimiento como una buena persona (*Idem*).

D) El hábito posee un gran poder, ya que podemos acostumbrarnos a casi todo. Tenemos la posibilidad de acostumbrarnos tanto a una vida de padecimientos, que ya no nos damos cuenta de que el sufrimiento no es la forma en que debe vivirse la vida. Esta tendencia a carecer de sensibilidad frente al sufrimiento, constituye el mayor obstáculo para acceder a la elevación espiritual por este medio. Dado que somos insensibles al padecimiento no le prestaremos atención, y por consiguiente no habremos de percibir su mensaje. Para revertir lo expresado, debemos adquirir la convicción de que cuando las cosas no ocurran de la manera que debiera ser, el mensaje que se infiere expresa que debemos superarnos en algún área específica (*Toras Abraham*, pág.29).

E) Toda persona que esté descorazonada tendrá una mayor tendencia a pensar acerca de su propósito definitivo en este mundo, y esto podría facilitar su orientación hacia una conducta con un mayor contenido de elevación espiritual (*Mijtav MaiEliyahu*, Vol.1, pág.23).

F) Aquel que tenga *emunah* no experimentará tanto el sufrimiento por los infortunios que le ocurran, como otros que no la tuvieran. Sus contratiempos le servirán como recordatorio para que tenga presente que no ha sido creado para sentir placer en este mundo. El aprender a concentrarse en su crecimiento espiritual, le ayudará en situar sus infortunios bajo su óptica apropiada (*Ohr Yejezkel: mijtavim*, pág.118).

G) Viktor Frankl, un médico Judío que fue encarcelado en Auschwitz y Dajau durante la Segunda Guerra Mundial, escribió acerca de la forma de como el sufrimiento puede enaltecer a una persona. Después de su liberación de los extremados sufrimientos en campos de concentración, una persona puede "a partir de ese momento disfrutar el preciado sentimiento de que después de todo lo que ha experimentado y sufrido, no existe nada en el mundo por lo cual le reste sentir temor, salvo D--s. Por este motivo, una gran cantidad de hombres aprendieron en los campos de concentración y como consecuencia de sus experiencias en esos sitios, a creer nuevamente en D--s" (*El Médico y el Alma*).

El hijo del Jofetz Jayim relató que cierta vez le refirió a su padre acerca de un Judío que había sido encarcelado por observar los mandamientos. La reacción del Jofetz Jayim fue la siguiente: "Envidio muchísimo a esa persona por sufrir a causa de su defensa del honor del Cielo (*Mijtavai Jofetz Jayim*, pág.92).

13. El sufrimiento sirve de redención

A) El Talmud (*Erjim* 16b) detalla los elementos que constituyen el sufrimiento. Se cita al respecto distintas opiniones de las cuales inferimos que aun los menores inconvenientes, son considerados sufrimientos. Si por ejemplo, cuando deseas agua caliente recibes fría o viceversa. Otro ejemplo, estaría dado en el caso en que coloques tu mano en el bolsillo para extraer tres monedas y sólo consigas sacar dos. La actitud de la *Torah* con respecto a estas situaciones, es que espiritualmente nos resultan provechosas. En lugar de lamentarte por lo ocurrido, trata de aceptarlas porque servirán como redención por los errores cometidos. Cuando una persona asimila este conocimiento, estará capacitada para sentir alegría cuando esté sufriendo (Ver *Mishnah Brurah* 222:4).

Cuando el Rabí Eliezer se enfermó sus discípulos fueron a visitarlo. El les refirió que estaba seriamente enfermo y todos su alumnos comenzaron a llorar por lo cual el Rabí Akiva se rió no obstante lo sucedido.

"¿Cómo puede usted reírse cuando nuestro amado maestro está enfermo?", le preguntaron.

Antes de contestar a su pregunta el Rabí Akiva les preguntó: "¿Por qué están llorando?"

"Vemos a un trozo viviente de la *Torah*, que está padeciendo dolores. ¿Cómo podemos dejar de llorar?", le respondieron.

"Ese", dijo el Rabí Akiva, "es precisamente el motivo por el cual me estoy riendo. Nuestro maestro ha tenido siempre buena suerte en todo lo que ha realizado. Yo me dije a mi mismo que quizás él haya recibido su recompensa en este mundo. Ahora que lo veo sufrir me siento feliz por él".

"Mi alumno Akiva, ¿Me has visto alguna vez hacer algo incorrecto?, le preguntó el Rabí Eliezer.

"Usted mismo nos ha enseñado el verso que dice (*Koheles* 7:20): "No existe una persona tan recta que sólo hará el bien y que jamás cometerá transgresiones" (*Sanhedrin* 101a).

B) El Rabeinu Yonah escribió que existen dos principales beneficios resultantes del sufrimiento. Uno de ellos es que sirve como expiación por las transgresiones cometidas y el otro que actúa como incentivo para que mejoremos nuestro comportamiento. Cuando logres superarte a partir de tu sufrimiento, deberás apreciarlo por haberte beneficiado inmensamente con el mismo (*Shaarey Tshuvah* 2;3-4).

C) Todos sufren pero muchos no toman en serio el hecho de que el sufrimiento llega como un castigo por las transgresiones, considerándolo en cambio como un hecho accidental. La actitud apropiada consiste en considerar al sufrimiento como una redención. Con esta convicción toda persona ha de apreciar que los padecimientos de este mundo lo salvarán de sufrir en el otro mundo (*Mussray Rabeinu Yehonoson*, pág.27).

D) Cuando estamos sufriendo la actitud correcta consiste en no llorar por nuestros padecimientos. Debes considerar en cambio que el sufrimiento es una sentencia y por esta razón existe una bendición derivada del mismo, que proviene del *Dayan Haemes* (El juez que es verdadero). Deberíamos no obstante aceptarlo con la alegría que proviene del amor por el Todopoderoso. Todo aquel que no tome en cuenta su sufrimiento a pesar de lo expresado, cerrará sus oídos a este mensaje (*Toras Abraham*, pág.38).

• E) El Talmud (*Brojos* 54a) expresa que toda persona está obligada a pronunciar una bendición por los infortunios que ha de sufrir, de la misma manera que lo hace por el bien que reciba. ¿Cuál es el significado de la expresión "de la misma manera"? Cuando alguien te hace un favor deberás sentirte agradecido por ese motivo. Cuanto mayor sea el favor recibido, más grande serán tus sentimientos de gratitud. "Esa" dijo el Rabí Itzjok Blauser, "debería ser la actitud que adoptes frente al sufrimiento. Cuando sufras un poco, toma conciencia que el Todopoderoso te está enviando ese sufrimiento para tu beneficio. Cuando tu padecimiento sea mayor, trata de entender que lo que El Intenta, es proporcionarte un beneficio aún mayor. El provecho que obtengas finalmente estará en proporción a la dimensión de tu padecimiento (*Kojvai Ohr*, págs.163-164).

Por otra parte, en la medida en que se incremente el sufrimiento, se pondrá de manifiesto un mayor amor por parte del Todopoderoso. Un padre se irritará mucho más con su hijo cuando éste hiciera algo incorrecto, que si se tratara de un extraño. De la misma manera, cuanto mayor sea el sufrimiento que te envíe el Todopoderoso, más grande será la manifestación de su afecto.

14. Aceptando la voluntad del Todopoderoso

A) Un principio fundamental de la *Torah*, consiste en tomar conocimiento de que el sufrimiento es escrupulosa y equitativamente impartido por el Todopoderoso (*Sefer Hamidos Lehameiri*, pág.96).

Cuando una persona tiene *emunah*, el sufrimiento no lo abatirá y la buena suerte no lo embriagará (Oído al Rabí Abraham Farbstein, Rosh Hayeshiva de Chevron).

B) Una persona que posee *Bitojen* no sentirá dolor por las pérdidas financieras, tales como las derivadas de la falta de clientela para sus productos o la imposibilidad de cobrar una deuda. Lo expresado mantendría su validez si esa persona hubiera sido atacada por una enfermedad. Como tiene el conocimiento de que su Creador sabe aún mejor que él mismo lo que habrá de ser para su bien en última instancia, habrá de aceptar lo que el Todopoderoso haya dispuesto para él (*Jovos Halvovos*, Cap.4).

C) La manera como una persona reacciona ante un infortunio reflejará su grado de sumisión a la voluntad del Todopoderoso (*Jovos Halvovos* 6:7).

Cuando el infortunio recae sobre una persona cuyo principal objetivo en la vida es servir al Todopoderoso, habrá de considerarlo como una experiencia provechosa y una causa de alegría. Dado que acepta los mandatos del Todopoderoso con amor habrá de admitir su infortunio y de esta manera servirá al Todopoderoso, lo cual será motivo de su regocijo (*Shuljan Aruj: Oraj Jaim* 222:3).

Cuando el Rabí Israel Salanter estaba enfermo llamó a su

médico para que lo examinara, pero le expresó lo siguiente:
"Acepto personalmente mi situación sin tener en cuenta si mi
salud ha de mejorar o empeorar. Mi voluntad es la voluntad del
Todopoderoso" (*Jayai Hamussar*, Vol.1, pág.116).

Cuando el Rabí Leib Jassid de Kelm estaba enfermo, fue
visitado por una gran cantidad de personas. "¿Cómo se siente ?"
le preguntaron.

"Baruj Hashem, un poquito peor" fue su respuesta (*Idem*).

D) El sufrimiento que aparece ante nuestros ojos como
una desgracia es en realidad un verdadero beneficio para nosotros. Lo expresado tiene su analogía con el caso de un médico,
que en algún momento tuviera necesidad de amputar un brazo
o una pierna para salvar una vida. A pesar de lo sucedido, el
paciente afectado no disminuirá su amor por el médico, sino por
el contrario lo estará eternamente agradecido y le profesará
todo su afecto. De manera similar cuando alguien considere que
lo que el Todopoderoso haga por él ha de ser para su bien, sin
tener en cuenta si algo pudiera ocurrirle físicamente a su persona o a sus posesiones, habrá de incrementar su amor por el
Todopoderoso. Aunque personalmente ignore si su sufrimiento
ha de ser para su beneficio, sabe que en definitiva todo será
para su bien (*Mesilas Yeshorim*, Cap.19).

E) Cuando alguien ame entrañablemente a otra persona,
aprovechará cada oportunidad para expresar ese afecto, enfrentando todas las dificultades que pudieran surgir en aras de ese
sentimiento. Análogamente, cuando una persona ame al Todopoderoso habrá de sacar provecho de todos sus períodos de
sufrimiento, para transformarlos en oportunidades para expresar todo su amor y devoción (*Idem*).

F) Cuando tus propiedades o posesiones materiales hayan
sufrido algún daño o pérdida, deberás trabajar para prepararte
para aceptar el juicio del Todopoderoso con amor. Ten en cuenta
que has nacido desprovisto de cualquier tipo de pertenencia y
eventualmente abandonarás este mundo de idéntica manera.
No necesitas identificarte con tus posesiones, ya que las mismas no son parte integrante de tu personalidad (*Reishes
Jojmah: shaar haanovah*, Cap.5).

G) Aceptar la voluntad del Todopoderoso cuando estamos

enfermos genera propiedades terapéuticas. El Rabí Simja Zissel le escribió a una persona enferma que todos los médicos aconsejan a sus pacientes a adoptar una actitud de calma. Los beneficios que obtenemos a partir de la *emunah*, es exactamente lo que necesitamos para lograr nuestro bienestar físico. Esto es lo que nos enseña el versículo (*Jabakuk* 2:4): "El hombre virtuoso vivirá con su creencia". Esta creencia suya lo ayudará a vivir, lo fortalecerá y le causará alegría. "La persona de buen corazón vive en una permanente fiesta" (*Mishle* 15:15).

El Gaon de Vilno comentaba que cuando una persona concurre a una fiesta podría sentirse feliz, pero tan pronto ésta concluye la felicidad desaparece. La *emunah* le da a la persona la buena disposición anímica para comprender, que todo lo que suceda se debe a la voluntad del Todopoderoso. El sufrimiento está destinado a hacer que las personas sean misericordiosas y a ayudarlas a incentivar el deseo de enmendar su conducta con el objeto de disfrutar de un placer eterno (*Jojmah Umussar*, Vol.2, pág.291).

H) ¡Cuán afortunada es aquella persona que acepta las difíciles lecciones que le enseña el Gran educador! ¡Qué perdida ha de encontrarse una persona a la que le falte un maestro y viva sin una guía! Nadie le indicaría cuales son sus faltas y por consiguiente se quedaría con sus malos hábitos. Mucho habrá de beneficiarse la persona que preste atención a la lecciones del Todopoderoso (*Mussar Hatorah*, pág.17).

I) La *mitzvah* de amar al Todopoderoso se aplica aún en el momento en que una persona esté próxima a morir, o cuando estuviera sometida a fuertes torturas que podrían ser más dolorosas que la muerte. Toda persona debería esforzarse para tener la capacidad de admitir ese sufrimiento con el objeto de santificar el nombre del Todopoderoso (Kovetz Inyanam, pág.9).

La aceptación definitiva y final del sufrimiento es aceptar la idea de la propia muerte. Cuando el Rabí Meir Shapiro, Rosh Hayeshiva de Lublin e iniciador del Daf Hayomi, estaba en su lecho de muerte hizo llamar a sus alumnos para que se hicieran presente en su habitación y les pidió que danzaran y cantaran. El Rabí Shapiro ya no podía hablar más, pero escribió dos palabras Hebreas para sus alumnos: *rak besimja* (solamente con alegría). Mientras se estaba muriendo su rostro estaba radiante de regocijo y continuaba moviendo sus labios para susurrar: "Solamente con alegría, solamente con alegría..." (*Nitzutzai Ohr Hameir*, pág.51).

15. La alegría ayuda a vencer el sufrimiento

A) Con alegría podemos liberarnos de todo tipo de sufrimiento (Rabí Menajem Mendel de Kotzk: *Amud Haemes*, pág. 90).

B) El Rabí Simja Zissel dijo que cuando una persona viaja a la boda de un amigo íntimo, habrá de sentirse feliz durante todo el viaje. A pesar de que la travesía pudiera ser incómoda y que la comida haya podido estar un poco rancia, él seguirá no obstante estando alegre porque su mente estará concentrada en el objetivo de llegar al destino de ese viaje, donde habrá de divertirse enormemente. De igual modo, cuando una persona se concentre en los objetivos de su existencia podrá vencer todos los obstáculos que se le presenten. Cuando alguien fije su atención en el *olam haboh*, vivirá en un estado de felicidad, a pesar de que podrá experimentar muchos inconvenientes a lo largo de su viaje relativamente breve (*Darkai Mussar*, pág.58).

C) Cuando aprendamos a apreciar la vida en toda su plenitud, habremos de olvidar muchos de sus aspectos dolorosos. Trataremos de hacerle frente de una manera efectiva y definitiva, pero no experimentaremos ningún padecimiento emocional, dado que la idea de estar vivo pesará mucho más que cualquier hecho negativo que pudiera acontecernos.

Imagínense una persona que acabara de ganar una cuantiosa suma de dinero en una lotería. Su dicha sería tan grande que si accidentalmente quebrara una copa de cristal no sufriría de manera alguna por esa pérdida. La alegría de estar vivo puede ser mucho mayor que el regocijo que se sentiría al ganar millones y millones de dólares. La persona que domine esta actitud, que debemos admitir que resultará extremadamente difícil de lograr, no habrá de padecer de dificultades psicosomáticas, dado que no verá todo lo que le suceda bajo una óptica negativa (Oído al Rabí Jayim Shmuelevitz, ver *Sijos Mussar*, 1971, ensayo 3).

16. *El sufrimiento no debe desviarte del cumplimiento de tus propósitos*

A) El Rabí Meir Shalom de Porisov solía decir que el sufrimiento no debe desviarnos de servir al Todopoderoso. El rey David escribió hermosos y edificantes Salmos mientras atravesaba la más difícil de las situaciones (*Derej Tzadikim*, pág.19).

B) Una gran persona utiliza el sufrimiento para elevarse espiritualmente, mientras que un hombre insignificante corre el riesgo de ser aniquilado por dicho padecimiento (*Alaishur*, pág.298).

C) El valor de realizar buenas acciones reside en primer lugar en la consideración, de que las mismas provienen de dificultades y sufrimientos (*Birjas Peretz: Besharaj*). Cuando una persona maneje esta actitud, experimentará el placer espiritual proveniente de ese conocimiento, cuando otras personas en una situación similar estarían sufriendo.

D) Aun cuando al brindar ayuda a los demás resultaras finalmente sufriendo tu mismo por dicho motivo, toma conciencia de que cuando ayudes a los demás estarás ayudándote a tí mismo (Rabí Eliyahu Meir Bloj: *Shurai Daas*, pág.116).

No debes lamentarte por tus buenas intenciones ni por tus conductas de contenido positivo, cuando termines sufriendo por hacer obras de bien. Deberás tener en cuenta que en cada relación existen siempre aspectos negativos y cuando estés realizando buenas acciones, piensa anticipadamente que es muy probable, que en el desarrollo de tu accionar te encuentres con algunos aspectos desagradables para los cuales deberás prepararte para aceptarlos. Cuando te des cuenta que realmente obtienes un gran provecho personal al ayudar a los demás, te resultará más sencillo tolerar las dificultades que se te presenten.

E) Una persona fue a ver una vez al Rabí Israel de Rozhin y se lamentó de que estaba padeciendo mucho y que sus sufrimientos no le permitían realizar las numerosas obras de bien que hubiera deseado llevar a cabo.

"No creas que el Todopoderoso desea que realices obras de bien que te resulten imposibles" le explicó Rab Israel. "El ha dispuesto que lo sirvas a través de tus sufrimientos" (*Niflaos Israel*, pág.38).

17. *Ora cuando estés sufriendo*

A) Cuando el Jofetz Jayim solía decir que si estás acongojado deberías hablar con el Todopoderoso, se refería a la misma manera en que un niño se dirigirá a su padre. No es necesario que emplees el lenguaje formal de las oraciones para este contacto, sino que deberás hablarle en cambio al Padre Celestial en cualquier lenguaje que te plazca (*Mijtevai Jofetz Jayim*, págs. 96-97).

B) Generalmente consideramos que cuando oramos a causa del sufrimiento que experimentamos, que éste se ha producido por causas externas y que por ese motivo debemos elevar nuestras plegarias. Pero esto no es correcto, ya que el propósito de nuestros padecimientos fue el de obligarnos a orar. Revelándole al Todopoderoso los íntimos sentimientos que albergan nuestros corazones, nos acercaremos más a El y el sufrimiento ha de ser la herramienta mediante la cual lograremos nuestra elevación espiritual (*Najalas Iosef, Torah*, pág. 125).

18. *El sufrimiento de los demás*

A) El Jofetz Jayim escribió que cuando alguien esté sufriendo, aunque no pudieras ayudarlo a resolver su problema particular, ha de ser sin embargo una *mitzvah* que hables con él y que trates de hacer que se sienta mejor (*Ahavas Jesed*, Parte 3, Cap.8).

B) A pesar de estar sufriendo, deberíamos tratar de encontrar aspectos en los cuales podríamos mejorar espiritualmente. Cuando alguien esté padeciendo, sería impropio juzgarlo en forma negativa, aduciendo que el sufrimiento que padece está motivado por sus pecados (Rabi Meir Shalom de Porisov: *Derej tzadikim*, pág.20).

C) Aunque debamos emplear nuestros mejores esfuerzos para combatir la sensación de sufrimiento de nuestras propias vidas, tendríamos al mismo tiempo que trabajar para tratar de percibir el sufrimiento de los demás (Rabí Jayim Shmuelevitz: Sefer Hazikoron, pág.106).

Cuando el Rabí Jayim Shmuelevitz, el extinto Rosh Hayeshiva de Mir, estaba en el hospital poco antes de su muerte, un familiar suyo que estaba padeciendo fue internado en su misma habitación. Rab Jayim que estaba muy débil escribió con manos temblorosas lo siguiente: "Cuando tú mismo estés sufriendo te resultará sencillo percibir el sufrimiento de los demás" (*Idem*, pág.101).

Sus pensamientos estaban siempre concentrados en tener conciencia del sufrimiento que padecen los demás y comprenderlos. Aun cuando el mismo estaba sufriendo, no pensaba solamente en su propia persona. Su actitud era en ese momento la de pensar que su propio padecimiento podía ayudarlo a percibir el de los demás.

Un cirujano debía efectuar una operación en un dedo del Rabí Mendel de Vorki. A pesar de que no había anestesia disponible, Rab Mendel soportó con toda calma la intervención sin emitir ningún quejido. Al término de la operación, el médico le dijo a la gente que acompañaba al Rabí, que le sorprendió observar como era posible que alguien estuviera tan calmo en esas condiciones.

"El reaccionó como si no se tratara de su dedo" comentó él estupefacto.

Uno de los seguidores de Rab Mendel le mencionó los comentarios del médico. "El no comprende" dijo Rab Mendel. "Cuando una persona me viene a ver para contarme que ha tenido dificultades financieras, aunque no siempre actúe como debiera hacerlo, siento por este motivo mucho más dolor y sufrimiento que cuando me operaron el dedo" (*Eser Zjuyos*, pág.100).

D) Cuando una persona que ha experimentado un sufrimiento ve que otros son comprensivos con él, sentirá cierto grado de alivio en su dolor (*Yesod Veshoresh Hoavodah*, 1:8).

Por lo tanto si deseas ayudar a alguien para eliminar su sufrimiento, en lugar de decirle que no tiene nada porque preocuparte, o que su situación no es tan grave, trata de compartir su sufrimiento y comunicarle lo que sientes por él. Aunque un cambio de actitud por su parte le aliviaría mucho para soportar su padecimiento, no todos están dispuestos a aceptar dicho cambio. Tu obligación de *Jesed* requiere que trates a esa persona tal como es y con frecuencia la comprensión que le expreses, dará mejores resultados que cuando desafíes sus puntos de vista.

E) Una regla importante a aplicar al *midos* es la siguiente: No existen situaciones neutrales, si no te solidarizas con el sufrimiento de alguien implicaría que éste no te afecta, lo cual sería un rasgo de crueldad, que naturalmente forma parte de la personalidad propia, y que deberíamos tratar de esforzarnos para vencerla (*Kovetz Inyanm*, pág.10).

F) El sufrimiento está destinado a beneficiar a la persona que lo está padeciendo. Se lo debe considerar como un maestro para todo aquel que pueda verlo u oírlo. El sufrimiento de todos en el mundo podrá servirnos como una herramienta mediante la cual aprenderemos las lecciones que habrán de elevarnos espiritualmente (*Toras Abraham,* pág.54).

G) Hay momentos en que el sufrimiento que existe en el mundo es tan grande, que a una persona sensible le resultaría muy difícil superarlo. El Rab de Brisk, el Rabí Itzjok Zev Soloveitchik aplicaba la siguiente expresión Talmúdica, como consejo para las personas que se encontraban en esas críticas circunstancias: "Aquel que desea vivir debería actuar como si ya estuviera muerto" (*Tamid* 32a). Existen períodos durante los cuales el sufrimiento humano es tan grande que aquella persona que se sienta afectada por el padecimiento de los demás, simplemente no podría continuar viviendo. Aunque constituye una obligación nuestra la de sentir el sufrimiento de los demás, deberíamos tratar de protegernos para no excedernos en nuestra conducta con respecto a ese sentimiento, dado que de ese modo podríamos llegar a destruirnos. Por momentos manifestó el Rab de Brisk deberíamos adoptar una actitud tal como si estuviéramos muertos y sólo entonces podremos existir (*Moadim Uzmanim*, Vol.1, Introducción).

Capítulo Catorce
COMO EVITAR LOS PROBLEMAS

1. Sé conciente de las consecuencias de tu conducta

A) ¿De quién se dice que es un hombre sensato? Lo será aquel que piense en las consecuencias de todos sus actos (*Tamid* 32a).

Prosigue preguntándote: "¿Cuál es el objetivo de tu conducta en el presente?, y esta otra: "¿Cuáles serán sus posibles consecuencias de carácter perjudicial?" Las respuestas a estas dos preguntas te posibilitarán ejercer un mayor control sobre tu comportamiento.

B) Dejar de mirar hacia el futuro es una de las mayores causas de desdicha. Aquel que coma en demasía estará degradando el valor de los alimentos. Un hombre pendenciero se ha de quejar en contra de las bendiciones del matrimonio, de los parientes y de los amigos. Muchos males podrían ser evitados si se pusiera en práctica la previsión (*Canta, tú que eres virtuoso*, pág.290).

C) Un hombre sensato solía decir: "Ve despacio y estarás salvado, apresúrate y habrás de lamentarlo" (*Mijvar Peninim*, pág.21).

Confecciona un listado detallando aquellos actos que llevaste a cabo en forma impulsiva y percibe el daño que has ocasionado con los mismos. Cuanto mayor sea tu conocimiento de los perjuicios que causaste por actuar sin medir las consecuencias, ha de ser más grande el cuidado que pondrás en el futuro.

D) "Los pensamientos de un hombre diligente sólo han de conducirlo a resultados que redundarán en su propio provecho, pero todo aquel que sea apresurado se precipitará a un estado de precariedad" (*Mishle* 21:5).

A pesar de que las personas diligentes actúan rápidamente, se toman siempre el tiempo necesario para pensar y planificar todo, de modo que la acción que habrán de emprender sea la mejor entre todas las posibles. Aunque pudieran demorarse algo por este motivo, ha de ser conveniente que lo hagan en función de las ventajas que obtendrán. La vehemencia es una buena política para ser aplicada solamente en la acción, pero no al pensamiento ni a la planificación. Un período de espera, durante el cual han de madurar las ideas, será una buena inversión al iniciar cualquier proyecto (*Malbim sobre Mishle*, págs.217-218).

E) Si una persona estuviera indecisa en la elección de un curso de acción entre dos alternativas, debería formularse la siguiente pregunta: "¿Cuál es la opción que le deparará mayores honras al Todopoderoso?" La respuesta correcta a este interrogante será el camino a elegirse (Rabí Shmuel Tzvi de Alexander: *Esser Zjuyos*, pág.93).

F) El Rabí Bunim de Parschisjo solía decir: "Tendríamos que ser tan cuidadosos en la realización de nuestros actos en la vida como lo es un jugador de ajedrez, que piensa minuciosamente antes de efectuar cualquier movimiento. Pondera siempre lo que estás planeando hacer para comprobar que no debas arrepentirte de tu accionar" (*Siaj Sarfai Kodesh*, Vol.5, pág.58).

En una partida de ajedrez, la cual no incidirá mayormente en la vida de una persona si se gana o se pierde, cada jugador se tomará mucho tiempo para pensar acerca de cada alternativa y medir sus consecuencias. Con mayor razón en tu comportamiento diario medita siempre antes de hablar o emprender una acción. Tendremos mucho más para ganar o perder, por lo que debiéramos ser al menos tan pacientes como lo es un jugador de ajedrez.

G) Los padres deberían tener conciencia de las posibles consecuencias resultantes de aplicar sus métodos disciplinarios.

Nada destruye la posibilidad de que los padres lleguen a tener una estrecha relación con sus hijos, que educarlos con disciplinas que generen un excesivo temor. Cuando los hijos son todavía pequeños, los padres deberían tener conciencia de que serán algún día independientes. Los padres que con frecuencia utilicen el temor como arma, han de crear sentimientos negativos a sus hijos. Cuando crezcan esos hijos probablemente se rebelen contra sus padres y emprenderán su propio camino (*Alai Shur*, pág.261).

H) Parte de la prudencia consiste en no ser excesivamente prudentes (*Jovos Halvovos*, Introducción).

Si una persona es excesivamente cuidadosa de no hacer nada, a menos de estar absolutamente seguro de que tendrá éxito, no habrá de ser mucho lo que llegue a concretar. Aunque no debiéramos asumir riesgos precipitados, en cambio será necesario que se calculen los mismos para todo aquel que desea aplicar toda su capacidad. Antes de arriesgarte a hacer algo detalla en una lista todos los pro y los contra de la situación y pondéralos cuidadosamente, pero no exijas tener la absoluta certeza antes de emprender una acción.

2. Toma precauciones para evitarte problemas

A) Si tiendes a olvidar tus obligaciones y compromisos, anótalos y revísalos constantemente (*Orjos Tzadikim*, Cap.20).

La gente que se olvida de citas importantes o de cuidar aquello que sea esencial para su bienestar, podrán excusarse alegando que no fue su culpa haberlo olvidado. Sin embargo la verdad es que son sumamente responsables por no haberlas agendado por escrito. Hazte un hábito de anotar todas tus obligaciones y compromisos en una agenda, en donde las puedas revisar. Este procedimiento te evitará muchos problemas.

B) Aléjate de todo aquello que te parezca incorrecto (*Julin* 49b).

Un estudiante que fue a ver al Rabí Arieh Leib de Ger, autor de *"Sfas Emes"*, se quejó de que mucha gente estaba difundiendo historias acerca de él, que lo habían visto en compañía de una mujer. El estudiante manifestó que era completamente inocente y él solo podía decirse a sí mismo: "Bendito sea aquel que es calumniado, pero que en realidad es inocente".

"Bien", dijo el Rabí. "Te sugiero que te quedes en tu casa.

Entonces se podrá decir de tí: 'Bendito sea aquel que se queda sentado en su casa'. Por cierto que entonces nadie volverá a hablar mal de tí" (*Hombres de Distinción*, Vol.1, pág.132).

C) Aun aquella persona que tuviera una reputación de honestidad, debería tener cuidado de evitar aquellas cosas que pudieran darle la impresión a los demás de que son deshonestos (*Ralbag: Hadaios Vehamidos* 47:1).

Rav Yehuda Leib Jasman entregó una vez una cuantiosa suma de dinero de caridad a un estudiante para que la distribuyera. Notando que el mismo no contaba el dinero en forma inmediata, Rabí Jasman quiso darle una importante lección e intencionalmente le entregó una suma menor que la convenida. Súbitamente el estudiante regresó corriendo y le dijo a su maestro que estaba faltando parte del dinero. Rabí Jasman le reveló entonces al estudiante que premeditadamente le dio menos dinero para que aprendiera a tener más cuidado en el futuro (*Tnuas Hamussar*, Vol.5, pág.256).

D) Antes de contratar a alguien para hacer un trabajo deberás aclarar anticipadamente las condiciones pactadas: serás explícito en cuanto a la suma exacta que habrás de pagarle y cuales serán tus obligaciones. Aclarando tantos detalles como te sea posible en forma anticipada, te evitarás innecesarias dificultades y reyertas (Jofetz Jayim: *Sfas Tomim*).

E) No tomes a la ligera el daño que pueda causarte alguien que te odia: trata de hacer las paces con él, o si no manténte alejado de él (Ralbag: *Hadaios Vehamidos* 8:8).

F) Ten cuidado de no acostumbrarte a algo que en un futuro cercano no te sea posible obtener y cuya carencia sentirías intensamente. Sería bueno acostumbrarse a manejar solamente aquellas cosas de las que podrás disponer constantemente (*Sefer Hamidos Lehameiri*, pág.211).

El Jofetz Jayim escribió que una persona sensata tiene cuidado de no gastar en exceso. Sabiendo cuanto gana hará su presupuesto de acuerdo a sus ingresos. No sólo no deberá gastar más de lo que gana, sino que deberá tratar de hacerlo por un importe menor al que gana, dado que con este ahorro podrá sostenerse en aquellos períodos en los cuales no le sea posible ganar tanto como en el momento actual (*Kuntros Nefutzos Israel*, Cap.6).

G) No hagas exhibición ostentosa de tus éxitos y logros cuando hayas superado a los demás. Nunca podrás saber en que momento se puede revertir la situación y lamentarás entonces tu conducta anterior (*Orjos Jayim* de *El Rosh*, Nº 87).

H) Ten cuidado de no colocarte en una posición en la cual una persona inescrupulosa te esté exigiendo gratitud (El Steipler, *Birjas Peretz; Jayai Sarah*).

I) Cuando estés tratando de conseguir algo, enumera en una lista los posibles obstáculos que puedan presentarse y elabora los planes para vencerlos (Ralbag; *Hadaios Vehamidos* 4:7).

J) Si sabes que no podrás concurrir a la *simja* —una boda, un *bar-mitzvah*, etc.— de alguien, con frecuencia resultará preferible desearle *mazel tov* en forma anticipada y no después, porque de otra manera la persona podría indisponerse contigo. Aunque pudieras corregir tu conducta para el futuro, no te será posible rectificar sus sentimientos heridos en el pasado (*Pajad Itzjok: Igros Uksovim*, pág.292).

3. Piensa cuidadosamente antes de adoptar las principales decisiones de tu vida

A) Toma las precauciones necesarias para no caer en el pánico cuando estés actuando o diciendo algo, hasta que no hayas elaborado cuidadosamente en tu mente si corresponde que lo hagas o lo digas. El fruto de actuar en forma impulsiva es el remordimiento. Cuando actúes de esa manera estarás propenso a cometer errores irreparables (*Shaarey Kdushah* 1:6).

Cuídate de no efectuar cambios fundamentales en tu vida cuando sólo te guíes por tus emociones. Muchos matrimonios desastrosos fueron decididos cuando las personas afectadas estaban dominadas por sentimientos fatuos. (En general el criterio que se tiene en cuenta para que un matrimonio tenga posibilidad de ser exitoso no debe basarse solamente en los sentimientos del momento, sino la determinación de si las dos personas involucradas tienen suficientes objetivos en común y si sus personalidades son compatibles. Si estás emocionalmente excitado (positiva o negativamente), deberás esperar a tranquilizarte totalmente antes de emprender una acción. Aunque este consejo resulta difícil para ser oído siquiera, dejar de tenerlo en cuenta te causará muchos problemas que podrían haberse evitado.

B) Cuando hayas estado una vez en un lugar y te has ausentado del mismo durante un tiempo, te resultará sencillo reconstruirlo en tu imaginación sintiendo lo maravilloso que sería regresar a ese sitio. Antes de trasladarte de regreso, clarifica previamente si tus sentimientos son sólo el producto de tu imaginación o si están basados en la realidad (*Pajad Itzjok: Igros Uksovim*, pág.211).

4. *Evita la situación en la que por hablar te veas en problemas*

A) El Rabí Shimon manifestó en *Pirke Avos* (1:17), que él había estado toda su vida en compañía de hombres sensatos, y que en entre todas las cosas provechosas para la propia persona descubrió que la mejor era el silencio.

B) Deberíamos tratar de ejercer un control sobre nuestra facultad de hablar. Es muy fácil que cometas transgresiones debido a tu lengua, por cuyo motivo deberías tratar de esforzarte para poner limitaciones a lo que hables. Hablar debería ser un esfuerzo conciente de tu parte (*Jovos Halvovos* 9:5).

C) Antes de hablar tú eres el dueño de tus palabras, después que hayas hablado las palabras serán tu dueño (*Orjos Tzadikim*, Cap.21).

Mi padre, qué bendita sea su memoria, tenía un cartel colgado cerca de su teléfono que decía lo siguiente: "Hasta un pez no se vería en problemas si mantuviera la boca cerrada".

D) El Rabí Israel Salanter solía decir "no todo lo que pensamos deberíamos decirlo" (*Tnuas Hamussar*, Vol.1, pág.309).

E) Cuando tengas que decirle algo privado a alguien, hazlo únicamente en un lugar en que nadie pueda alcanzar a oír la conversación.

F) Aunque deberías tratar de tener tantos amigos como te fuera posible, revela solamente tus secretos a uno de cada mil (*Jovos Halvovos* 8:22).

No le digas ni aun a tu amigo íntimo las cosas que deseas mantener ocultas a alguien que te disguste, a menos que esa persona haya probado en diversas circunstancias, ser alguien en quien se pueda confiar. Tu antiguo amigo podría llegar a convertirse en tu enemigo y podría revelar tus secretos (*Sefer Jasidim*, Nº 85).

G) Aprendiendo a contestar: "No lo sé", te evitarías situaciones embarazosas (Brojos 4a).

Cuando trates de responder sobre algo de lo que no estés seguro, estarás tendiéndote una trampa a tí mismo. Has vacilado en responder "No lo sé" por temor a que te rechacen, aunque si lo otros llegaran a descubrir que les has proporcionado información errónea, habrás de sufrir un rechazo aún mayor por parte de ellos. Haz un esfuerzo conciente para decir "No lo sé" toda vez que estés inseguro de algo. Confecciona un listado consignando las veces que has contestado aun cuando no sabías la respuesta correcta. Ve a ver a la gente a quienes les has respondido y diles que cometiste un error. Si tienes el coraje de llevar a cabo lo expresado, no volverás a tener temor cada vez que debas decir que desconoces algo.

H) Ten cuidado de no prometer a la gente cosas que no podrías realizar en forma inmediata (*Emes Kanaih*, Nº 176).

Aunque tenemos la obligación de hacer obras de bien para los demás, aprende a responder que "no" a aquellos pedidos que no estuvieras realmente dispuesto a cumplir. Podrías quizás evitarte un poco de malestar al no rehusarte inmediatamente, pero resultaría de orden injusto tanto para la otra persona como eventualmente para tí mismo, conducir al alguien a conclusiones erróneas.

I) Si tuvieras que hablar con alguna autoridad y estuvieras temeroso de que lo que digas pudiera irritarlo, sería aconsejable comenzar tu petición con una disculpa, y por este medio se logra frecuentemente evitar que se enfurezca la persona en cuestión (Ralbag: *Hadaios Vehamidos* 26:14).

Por ejemplo, podrías decirle: "Soy conciente de que esto podría irritarlo, pero pienso que necesito decírselo". Decirle a alguien que podrías llegar a enfurecerlo, evitaría paradójicamente con frecuencia que realmente se irritara.

J) Si has llegado a alterar a una persona con autoridad, por lo general resultará preferible no tratar de obtener su perdón inmediatamente. Intenta persuadirlo de que postergue la sanción y muéstrate paciente. Gradualmente su enojo irá cediendo y te perdonará (*Malbim sobre Mishle*, págs.259-260).

Existe también una oportunidad para que ocurran nuevos hecho que te serán favorables (*Hadaios Vehamidos* 17:11).

K) Una regla muy importante que rige las comunicaciones con los demás es que el significado de tu mensaje dependerá del modo en que habrá de reaccionar esa otra persona frente al mismo. Continúa preguntándote: "¿Cuál es mi objetivo actual contenido en lo que estoy diciendo?" Trata de ser flexible al respecto. Si tu primer intento de aproximación no alcanzara los resultados que buscas, hazlo nuevamente. Por ejemplo, si estuvieras tratando de calmar a alguien, y lo que le estás di-ciendo aumentara su enojo, procura cambiar tu mensaje o hablarle en un tono de voz diferente. Lo expresado resulta obvio, pero es sorprendente comprobar con cuanta frecuencia se infringe esta regla tan simple. La gente tiende a continuar empleando el tono familiar aun cuando no le reporte los resultados deseados. Al comunicarte con otra persona, deberás tener siempre en mente tu objetivo y pregúntate al respecto: "¿Me estoy realmente acercando o alejándome más de mi objetivo?"

5. Apártate de las tentaciones

El Talmud (*Shabbos* 32a) advierte que deberíamos tener cuidado de no estar parados en un sitio en el que pongamos en peligro nuestras vidas. El Jazon Ish comentó que si bien esto resulta cierto con los riesgos físicos, tanto más deberíamos ser cuidadosos de no ubicarnos en una situación en la que estén en peligro nuestras almas (*Emunah Ubitojen* 4:9).

Manténte lo más alejado posible de la potencial tentación de hacer algo incorrecto. No te coloques intencionalmente en una situación peligrosa para combatir frontalmente tu inclinación maligna (Rabí Jayim Shmuelevitz: *Sijos Mussar*, 1971, ensayo 6).

6. Ten la disposición de consultar a otras personas

A) Uno podría esperar que un hombre sabio, a quien la gente acude a pedirle consejos, pudiera confiar en su propia sabiduría y no sentiría la necesidad de consultar a otras personas. Un insensato por otra parte, debería tener conciencia de que comete errores con frecuencia y que por lo tanto tendría que recurrir a otras personas en busca de consejo, antes de decidirse a actuar. En la práctica ocurre eventualmente lo contrario: el sabio a pesar de justificar su confianza en sus propios juicios, escuchará no obstante el consejo de los demás. Tiene conciencia que sus inclinaciones y prejuicios podrían hacerle cometer errores en asuntos de su propia incumbencia. El insensato, que sin embargo debería tomar conciencia de sus frecuentes errores, se considera un sabio y no escucha aquello que los demás tengan que decirle (*Mishle* 12:15; *Rabeinu Yonah*).

B) Ten cuidado con quien consultas. Los consejos de gente inepta pueden conducirte a conclusiones erróneas que te causarán muchos problemas (*Likutai Aitzos: aitzah*, Nº 1).

Lo que tú creas subjetivamente acerca de tus habilidades y de los acontecimientos que ocurran, habrá de ser la forma en que percibas la realidad. Si consultas a alguien que se limite simplemente a puntualizar tus aspectos negativos en lo que respecta a tu situación en contra de tí mismo, es muy probable que te llegues a desalentar.

Alguien que posea el talento de señalar tus factores de energía y todos los aspectos positivos de tu situación de vida, te proveerá del aliento necesario que te incentivará a alcanzar mayores logros.

C) Cuando estés tomando decisiones fundamentales aunque creas que tus planes sean definitivamente correctos, sería atinado que consultaras a otras personas a fin de oír sus opiniones al respecto. Podrían plantear objeciones que hayas pasado por alto (Ralbag: *Hadaios Vehamidos* 40:2).

D) Al consultar a una persona competente para que te brinde su consejo, asegúrate de proporcionarle toda la información relevante a fin de que tenga un completo cuadro de tu situación. Sólo a partir de ese momento podrás recibir el consejo más apropiado (*Idem* 38:12).

E) Escucha un buen consejo aun cuando la persona que te lo proporcione fuera mucho más joven y menos versado que tú (*Idem* 28:1).

F) Si tuvieras un interrogante y no contaras con nadie a quien consultarlo, piensa para tí mismo: Si le pidiera un consejo a alguien sobre ese asunto, ¿qué me respondería? (*Jojmah Umussar*, Vol.1, pág.21).

Con frecuencia sabemos realmente para nuestros adentros que lo que estamos planificando habrá de traernos problemas, sin embargo nuestros sentimientos nos impulsarán a entrar en acción, y trataremos de ignorar todas las posibles consecuencias de carácter negativo que pudieran resultar. Si pensamos por un momento lo que otra persona despojada de nuestro prejuicio habría de decir al respecto, nos ayudaría a adoptar decisiones más sensatas sobre el curso de acción más adecuado. Esta técnica te ayudará a tener acceso al desarrollo de tus habilidades latentes de pensamiento crítico.

Aprende a tener contigo en todo momento a tu consejero personal.

7. *Cuida tu salud*

A) La *Torah* te obliga a ser lo más cuidadoso posible y no hacer todo aquello que pudiera dañar tu salud (*Dvorim* 4:15; *Brojos* 32b).

Esta obligación incluye una cantidad extremadamente grande de detalles, por cuyo motivo exigirá un cabal conocimiento de los hechos. Cuando hagas algo para preservar tu salud, le estarás dando un mayor contenido espiritual a tu conducta, dado que a partir de una simple rutina tendrás conciencia de estar cumpliendo con una *mitzvah*.

Un famoso médico solía relatar que en el transcurso de toda su carrera profesional, había tenido un solo paciente que siguió sus indicaciones totalmente sin desviarse en lo más mínimo de lo que se le había prescripto. Ese paciente era el Rabí Israel Salanter, quien consideraba cada directiva del facultativo, como una obligación que debía cumplirse para preservar la salud.

Alguien que una vez concurrió al estudio del Rabí Salanter, lo encontró siguiendo las instrucciones contenidas en un libro de medicina, en el que se describía la forma de hacer ejercicios físicos relacionados con la salud. Rav Israel tenía el libro abierto ante él, y ejecutaba cada ejercicio de la manera exacta como estaba descripto, cumpliendo las indicaciones que le había dado un médico sobre el particular (*Tnuas Hamussar*, Vol.1, pág.342).

B) El Rambam escribió lo siguiente: "Aquella persona que coma dulces para gratificar sus deseos, a pesar de que esos alimentos sean peligrosos para su salud, se comportará de la misma manera que lo haría un animal, ya que ésta no sería la conducta de una persona inteligente (*Shmoneh Prokim*, Cap.5).

C) Aprende a diferenciar entre los miedos realistas y los irracionales. Trata de manera similar de establecer la diferencia que existe entre el *bitojen* y un proceder desatinado. Todos tenemos la obligación de protegernos contra posibles daños y de la negligencia de comportarnos de una manera insensata exponiéndonos al peligro, lo cual no sería *bitojen* sino imprudencia. Aquel que proceda de esta manera será un transgresor, y estará comportándose en una forma contraria a la voluntad del Creador, que desea que el hombre se proteja a sí mismo del daño. Además del peligro lógico a que se expone a sufrir por su falta de cuidado, será también culpable de cometer una transgresión. El miedo irracional se produce cuando una persona tiene la intención de protegerse contra posibles daños, para los cuales no existe un fundamento racional que los justifique creando un temor inexistente, lo cual provocará una pérdida de tiempo que desviará a la persona de alcanzar objetivos importantes. Por lo tanto, deberás protegerte cuando exista la posibilidad de que ocurra un hecho que involucre un peligro específico, pero no deberás preocuparte demasiado cuando no exista ningún indicio de que algo malo pudiera suceder (*Mesilas Yeshorim*, Cap.9).

D) El Jofetz Jayim solía dar directivas a los estudiantes de su *Yeshiva* para que comieran apropiadamente, para que descansaran lo suficiente y que hicieran caminatas, fundándose en el principio que si una persona está sana estará también en buenas condiciones para estudiar apropiadamente. De vez en cuando el Jofetz Jayim apagaba personalmente las luces de la Yeshiva tarde de noche, para asegurarse que sus alumnos durmieran lo necesario para poder descansar bien (*Tnuas Hamussar*, Vol.3, pág.172).

El Jofetz Jayim decía con frecuencia: "Aunque existe la obligación de incrementar el tiempo dedicado al estudio de la *Torah*, si tal incremento llegara a afectar tu salud, ten cuidado de estudiar tanto como tus fuerzas te lo permitan, ya que terminarías estudiando menos si te enfermaras (*Mijtevai Jofetz Jayim*, pág.96).

E) El Rabí Jayim de Tzantz una vez le preguntó a un visitante que estaba sentado ante la mesa: "¿Por qué no estás comiendo?"

"Yo no vine a ver al Rabí para comer", le respondió el hombre.

"El alma de una persona tampoco vino al mundo con el propósito de comer" le contestó Rav Jayim. "Sin embargo si uno come, su alma no lo abandonará" (*Otzer Pijgamin Vesijos*, pág.8).

F) Cuando necesites ver a un médico por algún problema serio, trata de encontrar el facultativo más competente que puedas hallar (Jazon Ish: *Kovetz Igros*, Vol.1, Nº 140).

Un amigo mío me refirió que cuando su primer hijo tenía unos pocos meses de vida necesitó de una operación quirúrgica. Al narrárselo a nuestro Rosh Hayeshiva, el extinto Rabí Jayim Mordejai Katz, éste convocó a la persona y le dijo: "Eres todavía un joven inexperto", dime ¿Cuál fue tu criterio para elegir el médico adecuado? Fue entonces que el aludido se quedó sin poder responder, dándose cuenta de lo descuidado que había sido al escoger al cirujano. El Rosh Hayeshiva se ocupó personalmente de conseguir la mejor atención médica posible para este caso, luego de consultar con varios expertos en la profesión.

Capítulo Quince
LA BUSQUEDA DEL CONSENSO
DE LOS DEMAS

1. *Las honras y el consenso de los demás no traerán la felicidad*

A) Sin tener en cuenta la magnitud de las honras que recibe de otras personas, el buscador de consenso se sentirá molesto si alguien no le demuestra la aprobación y el reconocimiento que exige.

Nunca existirá la suficiente cantidad de honores que lo satisfagan. Los deseos físicos tienen un punto de saturación en cuanto a su satisfacción, pero como las ansias de obtener honores están basadas en falsedades e ilusiones jamás existirán reconocimientos suficientes que lo gratifiquen plenamente. Cuando al buscador de honores le falte solamente el consenso de una persona, todas las honras que ya haya recibido no tendrá significado alguno ante sus ojos. Uno mismo es el causante de sus propios deseos de obtener el consenso de los demás.

Si tu aspiración es la de que todas las personas te brinden su aprobación bastaría que te falte el de una sola persona para que tus anhelos no se vean realizados (Rabí Jayim Shmuelevitz, *Sijos Mussar*, 1973, ensayo 17).

B) Hay gente que ansía obtener riqueza solamente para aspirar a todos los honores y aprobaciones que espera recibir. Toda persona que adopte esta actitud jamás estará satisfecha sin tener en cuenta, la cantidad de dinero que pueda llegar a poseer. Además, esto demuestra, una falta de valoración de las verdaderas virtudes, que son realmente dignas de sincero aprecio (*Jovos Halvovos* 4:4).

C) Una observación objetiva de los hechos demuestra que

la búsqueda de honores y de liderazgo traerán más problemas y sufrimientos que placeres (*Likutai Aitzos: Kovod*, Nº 35).

D) Mucha gente cree que el ser famosos los hará felices automáticamente. La felicidad depende de lo que suceda en el interior de tu mente, y no de aquello que ocurra "por allí" afuera. En consecuencia si estuvieras dominado por pensamientos negativos habrás de estar apesadumbrado aun cuando todo el mundo ponderara tus grandes virtudes. Por el contrario, si tus pensamientos tuviesen un contenido positivo, te sentirías bien aun cuando nadie te dispensara honores. La felicidad dependerá pues de tus propios pensamientos, y no de lo que otras personas puedan decir de tí, a menos que te mentalizaras de que no puedes ser feliz sin contar con la aprobación y las honras que te brinden los demás. Sin embargo, aun en este caso el principal problema que surgiría no estará causado por la falta de honras dispensadas por otras personas, sino por el hecho de que te repitas lo terrible que te resultaría que otras personas no te proporcionaran el reconocimiento que les exiges arbitrariamente.

2. La búsqueda de la aprobación de los demás, es una de las principales causas de la falta de felicidad

A) La búsqueda y la aprobación de los demás puede arruinar la vida de una persona (*Pirke Avos* 4:28).

B) Una de las causas primordiales de la falta de felicidad en el mundo la constituye la búsqueda del consenso de los demás (oído al Rabí Jayim Zaitchyk).

C) Cuando una persona que le exige a los demás que le rindan honores no logrará recibir la cantidad de los mismos que a su juicio le resultara satisfactoria, estará muy alterado cuando esto ocurra. En casos extremos cierta gente se torna tan desdichada por ese motivo que no logrará alimentarse adecuadamente e inclusive se enfermará tanto que podría quedar postrada en cama (Maguid de Dubno; *Sefer Hamidos: shaar ahavah*, Cap.5).

Algunas personas realmente llegan a dañar su salud cuando piensan que han sido marginadas. Existen algunos que toman muy seriamente asuntos de naturaleza trivial, por cuyo motivo sufren mucho cuando son dominados por esta tendencia. Por ejemplo, hay quienes son insultados por aquellos a quienes consultaron con respecto a ciertos asuntos, por los cuales ya habían sido encarados por otras personas, o si se contactó con alguien antes con respecto al mismo tema (*Maarjai Laiv*, pág.106).

E) La persona que emplea sus energías en ocultar sus yerros y defectos quedará finalmente al descubierto. Por otra parte, el hombre que esté dispuesto a confesar abiertamente sus pecados —cuando ésto resulte apropiado— estará demostrando su sincero arrepentimiento y encontrará fácilmente el perdón que ansía (*Malbin sobre Mishle*, págs.283-284).

El que busca la aprobación de los demás sentirá la necesidad de situarse en un plano más elevado del que realmente le corresponda. Dado que trata de ocultar sus defectos, estará nervioso por temor a que los demás descubran su verdadera personalidad, por lo cual esta situación ha sido comparada a la de un espía que se encuentra en territorio enemigo. Si en cambio fuera honesto con relación a sus errores y defectos, se sentiría más distendido y descubriría que los demás se comportan con él de una manera más positiva. Aun cuando no resulte procedente pasará al otro extremo, informando de sus defectos a todo aquel con el que te encuentres. Si dejaras de comportarte a la defensiva con relación a tus falencias, habrás de vivir una existencia más serena.

En el comienzo de su carrera como Rabino, al Rabí Naftoli de Ropshitz se le pidió cierta vez que hablara en público sin estar preparado para ello. Dirigiéndose a su audiencia dijo lo siguiente: "Al pronunciar una conferencia resulta apropiado manifestar la verdad de los hechos, hablar en forma concisa y el tema deberá estar relacionado con lo que atañe a la *parashá* de la semana y en este caso nada tengo que decir con referencia a la misma: Esto es verdad, es conciso y constituye un comentario a la *parashá* semanal" (*Ohel Naftoli*, pág.29).

F) Toda persona que busque honores constantemente se saldrá fácilmente de sus cabales (*Sefer Hamidos: Kaas*, Nº 28). Si exiges que los demás te rindan honores, continuamente estarás enojándote debido a que esta o aquella persona no te hayan demostrado el reconocimiento que demandes de ellos. Esto provocará que la gente sea aún más irrespetuosa contigo y así en lugar de respetarte recibirás el desprecio de esas personas. ¿Por qué entonces ocasionarte a tí mismo un sufrimiento innecesario?

G) El Rabí Israel Salanter dijo que una persona pobre no morirá por inanición pero sí, a causa de su arrogancia y por la búsqueda de honores de los demás (*Tnuas Hamussar*, Vol.1, pág.302).

Una persona que es pobre podrá tomar prestado o pedirle a los demás y el no poder hacerlo generalmente se origina en el hecho de no querer hacer algo que afecte su dignidad. Esta actitud está basada no obstante en la arrogancia de la persona. Abandonando la búsqueda de honores hará que puedas discernir determinando el criterio que te indique cuando tu conducta en un caso específico es correcta o no.

H) Los buscadores de consenso piensan constantemente "¿Qué dirán ellos si hago o no tal cosa?" Esto conduce a innecesarias ansiedades acerca de lo que otras personas están pensando acerca de tí. Aun cuando recibieras algún consenso, el costo del mismo se traducirá en mucho dolor innecesario.

3. El buscador de consenso jamás recibirá todos los honores y reconocimientos que exige

La vida de una persona que demanda y procura la aprobación de los demás, estará llena de dolor y sufrimiento. Aun cuando reciba un considerable caudal de consenso, habrá de exigir aún más. Podemos afirmar con certeza que nadie le dispensará tantos honores como desearía y esto le causará mucha desdicha provocada por él mismo (*Orjai Maishorim*, Cap.13 biur Nº 6).

Aquella persona que procure honores tendrá la sensación de carácter irracional de que todas las honras del mundo le corresponden, ya que se considera a sí mismo como el centro del universo entero (*Alai Shur*, pág.184).

Todo aquel que busque la aprobación de los demás está

condenado a sentirse frustrado, dado que le resultará imposible obtener el grado de reconocimiento que hubiese deseado (El Rabí Michel Barembaum; *Sijos Mussar*, pág.16).

4. La búsqueda del consenso provoca un comportamiento contraproducente

A) La búsqueda de honores puede inducir aun a la persona más eminente a inferir la más hiriente de las ofensas (*Jojmah Umussar*, Vol.1, pág.60).

B) La imposibilidad de recibir todo el consenso que alguien desea arbitrariamente, puede aniquilarlo e inducirlo a adoptar conductas inmorales y destructivas (Rabí Jayim Smuelevitz: *Sijos Mussar*, 1973, ensayo 19).

C) El Jofetz Jayim escribió que una de las principales razones por las cuales cierta gente vive más allá de sus posibilidades económicas, es la de obtener la aprobación de los demás. Ellos creen que necesitan gastar grandes sumas de dinero en cosas que les harán ganar prestigio, a pesar de que no tienen la capacidad de afrontar dichas erogaciones. Lo expuesto se opone a la forma de vida contemplado por la *Torah* (*Kuntros Nefutzos Israel*, Cap.6).

D) El Rabí Israel Salanter comentó que resulta ridículo el hecho de que algunas personas estén preocupadas acerca de aspectos triviales del "honor". Por ejemplo, hay gente que no visitará a alguien porque creen que esa persona debería haberlo hecho antes que ellos, o se enfurecen cuando visitan a alguien que luego no se lo retribuirá. Concéntrate en ser práctico en la vida, ya que si desearías hablar con alguien, ¿Qué importaría entonces si esa persona no haya ido a verte primero? (*Ohr Israel*, pág.114).

E) El Rabí Yosef Hurvitz de Nevardok solía decir: "Para cumplir siquiera con el primer párrafo del Shuljan Aruj una persona debe poner todo su mejor empeño en ello. Está escrito que no deberías sentirte incómodo por hacer lo que es correcto aun cuando los demás se enojen y te ridiculicen por ello" (*Jayai Mussar*, Vol.2, pág.201).

5. *El buscador de consenso no tendrá motivaciones genuinas*

La búsqueda de consenso destruirá las buenas acciones que una persona pueda llevar a cabo. En lugar de realizar lo que es correcto por el valor de las acciones en sí mismas, el buscador de consenso se concentrará siempre en la forma en que los demás habrán de reaccionar frente a su comportamiento (*Orjos Tzadikim*, Cap.24).

La búsqueda de honores echará a perder el mérito de una buena conducta. Todo el bien que pueda hacer un buscador de honores no responderá al deseo de hacer el bien. Sus pensamientos estarán concentrados exclusivamente en la forma en que podrá recibir honras como consecuencia de su accionar (*Idem*, Cap.5).

El Jofetz Jayim solía relatar el caso de alguien que él conocía, que pidió antes de su muerte que su colección del Talmud fuese donada a la Casa de Estudios.

El era un comerciante y estaba temeroso de que sus transacciones de negocio pudieran haber perjudicado a alguien, sin advertirlo ni recordarlo. Quería por lo tanto, que toda la gente de la ciudad se beneficiara con sus libros, y que esto sirviera como un resarcimiento por cualquier perjuicio financiero que pudiera haberles causado. Cuando se estaba muriendo les solicitó a los miembros de la empresa funeraria que se hicieran cargo del asunto cuando él estaba todavía con vida, para asegurarse que no habría de surgir ningún obstáculo. Al llevarse a cabo lo solicitado estalló en llanto y dijo: "Aún en este momento, justo antes de morirme, siento como mi inclinación perversa está tratando de sacar de mí el mayor provecho, y me impulsa a hacer todo lo necesario con el objeto de tener una buena apariencia ante los ojos de los demás" (*Hajofetz Jayim*, Vol.3, pág.964).

6. *El buscador de consenso no tratará de corregir a los demás*

A) La razón principal porque la gente deja de corregir a

los demás es debido a que ansían su aprobación y temen su rechazo. El Talmud ((*Shabbos* 54b) expresa que cuando se deja de corregir a alguien pudiendo hacerlo, esto resulta similar al hecho de ser cómplice de la mala acción de esa persona.

B) La adulación que se dispensa a los transgresores es el origen de muchos perjuicios, ya que podría inducir a que otros emularan sus malas acciones. Por otra parte, el que realiza malas acciones no verá razón alguna para modificar su proceder, dado que otras personas le dispensan honores y ello implica que le están perdonando su comportamiento. Un requisito previo para no incurrir en la adulación de los transgresores es mantenerse alejados de los buscadores de consenso. Cuanto más grande sea tu ansia de recibir el reconocimiento de los demás, mayores serán las probabilidades de que llegues a adular a un transgresor, aunque estuvieras en profundo desacuerdo con su proceder (Ver *Orjos Tzadikim*, Cap.24).

Aun en el caso de una persona busque el consenso de otras, debería ser selectiva en su ponderación. Si estuvieras por adular a un transgresor a fin de merecer su favor, deberías preguntarte lo siguiente: ¿Necesito la aprobación de esta persona. Vale la pena que le esté perdonando el mal que hace?

7. *El buscador de consenso se transforma en dependiente de los demás en lo que concierne a su propia felicidad*

A) La persona que trata constantemente de obtener la aprobación de los demás, estará adorándolas más que si fuera un idólatra. Un idólatra adora solamente una cosa, pero no existe límite para el número de personas a las que deberá servir el buscador de consenso (*Jovos Halvovos* 5:4).

B) Los Sabios dicen que la vida de una persona se denigra si está dependiendo constantemente de los demás.

El Rabí Israel Salanter comentaba que todo aquel que busca honores es la persona más dependiente que pueda existir. Dependerá constantemente del consenso de los demás y estará siempre preocupado acerca de lo que dirán de él (*Jayai Hamussar*, Vol.1, pág.107).

Si necesitaras que otros te honren estarás en una situación peor que alguien que requiere de la caridad de los demás. Cuando alguien le pide caridad a otras personas éstas podrán compadecerse y sentir piedad por él, pero en cambio si la gente comprueba que alguien desea honores, podrán rehusarse a brindárselos (Iosef Leib Bloj: *Shiurai Daas*, Vol.3, pág.13).

C) El Rabí Iosef Jayim Sonnenfeld con frecuencia citaba esta expresión de su maestro el Rabí Abraham Shag: "No existe tonto mayor que aquel que hace que su felicidad esté basada en recibir honores y consenso de los demás. La felicidad de tales personas estará siempre en las manos de otros, dado que cuando éstas lo deseen se las brindarán o se las quitarán. Dependerá de otra gente durante toda su vida y sufrirá humillaciones con frecuencia. Solamente un idiota podría conciente y voluntariamente colocarse a sí mismo en una situación en la que constantemente habrá de necesitar de los demás y se humillará a causa de un dudoso y cuestionable beneficio" (*haish al hajomah*, Vol.2, pág.17).

D) Aquel que ame el consenso de los demás se convertirá en esclavo de aquellos que lo adulen (*Jojmah Umussar*, Vol.1, pág.219).

Resulta irracional buscar la aprobación de los demás. ¿Por qué motivo debería una persona hacer depender su éxito de la voluntad de otras personas? Si exiges que los demás te rindan honores estarás dándoles un poder sobre tu persona dado que dependerá de ellos que te otorguen o te nieguen su aprobación.

E) El verdadero honor es algo del cual ninguna otra persona podrá despojarte. Por lo tanto nos basamos en lo que expresa el versículo: "Los Hombres Sabios heredan el honor" (*Mishle* 3:35). Esto constituye su herencia. Si una persona experimenta sufrimientos y se lamenta de que otros no lo honren como él desearía que lo hicieran, esto significará que su honor ha caído en manos de extraños. Una persona realmente sensata no se encontrará jamás en tal situación. La corona de un hombre sabio nunca caerá en otras manos. Los hombres sensatos no esperan que los demás le rindan honores, dado que ellos sólo procuran extraer su honor de la sabiduría, en sí misma la cual no los despojará de su honor, sino que por el contrario el mismo habrá de incrementarse día a día. Por consiguiente si alguien desea mantener intacto su honor y que éste siempre lo acompañe, no deberá dárselo a los demás y tomarlo en cambio de la sabiduría que es honor en sí misma (*Jojmah Umussar*, Vol.2, pág.330).

F) Un buscador de consenso se somete innecesariamente a la voluntad de los demás. No se convertirá solamente en un sometido al arbitrio de un determinado individuo, sino a la humanidad entera. Hará todo lo que pueda para obtener favores ante los ojos de cualquiera que tuviera la posibilidad de brindarle honores o de retirárselos, sin considerar si se trata de una persona importante o insignificante. Adorará a cada uno de los seres en el mundo aún a aquellos que traten de adorarlo a él y recibir su consenso (*Toras Abraham*, pág.188).

G) Cuando alguien sienta la necesidad de la aprobación de los demás a éstos les resultará fácil aprovecharse de él, y podrán convencerlo de que haga cosas que no sean las más favorables para él a cambio de un poco de adulación y una demostración superficial de amistad. La víctima de la situación no se da cuenta que está permutando algo caro, valioso y significativo, por un fugaz momento de hipócrita adulación (*Toras Abraham*, pág.418).

Cuanto más conciente seas de las pérdidas que experimentas cuando te dejas impresionar e influenciar por la demostración del consenso de alguien, te resultará más fácil tratar de evitar de ser engañado y manipulado por los demás.

H) El deseo de destacarte de la multitud en la que estás ubicado tiene como origen un sentimiento de envidia. La persona que constantemente requiera la atención de los otros no se ha hallado a sí misma todavía, y por lo tanto carece del conocimiento de la gran riqueza intrínseca que posee en su interior. Se hace dependiente de la voluntad de los demás y exige que lo elogien y lo valoricen, porque erróneamente se considera a sí mismo tan inferior que si los demás no lo ponderan se sentirá muy insignificante (*Alai Shur*, pág.42).

8. *El placer que proporcionan los honores está basado en una ilusión*

A) El Rabí Israel Salanter solía decir: "El honor no es nada en realidad" (*Jayai Hamussar*, Vol.2, pág.180).

Todo aquel que analice objetivamente la dinámica que impulsa el honor, habrá de comprobar rápidamente la verdad de esta expresión. ¿Qué es lo que ocurre realmente cuando alguien te brinda honores? Podrías reaccionar con sentimientos positivos pero nada habrá sucedido que signifique una diferencia de orden práctico con relación a la situación anterior. El ansia de obtener honores es mucho más fuerte que la intensidad del placer de recibirlos. Si sientes una fuerte inclinación por los honores, piensa en el verdadero sentimiento que te animó cuando te los brindaron. ¿Valió realmente la pena todo el esfuerzo realizado?

Dado que el honor es un placer de naturaleza tan ilusoria, una persona dotada de una gran imaginación podría experimentar el placer de recibir honores imaginándose en forma vívida una escena en la cual se le dispensan grandes honores. Si consideras que esto es ridículo, traslada esta convicción a tus exigencias de recibir honores "reales".

B) El Rabí Israel Salanter solía decir que mucha gente da todo lo que tiene por poseer un pequeño silbato que al final ni siquiera se puede soplar (*Tnuas Hamussar*, Vol.1, pág.301).

Una persona que dedica su vida entera a la búsqueda de honores se encontrará en una situación similar a la descripta. Se forjará fantasías acerca de lo grandioso que le resultará contar con la aprobación de la gente y dedicará mucho tiempo y sus energías para obtenerla. No obstante conseguir su objetivo, comprobará que no le brinda el placer que esperaba.

C) Una observación objetiva de los hechos le mostrará lo extremadamente insensato que resulta estar excesivamente preocupado por lo que los demás piensen de tí. Al respecto resulta particularmente irracional hacer algo incorrecto a causa de lo que otro pudiera pensar. ¿Cuál es el motivo por el cual cualquier persona podría comportarse de tal modo que perdería este mundo y el del más allá sólo por buscar el consenso de los demás. Alguien que se halla acostumbrado a buscar el consenso de otra persona no se da cuenta de lo insensato que es, pero un ser pensante tomará conciencia y se asombrará ante esta tontería (*Jojmah Umussar*, Vol.2, pág.179).

D) El Rabí Simja Zissel comparó el honor con un sueño. Toda persona podría tener un sueño placentero, pero al despertar se dará cuenta de inmediato que se trataba de una ilusión. El honor no tiene mayor valor que el de un sueño y tan pronto como una persona tome conciencia de lo carente de valor que el honor realmente resulta, podrá fácilmente vencer su deseo para alcanzarlo (*Jojmah Umussar*, vol.2, pág.161).

Aun cuando llegues a obtener el honor que otros te dispensen, muy frecuentemente se tratará de lisonjas hipócritas provenientes de aquellos que te honraron mientras que en sus corazones te están despreciando. Si por el contrario no pudieras alcanzar el honor que buscas la humillación habrá de ser tu retribución (*Mijtav Maielyahu*, Vol.3, pág.303).

Piensa en las numerosas oportunidades en que hayas aplaudido a la gente o que la hayas honrado. ¿Cuáles fueron tus verdaderos sentimientos en esas ocasiones? ¿Fuiste siempre sincero? ¿Vale la pena para que otra persona conceptúe como su principal objetivo en la vida, recibir honores que provengan de tí? ¿Qué es lo que puedes aprender de lo expresado en lo que concierne a la fijación de tu objetivo para recibir honores de los demás?

F) Existe un gran engaño que resulta de brindar honores. Mucha gente que brinda honores, en realidad aspira a recibirlos. Cuando una persona le tributa honores a alguien famoso, lo que en realidad significa es que los está buscando para sí mismo. Hay momentos en que la gente hace demostración de su reconocimiento, con el objeto de obtener ganancias financieras. En otras circunstancias la otra persona ya le tributó honores anteriormente. En otros casos se lo hace a una determinada persona a fin de que ésta se lo retribuya en un futuro cercano. En todas estas situaciones el reconocimiento brindado carece de sinceridad. Aún más en este sentido las honras tributadas son falsas, cuando provienen de alguien que tiene la tendencia a ser un adulador o que tiene el hábito de honrar a los demás sin ni siquiera pensar en lo que está haciendo (*Toras Abraham*, pág.446).

G) Hay gente cuya conducta total está centrada en la obtención de consenso. El énfasis principal subyacente en la elección de sus ropas o en su amaneramiento, es la de llamar la atención, en consecuencia actúan como si todos tuvieran ojos únicamente para ellos. Si sólo llegaran a darse cuenta de lo poco que en realidad les interesa a los demás lo que ellos hacen o que aspecto tienen, podrían fácilmente vencer su constante preocupación acerca de la impresión que están causando (Rabí Iosef Hurwitz: *Tnuas Hamussar*, Vol.4, pág.254).

H) Hay muchos adultos que jamás pensarían en practicar los juegos que deleitan a los niños pequeños, dado que ellos conocen la irrealidad de los mismos, aunque existe una gran proporción de fantasía en sus propios objetivos del honor.

Aun aquel que no persiga honores, sentirá no obstante placer cuando otras personas lo honren, y sufrirá cuando otro lo subestime con relación a lo que él piensa, pero, ¿qué es lo que realmente ganará si es distinguido en presencia de los demás? El verdadero honor es el que corresponde a aquella persona que realmente posee una virtud. Lo que cuenta es tener la posesión de la virtud en sí misma. Si la tiene, ¿cuál sería la diferencia entonces si tus amigos y conocidos conocen o no su existencia? El placer íntegro derivado de esta situación está basado en la imaginación.

Si los demás te consideran importante, te resultará más fácil que tú mismo te consideres de esa manera que si no contaras con su aprobación, pero en realidad el hecho de que poseas virtudes o no, no depende de la opinión de otras personas (*Mijtav Maieliyahu*, Vol.1, pág.99).

I) Mucha gente experimenta un fuerte deseo de ser famosa, pero todo aquel que observe objetivamente esta cuestión comprobará lo ridícula que en realidad resulta esta aspiración. ¿Cuál es el verdadero placer existente en el hecho de ser una persona bien conocida? ¿Cual sería la diferencia que una gran cantidad de gente en el mundo haya oído mencionar tu nombre? Todo este placer está basado en una ilusión.

Muchas personas que tienen el ansia de ser famosas, no se dan cuenta que donde quieran que vayan la gente las estará observando y les será difícil realizar buenas acciones solamente con el propósito de hacer el bien. Sabiendo que otros te están observando sentirás una fuerte inclinación para tratar de ganar su aprobación (*Gan Hajasidus*, pág.12).

El propósito final de la fama es que la gente de todo el planeta hable de tí.

En las esquinas de las calles, en los restaurantes y en la mesa de la cena tu nombre será mencionado en las conversaciones, sin embargo tú como individuo permanecerás en el anonimato, ya que la gente no conocerá tu verdadera personalidad y tan solo habrán oído tu nombre. Muchas personas famosas han padecido la soledad y una carencia de amigos íntimos. Unos pocos amigos leales son más valiosos para la felicidad que millones de extraños que reconocen tu nombre.

J) Cuando estés realizando una buena acción en presencia de otras personas imagínate que estás parado en medio de un bosque rodeado solamente de árboles y flores. En definitiva no existe diferencia alguna entre estas dos situaciones, así como los árboles no tienen conocimiento de lo que estas haciendo tampoco habrá en definitiva una diferencia entre los mismos y lo que pensaron aquellas personas acerca de tí durante los pocos segundos que te vieron (*Yesod Veshoresh Hoavodah* 1:10).

La misma técnica puede ayudar a una persona a vencer su temor al rechazo. Cuando se encuentre entre gente que él teme que pudieran desaprobarlo que es lo que ocurre con alguien muy tímido cada vez que camina por la calle, podrá imaginarse que está caminando por un bosque. Una vez que una persona pueda llevar a cabo lo expresado, podrá volver a la realidad y comprobar que no hay necesidad de ser extremadamente autocrítico en presencia de otras personas. Una experiencia exitosa en este sentido demostrará que una persona tiene la capacidad de permanecer calma en presencia de los demás y que puede superarse.

K) Piensa lo minúsculo que resulta nuestro planeta observado desde el espacio exterior. Resulta tan pequeño e insignificante que cualquier persona que exija que le rindan honores los demás estará poniéndose en ridículo por su actitud. Observado desde la perspectiva de la pequeñez de nuestro planeta con relación al universo entero, es ridícula la búsqueda de honores por parte de una persona (*Gesher Hajayim*, Vol.3, pág.39).

9. Ten en cuenta el carácter temporario de los honores y del consenso

A) La tierra en la que vivimos es tan pequeña, que aun si alguien es honrado por todos en nuestro planeta, este hecho no dejará de ser insignificante. Por otra parte debemos considerar también que el tiempo de vida de una persona es tan breve, que aunque recibiera honores y consenso durante toda su existencia, esta sería en definitiva el máximo éxito a que puede aspirar un buscador de consenso, pero la realidad es que aunque trataras de obtener la aprobación de los demás, empleando toda tu vida para ello, sólo lo sabrían y te dispensarían su aprobación un pequeño número de personas. El consenso que logres obtener sólo durará un tiempo muy breve y pronto será olvidado como si nunca hubiera existido (*Jovos Halvovos* 5:5).

B) Piensa acerca de toda la gente que ha vivido sobre esta tierra desde el comienzo de la creación y que ya han dejado de existir. Numerosas personas emplearon mucho tiempo tratando de obtener el consenso de los demás. ¿Qué pasó con toda la aprobación que obtuvieron? Ya que la vida sobre este planeta es extremadamente breve, ¿por qué entonces emplear tu tiempo tratando de ganar consenso, cuando éste es tan efímero? (*Erej Apayim*, pág.94).

C) Cuando una persona se siente triste debido a que alguien no le demostró el debido respeto o no le dio su aprobación, podría decirse a sí mismo "¿qué ganaré realmente si esta persona me brinda efectivamente su respeto o me expresa su consenso? ¿Qué pierdo realmente si me insulta?" La respuesta es: ¡nada! Tanto el honor como la humillación son estados de carácter muy temporario, y rara vez llegan a producir alteraciones de orden práctico en nuestras vidas. Por lo tanto ¿por qué alterarse si alguien ha dejado de tributarte honores?" Si una persona llegara a internalizar la veracidad de este concepto, jamás se sentiría apesadumbrado por carecer de honores o de consenso (*Maaneh Raj*, Cap.5).

No te limites a leer simplemente lo expresado, pondéralo y medita sobre ello. La simple lectura rápida no hará que cambies tu actitud con respecto a los honores y al reconocimiento. Sin embargo si emplearas de quince a treinta minutos para pensar en la falta de valor que realmente tienen los honores, y como la falta de consenso no debe ser necesariamente la causante de un dolor si esa fuera tu decisión, estarás comenzando a asimilar este concepto.

10. Ten en cuenta el rol que desempeña en tu vida la búsqueda de consenso

A) ¿De qué manera puedes aclarar si efectúas buenas acciones porque son correctas o lo haces para obtener honores y consenso? Pregúntate a tí mismo "¿Haría yo esto si estuviera completamente solo, y que nadie pudiera jamás descubrir mi buena acción?" (*Orjos Tzadikim*, Cap.1).

Análogamente si te sintieras mal por haber cometido un error ¿qué es exactamente lo que te estaría molestando? ¿Es el error en sí mismo, o el hecho de que la gente esté al tanto de él? Pregúntate lo siguiente: "¿Cómo me sentiría si ninguna otra persona estuviera enterada de lo que hice?"

B) La búsqueda de honores impulsa a la gente a esforzarse mucho más que por cualquier otro deseo en el mundo. Si una persona renunciase a sus exigencias para obtener prestigio, estaría contenta en tanto pudiera satisfacer sus necesidades mínimas de alimentación, vestimenta y vivienda. Gran parte de las necesidades de dinero de una persona provienen de sus exigencias para obtener prestigio. Dado que necesita de la admiración de los demás sentirá la necesidad de adquirir ropas costosas y una vivienda lujosa. Toda persona que abandone sus exigencias para obtener consenso tendrá la capacidad de tener una clara visión para sí mismo acerca de cuales son realmente sus propias necesidades y así evitarse muchos innecesarios trabajos y sufrimientos (*Mesilas Yeshorim*, Cap.11).

El Rabí Yaakov que más tarde se convirtió en el Rabino de Radzumin, vestía ropas tan baratas que aun el más pobre se avergonzaría de usarlas. Sin embargo, él era una persona muy feliz y parecía olvidarse de su pobreza. Alguien le preguntó: "¿No te sientes molesto de usar esa vestimenta?"

Su respuesta fue la siguiente: "¿Por qué debería estar molesto? No se la he robado a nadie" (*Yalduseinu*, Vol.6, pág.32).

C) Constituye un principio fundamental el que ninguna persona puede liberarse completamente de tomar en consideración a la gente que lo rodea. Al hacer algo en presencia de otros resulta imposible no pensar en la forma como esa gente habrá de conceptuar lo que estás haciendo. Cuando estés tratando de obtener conocimiento y tengas algunas personas a tu alrededor no podrás concentrarte totalmente si te cuestionas lo que los demás están pensando. Por otra parte es probable que trates de impresionar a los demás con tus conocimientos, y esto te impedirá introducirte de una manera suficientemente profunda en el asunto que estés tratando. Toda buena acción que realices será mucho más pura si los demás no saben de tí (Rabí Iosef Leib Bloj: *Shiurai Daas*, Vol.3, pág.125-126).

El Rabí Eliyau Meyer Bloj relató que cuando tenía quince años de edad falleció su abuelo el Rabí Eliezer Gordon, y que él lloró muchísimo por este pesar. Su padre el Rabí Iosef Leib Bloj le señaló que junto con sus sinceros sentimientos de pena, tenía también sentimientos de placer, porque otras personas se dieron cuenta de sus intensas emociones. Rav Eliyau Meyer le admitió a su padre que estaba en lo cierto (*Tnuas Hamussar*, Vol.5, pág.62).

D) La única forma de realizar buenas acciones sin estar motivado por la necesidad de obtener el consenso de los demás, es el de alcanzar un nivel en el cual consideres de igual manera tanto los elogios como los insultos. Si una persona experimenta un gran placer cuando los demás lo alaban y temen su rechazo, cuando esté llevando a cabo obras de bien, sus pensamientos estarán concentrados en saber si los demás habrán de aprobarlo (*Yesod Vesoresh Hoavodah* 1:10).

E) Un hombre puede ser bueno, honesto, compasivo, aún humilde, y todas sus virtudes inspiradas por un deseo de reconocimiento y elogio (*Malbim sobre Mishle*, pág.168).

F) El Rabi Israel Salanter solía decir: "Algunas personas piensan equivocadamente que están preocupadas de cometer sacrilegios contra el nombre del Todopoderoso, cuando en realidad están afectados por atentar contra su propio honor" (*Jojmah Umussar*, Vol.1, pág.422).

Cuanto más eminente sea una persona, le resultará más fácil pensar erróneamente de que su ansia de honores no provienen de sus deseos personales, sino que se originó íntegramente en intenciones puras. Un erudito de la *Torah* podrá fácilmente convencerse a sí mismo de que está irritado por una falta de honores hacia su persona debido a la *mitzvah* de honrar a los estudiosos de la *Torah* y no porque el mismo necesite de esos honores (*Alai Shur*, pág.227).

Cuando estés irritado porque alguien no te haya dispensado honores pregúntate a tí mismo " ¿Me sentiría tan enojado, si otra persona de mi nivel no recibiera honores?"

G) Un buscador de honores no es un buscador de la verdad. Para obtener la aprobación de todos, una persona deberá ir cambiando sus opiniones firmes para concordar con aquella persona con la que está hablando. Al final mediante este proceder logrará provocar la falta de respeto de los demás, ya que aquellos que lo están manipulando se darán cuenta que concuerda con ellos sólo para obtener su aprobación y por este motivo lo tratarán con desdén. Solamente si una persona habla y actúa de acuerdo a sus ideales, independientemente de lo que otros piensan de él, habrá de ganarse el respeto de los demás (Rabí Iosef Y. Hurvitz: *Madraigas Haadam: tiqum Hamidos*).

Cuando te enfrentes con alguien cuya opinión difiere de la tuya y estés tentado de cambiar de parecer, pregúntate a tí mismo: "¿Estoy concordando con él por sus conocimientos y evidencias, o porque deseo tener su aprobación?"

H) "El sentido personal de la belleza de cada uno es bastante estable. Si alguien cambiara constantemente todo lo que posee como ser la vestimenta, los muebles y las joyas, esto denotará una señal de que tiene un fuerte deseo de obtener la aprobación de los demás" (*Torah Abraham*, pág.375).

I) Un hombre sabio dijo lo siguiente: "La mayoría de la gente no se siente mal porque les falte sabiduría, sino porque la gente dice que le falta sabiduría" (*Jayai Hamussar*, Vol.1, pág. 72).

Un buscador de honores no estudia para adquirir conocimiento que lo hagan más sabio, sino que en cambio su objetivo es presumir lo sabio que es. Este es el atributo que distingue a un tonto (*Mishle* 18:2). El objetivo de un hombre verdaderamente sabio es adquirir más conocimiento sin tener en cuenta si ganará o no honores con ello (*Kol Tzofaij*, Vol.1, págs.345-346).

J) Una persona que desea presumir de sus conocimientos se sentirá molesto si los demás dejan de reconocer lo que él sabe, en cambio si una persona tiene humildad no exigirá reconocimiento por su saber, y no le incomodará que los otros desconozcan lo que él sabe (a menos que existiera una diferencia de orden práctico a este respecto) pregúntate lo siguiente "¿En qué me afecta realmente que esta persona tenga conocimiento o no de lo que yo sé?" (*Kojvai Ohr*, pág.11).

K) ¿Cuánto dinero gastas con el objeto de obtener la aprobación de los demás? (piensa todo lo que compras por "estatus" o para impresionar a los demás).

¿Cuánto tiempo y esfuerzo has empleado tú (o tu esposa, o tus padres) para ganar esa cantidad de dinero? ¿Valió la pena? (*Toras Abraham*, pág.418).

L) Los Sabios dicen que cuando una persona hace algo incorrecto, habrá de decirse a sí mismo: "Espero que nadie me vea". Algo similar pero en sentido opuesto ocurre cuando una persona hace el bien. En este caso se dirá a sí mismo: "Espero que alguien note lo que estoy haciendo". Este tipo de pensamientos está permanentemente con una persona y deberíamos tratar de ser conciente de los mismos (*Toras Abraham*, pág. 395).

M) Un buscador de consenso estará dispuesto a mentir con tal de obtener la aprobación que necesita. Tratará de enaltecerse dando la impresión de haber obtenido mayores logros que los que en realidad concretó (*Tal Oros, shaar* 5).

Presta atención cuando de manera deshonesta asientas

con una inclinación de la cabeza para indicar de que has tomado conocimiento o que has leído algo, cuando en realidad no has hecho ninguna de las dos cosas. Esta forma de engaño no es necesaria para quien haya logrado vencer sus exigencias de consenso.

N) Un buscador de honores puede caer en el absurdo de exigirle a la gente que lo honren debido al enorme esfuerzo que está realizando al trabajar tan duramente sobre la humildad (Rabí Abraham Yoffen citado en *Hegyonai Mussar*, Vol.3, pág.4-5).

O) Un buscador de honores siempre concentra su atención sobre sí mismo. Aun cuando asistiera a una boda o a un funeral en lugar de pensar en los novios o en el fallecido, sus únicos pensamientos estarán dirigidos a determinar si él personalmente está recibiendo suficientes honores (*Hegyonai Mussar*, Vol.3, pág.21).

P) Un erudito que poseía el conocimiento de su propia personalidad solía decir lo siguiente: "Cuando entro a un salón y la gente se pone de pie, me siento herido, pero me molesta aún mucho más si no lo hacen".

Algunas personas podrían pensar que no son buscadores de honores debido que se sienten azorados cuando alguien trata de honrarlos. Un criterio más exacto para determinar si lo son, está basado en la forma en que sienten cuando los demás no le dispensan honores ni respeto. Aquel que haya vencido sus ansias de exigir honores, no se sentirá herido cuando esas personas no lo honren.

Q) Muchos padres se alteran por las decisiones que toman sus hijos no porque las mismas sean perjudiciales para ellos, sino por temor a las reacciones negativas que pudieran tener sus conocidos. Por lo tanto, se causan a sí mismos innecesarios sufrimientos en lo que respecta a la elección que sus hijos hagan de un esposo o de una esposa. (El o ella podrían no ser tan sofisticados como ellos desearían, o no provenir de una familia suficientemente encumbrada), o en la elección de una ocupación (él quiere entrar al campo de la educación y ellos opinan que no es un trabajo con elevado estatus tal como ellos lo desearían). Resulta de orden injusto que los padres utilicen a sus hijos como un medio para obtener honores para sí mismos. Deberás diferenciar debidamente entre una elección que tu hijo haga que resulte verdaderamente perjudicial para su propio bienestar espiritual y físico y aquellas decisiones que no sean negativas en sí mismas, pero que te desagradan porque afectan a tu propia vanidad. Algunos padres presionan a sus hijos para que sean los mejores de la clase, en lugar de tratar de influenciarlos a que satisfagan su propia capacidad potencial sin importar si son los mejores o no. Los padres que logren vencer la necesidad de buscar honores a través de sus hijos, habrán de evitarse a sí mismos y a sus hijos muchas innecesarias desdichas.

R) La timidez, que podría parecer lo opuesto a la búsqueda de consenso, está realmente basada en la necesidad de la aprobación de los demás. Una persona tímida teme que otros lo rechacen o lo miren con desprecio si habla en voz alta. Si estás hablando para ganar conocimiento o para corregir a alguien que está haciendo algo mal, no tienes necesidad de sentir timidez. Si logras vencer tu necesidad de obtener la aprobación de los demás podrás vencer igualmente la timidez. Pregúntate a tí mismo: "¿Tengo el derecho de levantar la voz ahora?" "Qué es exactamente lo que me causa temor y por qué no debo considerarlo como algo tan terrible?"

11. No demandando honores una persona tendrá mayor provecho que si lo hiciera

A) La gente desea honrar al hombre humilde y disimular sus propios defectos (*Orjos Tzadikim*, Cap.2).

B) Si buscas la aprobación de los demás, deberás preguntarte en primer lugar para qué la quieres. La respuesta es que en definitiva la necesitas para ser feliz, y crees que el consenso genera placer y te proporcionará la felicidad. Tomando conciencia de los muchos e innecesarios sufrimientos que te causa tu búsqueda de consenso te motivarás para esforzarte en dominar una conducta que te permitirá sentirte feliz aun cuando la gente no te demuestre su reconocimiento ni su consenso.

Resulta irónico que algo que deseas para tu felicidad te cause tantas desdichas. Abandonando tus exigencias para la obtención de consenso te asegurarás una felicidad más grande en tu vida.

C) Los Sabios dicen que cuando alguien persigue honores, el honor huirá de él y cuando alguien huya del honor el honor lo perseguirá. Los demás notan cuando alguien está exigiendo honores y esto les da motivo a que investiguen si realmente deben honrar o no a esa persona. Cuanto mayor sea la demanda de honores mayor será la inclinación de esas personas a rehusarse de brindárselos. Vemos en este caso un modelo similar al que presenta una persona que le pide dinero a otra. Cuando alguien al que se le pide que le dé dinero a otra persona piensa que no está obligado a hacerlo, aun cuando podría haberlo hecho por su propia voluntad sin pedírsele, habrá de rehusarse ahora a que otra persona se lo requiera. Una persona podría voluntariamente desprenderse de algo que es suyo, pero no querrá hacerlo cuando el solicitante aduce erróneamente que él tenía la obligación de hacerlo. Ocurre algo similar con el honor, ya que si esta persona no lo exigiera los demas posiblemente lo honrarían, pero no desean de ningún modo someterse a su voluntad y honrarlo solamente porque se los exija. Además cuando alguien demande honores, generalmente la magnitud de éstos excederá los que esas personas piensan que él se merece. En este caso esa persona se estará dañando a sí misma y ocasionándose una humillación en lugar de obtener honores. Cuando alguien rehuya la búsqueda de honores, no podrá sin embargo suscitar sentimientos contrarios a otorgarle honores a esas personas. El es una persona honorable en su propio derecho y entonces ¿por qué no deberían honrarlo? Además cuando alguien demanda honores y los persigue para obtenerlos, es muy probable que apele a toda clase de métodos prohibidos que no habrán de honrarlo de ninguna manera. Probablemente se enojará con otras personas, siendo el causante de su propia humillación (Rabí Iosef Leib Bloj: *Shiurai Daas*, Vol.3, págs.13-14).

D) Hay gente a la que realmente les agradaría perseguir honores, pero tienen la certeza que si exigen honores en forma explícita de otras personas no habrán de recibirlos. Por consiguiente ellos tratan de aparentar como si estuvieran huyendo de los honores. Su objetivo es usar este método como un medio para recibir honores y en este caso habrán errado definitivamente el objetivo propuesto. Mientras que otras personas podrán tener la sensación de que están realmente persiguiendo honores, estos se alejarán de ellos (*Idem*, pág.14).

Un hombre se quejó al Rabí Simja Bunim de Parshisjo, diciéndole: "El Talmud (*Eruvin* 13a) expresa que cuando una persona huya del honor, el honor correrá tras de él. Yo he huido del honor pero el honor no me persigue".

"La razón", explicó el Rabí "Es que continuas mirando hacia atrás y por lo tanto el honor se esconde de tí" (*Simjas Israel*, pág.57).

E) Un buscador de honores no está realmente interesado en su propia superación. A él sólo le interesa obtener la aprobación de los demás. Por lo tanto no tomará en cuenta ningún defecto que tenga, si sabe que los demás no se darán cuenta de él. Por otra parte aquel que pueda dejar de lado su honor tendrá la capacidad de concentrarse en la verdad. Su único pensamiento es el de hacer lo correcto y estará dispuesto a sacrificar su honor por sus principios. Esa persona eventualmente recibirá honores porque estará constantemente trabajando para superarse (*Madriagas Haadam Tikum Hamidos*).

F) Si una persona se enfurece por no haber recibido suficientes honores y maldice y culpa a aquellos que él cree que lo han desairado, eso de por si constituye una razón valedera para que no se merezca el honor que está exigiendo (*El Steipler: Birjas Peretz: Koraj*).

G) Algunas personas se lamentan de que no son apreciadas y se sienten heridas por no recibir la gratitud por lo que hacen por los demás. Esta es realmente una forma encubierta de búsqueda de consenso. Aunque es normal que la gente necesite sentirse apreciada por los demás, la exigencia de ese aprecio es la que ocasionará innecesaria desdicha, ya que te infringes sufrimientos a tí mismo cuando estás demandando algo que no recibes. Cualquiera puede hacer el bien a cambio de honores. Constituye un rasgo que distingue una persona altruista, hacer el bien cuando sabe que no recibirá a cambio ningún elogio por ello. En lugar de decirte a tí mismo "¡qué terrible es el hecho de que mi trabajo no sea apreciado!" deberás decirte: "Puedo experimentar placer teniendo la convicción de que ayudaré a alguien, aunque no me exprese su aprecio por ello".

H) El Rabí Zundel de Salant decía: "a una persona que trabaja en tareas comunitarias debería bastarle, que cada *Sabbat*, se diga una bendición especial (*Mi shebairaj*) para aquellos que se ocupan de ayudar a los demás, y no necesitarán exigir ningún otro honor" (*Jayai Hamussar*, Vol.2, pág.87).

12. *El objetivo por el cual se debe luchar*

A) El objetivo por el cual se debe luchar es el de equiparar ante tus ojos el hecho de que otras personas puedan llegar a elogiarte o a insultarte (*Jovos Halvovos* 5:5).

Este es un ideal tan sublime que la mayoría de la gente lo considerará imposible. Sin embargo cuanto mayor sea el conocimiento de que no existen diferencia alguna entre las alabanzas y los insultos y que la persona tiene valores intrínsecos independientemente de lo que otros pudieran decir, menor será el grado de lo que lo afecten elogios e insultos.

El Rabí Iacob Itzjok, el *Jozeh* de Lublin, cierta vez elogió a alguien en presencia de otros y el rostro de esa persona se enrojeció. El Rabí le dijo entonces: "No has alcanzado todavía el nivel adecuado ya que debes trabajar para lograr que reacciones de idéntica manera ante las alabanzas y los insultos. Trata de elevarte más allá de prestarle atención a alguien que te elogie o te insulte, ya que todavía estás demasiado afectado ante la expectativa de ser ponderado por los demás" (*Eser Oros*, pág.94).

B) Algunas personas tratan de alejarse de los honores y podían aún huir de recibir cualquier forma de ellos. Un nivel aún más elevado es aquel en el que no se presta ninguna atención al honor en absoluto. Tomando conciencia de que ninguna de las formas del consenso de los demás no tiene valor real alguno, a la persona que tenga estas convicciones no habrá de importarle si la gente lo honrará o si tratará de humillarlo. Sentirá placer aun cuando sea insultado, debido a que se estará probando a sí mismo que está liberado de estar condicionado por la necesidad del consenso social y por lo tanto los que la gente diga de él no habrá de afectarlo de manera alguna. Cuando emprenda un curso de acción no se preocupará de lo que los otros puedan pensar de él, ya que le resultará irrelevante si aprueban o desaprueban su accionar. La única pregunta que se plantea es que si el curso de acción que ha emprendido es el adecuado o no. Cuando alguien llega a este nivel no existe literalmente nada que lo pueda detener por temor al rechazo o a la humillación. Otros podrían pensar que se morirían antes que sufrir una turbación e incomodidad por hacer algo que a él le resultaría bastante fácil... En este caso no podría estar menos afectado acerca de lo que alguien diría o pensaría acerca de su proceder. Aunque pueda considerarse extremadamente difícil de llegar a dominar este nivel, es sin embargo posible alcanzarlo (*Tnuas Hamussar*, Vol.4, pág.318).

C) Tendríamos que esforzarnos por alcanzar un nivel tal en el que no deberíamos sentirnos orgullosos, aunque centenares de miles de personas nos aplaudieran. Cuando otros nos estén rindiendo honores, tenemos la capacidad de considerar la situación como si fueran otras las personas a quienes se están honrando (Rabí Jayim Shmuelevitz: *Sijos Mussar*, 1973, ensayo 19).

D) Desarrolla el hábito de tratar de evitar los honores y el consenso. Si buscas activamente honores, sentirás que estás generando un ansia natural hacia ellos, y sólo con gran dificultad podrás liberarte de tu adicción (*Tomar Duorah*, Cap.2).

En una convención de estudios de la *Torah* reunidos en la ciudad de St. Petersburg había un gran número de muy eminentes eruditos sobre este tema. El Rabí Iosef Dov Soloveitchik, Rabino de Brisk, y autor de Bais Halevi, planteó una difícil pregunta Talmúdica en nombre de su hijo Rav Jayim. Los eruditos presentes debatieron extensamente el interrogante. Finalmente el Rabí Soloveitchik dio su propia respuesta a la pregunta como así también la de su hijo Rav Jayim que suscitó elogios por parte de los que estaban reunidos, debido a la brillantez de esa respuesta. El Rabí Itzjok Blauser, también estaba presente, pero permaneció completamente silencioso durante todo el tiempo. El autor de Bais Halevi, se sorprendió por el silencio del Rabí Blauser ya que siendo un gran estudioso de acuerdo a lo que se decía, ¿por qué entonces no habría agregado ningún comentario suyo durante la discusión del tema?

Cuando llegó a su casa Rav Iosef Dov solicitó que alguien le trajera un ejemplar del libro intitulado: "Pri Itzjak" del que era autor el Rabí Blauser. Para gran sorpresa del Rabí Soloveitchik descubrió que en su libro el Rabí Blauser planteaba la pregunta de la que se habló en la convención y daba las mismas dos respuestas. Rav Iosef Dov estaba atónito ante la humildad del Rabí Blauser, quien no dio ningún indicio en toda la reunión de que él también había pensado en las mismas respuestas (*Kojvai Orh*, pág.11).

E) A los ojos de una persona sensata el honor ilusorio es de muy escaso valor. La sabiduría capacita a la persona a vivir una vida plena de luz y de elevación espiritual dándole la posibilidad de desdeñar todas las mezquindades (*Jazon Ish: Emunah Ubitojen* 4:15).

F) Oriéntate hacia la verdad y no utilices el consenso como criterio para determinar lo que habrás de hacer o no. Por ejemplo debes estar dispuesto a solicitarles a otros aquella información de la que carezcas, y no sentirte afectado si ellos tendrán de tí un menor concepto a raíz de ello (Rabí Yejezkel Levenstein: *Kovetz Inyanim, Sivan* 5728, pág.22).

G) El Rabí Menajem Mendel de Riminove dijo: "Si alguien desea dispensarte un honor diciéndote que entres a su casa, antes que él y tu sabes que insistirá sobre el particular, debes aceptar de inmediato ese honor sin hacerle repetir tu pedido. No permitas que tus pensamientos se detengan para concentrarse en el honor que estás recibiendo, porque esto puede conducir a la vanidad. Acepta el honor inmediatamente y olvídate del asunto tan pronto como te sea posible" (*Aim L'Binah*, pág.47).

H) Constituye la naturaleza del hombre sensato apreciar todas las preguntas que se le puedan hacer sobre su punto de vista, más que el acuerdo con sus opiniones (*Kovetz Igros Jazon Ish*, Vol.1, pág.152).

Una persona que requiere de la aprobación de los demás estará molesta e irritada si alguien cuestiona sus actitudes y opiniones, pero una persona sensata buscará la verdad y por lo tanto sentirá placer si alguien le formulara objeciones, dado que esto le ayudará a corregir sus errores.

I) El Jofetz Jayim escribió que si no eres capaz de realizar actos de bondad para otras personas por razones de altruismo y tu principal motivación que es de obtener el consenso de los demás, deberías no obstante continuar ayudando a tantas personas como te fuera posible hacerlo. Tal como lo expresan los Sabios: "Una persona debe dedicarse a estudiar la *Torah* y a realizar buenas acciones, aun si persiguiera otros fines ulteriores. A pesar de que pudieras comenzar impulsado por otros motivos, eventualmente te irás superando animado de intenciones más elevadas" (*Ahavas Jesed*, Parte 2, Cap.23).

J) Cierta gente podría reaccionar situándose en el extremo opuesto, se abstendrán de realizar buenas acciones y de adquirir sabiduría cuando otros estén presentes, debido a que desean asegurarse de que no tratarán de obtener la aprobación de los demás. Esta actitud constituye un error, por lo que debes tratar constantemente de hacer lo correcto sin tener en cuenta la reacción de los demás. Dado que tu intención no es la de cosechar elogios si te alaban por tu proceder, esto no habrá de restarle mérito a tus buenas acciones (*Jovos Halvovos* 5:5).

13. Como vencer el deseo de buscar honores

A) Antes de realizar una buena acción dedícale algún pensamiento a lo ilusorio y lo falso que resulta en realidad el consenso de los demás. Cuando hayas asimilado debidamente esta convicción te sentirás libre de pensar en obtener elogios y aprobación de los demás por el bien que hagas (*Mesilas Yeshorim*, Cap.17).

El Rabí Shmuel Shmelke Horovitz fue designado como el Rabino de Nikolsburg. Cuando llegó a la ciudad había una gran recepción preparada para él. Antes de reunirse con los miembros de su nueva congregación se excusó ante ellos y entró en una habitación lateral para estar solo durante unos instantes. Unos pocos miembros de la congregación estaban curiosos por saber que es lo que estaría haciendo este hombre virtuoso en ese momento, por cuyo motivo miraron a través del ojo de la cerradura y ante su sorpresa observaron que estaba imitando las formas en que las otras personas habrían de saludarlo.

"Saludamos a usted, nuestro estimado Rabí" "Saludamos al nuevo Rabí de Nikolsburg" "¿Cómo está usted nuestro líder?" continuaba diciéndose a sí mismo con gran entusiasmo y respeto.

Después de un tiempo bastante prolongado, Rav Shmelke salió de su habitación y todos los notables y otros miembros de la congregación vinieron a saludarlo. Uno de los que lo habían observado furtivamente le preguntó: "Debo disculparme por ser entrometido, pero: ¿podría usted por favor satisfacer mi curiosidad y explicarme porqué motivo simuló usted antes, todos esos saludos a usted mismo?"

"La razón por la cual todos están viniendo a saludarme ahora es para demostrarme que me están brindando honores" respondió Rav Shmelke. "Yo estaba temeroso de envanecerme por ese motivo. Por lo tanto necesitaba insensibilizarme frente a las palabras de elogio, de manera que no me afectaran. A tal efecto me repetía constantemente palabras de alabanza y de reconocimiento hasta acostumbrarme tanto a ellas, que ya no me causarán más ninguna impresión" (*Shemen Hatov*, pág.69).

B) Algunas personas piensan erróneamente que tienen una necesidad natural de contar con la aprobación de los demás y que no hay nada que puedan hacer para vencer esa inclinación. La verdad es que la necesidad de contar con la aprobación de los demás en los adultos, está basada en las exigencias que cada persona se formula al respecto. Si una persona decidiera que solamente necesita de su propia aprobación y no la de los demás, podría concentrarse en la siguiente pregunta: "¿Qué es lo correcto que debería hacer en este momento?" en lugar de preguntarse: "¿Cómo me mirará la gente?" Este cambio de enfoque en cuanto al consenso podrá resultar difícil, pero una vez que la persona lo acepte como posible, esto determinará su capacidad para cambiar su actitud.

C) Cuanto más te preocupes acerca de obtener consenso mayor será la necesidad que llegará a formar parte de tu personalidad. Cuanto menos te preocupes en obtener la aprobación de los demás, menor habrá de ser la necesidad que sientas de la misma. Por lo tanto, si una persona dedica sus pensamientos a obtener sabiduría, aliviará de este modo su necesidad de consenso (*Toras Abraham*, pág.431).

D) Deja de hacer cosas a causa del honor y así no estarás molesto si los demás no te honran (*Hegyonoi Mussar*, Vol.3, pág.23).

Cuando el autor de la Haflaah, el Rabí Pinjos Hurwitz entró en la ciudad de Frankfurt para convertirse en un líder rabínico le fue dada la bienvenida por una enorme multitud. Más tarde alguien cercano a él le preguntó: "¿Qué pensamientos pasaron por su mente cuando recibió tanto honor?"

"Me imaginé" le dijo el Rabí Hurwitz "Que estaba en mi propia procesión fúnebre y que la gente me estaba escoltando al cementerio. Este pensamiento me evitó sentirme arrogante" (*Shemen Hatov*, pág.86).

E) Corrige a las otras personas si te honran por algo de lo que en realidad careces. Como el Talmud (*Yerushalmi Makos* 2:6) lo expresa de esta manera: "Si una persona llega a una ciudad y la gente lo honra porque preveía que era un experto en dos clases de tratados, pero él es experto en uno solo, tendrá en este caso la obligación de informarles sobre sus verdaderos conocimientos".

F) Prueba de actuar durante un corto tiempo de una manera diametralmente opuesta a la de la búsqueda de honores, hasta que puedas vencer tu tendencia a procurar el reconocimiento de los demás (*Orjos Tzadikim*, Cap.1).

Para vencer la necesidad de obtener consenso y honores, el Rabí Simja Zissel iba de vez en cuando a una ciudad en la que no se lo pudiera reconocer, y allí se vestía como un pobre mendigo o actuaba como si fuera sordo, o como si tuviera una discapacidad física (*Tnuas Hamussar*, Vol.2, pág.44).

G) Trata de efectuar un acto de bondad por lo menos para una persona cada día durante todo un mes, sin que esas personas o nadie más sepan acerca de ello. Si encuentras lo propuesto como de difícil realización quedará demostrado lo fuerte que es tu necesidad de consenso. Cuando adquieras el hábito de realizar buenas acciones sin recibir reconocimiento por ello, éste lentamente llegará a formar parte de tu personalidad.

H) Repítete lenta y calmadamente una y otra vez y aun ciento de veces lo siguiente: "No necesito realmente la aprobación de los demás", o "lo que otros piensen de mí, no es importante" analiza estos pensamientos, hasta que comiences a asimilarlos. La repetición de los mismos te ayudará a integrarlos a tu personalidad. Un buscador de consenso se ha repetido muchas miles de veces que necesita de la aprobación de los demás, y para contrarrestarlo harían falta muchas repeticiones en sentido contrario.

14. Como vencer tu temor al rechazo de los demás

A) Dado que la gente es tan diferente entre sí, es imposible para cualquiera ganar la aprobación de todos (*Jovos Halvovos* 5:5).

Por esta razón todo aquel que tema el rechazo está expuesto a sufrir con frecuencia. Venciendo el temor de una persona por la desaprobación de los demás, habrán de evitársele muchos dolores y desdichas innecesarias.

B) El Rabí Naftoli de Ropshitz comentaba lo siguiente: "Siempre habrá gente que criticará la conducta de los demás, sin tener en cuenta, lo que puedan ser o lo que hagan" (Ver *Eser Tzijtzajus*, pág.97).

Cuando te des cuenta de que siempre es posible encontrar algún motivo de queja en la conducta de alguien, te resultará más fácil conceptuar el rechazo de una persona como el producto de su opinión personal a la de su tendencia crítica. Cuando alguien repruebe tu conducta no significa necesariamente que esté realmente en falta.

C) Existen situaciones acerca de las cuales la gente dice: "Debería haberme enterrado a causa de mi azoramiento". Este tipo de manifestación indica que la gente está dispuesta a entregar inclusive sus vidas con tal de no sufrir los padecimientos de la humillación y de una situación embarazosa (*Najalas Iosef Torah*, pág.132).

Una persona que pueda combatir su necesidad de consenso se liberará del dolor de las humillaciones y de situaciones embarazosas, ya que las mismas están basadas en el deseo de obtener la aprobación de los demás. Al no sentirte demasiado afectado acerca de lo que los demás piensan de ti, no sufrirás si creen que eres estúpido, incompetente, hipócrita, desaliñado o un fracasado. La opinión de los demás sólo logrará incomodarte si permites que ello suceda. ¿Por qué debes hacerlo?

D) Algunas personas llegan a obsesionarse con pensamientos acerca de si tal o cual persona habrá de rechazarlo. Podría serles útil concentrar sus pensamientos en aquellas personas a quienes les agrada, y aunque sería preferible abandonar totalmente la exigencia de consenso, éste sería un paso encaminado en esa dirección. Tomar conciencia de que puedes tolerar el rechazo de algunas personas, podrá conducirte a vencer completamente el temor de no ser aprobado por los demás.

E) Piensa en la peor situación posible, imaginando que toda persona en el mundo te conceptúa en forma negativa cada vez que pasas caminando delante de ellos y trata de aceptar esta idea en este momento. Al principio esto podría causarte mucha ansiedad, pero deberás cuestionarla mediante esta pregunta: "¿Qué es realmente tan terrible?" Aunque no te resultara agradable, podrías aún tomar conciencia de que tienes la capacidad de hacer frente a esta situación. Dado que el rechazo de otras personas es de carácter externo para ti, tendrás siempre la alternativa de concentrar tu mente en otros tópicos. No te digas a tí mismo: "Es atroz que ellos no me hayan aprobado", y de esta manera no sufrirás emocionalmente debido a su rechazo.

F) Además de cambiar de actitud para vencer el temor a la falta de aprobación, es importante representar actos que podrían acarrearte el rechazo de los demás. Algunas técnicas usadas por el Alter de Nevardok y sus estudiantes eran las siguientes: Vestir un extraño ropaje, pedir en una tienda un artículo completamente extraño a las existencias ordinarias de dicho negocio (por ejemplo: un martillo en una panadería) y efectuar anuncios insólitos en lugares públicos (*Tnuas Hamussar*, Vol.4, págs.257-260).

Realizando en forma actuada conductas que te resultan embarazosas, (aunque no recomendaría hacer algo en extremo) comprobarás que por experiencia, las demás personas no se reirán necesariamente de ti cuando hagan algo que temías que pudieran ponerte en ridículo. Además podrás comprobar que aun cuando la gente se ría de ti, no ha de ser tan tremendo ni tan trágico como lo habías imaginado previamente. Dado que estás buscando intencionalmente la desaprobación mediante las actuaciones realizadas, será mucho más fácil tolerarla. Esta experiencia hace que el hecho de ser rechazado no sea tan estresante como ocurre en las diarias situaciones cotidianas.

Conocí a una persona extremadamente crítica de sí misma que sacó a pasear un zapato atado de una cuerda, bajando por la carretera de Jaffa en Jerusalem. Casi nadie le prestó atención y sólo unas pocas personas le preguntaron que estaba haciendo, y cuando les respondía "estoy sacando a pasear a mis zapatos", no le hicieron ningún comentario al respecto. Solamente una persona discutió con él, alegando que no podía hacer semejante cosa, a lo que el joven le replicó calmadamente: ¿por qué no? si con esto no estoy dañando a nadie. La experiencia le enseñó mucho más que cualquier conferencia sobre lo innecesario de la inhibición.

G) Hay gente que es tan tímida y crítica de sí misma, que están constantemente preocupadas acerca de la forma en que las verán los demás. La solución a su problema consistirá en dejar que lo que están haciendo los absorba totalmente, de manera tal que prácticamente se olviden de la gente que los rodea. La dificultad reside en que la preocupación que sienten por el concepto que los demás tienen de ellos, les impide concentrarse.

15. Cuando resulta apropiado causar una buena impresión

A) Busca la aprobación solamente en el grado en que te

resulte necesaria para fines prácticos (*Orjos Tzadikim*, Cap.24). Aunque la adulación con el fin de procurar la aprobación de los demás es un rasgo negativo, en algunas situaciones los halagos resultarán apropiados. Por ejemplo, sería admisible hacer cosas que habitualmente son consideradas como halagos para influenciar a tu maestro a que emplee una mayor cantidad del tiempo dedicado a enseñarte la *Torah*. Resultará igualmente aceptable actuar de una manera aparentemente lisonjera hacia tus padres, para darles satisfacción y placer (*Mussray Rabeinu Yehonoson*, pág.182).

Por otra parte, una persona podría necesitar la aprobación de alguien para encontrar pareja, para contraer matrimonio, para enseñar a alumnos, o para hallar un empleo.

En la medida que lo encares con un propósito específico de orden práctico, habrás de considerar la falta de aprobación como una dificultad técnica, en lugar de conceptuarla como causante de sufrimiento emocional.

El Rabí Naftoli de Ropshitz decía: "Al principio me sentía remiso a ser un Rabino. Con frecuencia los Rabinos encuentran necesario halagar a los miembros de su congregación y yo no estaba dispuesto a adularlos y no tenía interés en tener que lisonjear a otros. Entonces me dije que sería sastre y vi que los sastres elogian a sus clientes. Posteriormente decidí que sería zapatero y nuevamente observé que estos adulan a sus clientes.

Llegué finalmente a la convicción de que todos lisonjean a los demás. Si esto es así me dije, podría igualmente ser Rabino, ya que sin tener en cuenta lo que elija, estaré tentado de recurrir a la adulación" (*Midor Dor*, pág.109).

Cierta vez cuando el Rabí Israel Salanter estaba en un país extranjero, se encontró con que no tenía *Tefilin*. Se dirigió a una Sinagoga cercana y le preguntó a la gente si podía pedir prestados sus *Tefilin*. A pesar de que era un muy buen conocido estudioso y podría fácilmente haberles dicho quien era, no quiso descubrir su identidad ante ellos. La gente a la cual les pidió creyó que él era una persona llana y simple, y tenían temor de prestarle sus costosos *Tefilin*. El Rabí Israel Salanter pensó por un momento y se le ocurrió una idea. Se aproximó entonces a alguien que acababa de quitarse los *Tefilin* y le preguntó si tenía hora exacta y al mismo tiempo extrajo de su bolsillo un costoso reloj, asegurándose de que la persona lo viera. El costoso reloj tuvo su efecto y el hombre le prestó gustoso sus Tefilin (*Tnuas Hamussar*, Vol.1, pág.293).

En esta situación particular el Rabí Salanter tuvo el propósito de impresionar a otra persona con su valioso reloj, pero sólo lo hizo con un fin práctico. Aun así tuvo cuidado de no recibir honores por su conocimiento de la *Torah* ni por su piedad.

B) Si sabes que los demás aprenderán de los buenos ejemplos que les brindas, trata de hacer un esfuerzo especial para causarles una buena impresión (*Kovchai Ohr*, pág.252).

C) La persona que carezca completamente del discernimiento en cuanto a apreciar entre el honor y la ignominia, habrá perdido un gran custodio que lo ayudará a abstenerse de hacer lo que es incorrecto. Sin el temor a la deshonra como un freno, toda persona está propensa a ser dominada por sus deseos y a cometer serias transgresiones (*Toras Abraham*, pág.372).

D) Es correcto hacer cosas que puedan parecer impulsadas por la búsqueda de honores, cuando tu motivación real sea la de ayudar a los demás.

El Rabí Jayim Smuelevitz, Rosh Hayeshiva de Mir tenía un familiar de edad avanzada en un hogar para ancianos. Rav Jayim lo visitaba de vez en cuando y le enviaba cartas entre una visita y otra. Cierta vez le dio una carta a un joven para que se la despachara por correo. El joven se sorprendió al notar que en la dirección del remitente Rav Jayim había escrito "Rabí" Smuelevitz. Rav Jayim era un hombre humilde que nunca acostumbraba a escribir ningún título referente a su persona, ni siquiera el de "Rabí". Cuando se le preguntó por qué había escrito su título en la carta, Rav Jayim respondió: "esta persona de mayor edad está muy sola y es muy probable que la gente en el hogar de ancianos no le preste demasiada atención. Me imaginé que si esas personas ven que recibe cartas de un Rabino, habrán de tratarlo con mayor respeto" (*Sefer Hazikorn*, pág.112).

16. Debemos honrar a los demás

El Rabí Israel Salanter solía decir: "Aun cuando personalmente debiéramos hacer todo lo posible para rehuir los honores, deberemos no obstante tratar a los demás con honor y respeto" (*Toras Abraham*, pág.399).

Capítulo Dieciséis
LOS INSULTOS

1. No poder enfrentarse a los insultos puede causar mucha desdicha

El Rabí Jayim P. Scheimberg, Rosch Hayeshiva de *Torah Ohr*, comentaba lo siguiente: "La hipersensibilidad es la causa principal de dificultades en la vida de la gente, ya que los incita a guardar rencor y a tomar venganza. ¡Cuánto sufre una persona por guardar rencor! Este sentimiento podría llegar a consumirlo (*La perspectiva de la mujer Judía*, Vol.2, Nº 1).

La persona que no puede hacer frente a los insultos que se le profieran, ha de sufrir muchas veces innecesariamente. Mucha gente se siente tan afectada por un insulto, como si lo estuviera a causa de una herida física. Otros experimentan un dolor de menor intensidad, pero que habrá de hacerlo sufrir por un tiempo más prolongado. Para algunas personas el dolor en sí se manifiesta a través de sentimientos de agresividad y de hostilidad, en tanto que para otros serán sensaciones de tristeza y ansiedad. La incapacidad de manejar situaciones derivadas de los insultos es el origen de muchas disputas familiares. Aun si alguien fuese muy sensible a los insultos en la actualidad siempre será posible trabajar para desarrollar una actitud que torne lesivos los insultos o al menos más tolerable. Ten cuidado de no rotularte como una persona "naturalmente" hipersensible.

Es cierto que la gente tiene distintas reacciones automáticas frente a los insultos, pero podrán no obstante aprender a adoptar actitudes nuevas que les permitan vencer su hipersensibilidad.

2. *Toma conciencia de que los insultos son de por sí inofensivos*

A) Cuando el ser humano toma conciencia de lo temporario que resulta su permanencia en este mundo, y de cuan pronto habrá de abandonarlo, no se sentirá afectado por los insultos. Esto tiene una analogía con el caso de alguien que debe realizar un largo viaje a un sitio distante para hacer negocios, y que en el camino tropieza con alguien que lo insulta. Si es sensato no prestará atención a la ofensa recibida. Primeramente, estará demasiado ocupado como para perder su precioso tiempo, discutiendo acerca de una afrenta a su honor, que no tendrá consecuencias de carácter práctico, en segundo lugar no debería considerarla como una deshonra, ya que al encontrarse lejos de su casa, ¿ante quién debería sentirse incómodo por esta situación? De manera similar, comprende que habrá de dejar este mundo en un tiempo relativamente breve y que la gente pronto olvidará cualquier hecho que hubiera sucedido cuando estaba con vida y considerará los insultos como algo tan irrelevante por lo que no vale la pena de perder la calma (Maguid de Dubno, *Sefer Hamidos: Shaar Hasinah*, Cap.10).

B) El temor a los insultos es aún peor que el verdadero dolor causado por los mismos (Ver *Jojmah Umussar*, Vol.2, pág.206).

Mucha gente siente miedos muy intensos a ser insultados o humillados, pero el verdadero dolor resultante de estas situaciones ha de ser mínimo si no permites que tu mente se fije en esos pensamientos. Deja de repetirte lo terrible que podría resultarte un insulto.

C) Si alguien te insultara deberás preguntarte: "¿Cuál es el daño que esa persona realmente me está causando? ¿Perdería yo una mano o un pie a causa de lo que él me está diciendo?" Concéntrate en el hecho de que eres exactamente la misma persona que eras antes de ser insultado (*Shevet Mussar*, Cap. 41). Si alguien te preguntara acerca de lo que hace que sea tan terrible ser insultado, ¿cuál sería tu respuesta? Podrías decir que no te agrada ser insultado ¿Pero por qué te resultaría ello tan terrible? Realmente no existe una respuesta a este interro-

gante, excepto que continuarás repitiéndote tu evaluación subjetiva de los insultos, como que son de carácter negativo. Tienes
la capacidad de evaluar que en realidad no hay razón alguna
por la cual consideres que los insultos sean tan atroces y por lo
tanto podrás hacer caso omiso de ellos.

D) Algunas personas expresan erróneamente: "El hirió
mis sentimientos" o "El me hizo sentir mal". Sin embargo,
nadie puede herir tus sentimientos ni hacerte sentir mal, si tú
no le permites a nadie que lo haga. Te hieres a tí mismo al permitir que te afecten las palabras de alguien. Es tu actitud hacia
los insultos, la que te causa dolor y no el insulto en sí mismo.
Las palabras de otros no te causarán pesar si tu no permites
que éstas te hieran. El dolor emocional que te causa un insulto
proviene de todo aquello que tu le agregas. No añadas tus propios pensamientos a las palabras insultantes que alguien te
haya proferido y así no sufrirás por ello. Te verás afectado en
cambio si lo haces, diciéndote cosas de carácter negativo tales
como: "No soy nadie, si la gente me habla de esta manera" o "si
la gente me considera con tales defectos, podría no tener la
capacidad para contraer matrimonio, ni para encontrar un
empleo", o "es terrible que alguien me hable de esta forma". En
este caso no será el insulto la causa de tu dolor emocional, sino
tus propios pensamientos, los que has añadido al insulto.
Aprende a no agregar nada a los insultos y así evitarás muchos
dolores innecesarios.

3. Trata de observar objetivamente los insultos

A) Cuando alguien te insulta pon todo tu empeño para
observar toda la situación objetivamente, tratando de no reaccionar emocionalmente. Concéntrate en la esencia de lo que
está sucediendo: Si la persona es un insensato, deberás repetirte que no tienes necesidad de alterarte por lo que pueda decir
un tonto. Si un loro emitiera un insulto cuando estuvieras
entrando a una habitación, ¿cómo reaccionarías?, podrías fácilmente ignorarlo. Cuando un tonto profiere un insulto, sería
esencialmente la misma cosa. Sin embargo si el que te insulta

es una persona sensata y lo que dice es cierto, deberías estar feliz por tener la oportunidad de superarte (*Reishis Jojmah, Shaar Haanavah*, Cap.5).

El Rabí Jayim Soloveitchik de Brisk presentó una decisión en un conflicto de tipo monetario contra los intereses de una determinada mujer, la cual se enfureció mucho y le gritó a Rav Jayim: "¡Ladrón! ¡Asaltante!, ¡me robaste mi dinero!"

El Rabí Simja Zelig Rieger, un miembro de la corte de Rav Jayim comenzó a censurar a la mujer por su insolencia, pero Rav Jayim calmadamente le pidió que dejara de hacerlo. "Esta mujer es realmente una excelente persona", dijo él, "Pero ella está muy alterada por el dinero que perdió. Déjala que siga gritando hasta que se sienta un poco mejor" (*Midor Dor*, Pág. 187).

B) Permitimos que los insultos nos incomoden, porque nos sentimos molestos cuando alguien ha dejado de rendirnos el honor y la aprobación que exigimos. Observa sin embargo en forma objetiva en relación al universo entero y te darás cuenta lo ridículo que resulta incomodarse por asuntos de esa naturaleza. Visto desde el espacio exterior nuestro planeta es meramente una partícula de polvo y sus habitantes son individualmente de dimensión microscópica. Ahora figúrate como cada persona se agranda. Contempla la forma en que se enojan cuando alguien hubiera rebajado su "gran honor". Con esta perspectiva, podrás reírte de la presuntuosidad de toda persona excesivamente afectada acerca de alguien que lo haya insultado (*Guesher Hajayim*, Vol.3, pág.39).

C) Es fácil ser objetivo acerca de otras personas y entender que no deberían preocuparse si son insultados por alguien: "Por lo tanto, ¿Qué pasaría si alguien formuló esta o aquella observación?" Considera los insultos dirigidos a tu persona de esa manera (pregúntate: "¿Cómo consideraría esto si se los hubieran dicho a otra persona?") A mucha gente le resulta imposible hacer caso omiso de los insultos, pero tenemos la obligación de esforzarnos para que esto no nos moleste (*Jojmah Umussar*, Vol.2, pág.179).

D) Solamente porque alguien te insulta no será esto suficiente motivo para que ello sea cierto. Si alguien te llamara canguro, seguirás siendo obviamente un ser humano, y esto resulta tan obvio como para que alguien se pregunte para qué necesita aclararse. Que alguien te llamara un tonto o un estúpido idiota, no habría de cambiar lo que tú eres en realidad. Por lo tanto si eres un insensato lo seguirás siendo aunque te digan que eres un sabio. Si no eres tonto, aunque te digan que lo eres, no habrás de transformarte magicamente en lo que no eres. Cierta gente replica: "Pero a mi no me gusta que alguien tenga una pobre opinión de mí. Es cierto que esta es una reacción estadísticamente normal, pero podrás vencerla cuestionando tus exigencias en lo que respecta a la aprobación de los demás. ¿Quién dice que necesites de consenso de hasta la última persona que conozcas? ¿Por qué es esto tan terrible a pesar de que pudiera ser desagradable que alguien no te brindara su consenso?

E) Los insultos están basados en el propio punto de vista subjetivo de las personas que los profiere. Toma en cuenta que aquel que los dice está empleando la expresión "a mí". Por ejemplo, cuando está diciendo: "A mí me parece egoísta", pregúntate entonces: "¿En qué está basado su insulto, lo hace en un hecho o en su opinión?, formúlate entonces este otro interrogante: ¿estoy de acuerdo con sus suposiciones básicas?

Cuando permitas que el insulto de alguien llegue a molestarte, ello implicará que estás considerando su opinión acerca de ti mucho más importante que la que tú tienes de tu propia persona (Ver *Jayai Hamussar*, Vol.2, pág.208). Si estuvieras de acuerdo con lo que la persona dice, trata entonces de superarte, y si no lo estuvieras no tomes en cuenta lo que te dice.

F) Cuando alguien te insulte, sácate mentalmente del cuadro de situación y analiza objetivamente lo que está sucediendo: Alguien está levantando su voz y diciendo algunas palabras. Pregúntate al respecto: "¿Por qué las está diciendo? ¿Qué es lo que significan exactamente? Existe un sentido inherente en esas palabras o estoy reaccionando de esa manera solamente porque he aprendido a hacerlo así?"

G) ¿Durante cuánto tiempo será recordado este absurdo por la persona que lo profirió, o por alguien más que lo haya escuchado?

Los insultos son generalmente hechos que ocurren y que sólo duran unos pocos segundos, o un par de minutos, a menos que te los continúe repitiendo.

H) Cuando sientas dolor porque alguien te insultó, piensa acerca del hecho de que eventualmente tanto tú como el insultante no vivirían por más tiempo. Desde la perspectiva de tu propia tumba ¿qué es eso tan terrible que esa persona te ha dicho? (*Erej Apayim*, pág.97).

I) Con mucha frecuencia la gente se siente herida e insultada por lo que otros hayan dicho o hecho. Lo toman en forma personal y piensan que la otra persona, con intención maliciosa tuvo el propósito de denigrarlos. Aprendiendo a juzgar favorablemente a la gente, te ayudará con frecuencia a dar por sentado que no hubo ninguna intención en la observación formulada o en el hecho en sí, y por lo tanto no te sentirás insultado (*Bayis Neaman*, pág.69).

Aunque no es necesario sentirse insultado aún cuando la otra persona dijo o hizo algo maliciosamente, resulta más fácil no sentirse herido cuando sabes que no tuvo la intención de insultarte. Pregúntate lo siguiente: "¿Tengo yo la seguridad de que la otra persona quiso insultarme? Quizás exista otra explicación para lo que sucedió". A pesar de que pudieras decidir sentirte herido cuando el insulto haya sido intencional (aunque no necesitas hacerlo), no existe razón alguna para sentirte afectado cuando el insulto no fue intencional. Con la frecuencia que te sea posible supón que no hubo nada personal.

J) Cuando alguien te insulte aunque ello sea por razones egoístas, no descartes automáticamente lo que te digan. En lugar de ello controla para verificar si existe algún aspecto de verdad en lo que ha dicho, sin tener en cuenta su intención y trata de aprender de ello (*Daas Jojmah Humussar*, Vol.2, pág. 76).

Por ejemplo, si alguien te dijera que eres haragán, en lugar de alterarte por ello podrías utilizarlo como una oportunidad para ayudarte a vencer los aspectos de holgazanería que puedas tener. A pesar de que generalmente no eres haragán, podrías sin embargo superarte.

K) Cuando una persona que se siente molesta o amargada

te insulte, piensa que lo está haciendo debido a sus propios problemas. No tienes en este caso razón alguna para sentirte herido por lo que te diga (Ralbag: *Hadaios Vehamidos* 17:8).

Como una herramienta auxiliar pregúntate lo siguiente: "¿Qué factores subyacentes están motivando a esta persona, para que me insulte?" Sin tener en cuenta las palabras que esta persona esté usando, el mensaje que puedes oír es el de que está dolorido o se siente desalentado. Trata de reaccionar hacia él en el contexto de sus problemas subyacentes y no de acuerdo a las palabras reales que pronunció.

Una persona vino a ver al Maguid de Koznitz y le pidió que descubriera quien le había robado una gran suma de dinero. El Maguid le aconsejó que le pidiera a aquellos que estuvieran bajo sospecha que devolvieran el dinero, y aquel que lo insultara por ese motivo sería muy probablemente la parte culpable. El cumplió la sugerencia del Maguid de Koznitz y resultó que solamente una persona lo insultó, y bajo interrogatorio terminó confesando haber cometido el delito (*Ramasaym Tzofim*, pág.247).

L) Alguien que insulte o maldiga a una persona se insulta en realidad a sí misma. Una persona de buen carácter no insultará a nadie. Cuando alguien te insulte, estará haciendo público que él tiene defectos y no será necesario contestarle porque él se ha insultado a sí mismo (Ksav Sofer en *Jut Hameshulash*).

En 1933 el "New York Times" publicó en primera plana la fotografía de un anciano judío con barba, que era paseado ante una burlona multitud en Berlín en un camión de recolección de residuos. Abraham Maslow comentó que tenía la impresión de que el hombre sentía compasión por la multitud y que los miraba con lástima, pensando en lo infortunados enfermos e infrahumanos que eran. Ser independiente de la maldad, ignorancia, estupidez o inmadurez de los otros, aun cuando están dirigidos a la propia persona, resultará muy difícil pero no imposible. Uno puede en tal caso contemplar detalladamente toda la situación como si se la estuviera considerando objetivamente (*Los más largos alcances de la naturaleza humana*, pág.273).

4. No permitas que otras personas tengan innecesaria-mente un dominio sobre tí

A) ¿Realmente quieres ayudar a alguien a que te hiera? Por supuesto que no. Si continúas repitiéndote lo terrible que fue para tí el insulto de alguien, estarás ayudándole a que te hiera. Algunas personas les permiten a otros que los estén maltratando durante horas, cuando podrían haber hecho desaparecer el hecho desagradable solamente en un minuto o dos. Mantén tu mente concentrada en otros tópicos y el dolor del insulto cederá.

Cuando alguien te habla irrespetuosamente y te alteras por ello, ¿cuál sería entonces el problema? Podrías decirte al respecto: El problema es que me habló de una manera que hirió mis sentimientos. La verdad es que la forma en que te habló no fue la que provocó tu alteración, sino que la misma fue provocada por repetirte a tí mismo lo terrible que te resultó que se dirigiera a tí de esa manera. Si en cambio te dijeras a tí mismo "me considero una persona digna, y valiosa sin tener en cuenta la forma en que los demás me hablan", lograrás tolerar la forma en que cualquiera se dirija a tí. Aun cuando desearían animar a otras personas a que te hablen de una manera respetuosa tanto para tu bien como para el de los otros, habrás de eliminar la ira y el sufrimiento de tu parte.

B) Algunos se ofuscan de tal manera, que le repetirán a otros el incidente, los cuales no hubieran llegado a enterarse de ello de otra manera. De tal modo si le dedican su atención al asunto, habrán de darse cuenta de que se están causando a sí mismos una molestia adicional (Rabeiu Yonah al *Mishle* 12:16).

C) Cuando alguien te insulta concentra tu atención en saber quien es en realidad el que te ofende.

Recuerda que es meramente un ser humano y nadie que sea trascendente, por lo que no deberías enojarte a causa de lo que te diga. Además al insultarte, su nivel espiritual ha decrecido, en tanto que el tuyo se incrementó al no responder colocándote a su altura (*Shevei Mussar*, Cap.41).

5. *Los beneficios de los insultos*

A) El Talmud establece que si una persona se abstiene de causarle algún dolor a aquellos que lo disgustan, se le perdonará sus transgresiones (*Rosh Hashanah* 17a).

El Rabí Yitzjok tomó la resolución de pensar lo expresado precedentemente durante diez minutos todos los días. En su edad avanzada el Jofetz Jayim le decía a su sobrino: "la humillación que sufre una persona, le hace espiar todas sus malas acciones. ¡Qué desgraciado soy por no haber padecido ninguna humillación durante toda mi vida! (*Mijtevai Jofetz Jayim*, pág. 19).

B) Una persona debería ser conciente de sus transgresiones y aceptar voluntariamente el sufrimiento que le servirá como expiación. La persona debería preguntarse "¡Qué forma de sufrimiento es la mejor para no verme perturbado en mi trabajo para alcanzar la paz espiritual?" Nada sería más favorable en este sentido que la gente te insultara y te maldijera, porque las palabras de esas personas no afectarán ni tu salud física ni tus fuerzas, ni tampoco influirá sobre lo que comas o bebas. Todo aquel que se encuentre en un adecuado nivel espiritual ha de querer realmente ser insultado. Cuando sienta que los insultos se acumulan sobre él, se regocijará por tener una oportunidad para expiar sus faltas (*Tomar Duorah*, Cap.2).

Cada vez que la gente se lamentaba ante el Rabí Rafael de Bershid de que alguien los había insultado él les decía: "Están cometiendo un error en lo que respecta a vuestra actitud con relación a los insultos. Sacarían mucho provecho de los insultos y deberían por lo tanto aprender a apreciarlos" (*Midrash Pinjos*, Parte Nº 31).

C) No odies a alguien que te haya humillado porque aunque cometió una transgresión, te ha prestado también un servicio. Cuando una persona padece una humillación en silencio esto le ayudará a redimirse de sus malas acciones. La situación descripta es análoga a la de alguien que te está preparando un baño caliente, el cual podría hasta causarte algún dolor pero que también te higienizará. Ten en cuenta que este pensamiento habrá de evitar que se tengan sentimientos de odio (*Shaim Olam*, Cap.3, Nota al pie).

D) Imagínate que tienes un diente en mal estado que necesitará ser extraído, y que alguien te abofeteara el rostro, haciendo que el diente se caiga. Aunque no hubieses elegido que alguien te abofeteara, deberías sin embargo estarle agradecido porque en definitiva te ha ayudado. Por lo tanto deberías hacer lo mismo cuando alguien te insulte, ya que a pesar de lo incorrecto de su accionar, te ha ayudado sin embargo a eliminar en parte tu arrogancia por lo cual deberías reconocérselo (*Yitzjok Blauser: Kojvai Ohr*, pág.162).

E) Una de las mejores técnicas para evitar que te enfurezcas consiste en que te digas a tí mismo: "Gracias Todopoderoso por enviarme una forma relativamente indolora para expiar mis malas acciones, lo cual constituye un gran acto de bondad de tu parte para redimirme de mis errores de esta manera". Continúa formulándote manifestaciones similares durante todo el tiempo que alguien te esté insultando (*Erej Apayim*, pág.69).

F) La forma en que una persona reaccione debido a las afrentas que se infieran a su honor, habrá de indicar si está trabajando para superarse o si solamente se comporta en forma apropiada debido a que ese será su hábito en tanto no tenga que enfrentar ninguna prueba (*Jazon Ish Emunah Ubitojen* 4:5).

Cuando alguien te insulte podrás utilizar la experiencia para ganar una visión interior de tu carácter, derivada de tu reacción frente a esas ofensas.

G) El beneficio de aceptar los insultos de una manera calma, es de que habrá de curarte de tu deseo de procurar honores (*Idem* 4:8).

6. El ser insultado por hacer una buena acción, no hará sino incrementar su valor

A) Si una persona a cargo de una organización que promueve obras de bien fuera insultado (como es casi inevitable que ocurra), ¿cuál debería ser su actitud? En este caso debería darse cuenta de que el ser insultado incrementará el valor de sus buenas acciones y por lo tanto no tendría que sentir ninguna angustia personal (*Yorah Daiah* 257:7). Cuando el Rabí Eljonon Wasserman estuvo en Bélgica para reunir fondos para su Yeshiva en Branovich le pidió a un distinguido miembro de la comunidad que lo acompañara a las casas de los posibles donantes. Esa persona distinguida jamás había hecho algo semejante y estaba preocupado de que pudiera ser insultado si trataba de influenciar a la gente para que donaran su dinero. Rav Eljonon comprendió la aprehensión del hombre y le dijo lo siguiente: "Si estabas destinado a recibir insultos de una manera u otra, es preferible ser insultado cuando se trabaja por una buena causa en lugar de que te ofendan por cualquier otra razón" (*Ohr Eljonon: Ketzais Hashemesh Bigvuroso*, pág.210).

B) Si tratas de influenciar a los demás para que se superen, habrá momentos en que serás insultado por los esfuerzos que realizas. Antes de contactarte con alguien ten en cuenta que podrías ser insultado por esa persona y trata de aceptarlo. No respondas a sus insultos ni permitas que esas ofensas te desvíen de tus objetivos. Cuanto más dificultades tengas en tratar de hacer el bien, mayor será el grado de elevación espiritual que alcanzarás. En temas financieros, si fueses nuevo en un negocio y alguien de los expertos hombres de negocios se mofara de tí, no deberías de modo alguno abandonar el intento de obtener una ganancia y realizar un esfuerzo aún mayor para tener éxito en tus propósitos. Después de un tiempo nadie volvería a burlarse de tí. Aunque en el comienzo, algunas personas pudieran mofarse de tí, si eres sincero la gente eventualmente habrá de respetarte (Jofetz Jayim: *Jomas Hadas*, Cap.6).

C) Si alguien te ofendiera y te exigiera que le sirvas comida o bebida más rápidamente de lo que lo estás haciendo, la tendencia natural sería que te enfurezcas con esa persona, sin embargo alguien con un elevado nivel espiritual se dará cuenta que el otro estará hambriento o sediento, y tratará de servirlo lo más rápido posible (*Imrai Haskail*, pág.28).

Siempre trata de interpretar el mensaje transmitido a través de la comunicación de una persona, aun si es emitido en la forma de un insulto. Por ejemplo, imagínate a un esposo volviendo a su casa del trabajo, y quejándose de que su esposa no le haya preparado la comida. Podría decirle: "Estás muy lenta hoy", la esposa podría reaccionar furiosamente, pensando para sí lo falto de consideración que su esposo es con ella. Ella trabajó tan empeñosamente durante todo el día y está esmerándose, y que él debería apreciarlo, es lo que se diría a sí misma. Una esposa sensata en cambio recibiría el siguiente mensaje: "Estoy cansado y hambriento y desearía poder comer ahora". Ella sabe que si lo insulta a su vez o replica que ella no es lenta, sería éste el comienzo de una discusión evitable. Por lo tanto le contestará en un tono que trasunte comprensión: "Me doy cuenta que estás cansado y hambriento y pondré lo mejor de mí parte para atenderte". Más tarde cuando ambos estén calmos ella le explicará que le agradecería que le hablara amablemente.

7. *Aprende a guardar silencio frente a los insultos*

A) El Talmud (*Shabbos* 88b) pondera enormemente a la persona que posee la fortaleza de carácter necesaria para guardar silencio cuando otras la insultan. Era la costumbre del Rabí Yehuda Tzvi de Rozdole ayudar a sus opositores. Su esposa la hija del Rabí de Ziditzov no estaba complacida con esto y le decía: "¿No merecerían esa gente ser castigados por maltratar a una persona virtuosa? ¿Por qué entonces les prestas tu máxima ayuda?"

"¿Por qué acude la gente a ver un hombre virtuoso?" le preguntó a ella. "Ello se debe a que un hombre virtuoso es el pilar del mundo (*Mishle* 10:25) y ellos tratan de apoyar a ese pilar. Yo se que desgraciadamente no estoy en un nivel de ser el cimiento del mundo. ¿Por qué entonces debo permitir a la gente que me venga a ver? La razón se debe a que el Talmud (*Julin* 29a) establece que si alguien permanece silencioso cuando es maltratado, el mérito de su silencio podrá sostener al mundo. Si esta es mi única explicación racional para permitir a mis seguidores que vengan a verme y me apoyen como puedo tratar de tomar venganza de aquellos que me insultan" (*Eser Kdushos*, pág.61).

B) Permaneciendo en silencio cuando alguien te insulta, estarás evitándote muchos problemas que hubieras tenido si te involucraras en una disputa a causa de ese insulto (*Sanhedrin* 7a).

Aunque sea difícil permanecer en silencio cuando tengas conocimiento del innecesario daño que te estás causando a tí mismo al involucrarte en una reyerta que pudo haber sido evitada, te resultará mucho más fácil abstenerte de contestar a los insultos.

C) Si trataras de detener a alguien que está insultando y tú lo insultaras por tu parte, sería como tratar de extinguir un incendio arrojándole leña (*Kesser Jojmah* 11:24).

Si insultas a alguien que está haciendo lo propio contigo, éste continuará agraviándote. En lugar de defenderte comprobarías con frecuencia que estás alentando al agresor a tornarse en un individuo más desagradable y maligno. Si en cambio permanece silencioso frente a un insulto, esa persona habrá dicho lo que deseaba y solamente te insultará esa vez (*Erej Apayim*, pág.53).

Un hombre sabio dijo una vez: "Nadie me ha insultado jamás más de una vez, ya que la primera vez que lo hizo lo acepté con calma y permanecí silencioso. El hecho de ignorar el insulto me asegura que la persona no habrá de repetirlo" (*Maaneh Raj*, Cap.13).

D) Una persona de mala conducta maldijo una vez a un hombre sabio que no le había respondido. Cuando se le preguntó porqué había permanecido silencioso, el hombre sabio dijo lo siguiente: "No me involucraré en una batalla en la cual el vencedor es realmente un perdedor" (*Sefer Hamidos Lehameiri*, pág.221).

E) La gente no desea permanecer silenciosa cuando alguien los insulta, porque temen que otros pudieran pensar que son débiles e incapaces de replicar. La verdad es que exige mucha entereza permanecer silencioso cuando te insulten. Por otra parte la venganza es un signo de debilidad. El vengador carece de la suficiente fuerza de carácter para perdonar (Rabí Yerajmiel Shulman: *Ketzai Hashemesh Biguuroso*, pág.42).

Cuando el Jazon Ish vivía en Europa, iba cierta vez caminando con un discípulo por un bosque. Algunos no-Judíos caminaban detrás y se burlaban de ellos. El joven estudiante replicó a su insulto. "Tú no eres un *ben-Torah* (serio estudiante de la *Torah*)" le dijo el Jazon Ish.

"¿Cómo contestaría un *ben-Torah?*" preguntó el estudiante.

"El no respondería en absoluto", le contestó el Jazon Ish (*P'air Hador*, Vol.4, pág.166).

F) No estamos propugnando el silencio que se origina en la debilidad, sino el que surge de la fuerza. Todo aquel que confíe en su conocimiento de que es un valioso ser humano sin tener en cuenta lo que los demás puedan decir, no tendrá necesidad de responder a los insultos. Pensará objetivamente acerca de la situación y únicamente hará oír su voz si algo positivo puede obtenerse corrigiendo a la otra persona. Por ejemplo, si tu empleador cree que has cometido un error, a veces resulta preferible mostrarle que tú estabas en lo cierto. Sin embargo, esto no se verifica en todas las situaciones, dado que en algunos casos él se enfurecería si lo corrigieras, en tanto que si permaneces silencioso se olvidará inmediatamente del asunto. Toda vez que no sea posible obtener algo positivo, permanece silencioso y en calma.

G) Cuando una persona sabia oye un insulto y siente la tentación de responderlo, deberá preguntarse: "¿Cuál es mi objetivo al contestarle?" Podría ser básicamente por dos razones. Una sería devolver el insulto a la otra persona, y la otra sería justificarse a sí mismo, y elevar la estima que los demás pueden sentir por él. Sin embargo todo aquello que hubieras deseado obtener por medio de las palabras, podrás conseguirlo mediante el silencio. En lo que respecta a devolver el insulto a esa persona, tu silencio sería la reacción más efectiva que podrías tener. Tu actitud de mantenerte callado demuestra que no consideras digna de atención sus observaciones. En lo que respecta a la justificación de tu persona, si permaneces silencioso aquellos que lo estén observando tendrán un alto concepto de tí, dado que pueden apreciar de esta manera el grado de control que posees sobre tu persona. Si desearas responder para demostrarle a los observadores las faltas de esa persona, él mismo ya se habrá encargado de hacerlo. Los insultos sólo son agradables a los oídos de la persona que está enojada, y durante la mayor intensidad de su ira, pero no lo son para aquellos que las escuchan. Los observadores ajenos al problema, mirarán con desdén a la persona que insulta. Por lo tanto no hay necesidad de contestar, dado que él ha dado la respuesta por sí mismo. Aunque permanecer en silencio con la intención de desquitarse con el que ofende, no es la más noble de las motivaciones, será al menos preferible a devolver el insulto (Maguid De Dubno: *Sefer Hamidos: shaar hasinah*, Cap.7).

H) Algunas veces una persona que ha sido insultada permanece silenciosa, porque piensa que esto habrá de irritar al que los insulta. Este tipo de silencio es impropio (a pesar de que resulta mejor que devolverle el insulto a la otra persona). Si observas que una respuesta amable de tu parte logrará calmar a la otra persona, trata de hacerlo (*Likutai Aitzos: majiokes* Nº 25).

La esposa de cierto hombre recto tenía mal carácter y con frecuencia lo insultaba. El esposo habría de permanecer callado y en calma aceptaba su suerte. Cierta vez su esposa lo insultó aún más que lo habitual, y él le respondió con unas pocas palabras.

"¿Por qué reaccionaste de manera distinta a la habitual?" se le preguntó. "Me di cuenta que esta vez mi esposa sufriría, si observaba que yo ignoraba sus insultos", respondió el erudito, "por lo tanto le dije unas pocas palabras, como un acto de bondad hacia ella. Yo deseaba que ella pensara que sus insultos me molestaban, y esto la hizo sentirse mejor" (*Derej Tzadikim*, pág.52).

I) Si alguien te insultara, y te resultara difícil abstenerte de devolverle el insulto, deberás marcharte (*Erej Apayim*).

Si realmente te marchas, trata de emitir el mensaje, dándole a entender que lo estás haciendo para evitar una discusión, y no porque estés intentando insultarlo de esta manera.

8. *Como vencer el dolor producido por los insultos*

A) A pesar de que resulta fácil decirle a alguien que lo perdonas por haberte insultado, resultará en cambio extremadamente difícil desarraigar tus sentimientos heridos. Demandará mucho esfuerzo para cambiar tu manera de pensar y vencer el resentimiento (Yejezkel Levenstein: *Mofes Hador*, pág.26).

B) Cuando se les dice que no deben alterarse a causa de los insultos, algunas persona replican: "Pero mi ego está herido", o "El hirió mi orgullo". Ellos creen erróneamente que del mismo modo que una mano herida sangra automáticamente, así también un ego lastimado será automáticamente una causa de dolor. A pesar de que esta forma de observar los insultos es muy común, está basado en la falsa suposición de que una entidad inexistente llamada "ego", o "mi orgullo" realmente existen. Estos son meramente conceptos o ideas que no existen en realidad. Como se menciona más arriba, el dolor que padecemos debido a los insultos está basado en nuestras propias perspectivas y actitudes con relación a esas palabras. Si piensas que es terrible que alguien te haya proferido ese insulto, y de acuerdo al cual constituye una "prueba" de que eres insignificante o inferior, habrás de sentirte herido por ello. Considera esas palabras como meros sonidos emitidos, que no tienen poder alguno sobre tí, entonces habrás de reaccionar de una manera neutral. La gente tiene reacciones condicionadas a la emisión de ciertos sonidos, que son rotulados como insultos, y creen erróneamente que esto es inherente a su naturaleza. Sin embargo algo que está considerado como negativo podría también tener sus aspectos positivos. Concéntrate en los aspectos positivos de la persona, que diga aquellas palabras y podrás aún sentir placer, al oír esos mismos sonidos que previamente provocaron tu desagrado.

C) Si fueras insultado o reprendido y encuentres difícil vencer tus sentimientos heridos, el Rabí Iosef Hurwitz sugirió que te digas en voz alta las razones por las cuales no necesitas permitir que el insulto te incomode. No te limites a decirte simplemente que no debe molestarte. Algunos de los puntos que puedes mencionar al respecto son los siguientes:

* Lo que una persona diga para herirte no es coherente con los patrones instituidos por la *Torah*, y su conducta pondrá de manifiesto su problema y no el tuyo.

* Es cierto que tienes defectos, pero también posees

muchas virtudes. No te concentres solamente en tus defectos tal como lo hace el que te ofende.

* La crítica puede ser válida, pero podría tratarse de algo que no puede rectificarse de inmediato, sino más bien que habrá de demandar un largo tiempo y mucho esfuerzo para lograrlo. Como un comienzo, sería suficiente estar resuelto a tratar de cambiar.

* Es posible que la otra persona se haya alterado mucho y que se sienta muy resentida. El dijo aquello que le ayudó a librarse de sus propios sentimientos negativos. Deberías entonces poder sentirte feliz que al insultarte la persona haya podido calmarse.

* El desagrado causado por los insultos es sólo temporario y habrá de ser olvidado rápidamente.

* Habrás de elevarte espiritualmente cuando no devuelvas el insulto.

* El dolor causado por el insulto te redimirá de tus transgresiones. (*Madraigos Haadam: nekudas haemes*, Cap.9).

D) Una persona no necesita alterarse excesivamente sólo porque otros se le opongan. Los ladrones no comenzarán a actuar con alguien que esté transportando una camionada de fertilizante, sino que solamente atacarán a alguien que lleve joyas preciosas (*Midrash Rivash Tov*, pág.34).

E) Tu tienes la habilidad de reaccionar ante los insultos de alguien teniendo sentido del buen humor y no debes permitir que los mismos te afecten. Ten en cuenta que deberás concentrar tu mente sobre tu objetivo al hablar con esa persona, y no prestarle atención al insulto.

El Rebbe Ostrovtz una vez le solicitó una limosna a una persona adinerada en nombre de un pobre, el avariento hombre rico insultó intensamente al Rebbe. Inconmovible el Rebbe le dijo: "Tú me has dado insultos, ¿pero que le darás a esta persona necesitada? El no podrá adquirir alimentos con esos insultos" (*Otzer Pisgamim Vesijos*, pág.101).

F) Cuando estés conciente de tus falencias, y puedas diferenciar entre aquello por lo que vale la pena trabajar y por lo que no, te resultará más fácil tolerar los insultos.

Cuando el Rabí Iosef Dov Soloveitchik autor de *Bais*

Halevi era un hombre joven, le hizo una vez una oferta al conductor de un carromato para que viajaran juntos a cierta ciudad en forma gratuita, a cambio de sus servicios en el manejo de los caballos. Al joven le faltaba capacidad en esta destreza y cometió una serie de errores, por lo cual, el conductor del carromato le gritaba y finalmente lo golpeó. Cerca de su destino se detuvieron en una posada, donde alguien reconoció al joven como un brillante estudioso. Al descubrir la identidad de la persona que había insultado y golpeado, el conductor del carromato se sintió profundamente azorado, y corrió al encuentro de Rav Iosef Dov para pedirle que lo perdonara.

Para alivio del conductor del carromato Rav Iosef Dov, le sonrió misericordiosamente y le dijo: "¿Qué es lo que hay que perdonarte? Tú no me insultaste por mi falta de conocimiento de la *Torah*, sino que te irritaste por mi falta de pericia para conducir el carromato. Tu tienes razón porque soy un ignorante en esta área, y puedo entender el motivo de tu enojo conmigo" (*Dmuyos Hod*, Vol.2, pág.54).

9. El objetivo por el que se debe luchar

A) Hay momentos en que una persona se involucra en una disputa, y es fuertemente insultado por otra persona, y aunque internamente desearía humillar a esa persona, se abstiene de hacerlo, y en cambio lo insulta con moderación. Podría sentirse orgulloso por no decirle todo lo que pensó, y considerarse a sí mismo como formando parte de aquellas personas virtuosas que no devuelven los insultos. En este caso estaría cometiendo un error, dado que el nivel apropiado por el que se debe luchar no contempla que de modo alguno se insulte a una persona. Aunque sería preferible mostrar un poco de moderación en lugar de ninguna limitación a su accionar, esa persona tendría aún un largo camino a recorrer y no debería sentirse satisfecha por el nivel alcanzado (*Hegeyonai Mussar*, Vol.3, pág.17).

B) Las palabras que pronuncie una persona perversa tratando de desacreditar al virtuoso, no tendrán ningún efecto sobre aquel que tenga elevación espiritual (*Sefer Hamidos Lehameiri*, pág.89).

Hay gente que permanece callada cuando alguien los insulta pero internamente sienten resentimiento y animosidad. El nivel por el cual se debe trabajar es el de olvidar los insultos de tal manera que no sientas resentimiento alguno (*Reishis Jojmah Shaar Haanavah*, Cap.3).

Cuando el Rabí Zalman de Volozhin y su hermano Rav Jayim estaban viajando, un malhumorado posadero les profirió insultos en voz alta, y se rehusó a permitirles que permanecieran en su posada. Cuando estaba saliendo Rav Jayim notó que su hermano estaba llorando.

"¿Por qué estás llorando?" preguntó Rav Jayim, "no me tomé tan en serio lo que él dijo. Tú tampoco deberías hacerlo". "No estoy llorando a causa de sus insultos", respondió Rav Zalman, "pero cuando él gritó sentí mucho dolor. Ahora estoy llorando porque no he podido alcanzar el nivel de poder olvidar los insultos" (*Toldos Odom: Ama a tu prójimo*, pág.297).

D) Uno de los mandamientos de la Torah es la prohibición de herir los sentimientos de alguien con palabras (Ver *Ama a tu prójimo*, pág.326-331). Por lo tanto alguien que te insulte estará violando un mandamiento. En lugar de decirte: "¡Qué terrible me resulta, que él me haya dicho eso!", podrías decirte: "Lamento que él carezca de la sensibilidad apropiada, para cumplir con los requerimientos de este mandamiento. Es una lástima que él no esté informado o que lo haya olvidado momentáneamente. ¿Qué puedo hacer para influenciarlo a que lo cumpla en el futuro?"

E) Existen tres clases diferentes de niveles en lo que se refiere a la voluntad de perdonar a los demás:

* Algunas personas perdonan a aquellos que los perjudican, si esa persona viene a verlo y le solicita su perdón.

* Otros dejan sus tareas diarias para encontrarse con aquello que los perjudicaron a fin de hacerle más fácil el pedir perdón.

* La gente que se encuentra en el más alto nivel espiritual expresa en forma explícita cada noche antes de irse a dormir, que habrán de perdonar a todo aquel que los hubiera

insultado, aun cuando no se presentaran por sí solo a pedir perdón (*Aikev Anavah*, pág.58).

Cuando perdonamos a los demás nos estamos ayudando a nosotros mismos en la misma medida en que lo hacemos con respecto a aquellos que perdonamos. Estamos logrando nuestra elevación y nos sentiremos mucho mejor cuando perdonemos, en lugar de continuar acumulando más y más resentimiento. Trata de practicarlo durante un par de semanas. Por las noches piensa acerca de cualquier dificultad que hayas tenido con otras personas y perdónalos. Observa como cambiará tu actitud hacia esa gente al día siguiente. La persona que amenaza diciendo: "Me acordaré de eso", o "me las pagarás", se hiere a sí mismo mucho más que a los otros. ¿Por qué sufrir de resentimiento cuando podrías elegir experimentar placer al perdonar?

F) Esfuérzate por adquirir el nivel en el que no sientas siquiera ningún dolor ni hieras cuando alguien te insulte. Perdonar a la persona que te ofende es un acto de elevado nivel, por el cual habrás de recibir el perdón por tus propias transgresiones (*Shaarey Kdushah* 1:6).

G) Cuando alguien te insulte, trata de hallarle algún mérito a esa persona. Esto puede resultar difícil, pero será un signo de grandeza si una persona puede llegar a vencer sus sentimientos negativos y buscar una forma para juzgar a la persona que lo ha ofendido, de una manera favorable.

Existe una posibilidad de que esa persona esté convencida de que le asiste un derecho y quizá hasta una obligación de decir lo que expresó. Podrá estar equivocado pero él siente que tenía una justificación para expresarlo (*Alufainu Mesubarim*, págs.79-80-102).

H) La *Torah* nos ordena que emulemos al Todopoderoso. Toda vez que alguien comete transgresiones, deberá considerarse esto como un insulto al Creador. No obstante El continúa brindándole vida y energía a ese transgresor. Deberemos esforzarnos para tener paciencia y tolerancia hacia los demás. Aun cuando nos hayan injuriado gravemente y no nos hayan pedido perdón, no deberemos abstenernos de hacerles el bien (*Tomar Dvorah*, Cap.1).

Algunas personas podrían preguntar "¿Si él no me ha

pedido perdón, y aun así sigo actuando con bondad hacia él, no estaría esto enseñándole que debe continuar insultándome?" La respuesta es: "No necesariamente". Tú deberías tratar de ser una persona de buen corazón sin importarte de que manera actúan los demás. Con la mayoría de la gente si tu no tomas en cuenta sus insultos y te comportas de una manera bondadosa con ellos, terminarán sintiéndose incómodos de continuar insultándote y dejarán de actuar de esa manera. Si continuara insultándote deberías sentir el placer de haber vencido tu natural tendencia a la venganza, y te sentirás con una mayor elevación espiritual por tu bondad.

Cuando alguien insultaba al Rabí Israel Salanter, él solía dejar sus ocupaciones habituales para tratar de hacer alguna obra de bien para esa persona (*Ohr Israel*, pág.115).

El Rabí Noson Tzvi Finkel, Rosh Hayeshiva de Slobodka, tomó decisiones muy puntuales en cuanto a disciplinar a sus alumnos, con un enfoque cálido o severo. Cuando él sentía que un alumno se estaba volviendo arrogante, intentaba tratarlo de una manera tal que contrarrestara ese rasgo negativo de su personalidad. Cuando en cambio sentía que le faltaban sentimientos positivos hacia un determinado alumno o si un estudiante había sido irrespetuoso hacia su persona, no usaría severos métodos de disciplina con el mismo. Rav Noson Tzvi pensaba que si usaba métodos drásticos en esos casos, su motivación subyacente podría ser de índole personal. Por lo tanto él salía de su rutina y se mostraba particularmente cálido y amistoso en esa situación (*Tnuas Hamussar*, Vol.3, pág.233).

El editor de un diario que había difamado y ridiculizado al Rabí Yoel Teitelebaum, el Satmar Rav, vino a ver al Rebbe y le informó acerca de las dificultades financieras de su hija. Ella estaba comprometida para casarse pero carecía de los fondos suficientes para comprarse un departamento. Después que el Rebbe le dio una gran suma de dinero alguien le susurró en su oído: "¿No sabe usted quién es?"

"Por supuesto que lo sé", respondió el Rebbe y luego de un momento de vacilación llamó de vuelta al editor y le dio aún más dinero (*El Observador Judío,* Nov.1979).

I) El Rabí Pinjos de Koretz dijo lo siguiente acerca de vengarse por un insulto. Imagínense a un hombre que esté parado frente a un rey. Si alguien se acercara para abofetearlo en el rostro, por temor al rey esa persona casi se olvidaría del golpe. Pensaría para sí mismo, además: "No puedo desquitarme ahora. El rey ha presenciado lo que él me hizo, y si lo aprueba nada podré hacer. Si en cambio el rey lo desaprobara, él mismo habrá de castigarlo por lo que me ha hecho". De manera similar, estamos en presencia del Todopoderoso y no deberíamos responder a los insultos (*Jofes Tzufim*, N° 89).

J) Un buscador de la verdad que haya llegado a dominar el atributo de la verdad no se sentirá insultado por muchas cosas, que otros podrían considerar como una afrenta a su honor. Su objetivo en la vida es el de ganar sabiduría, y por lo tanto le resultará irrelevante e inconsecuente la consideración de la forma en que otras personas le hablen.

El Rabí Akiva Eiger, cierta vez concurrió en Varsovia a una importante conferencia y alguien se acercó a él y le pidió una bendición. El Rabí Akiva Eiger era un hombre muy humilde y sostuvo que no era digno de dar bendiciones a la gente. Sin pensarlo la persona citó el dicho Talmúdico: "No permitas que la bendición de una persona simple parezca trivial ante tus ojos". De inmediato se dio cuenta de su error, y trató de rectificarlo explicando el dicho como sigue: "No permitas que la bendición a una persona simple parezca trivial ante tus ojos".

El Rabí Akiva Eiger le dijo humildemente: "Estuviste correcto cuando empleaste el término persona simple al referirte a mí" (*Jut Hameshulash*, pág.217).

Mi padre político el Rabí Simja Weissman, una vez conducía su coche cerca de la yeshiva del Rabí Moshe Feinstein en New York. Cruzando la calle estaba su hijo Moshe y el Rabí Weissman lo llamó en voz alta diciéndole: "¡Moshe ven aquí!". El Rabí Moshe Feinstein, una autoridad en el Talmud y en la Ley Talmúdica famoso en el mundo entero, estaba a media cuadra de distancia, pensando que mi padre político lo estaba llamando comenzó a cruzar la calle. Cuando mi suegro se dio cuenta lo que estaba ocurriendo corrió rápidamente hacia el Rabí Fenstein para disculparse ante él, explicándole que él nunca llamaría a un gran erudito por su primer nombre sin añadirle un título, y que habría procedido más que descaradamente llamando al Rabí Feinstein para que se viniera a verlo. El Rabí Feinstein dijo que no lo molestaba y no lo ofendía en lo más mínimo.

K) Esfuérzate en adquirir el atributo de aceptar con calma cualquier cosa que te pudiera suceder. Cuando domines este rasgo de tu carácter te resultará fácil estar precavido para no hablar contra los demás. Si te alteras cuando otra persona diga algo que te interpretas como un insulto, te resultará difícil hablar en contra de él. Aun cuando alguien te agraviara mucho, entrénate para permanecer silencioso y aceptar el insulto (Jofetz Jayim: *Shmiras Haloshon: shaar hatvuvah*, Cap.8).

Trata de representar en tu mente un cuadro en el que alguien te esté insultando y que tú lo aceptes calmadamente. Si al principio este producto de la imaginación te evoca una excesiva sensación de ansiedad, sigue repitiéndote vívidamente la escena, y continúa diciéndote que puedes aceptarla con fuerza interior y coraje hasta que realmente experimentes esa fuerza y ese coraje. Cuanto más lo practiques, más fácil te resultará permanecer calmo enfrentando los insultos.

L) El Jofetz Jayim escribió que existen tres niveles en cuanto a permanecer callado cuando alguien te insulta:

* El primer nivel es aquel en que tu le respondes, pero que tu contestación no sea un insulto a cambio de otro.

* El segundo nivel es cuando te sientes mal con el insulto, pero permaneces no obstante silencioso porque no deseas que esa persona te siga injuriando más de lo que ya lo hizo.

* El nivel más alto es cuando alguien sienta verdaderamente alegría al ser insultado, por amor al Todopoderoso que le ha enviado el sufrimiento como una expiación (*Idem*).

M) Cuando alguien te ofenda, trata de sentir alegría al vencer tu natural tendencia a querer vengarte por su conducta (*Jinuj V'edun Haheregeshim*, pág.341).

Un discípulo del Rabí Yejezkel Levenstein relató lo siguiente: "Una vez vi a Rav Yejezkel en un estado de extrema felicidad, y le pregunté cual era la razón del mismo".

"Alguien me ha insultado fuertemente en el día de hoy, y nada le respondí al respecto. Por eso estoy alegre", respondió el Rabí Levenstein (*Marbitzai Torah Hamussar*, Vol.4, pág.112).

Mientras que mucha gente evalúa los insultos como hechos negativos y consecuentemente su reacción emocional podrá ser o bien de ira o de tristeza, el Rabí Levenstein evaluó como extremadamente positiva la capacidad de permanecer calmo, y su reacción emocional fue de alegría. Como ya lo hemos mencionado anteriormente, no reaccionamos emocionalmente frente a un hecho en sí mismo pero lo hacemos con relación a nuestra evaluación de ese hecho. Si llegas a manejar una actitud positiva en cuanto a permanecer silencioso frente a los insultos, experimentarás placer aunque otras personas sintieran dolor en una situación similar.

N) El Rambam en su comentario a *Pirke Avos* (4:4) relató que a un hombre virtuoso se le preguntó una vez: "¿En que día de tu vida experimentaste la alegría más grande?" el hombre virtuoso respondió: "Fue el día en que viajamos en un barco, alguien me humilló mucho, tratándome en forma muy vergonzosa. Sin embargo no sentí siquiera un ápice de resentimiento. Experimenté una gran alegría cuando alcancé tal nivel que ningún insulto podía causarme dolor alguno".

Mucha gente considera el día más feliz de su vida cuando reciben el aplauso y son aclamados por los demás, pero el hecho de que necesiten de la aprobación de otras personas para su felicidad, los hace dependientes de los mismos. Alguien que pueda hallar la felicidad aun cuando sea insultado podrá asegurarse de tener una existencia placentera. Una vez que una persona sabe de que es capaz de experimentar sentimientos de carácter positivo aun cuando sea injuriado, estará libre de temor de lo que la gente pudiera decir de él. Esto le dará a la persona un sentimiento de liberación. Si crees que las palabras de alguien no podrán herirte así ha de ser.

10. Técnicas para enfrentar los insultos

A) Si existiera algún aspecto negativo acerca de tu persona con el que alguien pudiera insultarte, menciónalo antes de que los otros lo hagan (*Bava Kama* 92b).

Al mencionar los hechos negativos, en primer lugar sacará el aguijón de un insulto que otra persona podría clavarte. En forma similar si tu estás de acuerdo aceptando con buen humor un insulto que alguien te infiera diciéndole que tiene razón, dejará entonces de repetir dicho agravio. Por ejemplo si alguien te dice: "Eres un estúpido" y tú le responde, "si soy un estúpido", será menos probable que él te continúe insultando, y si aún lo hiciera, se detendrá en breves instantes cuando tu le digas sonriendo que estás de acuerdo con él cada vez que pronuncie un insulto.

B) Aprende a esperar lo peor y acéptalo haciendo lo cual te verás libre de sentimientos de dolor que provocan los insultos.

En su juventud, el Rabí Yitzjok de Vorki una vez viajaba con un amigo en un carromato. El cochero, una persona rústica los insultó. El amigo de Rav Yitzjok riñó con el conductor, pero Rav Yitzjok permaneció silencioso y sereno.

"¿Cómo pudiste tolerar la forma en que nos insultó?", le preguntó el amigo.

"No te preparaste adecuadamente", le respondió el Rav Yitzjok. Tú esperabas que el conductor fuese amable, por cuyo motivo te resultó difícil aceptar el hecho de que nos insultara, yo sin embargo tenía el conocimiento de que algunos cocheros suelen maltratar verbalmente a sus pasajeros. Cada vez que viajo me preparo mentalmente para aceptar el peor posible de los insultos. Generalmente los agravios son menores de los que estoy dispuesto a aceptar, y por lo tanto no me incomodan" (*Derej Tzadikim*, pág.51).

C) No permitas que los insultos te desvíen de un objetivo particular cuando estés hablando con alguien. Mantén tu mente concentrada en el objetivo con el cual comenzaste, y podrás de esta manera no prestar atención a los insultos. Por ejemplo, suponte que estás tratando de venderle algo a otra persona, y en medio de tus tratativas de venta esta persona te insulta, por lo que podrías sentir una reacción inicial a discutir acerca de ese insulto. No lo hagas, ya que tu objetivo en esa conversación no fue el de asegurarte de que esa persona no te insultara, pero sí el de influenciarlo a que te compre algo. Discutir sobre el insulto es lo más probable que eche a perder tu oportunidad de tener éxito en tu objetivo original. En la medida en que mantengas la misma meta con la que comenzaste en tu mente, el insulto sólo ocupará un sitio de menor importancia, y será relativamente sencillo no prestarle atención. Este simple concepto te evitará muchas reyertas familiares. ¿Cuál es tu mayor objetivo cuando trates con tus padres, tu esposa o tus hijos? Al preguntarte cual es la mejor manera de llegar a tu meta te evitarás innecesarias disputas.

Cierta vez cuando el Rabí Moshe Schwab, estaba recolectando dinero para la Yeshiva de Gateshead, un posible donante le cerró la puerta con fuerza en su cara. Sin inmutarse el Rabí Schwab llamó a esa persona por teléfono y se disculpó por haberlo irritado. Al oír la disculpa del Rabí Schwab la persona se calmó, y esto le dio la oportunidad para explicarle a esa persona que si aún no deseaba hacer una donación a la yeshivah, debería apreciar el valor del estudio de la *Torah*, en tal grado que no debía insultar a nadie que representara a la Yeshiva. Debido a su método diplómatico esa persona se disculpó ante el Rabí Schwab y le solicitó que volviera a su casa para darle una importante donación (*Maarjai Laiv*, pág.38).

D) Tenemos la capacidad de desprendernos mentalmente del contexto de una situación (*Maaneh Raj*, Cap.5). De esta manera podremos observar los gritos y alaridos que una persona nos profiere, como si estuviera maltratando a algún otro. Si presenciaras un hecho donde un extraño insultara a otro extraño, no lo tomaría como algo personal y por consiguiente no te afectaría emocionalmente. Con una pequeña práctica puedes aprender a abandonar espiritualmente una situación toda vez que lo desees. En tanto esto no debe hacerse como un modo de evasión para escuchar críticas constructivas, podremos sin embargo evitarnos dolores innecesarios, abandonando mentalmente una situación cuando seamos insultados.

E) Cuando seas agraviado erróneamente y te sientas molesto por ello, tendrás la capacidad de imaginarte que el agresor es un idiota o un insano. Si un idiota dijera algo, comprenderíamos que tiene un problema y no lo tomaríamos seriamente. Alguien que te insulte indebidamente estará actuando de una manera demente, aun cuando en otras áreas sea bastante cuerdo e inteligente (*Maaneh Raj*, Cap.12).

F) Aunque el dominio de la actitud de no permitir que los insultos de alguien te molesten sea un objetivo por el cual se debe luchar, el mismo es extremadamente difícil de alcanzar. Por lo tanto valdría la pena de pensar en las formas de contestar a los insultos, de una manera que no ofendan a la otra persona sino que al mismo tiempo lo hagan sentirse mejor. No utilices calificativos con los cuales ofendas a una persona ("¡Eres peor que yo, idiota"), ni reacciones defensivamente ("¿Cómo pudiste haber dicho algo que me hiera tanto?"). Algunas posibles respuestas son las siguientes: "Razonemos juntos en lugar de insultarnos". "Te agradecería que no me hablaras de esa forma". "Insultar a alguien no resulta apropiado para alguien con tu carácter" podrías preguntarle si desea ser una buena persona, y cuando él te responda afirmativamente, podrías decirle: "Incluido en esto está el hecho de que deberías hablar con respeto y consideración para los demás. ¿Qué te parece?" A algunas personas deberías replicarles de una manera más enérgica con expresiones tales como ésta: "Le corresponde a una persona de mayor importancia jugar con palabras, que dañar con palabras" o "pensé que serías una mejor persona de lo que eres".

Cuando el Rabí Iosef Hayim Sonnenfeld llegó a Jerusalem en 1873, se fue a visitar la Pared Occidental acompañado por otro judío. En el camino un árabe le arrojó una naranja en mal estado. Rab Iosef Jayim se volvió hacia el árabe y le dijo en Yiddish: "Muchas gracias". El árabe no lo entendía pero estaba curioso por saber que es lo que había dicho. Cuando la persona que acompañaba al Rabí Sonnenfeld tradujo sus palabras, el árabe le preguntó porqué las había dicho.

A través del intérprete el Rabí Sonnenfeld le explicó: "Te agradezco por arrojarme una naranja y no una piedra".

El que arrojó la naranja se sintió incómodo y a partir de ese momento siempre le demostró al Rav Iosef Jayim un gran respeto cuando pasaba por su almacén (*Ketzah Hashemesh Bigvuroso*, pág.192).

G) Una técnica para vencer el temor a los insultos consiste en pedirle a alguien que te diga: "Eres la peor persona que jamás haya existido. Nadie podría decirte jamás algo peor, y esto te demostrará que te afecta no aquello que alguien te pueda decir, sino tu actitud por lo que dice esa persona. Dado que él repite tus palabras, no lo tomas seriamente ni tampoco habrás de sentirte herido por lo que él diga. Ahora podrás darte cuenta de que tienes la capacidad de no considerar los insultos sin tener en cuenta lo que alguien te diga, en tanto no agregues ninguna manifestación negativa mentalmente después de cada agravio.

H) Una técnica muy efectiva para lograr que alguien deje de insultarte es pedirle a esa persona que agregue mayores agravios. Contempla esta situación con un sentido de buen humor y trata de disfrutarla realmente. Con una sonrisa en tu rostro dile a esa persona: "He leído acerca de los beneficioso que resulta para una persona oír como se la insulta sin devolver dicho insulto. Por lo tanto te pido por favor que me insultes tanto como puedas, porque lo disfruto mucho y espero que me continúes agraviando mucho más". Continúa alabando a esa persona por tus insultos (*Erej Apayim*, pág.82).

I) Cierta vez cuando el Rabí Iosef Pressburger autor de: Tiferes Iosef, caminaba por las calles de su ciudad, algunos niños no Judíos lo corrieron llamándolo por motes insultantes. El continuó caminando como si no hubiera oído nada de lo que le dijeron. Un adulto no Judío pasó al lado de los niños y les dijo: "¿Por qué están ustedes perdiendo su tiempo con estas personas?" "¿No ven que es sordo y que no los puede oír?"

En otra ocasión el Rabí Iosef Pressburger estaba caminando con un conocido, cuando unos niños no Judíos le hicieron observaciones antisemitas. El conocido quería golpearlos con un bastón, pero el Rabí no lo permitió.

"Déjalos" dijo el Rabí, "y yo arreglaré el asunto pacíficamente". El Rabí se volvió entonces hacia los niños insolentes y les ofreció una pequeña moneda a cada uno si continuaban insultándolo durante todo un minuto. Después de haberlo hecho les dio a cada uno la moneda. Repitió esta oferta un par de veces, y cada vez que lo hacían recibían una moneda. Finalmente les dijo que podrían continuar insultándolos pero que ya no tenía más dinero para pagarles.

"Si te rehúsas a darnos más dinero nos rehusaremos a insultarte" dijeron los niños y se fueron (*Ketzais Hashemesh Bigvuroso*, pág.189).

Una persona sólo hará algo si comprueba que podrá obtener algún resultado positivo. En el primer caso cuando vieron que el Rabí no prestaba atención a sus insultos, dejaron de hacerlo. En el segundo caso el Rabí cambió su motivación del placer de insultarlo, a un método de recibir dinero. Tan pronto como no pudieron recibir más dinero, dejaron de estar motivados para insultarlo. Estos dos casos nos proporcionan una guía de como se puede evitar que otras personas nos insulten.

11. *Los autores y oradores públicos debieran esperar las críticas de la gente*

El Rabí Moshe Sternbuj escribió la introducción de uno de sus libros, que cuando él había escrito su primera obra titulada Moadim Izmanim, le pidió al Rabí Dov Beirish Widenfeld el Rav de Tshabin, que le diera su aprobación. Luego de darle la carta, el Rav Tshabin le dijo que le agradaría proporcionarle algún buen consejo surgido de su propia experiencia. Por regla general cada libro que es publicado habrá de recibir alguna crítica. Cuando vivía en Polonia, el Rabí Widenfeld recibió muchas cartas con comentarios sobre su libro Dovair Maishorim. Una cantidad de ellas criticaba su estilo básico, en tanto que otras expresaban que debería haber agregado algún material, mientras otras decían que debería haber escrito menos, y sin embargo otras sostenían que el énfasis general debió haber sido diferente. El decidió finalmente no contestar en absoluto porque nunca había dedicado sus libros a nadie en especial, ni para todos, ya que de ser este el caso tendría que haber impreso miles de ejemplares. En lugar de ello, lo escribió únicamente para aquellos que querían el tipo de libro que se ajustaba al que realmente era. Por esta razón si alguien tenía quejas acerca de su estilo general, la respuesta era a esa persona que el libró no había sido escrito para él. Si alguna gente extraía placer del mismo, era porque el libro valía la pena para ellos. El Rabí Widenfeld añadió que él debía darse cuenta anticipadamente, que la gente lo criticaría y que aún trataría de restarle valor a su libro con toda clase de quejas, por lo cual debía tenerse en cuenta que ese libro no era para todos. Si un autor adopta esta actitud podrá ignorar las críticas injustas y no se sentirá abatido por esa causa. Ya desde el comienzo debía aceptar el hecho de que su libro no sería apreciado por todos. Sólo un pequeño número de personas lo disfrutará y es como si hubiera sido escrito sólo para ellos (Int. a *Hiljos Hagra Uminhagav*).

Alguien escribió una vez un artículo en un diario de la *Torah*, criticando algunos pensamientos sobre la *Torah* emitidos por el Rabí Isser Zalman Meltzer. Un preocupado amigo del Rabí Meltzer fue a verlo, con una exposición en la que se rebatían los argumentos incluidos en el artículo. El Rav Isser Zalman sin embargo no daría permiso a su defensor para que publicara la respuesta.

"La persona que atacó mi artículo padece de problemas familiares", dijo el Rabí Meltzer. "Le da un poco de felicidad pensar que ha probado lo contrario de lo que yo he escrito. No quiero perder una oportunidad para mitigar los dolores de alguien" (*Yejidam Sgulah,* pág.269).

12. *Si alguien te insultara observa si puedes extraer alguna enseñanza de lo que te dice*

Cuando alguien te insulte, aun por motivos egoístas, no descartes automáticamente lo que te diga. Procura en cambio verificar si existe algún aspecto de veracidad en lo que te diga, más allá de sus intenciones (*Daas Jojmah Umussar*, Vol.2, pág.76).

Cuando alguien hablaba en contra del Rabino Simja Zissel de Kelm, él expresaba en todo momento su satisfacción de que finalmente estaban haciéndose públicos sus defectos. Un empleado suyo una vez lo atacó verbalmente en presencia de otras personas. El empleado gritaba e insultaba llamándolo una persona perversa. Rav Simja Zissel se inclinó para escucharlo con gran interés. Algunas personas que estaban cerca trataron de sacar por la fuerza a esa persona, pero el Rabí Simja Zissel los detuvo diciendo: "El está completamente justificado", "Sólo estaba revelando la verdad" (*Tnuas Hamussar*, Vol.2, págs.42-45).

13. *La reacción adecuada con respecto a la crítica constructiva*

A) Cuando alguien te critique, deberás apreciar la oportunidad de superarte, y realmente estarle agradecido a esa persona (*Orjos Tzadikim*, Cap.6).

Cierta vez cuando el Rabí Simja Bunim de Parshisjo fue a ver a su maestro, tenía un aspecto muy pálido y enfermizo. Su maestro le preguntó qué le estaba pasando de malo.

"Alguien me ha humillado hasta el centro de todo mi ser", respondió Rav Bunim.

"¿Qué le contestaste?", preguntó su maestro.

"Me acerqué a él, le di un beso", contestó Rav Bunim.

Cuando su maestro insistió en saber lo que lo había incomodado, Rav Bunim le contó contra su voluntad que era a causa del libro *Shevet Mussar* "El Talmud (*Yerushalmi Shabbos* 1:2) manifiesta que cuando estudiamos las ideas de alguien, deberíamos imaginarnos a esa persona parada frente a nosotros. Cuando leí *Shevet Mussar*, me sentí absolutamente humillado al darme cuenta de mis numerosos defectos por lo cual casi me desmayo por esa incómoda sensación. Cuando me tranquilicé tomé el libro en mis manos y lo besé por iluminarme" (*Simjas Israel*, pág.29).

B) Deberíamos sentir tanta alegría cuando alguien nos analiza, como si hubiéramos encontrado un cuantioso tesoro (*Orjos Jayim*, del Rosh).

Si alguien te aconsejara sobre la forma en que puedes ganar dinero o te indicara que lo estás perdiendo, deberías apreciar considerablemente los comentarios de esta persona. Trata de considerar sugerencias sobre la forma de modificar tu conducta y carácter de esa manera.

C) Ninguna persona puede darse cuenta de todos sus defectos. Cada uno se considera a sí mismo como una persona recta y piensa que todo lo que hace es lo correcto. Para cada acto que hace una persona tendrá miles de excusas y fundamentos racionales. Nadie puede ver aquello que va contra sus prejuicios. Nadie podrá ser mucho más objetivo acerca de sí mismo y poder descubrir todos sus yerros y defectos. Por lo tanto debes prestar atención a lo que un crítico pueda decirte (*Mussray Rabeinu Yehonoson*, pág.45.

D) Toda persona cuyo principal objetivo en la vida sea su crecimiento espiritual, sentirá amor por todo aquel que le sugiera las formas en que podrá superarse (Maguid de Dubno: *Sefer Hamidos: shaar haahava*).

Por supuesto resultará más placentero si alguien trata de corregirte de una manera más atinada, pero si tu objetivo fuera la autosuperación habrás de agradecer la crítica aun si no está expresada en el tono que te agradaría escuchar.

E) Si alguien te refuta deberás agradecerle por corregirte. Una persona sentirá mucha gratitud por un médico que le extraiga un tumor que podría serle fatal. Nuestra actitud hacia alguien que nos señala nuestras faltas debería ser similar. Resulta fácil resentirse con alguien que trata de corregirnos. Concéntrate en el gran beneficio que obtendrás de la oportunidad de superarte. (*Jojmah Umussar*, Vol.1, pág.34).

F) Un buscador de la verdad no verificará para determinar si la persona que lo critica tiene valores o no. En lugar de ello ponderará las quejas que le formule para ver si son válidas o no. Tu único criterio al escoger un médico será el de si posee un conocimiento profundo de la medicina. Sería relevante que te comportaras en tu vida personal aprobando el servicio que te prestan en tanto te sea favorable, adopta una actitud similar cuando alguien te señale tus defectos. La única cosa que cuenta es saber si lo que dice podrá conducirte a lograr tu superación (*Kojvai Ohr*, pág.29).

G) Una persona que esté sinceramente interesada en lograr su superación, dejará de lado sus costumbres habituales para buscar a la gente que tenga conocimiento de sus defectos, y que esté dispuesto a señalárselos. Mucha gente sin embargo hará todo lo posible para tratar de ocultar sus faltas ante los demás, de modo que no se vea presionado para cambiar (*Kol Tzofayij*, Vol.1, pág.44).

Ocultando tus defectos ante los demás para que no te los corrijan, podría evitarte molestias momentáneas pero en definitiva continuarás con tus defectos. El Rabí Sholomo Luria, autor de *Maharshal sobre Tosfos*, designó a una persona especial para que le sirviera de crítico. Cada día a una hora determinada se encontraba con él, y el crítico le señalaba al Rabí

Luria sus defectos y falencias. Durante estas sesiones el Rabí Luria vestía su talis y se preparaba para escuchar atentamente (*Idem*).

H) El temor a la crítica se nutre de sentimiento de inferioridad. Una persona que está insegura de si mismo se sentirá herida si alguien trata de señalarle algunos de sus defectos. Una persona sabia observó: "Le resulta más fácil a mucha gente tolerar a mil personas que conozcan sus defectos sin mencionárselos, que tener que escuchar que una sola persona los critique de frente". Solamente temerás la crítica si tratas de engañarte a ti mismo o a los demás acerca de como eres en realidad. Un buscador de la verdad estará siempre agradecido a quien lo critique, ya que verá la crítica como una herramienta que le permitirá superarse.

Cuando alguien te critique y te sientas herido, es posible que te digas a ti mismo: "¡Qué terrible me resulta que conozcas mi defecto. Qué desagradable resulta que tenga tal defecto. Quien sabe si podré superarme!". Pero sería mucho más sensato que te dijeras: "Qué afortunado soy que esta persona me haya dado la oportunidad para crecer. Trataré de hacer los cambios necesarios en mi conducta o en mi actitud". Si te sientes herido por la crítica de alguien, recuerda que es tu elección la de sentirte afectado. Podrás elegir las manifestaciones que habrás de hacerte y que te permitirán sentirte agradecido por la oportunidad que tienes de superarte.

Capítulo Diecisiete
LA ENVIDIA

1. La esencia de la envidia

A) Desarrolla la actitud de sentirte satisfecho con lo que tienes, aun cuando los otros poseyeran más que tú. Considera como cuantioso lo que poseas, y escaso lo que tengan los demás, deseándoles a esas personas que incrementen sus actuales pertenencias. El envidioso siempre considerará que lo que él posee es demasiado poco, en tanto que les resulta excesivo lo que tienen los otros. El desea en realidad que ellos tengan cada vez menos. (*Reishis Jojmah: shaar haanavah*, Cap. 1).

B) La envidia proviene de limitarse a considerar únicamente los escasos momentos de buena suerte en la vida de otra persona, ignorando en cambio sus años de infortunio. (*Mijtav MaiEliyahu*, Vol. 3, Pág. 302).

C) La esencia de la envidia obedece al profundo deseo de ser otra persona, y en su forma extrema constituye la completa anulación de la propia personalidad. (*Alai Shur*, Pág. 184).

D) Por lo general la gente no envidia las virtudes de alguien, sino los honores que esa persona recibe por sus virtudes (*Jayai Hamussar*, Vol. 2, Pág. 209).

E) Es muy común que la gente se sienta envidiosa de alguien que ellos conocen que se haya hecho famoso, especialmente cuando tengan la sensación de que esa persona no merece el renombre que está obteniendo. (*Mitzvos Halvovos* 2:27).

F) La causa que origina el odio que una persona pudiera sentir hacia alguien más encumbrado que él, está fundada en la arrogancia (*Shaarey Kdushah* 1:2).

La persona arrogante considera que es arbitrario ó injusto

que otro posea algo de lo que él carece. El que se conceptúa a sí mismo como mejor que los demás, se sentirá irritado si es superado por otros.

2. Sé sincero contigo mismo, con relación a tu propia envidia

A) Cuando sientas envidia de alguien que haya logrado alcanzar algo que tú no has podido lograr, puedes interpretarlo como un mero deseo tuyo de haber podido emular a esa persona, sintiéndote mal por no ser mejor de lo que eres. Probablemente, la verdad es que tu envidia se traduce en odio hacia esa persona, por lo cual sentirás dolor porque esa persona haya hecho algo bueno, y no porque tú necesites mejorar (*Baas Jojmah Umussar*, Vol. 3, Int. , Pág. 8).

B) Sentir un ligero matiz de malestar cuando oigas a alguien elogiar a otra persona, será el comienzo de un sentimiento de envidia. Tan pronto como tengas conciencia de esta reacción, deberás cambiar tus pensamientos para erradicar la envidia. (Rabí Isaac Sher: *Int. a Jeshbon Hanefesh*).

C) No desearías muchas cosas, si no hubieses visto que otros las poseen. La envidia te impulsará a desear más cosas que a las que aspirarías naturalmente (*Jojmah Umussar*, Vol. 2, Pág. 147).

Si algo no existiera, no te sentirías mal por no poseerlo. Nos sentimos molestos cuando nos estamos perdiendo muchas cosas que otras personas tienen. Confecciona una lista de aquellas cosas que estimas que no has logrado alcanzar. ¿Cuántas de ellas caerían en la categoría de la envidia? Una prueba consistirá en comprobar cuántos items de tu lista serían echados de menos por personas que vivieron hace doscientos años, cuando muchas de esas cosas no existían.

3. El daño que causa la envidia

A) La envidia no es meramente un rasgo negativo de la

personalidad. Puede realmente considerarse como una enfermedad seria y peligrosa. (*Orjos Jayim del Rosh*, Nº 113).

B) La envidia causa dañinas reacciones fisiológicas. Una persona envidiosa siempre se sentirá triste y desdichada, y no podrá estudiar la *Torah* ni orar correctamente, dado que su mente estará constantemente ocupada con otros pensamientos. No podrá disfrutar de los alimentos que coma. Cuando tengas envidia de lo que posee otra persona, llenarás tu mente con preocupaciones, sufrimientos y desdichas mientras que la persona a la que envidias se divierte. (*Reishis Jojmah:, shaar haanavah*, Cap. 7).

C) La envidia proviene de la insensatez y de la falta de comprensión. Cuando sientes envidia de alguien, no ganarás absolutamente nada ni le causarás perjuicio alguno a la persona que envidias. El único que sale perdiendo eres tú. Hay gente cuya necedad es tan pronunciada, que cada vez que ven a alguien del que saben que ha tenido buena suerte, se sienten dolidos y padecen sufrimientos.Están tan apesadumbrados por lo que los otros han logrado, que llegan a no experimentar placer alguno por lo que ellos mismos poseen. (*Mesilas Yeshorim*, Cap. 11).

Si te causas sufrimientos por envidia al decirte lo terrible que te resulta no poseer algo que alguien ha obtenido, no sólo no habrás de beneficiarte con ello, sino que estarás dejando d disfrutar de aquello que posees en el presente. Si bien es cierto que podrías no tener tanto como la otra persona, deberías ser tan feliz como ella lo es, si te concentras en aquello que realmente posees.

D) La envidia es un sentimiento de orden irracional. Cuando estás ardiendo preso de la envidia, la persona a quien envidias no estará afectada por ello: Si tiene conocimientos no dejará de tenerlos y si posee riqueza seguirá disfrutando de ella. La persona envidiosa sólo logra destruirse a sí misma. Cuando más se lamente de la buena suerte de los demás, mayor será el daño que se cause a sí mismo. (*Jojmah Umussar*, Vol. 1, Pág. 240).

E) La envidia destruye la paz espiritual y la felicidad. La vida de una persona envidiosa está llena de padecimientos y de resentimiento. Nunca será feliz con lo que posee. Hay mucha gente que realmente podría disfrutar de la vida, pero tienen un gran problema que se lo impide. Cuando ven que otros son más pudientes, llegan a perder su paz espiritual. (Rabí Michel Barenbaum: *Sijos Mussar*, Pág. 16).

F) Si envidias a los demás nunca gozarás de la vida. Siempre encontrarás a quien envidiar, sin tener en cuenta la importancia de lo que poseas. Habrá invariablemente otra persona que sea más importante que tú, ya sea en lo que respecta a conocimientos, riqueza o poder. A menos de que dejes de compararte con los demás, tu vida entera estará llena de innecesarios dolores y padecimientos. (*Oraj Maishorim*, Cap. 13, biur, Nº 6).

Debes considerar que en cada grupo sólo uno puede ser el mejor. Por ejemplo en un establecimiento educacional con quinientos estudiantes, sólo uno tendrá la mejor memoria, y cuatrocientos noventa y nueve no la tendrán. Sólo uno aportará los mejores y más originales pensamientos (que no habrá de ser necesariamente el que tenga la mejor memoria) y el resto no la tendrá. Por lo tanto, aquél que sea envidioso de las virtudes y logros de los demás, habrá de experimentar inevitablemente muchos padecimientos anímicos, sin tener en cuenta la magnitud de sus logros.

G) Existe una fuerte tendencia de la gente a aspirar a ser los mejores en distintos campos: conocimientos, buenas acciones, riqueza y honores. Este deseo puede ocasionarle una sensación de sufrimiento a una persona si alguien lo superara o tuviera más que él. Cuando la envidia es fuerte, la persona sentirá odio y animosidad hacia aquél a quien envidie. Le deseará el mal y murmurará contra ella. Tales sentimientos de odio resultan muy destructivos. Si una persona tiene una tendencia a sentir envidia, su existencia entera estará plagada de angustias. Estará a la espera que los demás cometan errores para regocijarse cuando ello suceda. (*Pele Yoatz: Kinaah*).

H) La envidia es una de las causas primordiales del odio (*Shaarey Kdushah* 2:4, y *Maaneh Raj*, Cap. 15). Cuando alguien te desagrade deberías efectuar un sincero autoexamen para comprobar que no sientes envidia de él, ya sea de sus logros, sus virtudes, su trabajo, su fama o su popularidad. Cuando conozcas la fuente de tu odio, podrás vencerlo fácilmente.

I) Nuestras vidas son tan fugaces y breves, que no vale la pena desperdiciar nuestro tiempo para sentir envidia de nadie por motivo alguno. (Rabí Jayim Vitaal, *Shaarey kdushah*, 1:5).

4. Tú eres el causante del dolor ocasionado por tu propia envidia

Cuando una persona experimente el padecimiento de la envidia, será él mismo quien se cause ese dolor. (*Mijtav Mai Eliyahu*, Vol. 3, Pág. 314).

Si tomas conciencia de que tus propios pensamientos son la raíz de tu dolor, podrás esforzarte para cambiar tus ideas y actitudes con el objeto de aplacar el sufrimiento causado por la envidia. Dado que tú mismo eres el causante de este dolor tendrás también la capacidad de detenerlo. El hecho que otro sea más brillante, adinerado o más exitoso que tú, no debería ser el causante de tu padecer por la envidia. Tu aflicción proviene de decirte a tí mismo lo terrible que te resulta que esa persona te aventaje en algún área. Cuestiónate esa actitud con la siguiente pregunta: ¿Qué es lo tan terrible de todo esto?". Tan pronto como desarrolles una actitud neutral, o mejor aun de contenido positivo hacia el éxito de otra persona, te liberarás de la envidia y podrás tener sentimientos de contenido positivo acerca de la situación. La persona que sufre de envidia deberá releer este párrafo más de cien veces hasta que logre asimilarlo.

5. Tenemos la obligación de abatir la envidia

A) Cuando te lamentes por algo que te esté faltando, ya sea dinero o nivel social, y en el medio de estos pensamientos te representes de pronto la imagen de cómo alguien que tú conoces haya adquirido dinero u honores, deberás considerar que esos pensamientos son las etapas iniciales de la envidia. Esas ideas constituyen las peligrosas raíces que destruirán el amor por tus amigos. Será un imperativo vencer esos pensamientos precisamente en el momento en que comiencen a gestarse. (Rabí Isaac Sher: *Int. a Jeshbon Hanefesh*).

B) La *Torah* nos requiere que eliminemos los sentimientos de envidia y animosidad hacia los demás. Este no debe ser considerado como un rango que pueda esperarse solamente de las personas muy eminentes en su nivel espiritual, sino también de la persona término medio que tiene a su vez la capacidad de liberarse de estos sentimientos negativos, si pone su máximo empeño para ello. (*Daas Jojmah Umussar*, Vol. 1, Pág. 78).

C) Ten cuidado de no aceptar una posición, en la cual es muy probable que sientas envidia de los demás. (Jofetz Jayim: *Jovas Hashmirah*, Pág. 20).

D) Uno de los tipos más perniciosos de la envidia, es aquél en que alguien sienta deseos por algo que otra persona haya obtenido mediante transgresiones. El que envidia a otra persona que haya ganado mucho dinero violando las leyes de la *Torah*, estará concentrando su atención erróneamente en los beneficios materiales de esa persona, en tanto que deja de considerar el daño que se ha causado a sí mismo. (Jofetz Jayim: *Kuntros Nefutzos, Israel*, Cap. 2).

Este hecho resultará análogo al observar como alguien ingiere comida venenosa y sentir envidia pensando que esa persona está comiendo algo delicioso. Cualquiera que se concentrara en las consecuencias de ingerir el veneno sentiría piedad en lugar de envidia por esa persona. Envidiar a un transgresor pone de manifiesto un distorsionado sentido de prioridades.

6. *Una persona que domine el sentimiento de felicidad, no necesitará jamás sentir envidia*

A) Toda persona que aprecie que el Todopoderoso ha creado todas las cosas del mundo para su beneficio, tendrá conciencia del sinnúmero de cosas buenas que existen en el universo. Con esta apreciación, nadie se considerará pobre en comparación con otros, sólo porque esa persona posea un poco más que él. Aun el ser más pobre del mundo tiene muchas cosas por las cuáles debería estar agradecido. Todos tienen la capacidad de alcanzar un estado de felicidad. No permitas que otra persona que posea más que tú pueda llegar a robarte tu felicidad. (*Ahavas Maishorim*, Pág. 138).

B) Disfruta de lo que tienes y nunca tendrás que envidiar a los demás. Lo mejor que alguien pueda obtener de todo lo que llegue a poseer, de sus experiencias, habilidades o fama, ha de ser la felicidad. Si experimentas felicidad por lo que haces y tienes, nadie podrá realmente obtener un mayor beneficio que tú por lo que has logrado. Jamás deberás pensar que careces de cosas, ya que el fin último de esas otras posesiones será el mismo que el de las que ya tienes en el presente: el de la felicidad.

C) Aquél que profundice sus estudios de la *Torah* podrá tener tanto placer y deleite, que los placeres físicos y materiales que otros busquen empalidecerán en comparación con los mismos. (*Ohr Yohail*, Vol. 2, Pág. 7).

7. *La envidia está basada con frecuencia en errores de concepto*

A) En general no se puede juzgar la verdadera magnitud de la fortuna de una persona, guiándose por las apariencias externas. Lo poco que una persona virtuosa tenga, ha de ser mucho mejor que la ruidosa abundancia de la cual se deleitan muchos malvivientes. Las modestas posesiones de un hombre recto lo harán mucho más feliz, que las cuantiosas fortunas de muchos malhechores, acerca de las cuales se hace tanto alboroto en el mundo. (Rabí Samson Rafael Hirsh: *Los Salmos* 37:16).

B) Desde cierta distancia podrá parecer que existe gente hedonista, que viven una existencia dedicada completamente al placer. Esto resulta ser sin embargo una falsa imagen. Todo el bien de este mundo tiene mucha tristeza que lo acompaña, y no existe nadie que disfrute de un completo placer. Existe un dicho popular que expresa lo siguiente: "Cuando alguien se ríe, los demás se dan cuenta de ello, pero cuando alguien llora nadie lo ve". Aun la mayor buena suerte tiene importantes aspectos negativos. Los Sabios expresaron este concepto de manera concisa: "Aquel que incremente su riqueza, incrementará sus preocupaciones". (*Pirke Avos* 2:8). Existe otro dicho popular que expresa lo siguiente: "La gente no sabe de quien son los zapatos que lo están oprimiendo". Es decir que los zapatos de una persona podrán parecerles bonitos a los extraños, pero la persona que los usa sólo sentirá el dolor que le produzcan aquellos que lastimen sus pies. (*Jojmah Umussar*, Vol. 2, Pág. 348).

C) Una persona pobre podría envidiar a alguien que es rico. Este concepto, en cierta medida, está basado en un error. Con mucha frecuencia los sufrimientos y placeres del pobre habrán de equipararse con los de la persona adinerada. El mayor provecho que extraemos de algo, es cuando lo obtenemos por primera vez, pero luego de un breve lapso llegamos a acostumbrarnos a ellos. Eventualmente, la persona rica no obtendrá mayor deleite de sus comidas sofisticadas, que la que el indigente disfruta de sus comidas frugales. El provecho que un necesitado obtiene de una pequeña cantidad de dinero ganado, se equipara casi al placer que experimenta una persona opulenta al recibir una mayor suma de dinero. Así también, el dolor que experimente un potentado al echar de menos algo que desea fervientemente, ha de ser casi tan grande como el pesar de un necesitado a quien le falte un bien de carácter más indispensable. (*Jayai Olam*, Vol. 1, Cap. 6).

D) Una persona desdichada tiene la tendencia a creer que todos los demás en el mundo son felices, y que él constituye la única excepción. En este caso su envidia incrementará su falta de felicidad. Una mirada superficial sobre el resto del mundo, da la impresión de que los otros son verdaderamente mucho más felices que tú. Haz un esfuerzo para efectuar una observación más cuidadosa de los demás, y descubrirás que la vasta mayoría de la gente en el mundo están realmente exentos de felicidad. Por ejemplo mucha gente envidia a los que son muy ricos. Echa una mirada más minuciosa a sus vidas personales y con frecuencia descubrirás que tienen problemas que los privan de la felicidad. Muchas de estas dificultades no son simplemente hechos incidentales que ocurren, pero que en cambio se originan en la misma riqueza que posee esa persona. (Ver *Mijtav MaiHeliyahu*, Vol. 1, Pág. 1-3).

E) Cuando la gente envidia la cantidad de dinero que alguien haya ganado, omiten generalmente tomar en cuenta muchos factores que eliminarían sus sentimientos de envidia. Por ejemplo, cuando alguien envidia el sueldo de otra persona generalmente supone que esa gente no tuvo que trabajar duramente para obtenerlo. Con frecuencia esa persona tuvo que dedicarle un tiempo y esfuerzo considerable a su trabajo, mientras que aquél que lo envidia prefiere realizar trabajos más sencillos que requieran menos tiempo, aunque sus ingresos sean menores. Otro factor que con frecuencia no se toma en cuenta es que la otra persona podría tener muchos más gastos que tú, y a menudo está ligado al trabajo y por ese motivo no puede vivir una existencia más placentera. Esto resulta particularmente cierto cuando está residiendo en una zona donde los precios son más elevados. Si bien es cierto que gana más, pero debido a que gasta más, podría estar mucho más preocupado que tú acerca de sus dificultades financieras. (Jofetz Jayim: *Kuntros Nefutzos Israel*, Cap. 4).

F) Alguien me comentó que estaba pensando en algunas ideas para mejorar la apariencia del departamento en el que vivía. Con este propósito visitó algunos propietarios en busca de esas ideas, pero cada uno de ellos le puntualizaba los defectos que tenían sus viviendas expresándole que las otras eran mejores. En tal sentido, alguien de la planta baja le sugirió que los pisos superiores tenían mejores características. Cuando los visitó las personas que los habitaban, dijeron que los de los pisos inferiores reunían mejores condiciones, y otro tanto le ocurrió en uno del frente del edificio quien le ponderó a los que estaban ubicados en el contrafrente, y así sucesivamente. Resultó en conclusión que cada uno tenía conocimiento de todos los defectos de que adolecía su propio departamento, en tanto que desconocía los inconvenientes de las demás unidades.

Cuando se estaba construyendo uno de los principales caminos cerca de Kobrin, un Judío de mayor edad procedente de una ciudad distante, vino a trabajar en esa construcción. Desde las festividades de Rosh Hashanah hasta Sukos concurrió a orar a la Sinagoga del Rabí Moshe de Kobrin. Cuando estaba por dejar al Rabí era un día muy frío, pensó para sí:

"Rav Moshe tiene la suerte de ser un Rebbe, ya que puede permanecer en una casa calefaccionada y con mucha comida, mientras yo tengo que trabajar afuera bajo la lluvia y el frío".

En tanto que este hombre estaba sumido en lo profundo de sus sentimientos de envidia, entró una madre desesperada y gritó: "Mi hijo está gravemente enfermo. ¡Ayúdenme!. Las lágrimas de la mujer afectaron a todos los presentes, y el Rabí sintió un dolor mucho más intenso que todos los demás. El hombre entonces se dio cuenta que el Rabí de Kobrin sufría mucho más que él. (*Ohr Yeshorim*, Pág. 146).

G) La gente joven se imagina que existe un gran valor cuando se alcanza la fama. Aquellos con la experiencia de la vida, saben en realidad que la publicidad tiene una vigencia extremadamente corta. La naturaleza del mundo es que cada noticia produce una impresión muy poco duradera en el tiempo, la cual después de unos pocos minutos se borra totalmente y se olvida con rapidez, como si nunca hubiera existido. (Rabí Yosef Leib Bloj: *Shiurai Daas*, Vol. 3, Pág. 76).

Mucha gente envidia a aquellos que reciben mucha publicidad. Observando con detenimiento lo efímero que la publicidad realmente es, disminuirá su valor sustancialmente ante nuestros ojos. Desde un punto de vista práctico no hay razón algún para envidiar a aquellos que han recibido promoción.

H) A pesar de que una persona que considera al honor desde un punto de vista puramente racional se dará cuenta de lo ilusorio que éste resulta, si alguien llega a convertirse en un adicto al mismo, no sólo ha de sentir una necesidad de obtenerlo, sino que además sufrirá innecesariamente de los efectos perniciosos que produce el sentimiento de dolor causado por la envidia. (*Lev Eliyahu* Vol. 1, Pág. 172).

Toda persona que envidia a otra los honores que recibe, debería tratar de poner en claro sus propios objetivos. ¿Qué es lo que exactamente desea? ¿Querrá que los cuatro mil millones de personas sobre la tierra deban escucharlo y respetarlo. Esto resulta generalmente muy improbable. "Entonces un millón debería escucharlo? ¿Quizá cien mil? o ¿Tal vez durante un mes, una semana, un día, unas pocas horas o unos escasos minutos? Para la mayor parte de la gente el problema puede reducirse al hecho de que una relativamente pequeña cantidad de personas, pensará por un período relativamente breve que alguien lo supera en un determinado tema. Un extraño podría decir "¿Qué importaría esto? La persona que sienta envidia debería cuestionar ese sentimiento negativo formulándose las siguientes preguntas: "¿En qué habrá de afectarme que esta persona reciba más honores?" "¿Qué es lo que me impedirá ser feliz aunque alguien sea mejor conocido que yo?"

8. La envidia que se siente por asuntos espirituales

A) En materia de asuntos espirituales, cada persona en particular vive en un mundo absolutamente diferente. El universo de cada uno no se relaciona en absoluto con el del otro. Por consiguiente, no existirá ninguna necesidad de sentir envidia por los logros espirituales que logren los demás. (*Mijtav Me-Eliyahu*, Vol. 1, Pág. 126).

B) Aun en el área de los estudios de la *Torah*, deberás estar feliz con lo que ya haz aprendido y no sentir envidia de los otros. (Rabí Shlomo Kluger: *Mogen Avos* 4:1).

C) Le resultará sencillo a alguien que tenga dificultad para entender sus estudios de la *Torah*, sentirse envidioso de aquellas mentes brillantes que generan pensamientos originales. Este tipo de envidia representa un error conceptual. Todo aquél al que le resulte muy trabajoso interpretar un tema simple y que trabaje esforzadamente para entenderlo, sentirá el mismo placer de alcanzar un logro cuando finalmente asimile ese concepto, que el de aquella persona dotada de una mente brillante cuando comprenda algo acorde con su profundo nivel intelectual. Además, dado que el mérito de una buena acción está en proporción directa a la dificultad involucrada en su realización, la persona que más lucha para entender algo y que en consecuencia pone mayor esfuerzo que los demás, alcanzará realmente un nivel espiritual más elevado. (*Mijtav MaiEliyahu*, Vol. 3, Pág. 185).

D) El Jazon Ish escribió que todo aquél que disfrute sinceramente realizando actos de bondad en razón de su preocupación por el bienestar de aquellos que necesitan ayuda, no necesitará envidiar a ninguno que lleve a cabo buenas acciones. (*Emunah Ubitojen* 1:13).

E) El Rabí Simja Bunim de Parshisjo decía: "No me gustaría ponerme en el lugar de nuestro ancestro Abraham, porque en ese caso que ganaría el Todopoderoso con este cambio. Si Abraham fuera yo, y yo sería él, nada mejoraría en el mundo. Mi objetivo es el de mejorar mi propia conducta." (*Simjas Israel*, Pág. 53).

F) La envidia forma una parte tan arraigada en la personalidad de mucha gente, que no es razonable esperar que eliminen completamente este rasgo negativo. Deberían en cambio orientar dicha tendencia en una dirección positiva. Que envidien entonces a aquellos que tienen sabiduría, de manera que se esfuercen por tratar de obtener mayores conocimientos. (*Ohr Yohail*, Vol. 2, Pág. 27).

9. No estarás perdiendo nada cuando a otras personas les vaya bien

A) El Talmud (*Yoma* 38b) expresa que: "Ninguna persona podrá tocar aquello que está destinado a otro".

Un joven maestro de yeshiva, esperaba poder dedicar las tardes a ganar unos dólares adicionales en el mercado de diamantes, y con tal objeto se dirigió a amigos y familiares para que lo orientaran. Ellos le respondieron: "Nuestros mejores deseos para tí, pero no esperarás que te cedamos clientes, ¿no es verdad?"

Cuando el joven le confió al Rabí Moshé Mordejai Heshel sus inquietudes, éste que llegó posteriormente a convertirse en el Rebbe de Kopishneitz, pero que al mismo tiempo actuaba en los negocios, le proporcionó su lista completa de clientes y contactos.

"¿A cuál podré dirigirme?" le preguntó el joven.

"A cualquiera de ellos, a todos ellos, si tuvieras tiempo para hacerlo".

"¿A todos ellos? ¡Yo no quiero arrebatarte tu negocio!".

Rav Moshé se rió y dijo: "Nuestro sustento está en manos el Todopoderoso, y El tiene bastante para ambos, así que no debes preocuparte por ello". (*El Observador judío*, Abril de 1975).

B) La persona que tenga *Bitojen* no envidiará los bienes financieros de otra persona. (*Jovos Halvovos* 4: Introducción).

Alguien que carezca de *Bitojen* estará constantemente envidiando lo que los otros poseen. Estará convencido de que todo lo bueno que le suceda a los demás, le ha sido quitado a él. Esta forma de pensar lo instará a sentir animosidad hacia otros, los cuales lo despreciarán a su vez. (*Idem* 4:5).

C) Aunque mucha gente no viva consumida por grandes sentimientos de envidia, no estarán libre no obstante de las reacciones negativas que tengan el enterarse de los éxitos de los demás. Esto resulta particularmente cierto para aquella gente que ejerce la misma profesión. Elimina esos sentimentos negativos tomando conciencia de que lo que los otros logren no habrá de afectarte. (*Mesilas Yeshorim* Cap. 11).

D) Los sentimientos de envidia están basados en ilusiones ¿Qué es lo que pierdo realmente si otro tiene más dinero y recibe más honores que yo? (Rabí Iosef Y. Hurbitz: *Tnuas Hamussar*, Vol. 4 Pág. 225).

Cuando te surjan pensamientos de envidia, formúlate la siguiente pregunta: "¿Qué estoy perdiendo realmente, si esa persona posee lo suyo?". Si no resultara suficiente formularte esa pregunta, podrás vencer tu envidia repitiéndote calmadamente una y otra vez lo siguiente, hasta que realmente estén convencido de ello: "En realidad no me afecta lo que cualquiera posea." En un principio podrás repetirlo sin tener la convicción de ello, pero diciéndolo la suficiente cantidad de veces, comenzarás a asimilarlo.

El propietario de un almacén fue a ver cierta vez al Rabí Meir de Parmishlan y se lamentó de que alguien había puesto un comercio del mismo ramo cerca del suyo, con lo cual su medio de vida estaba en peligro. El Rabí Meir le dijo: "¿Has notado alguna vez que cuando un caballo trata de beber en un estanque, siempre hunde su casco con fuerza en el agua? Ello se debe a que cuando el caballo baja su cabeza para beber, ve su imagen reflejada, e imagina que otro caballo está tratando de beber al mismo tiempo, y temiendo que no haya suficiente agua para él tratará de espantarlo. En realidad, estará asustado de su propia sombra y por otro lado habrá suficiente agua para muchos otros caballos. Del mismo modo tú temes también a un enemigo imaginario. El Todopoderoso nos proveerá de sustento, y no tendrás necesidad de preocuparte acerca de lo que ganen los otros" (*Shivjai Meir*, Pág, 38).

10. No necesitas compararte con los demás

A) No concentres su atención en lo que tienen los demás, y de tal modo no sentirás envidia de ellos. (*Orjos Tzadikim*, Cap. 14).

Para vencer la envidia debes controlar el contenido de tus pensamientos. Aunque esto sea difícil de lograr al comienzo, se hará más fácil para todo aquél que constantemente se esfuerce en determinar el curso de sus pensamientos. (*Bais Shlomo*, Cap. 1).

B) Aquél que esté satisfecho con lo que posee será más rico que cualquier otra persona en el mundo que tenga más que otros, pero que no esté conforme con lo que le ha tocado. Continúa concentrándote en lo que poseas y no en lo que otros tengan. (*Mivjar Peninim*, Págs. 25-26).

C) La envidia proviene del intento de compararte con otras personas, como cuando cotejes tus posesiones con las de otra persona, estarás dominado por una tendencia a sentirse envidioso si crees carecer de algo de que dispone alguien. Deja de mirar por sobre el hombro para ver lo que tienen los demás, concentrándote en cambio en sacar provecho de lo que ya constituye tu patrimonio. De esta manera tu beneficio será doble, ya que disfrutarás de lo que es tuyo y no sufrirás a causa de lo que poseen los demás.

D) La persona humilde será feliz con cualesquiera sea la parte que le haya asignado el Todopoderoso, sin tener en cuenta su dimensión. (*Orjos Tzadikim*, Cap. 2).

La falta de felicidad provocada por aquello de lo que careces, está mayormente basada en la envidia "¿Si alguien lo tiene porque no he de ser yo su poseedor?". En la mayoría de los casos, si ninguno más en el mundo tuviera mayores posesiones que las tuyas, estarías feliz con lo que ya te pertenece. La persona humilde no es demasiado exigente y no dirá que es injusto y arbitrario que otras personas posean más que él ¿Quién es él para afirmar que tiene mayores méritos, por tener mayores posesiones? Su humildad le permitirá ser feliz con lo que ya tiene.

E) Cada persona difiere de las demás en cuanto a su personalidad y a sus condiciones innatas. Por lo tanto, cada uno tendrá un potencial para servir al Todopoderoso de una manera singular, de acuerdo a sus capacidades y pruebas personales. (*Jayai Olam*, Vol. 1, Cap. 3).

F) Es natural para cada persona, sentir envidia de los demás, a una altura de su vida. Gradualmente podrías ir notando las virtudes de los demás por un lado, y los defectos que te son propios por el otro. Finalmente esto podría llegar a incrementarse mediante el conjunto de tus observaciones, hasta que llegues a formarte un opresivo sentimiento de inferioridad al compararte con otras personas que se encuentran a tu alrededor. Esta es una sensación extremadamente dolorosa, que con frecuencia va acompañada por el desaliento: "¿Por qué debo intentarlo, dado que tengo conciencia que de todos modos no me será posible obtener tantos logros como lo ha hecho esta o aquella persona? La forma de aplacar este sentimiento se logra mediante la concientización de que cada persona constituye de por sí una entidad universal. No te midas de acuerdo a los parámetros de los demás. Tu obligación es la de alcanzar tus logros, valiéndote de los talentos singulares que te son propios. No necesitarás de la aprobación de nadie para ser una persona ponderable. (*Alai Shur*, Pág. 37).

11. *El deseo de ser el mejor*

A) Existe un tipo de envidia que prevalece entre la gente exitosa en adquirir conocimientos o amasar fortunas. Ellos quieren ser los "número uno", y no desean que nadie los supere en el área en que se destacan. Este sentimiento de envidia es de carácter muy negativo. Si alguien siente envidia por los conocimientos o por la riqueza en sí mismos, se sentirá motivado para tratar de obtenerlos en forma personal. Si, en cambio esa persona exige estar en un nivel más elevado que los demás, disfrutará con la caída de los otros. En este caso debería cuestionarse su actitud. ¿Cuál sería el verdadero daño que sufriría si alguien tuviera mayores conocimientos o más riquezas? Trata de acceder a un mayor conocimiento de la *Torah*, pero no deberías sentirte molesto si alguien alcanzara mayores logros en ese aspecto. (Maguid de Dubno: *Sefer Hamidos: shaar hasinah*, cap. 2).

Algunos discípulos del Rabí Baruj de Leipnich estaban alterados cuando cierto estudioso alegaba que superaba a su maestro. Le llevaron este problema a su maestro, quien respondió calmadamente: "No tengo ninguna duda que en el mundo exista un erudito más grande que yo. ¿Cuál sería entonces la diferencia si esta persona en particular cree ser el más grande erudito? (*Ohel Baruj*, Págs. 39-40).

B) La competencia puede causar mucho dolor e innecesarios sufrimientos. Puede con frecuencia conducir a muchas enfermedades serias causadas por estrés y hasta podrían producir una muerte prematura. (*Mijtav MaiEliyahu*, Vol. 1, Pág. 34).

Podrás superar la situación conflictiva al no afectarte demasiado acerca del hecho de compararte con los demás. En definitiva, ¿en qué podría afectarte lo que otros posean o hayan obtenido? Resulta mucho más productivo concentrar toda tu atención en tu propio potencial, en lugar de observar a los demás.

C) Aun en materia espiritual, la competencia puede causar mucho daño. Tratando de sobrepasar a los demás en exigencias y requerimientos extremos con el objeto de ser el más perfecto, puede ocasionar mucha ansiedad y desgaste emocional. Una persona en tal situación tratará de denigrar a los demás para elevarse a sí mismo. En asuntos espirituales esfuérzate por superarte y utiliza como modelos a otras personas, pero sin intención de competencia.

El Rabí David Leikes, un discípulo del Baal Shem Tov ofreció al respecto la siguiente parábola:

Un rey tenía que librar varias importantes batallas en diferentes países, a los cuales envió generales con sus respectivos ejércitos, siendo uno de sus comandantes el hijo del rey. Si éste tenía noticias de que otros generales habían salidos victoriosos en el campo de batalla, esto lo haría feliz, porque deseaba lo mejor para su padre, el rey. Si por el contrario esos generales al servicio de su padre estaban haciendo un pobre papel en el combate, habría de sentirse triste aun cuando el éxito lo hubiese acompañado personalmente. Sabía que las pérdidas que pudieran sufrir le causarían dolor a su padre, con el cual se solidarizaba.

Los generales en cambio estaban propensos a reaccionar de manera opuesta, sintiéndose felices solamente si ellos salían victoriosos. Si los otros generales sufrieran la derrota y solamente uno hubiese triunfado, ese general se regocijaría por lograr una posición más elevada ante los ojos del rey. Su objetivo sería exclusivamente su gloria personal, y en realidad no se sentiría preocupado acerca de aquello que era lo mejor para el rey.

En forma similar, una persona que realiza buenas acciones quiere cumplir con los deseos del Todopoderoso, será feliz aun cuando sepa que otros están obteniendo mayores logros que él. Sin embargo, si alguien siente pesar al enterarse de que los demás han obtenido mayores logros que él en materia espiritual, esto demostrará que está básicamente motivado por su deseo de engrandecimiento personal. (*Ohr Yeshorim*, Pág. 192).

12. *La envidia de las riquezas y posesiones*

A) En asuntos de índole material trata de centrar tu atención en aquella gente que posea menos, y no en los más pudientes. (*Jovos Halvovos* 3:7).

En lo que respecta a temas espirituales, cuando sientas que te estás volviendo arrogante, considera que existe gente virtuosa que ha alcanzado logros mucho mayores que los tuyos. Este tipo de pensamientos te ayudarán a acceder a la humildad. Sin tomar en consideración el poco dinero y el reducido monto de tus posesiones materiales, trata no obstante de dedicar toda tu atención a aquellos que posean aun menos que tú. Esto te evitará envidiar a los que tienen más. (Rabí Leví Yitzjok de Berdichev: *Kdushas Levi: Emor*).

B) Mucha gente piensa que ellos mismos se están privando de todo aquello que ven que otros poseen, y padecen sufrimientos por ese motivo. La principal razón por la cual tantos lujos son considerados como necesidades, es simplemente porque otras personas los tienen. La actitud correcta consistirá en concentrarse en aquellos que poseen menos que tú. Cuando domines esta habilidad, apreciarás constantemente la bondad del Todopoderoso, y no considerarás que te faltan cosas. Dado que la gente evalúa su riqueza o pobreza, de acuerdo a las posesiones que ven en manos de los demás, tendrás asegurada una existencia feliz, si persistes en compararte con los que son menos afortunados que tú. (Oído al Rabí Jayim Shmuelevitz; ver *Sijos Mussar*, 1973, ensayo 10º).

C) Cuando una persona pobre consigue una pequeña cantidad de comida, sus sentimientos de felicidad se equiparan a los de un hombre adinerado que obtiene lo que desea. Tanto el pobre como el rico se entristecen de la misma manera, cuando notan la falta de algo que consideran importante para ellos. Si tomaras un cierto segmento de tiempo, tal como una semana o un mes, y graficas en un cuadro la intensidad de las emociones de una persona pobre y de otra rica, para medir el grado de felicidad y tristeza que experimenten durante ese período, lo más probable será que compruebes que la vida emocional de ambos se asemeja bastante. Los motivos por los cuales se sentirán felices o apesadumbrados podrán diferir sustancialmente, pero en cambio sus reacciones emocionales de carácter general, no habrán de ser muy distintas. (Maguid de Dubno: *Sefer Hamidos: shaar ahavah*, cap. 5).

El valor de la riqueza radica principalmente en la forma en que la ven los pobres. Cuando se sienten envidiosos de los adinerados, creen que si sólo pudieran tener el éxito de los ricos, serían extremadamente felices. Esto se debe solamente sin embargo, al hecho de que los pobres ven a los poderosos desde una distancia, ya que si pudieras oír una evaluación sincera de esas personas, comprobarían que al dar por hechas aquellas cosas por las cuales son envidiados, no disfrutan de la permanente felicidad que los demás imaginan. (*Idem*).

D) El temor al Todopoderoso, una buena conciencia, el cumplimiento de los deberes, la paz y la armonía del hogar, —son esos los ángeles guardianes que transforman a la más pobre de las chozas en un paraíso. Opuestamente, las recriminaciones, el trato injusto, las discordias hogareñas y el odio, pueden tornar en carentes de valor a las comidas más costosas y los alimentos más selectos pueden tener un sabor amargo. (De *La Sabiduría del Mishle*, pág. 145).

E) El Rabí Iosef Y. Hurwitz solía decir lo siguiente: "Aun la persona adinerada no tiene dos estómagos, y la cantidad de comida que puede ingerir es limitada". (*Tnuas Hamussar*, vol. 4, pág. 298).

La persona que carece de riquezas suele sobreestimar exageradamente el verdadero placer que siente el opulento. Todos tenemos un límite en nuestra capacidad de experimentar placeres físicos. Si alguien posee suficiente cantidad de alimentos para comer, no necesita envidiar la riqueza de los demás.

F) La diferencia existente entre algunas personas ricas y un prisionero, consiste en que mientras unos tienen cadenas de acero los otros tienen cadenas de oro que los sujetan. (Rabí Y. Y. Lubchanski: *Jayai Hamussar*, vol. 2, pág. 162).

G) El Rabí Samson Rafael Hirsch dijo lo siguiente: "No es lo mucho o poco que puedas tener lo que te engrandecerá o te rebajará, sino lo magnánimo o lo mezquino que puedas ser con lo que tienes." (*Horeb*, vol. 1, pág. 46).

13. Mentalízate que tienes lo que necesitas

A) La persona que vive de acuerdo a la perspectiva de la *Torah*, es conciente de que el Todopoderoso lo ha provisto de todo lo que necesita para cumplir con sus objetivos últimos en la vida, no existiendo entonces jamás, razón alguna para envidiar a los demás. (*Bais Shlomo*, cap. 1).

Sólo envidias a los demás porque piensas que te está faltando algo que ellos poseen. Una vez que tomes conciencia de que no es así, no tendrás motivos para envidiar a nadie más.

B) Aquél cuya ambición sea la de crecer espiritualmente, considerará a las posesiones materiales como herramientas para alcanzar su meta, dándose cuenta de que las mismas están diseñadas precisamente para adaptarse a sus necesidades personales. Si le ha dado algún elemento determinado a un amigo, comprenderá que el objeto en cuestión resulta apropiado para los requerimientos de su amigo, y no al de los suyos. Así como los anteojos son hechos para alguien y no te sirven a tí, de la misma manera las herramientas materiales son confeccionadas para ser usadas por la persona a quien le fueron dadas. Todo aquél que asimile debidamente esta perspectiva no habrá de envidiar lo que posean los otros. (*Mijtav MaiEliyahu*, vol. 1, pág. 136).

14. Siéntete feliz por la buena suerte de los demás

A) Aun aquél que ame a los demás y les desee el bien en todas las áreas, tales como: riqueza, propiedad, honor, conocimientos y sabiduría, tendrá sin embargo una tendencia a no querer que esas personas lo igualen en los aspectos mencionados, deseando poder superarlos en las referidas áreas. Este es el mensaje de la *Torah*, contenido en el siguiente versículo: "Ama a tu semejante como a tí mismo". La *Torah* nos enseña a no albergar ningún sentimiento de envidia. Deberíamos desearles que tengan éxitos sin límites. Este era el amor que Yonoson le profesaba a David. Así fue como erradicó todo sentimiento de envidia de su corazón, deseando que David rigiera los destinos de Israel, aun cuando Yenoson mismo podría haber aspirado a esa posición como heredero del trono de su padre, el Rey Saúl. Cuando amas a alguien de verdad, te sentirás feliz por sus logros y éxitos, aun cuando consiga superarte. (*Ramban Vayikra* 19:18).

Si sientes un amor sincero por otra persona, no sólo no sentirás envidia de sus realizaciones y de sus éxitos, sino que tratarás de ayudarlo aun cuando ello te resultara perjudicial para tus intereses. (*Rabeinu Yonah a Avos* 5:16).

B) La gente tiende a sentir envidia y resentimiento hacia otras personas que ejercen su misma profesión. Por ejemplo, un sastre es muy probable que sienta aversión por otro par de su mismo oficio, y no por un carpintero. Por cuyo motivo, la *Torah* nos insta a "amar a tu semejante como a tí mismo". Aun cuando alguien se asemeja a "tí mismo", eso es que tenga tu misma profesión, deberías sin embargo vencer esos potenciales sentimientos negativos, y cumplir con tu obligación de amarlo. (*Sofer Habris*).

C) Es natural sentir envidia por la buena suerte de los demás. La *Torah* no sólo te requiere no tener sentimientos negativos frente a los logros alcanzados por lo demás, sino que deberías sentirte realmente feliz por su buena fortuna. Demandará un esfuerzo conciente trabajar para poder amar a los demás. Todo aquél que deje de esforzarse para alcanzar a disfrutar de esta virtud, es probable que caiga en la trampa de ser dominado por el sentimiento de la envidia. (*Jojmah Umussar*, vol. 1, pág. 191).

D) En una carta dirigida a un joven, el Rabí Yejezkel Levenstein escribió lo siguiente: "Una persona será exitosa, si se esfuerza por desarrollar la cualidad de desearle éxito sinceramente a las demás personas. Resultaría fácil hablar simulando que se le desea éxito a alguien, pero interiormente se espera que fracase. Deberías saber, que en general resulta imposible llegar a tener una virtud sin ejercer un trabajo intenso y aplicando los conocimientos necesarios para ello, pues de lo contrario habrás de quedarte con tus tendencias naturales y conductas negativas. (*Ohr Yajezkel: mijtavim*).

E) Trata siempre de extraer placer del éxito de los demás tanto en asuntos espirituales como en sus logros materiales. Cuando puedas poner en práctica lo arriba detallado, en lugar de padecer el dolor de la envidia, podrás disfrutar realmente del éxito de otras personas. (*Yasod Veshoresh Hoavodah* 1:7,8).

En lugar de decirte a tí mismo constantemente: "Qué terrible es que esta persona posea tal ó cual cosa", deberías repetirte lo siguiente: "Soy feliz sabiendo que esta persona tiene tal o cual cosa. Si logras asimilar esta actitud positiva, tu reacción hacia la buena suerte de una persona será de alegría.

15. La aceptación de la voluntad del Todopoderoso

A) En realidad cuando sientes envidia de alguien, te estarás quejando contra el Todopoderoso por haberle otorgado algo bueno a otra persona, en lugar de conferírtelo a tí. (Rabí Jayim Vitaal: *Shaarey Kdushah* 2:4).

B) Quien crea en la preocupación que en forma directa siente por él el Todopoderoso, aceptará con placer cualesquiera fuere la posición o el lugar que El le haya destinado como su herencia, y que asumirá a partir de su nacimiento. (Rabí Samson Rafael Hirsch: *Los Salmos* 16:6).

C) Cuando alguien envidie la belleza física de otra pesona, su fuerza física o su riqueza, estará evidenciando una falta de aceptación de lo que el Todopoderoso le haya ordenado que debería hacer. Aquél que reconozca que el Todopoderoso es justo e imparcial, no sentirá envidia de persona alguna (*Reishis Jojmah: shaar haanavah*, cap. 7).

D) Dominando el hábito de concentrarte en lo que el Todopoderoso te ha concedido, te liberará de envidiar lo que posean los demás. (Maguid de Dubno; *Sefer Hamidos: shaar hasinah*, Cap. 2).

Si tienes tendencia a sentir envidia de los demás, confecciona y revisa cada hora un listado de las cosas por las que tendrías que estar agradecido.

E) Una persona que ama al Todopoderoso, amará a la gente que él ha creado y en consecuencia deseará el bien para ellas. Esa persona no tendrá envidia de lo que otros posean, porque no existe otra voluntad para él además de la del Todopoderoso. (*Lev Eliyahu*, Vol. 1, Pág. 36).

16. Trata de emular virtudes

A) Cuando oigas que alguien haya alcanzado una virtud,

trata de poner en claro la forma en que lo ha logrado. Cuando la gente tiene conocimiento que alguien ha ganado una considerable suma de dinero, tratarán de descubrir cómo lo hizo para poder ellos también obtener mejores ingresos. En asuntos espirituales trata también de obtener enseñanzas de los éxitos de los demás. (*Jojmáh Umussar*, Vol. 1, Pág. 302).

B) Si una persona siente envidia de las buenas cualidades y logros espirituales de otros, ¿cómo podría verificar si ese sentimiento es de carácter positivo? El Rabí Iosef Y. Hurwitz, Rosh Hayeshiva de Nevardok, ofreció este criterio con respecto a dicho tema. Si estás motivado para esforzarte en adquirir las buenas cualidades y seguir el comportamiento de esa persona, la envidia que sientas para esos fines será positiva y te conducirá a tu crecimiento. Cuando en cambio, te sientas simplemente molesto porque la persona posee buenas cualidades y es mejor apreciado por los demás, tu envidia será de carácter negativo y necesitarás vencerla. (*Madraigas Haadam: tikun hamidos*).

Si continúas tratando de aprender a partir de las virtudes y conductas positivas de los demás, en lugar de experimentar el dolor de la envidia, sentirás placer cada vez que descubras en ellos alguna virtud.

17. Técnicas para vencer la envidia

A) Uno de los mandamientos de la *Torah* es la prohibición de sentir codicia de lo que los otros poseen. El Ibn Ezra (Shmos 20:14) escribió que mucha gente se sorprende del motivo por el cual, la *Torah* puede ordenarnos no codiciar lo que los demás poseen. ¿Cómo puede una persona no desear las cosas buenas que observa en poder de otros?. La respuesta explica el Ibn Ezra es que una persona no codiciará aquello que considere completamente fuera de la realidad de su mundo. Un campesino no se sentirá mal si no puede desposarse con la hija del rey, debido a que está convencido que ambos viven en mundos diferentes. De manera similar, deberíamos tomar conciencia que el Todopoderoso le ha proporcionado a cada uno la parte que le corresponde en este mundo. Aprende a contemplar el hecho de todo lo que te corresponda dentro de tu mundo, y de esta manera abandonarás completamente todo aquello que esté fuera de él, habrás de disfrutar lo que tienes y no codiciarás lo que no te corresponda.

El Rabí Abraham Mordejai Alter, el Rebbe de Guer, cierta vez visitó la casa de alguien que tenía una biblioteca con muchísimos libros de su propiedad. Antes de retirarse de la casa de esta persona, el Rabí, que también poseía una colección muy grande libros, le mencionó al dueño de casa que había notado en su biblioteca un raro ejemplar que él no poseía.

"Rebbe", dijo el hombre "será para mí un placer y un honor darle el libro como un presente".

"Estoy muy lejos de poder aceptar su libro" dijo Abraham Mordejai. "Esta es una gran oportunidad para mí para cumplir el mandamiento de no codiciar".

B) Una técnica que eliminará los sentimientos de envidia y animosidad, consiste en hablar con la persona a quien envidias diciéndoles palabras de contenido positivo. Deberías también expresar palabras que demuestren tu felicidad por la buena suerte de las demás. Si te resultara demasiado difícil hablar con él placenteramente, trata al menos de tener cuidado de no decir nada en contra de esa persona. Las palabras adversas que se puedan decir tendrán el mismo efecto de agregarle leña al fuego, y no hará sino incrementar tu envidia y tu animosidad. Por lo tanto, si permaneces en silencio no harás crecer tus sentimientos negativos. (*Johmáh Umussar*, Vol. 2, Pág. 178).

C) Cuando estés envidiando a alguien, deberás hacer todo lo que te sea posible para sentir amor por esa persona. Trata de ayudarlo de cualquier modo que te sea posible, y compórtate con él de una manera diametralmente opuesta a la expresión de envidia. (*Mussar Hatorah*, Pág. 116).

Deja tus ocupaciones habituales y trata de prevenirlo de cualquier posible falta o error. (*Jojmáh Umussar*, Vol. 2, Pág. 178).

D) Utilizando todo lo que dispongas para cumplir con los requerimientos de la *Torah*, podrás vencer la envidia. Alguien que haya alcanzado este nivel no se sentirá envidioso de aquél que posea más riquezas que él. No utilizará su dinero para obtener honores personales, sino solamente para honrar a la *Torah*. Al no tener prejuicios personales, no ha de sentir envidia de aquél que tenga mayores posesiones. (*Madrigas Haadam; ubojarta b'jayim*, Cap. 4).

E) Cierta vez cuando el Rabí Israel Salanter se encontraba en la ciudad de Bialystok para reunir fondos para una causa valiosa, su anfitrión oyó que se levantó en medio de la noche y que se repetía una y otra vez: "La envidia, la codicia y la búsqueda de honores se llevan a la gente de este mundo "Cuando se le preguntó acerca de esto, el Rabí Salanter explicó que tenía programado para el día siguiente visitar a una persona adinerada para solicitarle una donación para una causa valiosa. Como temía que pudiera sentir envidia al ver la casa de ese hombre rico, estaba preparándose anticipadamente para evitar la posibilidad de ese sentimiento negativo. (*Tnuss Hamussar*, Vol. 1, Pág. 324).

F) La envidia se produce cuando percibes ya sea viendo, oyendo o recordando que alguien posee algo de lo que careces, y cuando te dices a ti mismo: "es terrible que esa persona tenga más que yo" o "es injusto que yo no tenga lo que esa persona posee". Para vencer tus sentimientos de envidia, cuestiona tus propias automanifestaciones. Procura encontrar las razones para quitar el calificativo de "terrible": o "injusto" de que alguien tenga más que tú.

En una segunda etapa, podrías aun sentir placer por la buena suerte de los demás. Imagínate a tí mismo sintiéndote complacido cuando veas, oigas o recuerdes que alguien sea afortunado. Aun cuando esto pudiera parecerte poco probable que al principio te sientas realmente feliz por lo expresado, continúa imaginándote que reaccionas sintiendo placer por ello. Procura hallar tantas razones como puedas para sentirte complacido, y contémplate en tu imaginación reaccionando de una manera positiva. Si te repites este concepto una suficiente cantidad de veces, notarás lentamente un cambio favorable en tu estado anímico.

G) Rememora instancias en que realmente albergaste en tu mente sentimientos favorables con respecto a la buena fortuna de alguna persona. Aunque sólo pudieras recordar un solo caso en toda tu vida en que hayas experimentado este placer, esto te servirá como un recurso interno sobre el que podrás construir y consolidar tu elevación espiritual. Al haberlo logrado esta vez debes tener confianza en que podrás repetirlo nuevamente.

18. La envidia de carácter positivo

A) La envidia tiene aspectos positivos, ya que sin ese sentimiento el mundo se detendría y la gente no tomaría la iniciativa para alcanzar sus logros. (*Midrash Sojer Tov*, 37:1).

B) Existen dos tipos de envidia. La positiva que acrecienta la sabiduría (*Bava Basra* 220), y la envidia que se lleva la gente de este mundo. La envidia es positiva cuando encuentras virtudes en alguien y desearías tú también tenerlas, y la misma resulta beneficiosa porque podrá motivarte para que mejores. En cambio tendrá carácter negativo cuando lamentes que otros tengan una virtud de la que careces, y desearías que le ocurriera eso mismo a esa persona. (*Jojmah Umussar*, Vol. 2, Pág. 177).

C) El Rabí Yosef Jayim Sonnenfeld decía lo siguiente: "Nunca he sufrido a causa de la envidia. No sólo no he envidiado a los demás por logros de índole material tales como la fortuna el honor, sino que tampoco lo he hecho siquiera por logros espirituales. Cuando Los Sabios dijeron que la envidia de los eruditos incrementa su sabiduría, no intentaron alentar a la gente para que sintiera este tipo de envidia. Se refirieron en cambio a alguien que ya haya experimentado la emoción de la envidia, aconsejándole a que canalizara este sentimiento hacia un cauce espiritual. De esta manera estaban expresando el principio de que una persona debe orientar los rasgos negativos de su personalidad hacia áreas de contenido positivo, aunque es preferible mantenerse alejando de este sentimiento adverso dado que puede causar serios daños. Si una persona desea crecer espiritualmente, le será suficiente analizar profundamente las palabras de nuestros Sabios, las cuales podrán darle la motivación e inspiración necesaria para poder superarse" (*Haish al Hojomah*, Vol. 2, Pág. 32).

Capítulo Dieciocho
LOS DESEOS

1. La verdadera libertad es estar libre de deseos

A) "La vasta mayoría de la gente, —escribió el Ibn Ezra (*Bamidbar* 6:7)— son esclavos de sus deseos. El verdadero rey que merece una corona real, es sólo aquella persona que se encuentra liberada de la presión de sus deseos".

Se cuenta la historia de un hombre sabio, que con frecuencia se dirigía a un bosque solitario alejado del ruido y tumultos de la civilización, donde trataba de obtener el dominio sobre sus pensamientos y sus actos. Un rey que estaba atravesando el bosque se encontró con el hombre sabio, y le preguntó: "¿Qué estás haciendo aquí?" "¿De qué país provienes y de quién eres súbdito?".

"Soy el amo de tu amo", le respondió el hombre sabio.

El rey se mostró sorprendido por la respuesta del hombre y en tono exigente le dijo: "Explícate".

"Estás dominado por tus impulsos y deseos", le aclaró el hombre sabio, "y eres un esclavo de esos deseos, pero yo soy el amo de los mismos. Cuando me quedo aquí en la soledad del bosque lucho para conquistar mis deseos, por lo cual tu amo es mi servidor: (*Kol Tzofayij*, Vol. 1. Pág. 14).

B) Esfuérzate para no estar sujeto a los placeres del mundo (*Hamaspik l'ovdai Hashem*, Pág. 109).

El Rabí Michel de Zolotjov solía decir: "Nunca he sentido necesidad de algo hasta que lo he poseído. Mientras no lo tenía, estaba seguro de no precisarlo. (*Gan Hajasidus*, Pág. 124).

Existen por supuesto muchas cosas que desearías poseer, pero en tanto las consideres como preferencias en lugar de necesidades, podrás disfrutar de la vida aun cuando no puedas obtenerlas.

C) El deseo por el dinero aprisiona a la gente. Encadena a las personas cargando sus hombros de pesadas tareas, tal como se expresa en el versículo (*Kaheles* 5:9). "Aquél que ame el dinero jamás se saciará con él". Una persona que sienta un fuerte deseo para conseguir dinero hará cosas peligrosas para obtenerlo. Estará propenso a agotarse con preocupaciones, aun después de que haya logrado obtener una gran suma de dinero. La pasión por la riqueza ha de conducir con frecuencia a la violación de los mandamientos de la *Torah*, y a comprometerse en la realización de actividades impropias. (*Mesilas Yeshorim*, Cap. 11).

D) La persona con mayor dominio sobre sí misma es aquella que ha logrado ejercer un control sobre sus deseos y emociones, y será más poderoso que un monarca que rige a su pueblo. No permitirá que sus deseos lo impulsen en una dirección no deseada, sino que en cambio utilizará su intelecto para tomar sabias decisiones con respecto a sus actos (Iosef Leib Bloj: *Shiurai Daas*, Vol. 3, Pág. 160.

E) Cierta gente está completamente esclavizada por sus deseos. En lugar de tomar conciencia del grado de adicción que sienten para cumplir esos deseos, se engañan a sí mismos pensando que los controlan y que, constituye una decisión conciente gratificarlos.Creen aun que disponen de la libertad de decidir lo que les plazca. El Alter de Nevardok comparó a esas personas con un prisionero conducido por un policía. El prisionero se jactaba ante los que pasaban que el policía era en realidad su servidor. Sin embargo el que deseara aclarar la verdad sobre la situación podría decirle al prisionero: "sólo trata de alejarte del policía y comprobarás si eres libre en realidad". Una persona que tenga un verdadero control sobre sus deseos, podrá alejarse de cualquiera de ellos de acuerdo a su voluntad. (*Tnuas Hamussar*, Vol. 4, Pág. 306).

F) El Rabí Eliyahu Dessler dijo lo siguiente: "Si una persona no es el amo de su riqueza, sino que la misma es su dueño, en ese caso todo su caudal carecerá de valor" (*Mijtav MaiEliyahu*, Vol. 1, Pág. 65).

G) Todo aquél que logre vencer sus deseos de aquello que no posea, será realmente una persona libre. Ha de ser la única clase de persona que vivirá una existencia completamente feliz, debido a que no se sentirá molesta por todo aquello que no posea. (Jayim Shmuelevitz: *Sijos Mussar*, 1973, Ensayo 17).

2. *El daño de ir tras los deseos*

A) Aquél que esté dominado por sus deseos generalmente no logra darse cuenta de lo perjudicial que resulta su comportamiento, aun cuando tenga la oportunidad de observar su efecto en otras personas. El *Midrash* (*Tanjuma: Shmini*) refiere el caso de un hombre que era muy aficionado a beber vino y que con frecuencia se embriagaba tanto que llegaba a caerse al zanjón de la calle. Los niños pequeños se burlaban de él y hasta le arrojaban piedras. Su hijo deseoso de demostrarle lo reprobable que era su conducta al ver que otro ebrio yacía en el zanjón con los niños arrojándole diversos objetos, llamó de inmediato a su padre para que presenciara esta escena, con la esperanza de lograr enseñarle una lección. En lugar de ello, su padre se inclinó sobre el beodo que estaba rodando en el zanjón y le pregunto: "¿Díme amigo mío, qué tipo de vino haz bebido para poder embriagarte tanto?".

B) Miles de enunciados lógicos serán destruidos cuando se los enfrente con el más leve de los deseos. Cuando el intelecto de una persona es aniquilado por sus deseos se convierte en un insensato. Cuando está regido por sus deseos, se comportará como si fuera un animal al que sólo le urge satisfacer sus necesidades, careciendo de la capacidad para razonar y pensar. Una persona puede proceder aun peor de lo que lo haría un animal, porque tiene la posibilidad de permitir que su intelecto se doblegue para convertirse en un sirviente de sus deseos. ¡Una persona en tales condiciones estará utilizando su intelecto en contra de su capacidad intelectual! Los Sabios (*Sotah* 3a.) dicen que una persona sólo habrá de cometer una transgresión, si es atacado de demencia. Cuanto mayor sea la transgresión, más grande será la demencia que lo domine. Constituye un hecho cotidiano que la gente que siga sus impulsos, cometa hechos insensatos que habrán de destruirlo tanto en este mundo como en la vida después de la muerte. (*Ohr Yohail*, Vol. 3 pág. 106).

C) El deseo es la principal causa de toda transgresión. Cuando una persona comete algún acto impropio, esto se debe a que ha sido motivado por algún deseo en particular que ha sido suscitado por un rasgo negativo tal como la envidia, la codicia o la búsqueda de honores. (*Toras Abraham*, Pág. 55).

3. Los deseos causan una innecesaria frustración

A) La persona que espera obtener una gran cantidad de posesiones y placeres terrenales, es muy posible que no logre alcanzar muchas de las cosas que desea. Desperdiciará mucho tiempo tratando de conseguir aquello que nunca será suyo (*Hamaspik L'ovdai Hashem*, Pág. 110).

B) Mucha gente dejará de disfrutar de aquello que posee, porque están deseando obtener aquello de lo que carecen. Tan pronto obtienen lo que desean estarán automáticamente tratando de adquirir algo diferente. Todas aquellas cosas buenas que ya poseen serán consideradas de menor importancia ante sus ojos. (*Jovos Halvovos*, shaar 2, intr.).

C) Algunos se causan a sí mismos muchos padecimientos, al intensificar arbitrariamente aquellos deseos que no pueden ser satisfechos. Tienes la capacidad de tranquilizar tu mente abandonando esas exigencias. Tú mismo serás el que se infiera a sí mismo el dolor por no poder gratificar tus deseos. (*Even Haazel*, Vol. 8; *Yesodai Hatorah* 5:9).

D) A menos que aprendas a controlar tus deseos de aquellas cosas de las que careces, tu vida entera estará llena de dolores y sufrimientos. Aun una persona extremadamente rica siempre estará deseando algo nuevo. (*Oraj Maishorim*, Cap. 13, Biur, Nº 6).

Un buscador de placer piensa erróneamente que la única manera de ser feliz, será la de tener éxito en obtener todo aquello que desee. En realidad lo opuesto resulta cierto, es decir que la única forma de asegurarse la felicidad, es aprender que puedes alcanzarla aunque no pudieras obtener todo aquello a lo que aspiras.

E) Una persona incapaz de controlar sus deseos de placeres

físicos, experimentará constantemente una sensación de frustración. Cualquier cosa que vea hará que la desee automáticamente. Esta sensación le provocará mucho sufrimiento y lo impulsará a sentir envidia, resentimiento, ira y rencor. Estará pensando constantemente en lo terrible que le resulta prescindir de los placeres del mundo, y no hallará paz espiritual. Algunos piensan que violando las restricciones de la *Torah* contra los placeres ilícitos, habrán de vivir una buena vida. Sin embargo aquellos que vivan sin restricciones de ninguna clase, descubrirán que están abrumados por sus deseos. Cuanto más cedan a sus deseos, habrán de surgir mayor cantidad de nuevas aspir-ciones, y de este modo jamás encontrarán una verdadera satisfacción de las mismas. (*Madraigas Haadam: Ubjarta B'jayim*, Cap. 4).

F) Aquella persona que concentra su atención en la vida para satisfacer todos sus deseos, vivirá una existencia de frustraciones y decepciones. Por razones puramente pragmáticas, valdrá la pena que abandones tus exigencias para gratificar tus deseos, y recién entonces podrás realmente disfrutar de la vida (*Mijtav MaiEliyahu*, Vol. 1, Pág. 46).

G) Sólo un insensato continuará buscando aquello que incrementará sus deseos. (*Kesser Jojmah* 18:18).

Si al observar lo que poseen los demás sientes que aumentan tus deseos, ¿por qué entonces sentirte desdichado innecesariamente por esa causa? Si los avisos publicitarios te provocan ansias por cosas que no puedes adquirir, ¿por qué leer algo que te provoque un dolor innecesario?

H) En la celebración de Sukos existe la *Mitzvah* de sentirse alegre, pero en tanto una persona esté pendiente de las nimiedades de este mundo, no podrá regocijarse adecuadamente. Por esta razón leemos el *Koheles* para adquirir la certeza de que no tenemos ninguna razón válida, para sentirnos desdichados cuando nos falten esos bienes terrenales que no nos proporcionarán una verdadera satisfacción, aun cuando nos sea posible obtenerlos. Con esta actitud podemos cumplir la obligación de sentirnos dichosos en su máxima acepción. (Rabí Moshe Rosenstein, citado en *Darkai Mussar*, Pág. 113).

I) Puedes tener la seguridad de que siempre podrás ser feliz, si abandonas tus deseos por aquellas cosas que no puedes

obtener. Si te dices a tí mismo que sólo podrás ser feliz si posees
un avión a chorro privado, pero no puedes adquirirlo, tu exigencia arbitraria de este objeto hará que seas desdichado. Casi
nadie cifraría su felicidad en algo tan caro y generalmente innecesario, pero mucha gente tiene su propia manera de causarse
desdichas de cuando en cuando, al exigir algo que esté fuera de
sus posibilidades. De esta manera y desde un punto de vista
objetivo la situación descripta parece ser bastante ridícula. La
próxima vez que te sientas irritado o frustrado porque no
puedes adquirir algo que deseas, pregúntate si ese elemento
era realmente necesario. Si pudieras satisfacer tus exigencias
arbitrarias, podrías mejorar tu calidad de vida y beneficiarte de
este modo, pero si ello no te fuera posible deberías abandonar
esos requerimientos y sentirte aliviado por esa decisión.

4. Muchos deseos están basados en errores conceptuales y en exageraciones

A) Podrás vencer tus deseos sin demasiada dificultad,
cuando tomes conciencia de su naturaleza ilusoria. El placer de
comer, es realmente de muy breve duración en el tiempo. Sentirás placer solamente durante la pequeña porción de tiempo en
que el aliento esté en tu boca, pero tan pronto pase por tu gar-
ganta, esta sensación es olvidada de manera inmediata. Luego
de tragar los alimentos al estómago se sentirá tan lleno al ingerir
el manjar más delicado como la comida más ordinaria. Comer
demasiado aunque se tratara del más fino de los alimentos
puede causarte enfermedad. Todos los placeres físicos son similares. Dedícale a este asunto la suficiente meditación, y te darás
cuenta que aun el bien ideal dura tan sólo un breve tiempo. Por
otra parte, las consecuencias negativas de los placeres físicos
pueden ser muy intensas si se prolongan en el tiempo. Un ser
pensante no querrá terminantemente colocarse en una situación
plagada de peligros, a cambio de placeres momentáneos. El convertir en hábito el pensar en esta verdad, irá liberando gradualmente a la persona de estar aprisionado por la búsqueda insensata de los placeres físicos. (*Mesilas Yeshorim*, Cap. 15).

B) Los deseos físicos están basados mayormente en ilusiones. Estos deseos son de mucha mayor intensidad que el placer que realmente experimentas cuando estás satisfaciendo un deseo. Durante el tiempo en que una persona ansíe algo muy intensamente, ese objeto parecerá mucho mejor y más placentero de lo que realmente es. Por ejemplo, cuando alguien desee comida, su imaginación forjará una imagen de lo maravilloso que sería comer aquél alimento que ansía intensamente. Sin embargo el verdadero placer de ingerir la comida es realmente de carácter insignificante, y con frecuencia ni llega a sentirse. En forma similar, cuando alguien tenga una fuerte inclinación para amasar una fortuna, su deseo de obtener dinero será mucho mayor que el verdadero beneficio que le proporcionará el mismo cuando lo haya conseguido. Estando detrás de él, se imaginará que el obtenerlo le proporcionará un inmenso placer. Si logra alcanzar lo que desea, comprobará no obstante que no ha podido conseguir ni siquiera una fracción de la felicidad que imaginó. A pesar de que esto ocurre habitualmente, la gente continúa cayendo presa de este error una y otra vez. Independientemente de la cantidad de dinero que posea la persona, pensará que si sólo tuviera más, podría hallar la felicidad que busca, y este proceso se prolongará sin solución de continuidad a lo largo de toda su vida. La gente arruina su salud en pos de la riqueza, y termina pagando grandes sumas de dinero por los honorarios del médico. Hubiera sido sin embargo, mucho más sabio no perder la salud para procurar dinero, dado que finalmente se lo gastó para fines que no hubieran sido necesarios si en primer lugar se hubiese cuidado la salud. Todo aquél que corra detrás de los placeres terrenales, estará persiguiendo algo inexistente en la realidad. La verdad es que ese placer que está persiguiendo no llegará a encontrarlo en aquello que desea. (*Bais Halevi: Breishes*).

Todo aquél que haya asimilado este concepto, encontrará mucho más sencillo llegar a vencer sus deseos. Cuando compruebe que está sobreestimando el beneficio que obtendría de aquello que ansía, podrá hacerle frente a esos deseos, y repetirse a sí mismo que sólo está corriendo detrás de un espejismo.

C) Tenemos la tendencia a acostumbrarnos a todo aquello

que ya poseemos. Esto se aplica a toda clase de cosas tales como la buena comida, y aquellos paisajes de cuya vista disfrutamos. Aun cuando algo parezca precioso ante nuestros ojos al principio, una vez que llegues a acostumbrarte a poseerlo, lo darás por hecho y lo considerarás como algo simple y cotidiano. Con frecuencia observamos esto cuando una persona adquiere un artículo costoso. Al principio está muy entusiasmado con él y lo usa todo el tiempo que puede, pero luego de transcurrido un tiempo relativamente breve, casi nunca vuelve a usarlo otra vez o ni siquiera a mirarlo. (Maguid de Dubno: *Sefer Hamidos*: *shaar hadaas*, Cap. 3).

D) Antes de poseer algo, nos imaginamos que seríamos felices si pudiéramos obtenerlo. Sin embargo, invariablemente luego de conseguir esas cosas no nos sentimos de una manera diferente a nuestro estado anímico anterior. La persona a la que le falte dinero pensará que si dispusiera de un determinado importe podría mejorar su vida y sentir una felicidad constante, aunque luego de obtener la suma deseada habrá de comprobar que su nueva situación financiera no es tan maravillosa como él la había imaginado con anterioridad. (*Jojmah Umussar*, Vol. 2, Pág. 59).

E) La gente que busca constantemente la riqueza no tendrá placer en su vida. Estarán constantemente ocupados en prepararse para una existencia mejor, en lugar de vivirla efectivamente.

Su objetivo será de concentrarse en ganar más y más dinero, lo cual no es sino una preparación para la vida. Ellos piensan que están tratando de obtener dinero para sí mismos, cuando en realidad lo están acumulando para los otros que eventualmente habrán de heredarlos. (*Jojmah Umussar*, Vol. 2, Pág. 296).

F) La gente que sólo persiga los placeres físicos, estará buscando una felicidad ilusoria. Su situación es análoga a la de alguien que ve una sombra a la distancia y piensa que podrá asirla. Correrá detrás de ella y nunca la alcanzará, ya que no habrá nada que pueda tomar en sus manos. Resulta algo similar perseguir constatemente los deseos, ya que la persona que corre detrás de ellos, sabrá bastante en su fuero interno que realmente no habrá de recoger nada que tenga valor (*Ohr Yohail*, Vol. 3, Pág. 24).

G) Antes de gratificar un placer físico, sentimos una fuerte inclinación y un deseo en ese sentido, pero tan pronto lo satisfacemos, nos damos cuenta de lo vacío que realmente era. El conocimiento de esta realidad puede ayudarnos a vencer los deseos prohibidos. Cuando nos sintamos acosados por algo prohibido, trata de recordar que es solamente un apremio y que inevitablemente habrás de sentirte decepcionado con la verdadera experiencia (*Daas Jojmah Umussar*, Vol. 3, Págs. 97-98).

Cuando aprendas a tolerar la frustración por no haber gratificado un impulso apremiante, podrás vencerlo. Muchas personas tienen al respecto una orientación externa, es decir que ellos creen que el problema reside en ese objeto externo que desean. Sin embargo un análisis que ayudará a que una persona pueda vencer sus deseos, es darse cuenta que los mismos constituyen todos ellos, experiencias de carácter interno. La premura por hacer algo dependerá de tí, por cuyo motivo debes aceptar la frustración de tolerar los sentimientos desagradables, hasta que puedas apartarlos de tu mente y entonces esa urgente necesidad dejará de existir.

H) Cuando no podemos cumplir con un determinado deseo, tenemos la tendencia a exagerar la importancia que el mismo tiene para nuestra felicidad. El Rabí Yerujem Levavitz proporcionó un ejemplo personal para ilustrar este principio. Cuando estaba enfermo, su médico le aconsejó que no comiera huevos ni ningún otro alimento que contuviera parte de los mismos. Al principio, se dijo a sí mismo: "ahora no tendré nada para comer", pero luego de acostumbrarse a evitar estos alimentos, se dió cuenta que había suficiente variedad de otros productos alimenticios. Aun prescindiendo de los huevos para la alimentación se podría vivir una buena vida. Toma conciencia de tu tendencia a considerar que algo sea más importante de lo que es en realidad, cuando carezcas de ese elemento. (*Daas Torah; Breishis*, Pág. 19).

I) En una conferencia que pronunció en Inglaterra en 1946, el Rabí Eliyahu Eliezer Dessler ofreció el siguiente consejo sobre cómo aprender a vencer las tentaciones. El placer que extraemos de los placeres físicos y materiales, está basado en gran medida en nuestra propia imaginación. Subjetivamente generamos nuestros sentimientos de necesidad de esos fenómenos, exagerando en gran medida el placer inherente a los mismos. En realidad, una parte esencial del placer que se experimenta al obtener cosas, lo constituye el acto de vencer los obstáculos que surjan en nuestro camino. Una vez que hayamos tomado debida conciencia de esto, podremos disminuir la intensidad de nuestros deseos, que nos son perjudiciales tanto espiritual como físicamente: examinándolas objetivamente y determinando que nuestra carencia de esas cosas no es tan importante. Al mismo tiempo, podríamos obtener mayor placer de nuestros logros espirituales concentrando nuestra atención en determinar la magnitud de nuestras carencias en este área, y podremos sentir la certeza de haber logrado sortear las dificultades emergentes. El placer provendrá de la obtención de lo que carecemos. Tenemos la capacidad de elegir nuestra respuesta a la pregunta: "¿Qué me está faltando en este momento?" Algunas personas tendrán para esto una respuesta de contenido materialista. Es más prudente escoger la alternativa de concentrar tu atención sobre tu falta de logros espirituales, y luego extraer placer al satisfacer esas necesidades. (*Mijtav MaiEliyahu* Vol. 3, Pág. 181).

La atracción por los placeres del mundo es solamente una ilusión. La constante masa de propaganda que fluye constantemente publicitando los placeres materiales, incita la imaginación de la gente. Los placeres materiales no son duraderos. La gente corre alocadamente detrás del dinero, los honores, los lujos y los deseos. La *Torah* se opone a estas ilusiones, ya que nos está prohibido permitir que éstas nos dominen. (*Shalhevesya*, Pág. 59).

5. Cuanto más cedas a tus deseos, menos satisfecho estarás

A) La persona que ceda constantemente a los deseos sensuales, no hará sino incrementar las ansias de obtener mayor satisfacción. Sólo si se limita la indulgencia frente a los placeres sensuales, se obtendrá un sentimiento de satisfacción. (*Sukah* 52b).

B) Alguien puede contentarse y no sentir deseos de ciertas actividades inmorales, pero si cede aunque sea en una pequeña medida a los mismos, aumentará considerablemente sus ansias por este tipo de indulgencia. En consecuencia comenzará a sentir deseos de otros placeres impropios que originalmente no anhelaba. (*Ramban: Dvorim* 29:18).

C) Aquél que trate de obtener su felicidad en la vida asistiendo a fiestas llegará a decepcionarse, ya que el único placer que experimentará será el que le proporcione esos eventos. Una día más tarde estará cansado, sin tener nada que mostrar como resultado de todos los esfuerzos que realizó. Además, después que una persona haya decidido hacer depender su felicidad de las fiestas a la que concurra, habrá de padecer más sufrimientos que disfrutar de placeres, ya que está basando su felicidad en factores externos que no están totalmente bajo su control. La única alegría que persiste en el tiempo y crece constantemente, es la que proviene de realizar buenas acciones. Esta es la clase de alegría que experimentamos durante las celebraciones de Purim. La salvación física del pueblo Judío en Purim condujo a una gran elevación espiritual y por esta razón el regocijo de esta celebración es de carácter duradero. (*Mussray Rabeinu Yehonoson*, Pág. 57).

D) Cuando una persona experimenta un intenso placer, llegará a acostumbrarse a él y ya no sentirá regocijo por dicho motivo. Sin embargo cuando una persona logra obtener una pequeña porción solamente de ese placer, habrá de apreciarlo enormemente. (Maguid de Dubno, *Sefer Hamidos: shaar Haahava*, Cap. 5).

Por lo tanto, una persona que desee incrementar la magnitud de su placer debería tener la sensatez de no ser indulgente consigo mismo. (*Idem* en *Shiyurai Hamidos*).

E) Mucha gente tiene una idea equivocada acerca del modo de mejorar si situación. Ellos piensan que sólo tendrán paz espiritual, cuando hayan logrado obtener todo lo que desean, pero esto es erróneo ya que la gratificación de los deseos no brinda una satisfacción duradera. El único camino para lograr la satisfacción, consiste en dejar de desear más cosas. En la medida en que una persona no pueda controlar sus anhelos no podrá solucionar sus problemas. Los deseos de este mundo han sido comparados con el acto de beber agua salada, ya que cuanto más bebas, mayor será tu sed. Tratar de apagar tu sed bebiendo mayor cantidad de agua salada, será en realidad como añadir leña al fuego. Dado que existe un límite a la posibilidad de satisfacción de los deseos, pero en cambio no hay límites para la cantidad que uno pueda desear, la persona que constantemente aspire al placer estará propensa a padecer sufrimientos. La única forma de hallar una verdadera gratificación en la vida, es dejar de desear todo aquello que esté fuera de tu alcance. (*Madraigas Haadam: nekudas haemes*, Cap. 3).

F) Toda aquella persona que sienta adicción por un objeto material, sentirá constantemente ansias de poseerlo. Aun cuando satisfaga su deseo en cierto grado, continuará experimentando un constante sentimiento de carencia de aquello que ansiaba. Sin tener en cuenta lo mucho que pueda obtener, no llegará jamás a conseguir ni siquiera la mitad de lo que aspiraba. (*Koheles Rabbah* 1:34). Lo que es aun peor ocurre cuando alguien se aficiona tanto a obtener placeres, que aun al hacer lo que desea, habrá de preocuparse acerca de la forma en que habrá de satisfacer sus futuras exigencias. La necesidad de poseer exactamente lo que se desea hará que te sientas vacío e insatisfecho. Durante toda tu vida, tus deseos para poseer más de lo que tienes te impedirán disfrutar de lo que ya has adquirido. (*Mijtav MaiEliyahu* Vol. 1, Pág. 39-40).

Finalmente la única forma de disfrutar de la vida consiste en abandonar todas las adicciones por cosas materiales. Podrías tener preferencias por determinadas cosas, pero no exigir imperativamente que debas tenerlas. Tu exceso de demandas te dejarán insatisfecho aun cuando hubieras obtenido gran cantidad de placeres terrenales.

G) Para vivir una vida placentera, deberás dejar de lado tus exigencias para obtener un determinado placer. ¿Existe algo más irracional que desear aquello que sabes que no te será posible obtener? ¿No sería entonces preferible dejar de desearlo y así poder vivir una existencia feliz? (*Jojmah Umussar*, Vol. 2, pág. 100).

6. *Los beneficios de vencer los propios deseos*

A) Reprimir los deseos de aquello que uno no posee, será beneficioso tanto desde el punto de vista espiritual como del pragmático. Esta conducta le evitará a la persona trasgredir muchos de los mandamientos de la *Torah*. Esa persona no robará ni hurtará, ni mentirá a los demás ni los engañará con respecto al precio de venta ni al peso o medida de sus productos. Además estará libre de la tentación de ingerir alimentos que le sean prohibidos o de involucrarse en relaciones clandestinas. No hallará obstáculos en su camino cuando tenga la intención de cumplir los mandamientos. Tendrá una sensación de paz interior con respecto a todo lo que le suceda y no se preocupará acerca del futuro. Tener el dominio de sus deseos le proporcionará a la persona una vida extremadamente placentera, mucho más allá de los placeres que pudo haberse procurado de haber persistido en perseguirlos constantemente. (*Hamaspik L'ovdai Hashem*, pág. 126).

B) Una persona que haya logrado dominar la habilidad consistente en no aspirar a aquello que le resulte innecesario, se sentirá a gusto independiente de cómo se desarrolle su existencia. Le resultará indistinto comer pan seco o la más sofisticada de las comidas. Le dará lo mismo vestir las sedas más finas o las lanas de peor calidad. Tampoco le importará el tipo de casa que habite. Las situaciones pasajeras de la vida no habrán de afectarlo, ya que aceptará todo lo que le suceda. (*Idem*, pág. 121).

7. *La Torah propugna la moderación*

A) Aquél que centre excesivamente sus pensamientos en sus necesidades físicas, estará descuidando sus requerimientos de índole espiritual. Deberás sin embargo, tratar de no caer en el extremo opuesto privando a tu cuerpo de sus necesidades básicas, ya que esto te debilitaría y entonces habrían de padecer tanto tu cuerpo como tu alma. Asegúrate de no adoptar ninguna de las conductas extremas: no siendo indulgente con tu cuerpo en forma excesiva, ni privándolo de satisfacer sus necesidades básicas. (*Jovos Halvovos*, cap. 8, Nº 25).

B) La *Torah* tampoco nos impone un comportamiento ascético, sino que nos conduce a seguir un estilo equilibrado de vida. El ayuno excesivo no constituye un acto de servicio al Todopoderoso, por parte de alguien que no tenga fuertes deseos y que sea físicamente débil. Una persona en tales condiciones debería asegurarse de comer bien. De manera similar, la falta de riqueza no es un acto de servicio para quien pueda adquirirla de un modo lícito sin un esfuerzo excesivo, ni impidiéndole obtener sabiduría ni obstaculizando la realización de buenas acciones. Por otra parte, poseer riqueza resulta apropiado para quien tenga una familia numerosa y la utilice para fines positivos. (*Kuzari* 2:50).

C) Un hombre sabio manifestó lo siguiente: "El hombre virtuoso dice, 'Como para poder vivir', en tanto que el perverso expresa, 'Vivo para comer'. El objetivo de la vida de una persona maligna será el de comer y beber. No tendrá otra meta que la que no se refiera a la obtención de placeres físicos, pero en cambio el hombre recto se alimentará para mantenerse con vida. El objetivo de su existencia será el de vivir de una manera tal que pueda acceder a la eternidad. (*Sefer Hamidos Lehameiri*, págs. 120-121).

Cuando al Rabí Yoel Teitelbaum, el extinto Rabino de Satma, se le preguntó si deseaba comer, respondió de la siguiente manera: "¿Si deseo comer? Un Judío no come porque lo desea, sino porque debe hacerlo". (*El Observador Judío*, Noviembre de 1979).

D) La actitud apropiada de acuerdo a la *Torah* consiste en escoger el camino intermedio. Una persona no debería dedicarse enteramente a seguir sus deseos y olvidarse de sus obligaciones espirituales. Tampoco debería por otra parte, apartarse completamente del mundo físico y material. La manera apropiada de comportarse consiste en proveer al alma de lo necesario para satisfacer sus necesidades espirituales, y al propio cuerpo con la adecuada cantidad de comida, bebida y de otros elementos para gratificarlo. No proceder en esta forma, sería ir en contra de los propósitos que guiaron al Creador cuando hizo el mundo. (*Shaloh*; citado en *Hatzanaih Lejes*, pág. 67).

E) Existen niveles de apreciación para diferenciar aquello que más que un lujo constituye una necesidad, No pienses que es erróneo participar de los placeres materiales, superando lo indispensablemente necesario para mantenerse con vida. Debe tenerse en cuenta en cambio, que lo que se considere como una necesidad dependerá de la apreciación subjetiva de cada individuo de acuerdo a su propio nivel espiritual, y de las características específicas de su personalidad. Todo aquello que le es esencial a una determinada persona con el objeto de mantenerlo en un estado de vitalidad y felicidad, debe ser considerado como una necesidad y no como un lujo. Solamente cuando alguien se encuentre en un estado tan positivo de su existencia, todas sus habilidades estarán en funcionamiento y se podrá decir de él que está viviendo en plenitud. Todos los requerimientos para que alguien sea una "persona completa", se adecuan al concepto de necesidad. Resulta comprensible que para la mayoría de la gente sentirse realmente con vida, significa que deben extraer del universo que los rodea más de lo que se requiere para cubrir sus necesidades básicas. La generalidad de las personas requiere la obtención de placeres físicos, necesitan también relacionarse con otras personas, realizar agradables caminatas y viajes, y disfrutar de la belleza de la naturaleza. Si aquél que teniendo necesidad de todas estas cosas decidiera prescindir de las mismas, su conducta se considera como un impedimento (*Koheles* 7:16) para ser absolutamente virtuoso. Resulta igualmente impropio tratar de saltar de una sola vez para alcanzar niveles espirituales que están muy por encima de su condición actual. Algunas personas de calidad excepcional, disfrutan tanto del estudio de la *Torah* y de la realización de *mitzvos*, que no tienen necesidad de procurarse placeres físicos. Debe tenerse en cuenta sin embargo que pertenecen a este nivel tan grandes hombres como el Gaon de Vilno o el Rabí Akiva Eiger, cuyo cuerpo estaba tan debilitado, que los médicos no sabían como podía seguir estando con vida, de no ser por el extremo placer que extraía del estudio de la *Torah* que lo fortalecía. Cuando una persona experimenta una sensación de éxtasis que le producen el estudio de la *Torah* y los *mitzvos*, ese placer podrá generarle un estado de marcada vitalidad. Para la mayoría de la gente sin embargo, no resultaría real exigirse a sí mismo que puedan llegar a este nivel. Para muchas persona que echan de menos una moderada cantidad de placeres físicos, este hecho sería como si sintieran no estar realmente vivos. En consecuencia no tendrían el carácter de "persona completa", que se requiere para poder servir al Creador. La mayor parte de la gente sería culpable de cometer trasgresiones, si sólo se apoyara en la más simple de las necesidades para poder vivir. Cada individuo tiene su punto de vista particular para diferenciar entre lo que considera "necesidad" y lo que no lo es. Nuestros actos y conductas deberían basarse en nuestras necesidades específicas (Iosef Leib Bloj; *Shiurai Daas*, Vol. 2, Págs. 109-110).

8. *Cómo controlar los deseos*

A) En tanto que puede variar el detalle de las características específicas de muchos rasgos negativos, el origen de todos ellos se traduce en dos deseos básicos: El primero es el amor por los placeres físicos, y el segundo es el ansia de poder. (*Jovos Halvovos* 3:5).

La *Torah* requiere que nos esforcemos para lograr que nuestro intelecto controle nuestros deseos. Permitir que los mismos sean más fuerte que la capacidad intelectual, será la raíz de todas las trasgresiones que cometas y la causa de todos tus rasgos negativos. (*Idem* 9:2).

B) Todo aquél que ceda constantemente a sus deseos, no creerá que tiene la capacidad de abstenerse de satisfacer sus ansias. Sin embargo, cuando una persona logre siquiera una vez vencer un deseo comprobará de esta manera que posee una mayor capacidad de control que la que se imaginó anteriormente. (*Mijtav MaiEliyahu*, Vol. 1, Pág. 112).

Toma conciencia de la cantidad de veces en que has logrado vencer tus deseos. Por ejemplo una persona que tenga fuertes deseos de comer ciertos alimentos podría carecer de la suficiente fuerza de voluntad para abstenerse de desearlos. Sin embargo, habrá ciertas situaciones en que no transigirá con sus deseos, debido a que esto podría ocasionarle incomodidades o problemas de índole legal. Este sería el caso de que al no llevar dinero consigo, no irrumpiría en un almacén para robar los alimentos. Esta certeza puede demostrarle a una persona que posee la suficiente fortaleza interior para desarrollar sus mecanismos de control cuando está motivado para ello, lo cual le hará tener confianza en su comportamiento para el futuro. Cuando creas que no puedas controlar un deseos, deberías preguntarte: "¿Cuándo he podido controlar este deseo?"

C) La persona cuyo intelecto no logra controlar su conducta, será como si se encontrara en un contante estado de ebriedad. Estará en ese estado, no a causa de beber vino, pero sí por sus deseos y por su codicia. Esfuérzate por alcanzar el nivel, en el que todo lo que hagas responda a un propósito deliberado. (*Jojmah Umusar*, Vol. 2, Pág. 332).

D) Cada uno independientemente de su nivel espiritual, podrá experimentar personalmente una sensación de intenso placer, cuando haga algo que contribuya a lograr el control de sus deseos. La magnitud de ese placer será mayor en relación directa a tu disposición voluntaria de contrariar tus deseos (*Daas Jojmah Umussar*, Vol. 1, Pág. 74).

Esto no significa necesariamente que se deba reprimir o inhibir un deseo. El escoger otro tipo de conducta podría ser la fuente de mayor placer. Imagínate que una persona viendo un delicioso trozo de torta, experimentara un fuerte deseo por saborearla, pero si antes de la torta hubiese visto una naranja de la cual disfruta más y por lo tanto, decidiera comerse la misma, estaría eligiendo aquello que le dará más placer, no experimentando ningún sentimiento de frustración por no haber elegido la torta. Aquella persona que se diga a sí mismo: "¡Qué terrible me resulta no poder disfrutar de este placer!", habrá de sufrir por ese motivo. Si en cambio se dijera lo siguiente: "¡Qué grandioso es que pueda controlar mis deseos!", sentirá placer toda vez que haya vencido un deseo.

E) Hay momentos en que la pereza puede ser el origen de un determinado modo de actuar. Cuando sentimos la tentación de ceder ante un deseo, podríamos escuchar un susurro que nos advierta que algo no es correcto. La pereza sin embargo, puede impedirnos luchar contra ese deseo, en cuyo caso habremos de ceder ante nuestro hábito pernicioso. (Jazón Ish; *Kovetz Igros*, Vol. 1, Nº 3).

Cierta vez, cuando el Rabí Simja Bunim de Parashisjo estaba en cama, quiso aspirar un poco de rapé pero la cajita de tabaco estaba en la otra habitación. El Rabí reflexionó haciendo el siguiente análisis de su situación: "Si me levanto y me dirijo a la otra habitación para traer el tabaco, estaré cediendo a mis deseos, pero si en cambio no lo hago, esto podría interpretarse como un gesto de holgazanería de mi parte".

¿Qué fue entonces lo que hizo? Se levantó, caminó hacia la otra habitación, se acercó al tabaco y sin tocarlo regresó a la habitación donde se encontraba. (*Raboseinu Mesaprim*, Pág. 176).

F) Un factor clave que nos hace desear lujos y símbolos de estatus social se origina en el hecho de estar cerca de gente que se consideran a sí mismas muy importantes. Cuando observes la riqueza y el poder de los demás, te resultará difícil no sentirte impulsado a desear aquello que está viendo. (*Mesilas Yeshorim*, Cap. 13).

G) Una persona que quiere vencer sus deseos, debería tener cuidado de no pasarse bruscamente al extremo opuesto, ya que aquél que trate de hacerlo no tendrá éxito en su intento. Procede en cambio a reducir gradualmente dichas aspiraciones. Cada día podrá esforzarse, hasta que haya incorporado a su personalidad la determinación de no desear aquello que sea innecesario. (*Idem*).

9. Trata de desarrollar tu sentido de la proporción

A) El objetivo de vencer la exigencia de gratificar los deseos no significa que una persona deba negar el placer como tal, sino que deberemos tratar de mantener esos impulsos en una perspectiva tal que nos permitirá llegar a vencerlos, debido a la certeza de que nuestra felicidad no dependerá exclusivamente de los mismos. (Ver *Tnuas Hamussar*, Vol. 4, Pág. 320).

B) La actitud de la *Torah* con respecto a los asuntos materiales, es la de considerar a los mismos como los medios necesarios para llegar a un fin. Cuando nuestras necesidades físicas hayan sido satisfechas, podremos dedicar nuestro tiempo y esfuerzos para adquirir sabiduría y realizar buenas acciones. (Ramban: *Hiljos Tshuvah* 9:1).

C) El Rabeinu Abrahum citaba a su padre el Rambam, quien solía decir, que si una persona tuviera un fuerte deseo de que todos los utensilios de su casa estuvieran hechos de plata, debería tener en cuenta que si fueran de oro serían aun más hermosos y que algunos hasta podrían hacerlos hacer utilizando diamantes. (*Hamaspik L'ovdai Hashem*, Pág. 109).

No existe un límite para la magnitud de los deseos de una persona. Si no puedes diferenciar tus necesidades reales de aquello que te gustaría poseer, jamás estarás satisfecho.

D) El Rabí Iosef Y. Hurwitz dijo: "Por cierto, es un hecho que debemos satisfacer nuestras necesidades físicas, dado que sería imposible vivir sin hacerlo, no obstante no tenemos necesidad alguna de hablar todo el tiempo de ellas". (*Tnuas Hamussar*, Vol. 4, Pág. 299).

E) La *Torah* no le prohíbe explícitamente a una persona que ceda a sus deseos. ¿Cuál es el peligro involucrado en los deseos? Cuando la mente de una persona está dirigida a la persecución de sus deseos, ésta constituye su principal objetivo. Tener los deseos de una persona como el punto de enfoque de sus ambiciones, ha de llevarla a su autodestrucción. (*Ohr Yohail*, Vol. 3, Pág. 133).

F) Existen muchas cosas que podríamos desear que son útiles, por lo cual no habría nada incorrecto en considerarlas necesarias. Sin embargo, existe una marcada diferenciación en lo que respecta a nuestra actitud hacia cada una de ellas. Al respecto, habrá que establecer una sustancial distinción cuando algo resulta preferible a otra cosa, o cuando estimamos que poseer un determinado objeto sería esencial y de carácter urgente. Deberás esforzarte por eliminar la urgencia en la obtención de las cosas que procuras poseer. (Rabí Iosef Leib Bloj: *Shiurai Daas*, vol. 3, pág. 48).

G) Hay gente a quienes el Todopoderoso ha bendecido dotándolos de buena salud y de suficiente comida, pero que no obstante ello padecen sufrimientos a causa de los numerosos deseos que no pueden gratificar. Esas personas piensan que están sufriendo realmente, cuando verdaderamente se encuentran en una maravillosa posición comparados con aquellos que carecen de salud o de los requerimientos mínimos indispensables de alimentación. Por lo cual resulta ridículo que esas personas consideren que están sufriendo, ante la óptica de alguien que tenga un enfoque comprensivo de la situación. (*Jojmah Umussar*, vol. 2, pág. 154).

H) Si una persona exigiera poseer todo lo que deseara, la carencia de aun el más pequeño de los placeres, lo haría sentirse extremadamente desdichado. Las excesivas exigencias pueden conducir a algunos a considerar como carente de valor toda su vida, a causa de algún placer de menor importancia que demande arbitrariamente. (*Mijtav MaiEliyahu*, vol. 1, pág. 85).

I) El Rav de Brisk, Rabí Yitzjok Zev Soloveitchik, dijo que la bendición para los animales sería que tuvieran disponible para comer mucha cantidad de comida. Para las personas en cambio, la bendición sería que tuvieran suficiente comida como para sentirse satisfechos, aun cuando se tratara de una pequeña cantidad de alimentos. (*Jidushai Maran R.Y.Z. Halevi*, pág. 88, basado en *Dvorim* 11:15).

J) El mundo entero y todo lo que en él se encuentra, no resultará suficiente para cubrir las exigencias de un hombre arrogante, el que siempre estará insatisfecho con lo que posee. Por el contrario, una persona humilde siempre se sentirá feliz con lo que tiene, no exigirá aquello que le está faltando, y apreciará todo aquello que logre adquirir. Esta actitud le permitirá tener paz espiritual y estar libre de ansiedades en lo que respecta al futuro. Comerá todo aquello que logre obtener, vestirá la clase de ropas que pueda hallar y se alojará donde le sea posible. Aun una pequeña cantidad de aquello que consuma le será suficiente. (*Jovos Halvovos* 6:1).

10. La forma en que enfoques las cosas será el factor clave de tu felicidad

A) La única forma de llevar una vida feliz consiste en mantener tus ojos enfocados en aquello que posees, y no en aquello de lo que careces. (Jofetz Jayim: *Kuntros Nefutzos Israel*).

B) El placer que alguien experimenta por haber logrado dominar sus deseos, será mayor del de aquél que sólo busca gratificarlos. Este último solamente alcanzará sus propósitos una de cada mil veces, por cuyo motivo se sentirá constantemente frustrado. Por el contrario, la persona que sea quien rija sus deseos, experimentará una gran alegría, y tendrá una doble ventaja con respecto a los hedonistas (los que sólo buscan el placer). Estos sufrirán a causa de lo mucho que pensarán que les está faltando, y además no disfrutarán de lo que ya poseen. Consecuentemente, su padecimiento por lo que carecen les impedirá sentir alegría por sus actuales pertenencias. Por otra parte, aquellos que hayan logrado dominar el arte de no desear todo lo que les esté faltando, habrán de sentirse felices aun cuando sean cuantiosas sus carencias. Esas personas estarán completamente rodeadas de felicidad por todas partes. Se sentirán dichosos con lo que ya han podido obtener en el pasado, y tendrán una buena disposición anímica con relación al futuro. Ya que no estarán preocupados por su porvenir, y gozarán de un permanente bienestar espiritual. Contrariamente, la persona que sea adicta al placer estará en la situación opuesta, ya que estará rodeada de padecimientos por todos lados. Todo lo que haya adquirido otrora no lo hará feliz, debido a que lo considerará demasiado escaso para sus requerimientos, lamentándose constantemente de que vive una existencia desgraciada. En lo concerniente a su futuro, se preocupará en sumo grado por lograr la satisfacción de sus deseos de dinero y honores. En resumen, resulta necesario quebrar la adicción que tiene una persona por gratificar sus deseos, tanto por razones puramente pragmáticas como así también por motivos de carácter espiritual. (*Jojmah Umussar*, vol. 2, pág. 99).

C) La inclinación natural de mucha gente es la de no estar nunca satisfechos con lo que tienen, sin tener en cuenta la buena suerte que hayan podido tener. Constantemente tendrán la sensación de sus carencias y se concentrarán en las mismas. "Todo aquél que posee cien querrá tener doscientos". Este principio prueba ser cierto en todas aquellas áreas en que una persona posea intereses. Independientemente de la magnitud de lo que realmente posea, siempre pensará que aun le falta algo. Siempre existirán cosas que no habrá podido hacer y obtener, y que serán precisamente el objeto de sus deseos. La tendencia natural de muchas personas es que todo aquello de lo que carecen pase a ocupar el primer plano de sus pensamientos y que sus ansias por obtenerlo sean tan grandes que llegará a despojarlos de su paz espiritual. Debido a que concentran toda su atención en aquello que les falta, dejarán de apreciar las cosas positivas que ya posean. Sus anhelos para obtener aquellos elementos de los que carecen continuará creciendo, hasta que considere como de vital importancia la obtención de los mismos. Lo que ya han logrado poseer será considerado por ellos como carente de valor alguno, al compararlos con aquello que les falta. Adoptarán la posición extrema de considerarse desprovistos de todo, por cuya razón se sentirán irritables y resentidos. Por lo tanto, deberás concentrar tu atención en todo aquello que ya te pertenece, y sólo entonces, podrás ser verdaderamente feliz. (Iosef Leib Bloj: *Shiurai Daas*, Vol. 2, Pág. 145).

Asimila la actitud consistente en sentirte feliz a pesar de todas aquellas cosas que no hayas podido llegar a tener, si mantienes enfocada tu atención en todo aquello que ya posees. Confecciona una lista de todas tus posesiones, talentos y buenas cualidades de que estás dotado, y cada vez que te sorprendas obsesionándote con algo que te falte, deberás revisar dicho listado.

D) En asuntos materiales deberás concentrar tu atención en aquella gente que posea menos que tú. Aunque no tuvieras una vivienda lujosa ni ropas costosas, habrá sin embargo en el mundo mucha gente cuyas pertenencias sean de menor cuantía que las tuyas. (*Pele Yoatz: sipuk*).

Esta perspectiva de los hechos hará cambiar tus automanifestaciones, de la siguiente expresión: "¡Qué terrible me resulta no poseer más de lo que ya tengo!", a la siguiente: "¡Qué afortunado soy de poseer por lo menos más de lo que tienen otras personas!".

E) Cuanto más te imagines lo placentero que algo será para tí, mayor será el deseo que te forjarás en tu mente para llegar a satisfacerlo. Cuanto mayor sea tu persistencia en pensar en ello, más grande serán tus ansias por el mismo. (*Toras Abraham*, Pág. 431).

F) La gente que es muy pobre podrá enseñarnos cuáles son en realidad nuestras necesidades básicas. Toda vez que experimentes la carencia de algo, deberías observar cómo otras personas en tu misma situación tiene éxito en hacerle frente a las cosas de la vida. (*Toras Yitzjok*, Pág. 226).

G) Lo más que puedes esperar de obtener con respecto a algo que deseas, es la felicidad. En tanto que pueden existir literalmente millones de items que desearías tener, tu mayor anhelo y objetivo final con respecto a ellos es el de llegar a ser feliz. Si lograras dominar la capacidad de ser dichoso con lo que ya posees, aunque preferirías acrecentar tus pertenencias, podrás sin embargo ser feliz aunque no te fuera posible obtener dichas cosas. Esta idea es tan importante para adquirir el dominio de la felicidad, que te sugeriría que la repitieras tantas veces, hasta que se incorporara en forma automática a tu manera de pensar.

H) Aquél cuyo principal objetivo en la vida sea el de convertirse en una buena persona, habrá de ponderar debidamente cada hecho y cada situación, formulándose la siguiente pregunta: "¿Qué puedo hacer ahora que me ayude a ser una persona mejor?" Los detalles exactos de la situación no habrán de tener una gran influencia sobre él, y se concentrará sobre sus propias actitudes y conductas, y por consiguiente considerará cada situación como una prueba de su carácter y de su nivel espiritual. Su objetivo será el de superarse con cada acción que realice y con cada declaración que formule. Si le faltara algo que le sería útil, no se sentirá irritado por esa carencia, dado que se haría la siguiente pregunta: "¿Con lo que poseo en este preciso instante, cuál sería la conducta con mayor contenido espiritual que adoptaría?"

11. *La verdadera riqueza*

A) No existe persona más necesitada, que aquella que constantemente experimenta deseos insatisfechos. (*Keser Jojmah*, 18:6).

B) La felicidad y la riqueza no son sinónimos. La riqueza por sí misma no puede asegurar la felicidad. Por el contrario, mucha gente que carece de riquezas logra vivir una existencia muy feliz. (*Hajofetz Jayim*, vol. 3, pág. 1133).

C) ¿Cuál es el criterio para evaluar la pobreza de una persona? Se considerará como pobres a aquellos que tengan necesidades que no podrán satisfacer. Esas personas sentirán fuertes deseos de obtener determinadas cosas, que representarán ansias que no podrán cumplir. De esta manera, mucha gente que posee cuantiosas fortunas padecerán no obstante de la sensación de ser pobres. Podrían ciertamente disponer de abultadas cuentas bancarias y de muchas propiedades y de otras posesiones, pero si tuvieran intensos deseos de poseer aquello que se encuentre fuera de su alcance, serán en realidad más pobres que las personas que teniendo menos, están sin embargo satisfechas con lo que poseen. El criterio más apropiado para graduar la riqueza de alguien, es el de estar conforme con lo que se tiene. Sólo una persona con esa convicción, dicen los Sabios (*Pirke Avos* 4:1), podrá ser definida como adinerada. (*Mijtav MaiEliyahu*, vol. 3, pág. 3).

D) Aquél que tenga una fuerte inclinación para convertirse en alguien rico, cree erróneamente que si logra alcanzar su objetivo, será extremadamente feliz. Sin embargo el que lea un periódico, comprobará por sí mismo, que los ricos padecen pesares, preocupaciones, enojos y sufrimientos. Si bien es cierto que están libres de las preocupaciones de los necesitados, tienen no obstante otras angustias que son de mayor intensidad. Los Sabios (*Pirke Avos* 2:7) han expresado lo manifestado precedentemente de una forma bastante clara: "Cuando alguien incrementa sus posesiones, aumentarán consecuentemente sus preocupaciones" (*Idem*, pág. 100).

E) Para sentir que eres rico, deberás tener la certeza de

que posees todo lo que necesitas. Toda persona que supere sus deseos de cosas que le resultan difíciles de obtener se sentirá como alguien que es rico, sin tener en cuenta como lo conceptúen los demás. (*Torás Yitzjok*, Pág. 228).

Aquellos que juzgan a la gente catalogándolas como ricas o pobres en base al dinero que puedan tener, pueden llegar a considerar como indigente a aquél que no posea una gran suma de dinero sin tomar en cuenta la actitud que esa persona pueda adoptar con respecto a su propia situación. Sin embargo alguien que haya logrado dominar el arte de sentirte satisfecho con lo que posee, tendrá la capacidad de conceptuarse a sí mismo como un potentado, y en lo que respecta a la felicidad lo que realmente cuenta es la forma de como uno se evalúa a sí mismo, no teniendo valor alguno el modo en que otros lo consideren.

Cuando el Rabí Michel de Zolotjov era extremadamente pobre, alguien le preguntó: "Rebbe, cómo puede usted dar la bendición de la mañana, que dice: 'Bendito seas Tú, que me has provisto de todo lo necesario para satisfacer mis necesidades?', usted que carece de todo lo que una persona necesita".

Rav Michel le contestó: "Tengo la certeza que el Todopoderoso sabe que necesito ser pobre. Por lo tanto puedo decir que El me ha provisto de todo lo necesario" (*Gan Hajasidus*, Pág. 122).

F) La única persona que puede afirmar que lo tiene "todo", es aquella que puede estar satisfecha con sus requerimientos mínimos en cuanto a alimentos y vestimenta, y que el Creador, es el centro de su universo. (*Alai Shur*, Pág. 293).

G) La *Torah* prescribe la obligación de sentir alegría durante las festividades, y especialmente se refiere a la celebración de *Sukos*. Durante esta fiesta se requiere de la gente que abandonen su lugar de residencia habitual con todas las comodidades del hogar, para habitar durante una semana entera en una vivienda temporaria en forma de casilla. Solamente si se está preparado para abandonar los lujos, podrá una persona tener garantizada una existencia constantemente feliz. (*Imrai Binah*, Págs, 164-165).

12. Cuando el objetivo de una persona sea el de su elevación espiritual, no habrá de tener problemas con sus deseos

A) La mejor manera para vencer los deseos físicos, consiste en buscar el placer que deparan los asuntos espirituales. (*Ohr Yohail*, Vol. 2, Pág. 5).

B) Cada persona procura obtener aquello que le es favorable. La verdad es que todos buscamos lo que nos es conveniente, aunque mucha gente no pueda discernirlo acertadamente. La gente se asemeja a la tierra, ya que todo lo que se plante en ella habrá de crecer. ¿Por qué entonces debería una persona implantarse deseos de placeres físicos, cuando esos brotes no hará sino incrementar en mayor grado las ansias que ya tiene? Esto resultaría similar a si se sembrara cizaña, ya que resulta dañina y se multiplica rápidamente. Hay deseos que una persona puede implantarse que jamás serán satisfechos, ya que se encontrarían fuera de su alcance. Cuanto más ceda a esos impulsos, ellos se multiplicarán en mayor grado y habrán de destruirlo tanto física como espiritualmente. Sería preferible que una persona se cultivara con la voluntad de realizar buenas acciones y de adquirir sabiduría, las cuales se encuentran dentro de su capacidad de lograrlas. Realizando buenas acciones, se acrecentará su deseos de seguir haciendo el bien, y como consecuencia de su predisposición en ese sentido, experimentará placer cuando lo haga. La persona que ansía los placeres físicos, se sentirá frustrada con frecuencia ya que siempre deseará más de lo que pueda obtener. Por otra parte, aquél que aspire a llevar a cabo obras de bien, no encontrará dificultades en determinar cuáles son las buenas acciones que desea emprender. (*Jojmah Umussar*, Vol. 2, Pág. 35).

C) Todos los placeres físicos y materiales de este mundo son como el agua salada, ya que provocan en la persona un creciente deseo de satisfacción. Resulta imposible aplacar la sed de deseos, cediendo ante los mismos, ya que el efecto es precisamente el opuesto. Aquél que pase por esta experiencia estará más sediento de deseos. Por el contrario resulta enteramente diferente cuando se trata de adquirir rasgos favorables de la personalidad. Cuando trates al principio de adquirir esas virtudes, podrías sentir amargura. Sin embargo habrás de experimentar una gran dulzura. cuando hayas dominado el hábito de hacer el bien. Por lo tanto la persona que procure sentirse complacida intentando ser una persona mejor, habrá de disfrutar verdaderamente su existencia. (*Jojmah Umussar*, Vol. 2, Págs. 228-79).

D) El Rabí Yehuda Leib Jasmam dijo que es una lástima que tanta gente pierda la oportunidad de vivir una existencia placentera. Ellos podrían fácilmente poseer una gran felicidad y una fuente de placer, si se dedicaran a concentrar su atención en obtener la dicha de realizar buenas acciones y de estudiar la *Torah*, lo cual los beneficiaría doblemente tanto en este mundo como en la vida después de la muerte. Sin embargo en lugar de adoptar esta actitud, continúan corriendo detrás de los placeres y deseos ilusorios. Cuando sientan la carencia del menor de los deseos a los cuales se habían aficionado, estarán tan deshechos y abatidos, que tendrán la sensación de que sus vidas no tendrán sentido alguno. Resulta irónico que esa gente considere que la vida de los estudiosos dedicada íntegramente al estudio de la *Torah*, esté llena de sufrimientos, ya que la realidad es diametralmente opuesta a dicha afirmación. Cuando la existencia de alguien se concentre en adquirir sabiduría la misma estará pletórica de alegría y felicidad. (*Ohr Yohail*, Vol. 2, Págs. 7-8).

E) A una persona le resultará imposible eliminar completamente todos sus deseos. Tenemos sin embargo la capacidad de canalizarlos orientándolos desde el campo de los placeres materiales al de los logros espirituales. Este caso resulta análogo al de una persona que concurrió a un restaurante de lujo donde le fueron presentados dos platos llenos de comida. Uno de ellos estaba repleto de pescado y el otro de carne. Había demasiada comida para él en cualquiera de los dos platos. Dado que prefería el pescado, lo escogió y apartó a un lado el que contenía la carne. Otra persona que pasaba lo miró con sorpresa, y ya que él tenía una mayor preferencia por la carne en lugar del pescado, pensó para sus adentros: "¿Cómo puede esta persona dejar de comer teniendo ante sí un plato lleno de deliciosa carne?". Esa persona estaba cometiendo un error de apreciación, ya que el primero no estaba venciendo su deseo de comer carne, sino más bien satisfaciendo sus ansias de comer pescado, del que disfrutaba más que de la carne. De manera similar todo aquél que se sienta realizado en asuntos espirituales, no se sentirá despojado del placer físico, sino que estará obteniendo un placer mayor que el que le podrían deparar los asuntos materiales. (*Ohr Yohail*, Vol. 2, Pág. 270).

F) Toda persona que haga depender su felicidad de los placeres materiales o físicos, jamás tendrá garantizada su felicidad. Siempre existirá algo que pudiera ocurrir y que habrá de destruir su dicha y desbaratará sus éxitos. La única seguridad de encontrar la felicidad radica en el gozo que proporciona el crecimiento espiritual. (*Ahavas Maishorim*, Pág. 83).

G) La satisfacción espiritual y el placer que se encuentra al observar el Shabbat y las otras *mitzvos*, es tan grande que ningún placer del mundo podrá compararse con las mismas. Los hedonistas carecen del conocimiento y de la apreciación debida del concepto del bien espiritual. Sólo ven los aspectos materiales del mundo y están muy lejos del sentimiento elevado que proviene de la satisfacción espiritual. Todos los placeres físicos de nuestro universo no podrán brindarle a la persona, el estado de alegría que sólo es posible alcanzar en el campo espiritual. Cuando alguien que cede a sus deseos físicos alega que está llevando una buena vida, no crean en lo que les dice. A menos que esa persona haya llegado a dominar los rasgos negativos de su personalidad, será devorado por la ira, la envidia y la codicia. Solamente quien tenga el dominio sobre los aspectos negativos de su carácter, logrará vivir una existencia completamente feliz. (*Darkai Mussar*, pág. 57).

13. *Mantén tu mente ocupada con la sabiduría*

A) La mayoría que busca los placeres físicos y de disfrutar de todas las formas de entretenimiento, estará de esta manera tratando de apartar de sí la corrosiva sensación del vacío de sus vida y de la tristeza, que es en sí misma parte integrante de todos los asuntos materiales del mundo. El Gaon de Vilna afirmaba por otra parte que no había necesidad de ir en busca de los placeres terrenales para alcanzar su felicidad. ¿Cuál era el motivo de esa afirmación? Su corazón estaba pletórico de alegría y del placer que le transmitía su conocimiento de la *Torah*, en el cual tenía constantemente su mente. Dedica mucha atención a este tema, porque constituye uno de los principios fundamentales a tener en cuenta. (*Jojmah Umussar*, Vol. 2, Pág. 279).

B) Si una persona busca evitar que su mente se concentre en los deseos que lo acosan mientras camina por la calle, debería memorizar aquellos conceptos de la *Torah* que deben ser meditados. Todo aquél que tenga la capacidad de revisar mentalmente los argumentos contenidos en el Talmud, mientras efectúa sus diligencias cotidianas, estará dedicando el poder de su mente a adquirir sabiduría en lugar de incrementar sus deseos. Si alguien no está dispuesto a realizar el esfuerzo necesario para lograr la memorización y la revisión de tales conceptos, le será difícil controlar sus pensamientos para evitar que se concentren en sus deseos.

14. Técnicas para vencer los deseos

A) Si te has aficionado a los placeres físicos deberías huir de esa inclinación de la misma forma en que el ciervo huye del peligro. Para liberarte de tu afición hacia los mismos, actúa de una manera diametralmente opuesta durante un cierto tiempo. (*Sefer Hamidos Lehameidi*, Pág. 217).

B) Cuando una persona es afectada por la tentación le resultará difícil vencerla. Por lo tanto, es preferible alejarse de aquellos deseos que consideres problemáticos. Cuanto más barreras pongas, mayor será tu certeza de que no te sentirás abrumado por dicha situación. Por ejemplo, si tuvieras una tendencia a revelar los secretos de los demás deberías tratar en primer lugar, de no enterarte de esa información confidencial (*Divrai Yehoshua*, 2:6; ver también *Birjas Peretz: Beshalaj*).

C) Una técnica muy efectiva para dominar el control de uno mismo, consiste en adquirir el hábito de realizar diariamente cinco cosas que vayan en contra de nuestros deseos. Para asegurarte que mantendrás tu hábito, deberás destinar cierta suma de dinero en concepto de multa en el caso que dejes de hacerlo algún día. Este procedimiento te ayudará en forma efectiva a consolidar tu fuerza de voluntad. (*Daas Jojmah Umussar*, Vol. 1, Pág. 10).

D) Después de comer un poco al comienzo de una comida, deberías detenerte durante unos instantes y observar de qué manera podrías serle útil a alguien que necesitara de tu ayuda, ya que esa persona podría requerir que le pases el pan, y otro podría solicitar la sal. De esta manera, en el mismo comienzo de estar satisfaciendo tu deseo de comer podrás evidenciar el control sobre tus deseos realizando un acto de bondad. (*Jinuj V'edun Hahergeshim*, Pág. 335).

E) Para vencer un deseo por algo prohibido o insalubre, represéntate gráficamente una imagen en la que alguien estuviera en contra de que satisfagas ese deseo (ver *Breishis Rabbah* 87:9). Por ejemplo, si desearas hablar *loshon hora*, imagínate que el Jofetz Jayim, que estaba meticulosamente en contra de hablar mal de nadie, se encontrara a tu lado. Cuando tengas deseos de comer algo perjudicial para la salud, imagínate que tu médico estuviera en la habitación en que te encuentras, y que te prohibiera ingerir ese alimento. Si desearas fumar, supón que un cirujano del pulmón te mostrara las radiografías de personas que han fumado.

Confecciona un listado detallando aquellos deseos que te gustaría reprimir. ¿A quién escucharías si te aconsejaran no ceder ante un determinado deseo? Practica representándote en tu mente a esa persona.

F) Para derrotar un deseo, piensa en todas las razones por las cuales no deberías ceder al mismo: podría resultarte perjudicial para la salud, costarte mucho dinero, o causarte incomodidades. Cuánto más extensa sea tu lista de motivos, mayores serán tus oportunidades de vencer ese deseo. (*Divrai Yehoshua* 2:12).

G) Una persona cuya finalidad principal es la obtención de riquezas y posesiones materiales, deberá tener en cuenta que las mismas sólo habrán de pertenecerle por un corto tiempo, e inevitablemente habrán de pasar a otras personas. (*Jovos Halvovos* 3:5).

Cuando logres asimilar el concepto de la efímera duración que en realidad tienen tus deseos, te resultará mucho más sencillo poder vencerlos.

H) Trata concientemente de realizar un esfuerzo para variar el contenido de tus pensamientos cada vez que te surjan pensamientos que despierten en tí esos deseos. (*Jojmah Umussar*, vol. 2, pág. 211).

I) La estrategia de postergar las cosas cuando se la emplea juiciosamente, podrá utilizarse como un recurso para combatir la tentación. Algunas veces, cuando un individuo es acosado por el fuego de una pasión que lo consume, no resulta sensato intentar enfrentarse en forma directa con sus deseos. En algunos casos este esfuerzo puede resultar vano, ya que su deseo podría llegar a convertirse en un adversario demasiado poderoso. Para liberarte de las cadenas de la tentación, busca una excusa para demorar y relegar los hechos, para un poco más tarde pero no justamente en este momento. "Primeramente, debo terminar un trabajo importante que me ha sido asignado o concluir un proyecto determinado". Trata de inmediato de desviar el curso de tus pensamientos, ocupándote del proyecto en cuestión, y si te fuera posible recurre a la compañía de otras personas mientras trabajes en el mismo. Más tarde, cuando ya no esté más acosado por las llamas de ese deseo que lo consumía, le resultará relativamente sencillo vencerlo. Con frecuencia este enfoque resulta un medio efectivo para eliminar este problema. (*El desafío del Sinaí*, págs. 142-143).

J) El miedo aniquila los deseos. Por ejemplo, si una persona caminara sobre el hielo para alcanzar algo que mucho ansía obtener y de pronto se resbalara, su sentimiento de temor de caerse haría desaparecer sus sentimientos de deseo. Por esta razón, la *Torah* nos ordena no codiciar las pertenencias de otras personas. Aun un poco de temor al Todopoderoso te ayudará a eliminar tu codicia. (*Bais Halevi: Yisro*).

K) Existen algunos deseos que nos están prohibidos, y que realmente nos agradaría satisfacer si no nos estuvieran vedados. Por otra parte, hay cosas prohibidas que aunque nos fueran permitidas nos resultarían igualmente repulsivas. Trata de desarrollar una actitud de considerar algo que está prohibido como repulsivo ante tus ojos. (*Jovos Halvovos* 9:5).

Ten en cuenta que posees la habilidad de imaginar como desagradables a los objetos que deseas. Por ejemplo, si tuvieras la intención de dejar de fumar, podrías representar en tu mente la imagen de millones de gérmenes pululando por tus cigarrillos. Cuanto más vívida sea tu imaginación mayor será tu oportunidad de vencer tus deseos.

L) Si alguien es adicto a elementos perniciosos tales como los cigarrillos o el alcohol, un método efectivo para eliminar esos hábitos es el de fijarse la condición de destruir esos elementos cada vez que le sean presentados. (ver *Alle Mesholim* del *Maguid de Dubno*).

Si bien se trata de un método muy extremo, podrá serles de utilidad a algunas personas, y evitará que otras personas te ofrezcan esas cosas que estás tratando de evitar.

M) Una persona adinerada experimentó una sed tan intensa durante *Yom Kippur*, que sufrió un desvanecimiento a causa de ello. El Rabbí Jayim de Tzanz fue consultado al respecto, y manifestó que a dicha persona le era permitido beber agua en esas circunstancias. Una hora después se le volvió a preguntar al Rabbí si dicha persona podía beber un poco más, ya que su sed no se había extinguido totalmente. El Rabbí de Tzanz respondió a esa pregunta manifestando que autorizaba a esa persona a beber tanta agua como quisiera pero con una única condición: la de donar cien dólares para fines caritativos por cada vaso de agua que bebiera. Cuando se le comunicó esta respuesta al hombre rico, su sed se extinguió de inmediato. (*Otzer Sijos Jajomim*, parte 4, pág. 5).

15. *Cómo elevar el contenido de nuestras necesidades físicas*

A) Todo aquél que tome parte de placeres físicos con elevados propósitos, estará volcando lo físico hacia un alto contenido espiritual. (Rabbí Jayim de Volozhin; *Ruaj Jayim* 2:12).

B) Cuando una persona se alimente con el objeto de tener la salud y fortaleza necesarias para la realización de buenas acciones, su acción de comer responde al cumplimiento de un *mitzvah*. (*Yesod Veshoresh Hoavodah* 1:9).

C) Existen algunos mandamientos que nos enseñan a aniquilar nuestros deseos y a alejarnos de la idea de querer satisfacerlos. En cambio, durante el *Shabbat*, solazarnos con cosas placenteras constituye una *mitzvah*, ya que nuestro objetivo en esta oportunidad no es el de quebrantar la naturaleza sino el de santificarla. La meta es la de darle un elevado sentido a nuestra vida material y la de añadirle una dimensión sagrada a todo nuestro ser. Dado que la lección que nos deja el *Shabbat* es la de que el Todopoderoso ha creado todo lo que existe, se nos requiere que santifiquemos la naturaleza, y que de esta manera la pongamos consecuentemente a Su servicio. (*Bais Halevi: Breishis*).

D) El propósito que nos debe alentar es el de que utilicemos el mundo material con fines de elevación espiritual. El objetivo final es el de adquirir conocimientos de la *Torah* y cumplir las *mitzvos*, pero debemos tener en cuenta que para dedicarnos a estos fines debemos contar con la suficiente cantidad de posesiones materiales que nos permitan hacerlo. Por ejemplo, para mantener una familia y construir un hogar, una persona debe disponer de la necesaria cantidad de bienes económicos. De manera similar, para poder invitar gente a tu casa, construir una *sukah*, comprar un *esrog*, *tzitzis* o una *mezuzah*, se requerirá efectuar la correspondiente erogación de dinero. Por lo tanto, la persona virtuosa también tendrá necesidad de poseer bienes materiales, pero su objetivo no ha de ser el de adquirir la riqueza como único móvil, sino como un medio para alcanzar un fin. (*Noam Elimelej: Likutai Shoshanah*).

Capítulo Diecinueve
EL PESAR

1. La diferencia entre duelo y tristeza

¿Cuál es la diferencia que existe entre duelo y tristeza? Mientras que el sentimiento de duelo se apodera del corazón de una persona pero no de su mente, la tristeza se adueña de su espíritu. El duelo es un estado de ánimo que propicia la concentración de los pensamientos del ser humano, en tanto que la tristeza impide pensar. El duelo proviene de la luz que irradia el alma de la persona afectada, mientras que la tristeza se origina en las tinieblas del alma. El duelo incita a la vida, la tristeza por el contrario despierta sentimientos opuestos. La *Torah* obliga a observar el duelo cuando resulta apropiado, mientras que prohibe expresamente la tristeza y ordena servir al Todopoderoso con alegría. (*Ahavas Maishorim*, pág. 185).

2. La aceptación del dolor que causa el pesar

El inmenso dolor que causa la muerte de un familiar cercano no podrá apartarse de la mente, así como tampoco se eliminará el padecimiento físico cuando un miembro es amputado del cuerpo de una persona. (*Horeb*, vol. 1, pág. 205).

Acepta el dolor inevitable en lugar de combatirlo, y de este modo te resultará más fácil tolerarlo. La sensación de dolor se incrementará cuando alguien se sienta mal por sentirse mal. El pesar apropiado es una sincera expresión de tu amor y aprecio por la persona fallecida. Deberías tener la satisfacción de profesar esa clase de sentimientos.

3. La perspectiva de la Torah con respecto al duelo

A) Aquél que posee *emunah* sabe que la muerte de una persona no significa el fin de su existencia, sino que ello implica en cambio que el alma del fallecido se dirige a un mundo mejor. Las lágrimas derramadas por la muerte de un ser querido, se comparan al llanto que se vierte cuando un amigo íntimo o un familiar se mudan del sitio en que vivían, pero ello resulta distinto cuando se llora por alguien que se ha perdido y que jamás será hallado. (*Darkai Mussar*, pág. 56).

B) El Rabí Simja de Kelm decía que nuestra obligación de observar el luto por la pérdida de un familiar significa consustanciarse con el extinto. Sentirse triste por el deceso de un pariente resulta inapropiado. Dado que todos somos hijos del Todopoderoso, constituiría una afrenta hacia El sentirnos abatidos por la falta de un familiar cercano. La razón por la cual debemos llevar el luto por la pérdida de un pariente se debe a que debemos solidarizarnos con el sufrimiento de los demás, que implica el cumplimiento del mandamiento de amar a nuestros semejantes. (*Daas Umussar*, vol. 3, pág. 271).

El Rabí Yerujem Levovitz de Mir le escribió lo siguiente a alguien que había perdido su madre: "Trata de elevarte espiritualmente a partir de este hecho. No estés triste ni sufras porque pierdes a tu madre, ya que esto constituiría una transgresión y toda persona debería tener mucho cuidado de no incurrir en la misma. La actitud adecuada que debes adoptar será la de cuidar tu salud, lo que habrá de permitirte servir con alegría al Todopoderoso. Halla consuelo en tu crecimiento espiritual y esto constituirá un mérito para tu madre, cuya memoria sea bendita". (*Idem*).

C) El concepto del duelo según la *Torah*, es el de sentirse ligados emocionalmente al extinto. Con frecuencia los que llevan el luto lloran por la pérdida que han experimentado personalmente, sin concentrar sus pensamientos en el ser que ha fallecido. Han perdido un familiar y sienten dolor por el efecto que dicho infausto hecho les ha ocasionado. (*Guesher Hajayim*, vol. 3, pág. 123).

Te sentirás desgraciado si te repites: "¡Qué terrible me

resulta que mi familiar haya dejado de existir. ¿Cómo podré soportar esa pérdida?". Debes tener en cuenta que tienes la capacidad de decirte en cambio: "Puedo hacer frente a la vida. Las cosas que ocurren pueden ser duras para mí, pero me sobrepondré a las mismas". Tus sentimientos dependerán de aquello que te digas en cada ocasión. ¿Por qué entonces hacerte más dura la existencia magnificando tus penurias?

D) Tenemos la obligación de llevar el luto por la pérdida de nuestros familiares cercanos según nos lo impone la *Torah*, pero no sentir pesar por su desaparición física, la cual no constituye de por sí una razón valedera para experimentar este sentimiento de dolor. Visto puramente desde un plano físico, ¿Qué ganaría una persona si viviera unos pocos años más? ¿Cuál sería el beneficio definitivo de engullir algunos centenares más de pollos y miles de rebanadas de pan adicionales? ¿Cuál sería la diferencia total de esta situación si el fallecido le dejara este consumo a los demás? La *Torah* nos obliga a expresar nuestro pesar para enfatizar la pérdida del verdadero valor de la vida, que es el de la elevación espiritual que hubiera podido alcanzar esa persona si estuviera aun con vida. El Todopoderoso nos ha puesto sobre la tierra para este propósito. La muerte de un ser humano debería servir de recordatorio a sus deudos, para que llenen sus vidas con todo el crecimiento espiritual que les sea posible alcanzar. (*Guesher Hajayim*, vol. 3, pág. 23).

4. En tanto que observar el luto constituye una obligación el excesivo pesar resulta impropio (ya sea en cuanto a su duración como a su intensidad)

A) El Talmud (*Moed Katan* 27b) nos impone la obligación de no apesadumbrarnos demasiado ni por la pérdida de nuestros familiares más cercanos. En tanto tenemos la obligación de sentir pesar por la muerte de aquellos seres cercanos a nosotros, nuestro luto debe tener sus límites. El tiempo prescripto a este efecto es el siguiente: tres días para llorar, la *shiva* entera (período de siete días) para dispensar los correspondientes elogios, y los *shloshim* (período de treinta días) para exteriorizar las señales del duelo. Pasados estos plazos el Todopoderoso dice: "No es adecuado que expreses mayor misericordia que Yo".

B) Con referencia al duelo que se observa por la muerte de nuestros allegados familiares, la *Torah* indica lo siguiente: "Son los hijos del Todopoderoso", (*Dvorim* 14:1) por lo tanto les está prohibido causarse mutilaciones, ni arrancarse el cabello como una expresión de vuestro pesar. Tres de los principales comentaristas de la *Torah* explican la continuidad de la vigencia de este versículo, en las formas que nos permitirán considerar el deceso de un familiar, desde una perspectiva tal que nos evitará tener un excesivo sentimiento de pesar por dicho suceso.

El Ibn Ezra solía comentar lo siguiente al respecto: Una vez que se den cuenta que son hijos del Todopoderoso, y de que El los ama aun más que un padre mortal pueda amar a sus hijos, no habrán de apesadumbrarse excesivamente por todo lo que El pudiera hacerles, ya que todo lo que El dispone es para vuestro bien definitivo. Por momentos podrías no entender Sus móviles, de la misma manera en que un niño de corta edad no comprende siempre los motivos por los cuales su padre hace ciertas cosas. No obstante ello,el niño confía en su padre, y tú también deberías confiar en el Todopoderoso.

El Ohr Hajayim comentaba que: un principio básico de la *Torah* es el concepto que expresa que cuando una persona muere, ésta no desaparece para perderse en el olvido. La situación se asemeja a la del padre que envía a su hijo para efectuar un riesgoso negocio especulativo en otra ciudad. Después de concederle un cierto tiempo para obtener una determinada ganancia, el padre le enviaría un mensaje a su hijo pidiéndole que vuelva a casa. Cuando se concreta su retorno, no significará de modo alguno que su existencia haya concluido, sino que simplemente ha cambiado su lugar de residencia y que además se encuentra en su propio hogar y que éste es el mejor lugar en que puede hallarse. Análogamente cuando una persona muere, su alma vuelve al seno de su Padre Celestial.

Sforno comentaba que ninguna persona expresa el máximo desvelo y sufrimiento por un pariente lejano, cuando tiene otros familiares que le son más cercanos, más distinguidos o que son más generosos para con él. Dado que eres un hijo del Todopoderoso, El es tu padre y es eterno, por cuyo motivo no deberías reaccionar demostrando el luto extremo cuando hayas perdido un allegado mortal.

5. *La aceptación del juicio del Todopoderoso*

A) Después de ocurrida la muerte de un familiar cercano, sentimientos de pena y dolor suelen entrar en la mente de un persona aun después de haber transcurrido el período de luto. Cuando surjan tales pensamientos, el afectado debería tratar de fortalecerse mediante la aceptación del juicio del Todopoderoso. Toda vez que logres vencer exitosamente tus sentimientos de autocompasión, podrás elevarte espiritualmente. (*Ohr Yejezkel: mijtavim*, pág. 116).

B) Cuando fallecieron los dos hijos de Aarón, éste permaneció silencioso y recibió la retribución por su silencio. Requiere un gran esfuerzo lograr esto frente al rostro del pesar. Hay sin embargo momentos en que el silencio no es meramente la ausencia del habla. Hay veces en que el silencio "dice" mucho más de lo que pudieran expresar las palabras. (*Alai Shur*, pág. 178).

Cuando se produjo el deceso de la hija del Rabí Zundel de Salant, éste pronunció la bendición del *Dayan Haemes* (el Juez que es ecuánime) sin mostrar ningún signo visible de pesar. El principal de la empresa funeraria relató que tenía la misma concentración y paz espiritual propias de alguien que estaba pronunciando una bendición de gratitud al Todopoderoso. (*Jayai Hamussar*, vol. 2, pág. 64).

Al poco tiempo que el Rabí Abraham Grodzensky se convirtiera en el supervisor espiritual de la Yeshiva de Slobodka, su esposa falleció, dejándolo con ocho huérfanos de corta edad, los dos más pequeños de tan solo uno y dos años. Rav Abraham no recitó la bendición del *Dayan Haemes* inmediatamente después de tener conocimiento de su tragedia. Dado que constantemente enseñaba que no se debían cumplir los mandamientos por simple hábito, sino que estamos obligados a tener un conocimiento cabal y conciente de lo que hacemos y decimos, esperó a que transcurrieran dos días para poder recitar apropiadamente la bendición, la cual de acuerdo a lo establecido por el Talmud (*Brojos* 60b), debía hacerse con alegría. Al pronunciar la bendición, sintió en su fuero interno que había logrado la completa aceptación del juicio del Todopoderoso. (*Toras Abraham*, Introducción, pág. 140.

C) La aceptación del juicio del Todopoderoso provee a la persona de la fuerza necesaria para poder controlar su intelecto aun en momentos de grandes tensiones.

Durante la semana en que su hijo había enfermado gravemente y estaba por morir, el Rabí Iosef Hurwitz tuvo que viajar para atender un asunto comunitario de gran importancia. Ya que su hijo no necesitaba más de su ayuda y sabiendo que después de su muerte el Rabí Hurwitz estaba obligado a observar la *shiva* durante el período establecido, tomó esa decisión para no demorar la atención del asunto comunitario. Teniendo conciencia que esa demora podría causarles un perjuicio a los demás, se sintió obligado a atender esa cuestión en forma inmediata. (*Hameoros Hagdolim*, pág. 187).

6. *Toma conciencia de que todas tus relaciones sólo tienen carácter temporario*

Si sabes que una relación es sólo temporaria, no te sentirás tan mal al terminar la misma, como cuando hubieras estado bajo la impresión de que sería mucho más duradera y concluyera antes de lo que esperabas. Toma conciencia de que todos morirán eventualmente, la única incógnita es saber cuánto tiempo habrá de vivir una persona.

Cuando te concientices que tus relaciones con tus seres queridos son temporarias, aun cuando experimentes la pérdida que te producirá el momento de su muerte, este sentimiento no será tan devastador como cuando hubieras creído que esa relación sería eterna. Aprende a apreciar el tiempo en que estuvieron juntos, y no lo consideres como un tiempo perdido por no haber durado tanto como hubieras deseado que se prolongara.

Cierta vez me tocó asistir al funeral de un adolescente, en el que uno de los desconsolados padres gritó: "¡Todo lo que hice se ha perdido!". Aunque no se pueda culpar a nadie por lo que dice en tales circunstancias, constituye un error pensar que se ha desperdiciado el tiempo, ya que ese padre tuvo una relación de catorce años con su hijo, y de la que ambos se beneficiaron tanto espiritual como emocionalmente durante el tiempo que pasaron juntos. Es importante que la gente en tales situaciones analicen los aspectos positivos de sus relaciones, y no repetirse aquello que pudo haber sido y no fue.

7. *Los sentimientos de culpa*

El pesar va acompañado con frecuencia de sentimientos de culpa. Mucha gente recuerda la manera en que se comportaron con el fallecido y rememoran los errores que cometieron en su relación con él, cuando estaba con vida. Dado que ya no es posible que rectifiquemos nuestros procederes, estos pensamientos pueden tornarse dolorosos y muchas veces de convierten en obsesivos. Es preciso obligarse a vivir en el presente, y al respecto deberías preguntarte: "¿Qué es lo que puedo hacer en este momento para honrar la memoria del fallecido?". Además de efectuar donaciones para causas valederas, deberías honrar al extinto por medio de actividades que realices diariamente sin publicidad ni fanfarria, tales como la firme resolución de efectuar una buena acción cada día, dedicándolas a su honor. Pensar en las formas prácticas de honrar al fallecido, liberará tu mente de los negativos pensamientos de autocompasión. Cuanto más fuertes sean tus sentimientos de culpa, mayor habrán de ser el tiempo y esfuerzo que se invertirán en honrar de una manera constructiva la memoria de esa persona por medio de realizaciones con un valioso contenido.

Los sentimientos de culpa resultan particularmente intensos, cuando alguien se repita constantemente que podría haber hecho algo concreto para evitar la muerte del extinto. Con frecuencia el complejo de culpa se exagera enormemente, porque no había forma que le permitiera conocer la verdadera gravedad de la situación. Cuestiónate ese sentimiento de culpa, de esta manera: ¿Qué podría haber hecho realmente ya que no sabía entonces lo que sé ahora? ¿Culparía a alguien que se encontrara en una situación similar? ¿Querría el extinto que me sintiera desdichado? Si una persona debiera realmente sentirse culpable, debería consultar sobre el particular a un estudioso de la *Torah* para requerirle su consejo.

Un distinguido erudito que cuidaba meticulosamente a su padre de edad avanzada, sintió una tremenda culpa cuando éste último falleció, temiendo que no había hecho lo necesario por su padre y que por lo tanto había que culparlo de cierta manera por su deceso. Este Rosh Hayeshiva padecía tantos sufrimientos por este motivo, que su salud estaba realmente en peligro. Un tiempo después durante una reunión rabínica en la ciudad de Vilno, el erudito se encontró con el Jofetz Jayim que estaba enterado de sus sentimientos de culpa. El Jofetz Jayim le habló extensamente del valor que tenía el arrepentimiento sincero, destacando enfáticamente en forma repetida que ese sentimiento no sólo redime al que ha cometido transgresiones, sino que lo transforma en una nueva persona, que es distinta de la que fue el día anterior y que por consiguiente no debería sentirse culpable por su pasado. El erudito obtuvo la paz espiritual a partir de este concepto, y dijo lo siguiente: "Soy una persona nueva, por lo cual no tengo razón alguna para padecer sufrimientos por lo que ocurrió en el pasado". (*Hajofetz Jayim*, vol. 3, pág. 1018).

8. Si una persona le encuentra sentido a su pesar, le resultará más fácil enfrentarse con los hechos

A) Asimilando la actitud de considerar a todo lo que ocurra como una prueba, será más sencillo enfrentar la pérdida de un familiar cercano. (*Ohr Yejezkel: mijtavim*, pág. 115).

B) El Talmud (*Brojos* 5b, ver *Mesoras Hashas*) relata en uno de los pasajes que el Rabí Yojonon visitaba a unas personas que habían perdido un hijo, y los consolaba llevándoles un diente del décimo hijo que él había perdido. ¿En qué momento se le había ocurrido al Rabí Yojonon este método para consolar a los demás?, fue en un momento en que estaba experimentando un gran sufrimiento en su propia persona. Tuvo sin embargo la presencia de ánimo necesaria para pensar en otros seres que posiblemente pudieran sufrir por la misma causa, y buscar la forma de ayudarlos a superar su pérdida. (Rabí Yitzjak Waldstein, citado en *Jayai Hamussar*, vol. 1, págs. 12-13).

El Rabí Yitzjak Meir de Gur tuvo trece hijos, los cuales fallecieron todos durante el transcurso de su vida. Cuando murió el último de ellos su esposa se dirigió a él en busca de palabras de consuelo. El le brindó consuelo diciéndole: "Nuestro gran sufrimiento servirá para consolar parcialmente a aquella gente que haya perdido un hijo. Se confortarán diciéndose que ya que nosotros hemos perdido trece hijos, su pérdida no ha de ser tan trágica como la nuestra". (*Siaj Sarfai*, vol. 3, pág. 78).

C) Si una persona puede encontrarle sentido a su pesar, le resultará más leve soportarlo. Víctor Frankl, un médico Judío que había pasado la Segunda Guerra Mundial alojado en dos campos de concentración, relató acerca de la experiencia de un practicante médico de edad madura, que se dirigió a él debido a que no podía reponerse del efecto que le produjo la muerte de su esposa, acaecida hacía dos años. Su matrimonio había sido muy feliz, pero en ese momento estaba deprimido por la pérdida sufrida. Frankl le preguntó entonces a su amigo: "¿Qué hubiera sucedido si tú hubieses fallecido primero y tu mujer te hubiese sobrevivido?". El hombre respondió que su esposa dependía mucho de él, y que hubiese sufrido tremendamente si ella lo hubiese sobrevivido. Frankl le destacó lo siguiente: "Tu esposa quedó liberada de esta situación, y eres tú quien la preservaste aunque ahora debas pagar tu precio al sobrevivirla y llevando luto por ella". En ese momento comprendió el significado del luto que llevaba, el sentido del sacrificio que había llevado a cabo, quedó aliviado de gran parte de su dolor emo-cional.

D) El pesar puede conceptuarse como el precio que paga una persona por la relación positiva que mantuvo con la persona, por la cual está de duelo. Contemplado de esta manera, el pesar puede todavía resultar doloroso, pero parte de este dolor puede ser disminuido en su intensidad.

9. *La manera de brindar consuelo a los demás*

A) Cuando alguien haya perdido a un familiar, constituye el cumplimiento del mandamiento de "Ama a tu semejante", confortarlo en su pesar. Aunque todas las palabras de consuelo que pronuncies serán consideradas como la realización de la *mitzvah* de conformar a los que estén de luto, para darle la forma adecuada a lo expresado medita sobre este asunto para decir las palabras apropiadas que han de contribuir a aliviar los sufrimientos de las personas que estás visitando y que observan el luto por el fallecido. (Jofetz Jayim; *Ahavas Jesed*, parte 3, cap. 5).

B) Con frecuencia, no encuentras las palabras que le dirás a la personas apesadumbradas por lo que les ha ocurrido, para consolarlas de su pérdida. Unete a dichas personas en su duelo, y esto de por sí es una forma de brindar consuelo. (*Daas Jojmah Umusar*, Vol. 3, pág. 272).

C) El Rabí Yitzak Hutner le escribió a una persona que había perdido un familiar cercano: "Cómo debo conformarte? No sé en qué forma pueda hacerlo. Conozco nada más que una única declaración que se pegó a los labios de los centenares de hijos de la congregación del pueblo de Israel, cuando fueron afectados por un profundo dolor. De estas palabras extrajeron fuerzas y coraje durante los momentos de su enorme sufrimiento: *Yisgadal, veyiskadash shmai rabbah...*" (*Pajad Yitzjak, Igros Uksovim*, pág. 324).

Capítulo Veinte
EL DESALIENTO

1. Las situaciones difíciles de la vida no deben causar desaliento

A) "Aun cuando te encuentres en medio de un gran sufrimiento no abandones la esperanza" (*Pirke Avos* 1:7; *Rashi*). Las situaciones de la vida pueden a veces parecer tan desoladas y desesperadas que no te permiten vislumbrar ninguna esperanza para el futuro. En esas circunstancias habrás de decirte cosas tales como: "¡Mi vida es un terrible caos, y no creo que alguna vez mejore!". Esos pensamientos conducen a experimentar sentimientos muy dolorosos. Los Sabios nos aconsejaron no abandonar jamás la esperanza. Deberías al respecto formularte la siguiente pregunta: "¿Qué prueba tengo de que las cosas jamás mejorarán?". Si bien es cierto que no podrás tener una garantía de que las cosas sean mejores de lo que son, jamás podrás tener la certeza de que ello no ocurra. Resulta ridículo dejarse invadir por la desesperanza cuando en un tiempo breve toda la situación podría revertirse drásticamente.

El Rabí Abraham de Slonim refirió el caso de un general que había recibido un informe haciéndole saber que el enemigo había irrumpido a través de su línea de defensa. El general estaba visiblemente impactado por el mensaje, y la expresión de su rostro manifestaba desesperación. Su esposa le dijo lo siguiente: "A cabo de recibir otro mensaje peor que el tuyo".

"Dime por favor de qué se trata" le preguntó el general.

"Mirando tu rostro, veo, que has abandonado la esperanza" le respondió su mujer. "El desaliento resulta más perjudicial que la pérdida de tus líneas de defensa".

"De manera similar", dijo el Rebbe de Slonim, "sentirse

desalentado debido a una deficiencia, resulta peor que esa deficiencia en sí misma". (*Ohr Yeshorim*, Pág. 109).

B) Un residente de Bnei Brak fue a ver al Jazón Ish y le dijo que estaba ahogándose en sus numerosos problemas. Al consolarlo, el Jazón Ish le manifestó que la desesperación resulta mucho más peligrosa que cualquier clase de infortunio. Los Sabios (*Brojos* 10a) no dicen que aun cuando un enemigo tenga su espada apoyada en tu cuello, no debes abandonar la esperanza de ser salvado. Al decir esto, el Jazon Ish apoyó los dedos sobre su cuello y comentó que los Sabios se referían literalmente a una situación similar. (*P'air Hador*, Vol. 4, Pág. 40).

El Rabí Immi fue capturado por un grupo de peligrosos delincuentes y su vida estaba en peligro. Cuando uno de los Sabios se enteró de esto, se desesperanzó de que el Rabí Immi pudiera llegar a ser salvado alguna vez, y pidió que se preparara su mortaja. El Rabí Shimon Ben Lakish, dijo sin embargo: "Voy a salvar al Rabí Immi, aunque tenga que matarlos o que me maten". El Rabí Shimon Ben Lakish fue a ver a los captores del Rabí Immi y los convenció para que los liberaran sin tener que luchar.

En otro incidente distinto, algunos delincuentes capturaron a Zeer Bar Janina. En este caso el Rabí Ammi y le Rabí Shmuel fueron a verlos para tratar de persuadirlos para que lo liberaran. El jefe de los facinerosos se rehusó a su pedido y le dijo: "Sólo un milagro puede salvar su vida". Mientras estaban hablando un mensajero entró y le dijo al jefe: "Con esta espada Bar Netzer mató a tu hermano". Durante el impacto emocional y la excitación que provocaron estas noticias, Zeer Bar Janina aprovechó para escaparse. (*Yershalemi Trumos* 8:1).

C) Aun cuando una persona se encuentre en peligro de ser asesinado, deberá tener cuidado de no hacer nada que acelere ese proceso. Siempre existe la posibilidad, aun cuando pueda no parecer factible, que una persona pueda ser salvada de lo que aparenta ser una situación completamente irremediable. (Ralbag; *Hadaios Vehamidos*, 40:7).

D) Iosef fue vendido como esclavo por sus hermanos, pero su experiencia de esta humillación final, lo llevó a convertirse en un gran dirigente. Tamar fue repudiada, pero esta situación la condujo sin embargo a convertirse en la madre de la dinastía del Rey David. Podemos extraer enseñanzas similares a éstas, de los pasajes de la *Torah* en el sentido que cada vez que nos sentimos desalentados por sucesos desafortunados que ocurren en nuestras vidas, estaremos reaccionando en forma prematura. Aun los momentos más depresivos pueden conducirnos a las situaciones más afortunadas de nuestra existencia. (Ver *Toras Hanefesh*, Pág. 155).

E) Alguien que se encontraba en una situación difícil le escribió lo siguiente al Rabí Yitzjak Hutner: "No hay nada que yo pueda hacer para cambiar esta situación". A lo cual el Rabí Hutner le contestó: "Siempre tenemos la capacidad para orar. Existe un inmenso poder contenido en un capítulo de los Tehilim (*Salmos*), cuando se lo pronuncia con un corazón acongojado y con sentimientos profundos". (*Pajad Hitzjak, Igros Uksovim*, Pág. 237).

F) Con frecuencia cuando inviertes mucho tiempo, dinero y energías para la realización de un proyecto valioso, algunas personas se opondrán a tus planes. Resulta fácil sentirse desalentado en tales circunstancias. El Rabí Yejetzkel Levenstein (*Ohr Yajetzkel: mijtavim*, Pág 53) le escribió a una persona que estaba enfrentando ese desafío, lo siguiente: "No le prestes ninguna atención a aquellos que se opongan a tu labor. Todo proyecto valedero tendrá que enfrentar algunos obstáculos y a la oposición".

Si tomas conciencia que es normal que mucha gente se oponga cuando trates de realizar algo, te resultará más sencillo tolerarlo y vencer las dificultades que te cause esa oposición.

G) Cuando te sientas desesperado, gradúa la magnitud del esfuerzo sostenido que implica continuar en el intento de obtener éxito en lo que te propongas a pesar de ese estado de ánimo negativo. Mucha gente se siente deprimida por su desesperación, pero toda persona tiene la capacidad de crecer a un nivel espiritual superior no permitiendo que ese sentimiento constituya un obstáculo en su camino. Puedes considerar a la desesperación como una herramienta para crecer y este concepto te conducirá a alcanzar grandes logros.

H) Víctor Frankl, un médico Judío que pasó los años de la Segunda Guerra Mundial en los campos de concentración de

Auschwitz y Dachau, relataba lo siguiente: "Recuerdo el dilema que se me planteaba cuando me enfrenté con un hombre y una mujer que estaban próximos a suicidarse, manifestándome ambos que ya nada esperaban de la vida. Les pregunté entonces a mis dos compañeros de cautiverio si la cuestión correcta era lo que nosotros esperamos de la vida, o por el contrario preguntamos ¿qué sería lo que la vida espera de nosotros? Les sugerí la idea de que la vida estaba esperando algo de ellos".

La persona que siente desesperación y desaliento estará formulándose la pregunta equivocada, ya que se está cuestionando qué es lo que el mundo le está brindando. Tan pronto como cambie el sentido de su pregunta inquiriendo acerca de todo el bien que él pueda hacer, siempre podrá hallar una adecuada respuesta.

I) Algunos se sienten desalentados, suponiendo entonces que estos sentimientos negativos que los dominan constituyen hechos reales de por sí, como los indicios de una "prueba" de que no hay esperanzas para ellos. Los sentimientos representan sin embargo el estado de ánimo actual de una persona, y no pueden de manera alguna predecir el futuro. Podrían preguntarse al respecto: "¿Mis sentimientos actuales prueban realmente que no existen esperanzas para mí?. Por supuesto que esto no es así. Jamás existe la prueba absoluta de que las cosas no habrán de mejorar, y al creer lo contrario estarás causándote un gran daño. Deberás adoptar al respecto la siguiente actitud diciéndote: "siempre es posible que el futuro resulte ser mucho más brillante de lo que se me perfila en la actualidad. ¿Cuál será la acción constructiva que podré emprender para mejorar las cosas?"

2. Las aspiraciones impiden el desaliento

A) El Rabí Eliyahu Dessler escribió lo siguiente: "Cuando tengas verdaderas aspiraciones por obtener algo, no habrás de abandonar la esperanza de lograrlo. La desesperanza es una señal de que careces de la ambición necesaria para lograr ese objetivo". (*Mitjtav MaiEliyahu*, vol. 1, pág. 60).

El Rabí Levi Yitzjak de Berditchev tuvo que trasladarse a

una gran distancia de donde residía para recolectar fondos para una causa importante, y a pesar de ello no pudo reunir el dinero necesario a ese fin. Se sintió mal por la cantidad de tiempo malgastado en ese intento, por lo que decidió que en el futuro se quedaría en su casa para estudiar. El mismo día en que le sucedió lo citado precedentemente, se le refirió el caso de alguien que habiendo sido sorprendido robando fue llevado a la cárcel, donde se lo golpeó duramente. Rav Levi Yitzjak sintió compasión por la persona que había sido castigada en forma excesiva, y mediante su gestión logró obtener que fuera puesto en libertad anticipadamente. Posteriormente, Rav Levi Yitzjak le dijo al ladrón: "¡Recuerda la golpiza que te propinaron! Ten cuidado a partir de ahora de no volver a repetir tu conducta incorrecta".

El ladrón le replicó: ¿Qué importa eso?. Pudo no haber logrado mi cometido esta vez, pero espero aun poder tener éxito la próxima vez que lo intente".

Al oír esto, Rav Levi Yitzjak dijo lo siguiente: "Las palabras de este ladrón pueden serme aplicadas. Pudo no haber tenido éxito esta vez, pero ello no debería impedirme de intentarlo nuevamente y quizás pueda lograrlo en la próxima ocasión. (*Sefer Hajasidus*, pág. 253).

B) Si deseas convertirte en un erudito de la *Torah* y te resulta difícil estudiar, no te desalientes por ello ni te sientas dispuesto a abandonar tus aspiraciones. Todos los comienzos resultan dificultosos, pero no hay nada que pueda interponerse en tu camino cuando tengas la firme voluntad de lograr lo que te propones. La cuestión esencial reside en estar sinceramente resuelto al alcanzar el éxito. (Jazon Ish: *Kovetz Igros*, vol. 1, Nº 17).

3. Cuando creas que puedes hacer algo, tendrás mayores posibilidades de obtener un logro

A) Una persona sensata tratará de obtener aquello que necesite, y no se desalentará pensando que dicho objetivo resultará demasiado difícil de lograr. Utiliza tu inteligencia y tu capacidad de raciocinio, y con frecuencia tendrás éxito en obtener lo que te has propuesto. (*Sefer Hamidos Lehameiri*, pág. 211).

Cuando te sientas desesperanzado, no tendrás la capacidad de pensar coherentemente y es muy probable que habrás de desperdiciar oportunidades de las que hubieses podido beneficiarte. Si algo te resulta importante, no pienses acerca de ello de una manera pesimista. Trata en cambio de considerar y elaborar una cantidad de planes alternativos, uno de los cuales podría surtir efecto. Cuanto más optimismo y confianza pudieras tener, mayores han de ser tus oportunidades de tener éxito en lo que procuras obtener.

B) El mayor obstáculo que tenemos para poder cambiar es el desaliento. (*Jojmah Umussar*, vol. 2, pág. 218).

Adoptando una actitud de convencimiento de que puedes superarte, vencerás automáticamente tu principal escollo. Teniendo la creencia de que podrás mejorar, te será posible hacerlo con certeza. Si te muestras dubitativo con respecto a tu capacidad de cambiar, tu mayor enemigo será tu escepticismo. Una vez que hayas salvado este obstáculo, el resto ha de resultarte más fácil.

Trata de rememorar algunos casos en los que originalmente creíste que no te sería posible llevar a cabo algo, pero que luego en realidad pudiste realizar. Esto te enseñará a que tu impresión de que algo te resultará imposible de lograr, no implica necesariamente que esto sea así.

C) Cuando una persona asuma la responsabilidad para efectuar un importante proyecto, habrá de tener un cierto grado de asistencia divina para tener éxito en sus propósitos. (*Maarjai Laiv*, pág. 37).

Mientras que se hallaba realizando una gira para reunir fondos para la *Yeshiva* de Gateshead, el Rabí Moshe Schwab se encontró con alguien que a su vez trataba de realizar una colecta para un *Kollel* que él había fundado y mantenido. Esa persona se lamentaba de lo difícil que le resultaba reunir el dinero que estaba necesitando. El Rabí Schwab le preguntó entonces: "¿Qué piensas hacer con los estudiosos casados qué estás manteniendo en esa institución?".

"No tengo alternativa", le respondió el hombre. "Me veré forzado a pedirle a algunos pocos miembros a que se retiren de mi institución".

"Este es tu error", le dijo el Rabí Schwab, "y el origen de

tu falta de éxito. Si asumes el compromiso de tomar a tu cargo la manutención de un número aun mayor de miembros, será muy probable que tengas éxito en tus esfuerzos". (*Idem*, pags. 37-38).

D) Jamás te sientas desalentado si no prosperara una relación con otra persona. A pesar de que en el momento presente pudieras tener la sensación de que no hay esperanzas de que tengas una relación positiva con un familiar, un esposo o esposa, o con un amigo, la situación podría revertirse de la noche a la mañana. Ni aun la persona más inflexible podrá considerarse como inmutable. Cuando creas que puedas influenciar a alguien para que se comporte contigo de una manera correcta, tú procederás con él de una manera similar y esto seguramente habrá de gravitar positivamente sobre el desarrollo de toda la relación.

4. Jamás desesperes en cuanto a recuperarte de una enfermedad

A) Cuando alguien esté enfermo, el Todopoderoso siempre podrá curarlo. (*Jovos Halvovos* 4:4).

Si una persona que está gravemente enferma abandona la esperanza de curarse, esto habrá de debilitarla aun más de lo que está. Si en cambio, mantiene el optimismo de que a través de la voluntad del Todopoderoso tendrá siempre la posibilidad de recuperarse, esta convicción lo beneficiará tanto espiritual como físicamente.

B) Aun si un médico dijera que no hay posibilidad de recuperación, el enfermo no debería desesperarse. Existen infinidad de casos en los que los médicos han abandonado toda esperanza, y que no obstante ello los pacientes se han recuperado. Aun cuando sería totalmente insensato y carente de responsabilidad desechar el asesoramiento médico confiable cuando pueda hacerse algo práctico en beneficio del paciente, hay que tener en cuenta que los médicos son solamente seres humanos y por lo tanto falibles. Es importante que los médicos mismos tomen conciencia de estas circunstancias, y aun cuando la situación se presente de una manera desoladora, y a pesar de que ellos no pueden confiar en milagros, suelen ocurrir milagros en el campo de la medicina.

Cada vez que se le comentaba al Rabí Yehoshua Leib Diskin que un facultativo no le daba esperanzas a un paciente, solía decir lo siguiente: "Un médico tiene el derecho de curar, ¿pero quién lo ha autorizado a desesperar a las personas?" (*Amud Aish*, pág. 158).

Una joven pareja casada desde hacía varios años carecía de descendientes, y su médico les dijo que les sería imposible tener hijos en tanto que honraran las *taharas hamishpaja* (leyes de pureza de la familia). Al respecto consultaron al Rabí David Kronglas, *mashguiaj* de la Yeshiva de Ner Israel, quien pasó varias horas conversando con ellos. Puso énfasis en la afirmación de que todo está en las manos del Todopoderoso, y que las conclusiones del médico no constituyen condicionamientos para El. El *mashguiaj* tuvo éxito en transmitirles en forma directa su firme creencia, y ellos dejaron su estudio con la regocijante confianza de que su destino de *Aquél* en quien ellos podían confiar. En el transcurso del año fueron bendecidos con una niña. (Rabí Guershon Weiss; *El Observador Judío*, Marzo de 1975).

5. *Jamás desesperes en lo que respecta a tu capacidad de crecer en asuntos espirituales*

A) Una persona enferma puede empeorar innecesariamente su situación de una de dos maneras. Podría erróneamente considerar que no está enfermo y dejar de buscar los médicos que necesita y los medicamentos que le son indispensables. La otra posición sería de carácter opuesto, ya que estando con una dolencia que podría ser seria, agravaría su situación considerándose aun más enfermo de lo que está en realidad, y esta actitud lo impulsaría a abandonar la esperanza de curarse alguna vez. El mismo incrementaría el daño de su enfermedad a causa de su desaliento. Esto constituye un factor muy importante que debe ser tenido en cuenta por una persona enferma, pero que además resulta apropiada para considerarse en el terreno del bienestar espiritual. Una persona que no sea conciente de sus defectos y falencias, no se esforzará para alcanzar su propia superación. Sin embargo si sobreestima la magnitud de sus rasgos y conductas negativas, sólo conseguirá desalentarse, y este sentimiento de desaliento le impedirá superarse. (*Josen Yehoshua* 1:8).

B) Cuando alguien se siente desesperanzado y abandona sus expectativas eso se deberá a que piensa que no existe ninguna forma en que pueda mejorar su situación. Sin embargo en lo que atañe a asuntos espirituales y al desarrollo de la personalidad, una persona tendrá siempre la capacidad para cambiar y crecer y por consiguiente, el desaliento estará siempre fuera de lugar. (*Torás Yitzjak*, Pág. 8).

Cuando vemos muchos defectos en nosotros mismos, tendremos la alternativa de desalentarnos y abandonar nuestras tentativas de mejorar, o bien considerar la situación como un verdadero desafío y redoblar nuestros esfuerzos para superarnos. (*Idem*, Pág. 45).

C) Cuando trabajemos para lograr nuestra superación, es fácil que nos desalentemos cuando no veamos que hemos progresado suficientemente. Continúa intentándolo y no abandones, ya que cada pequeño avance constituye un éxito. (Rabí Reuven Dessler; *Tnuas Hamussar*, Vol. 5, Pág. 174).

Aprende a apreciar hasta el más pequeño de los progresos. Si lograras enfurecerte una vez menos que antes o si tu ira fuera de menor intensidad, estos hechos de por sí constituirían un mejoramiento, la igual que si consigues hablarle a los demás en un tono más amable. Si tus oraciones se ven levemente mejoradas en su forma, esto también será un progreso. Cuanto más placer sientas por cada partícula de superación que alcances, mayor será tu probabilidad de que continúes tratando de superarte. En forma similar a todos los temas tratados en este libro, si te sintieras un poco menos triste que antes, deberías apreciar este progreso y continuar intentándolo.

D) Cierta gente se desalienta cuando piensa acerca de los años que han transcurrido desde la primera vez en que comenzaron a pensar acerca de su superación. Podría decirse al respecto: "Ya no hay ninguna esperanza para mí, ya que no he podido cambiar hasta ahora". (*Kojvai Ohr*, Pág. 165).

Sin embargo quienes piensan así están cometiendo un error, ya que nunca es demasiado tarde para cambiar. Si bien es cierto que tus tentativas anteriores pudieron no haber tenido éxito, pero ¿qué prueba tienes para creer que no podrás lograrlo ahora? Por supuesto, que no tienes fundamento alguno para dicha suposición. Mucha gente ha logrado tener éxito en superarse después de numerosos intentos fallidos. Refuerza tu determinación e inténtalo de nuevo. El sólo hecho de esforzarte para intentar tu mejoramiento constituye de por sí una forma de tener éxito.

E) Configura un grave error que cometen muchas personas cuando piensan acerca de la perfección alcanzada por los grandes eruditos y hombres virtuosos del pasado. El motivo de esta aseveración se basa en que esas personas se concentran exclusivamente en el resultado final de los muchos años que estos grandes hombres dedicaron a trabajar en su superación, y no toman en cuenta todos los conflictos que debieron vencer para lograr su cometido. Tienen la impresión de que nacieron con su grandeza y que no necesitaron realizar ningún esfuerzo para llegar a ser lo que fueron. No sabemos de todas las batallas internas que debieron librar, ni de todas las caídas que sufrieron ni de los errores que cometieron a través de su existencia. El resultado de todo esto es que cuando una persona que está fuertemente motivada por aspiraciones elevadas tiene que atravesar obstáculos y serias dificultades, se desalentará y tendrá la tendencia a abandonar sus intentos. La verdad es que todos se sienten abatidos alguna vez. No esperes que tu camino sea fácil de transitar. Sin tener en cuenta las veces que te sientas caer deberás continuar levantándote y proseguir tu lucha, ya que tendrás el éxito asegurado al final. (*Pajad Yitzjak, Igros Uksovim*, Pág. 217).

El Rabí Moshe de Kobrin le decía a sus seguidores que aun cuando cometieran serios errores, no deberían desalentarse por eso, y tendrían en cambio que centrar su atención en las formas de enmendarse en el futuro. Para ilustrar este tema le preguntó a uno de sus discípulos que se había criado en una granja: "Solías montar a caballo?".

"Sí", le respondió el hombre, "con bastante frecuencia".

"¿Te ocurrió que alguna vez te hayas caído del caballo?", le preguntó Rav Moshe.

"Muchas veces", le dijo el discípulo.

"¿Y qué hiciste entonces?", le volvió a preguntar Rav Moshe.

"Simplemente volvía a montar el caballo y continuaba cabalgando", fue la respuesta de esa persona.

"Este es el modelo de cómo deberíamos reaccionar frente a nuestros errores", le dijo Rav Moshe a sus seguidores. "Nunca se rindan, sin tener en cuenta las veces que caigan, continúen intentándolo". (*Ohr Yeshorim*, Pág. 108).

F) Cuando una persona trabaje para superarse en asuntos espirituales, descubrirá que tiene altibajos en su trayectoria. Es fácil sentirse desalentado cuando alguien tiene la certeza de haber descendido de su nivel espiritual anterior. El Rabí Tzadok Hacohen se dirigía a sí mismo cuando expresaba lo siguiente: "Es imposible que una persona experimente una elevación espiritual trascendente, sin haber descendido previamente de su nivel anterior". (*Otzar Hamajshavah Shel Rav Tzadok Hacohen*, Pág. 28).

Resulta insensato esperar un constante éxito en lo que te propones. Considera cada uno de tus yerros como un peldaño para acceder a un mayor crecimiento.

G) Una de las más grandes personalidades *mussar* de nuestros tiempos escribió lo siguiente: "Es normal que toda persona tenga sus altibajos. Alguien que se dedique a estudiar la *Torah* y a lograr su crecimiento espiritual, debería particularmente tener conciencia de que todos atraviesan períodos cuando sienten que no están creciendo. Este conocimiento debería gravitar para disminuir sensiblemente los sentimientos de desaliento y desdicha que suelen acompañarlo en esos momentos". (*Alai Shur*, Pág. 34-35).

Si te exiges crecer constantemente sin interrupciones estarás propenso a sentirte alterado cuando tengas la sensación de no estar creciendo espiritualmente. Particularmente la gente más joven, las exigencias que se plantean a sí mismos son con frecuencia elevadamente irreales, lo cual habrá de conducirlos a una innecesaria tristeza por no alcanzar dichos objetivos. Aunque debes procurar de superarte siempre, acéptate tal como eres a pesar de no poder observar ningún mejoramiento notorio en tu personalidad. Aunque pueda parecer paradógico el aceptarte tal como eres a pesar de no crecer tanto como desearías, esto te ayudará de una manera más efectiva a superarte que si te condenaras por no poder lograrlo.

6. No permitas que el perfeccionismo te desaliente

A) "No se espera de tí que puedas llegar a completar enteramente tu obra". (*Pirke Avos* 2:21).

Con frecuencia una persona se desalienta mucho porque tiene objetivos que se encuentran fuera de su alcance. A pesar de que tenemos un potencial de capacidad mucho más grande del que utilizamos, existen sin embargo límites a lo que podamos hacer, por cuyo motivo debemos fijarnos metas que sean razonables. Nuestros Sabios nos dicen que no se espera de nosotros que podamos completar nuestra obra. Existen muchos pasajes de la *Torah* para ser estudiados y muchas buenas acciones para realizarse. Aquella persona que se exija demasiado a sí misma, se sentirá frustrada y desalentada y con deseos de abandonar sus emprendimientos, por lo cual es muy importante que tengas conocimientos de tus limitaciones. Sin embargo hay cierta gente que podría pensar que aunque no puedan alcanzar la perfección y que no le sea posible concretar lo indispensable, podrían pensar que no vale la pena ni siquiera intentarlo. En la misma *Mishnah* los Sabios nos dicen lo siguiente: "...Pero no eres libre de apartarte del asunto". Elige el camino intermedio, tratando de alcanzar los mayores logros que te sean posibles, pero ten en cuenta también que no podrás hacerlo todo. Aprende a sentir satisfacción tratando de lograr lo que te propones, sin sentirte frustrado por no poder concluir todo aquello que hubieras querido realizar.

B) Cuando un insensato considera la posibilidad de estudiar un determinado texto, observará en primer término la extensión el mismo y con frecuencia decidirá que le resulta demasiado largo, por cuyo motivo ni siquiera comenzará a leerlo. Una persona con discernimiento tratará de aprender todo lo que está a su alcance, y no se preocupará de su extensión, ya que un capítulo no habrá de dificultarle el estudio de otro. Tiene conciencia que aun cuando solo estudiara una sola página, ya se habrá beneficiado recibiendo el conocimiento contenido en la misma. Estudiará en forma gradual hasta alcanzar un gran conocimiento. (*Sefer Hamidos Lehameiri*, Pág. 245-46).

C) El Rabí Israel Salanter solía decir: "No existe mayor enfermedad que el desaliento". Hay momentos en que una persona puede recopilar todos sus defectos y falencias, y abandonar toda esperanza de superarse. Sin embargo cuando se trata de riqueza monetaria el involucrado tratará de acumular tanto dinero como le fuere posible, aun cuando no pueda llegar a ser rico. Alguien que padezca de sufrimientos físicos tratará de aliviar parte de su dolor aun cuando no logre curarse completamente. Rav Israel decía que nuestra actitud destinada a preservarnos del mal y para la realización de buenas acciones, debería ser igual a la descripta. Aun cuando alguien esté lejos de ser perfecto, debería al menos tratar de realizar tantas buenas acciones como le fuera posible, y abstenerse de violar la mayor cantidad de prohibiciones. (*Ohr Israel*, Pág. 54).

D) Cuando una persona padece de la enfermedad del desaliento, ésta pasa a formar parte de su aspecto general. Debes tener en cuenta que el desaliento es sólo para los insensatos, ya que estos consideran que el conocimiento es difícil de adquirir como lo es la más costosa piedra preciosa. Ya que abandona todo intento ha de permanecer ignorante. El hombre sabio en cambio aprenderá un poco cada día, y un poquito más al día siguiente y de esta manera habrá de adquirir mucha sabiduría (*Rashi A Mishle* 24:7). Toda persona que razona no habrá de sentirse desalentada en el área que atañe a su crecimiento personal ni para obtener sabiduría. Se da cuenta de que la perfección es imposible de alcanzar y que nadie se la exige. La constante superación es lo que se requiere y todos tienen la capacidad de superarse. (*Toras Abraham*, Pág. 409).

E) Existe una expresión muy conocida del Rabí Israel Salanter que decía lo siguiente: "Cuando se está comprometido en realizar trabajos comunitarios se necesita tomar tres determinaciones: Tener cuidado de no enfurecerse, no cansarse, y no sentir la necesidad de terminar el trabajo que se está comenzando". Sobre la última parte, el Rabí Yitzjak Hutner, comentó el caso de alguien que realizaba trabajos comunitarios, al que le expresó que todos recordamos el mérito de la *akidah*, la obligación de Yitzjak. Es interesante notar que éste fue un acto que Abraham trató de hacer pero que nunca llevó a cabo. No encontramos consignado en ninguna parte el pensamiento que diga ya que no pudo realizar en forma completa dicho acto, no tenía tanto mérito lo que había logrado. (*Pajad Yitzjak, Igros Uksovim*, Pág. 242).

7. *Cómo vencer el desaliento*

A) La convicción de que nuestras fuerzas no resultan suficientes para nuestros propósitos, jamás deberá hundirnos negativamente en la inercia. Nunca te abstengas de intentar un buen emprendimiento debido a que las dificultades involucradas en el mismo puedan parecer insalvables. Ten en cuenta de que tenemos un poderoso Ayudante en el Todopoderoso para todos nuestros buenos emprendimientos. Hagamos nuestra parte, y el Señor hará el resto. (Rabí Samson Rafael Hirsh: *Los Salmos* 37:5).

B) Resulta importante tener confianza de que tendrás éxito si tratas de adquirir sabiduría. Alguna gente se desespera aun antes de comenzar a intentarlo, pero ésta será la actitud de un insensato. El Rabí Simja Zissel ofreció al respecto una analogía: Cuando algunos caballos ven frente a sí una elevada montaña, se atemorizan tanto que permanecen tan quietos que ni siquiera tratan de acercarse realmente a ella. Esta es la forma de actuar de un tonto, ya que si no estuviera atemorizado intentaría la experiencia de comprobar por sí mismo si tiene la capacidad de tener éxito. Cuando trate de hacerlo, verá que puede escalar las altas montañas, a condición de que dé un solo paso por vez. (*Daas Jojmah Umussar*, Vol. 2, Pág. 98).

Aprende a tratar las difíciles situaciones de tu vida avanzando paso a paso. No consideres todo lo que tengas que hacer como si fueras a escalar una montaña de un solo salto. Divide las tareas en pasos lo suficientemente pequeños, para que puedas cumplirlos poco a poco. Concéntrate en la tarea específica que tengas entre manos y extrae el placer de cada porción pequeña de lo que tengas que hacer.

C) Aun si te encontraras en una muy difícil situación con respecto a la cual pienses que no hay manera de eludirla, trata de buscar el consejo de un hombre sabio. Aun si éste no pudiera corregir la situación totalmente, podría aliviarla parcialmente. (Ralbag; *Hadaios Vehamidos* 28:15).

D) En muchos casos la falta de éxito de una persona se debe a fallas en su propia personalidad y no a circunstancias y situaciones externas. Por esta razón resulta muy frecuente el caso en el cual mudarse de un entorno a otro no habrá de producir los necesarios cambios esperados, ya que el que debe mejorar es el mismo ser humano. Existe una bien conocida analogía con un pájaro que despedía un olor desagradable. El pájaro le echaba la culpa al lugar donde se encontraba y trataba de volar cada vez más lejos de allí. No obstante como el problema residía realmente en el mismo pájaro, donde quiera que volara siempre sentía la necesidad de seguir cambiando de ambiente, pero esto jamás le brindaría la solución esperada. De manera similar cuando una persona desesperanzada pudiera pensar que el cambiar de sitio sería una respuesta para sus problemas, debería darse cuenta de que el problema está en él mismo y que sólo existe una forma de corregirlo. A tal efecto deberá descubrir cuáles son sus defectos personales y esforzarse por corregirlos, y sólo entonces podrá tener éxito en sus intentos. (Yosef Leib Bloj: *Shiurai Daas*, Vol. 3, Pág. 51).

E) El desaliento no está basado en la realidad, sino que es meramente un sentimiento de decepción que te impedirá superarte. Tan pronto como tomes conciencia de que no existe una real necesidad de abandonar la esperanza, el muro de ladrillos creado por el desaliento habrá de desaparecer. Una sugerencia para generar un cambio en tu actitud, es observar que existen otros individuos que poseen menos habilidades y talentos que tú, pero que se sienten aun capaces de alcanzar muchos logros (Ver *Josen Yehoshua* 1:8).

F) Cuando te sientas desalentado por tu falta de progreso en el estudio de la *Torah* o con respecto a tu crecimiento espiritual, retrotráete unos años atrás en el tiempo y establece por comparación lo que has crecido desde que comenzaste tu tarea. (*Pajad Yitzjak, Igros Uksovim*, Pág. 218).

Esta prueba experimental te proveerá de una indiscutible reputación a la premisa de que no puedes crecer. Dado que has conseguido progresar, posees una buena base para creer que podrás continuar superándote.

G) Si te sientes desesperanzado, estarás propenso a rememorar tus fallas y decepciones del pasado. Todo esto te producirá más dolor emocional e incrementará tu desaliento. Realiza un esfuerzo conciente para recordar todo los momentos positivos de tu vida. Aunque sólo pudieras evocar una vez cuando tuviste un enfoque positivo acerca de tí mismo, o solamente una oportunidad cuando manifestaste confianza o demostraste fortaleza tendrás en el presente un recurso que te pertenece para apreciar la vida. Rememora tranquilamente los sentimientos positivos que hayas tenido alguna vez y toma conciencia que ya que has experimentado confianza y fortaleza en alguna oportunidad, y podrás continuar haciéndolo en el futuro.

8. El desaliento según la Torah y los estudios Talmúdicos

A) Todo aquél que trate de estudiar la *Torah* nunca deberá desalentarse por pensar que le falta capacidad intelectual. Muchas veces la gente que originalmente encontró muy difícil interpretar y retener lo que habían aprendido, tuvieron éxito finalmente como resultado de su diligencia. (*Sefer Hamidos Lehameri*, Pág. 9).

B) Algunas personas se sienten desdichadas cuando están estudiando la *Torah* porque les agradaría llegar a ser como los grandes eruditos en la misma, y se sienten desalentados por no lograrlo. Generalmente están decepcionados de sí mismos, y además se lamentan de que los demás estén en falta por no ayudarlos. En primer lugar, ante todo, el criterio de grandezas en la erudición dependerá de la magnitud de los conocimientos del individuo con relación al conjunto de conocimientos de la gente de su generación. Todo aquél que estudie con dedicación, por lo general alcanzará un nivel relativamente alto. Lo que es más aquellos que estudien la *Torah* logran su propia elevación, y aun una persona de inteligencia moderada puede llegar a alcanzar un elevado nivel de competencia si tiene la constancia suficiente como para proseguir sus estudios. La aplicación a tus estudios es un factor de carácter esencial. Estudia y crecerás. (Rabí Yosef Leib Bloj; *shiurai Daas*, Vol. 3, Pág. 139-140).

C) Si alguien se siente desalentado por el curso de sus estudios de la *Torah*, y desea consolidar su decisión de superarse, deberá tener cuidado al principio de no fijarse objetivos que sean demasiado difíciles de alcanzar. Debería en cambio concentrar sus pensamientos sobre la buena suerte que tiene al serle brindada la oportunidad de estudiar la *Torah*. (Seleccionado de Yehoshua 1:3).

D) El que no haya estudiado la *Torah* en su juventud podrá fácilmente desalentarse porque no le sea posible convertirse en un erudito. Muchos creen que solamente si comenzaras a estudiar a una temprana edad, podrías esperar de llegar a ser un experto en los temas de la *Torah*. El Jazon Ish escribió que aun cuando una persona comenzara a estudiar en una edad avanzada debería fijarse objetivos para llegar a ser un erudito tan grande como le fuera posible. El desaliento es un cruel destructor. En tanto no permitas sentirte desesperanzado, tendrás la capacidad de alcanzar grandes alturas. (*Emunah Ubitojen*, 3:26).

E) El Talmud (*Airuvin* 54b), relata que el Rabí Praida tenía que repetirle a cierto estudiante cuatrocientas veces cada lección para que pudiera entenderla. Este hecho se cita generalmente como ejemplo de la paciencia que se necesita para ser un maestro. También debe tenerse en cuenta el coraje y la perseverancia del estudiante, ya que la mayoría de la gente abandonaría sus tentativas luego de veinte o treinta repeticiones, diciéndose que carecen de la suficiente inteligencia para interpretar el tema. Este estudiante en cambio se dió cuenta que eventualmente alcanzaría la comprensión si sólo pudiera escuchar el desarrollo de cada punto la suficientes veces. Cuando manifiestes que no puedes entender algo, ¿cuántas veces has tratado de interpretarlo, antes de haber llegado a esa conclusión?. Todo aquél que no sea un retardado mental, posee una considerable capacidad para entender todo, si tiene la paciencia necesaria para escuchar la exposición de las ideas durante la cantidad de veces que le sea necesario. El orgullo se interpone en el camino al igual que la frustración, pero el que busca la verdad no se preocupará acerca de lo que los demás pudieran pensar al respecto, y mantendrá su mente concentrada en el objetivo propuesto.

F) Una causa primordial de la desdicha entre la gente que estudia la *Torah*, es el sentimiento de que no tendrán éxito en sus estudios Talmúdicos. Uno de los grandes estudiosos Talmúdicos de nuestra generación, el Rabí Yaakov Kaniewsky ("El Steipler"), autor de *Kehilos Yaakov*, escribió lo siguiente sobre este problema:

Mucha gente piensa que el principal éxito que se logra en los estudios Talmúdicos, es tener la capacidad para generar pensamientos originales. Si el estudiante fuera incapaz de ser original, se considerará como un fracasado y sentirá mucho dolor por ello. Esto constituye un error ya que la creación de ideas originales configura solamente un aspecto solo del estudio. El principal criterio para alcanzar el éxito de los estudios Talmúdicos de una persona consiste en interpretar apropiadamente cada *sugia* (tópico) con todos sus detalles y sus respectivos razonamientos. Toda persona que haya logrado manejar este conocimiento es digna del título de *Talmid Jojom*. Si alguien no entiende cada uno de los detalles, al menos debería conocer claramente que es aquello que no interpreta, y que es exactamente aquello que lo incomoda. Si un estudiante tiene un conocimiento general de carácter vago, deberá revisar sus estudios y discutir las ideas con otras personas hasta que las entienda. (Jayai Olam, Vol. 2, Cap. 11).

En otro ensayo sobre este tema "El Steipler" ofreció las siguientes palabras de aliento: Ocurre muchas veces que un joven estudiante ingresa a la Yeshiva y aprende con dedicación durante dos o tres años lo que se le enseña, extrayendo un gran placer de sus estudios. Con posterioridad sin embargo lo afecta una crisis y su aprendizaje se debilita, notándose en él signos de depresión y de desesperación. Se siente frustrado en sus estudios y cree que no posee las habilidades que le permitan crecer realmente. Una vez que ha decidido que es incompetente ya no disfruta de sus estudios. Con frecuencia el origen de estos sentimientos se debe a sus convicciones de que los demás no lo evalúan en el nivel elevado que él desearía, o por sentir envidia por los éxitos de otro estudiante. La verdad sin embargo, es que todo estudiante que se dedique a los estudios de la *Torah* tendrá éxito en su cometido. Cada página del Talmud cuyo contenido conoce una persona representa de por sí un éxito, al igual que cada uno de los *Tosfos* que uno interpreta constituye también un logro exitoso. A medida que el estudiante avanza en sus estudios desarrolla su potencial de aprendizaje, y continuando en su actividad, poco a poco irá convirtiéndose en un erudito. Existen muchos grandes estudiosos que en su juventud se consideraban carentes de éxito y no demasiado brillantes, pero perseveraron en sus estudios y eventualmente llegaron a ser conocidos por su erudición.

Aun si alguien tiene realmente una gran dificultad en la interpretación y no puede entender lo que estudia aun después de repasarlo muchas veces, debería no obstante sentirse feliz por haber sido privilegiado por encontrarse en un lugar donde se estudia la *Torah*. Esa persona debería estudiar de acuerdo a lo que le permita su propia capacidad. Por ejemplo podría estudiar el Talmud sin incluir *Tosfos*. Podría también emplear su tiempo estudiando las leyes prácticas citadas en *Mishnah Brurah* u otras obras similares. La magnitud de su éxito ha de ser incalculable por las siguientes razones:

El estar justamente en una *yeshiva* le brinda a una persona ventajas de carácter espiritual. A este respecto todos obtienen un beneficio sin tener en cuenta sus logros intelectuales.

El Talmud establece que el Todopoderoso no le formula exigencias desmedidas a la gente. Él no le pide a una persona más de lo que ella es capaz de hacer. Aquél que tenga una mente lenta pero que pone todo su empeño, estará en el mismo nivel que el genio que también lo hace, ya que en un aspecto la persona que tiene una mente lenta logra superar al genio. El que tiene una mente rápida disfruta mucho cuando está estudiando, en cambio el que no posee ese atributo considera generalmente un gran sacrificio y una gran carga invertir su tiempo estudiando el Talmud, y los Sabios han enseñado que el mérito será mayor en la misma proporción que lo sean las dificultades.

El *Olam Haboh* se expresa que aquél que amerite un mayor nivel de comprensión es la persona que trabajó más duramente, que no será necesariamente aquél que tenga una mente mejor.

Si alguien ha tenido una experiencia de extremadas dificultades para interpretar lo que estudia y pone todo su empeño en entender lo que aprende, tendrá con frecuencia la ayuda divina para convertirse en un erudito de la *Torah*. Existe al respecto una historia bien conocida acerca de un joven de dieciséis o diecisiete años de edad, que fue a ver al Jasam Sofer para realizar sus estudios, y que además de no haber estudiado anteriormente tenía una memoria deficiente. Si alguien le enseñaba una *Mishnah* varias veces, la olvidaba rápidamente al día siguiente. Tenía no obstante un fuerte deseo de estudiar la *Torah* y trabajó con dedicación en sus estudios, logró eventualmente abrirse camino y se convirtió con el tiempo en un bien conocido erudito, fue designado como juez Rabínico de una comunidad y más tarde encabezó una corte Rabínica en una gran ciudad. (*Jayai Olam*, Vol. 2, Cap. 12).

El "Steipler" concluye el ensayo arriba mencionado con una manifestación que debería ser tenida en cuenta tanto por estudiantes como por educadores de la misma manera: "La causa real por la que alguien no llega a interpretar sus estudios de la *Torah*, está ocasionada por sus sentimientos de desaliento, y no como mucha gente cree que su desesperanza se debe a la falta de comprensión. El desaliento en cambio, es el que causa la falta de comprensión de una persona".

9. No te desalientes cuando trates de influenciar a otras personas

A) El Rabí Yehoshua Leib Diskin dijo que es válido el

esfuerzo que se realiza para ayudar a alguien a mejorar su comportamiento, aun cuando ese mejoramiento tenga una corta duración. Citó como ejemplo el caso de la ciudad de *Nínive*, a la cual fue enviado el profeta Yonah para prevenir a sus habitantes de un inminente desastre que se cernía sobre ellos a menos que modificaran su comportamiento. El *Seder Olam* consigna que el mejoramiento que observaron sólo duró tres meses. Valió no obstante la pena que los esfuerzos de Yonah dieran como resultado esa mejoría temporaria. (*Amud Aish*).

El Rabí Yehuda Palai estuvo una vez a cargo de una escuela de enseñanza de la *Torah*, en la cual los niños solamente permanecían los dos primeros años. El Rabí Palai se lamentó ante el Rabí Moshe Feldman de que el gasto para mantener en funcionamiento la escuela no se justificaba, dado que la mayoría de los estudiantes solamente permanecía en ella por un tiempo tan breve.

El Rabí Feinstein le preguntó cuánto había pagado por su *lulav y esrog*. Cuando le dijo el importe aplicado a ese fin, "¿Qué fue lo que hiciste con ellos posteriormente?".

"Hice un *brojo*", le respondió.

"¿Y luego que fue lo que hiciste?", preguntó el Rabí Feinstein.

"Entonces los deseché", respondió el Rabí Palai.

"Tal como aprecias el valor de cumplir con una *mitzvah*, aunque sólo sea por un corto tiempo, de la misma manera deberás proceder con la educación de la *Torah*. Se justifica gastar una gran suma de dinero, aun cuando su influencia sea por un tiempo limitado. Todo el dinero del mundo no puede equipararse con una *mitzvah*, aunque sea por un breve lapso". El Rabí Feinstein explicó lo siguiente: "Influenciar a alguien aunque sólo fuere por un corto tiempo, será un hecho valioso en sí mismo, y nunca deberás desalentarte porque esa influencia no dure el tiempo que hubieras deseado que dure". (Escuchado al Rabí Palai).

B) Si has empleado un cierto tiempo tratando de influenciar a un individuo o a un grupo, y te sintieras desalentado por no haber logrado el éxito que te habías propuesto conseguir, tata de hallar aspectos en los que te haya ido bien con lo que realizaste. Esta convicción te dará ánimo para continuar intentándolo.

El Rabí Israel Salanter decía al respecto: "Vale la pena pronunciar una conferencia, aun si le ayudara tan sólo a una persona a orar en los servicios nocturnos con una gran concentración espiritual. Lo dicho mantiene su validez, aunque esa única persona fuese el mismo conferencista". (*Jayai Hamussar*, vol. 2, pág. 36).

Un discípulo del Jofetz Jayim una vez fue a verlo para exponerle su queja por haber hablado ante un grupo numeroso durante dos horas, y habiendo fracasado en su intento de influenciarlos a adoptar una determinada conducta.

El Jofetz Jayim le respondió lo siguiente: "Durante esas dos horas no hicieron nada incorrecto, ya que no hablaron en contra de nadie, ni tampoco causaron daño o perjuicio alguno. Solamente por esto ya deberías experimentar una sensación de haber logrado algo". (*Jofetz Jayim Al Hatorah*, pág. 119).

C) Castiga a tu hijo, porque hay esperanzas, y no agobies tu espíritu con este ruidoso llanto" (*Mishle* 19:18). Nunca desesperes porque un hijo se haya vuelto delincuente, y de esta manera abandones todo intento de castigarlo y corregirlo, dado que siempre habrá esperanza. Aunque llore y reaccione temperamentalmente, no te sientas afectado por ello. (*Mabim sobre Mishle*, pág. 200).

La peor cosa que pueda hacer un padre es perder la esperanza en lo que respecta a mejorar la conducta y la personalidad de su hijo. En tanto que un padre trate de ayudar a su hijo o hija, siempre existirá una oportunidad para que mejoren. Con frecuencia, existe un problema toda vez que el padre no esté aplicando un método o un enfoque apropiado para este hijo en particular. Si fuese necesario deberías consultar con educadores o con otros padres que hayan tratado con buen éxito problemas similares, utilizando métodos que podrían sugerir.

El Rabí Abraham Pam, Rosh Yeshiva de *Torah* Vodaath, relataba lo siguiente: "El padre de uno de mis alumnos era un reconocido erudito de la *Torah*, y estaba muy preocupado por el progreso en el estudio de la *Torah* de su hijo de dieciséis años. Cuando el padre me preguntó acerca de su hijo, le respondí que era un chico brillante, pero que no se estaba aplicando debidamente a sus estudios. Inmediatamente hizo comparecer a su hijo, y estaba seguro que habría de actuar severamente contra el muchacho, pero en lugar de ello le habló en un tono de voz suave y amistoso, diciéndole lo siguiente: "Tu maestro me cuenta que te está yendo bastante bien... sólo que se necesita un poco más de esfuerzo de tu parte. Por favor aplícate un poco más y tu desempeño será excelente".

"El muchacho se fue sintiéndose muy complacido por el trato de su padre, y comenzó a aprender mucho mejor. Con el tiempo creció para convertirse en un Rosh Yeshiva de una institución bien conocida". (*El Observador Judío*, Marzo de 1981).

10. Alienta a otras personas

A) Todos en el mundo desde el más exitoso al de menores atributos necesita ser alentado. Conviértelo en tu carrera el hecho de alentar a los demás. (Rabí Avigdor Miller).

B) El objetivo de todo tipo de educación, prédica o instrucción, es el de lograr el desarrollo de individuos maduros que habrán de entender que las dificultades de la existencia son desafíos de orden Divino que habrán de vencer, y que habrán de ser oportunidades para crecer, y no excusas para sentirse derrotados y arruinados. (Rabí Aarón M. Brafma: *El Observador Judío*, diciembre de 1982).

C) Ten conciencia de los atributos y conductas positivas de la gente con quien entres en contacto, y ayúdalos a consolidar su fortaleza. El apoyo es un arma más poderosa para ayudar al cambio y al crecimiento espiritual, que culpar y condenar a la gente. Puedes obrar milagros en la vida de las personas, si crees en el potencial que poseen.

APENDICE

SUMARIO

1) La felicidad es una habilidad que puede aprenderse. Para adquirirla es necesario tener el dominio de:

La habilidad de concentrar la atención en pensamientos que generen felicidad, en lugar de hacerlo con aquellos que causen desdicha.

La habilidad de evaluar los acontecimientos y situaciones de una manera positiva en lugar de conceptuarlos negativamente, o por lo menos aminorar esa graduación negativa (y no considerar molestias menores como si fueran tragedias, evalúalas en cambio como de menor importancia).

2) Los hechos en sí mismos son de carácter neutro, ya que no tienes reacciones emocionales frente a los hechos. Tú reacción anímica siempre está basada en la evaluación subjetiva que hagas de cada situación.

Cuando evalúes algo como negativo, terrible, trágico o como una desgracia, habrás de sentirte desdichado, enojado, o lleno de ansiedad por ese motivo.

Si piensas que algo no te afecta de manera alguna y muestras una actitud apática frente a ese hecho, tu reacción será neutral.

Cuando evalúes que algo es bueno para tí, habrás de reaccionar con felicidad y alegría.

3) Toda vez que reaccione frente a un acontecimiento o suceso con un estado anímico negativo (tal como de tristeza, ira, o de ansiedad), deberás dividir la situación en tres partes o etapas:

Etapa 1: La situación en sí misma (Sin efectuar ninguna evaluación).

Etapa 2: Tu actitud acerca de esa situación.

Etapa 3: Tu reacción emocional.

La situación en sí misma (etapa 1) no provocará tu reacción emocional (etapa 3). Será siempre tu actitud acerca de esa situación (etapa 2) la que determinará tu reacción emocional.

Cambia el sentido de tu actitud (etapa 2) transformándola de negativa en positiva (tal como ha sido elaborado en este libro) y tu reacción emocional (etapa 3) se hará positiva. Recuerda, que la actitud de contenido positivo que adoptes deberá ser realista y deberá merecer tu aceptación personal. Toda vez que puedas emprender una acción para mejorar una situación, no dejes de hacerlo. Cuando no puedas cambiar las cosas, adopta una actitud positiva frente a esos hechos.

DIEZ REGLAS PARA LOGRAR UN MATRIMONIO EXITOSO

(Basado en los principios expresados en este libro y la experiencia del autor como consejero espiritual)

1) Mantén tu atención concentrada principalmente en "dar" en lugar de "tomar". Cuando tu objetivo sea el de causarle placer a tu compañero, siempre encontrarás oportunidades para cumplir tu meta, indirectamente tú también te beneficiarás, ya que la gente tiende a actuar en forma recíproca frente a una conducta positiva.

2) Ten cuidado de permanecer en silencio cuando tu esposa/o te insulte, ya que haciendo caso omiso a los desaires y a los insultos habrás de evitar muchas innecesarias disputas, los malestares momentáneos pasarán rápidamente.

3) Abandona las expectativas alejadas de la realidad. La gente llega al matrimonio con muchas expectativas que no se expresan conscientemente. Si abandonas las expectativas irreales habrás de evitarte frustraciones y enojos. No esperes que tu esposa/o sea perfecta/o y no hagas comparaciones.

4) Evita rotular como terribles aquellas cosas que no sean de tu agrado, tratando de hallarles un enfoque positivo.

5) Elabora planes sobre cómo motivar a tu esposa para que acceda a hacer aquello que tú deseas. Si tu primera estrategia no resultara efectiva, intenta cambiarla. Recuerda que un elogio emitido con tacto resulta un poderoso incentivo.

6) Toma conciencia que el significado de tu comunicación

motivará la respuesta que recibirás realmente. Clarifica tus objetivos, y si por el método de comunicarte no logras tus propósitos, cambia tu enfoque. Manteniendo tu atención sobre tu objetivo principal, el que consistirá en lograr un matrimonio feliz no habrás de apartarte de tu meta.

7) Ten la predisposición de transigir, estando dispuesto a hacer algo que no sea de tu agrado a cambio de una idéntica actitud por parte de tu esposa/o.

8) No culpes ni condenes a tu cónyuge por los errores que cometa. Pon en práctica algún plan que consista en el mejor método para evitar la recurrencia de los errores sin despertar resentimientos ni herir la susceptibilidad de tu esposa/o.

9) Vive en el presente. Todo lo malo que ha ocurrido en el pasado ya no tiene vigencia. Concéntrate en mejorar la situación en el presente.

10) Continúa preguntándote lo siguiente: "¿Qué puedo hacer para tener una atmósfera de felicidad en la casa?".

Cualquiera que desee volver a imprimir esta página y distribuirla en forma gratuita podrá hacerlo siempre que se deje constancia de que la fuente y el "copyright" corresponden a: "Gateway to Happiness", 1983, Rabí Zelig Pliskin.

UN EJERCICIO PARA INCREMENTAR LA FELICIDAD Y LA CONFIANZA EN TI MISMO

La aplicación de este ejercicio habrá de realzar tu vida. Si tiene problemas para rememorar experiencias favorables, podrás beneficiarte con este ejercicio imaginando situaciones hipotéticas que involucren experiencias que puedan servirte como un recurso para el futuro. Emplea el tiempo suficiente para desarrollar cada parte del ejercicio de modo que puedas experimentar un sentimiento emocional positivo, aunque se trate de uno menos intenso. Por medio de la repetición te resultará más fácil evocar respuestas emocionales favorables. Modifica estos ejercicios para adaptarlos a tus necesidades individuales.

1) Rememora una instancia cuando te hayas sentido calmo

y relajado (tal como un viaje o unas vacaciones). Trata de volver a vivir esa experiencia recordando tantos detalles como te sea posible.

2) Recuerda por lo menos tres de las experiencias más positivas que hayas tenido durante tu vida, rememorando tantos detalles de las mismas, como te fuera posible. Vuelve a vivir realmente las sensaciones emocionales que experimentaste en esas oportunidades.

3) Evoca por lo menos una instancia en la que tuviste éxito en realizar algo. Imagínate en esa situación y trata de experimentar en parte el placer original.

4) Rememora algún acto de bondad que hayas tenido para alguien, y experimenta placer por el hecho de haberlo realizado.

5) Trae a tu memoria una instancia cuando hayas logrado controlar un impulso tal como vencer un deseo, o un caso cuando te hayas abstenido de decir algo.

6) Piensa en un rasgo positivo que tengas, o que alguien a quien tu respetas te haya dicho que lo tienes.

7) Rememora una instancia cuando hayas sentido fuerza interior y confianza en tí mismo. Trata de experimentar esa sensación anímica recordando la instancia de la manera más vívida posible. Busca una clave que te ayude a recordar esa instancia.

8) Piensa en algo positivo que te agradaría hacer, e imagínate realizándolo.

9) Concéntrate en algo agradable que te gustaría poder decirle a alguien o hacer algo por alguien.

10) Piensa en algo que podrías hacer para superarte y figúrate que realmente lo están logrando.

PRINCIPALES PROBLEMAS

La siguiente es una lista de algunos de los principales problemas que tiene la gente. Este libro provee las herramientas para ayudar a vencerlos. Ten conocimiento de esos problemas en tu propia persona y en los que puedan consultarte. Constituye un gran acto de bondad ayudar a los demás en estas áreas.

1. Estar deprimido o desdichado.
2. Sentirse tenso y nervioso.
3. Preocuparse mucho
4. Falta de confianza en uno mismo.
5. Objetivos vagos.
6. Distracción en el estudio.
7. Ser tímido o timorato.
8. Exceso de autocrítica.
9. Ser agresivo o belicoso.
10. Conflicto matrimonial.
11. Falta de amigos.
12. Sentimiento de inferioridad.
13. Envidia de los demás.
14. Culpa excesiva.
15. Excesivo pesar.
16. Excesiva necesidad de aprobación y admiración de los demás.
17. Excesiva necesidad de reconocimiento social y de prestigio.
18. Excesiva necesidad de lograr la perfección, y de ser el mejor.
19. Adicción a los deseos.
20. Lamentos y culpas.
21. Padecer la soledad o nostalgia del hogar.
22. Ser impulsivo.
23. Temor de riesgos psicológicos.
24. Desilusión y desaliento.

CONOCETE A TI MISMO

El conocimiento de la propia personalidad es un proceso que insume toda la vida de una persona. Más abajo se detallan algunas preguntas que harán de ayudarte en este proceso:

- ¿Qué es lo que te motiva?
- ¿Cuándo te sientes bien?
- ¿Cuándo te sientes triste o molesto?
- ¿Cuándo te sientes frustrado o enojado?
- ¿Cuáles son tus objetivos inmediatos y a largo plazo?
- ¿Qué es lo que estás haciendo para alcanzar esos objetivos?
- ¿Cuáles son tus cinco mejores cualidades?
- ¿Cuáles son tus cinco peores defectos?
- ¿Cuál es tu personalidad ideal? Si no tuvieras obstáculos en tu camino, ¿cómo te gustaría ser?
- ¿Cómo reaccionas frente a situaciones difíciles o frustrantes?
- ¿Tienes tendencia a abandonar o te motivas para intentarlo con mayor ahínco?
- ¿Cuáles son algunas de las dificultades que encuentras al tratar con otras personas? ¿Qué puedes hacer para vencer esas dificultades?
- ¿Cuáles son tus mayores temores?
- ¿Dónde están principalmente ubicados tus pensamientos, en el presente, en el pasado o en el futuro?
- ¿Para qué buscas la aprobación de los demás?
- ¿Qué es lo que envidias de otras personas?
- ¿Hasta qué grado eres "el que da", y hasta dónde "el que toma"?
- ¿Te considerarías como una persona feliz? ¿Por qué?
- ¿Tienes paz espiritual con frecuencia o rara vez? ¿Por qué?
- ¿Cuáles consideras que son los principales problemas de tu vida? ¿Qué es lo que estás haciendo con relación a los mismos?

LISTADO DE RASGOS DE LA PERSONALIDAD

Más abajo hallarán un listado detallando rasgos de la personalidad divididos en dos categorías: positivos y negativos. Tengan en cuenta que la naturaleza de estos rasgos depende del contexto en que se los considera, ya que cada uno de ellos deberá ser empleado apropiadamente para que sea positivo. Algunos que son generalmente negativos, pueden a veces resultar apropiados a la circunstancia. Rasgos positivos pueden convertirse en negativos si son aplicados incorrectamente. Los rasgos que se detallan han sido categorizados como positivos o negativos tomando como base su aplicación habitual, pero siempre existen excepciones al respecto. Debe tenerse en cuenta también, que la gente por lo general ni posee en forma absoluta un rasgo determinado, ni carece totalmente de él, sino como diferentes puntos ubicados en una serie continua (poseyendo cada uno distintos grados de intensidad de esos rasgos de la personalidad).

El valor de este listado es el de posibilitarte a conocer los rasgos positivos que necesites adquirir, y de aquellos de carácter negativo por los que deberás trabajar para vencerlos. Resulta importante poseer un conocimiento de la propia personalidad, para poder superarse. Tener conciencia de los rasgos positivos, te permitirá incrementar tu afecto y respeto por los demás y a concentrar tu atención en sus virtudes. Esta lista puede también serle de utilidad a quien necesita tomar una decisión relativa al matrimonio. El conocimiento de tus rasgos y los de tu potencial esposo o esposa, te podrán ayudar a adoptar una decisión más sensata.

Cuando estés trabajando para lograr tu superación, es importante que seas preciso en cuanto a detallar exactamente lo que tengas que hacer, o abstenerte de hacer. Si te propones dedicarte a un rasgo determinado, deberás preparar una lista pormenorizada de los detalles que se adapten a tus necesidades personales.

Rasgos Positivos (Cualidades):

Apto / Aceptable / Accesible / Amado / Adaptable / Adepto / Afable / Agil / Agradable / Altruista / Ambicioso / Amistoso / Apreciable / Articulado / Afirmativo / Agudo / Atento / Alegre / Abierto / Aquietante / Autocontrol / Autoestima / Autorespeto / Autosacrificio / Agraciado / Arriesgado / Amable.

Benévolo / Benefactor / Bravo / Brillante / Bondadoso.

Calmo / Candoroso / Capaz / Cauteloso / Caritativo / Claro / Colorido / Compasivo / Conciliador / Confiado / Concienzudo / Considerado / Consecuente / Contento / Cooperante / Corajudo / Creativo / Cumplido / Cordial / Clemente / Cortés / Certero / Constante / Completo / Confiable / Cálido / Comprensivo.

Decidido / Dedicado / Devoto / Diestro / Digno / Diligente / Directo / Discreto / Dadivoso / Docto / Desinteresado / Dulce / Diplomático.

Educado / Efectivo / Eficiente / Elocuente / Enérgico / Entusiasta / Erudito / Económico / Etico / Exacto / Expresivo / Esperanzado / Extrovertido / Esmerado / Equilibrado / Escrupuloso / Escolástico / Experto / Espiritual / Estable / Estudioso / Eximio.

Fiel / Flexible / Fluido / Franco / Frugal / Festivo / Formal / Feliz / Firme.

Generoso / Gentil / Genuino / Genial / Gustoso.

Hábil / Habilidoso / Honesto / Honorable / Hospitalario / Humanitario / Humilde / Honrado.

Informado / Idealista / Imaginativo / Imperturbable / Infatigable / Intelectual / Ingenioso / Inteligente / Intrépido / Influenciador / Interesante / Introspectivo / Indulgente / Integro.

Juicioso.

Liderazgo (personalidad de) / Lógico / Leal / Listo / Laborioso.

Magnánimo / Maduro / Misericordioso / Metódico / Meticuloso / Modesto / Moral / Meditativo / Mesurado.

Natural / Noble / Novel.

Obediente / Objetivo / Optimista / Ordenado / Organizado / Original / Osado.

Paciente / Pacífico / Paz Espiritual (dotado de) / Perseverante / Persuasivo / Pulido / Popular / Potencial / Práctico / Preciso / Productivo / Pronto / Puntual / Prudente / Protector / Prevenido / Profundo / Placentero / Perspicaz / Pulcro / Probo.

Quieto.

Racional / Realista / Razonable / Refinado / Reflexivo / Respetuoso / Responsable / Recto / Relajado.

Santo / Seguro / Saludable / Sabio / Simpático / Sublime / Sentido del humor (con) / Sensato / Sensible / Sereno / Serio / Sincero / Sociable / Solidario / Sistemático / Satisfactorio / Suave / Sabroso.

Talentoso / Trabajador / Tolerante / Tranquilo.

Util.

Valeroso / Venturoso / Vigoroso / Veraz / Vivaz / Vidente / Veloz / Voluntarioso.

Rasgos Negativos (Defectos):

Agresivo / Alarmista / Antagónico / Ansioso / Apático / Aprensivo / Arrogante / Artificioso / Aniñado / Anda con rodeos / Amargo / Aburrido / Aislado / Abatido / Abstraído / Alicaído / Amodorrado / Abrumado / Alejado / Arisco / Aspero / Arrebatado / Avariento / Abandonado / Ampuloso / Apesadumbrado / Atolondrado / Antiético / Astuto / Afectado (muy exigido por su conciencia) / Argumentador.

Brusco / Buscador de atenciones / Bárbaro / Belicoso / Brutal / Bravucón / Burlón / Bullanguero.

Caviloso / Caprichoso / Cáustico / Cerrado / Coercitivo / Competitivo / Complaciente / Compulsivo / Confuso / Conflictivo / Contradictorio / Corrupto / Codicioso / Criticón / Crudo / Cruel / Cínico / Crédulo / Complejo de Inferioridad (con) / Culposo / Culparse a sí mismo / Clandestino.

Chismoso / Chabacano.

Distraído / Descarriado / Discutidor / Descortés / Descarado / Descuidado / Desvergonzado / Desmañado / Descolorido / Defensivo / Desalentado / Delincuente / Dependiente / Deprimido / Desertor / Desesperado / Destructivo / Dictatorial /

Desagradable / Descontento / Deshonesto / Desleal / Desobe-
diente / Desordenado / Desconfiado / Dominante / Desabrido /
Desdichado / Desgarbado / Desmesurado / Desconsiderado /
Desamparado / Despiadado / Despótico / Depresivo / Desaliñado
/ Débil.

Embrutecido / Embaucador / Enemigo / Engreído /
Engañoso / Exigente / Excéntrico / Egoista /Ególatra / Evasivo
/ Envidioso / Esquivo / Excesivo / Excitable / Exhibicionista /
Extravagante / Extremista / Empedernido / Embustero /
Entrometido / Egocéntrico / Extraño.

Frío / Fantasioso / Fastidioso / Feroz / Frenético / Frau-
dulento / Frívolo / Frustrado / Falta de confianza / Falso.

Glotón / Grosero.

Huraño / Hablador / Hosco / Hostil / Hiperactivo / Hiper-
crítico / Hipersensible / Hipocondríaco / Hipócrita / Histérico /
Holgazán.

Irreal / Informal / Imperdonable / Insultante / Iracundo /
Intolerante / Insensible / Impasible / Inconsciente / Irrespe-
tuoso / Insulso / Inconstante / Impetuoso / Insensato / Igno-
rante / Ilógico / Irascible / Ilusorio / Infausto / Irresponsable /
Irritable / Irritante / Inmaduro / Inmoral / Impaciente /
Impulsivo / Inaccesible / Inactivo / Incompetente / Inconsistente
/ Indeciso / Indiferente / Indiscreto / Ineficaz / Ineficiente /
Inepto / Inexperto / Infantil / Inflexible / Inseguro / Irreflexivo /
Ingenuo / Injurioso /. Insignificante / Inmisericordioso /
Imprudente / Inquieto / Inculto / Inhumano / Interesado / Inerte
/ Impertérrito / Intransigente / Injusto / Insociable / Inestable.

Jactancioso.

Locuaz / Licencioso / Lujurioso / Lento.

Malicioso / Melancólico / Maniático / Maleante / Mentiroso
/ Maleable / Manejable / Mezquino / Mediocre / Malévolo / Mo-
nótono / Miope / Malhumorado / Moroso / Marginado / Miedoso
/ Medroso.

Negligente / Nervioso / Neurótico.

Ofuscado / Obnubilado / Olvidadizo / Ocioso / Ofensivo /
Obstinado / Opresor / Oportunista / Ostentoso / Orgulloso /
Obtuso.

Pusilánime / Pueril / Provocador / Precipitado / Parlanchín / Perverso / Paranoico / Pesimista / Prejuicioso / Pendenciero / Pomposo / Pecador / Pretencioso / Perturbado.

Quejoso / Quijotesco.

Rudo / Ruin / Ruidoso / Remolón / Retorcido / Regañón / Raro / Rebelde / Repulsivo / Resentido / Rígido / Remilgado / Recluido / Revanchista.

Socarrón / Solitario / Sobrealimentado / Sádico / Sarcástico / Sigiloso / Sobrestimante / Sensacionalista / Servil / Superficial / Sospechoso.

Temeroso / Torpe / Tosco / Tramposo / Timorato / Tétrico / Terco / Triste / Tímido / Tacaño / Testarudo / Tenso / Tiránico.

Untuoso.

Vulgar / Vehemente / Verborrágico / Voraz / Vil / Vocinglero / Vengativo / Vano / Violento.

Zángano / Zaparrastroso.

GLOSARIO

Avraham: Abraham.

Aharon: Aarón.

Ahavas Isroel: Ama a tu semejante Judío.

Bais Din: Corte Rabínica.

Bais Hamedrash: Salón destinado al estudio de la *Torah* y a oraciones.

Bais Hamikdosh: Templo Sagrado que estaba ubicado en Jerusalem.

Bamidbar: Libro de los Números.

Bar Mitzvah: Ceremonia que marca la iniciación de un joven que a la edad de trece años se integra a la comunidad religiosa Judía.

Bitojen: Confianza en el Todopoderoso.

Breishis: Libro del Génesis.

Brojo: Bendición pronunciada antes de comer o de realizar una *mitzvah*.

Davenin: Oraciones.

Derej Eretz: Comportamiento correcto en todas sus formas.

Dvorim: Libro de Deuteronomio.

Esrog: Citrón (Lima), una de las cuatro especies consumidas durante la festividad de la *Torah*.

Ganaden: Jardín del Edén; Paraíso.

Guemara: Tradiciones. Interpretaciones y Reglamentos de los *Amoraim* (Eruditos Judíos que vivieron en la tierra de Israel y en Babilonia durante los siglos 3º a 6º), complementando y suplementando el texto de la *Mishnah,* y formando parte del Talmud de Babilonia y el de Jerusalem.

Halaja: Una decisión aceptada en la ley Rabínica.

Halajica (autoridad): Un erudito de la *Torah* que es experto en la ley Judaica.

Jasidim: Movimiento religioso fundado por el Rabí Israel Baal Shem Tov en la primera mitad del siglo XVIII.

Jesed: La bondad en todas sus formas.

Jilul Hashem: Sacrilegio cometido contra el nombre de Dios.

Kadish: Oración para santificar a Dios, pronunciada durante el período de duelo.

Kidush: Plegaria recitada para bendecir el vino durante el *Sabbat*.

Kidush Hashem: Término con connotaciones hacia el martirio o a un acto de estricta integridad en apoyo de los principios Judaicos.

Kollel: Institución para estudios superiores de la *Torah*, compuesta generalmente por eruditos casados.

Loshon Hora: Murmuraciones maliciosas; una expresión descalificadora o una declaración perjudicial acerca de alguna persona.

Lulav: Una de las cuatro especies alimenticias que se mantienen en *Sukos*, dando cumplimiento a un mandamiento de la *Torah*.

Menahel Runani: Supervisor Espiritual de una Yeshiva, llamado también *Masguiaj*.

Mezuzah: Rollo de pergamino con versículos selectos de la *Torah*, colocado en un estuche, que se fija en los pórticos y en los marcos de las puertas de los hogares.

Midrash: El nombre de una colección de interpretaciones Rabínicas de las Saradas Escrituras, las cuales desarrollan enseñanzas a partir de la Explicación de textos Religiosos y de historias.

Mishle: Libro de los Proverbios.

Mishnah: La más antigua codificación de la ley oral Judía.

Mitzvah (Pl. *Mitzvos*): Disposición Bíblica o Rabínica; se aplica también a las buenas acciones o actos de caridad.

Moshe: Moisés.

Mussar: Enseñanzas morales y éticas.

Olam Haboh: El Mundo del Futuro.

Oraj Jayim: Parte del *Shuljan Aruj*, Código de Leyes Judías, que trata acerca de Oraciones, y Bendiciones del Sabbat y de las Festividades.

Parashah: Porción; Selección Semanal de los textos del Pentateuco que se leen en la Sinagoga.

Pirke Avos: La Etica de los Padres.

Rav: Rabí.

R'jilus: Decirle a alguien que otra persona ha hablado o actuado en contra de ella.

Rebbe: Maestro o Rabí Jasídico.

Rosh Hashanah: El Año Nuevo Judío, en el comienzo del mes de *Tishri* (en Setiembre u Octubre).

Rosh Yeshiva: Director de una yeshiva.

Seder: El servicio de *Pesaj*, conmemorando el Exodo de Egipto. Se emplea también este término para las sesiones de estudio de una *yeshiva*.

Sedrah: Porción semanal de la *Torah*.

Sefer (Pl. *Sforim*): Libro, que generalmente se refiere a los Textos Sagrados.

Shabbos: El *Sabbat*; día Sábado.

Shidduj: Compromiso; Acercamiento de pareja para unión matrimonial.

Shivah: Período de siete días de duelo.

Shma Isroel: Plegaria recitada diariamente proclamando el carácter único de D--s.

Shmos: El Libro del Exodo.

Shofar: Cuerno de carnero que se hace sonar en *Rosh Hashanah*.

Shuljan Aruj: Código reconocido de la ley Judía del Rabí Yosef Karo, dividido en cuatro partes: *Oraj Jayim*, *Yorah Daiah*, *Even Haezer*, y *Joshen Mishpot*.

Simjas Torah: La Fiesta del regocijo de la *Torah*.

Sukos: Fiesta de los Tabernáculos, que comienza el día 15 de *Tishri*.

Tefilin: Filacterias, pequeñas cajitas de cuero que contienen pasajes de la Sagrada Escritura, y que se fijan sobre la frente y brazo de los Judíos varones, durante el rezo de las oraciones matinales.

Talis: Manto de Oraciones de cuatro puntas, con flecos (*tzitzis*) en cada una.

Talmid Jojom: Erudito de la *Torah*.

T'hilim: Libro de los Salmos.

Tishah b'av: Noveno día de *Av* – Día de ayuno conmemorando la destrucción del 1º y 2º Templo.

Torah: Pentateuco, o el Rollo del Pentateuco para ser leído en las Sinagogas; también denota al cuerpo entero de las enseñanzas tradicionales y de la literatura Judías.

Tshuvah: Arrepentimiento.

Tzadik: Un hombre virtuoso.

Vayikra: Libro del Levítico.

Yaakov: Jacob.

Yeshiva: Institución de educación superior Judía: Colegio Rabínico.

Yitzjac: Isaac.

Yom Kippur: Día del Perdón. El décimo día del mes de *Tishri*.

Yom Tov: Una festividad, literalmente significa "buen día", durante las festividades se prohíbe trabajar, tal como lo establece la *Torah*.

Yosef: José.

INFORMACION BIOGRAFICA

Alter, Rabí Yehuda Aryeh Leib – (1847-1905): Rebbe de Guar, conocido por su obra *"Sfas Emes"*. Fue hijo del Rabí Avraham Mordejai (hijo mayor del Rabí Yitzjak Meir). Quedó huérfano siendo niño y lo crió y educó su abuelo. en 1870 llegó a ser el Admor de Guer (líder Jasídico).

Alter, Rabí Yitzjak Meir – (1789-1866): Líder Jasídico Polaco, fue el fundador de la dinastía Jasídica de Guer. Fue el autor de *"Jidushai Harim"*.

Amsterdam, Rabí Naftoli – (1832-1916): Discípulo del Rabí Isroel Salanter. Fue un brillante y piadoso erudito que difundió los ideales de la *Torah* y los mussar durante toda su vida.

Baal Shem Tov (Rabí Isroel ben Eliezer) – (1700-1760). Fue el fundador y principal arquitecto del movimiento Jasídico. Sus discípulos y los discípulos de sus discípulos fundaron las grandes dinastías Jasídicas. Puso un gran énfasis en la alegría que emana de las buenas acciones.

Bakst, Rabí Aharon – (1862-1941): Estudioso Talmúdico y personalidad en el campo de la Torah. Fue discípulo de los Rabinos Yitzjak Blauser, Noson Tzvi Finkel y Simja Zissel Ziv. Sirvió como Rabí en diversas comunidades Lituanas.

Berlin, Rabí Naftoli Tzvi Yehuda – (1817-1893): Era conocido como el "Netziv", nombre formado con las iniciales de su nombre. Fue una de las autoridades halájicas dirigentes de su generación, y el Director de la *yeshiva* de Volozhin durante unos cuarenta años. Su comentario sobre la *Torah*, *"Haamek Dovor"*, fue publicado en Vilna de 1879 a 1880. Sus responsos llevan el título: *"Maishiv Dovor"*.

Blauser, Rabí Yitzjak – (1837-1907). Fue uno de los más destacados discípulos del Rabí Isroel Salanter. En el año 1864 llegó a ser el Rabí de San Petersburgo, de allí que el nombre familiar con el que es conocido sea el de "Reb Itzele Peterburger". Es el autor de: *"Pri Yitzjak"*, una obra halájica, de *"Ohr Isroel"*, una clásica exposición del enfoque *mussar*, y de *"Kojvai Ohr"*.

Bloj, Rabí Eliyahu Meir – (1894-1954). Fue un renombrado *Rosh Hayeshiva*, hijo a su vez del Rabí Iosef Leib Bloj, *Rosh Hayeshiva*

de Yeshiva de Telshe en Lituania. En 1941, fundó la *yeshiva*
Telsche en Cleveland, Ohio (E.U.A.), junto con su cuñado el Rabí
Mordejai Katz. Una colección de sus conferencias sobre temas
mussar fue publicada en forma póstuma por su hijo, el Rabí Iosef
Zalman Bloj.

Danziger, Rabí Yerajmiel Yisroel de Alexander (1843-1910): Rabí
Jasídico, fue discípulo del Rabí Mendel de Vorki y autor de
Yismaj Yisroel.

Dessler, Rabí Eliyahu Eliezer (1891-1954): Prominente personalidad
mussar, nacido en Hoeml, Rusia. En 1929 se estableció en Londres, y en 1941 llegó a ser el director del *Kollel* en la ciudad de
Gateshead, Inglaterra. En 1947 y hasta su muerte se desempeñó
como *menahel rujani* de Ponevetz en Bnai Brak. Una cantidad de
sus conferencias y cartas fueron publicadas póstumamente en
Jijtav MaiEliyahu.

Diskin, Rabí Yehoshua Leib (1817-1898): Rabino, autoridad Halájica,
y dirigente del antiguo *yishuv* en Jerusalem. Desde 1873 hasta
1877 fue el Rabino de Brisk, de allí proviene su título de: "Brisker
Rav". En 1877 se estableció en Jerusalem donde sirvió como
Rabino hasta el día de su muerte.

Eiger, Rabí Akiva (1761-1837): Renombrada autoridad Halájica y erudito Talmúdico. Fue Rabino en Posen, Alemania. Fue famoso
tanto por su brillante erudición como por su *jesed.* Era proverbial
su modestia. Fue autor de: *Jidushai Rav Akiva Eiger* y de
Tshuvos Rav Akiva Eiger.

(Rabí) Elimelej de Lizensk (1717-1787): Popular dirigente Jasídico.
Rav Elimelej y su hermano Rav Zushe de Hanipol tuvieron que
deambular de aldea en aldea sufriendo la experiencia del exilio.
En 1772 se estableció en Lizensk, Galitzia, la cual se convirtió en
consecuencia en un importante centro jasídico.

Epstein, Rabí Boruj (1860-1940): Nacido en Boruisk, Rusia, estudió
bajo la dirección de su padre el Rabí Yejiel Mijel, autor de la obra
Halájica intitulada: Aruj Hashuljan, y la de su tío, el Rabí Naftoli
Tzvi Yehuda Berlin, Rosh Yeshiva de Volozhin. Fue autor de
numerosas obras, siendo la más famosa de ellas su *Torah
Terminah*, en la cual dilucida diversos enunciados del Talmud y
del Midrash para explicar la *Torah.*

Feinstein, Rabí Moshe (nacido en 1895): Autoridad Halájica y Rosh
Yeshiva contemporáneo. Nacido en Rusia, vino a Nueva York en
1937 y se convirtió en *Rosh Yeshiva* de la denominada Mesivta
Tifereth de Jerusalem. Una cantidad de sus responsos han sido

publicados en Iros Moshe, y sus narraciones sobre el Talmud en *Dibros Moshe*. Algunos de sus pensamientos sobre la *Torah* fueron recopilados y publicados por el Rabí Abraham Fishelis en *"El Baluarte de la Fe"*.

Finkel, Rabí Eliezer Yehuda (1879-1965): Fue designado Rosh Yeshiva en la ciudad de Mir en 1907, y luego de la Segunda Guerra Mundial fundó la *Yeshiva* de Mir en Jerusalem. Es el autor de *Divrai Eliezer*.

Finkel, Rabí Noson Tzvi (1849-19270: *Rosh Yeshiva* de Slodobka en Lituania y fue uno de los líderes del movimiento *mussar*. Es el autor de *Ohr Hatzafun*, una recopilación de sus pensamientos mussar que fue publicado en forma póstuma.

Gordon, Rabí Eliezer (1841-1910): Fundador y director de la *Yeshiva* de Telshe en Lituania. Fue discípulo del Rabí Israel Salanter y autor de: *Tshuvos Rav Eliezer*.

Grodzenski, Rabí Jayim Ozer (1863-1940): Fue el Rabí de Vilno y uno de los dirigentes espirituales de la Judería Lituana. Era un colega amigo del Jofetz Jayim. Era muy conocido por su memoria excepcional y por su compasión por los que sufren. Es el autor de *Ajiezer*.

Grodzinski, Rabí Abraham(1884-1944): Fue nombrado *menahel rujani* de la *Yeshiva* de Slobodka en Lituania en 1927. Era discípulo del Rabí Noson Tzvi Finkel, siendo un seguidor de su método *mussar*. Sus conferencias *mussar* fueron publicadas póstumamente en *Toras Avraham*.

Halberstam, Rabí Jayim (1793-1876): Conocido como el Rav de Tzanz ("Tzantzer Rav"). Nacido en Tarnograd, Polonia, fue un dirigente Jasídico y un brillante erudito de la *Torah*. Es el autor de: *Divrai Jayim*.

Henkin, Rabí Iosef Eliyahu (1880-1973): Erudito Talmúdico y autoridad Halájica. Estudió en Slutsk bajo la orientación del Rabí Iser Zalman Meltzer. En 1922 emigró a los Estados Unidos de N.A., donde en 1925 fue designado director del Ezras Torah, una organización fundada en 1915 por la Unión de Rabinos Ortodoxos para proveer asistencia a los estudiosos rabínicos. Bajo la dirección de la Ezras Torah, distribuyó cientos de miles de dólares a miles de personas necesitadas.

Hirsch, Rabí Samson Rafael (1808-1888): Rabino y escritor, fue un dirigente y máximo exponente de la Ortodoxia en la Alemania del siglo 19. En 1851, fue convocado para servir como Rabino de Adas Yeshurun en Frankfort sobre el Main, posición que mantuvo durante 37 años hasta su muerte. Sus principales obras son una traducción y los comentarios de la *Torah* y de los *T'hilim* (Los Salmos), y *Horeb*, una explicación sobre los Mandamientos.

Hurwitz, Rabí Iosef Yozel (1848-1919): Fue influenciado por el Rabí Israel Salanter para dedicarse al estudio de las enseñanzas *mussar*. Fue el fundador y *Rosh Yeshiva* de esa institución en Nevardok. Siendo un gran defensor de la propagación del estudio de la Torah, bajo su orientación fueron abiertas muchas filiales de la Yeshiva de Nevardok. Es el autor de *Madraigas Haodom*.

Ibn Ezra, Rabí Abraham (1089-1164): Nació en Toledo, España, pero viajó mucho durante su vida. Fue un comentarista Bíblico, un estudioso en gramática, y un profundo filósofo. En sus comentarios explicó los pasajes de acuerdo al sentido literal de los distintos versículos. Sus comentarios se hicieron populares debido a la naturaleza enciclopédica de los mismos, y por su estilo terso, conciso y enigmático. Se lo considera una autoridad halájica renombrada por su extraordinaria memoria.

Jasman, Rabí Yehuda Leib (1869-1935): Fue una prominente personalidad *mussar*. Se desempeñó como menahel rujani de la Yeshiva de Telshe en Lituania. Llegó posteriormente a ser el Rabí de Stutshin, en cuya localidad fundó una yeshiva que rápidamente alcanzó un alumnado de 300 estudiantes. En 1926 fue designado *menahel rujani* de la *Yeshiva* Chevron en Eretz Yisroel, donde tuvo mucha influencia sobre sus alumnos. Su discípulo, el Rabí Shalom Shwadron publicó sus ensayos en una obra de tres tomos intitulada: *Ohn Yohail*.

(Rabí) Jayim de Volozhin (1749-1821): Principal discípulo del Gaon de Vilna. En 1802 fundó la renombrada *yeshiva* de Volozhin, que se convirtió en el prototipo de las grandes yeshivos de Europa Oriental. Es el autor de *Nefesh Hajayim* y de *Ruaj Jayim*.

Jazon Ish (1878-1953): Siendo su nombre el de Rabí Abraham Yeshayahu Karelitz, se lo conoció con el título de sus profundas obras Talmúdicas intituladas Jazon Ish. Establecida en Eretz Yisroel en 1933, su casa ubicada en Bnai Brak se convirtió en la dirección hacia donde convergían millares de personas que procuraban su orientación. A pesar de no detentar el Jazon Ish ningún puesto oficial, llegó a convertirse en una autoridad reconocida mundialmente en todos los asuntos concernientes a la ley y al estilo de vida Judía.

Kotler, Rabí Aarón (1892-1962): Fue fundador y *Rosh Yeshiva* de Bais Medrash Gahova, en la localidad de Lakewood, N.J. (E.U.A.). Era el yerno del Rabí Isser Zalman Meltzer, *Rosh Yeshiva* de Kletzk. Autoridad Halájica, dedicó su existencia a la difusión de la *Torah.*

Kranz, Rabí Yaakov (1741-1804): Fue conocido como el Maguid de Dubno —"Dubner Maguid"—. Nació cerca de Vilna, y tenía apenas veinte años cuando comenzó a pronunciar sermones en su ciudad natal. Predicó en Dubno durante 18 años. Se dice que el Gaon de Vilna solía escuchar con atención sus interpretaciones homilíticas —de temas religiosos— y parábolas. Sus obras fueron publicadas en forma póstuma, entre las que se encuentran: *Ohel Yaakov* sobre la *Torah,* una colección de parábolas, y *Sefer Hamidos.*

Kronglas, Rabí David (falleció en 1972): Nació en la ciudad de Kobrin (Polonia), donde estudió en su juventud, y más tarde lo hizo en la localidad de Mir en el mismo país, y estuvo con la *yeshiva* en Shangai durante la Segunda Guerra Mundial. En 1964 fue designado *menahel rujani* en la Yeshiva de Ner Israel en la ciudad de Baltimore (E.U.A.), donde en el transcurso de los siguientes 26 años ejerció una significativa influencia sobre sus alumnos. Fue el autor de *Divrai David.* Una cantidad de sus conferencias sobre temas mussar fueron publicadas en *Sijos Jojmah Umussar.*

Landau, Rabí Yejezkel (1713-1793): Autoridad halájica de origen polaco del siglo 18, fue conocido como el Nodah B'Yehuda, según el título de una de sus obras. Estaba dotado de tales cualidades que lo hicieron destacarse como uno de los más famosos Rabinos del cierre de la era rabínica clásica Ashkenazi. Sus responsos en Nodah B'Yehuda, han sido publicados con frecuencia con glosas y comentarios de Rabinos eminentes.

Leibowitz, Rabí Boruj Ber (1866-1939): Erudito Talmúdico de origen lituano, fue *Rosh Yeshiva* de Kamenetz. Era discípulo del Rabí Jayim de Brisk. Es el autor de *Birkas Shmuel,* una recopilación de sus conferencias Talmúdicas.

Levenstein, Rabí Yejezkel (1884-1974): Personalidad *mussar* conocida por su extremada piedad. Se desempeñó como *menahel rujani* en la Yeshiva de Mir en Polonia, antes de la Segunda Guerra Mundial; en Shangai durante la guerra, y posteriormente en Nueva York y en Jerusalem. En 1954 llegó a ser *menahel rujani* de la *Yeshiva* de Ponetz en Bnai Brak, en la que permaneció hasta el día de su muerte. Han sido publicadas una cantidad de sus conferencias, al igual que la recopilación de sus cartas, en *Ohr Yejezkel.*

(Rabí) Levi Yitzjak de Berditchev (1740-1810): Fue un dirigente Jasídico. Es conocido por su gran amor por el pueblo Judío y por

su atributo de juzgar a todos de manera favorable. Se trasladó a
la ciudad de Berditchev en 1785, donde sirvió como Rabino hasta
que se produjo su muerte. Es autor de *Kdushas Levi*.

Levovitz, Rabí Yerujem (1874-1936): Fue una prominente personalidad *mussar*. Estudió bajo la orientación del Rabí Noson Tzvi
Finkel en Slobodka y con el Rabí Zissel Ziv en Kelm (Polonia). Se
desempeñó como *menahel rujani* en la *yeshiva* del Jofetz Jayim en
la localidad de Radin, pero es más ampliamente conocido por su
actuación como *menahel rujani* de Mir (Polonia), donde tuvo una
más vasta influencia. Es autor de *Daas Jojmah Umussar*.

Lopian, Rabí Eliyahu (1876-1910): Destacada personalidad *mussar*.
Discípulo del Rabí Simja Zissel Ziv. Durante casi setenta años
difundió los principios e ideales *mussar*, en Kelm, Londres e
Israel. Se publicaron en póstuma sus conferencias sobre temas
mussar en *Lev Eliyahu*.

Lubchanski, Rabí Isroel Yaakov (fallecido en 1941): Nació en la ciu-
dad de Baranovitch, en la que su padre sirvió como Rabino.
Estudió en la Yeshiva de Nevardok y se convirtió en yerno del
Rabí Iosef Y. Hurwitz, que era el *Rosh Yayeshiva* de esa institu-
ción. Fue *menahel rujani* de la *yeshiva* del Rabí Eljonon
Wasserman en Baranovitch.

Luzzatto, Rabí Moshe Jayim (1707-1746): Fue autor de obras *mussar*
y cabalista. Nació en Padua, Italia, y fue considerado como un
genio desde su infancia. Su obra más famosa es el tratado clásico
de contenido ético: *Mesilas Yeshorim* (El camino de los justos).

Malbim, Rabí Meir Loeb (1809-1879): Rabino y comentarista Bíblico.
El nombre de Malbim es un acrónimo —palabra formada con
letras o sílabas iniciales de un nombre compuesto— partiendo de
los nombres Meir Loeb Ben Iejiel Mijal. Había nacido en Volojish
(Volynia). Se desempeñó como Rabino en diversas comunidades.
Su comentario sobre la *Torah* es considerado como una obra clásica.

(Rabí) Meir Simja Hacohen (1843-1926): Fue Rabino de la localidad
de Dvinsk, en Lituania, durante cuarenta años. Es un ilustre erudito de la *Torah*, autor de Ohr Somayaj, un comentario sobre la
obra del Rambam intitulada *Yad Hajazaka*, y de *Meshej Jojmah*
referente a la *Torah*.

Meltzer, Rabí Isser Zalman (1870-19530: Se desempeñó como Rosh
Yeshiva de la ciudad de Sltutzk a partir de 1903. En 1971 esta
yeshiva se trasladó a Kletzk en Polonia. En 1925 fue designado
director de Yeshivas Aitz Jayim en Jerusalem. Es autor de *Even
Haazel*, un comentario sobre el Rambam.

(Rabí) Menajem Mendel de Kotzk (1787-1859): Uno de los distinguidos y más originales líderes del movimiento Jasídico.

(Rabí) Moshe Leib de Sassov (1745-1807): Dirigente Jasídico. Estudió bajo la dirección del Rabí Shmuel Shmelke Hurwitz de Nikolsburg durante un período de trece años. Cuando se trasladó a Sassov atrajo la atención de muchos seguidores, y la localidad se transformó en un gran centro jasídico. Era conocido por su inmenso amor por todos los Judíos y por su obras de caridad, por cuyo motivo se lo llamó "padre de ciudad y de huérfanos".

(Rabí) Najman de Breslov (1772-1810): Líder Jasídico, era biznieto del Baal Shem Tov. Fue uno de los maestros Jasídicos citados con frecuencia, cuyos pensamientos fueron publicados en forma póstuma. (Su aseveración que es citada con mayor frecuencia es la siguiente: "Es una gran *mitzvah* estar constantemente en un estado de felicidad"). Entre sus obras se encuentran: *"Likutai Aitzos"* y *"Hishtapjus Hanefesh"*.

(Rabí) Naftoli Tzvi de Ropshitz (1760-1807): Dirigente Jasídico, discípulo del Rabí Elimelej de Lizensk. Fue uno de los principales líderes del Jasidismo en Galitzia (Polonia), después de la muerte del Jozeh de Lublín.

Polier, Rabí Moshe de Kobrín (1784-1858): Líder Jasídico, fue designado como Rebbe en 1833 y atrajo muchos seguidores. Sus pensamientos fueron publicados en *Imros Tehoros*.

(Rabí) Rafael de Bershid (fallecido entre 1815 y 1816): Líder Jasídico. Fue discípulo del Rabí Pinjos de Koretz. Se caracterizó por su atributo de honestidad.

Rambam, Rabí Moshé Ben Maimon (Maimónides) (1135-1204): Fue una autoridad Rabínica, codificador, filósofo y médico real. Había nacido en Córdoba, España, y murió en Egipto. su fama como codificador reside en su obra intitulada "Yad Hajazaka", una presentación monumental sobre el contenido halájico de ambos Talmuds: el de Jerusalem y el Babilónico. Es también el autor de una obra clásica sobre los 613 mandamientos, y del *"Moreh Mevujim"* (Guía para los Perplejos"). Desde su muerte, se lo ha considerado la figura central en el universo de la halaja, y se han escrito muchos comentarios para esclarecer el sentido de sus escritos.

Ramban, Rabí Moshe Ben Najman (Najmánides) (1194-aprox. 1270): Nacido en Gerona, Esaña, fue una gran autoridad sobre la Biblia, el Talmud y la Cábala. Escribió muchas obras exegéticas —explicaciones filológicas de un texto— sobre el Talmud, y ha sido citado e interpretado por sus discípulos y por eruditos que lo sucedieron. Luego de una completa victoria en su pública disputa con el apóstata Pablo Cristiani en la que fue compelido a comprometerse por Jaime de Aragón, abandonó España y se estableció en Eretz Israel, y allí compuso su obra más conocida, su comentario sobre la *Torah*.

Rashi, Rabí Shlomo en Yitzjak (1040-1104): Fue el principal comentarista de la Biblia y del Talmud. Había nacido en Troyes, Francia, donde a la edad d 25 años fundó una escuela, la cual atrajo a muchos distinguidos alumnos. El lenguaje empleado por Rashi en sus comentarios es conciso, ya que explica muchos problemas complejos con una sola palabra o con una mera indicación.

(Rabí) Saadiah Gaon (892-942): Fue *Rosh Yeshiva* de Sura, y una de las figuras más importantes del período Gaónico. Publicó obras que abarcan diversas áreas: Halajá, responsos, filosofía y gramática. Su obra más famosa es *"Sefer Emunos Vedaios"* (El libro de las Creencias y las Doctrinas), escrito originariamente en Arabe y traducido al Hebreo por el Rabí Yehuda Ibn Tibbon.

Salant, Rabí Shmuel (1816-1909): Estudió en la *Yeshiva* de Volozhin (Polonia), y en 1841 emigró a Eretz Isroel para convertirse en el Rabino de Jerusalem, puesto en el que se mantuvo durante casi setenta años. Fue fundador de la *Yeshiva* Aitz Jayim y del Hospital Bikur Jolim. Se hizo famoso por su vasto conocimiento de la *Torah* y por su cordialidad hacia sus semejantes.

Salanter, Rabí Israel (Lipkin) (1810-1883): Es el fundador y padre espiritual del movimiento *mussar*, el cual enfatizaba la ética basada en el estudio de la literatura ética tradicional. Sus enseñanzas tuvieron un extraordinario efecto, y gran parte de la obra actual es el resultado de sunotable influencia.

Sarna, Rabí Yejezkel (1890-1969): Fue *Rosh Yeshiva* de la Yeshiva de Chevron en Jerusalem y era el yerno del Rabí Moshe Mordejai Epstein. Es el autor de *"Dalyos Yejezkel"*, que fue publicado en forma póstuma.

Sforno, Rabí Ovadiah (1475-1550): Fue un renombrado comentarista Bíblico Italiano, filósofo y médico, y fundó una *yeshiva* en Bologna. Su conciso comentario de la *Torah* es una obra clásica, citada frecuentemente por comentaristas posteriores.

Shapiro, Rabí Meir (1887-1934): Rabino Polaco, que fue el fundador y *Rosh Yeshiva* de la Yeshiva Jajmai Lublin, y un líder comunitario. En el congreso del Agudas Israel de 1923 propuso que todo Judío debía comprometerse a estudiar cada día una misma página del

Talmud (Daí Iomi), práctica que es seguida por muchas personas en todo el mundo.

Sher, Rabí Itzjak-Isaac (1875-1952): Estudió en Volozhin y en Yeshivos de Slobodka. Era el yerno del Rabí Noson Tzvi Finkel, y se desempeñó como Rosh Yeshiva y como conferenciante *mussar* en la ciudad de Slodobka. Después de la Segunda Guerra Mundial fundó la Yeshiva de Slodobka en Bnai Brak, Israel. Una cantidad de sus ensayos fueron publicados en forma póstuma en el *"Leket Sijos Mussar"*.

Shkop, Rabí Shimón (1860-1940): Erudito Talmúdico Lituano. Fue *Rosh Yeshiva* en la localidad de Telshe, Lituania, y posteriormente ocupó el mismo cargo en la *Yeshiva* de Shaarey Torah en la ciudad de Grodno. Es el autor de: *"Shaarey Iosher"* y de *"Jidushai Rav Shimon"* sobre diversos tratados que versaban sobre el Talmud.

(Rabí) Shneur Zalman de Lyadi (1745-1813): Fue el fundador de la dinastía jasídica de Jabad (Lubavitch). Era discípulo del Rabí Dov Baer, el *Maguid* de Mezerich, el que le encomendó la tarea de componer una obra halájica actualizada, que se conoce en el presente como: *"Shljan Aruj Harav"*, la cual fue publicada después de su muerte en 1814. Es también el autor de *"Tanya"*, una obra jasídica clásica.

Silver, Rabí Eliezer (1882-1968): Fue un eminente erudito y Rabino. Emigró a los E.U. de América en 1907. Desde 1931 hasta el día de su muerte fue Rabino en la ciudad de Cincinnati, Ohio. Fundó el Vaad Hatzalah y es el autor de *"Anfai Erez"*.

(Rabí) Simja Bunim de Pershisjo (Przysuj): (1765-1827): Fue Rabino Jasídico en Polonia. Desde una perspectiva intelectual, su Jasidismo estaba basado en el estudio de la Torah, y los jóvenes estudiosos se agruparon se agruparon en torno de él.

Sofer, Rabí Moshe (1762-1839): Es conocido como Jasam Sofer, nombre que proviene de sus libros. Fue un Rabino, *Rosh Yeshiva,* autoridad halájica, y líder de la *Torah.* En 1806 fue designado Rabino de Pressburg, que en ese momento era la comunidad más importante de Hungría, donde permaneció durante el resto de su vida.

Soloveitchik, Rabí Jayim (1853-1918): Era conocido como Rav Jayim Brisker. En 1880 fue nombrado *Rosh Yeshiva* de la *Yeshiva* de Volozhin. En 1892 se lo designó Rabino de la ciudad de Brisk. Poseía extraordinario poder de análisis, e inició una nueva tendencia en el estudio del Talmud. Es el autor de: *"Jidusahai Rav Jayim al HaRambam"*.

Soloveitchik, Rabí Itzjak Zev (1889-1959): Era hijo del Rabí Jayim Soloveitchik, y sucedió a su padre como Rabino de Brisk. Durante la Segunda Guerra Mundial logró huir a Eretz Isroel. Fue un brillante erudito que tuvo una gran influencia en el mundo de la *Torah*.
— A pesar de no estar a cargo oficialmente de una *yeshiva*, le impartió enseñanza a estudiantes selectos. Es el autor de: *"Jidushai– Hagriz al HaRambam"*.

Soloveitchik, Rabí Yosef Dov (1820-1892): Fue conocido popularmente por el título de su obra clásica: Bais Halevi. Llegó a ser *Rosh Yeshiva* en la localidad de Minsk, y *Rosh Yeshiva* adjunto en la localidad de Volozhin, y Rabino de Slutzk. Era más conocido como el Rabino de Brisk, puesto que mantuvo desde 1875 hasta el día de su muerte. Fue el padre de Rav Jayim Brisker.

Sonnenfeld, Rabí Iosef Jayim (1849-1932): Estudioso de la *Torah* y dirigente comunitario, había nacido en Hungría. En 1873 se radicó en la Ciudad Vieja de Jerusalem, y fue uno de las más activas e influyentes personalidades de la comunidad.

Teitelbaum, Rabí Loel (1888-1979): Fue conocido como el Rav de Satma ("Satmar Rav"). Distinguido líder Jasídico, que tuvo un gran número de seguidores. En 1947 se estableció en la sección de Williambsburg de Brooklyn, Nueva York. Fue un brillante erudito y un agudo polemista. Es el autor de:*"Vayoel Moshe"*.

Vilno, Gaon de (Rabí Elyahu Ben Shlomo Zalman de Vilno) (1720-1797): Fue un hombre que era un genio extraordinario, y que llegó a dominar cada faceta del conocimiento de la *Torah*. Sus comentarios han sido publicados en casi todos los importantes escritos clásicos.

Wasserman, Rabí Eljonon (1875-1941): Fue discípulo del Jofetz Jayim, y llegó a ser *Rosh Yeshiva* de Yeshivas Ohel Torah en la ciudad de Baranovitch. Sus comentarios sobre el Talmud fueron publicados en: *"Kovetz Shiurim"* y *"Kovetz Haaros"*, y son todavía estudiados con amplitud. Sus ensayos publicados se intitulan: *"Kovetz Maamorim"*.

Weidenfeld, Rabí Dov Beirish (1881-1965): Fue una autoridad halájica y un *Rosh Yeshiva*. Fue conocido como Rav de Tshabin ("Tshabiner Rav"). Era hijo del Rabí Yaakov Weidenfeld, autor de: "Kojav Maiyaakov". Fue el fundador de Yeshivas Tshabin en Jerusalem. Es el autor de: *"Dovaiv Maishorim"*.

(Rabí) Yaakov Itzjak de Lublin (1745-1815): Fue uno de los fundadores del movimiento jasídico en Polonia y en Galitzia. Era conocido con el título de Hajozeh ("El Vidente").

(Rabí) Yehuda Hajasid (aprox. 1150-1217): Fue uno de los principales maestros del Ashkenaz Jasidai, autor-editor de: *"Sefer Jasidim"*, un tratado de ética halájica que es citado con frecuencia en la literatura Rabínica.

(Rabeinu) Yonah de Gerona (murió en 1263): Rabino español y moralista del siglo 13. Era primo del Ramban (Najmánides). Escribió muchas obras, entre las cuales se cuentan comentarios sobre pasajes de la Biblia, un comentario sobre *"Pirke Avos"*, pensamientos originales sobre varios ecritos referentes al Talmud, y sus famosas obras *mussar*: *"Shaarey Tshuvah"*, *"Igeres Hatshuvah"*, *"Sefer Hayirah"* y *"Shaarey Avodah"*.

(Rabí) Yosef Zundel de Salant: (1787-1866): Está considerado como el padre espiritual del movimiento *mussar*. Fue discípulo del Rabí Jayim de Volozhin. A pesar de ser un gran erudito rehusó aceptar un puesto de Rabino. Se lo conoció por su extremada piedad y modestia. El Rabí Isroel Salanter, el fundador del movimiento mussar, fue muy influenciado por él.

Ziv, Rabí Simja Zissel (1824-1898): Discípulo del Rabí Isroel Salanter, fundó y dirigió la yeshiva de Kelm, la que se convirtió en el principal centro de difusión del movimiento *mussar*. Es el autor de: *"Jojmah Umussar"*, una recopilación de sus cartas que fue publicada después de su muerte.

(Rabí) Zushe de Hamipoli (fallecido en 1800): Fue discípulo del Maguid de Mezerich y hermano de Rav Elimelej de Lizensk. Era conocido por su rectitud, su amor por la humanidad, y su aceptación de todas las situaciones de la vida con alegría.

BIBLIOGRAFIA

Ahavas Jesed, Rabí Isroel Meir Kagan (Jofetz Jayim), Varsovia, 1888.

Ahavas Maishorim, Rabí Moshe Rosenstein, Nueva York, 1958.

Ahavas Isroel, Rabí Isroel Meir Kagan (Jofetz Jayim), edit. Jerusalem, 1964.

Aikev Anovah, Rabí Moshe Zalman Zaturanski, Vilno, 1902.

Aim Labinah, Rabí Y.A. Kamellar, Lemberg, 1909.

Aitzah Vesoshiya, Rabí Shmuel Houminer, Jerusalem, 1970.

Al Hatorah, Rabí Mordejai Cohen, Publicaciones Mass, Jerusalem, 1968.

Alai Shur, Autor anónimo, B'air Yaakov, 1968.

Alle Mesholim fun Dubner Maggid, Rabí Yaakov Kranz, Pub. Hebr. Co., N.Y., 1925.

Alufainu Mesubalim, Rabí Eliyahu Porat Tehrany, Pub. Ohr Eljonon, Bnai Brak, 1969.

Amud Haemes, Rabí Menajem Mendel de Kotzk, Publ. Hayamayfitzim, Israel.

Avos D'Reb Noson, Ed. Romm, Vilno, 1895.

Bais Avraham, Rabí Avraham Dancig (autor de Jayai Odom), Publ. Joreb, Jerusalem, 1953.

Bais Halevi, Rabí Iosef Dov Halevi Soloveitchik, Varsovia, 1884.

Bais Shlomo, Rabí Shlomo Zalman Halevi Abell, Vino, 1883.

Bais Yitzjak, Rabí Itzjak de Vorki, Mosaad Harim Levin, Jerusalem, 1975.

Baluarte de la Fe, Comentarios y exposición sobre la *Torah,* por el Rabí Moshe Feinstein, y Rabí Abraham Fishelis, N.Y., 1973.

Bayis Neemon, Rabí E.J. Hertzman, Jerusalem, 1972.

Birjas Peretz, Rabí Yaakov Kaniewsky, Bnai Brak, 1971.

Boletín de los Alumnos de la Yeshiva de Telshe, Ensayo por el Rabí Eliyahu Meir Bloj, Marzo de 1982.

Comentarios de Hirsch sobre el Pentateuco, Traduc. por el Rabí Isaac Levy, Prensa Jadaica, Gateshead, 1973.

Comentarios del Ramban, Rabí Moshe ben Najman, (1194-1270).

Daas Jojmah Umussar, Rabí Ierujem Levovitz, Nueva York, 1969.

Daas Sofer, Rabí Akiva Sofer, Jerusalem, 1963.

Daas Torah, Limudai Mussray Hatorah, Rabí Ierujem Levovitz, Jerusalem, 1976.

Dalyos Yejezkel, Rabí Yejezkel Sarna, Jerusalem, 1976.

Darkai Mussar, Rabí Yaakov Neiman, (*Rosh Yeshiva* de Ohr Israel), 3a. Edic., Jerusalem, 1979.

De la Sabiduría de Mishle, Rabí Samson Rafael Hirsch, vertido al Inglés por Karin Partzky-Joshua, public. origin. Lemberg, 1976, Jerusalem, 1962.

Derej Jasidim, Rabí Najman de Tsherin, public. origin. Lemberg, 1876, Jerusalem, 1962.

Derej Selulah, Rabí Moshe Goldberg, Vilno, 1883.

Derej Tovim, Rabí Hirsch Tzvi, Varsovia, 1874.

Derej Tzadikim, Rabí Abraham Yelin, Varsovia, 1912.

Desafío del Sinai, Rabí Zajariah Fendel, Public. Hashkafah, N.Y., 1978.

Devuélveme mi alma, Rabí Najman de Breslov, Traduc. por Abraham Grinbaum, Introduc. del Rabí Aryeh Kaplan, Jesusalem, 1980.

Divrai Yehoshua, Rabí Yehoshua Heller, 3a. Edic., Publ. Pollack. N. York, 1949.

Dmuyos Hod, Rabí Aarón Surasky, Bnai Brak, 1968.

Dor Daiah, Rabí Yekusial Hamelher, Bilguray, 1933.

El médico y el alma, Víctor Frankl, Libros Vantage, N. York, 1974.

Emes Knai, por un descendiente anónimo del Rebbe Reb Herschel, Ed. en Jerusalem, 1973.

Emes Maikotzk Titzmaj, Rabí M. Sheinfeld, Public. Netzaj, Bnai Brak, 1961.

Erej Apayim, Rabí Abraham Yellin, Jerusalem, 1963.

Enciclopedia Taryag Mitzvos, Rabí Jayim Itzjak Lipkin, Publ. Netzaj, Bnai Brak, 1962-1967.

Eser Kdushos, Rabí Israoel Berger, Varsovia, 1925.

Eser Oros, Rabí Osroel Berger, Piotrkov, 1907.

Eser Tzijtzajus, Rabí Isroel Berger, Piotrkov, 1910.

Eser Zjoyos, Rabí Azriel Jayim Zamlung, Varsovia, 1937.

Even Haazel, vol. 8, Rabí Isser Zalman Meltzer, Jerusalem, 1955.

Gan Hajasidus, Eliezer Steinman, Jerusalem, 1957.

GesherHajayim, Rabí Iejiel Mijel Tukatinsky, Jerusalem, 1960.

Haadam Bikar, un discípulo anónimo del Rabí Ierujem Levovitz de Mir, Public. por Bais Hamussar de Kiryat Tzanz, Jerusalem, 1982.

Ha'Amek Dovor, Rabí Naftoli Tzvi Yehuda Berlin, Vilno, 1879-1980.

Hajasidus, Itzjak Alfasi, Public. Maariv. Tel Aviv, 1958.

Hajofetz Jayim, Rabí M. Yoshor, Public. Netzaj, Tel Aviv, 1958.

Hadaiah Vehadibur, vol. 3, Rabí Zalman Sorotzkin, Jerusalem, 1965.

Hadaios Vehamidos, Ralbag, editado por Rabí Iejiel ben Shlomo Mahariaj, Varsovia, 1865.

Haderej L'Teshuvah, Rabí Moshe Stenbuj, Bnai Brak, 1978.

Ha'ish al Hajomah, Rabí S. Z. Sonnenfeld, Jerusalem, 1971.

Haksav Vehakabalah, Rabí Yaaikov Tzvi Mecklengurg, Frankfort, 1880.

Hakuzari, Rabí Yehuda Halevi (1075-1141).

Hamaspik L'ovdai Hashem, Rabeinu Abraham ben HaRambam, Traduc. al Hebreo del Arabe por el Rabí Iosef ben Tzalaj, Jerusalem, 1965.

Hameoros Hagdolim, Rabí Jayim Zaitchyk, Jerusalem, 1969.

Hasair Kaas Mailibeja, Rabí Abraham Tuvalski, Bnai Brak, 1978.

Hashlomas Hamidos, Rabí Shlomo Fainsilber, ed. en Jerusalem, 1975.

Hatorah Vehamitzvah, Rabí Meir Leob Malbim, Vino, 1844.

Hatzadi Rav Zundel, Rabí Eliezer Rivlin, Jerusalem, 1969.

Hatznaih Lejes, Rabí Eliyahu Moshe Bloj, Nueva York, 1964.

Hegyonai Mussar, Rabí Ben-Zion Bruk, Jerusalem, 1969.

Hiljos Hagra Uninhogov, Rabí Noshe Sternbuj, Jerusalem, 1974.

Hishtajpus Hanefesh, Rabí Najman de Breslov.

Hitzaharu B'kovod Javraijem, Rabí Abraham Tuvalski, Bnai Brak, 1981.

Hombres de Distinción, Rabí Isser Frenkel, Public. Sinai, Tel Aviv, 1967.

Horeb, Rabí S.R. Hirsch, Ed. Inglesa, Soncino Press, Gran Bretaña, 1962.

Ibn Ezra, Rabí Abraham (1090-1167). Comentarista Bíblico Español.

Igeres Hagra, Alim L'trufa, Rabí Eliyahu ben Shlomo Zalman (Gaon de Vilno) (1720-1797).

Igeres Haramban, Rabí Moshe ben Najman (Najmánides) (1194-1270).

Imrai Binah, Rabí Itzjak Weinstein, Jerusalem, 1965.

Imrai Daas, Rabí Itzjak Weinstein, Jerusalem, 1962.

Imrai Haskail, Rabí Itzjak Weinstein, Jerusalem, 1968.

Ishim Veshitos, Rabí Shlomo Iosef Zevin, Tal Aviv, 1958.

Jamishim Shaarey Jasidus, Rabí Yishai Jasida, Public. Mass, Jerusalem, 1975.

Jayai Hamussar, Hotzoas Jojmah Umussar, Bnai Brak, 1963.

Jayai Olam, Rabí Yaakov Kaniewsky, Bnai Brak, 1961.

Jazon Ish, Emunah Ubitojen Veod, Jerusalem, 1954.

Jazon Ish, Oraj Jayim, 3a. Edic. Bnai Brak, 1964.

Jeshbon Hanefesh, Rabí Mendel Zarabaz, Public. por Histadrut Talmidal Slobodka, Lituania, Kaidan, 1937.

Jidushai Maran Rav Itzjak Zev Soloveitchik, Jerusalem, 1963.

Jinuj V'edun Hahergaishim, public. en la edición original de Haemes Hagdolim, Rabí Jayim Zaichyk, Nueva York, 1953.

Jojmah Umussar, Rabí Simja Zissel Ziv, Nueva York, Aber Press, 1957, 1964.

Jojmas Hamatzfun, Rabí Moshe Ibgui, Israel, 1974.

Jofetz Jayim Al Hatorah, Rabí SHnuel Greineman, Nueva York, 1943.

Josen Yehoshua, Rabí Yehoshua Heller, Nueva York, 1949.

Jovos Halvovos (Deberes de los Corazones), Rabí Bajya Ibn Pekudah (Siglo 11, España), Edición Inglesa por Public. Feldheim, Jerusalem, 1970.

Jovas Hashmirah, Rabí Isroel Meir Kagan, Varsovia, 1920.

Jut Mameshulash, Rabí Shlomo Sofer, Public. Mesorah, Tel Aviv, 1963.

Kdushas Levi, Rabí Itzjak de Berdichiv, Hamosad L'hatzofas Mussar Vejasidus, Jerusalem, 1958.

Keser Jojmah, Rabí Jayim Zev Wolf, Jerusalem, 1880.

Keser Rosh, Rabí Asher Hacohen, Volozhin, 1819.

Keser Shem Tov, Rabí Aarón de Apt.

Kitzur Klolay Hoavodah, Rabí Shmuel Moshe, Varsovia.

Kli Yokor, Rabí Efraím Shlomo de Lutshitz, fallecido en 1619, comentarista Bíblico.

Kojvai Ohr, Vol. 2, Rabí Itzjak Blauser, Jerusalem, 1974.

Koj Asu Jajameinu, Y. Segal, 8a. Edic., Public. Moreshes, Tel Aviv.

Koj Tzofayij, Rabí Jayim Efraím Zaitchyk, Jerusalem, 1966.

Kovetz Igros Jazon Ish, Rabí Abraham Yeshaya Karelitz, Edit. por el Rabí S. Greineman, Public. Mesorah, Bnai Brak, 1976.

Kovetz Inyanim, Iyar y Sivan, año 5727, Rabí Yejezkel Levenstein, Bnai Brak, 1968.

Kovetz Inyanim, Sivan, año 5728, Rabí Yejezkel Levenstein, Bnai Brak, 1968.

Kovetz Sijos, Rabí Jayim Shmuelevitz, Jerusalem, 1973.

Ksav Sofer, Rabí Abraham Shmuel Sofer, ed. Sinai, Tel Aviv, 1966.

Kuntros Nefutzos Isroel, Rabí Isroel Meir Kagan (Jofetz Jayim), Varsovia, 1893.

La perspectiva de la mujer judía, Ed. Sras. Henny Walkin y Iojeved Engel, Publ. Renacimiento Judío, Jerusalem.

Leanovim Yitain Jain, Rabí Itzjak Isaac Sher, Bnai Brak, 1968.

Lev Eliyahu, 2 vol. Rabí Eliyahu Lopian (Ed. hebrea), Jer. 1972-1975.

Likutain Amorim, Rabí Isroel Meir Kagan (Jofetz Jayim), ed. N.York, 1960.

Likutai Basar Likutai, Rabí Shmuel Alter, Public. Feldheim, N. York, 1948.

Líderes Judíos, Rabí Leo Jung, Ciudad de los niños, Jerusalem, 1964.

Los asesinos entre nosotros, Simón Wisenthel, Public. Heinemann, Londres, 1967.

Maamar Mordejai, Rabí Mordejai Leichter, Siget, 1927.

Maaneh Raj, Rabí Moshe Eliyashuv, Piotrkov, 1911.

Maarjai Laiv, Vol. 1, Rabí Moshe Schwab, Bnai Brak, 1981.

Maaishem Shel Tanoim Veamorayim, Rabí Moshe Sofer, Public. Bakail, Jerusalem, 1973.

Maaseh Hatzadakah, Rabí Tzvi Elimelej, Przeysl, 1874.

Maasiyos Hagdolim Hajodosh, Matisyahu Tzvi Slodovnik, Varsovia, 1925.

Maidragas Haodom, Rabí Iosef Y. Hurwitz, Nueva York, 1947.

Magen Avos, Rabí Shlomo Kluger, Public. Pades, Nueva York, 1965.

Maiam Loaiz, Un comentario enciclopédico Bíblico por el Rabí Yaakov Culi, escrito originalmente en Ladino, traducido al Hebreo por el Rabí S. Yerushalmi, 1971-1976.

Maidmuyos Yerushalaim, Rabí Yaakov Gelis, Jeru-salem, 1962.

Magdolai Hajasidus, Haadmor Maitzanz, Rabí A.I. Bromberg, Jerusalem, 1954.

Maigdolai Yerushalaim, Rabí Yaakov Gelis, Jerusalem, 1967.

Malimrai Shlomo, Vol. 1, Rabí Shlomo Harkovi, Brooklyn, N. York, 1976.

Malbim sobre Mishley, el comentario del Rabí Leibush Malbim sobre el Libro de los Proverbios, abreviado y adaptado en Inglés por el Rabí Charles Wengrove, Public. Feldheim, Jerusalem, 1982.

Marah D'arah Isroel, Rabí Menajem Mendel Gerlitz, Jerusalem, 1969.

Marbitzai Torah Umussar, Rabí Aarón Surasky, Israel, 1976.

Mareh Yejezkel, Rabí Yejezkel Perjovitz, Jerusalem, 1975.

Marganisa Tova, Rabí Ionoson Volhiner, Public. con Ahavas Jesed, N. York, 1960.

Masaas Moshe: B'inyanai Mussar Veyiras Hashem, Rabí Abraham Moshe Chevroni, Jerusalem, 1976.

Maskil El Dal, Rabí Hillel Lijtenstein, Lemberg, 1870.

Masuk Midvash, Rabí Itzjak Parchi, Varsovia, 1880.

Mayanah Shel Torah, Rabí Alexander Zushe Friedman.

Meir B'ahavah, Biografía del Rabí Meir Shapiro, Binyamin Mintz, Tel Aviv, 1943.

Menorah Hatehora, J.A. Frenkel, Prezmysl, 1911.

Menoras Hamaor, Rabí Itzjak Avahuv, Vilno, 1875.

Meor Veshemesh, Rabí Klonimues Kalman Epstein, edit. Jerusalem, 1973.

Mesilas Meshorim, (*El sendero del Justo*), Rabí Moshe Jayim Luzzatto, Edición Inglesa, Feldheim Public., Jerusalem, 1966.

Mijtav Maieliyahu, Rabí Eliyahu Dessler, Bnai Brak, 1965.

Mijtevai Jofetz Jayim, Rabí Aryeh Leib Kagan, Nueva York, 1953.

Maidor Dor, M. Lipson, Tel Aviv, 1929.

Midrash Pinjos, Exposición clásica rabínica de la Torah, Ed. Romm, Vilno, 1923.

Midrash Rivash Tov, C. Abraham, Kecskent, 1927.

Midrash Tanjuma, Ed. Horeb, Berlín, 1927.

Mimayonos Hanetzaj, Rabí Aarón Surasky, Bnai Brak, 1974.

Minjas Shmuel, Rabí Shmuel de Ahalinov, Ed. Kleman, Jer., 1965.

Mishle Yaakov, Rabí Yaakov Kranz (Dubner Maguid), Tarna, 1887.

Mishnah Brurah, Rabí Isroel Meir Kagan (Jofetz Jayim), Varsovia, 1910.

Mitzvos Halvovos, Rabí Mordejai Lijstein, Edic. Jer., 1967.

Mitzvos Hamussar, Rabí Iosef Dov Epstein, Toras Haodom Inst. Pub., Nueva York, 1948.

Mivjar Hapeninim, con Kol Yehuda, por el Rabí Yehuda Leib de Ofina, Vilno, 1875.

Moadim Uzmanim, Rabí Moshe Sternbuj, Jerusalem, 1967.

Mofes Hador (Rabí Yejezkel Landau, autor de Nodah B'Yehuda), Rabí Yekusiel Aryeh Kameller, Piotrkov, 1934.

Mofes Hador (Rabí Yejezkel Levenstein), Rabí Eljonon Hertzman, Jerusalem, 1976.

Mussar Hatorah, Rabí Hillel Witkind, Jerusalem, 1944.

Mussray Rabeinu Yehonoson, selecciones de Yaarons Dvash, Rabí Y. Eibeshuetz, Public. Jojmah Umussar, Bnai Brak, 1964.

Najalas Iosef, Rabí Iosef Zev Leipowitz, Tel Aviv, 1944.

Nesivos Hamussar, Rabí Abraham Shmuel Finkel, Tel Aviv, 1966.

Niflaos Hajozeh Mailublin, A.J. Kleinman, Piotrkov, 1911.

Niflaos Harebbe, M.M. Walden, Varsovia, 1908.

Niflaos Isroel, Rabí Y. Kleiman, Piotrkov, 1911.

Nitzutzai Ohr Hamair, Rabí Meir Shapiro, Israel, 1973.

Noam Elimelej, Rabí Elimelej de Lizensk (1717-1787).

Noam Hamitzvos, Rabí Naftoli Hertz Kretchmer, Piotrkov, 1905.

Nofes Tzufim, Rabí Pinjos Shapiro de Koretz, Varsovia, 1929.

(El) Observador judío, publicado mensualmente por Agudath Israel de América, Ed. Rabí Nisson Wolpin, N. York.

Ohel Abraham, Rabí Abraham Simja Mijelson, Lodz, 1911.

Ohel Baruj, Y. Eibeshutz, Lodz.

Ohel Naftoli, Rabí Naftoli de Ropshitz, Zeidman y Ausmit, Lemberg, 1912.

Ohel Yaakov, Rabí Yaakov Kranz (Dubner Maguid), Ed. Israel, 1969.

Ohr Josod, Rabí Jayim Zaitchyk, Jerusalem, 1968.

Ohr Eljonon, Rabí Aarón Surasky, Israel, 1978.

Ohr Hajayim, Rabí Jayim ben Moshe Attar, Comentarista Bíblico 1696-1743).

Ohr Hamussar, Yeshivas Nevardok, Bnai Brak, 1965-1966.

Ohr Hanefesh, Rabí Jayim Zaitchyk, Nueva York, 1958.

Ohr Hatzafun, Rabí Noson Tzvi Finkel, Jerusalem, 1968.

Ohr Yejezkel, Rabí Yejezkel Levenstein, Bnai Brak, 1976.

Ohr Yeshorim, M.S. Kleiman, Piotrkov, 1924.

Ohr Yohail, Rabí Yehuda Leib Jasman, Jerusalem, 1960.

Ohr Isroel, Rabí Itzjak Blauser, Vilno, 1900.

Oraj Maishorim: Shuljan Aruj L'amidos, Rabí Menajem Taryash, Megenze, 1878.

Orjos Jayim L'harosh, Ed. Rabí Binyamin Yehoshua Silver, con comentarios del Rabí Yejezkel Sarna, Jerusalem, 1962.

Orjos Tzadikim (La conducta de los virtuosos), de autos desconocido del siglo 14, Edición Inglesa, Public. Feldheim, Jerusalem – Nueva York, 1974.

Otzer Jayim, Rabí Jayim Yaakov Zuckerman, Tel Aviv, 1971.

Otzer Droshos, Ed. Rabí J.D. Eisenstein, ed. Tel Aviv, 1970.

Otzer Hamajshava Shel Rav Tzadok Hacohen, D. Werner, Public. Meoros Daas, Jerusalem, 1981.

Otzer Pisgamim, Yejezkel Brandsdorfer, Jerusalem, 1973.

Otzer Sijos Jajomim, Rabí Rubén Margolis, Bnai Brak, 1972.

Pajad Itzjak, EgrosUksovim, Rabí Itzjak Hutner, Hamosad Gur Aryeh, Jerusalem, 1981.

P'air Hador, Ed. Rabí Shlomo Cohen, Public. Netzaj, Bnai Brak, 1967-1975.

P'air Vekovod, B. Ehrman, Muncats, 1912.

P'air Itzjak, Rabí Miguel Braver, Jerusalem, 1968.

Pele Yoatz, Rabí Eliezer Papu, Kushtandia, 1824.

Pirke D'reb Eliezer, Ed. Eshkol, Jerusalem, 1973.

Pirke Emunah, Vol. 1, Rabí Mordejai Gifter, Public. Feldheim. Jer., 1969.

Pirke Emunah, Vol. 2, Rabí Mordejai Gifter, Public. Mesorah, N. York, 1978.

Pirke Torah, Rabí Mordejai Gifter, Jerusalem, 1973.

Rabeinu Yonah, su *Comentario sobre Mishle*, Piotrkov, 1937.

Raboseinu, Rabí Abraham Wolí, Bnai Brak, 1975.

Rajamai Haav, autor anónimo, Jerusalem, 1950.

Reishis Jojmah, Rabí Eliyahu de Vidas, Ed. Lublin, 1888.

Ralbag, Rabí Levi ven Gershon (1288-1344), Comentarista Bíblico Francés.

Ramasayim Tzofim, Comentario sobre *Tana Dvai Eliyahu*, Rabí Shmuel Shinover, Varsovia.

Rav Meir Shapiro: B'omair Ub'maas, Rabí Aarón Shurasky, Public. Netzaj, Bnai Brak, 1964-1967.

Rosh Hagivah, Rabí Pinjos ben Yehuda (discípulo del Gaon de Vilno), Ed. Kleiman, Jerusalem, 1965.

Ruaj Jayim, Rabí Jayim de Volozhin, Kerem Shlomo Public., Jerusalem, 1967.

Seder Hadoros Hajodosh, Rabí E. Stand, Lemberg, 1865.

Shaar Hajasidus, Eliezer Steinman, Tel Aviv, 1957.

Sefer Jaraidim, Rabí Eliezer Azkari, Varsovia, 1879.

Sefer Jasidim, Rabí Yehuda Hajasid, Ed. Zitomer, 1897.

Sefer Habris, Rabí Pinjos Eliyahu ben Meir de Vilno, Lemberg, 1859.

Sefer Hajasidus, Rabí A. Kahana, Varsovia, 1922.

Sefer Hamidos L'Hameiri, Ed. Menajem Mendel Meshi-Zahav, Jerusalem, 1966.

Sefer Hamidos, Rabí Najman de Breslov, Nueva York, 1965.

Sefer Hamikdos del Maguid de Dubno (Dubner Maguid), Rabí Yaakov Kranz, 1870.

Sefer Hayoshor, Rabeinu Tam, Ed. Eshkol, Jerusalem, 1967.

Sefer Hazikoron L'maran Rav Jayim Shmuelevitz, Edit. por el Rabí Iosef Buksbaum, Biografía del Rabí Rubén Grossman, Public. Moriah, Jerusalem, 1980.

Sforno, Rabí Ovadiah (1475-1550), Comentarista Bíblico Italiano.

Shaar Bas Rabim, Rabí Jayim Aryeh Leib de Yedvobna, Varsovia, 1890.

Shaar Hajasidus, Eliezer Steinman, Tel Aviv, 1957.

Shaarey Simja, Rabí Isroel Jayim Deutsch, Jerusalem, 1980.

Shaarey Tshuvah (Las puertas al arrepentimiento), Rabeinu Yonah de Gerona, Ed. Levin, Epstein, Ed. Inglesa, Public. Feldheim, Jerusalem, 1968.

Shaim Olam, Rabí Isroel Meir Kagan, (Jofetz Jayim), Varsovia, 1893.

Shemen Hatov, A.S.B., Mijelson, Piotrkov, 1905.

Shiurai Daas, Rabí Iosef Leib Bloj, Publicado por la Yeshiva de Telshe, Cleveland, 1964.

Shivjai Habesht, S.A. Hodoretzky, Berlin, 1922.

Shivjai Rav Meir, Rabí Meir de Parmishlan, Lemberg.

Shivjai Tzadikim, P. Dinovitzer, Biulguray, 1928.

Shiras Haloshon, Rabí Isroel Meir Kagan (Jofetz Jayim), Ed. N. York, 1960.

Shnai Lujos Habris, Rabí Yeshayahu Hurwitz, Ed. Jerusalem, 1969.

Shuljan Aruj, Rabí Iosef Karo (1488-1575), con glosas del Rabí Moshe Isserles (1510-1572), Ed. Romm, Vilno, 1911.

Siaj Sarfai Kodesh, Yoatz Kim Rokotz, Lodz, 1929.

Sifra, El Midrash Halájico sobre el Levítico, Ed. Malbim.

Sifre, el Midrash Halájico sobre Números y Deuteronomio, Ed. Malbim.

Simja Al Pi Derej Hajasidus, Rabí Eliezer Tzvi Revel, N. York, 1953.

Simjas Isroel, I. Berger, Piotrkov, 1910.

Taamey Haminhagim, Rabí Abraham Itzjak Sperling, Public. Eshkol, Jerusalem, 1961.

Tal Oros, Rabí Yehuda Leib Margolis, Pressburg, 1843.

Talmud Bav li, (Talmud de Babilonia), Ed. Romm, Vilno, 1895.

Talmud Yerushalmi (Talmud de Jerusalem), Ed. Romm, Vilno, 1922.

Tav Yehoshua, Rabí Yehoshua Briskin, Varsovia, 1894.

Tehilas Yoel, Rabí Yoel Teitlebaum, Public. Yerushalaim, N. York, 1974.

Tiferes Hayehudi, Y.K.K. Rokotz, Varsovia, 1911.

Tnuas Hamussar, Rabí Dov Katz, Tel Aviv, Baitan Hesefer., 1952-1963.

Toldos Odom, Rabí Yejezkel Feivel, Lemberg, 1864.

Tomar Kvorah, Rabí Moshe Cordovero (1522-1570), Ed. Jerusalem, 1928.

Torah Haksuvah Vehamesorah, Rabí Aarón Heiman, Tel Aviv, 1936.

Torah Terminbah, Rabí Baruj Halevi Epstein, Ed. Goldman, N. York, 1936.

Toras Abraham, Rabí Abraham Grodzinsky, Jerusalem, 1963.

Toras Hamaguid Memezeritch Vesihosov, S.A. Hordetzky, Berlin, 1923.

Toras Hanefesh, Rabí Iosef Abraham Volf, Bnai Brak, 1971.

Toras Itzjak, Rabí Itzjak Waldstein, Bnai Brak, 1974.

Tzail Hamaalos, Rabí Yehuda Leib Halevi, Bagdad, 1882.

Tzintzenes Hamon, Eliezer Steinman, Public. Moreshes, Tel Aviv.

Vayosef Shaul, Rabí Shaul Feldman, Piotrkov, 1928.

Yaavetz, Su Comentario sobre Pirke Avos, Rabí Iosef Yaavetz, Public. Levin-Epstein, Jerusalem, 1967.

Yalduseinu, Vol. 6, Rabí Moshe Prager con H. Leberman y P. Kahana, Public. Yeshurun, Jerusalem, 1975.

Yalkut Shimoni, antología clásica de Midrashim, edición más antigua conocida fechada 138 en la Biblioteca de Bodlian, Ed. Vilno, 1898.

Yalkut Yehuda, Rabí Yehuda Leib Ginsburg, Ed. Wittow, Jerusalem, 1976.

Yesod Veshoresh Hoavodah, Rabí Alexander Ziskind, Ed. H. Fishel, Jerusalem, 1965.

Yosef Ometz, Rabí Yuskah Hahn Noyralingin, Frankfort, 1928.

Zjor L'miriam, Rabí Osroel Meir Kagan (Jofetz Jayim), Piotrkov, 1925.

Zeh Hashuljan, Rabí Saryah Divlitzky, Bnai Brak, 1958.

9 789509 936782